...의 페미니즘
...체제적이고 정치적인 완전한 자유

...행 2019년 6월 25일

...시 홈스트롬
...강은
...선

...서출판 따비
...성경
...진, 차소영
...수정, 박대성

...2009년 5월 4일 제2010-000256호
...시 마포구 월드컵로28길 6(성산동, 3층)
...326-3897
...337-3897
...ibooks@hotmail.com
...본 영신사

...책은 바꾸어 드립니다.
...무단 복제와 전재를 금합니다.

...78-89-98439-68-2 93300
...00원

...의 국립중앙도서관 출판예정도서목록(CIP)은 서지정보유통지원시스템 홈페이지
...seoji.nl.go.kr)와 국가자료종합목록시스템(http://www.nl.go.kr/kolisnet)에서
...실 수 있습니다. (CIP제어번호 : CIP2019022293)

사회
여성의

초판 1쇄

엮은이 ㄴ

옮긴이 ㅇ

해제 박

펴낸곳 ㅂ

펴낸이 ㅂ

편집 신

디자인

출판등

주소 ㅅ

전화 0

팩스 0

메일 ta

인쇄·ㅈ

*잘못

*이 책

ISBN

값 38

이 도

(http

이용

사회주의 페미니즘

여성의 경제적이고 정치적인 완전한 자유

THE SOCIALIST FEMINIST PROJECT: A

낸시 홈스트롬 엮음

유강은 옮김 · 박미선 해제

따비

이런저런 이름으로 사회주의 페미니즘 투쟁을 벌이는

모든 여성과 남성에게 이 책을 건넨다

| 2부 가족: 사랑, 노동, 권력 |

| 3부 임금노동과 투쟁 |

| 4부 경제학, 사회복지, 공공정책 |

| 5부 정치와 사회 변혁 |

| 6부 자연, 사회, 지식 |

서론

낸시 홈스트롬Nancy Holmstrom

어떤 이들은 사회주의 페미니즘을 1970년대가 낳은 가공물이라고 말할지도 모른다. 여성해방운동의 많은 사람들이 마르크스주의 페미니즘, 자유주의 페미니즘, 급진 페미니즘의 결점이라고 본 것의 이론적 대응으로서 꽃피웠지만, 그 뒤로 이론적으로나 정치적으로나 소멸했다는 것이다. 나는 이런 시각이 그릇되었다고 생각하며 이 책에서 그 이유를 밝히고자 한다.

사회주의 페미니즘은 현재 진행형 기획으로 보아야 한다. 오늘날에도 생명력과 적절성을 잃지 않았으며, 여성해방운동이 등장하기 전부터 이미 존재했다—예나 지금이나 반드시 사회주의 페미니즘이라 불리지는 않았지만 말이다. 때로는 마르크스주의라고, 때로는 사회주의 페미니즘이나 우머니즘womanism이라고, 때로는 유물론적 페미니즘이나 페미니스트 유물론이라는 이름으로 불렸고, 때로는 이론적 꼬리표가 아예 없는 작업 속에 함축되기도 했다. 앞으로 설명할 것처럼, '사회주의 페미니즘'이라는 용어를 좀 더 좁은 의미로 사용할 수도 있다. 하지만 나는 계급과 성뿐만 아니라 인종/민족이나 성적 지향 등 정체성의 다른 측면까지도 통합하는 일관되고 체계적인 방식으로 여성의 종속을 이해하려는 이들, 더불어 이런 분석을 여성 해방에 이바지하는 데 활용하려는 목표를 가진 이들이라면 누구든지 사회주의 페미니스트라고 규정하고자 한다. 1975년에 바버라 에런라이크 Barbara Ehrenreich가 말했듯이, 사회주의 페미니즘이라는 용어는 "사회주의, 국제주의, 반인종주의, 반이성애주의 등의 특징을 두루 갖는 페미니즘을 규정하기에는 지나치게 불충분한 말이다." 이 책의 주된 목적은 이런 현재 진행형의 사회주의 페미니즘 기획이 가진 이론적·정치적 힘과 자원을 보여주려는 것이다.

오늘날 이 기획은 어느 때보다도 더욱 시급하다. "생산품의 판로를 끊임없이 확장하려는 욕구가 부르주아지를 전 세계로 내몬다. …… 부르주아지는 자신의 형상에 따라 세계를 뒤바꾸고 있다"는 『공산당 선언』의 선견지명은 오늘날 '세계화'라고 불리는 현상에 대한 설명이나 다름없다. 세계무역기구(WTO)에 맞선 '시애틀 전투Battle of Seattle'* 와 다보스, 퀘벡, 제노바 등 세계 경제 지도자들이 모이는 곳마다 벌어진 시위는 민주적 통제를 벗어난 전 지구적 힘이 된 자본주의에 대한 민중의 커져가는 각성과 항의의 표현이다. 세계화라는 야만적인 경제 현실은 세계 곳곳의 모든 사람에게 커다란 영향을 미친다. 그렇지만 더 큰 영향을 받는 것은 여성이다. 급속한 경제 변동에 의해 밀

---

* [옮긴이주] 1999년 11월 30일 시애틀에서 열린 세계무역기구 회담에 맞서 4만 여 명이 벌인 가두시위를 말한다.

려난 여성들은 세계 곳곳에서 더 무거운 노동의 짐을 짊어진다. 제3세계의 구조조정 계획이나 미국의 (이른바) 복지 개혁으로 인해 사회복지 사업이 축소되기 때문이다. 여성들은 정든 고향을 떠나 이주하고, 인신매매의 희생양이 되며, 신흥산업국의 프롤레타리아로 전락한다. 이게 다가 아니다. 여성들은 여전히 성폭력의 대상이 되며, 세계 대부분의 지역에서 자신의 재생산 과정을 통제하지 못한다. 이런 현상을 어떻게 이해해야 할까? 아니, 더 중요한 질문은 이런 현상을 어떻게 바꾸어야 하는가다. 이론적 추상에 빠져 허우적거리거나 경제 현실을 등한시하는 페미니즘 이론은 이런 질문에 답하는 데 아무런 쓸모가 없다. 여성 억압이라는 불의를 이야기하면서도 자본주의 문제는 언급하지 않는 페미니즘은 여성 억압을 끝장내는 데 별 도움이 되지 않는다. 역사, 자본주의, 사회 변동에 대한 마르크스주의의 분석이 이런 경제적 변화를 이해하는 데 적절한 것은 분명하지만, 이 분석 범주를 젠더 중립적이거나 인종 중립적인 방식으로 이해한다면 제대로 활용하지 못하는 것이다. 사회주의 페미니즘은 세계 대다수 여성이 당하는 착취와 억압을 탁월하게 설명할 수 있는 접근법이다.

내가 그러하듯이 사회주의 페미니즘을 폭넓게 규정하면 우리 정체성의 여러 측면 사이의 관계에 관해 광범위한 시각을 가질 수 있다. 우리 중 일부는 계급을 근본 요인으로 두면서 설명을 시도할 테지만, 다른 이들은 어떤 한 요인에 전반적인 우위를 두려 하지 않을 것이다. 이런 시각 차이가 있기는 해도, 내가 여기서 사용하는 '사회주의 페미니즘'의 폭넓은 의미에서 보자면 모든 사회주의 페미니스트는 계급을 여성의 삶의 중심으로 보면서도 동시에 성적 억압이나 인종적 억압을 경제적 착취로 환원하지 않는다. 그리고 우리 모두는 우리 삶의 이런 측면들이 떼려야 뗄 수 없이 체계적으로 연관되어 있다고 본다. 다시 말해, 계급은 언제나 성별화되고 인종화된다. 이 책의 목표 중 하나는 이런 각기 다른 관점들 사이에 대화와 토론, 논쟁을 장려하는 것이지만, 중요한 건 차이의 근저에 있는 공통된 기획 내에서 이루어지는 토론을 살피는 것이다. 이 기획은 오랜 역사를 갖고 있다.

우리가 오늘날 페미니즘이라 부르는 이념은 18세기에 세상의 이목을 끌었다. 그중에서도 특히 메리 울스턴크래프트Mary Wollstonecraft는 『여권의 옹호A Vindication of the Rights of Woman』(1792)에서 양성이 공히 이성적인 능력이 있다는 사실에 바탕을 두고 여성에게 동등한 기회를 줄 것을 주장하면서 "사회에서 성적 구별이 뒤죽박죽 뒤섞이는 모습을 보고 싶다는 열렬한 소망"을 피력했다. 울스턴크래프트의 페미니즘적 열망은 수많은 유토피아 사회주의자들의 사상 속에서 사회주의적 목표와 결합됐다. 유토피아 사회주의자들의 사회주의 구상에는 가정과 사회 일반에서의 성적 평등뿐만 아니라 성적 분업의 종식까지도 포함되었다—오늘날에도 급진적인 울스턴크래프트의 "열렬한 소망" 말이다. 카를 마르크스와 프리드리히 엥겔스 역시 이런 열망을 공유했고, 온갖 사회적 위계의 자연주의적 정당화에 대한 비판을 심화했다. 그러나 마르크스와 엥겔스는 더 나은 사회의 청사진을 마련하는 데 조급한 나머지 이런 이상을 실현하는 기초가 될 역사, 사회, 사회 변혁의 이론을 개발하는 데 전념했다. 잠시 짬을 내서 마르크스와 엥겔스가 말한 바를 검토해보는 게 좋겠다. 마르크스주의는 페미니즘에 커다란 영향을 미쳤기 때문이다. 페미니즘이 그것을 받아들였든 거부했든 아니면 변형시켰든 간에 말이다.

다 얘기하려면 책 여러 권이 필요하겠지만 한 문단으로 정리해보

자. 마르크스주의의 역사적 유물론 접근법에 따르면, 역사는 봉건제나 자본주의 같은 생산양식의 연속이며, 각각의 생산양식은 직접생산자와 이 생산자의 노동에 의존해 살아가는 생산수단 소유자 사이의 독특한 관계에 의해 구성된다. 『공산당 선언』의 첫 구절을 빌리자면, 역사는 "자유민과 노예 …… 영주와 농노 …… 즉 억압자와 피억압자의 …… 계급 투쟁의 역사이다." 그러나 모든 계급사회에 억압과 착취가 공통될지라도, 억압자와 피억압자의 관계는 다양하다. 다시 말해서 각 지배계급이 직접생산자의 노동에 의존해 살아가는 방식은 생산양식마다 다르며, 각각의 방식은 나름의 맥락에 따라 이해해야 한다.

부불 잉여노동을 직접생산자로부터 강탈하는 특수한 경제적 형태가 지배·종속 관계를 결정한다. …… 전체 사회 구조의 가장 깊은 비밀과 은폐된 토대, 그와 더불어 …… 그때그때의 특수한 국가 형태의 가장 깊은 비밀과 은폐된 토대를 드러내는 것은 …… 언제나 직접생산자와 생산조건 소유자의 직접적 관계이다.*

국가뿐만 아니라 가족, 예술, 철학, 종교, 심지어 인간 본성 등은 모두 각기 다른 생산양식에서 다른 형태를 띤다. 계속해서 마르크스는 기본적으로 동일한 경제적 토대일지라도 특정한 역사적 조건에 따라 "무한히 다양한 편차"를 보일 수 있으며, 이런 세부적인 차이를 연구

---

* Karl Marx, *Capital*, vol. 3(New York: International Publishers, 1967)([국역] 카를 마르크스 지음, 김수행 옮김, 『자본론 3』(상·하), 비봉출판사, 2004), 791쪽.

해야 한다고 말한다. 요컨대 자본주의 내에 각기 다른 형태의 정부와 예술과 가족이 있을 수 있다. 자본주의가 유일한 영향력이 아니기 때문이다. 그렇다 하더라도 마르크스주의 이론에서는 생산관계가 설명적 우위를 갖는다. 생산관계가 이루는 틀 안에서 다른 영향력들이 작용하기 때문이다. 각각의 주어진 생산양식에 독특한 '작동 법칙'을 제공하는 것은 바로 생산관계다. 따라서 마르크스가 집중적으로 연구한 생산양식인 자본주의는 경쟁시장 체제에서 이윤 극대화를 추구하는 독특한 역사적 형태로 이해된다. 이 때문에 자본가들은 노동과 기술의 생산성을 높이기 위해 계속해서 노력할 수밖에 없다. 마르크스의 이론에 따르면, 이윤은 임노동에 기원을 두기 때문이다. 노예제나 농노제와 달리 자본주의에서는 노동이 법적으로 자유롭기는 하지만, 자본주의하의 노동자들은 또한 자신의 생계수단으로부터도 자유롭다. 따라서 노동자들은 자본가를 위해 일하면서 체제를 움직이는 이윤을 생산해야 한다. 모든 자본주의 사회에 본질적인 특징을 감안할 때, 정부 형태는 서로 다르고 또 바뀔 수 있지만, 자본주의라는 제약 때문에 진정한 군주정이나 노동자 정부 같은 가능성은 배제된다. 다만 자본주의하에서 어떤 가족 형태가 가능한가는 다소 논쟁적인 문제다.

마르크스와 엥겔스는 자신들의 이론에서 이런 개념들을 중심에 놓고서 임노동자와 자본가 사이의 관계에 고유한 억압과 착취에 초점을 맞추었다. 두 사람은 다른 형태의 노동—가령 농민의 노동이나 가정 내 여성의 노동—과 다른 종류의 억압에 대해서는 별 관심을 기울이지 않았다. 자본주의를 이해하고 전복하는 기획에 중심적이지 않았기 때문이다. 마르크스와 엥겔스는 자본주의가 어떻게 작동하는지를 이해하고 노동자들이 억압적인 현실을 인식하도록 도울 수 있다면 노동자들의 자기 해방에 기여할 수 있으리라고 믿었다. 두 사람은 국가, 민족, 종교, 성별에 상관없이 노동계급의 **자기** 해방이 모든 다른 형태의 억압을 종식시키는 기초가 되리라고 생각했다. 최초로 진정한 민주주의, 즉 절대다수의 지배—사회주의—가 확립되면 계급 억압과 적대 대신 "개인의 자유로운 발전이 만인의 자유로운 발전의 조건이 되는 연합체"가 등장할 것이다. 그런데 이런 사회를 어떻게 조직할 것인가에 관해서는, 1870년 파리 코뮌을 가리켜 "노동자 정부의 미래상"이라 말하면서도, 별달리 언급하지 않았다.

비극적이게도, 최초의 성공적인 사회주의 혁명은 러시아에서 일어났다. 마르크스가 사회주의의 필요조건으로 본 대규모 노동계급도, 물질적 발전도 부족한 나라였다. 이런 조건이 존재했던 서유럽에서는 성공적인 혁명이 뒤따르지 않았다. 혁명 초기에 알렉산드라 콜론타이Alexandra Kollontai가 정부에서 일하고 여성들이 공산당 안에서 독자적으로 조직됐을 때만 해도 여성들은 두드러진 성과를 얻었다. 동성애, 낙태 등의 성적 행위에 대한 법적 제한이 철폐됐을 뿐만 아니라 여성의 일자리를 귀환 병사들에게 주는 것이 금지되었으며(일자리는 성별이 아니라 필요에 따라 할당됐다), 공동 식당·세탁·육아 등이 제공되었다. 하지만 이런 성과들 대부분은 나중에 사라져버렸고, 분명 여성들은 소련에서 해방되지 않았다. 그렇다고 해서 많은 논평가들이 지적하는 것처럼 "사회주의가 여성들의 기대를 저버렸다"고 볼 수는 없다. 남성들 역시 해방되지 않았다. 소련은 고전 마르크스주의자들이 상상한 아래로부터의 사회주의와는 거리가 멀었다. 이른바 '여성 문제'에 관해 마르크스주의 이론이 얼마나 불완전하든 간에 그런 불완전성을 정정할 기회가 전혀 없었다. 마르크스가 『독일 이데올로기 The German Ideology』에서 예측한 것처럼, 사회주의에 필요한 조건이 마련되지 않는다면 착취와 억압이라는 "온갖 낡은 쓰레기"가 다시 돌아오게 마련이다. 사실이 그랬다. 스탈린 독재는 마르크스주의의 이름을 빼앗고, 마르크스가 꿈에도 예견하지 못한 생산양식을 확립했으며, 수많은 사람들에게서 사회주의의 전망을 파괴해버렸다.

1970년대 중반 여성해방운동에 속한 많은 여성들은 당시 지배적이었던 여성 억압 분석에 대해 불만을 품었다. 자유주의는 충분히 급진적이지 않았고, 급진 페미니즘은 경제 현실을 등한시했다. 그러나 마르크스주의는, 에이드리언 리치Adrienne Rich가 말하듯이 "젠더가 이제 막 하나의 정치 범주로 이해되기 시작할 때 계급이 다시 한 번 젠더를 지워버릴지도 모른다는 두려움"으로 얼룩져 있었다.[1] 이 여성들은 마르크스주의와 급진 페미니즘의 고갱이를 결합시키고자 하면서 사회주의 페미니즘이라 이름 붙인 이론을 발전시켰다. 사회주의 페미니즘이 — 마르크스주의와 구별되는 것으로서 — 이런 의미를 가진다면, '마르크스주의 페미니즘'은 계급 억압을 우선시하는 관점으로 이해된다. 계급 억압을 다른 형태의 억압과 대립되는 것으로 보거나 더 나아가 성 억압을 계급 억압으로 환원하는 것이다. (급진 페미니즘은 정반대의 관계를 주장한다) 이렇듯 '마르크스주의 페미니즘'과 '사회주의 페미니즘'이라는 용어를 좁은 의미로 사용할 수 있지만, 이런 구별은 어느 정도 용어상의 구별에 불과하다. 로즈마리 통Rosemarie Tong이 『페미니즘 사상: 종합적 소개Feminist Thought: A More Comprehensive Introduction』[2]에서 인정하듯이, 그녀 식으로 '마르크스주의' 페미니스트와 '사회주의' 페미니스트를 분류하는 데 모든 이가 동의하는 것은 아니다. 통이 보기에 "마르크스주의 페미니즘과 사회주의 페미니즘 사상을 구별하는 게 가능하기는 하지만, 실제로 구별하기는 무척 어렵다." 사회주의자와 페미니스트는 여러 쟁점을 놓고 이론적 차이를 드러내며, 어떤 맥락에서는 이런 차이가 중요하지만, '마르크스주의' 나 '사회주의', '유물론' 등의 **용어**가 반드시 상이한 관점을 나타내는 것은 아니다. 『페미니즘 정치학과 인간 본성Feminist Politics and Human Nature』³에서 앨리슨 재거Alison Jaggar는 사회주의 페미니즘이 좀 더 일관된 마르크스주의일지도 모른다고 지적한다. 페미니스트가 자신을 설명하기 위해 어떤 용어를 선택하는가는 마르크스주의에 대한 특정한 이해만이 아니라 이론적·정치적 환경, 그리고 어쩌면 개인적 경험을 반영하며, 그가 차지하는 지위의 실체도 반영한다. 1969년에 발표된 마거릿 벤스턴Margaret Benston의 대표적인 논문 「여성 해방의 정치경제학The Political Economy of Women's Liberation」⁴은 가사노동에 대한 마르크스주의 페미니즘 분석으로 평가된다. 벤스턴이 마르크스주의의 범주들을 활용하고 또 마르크스주의 이론 틀 안에서 글을 쓴다고 자처하기 때문이다. 사실 벤스턴은 마르크스주의의 범주들을 수정했다. 그것도 다른 페미니스트들이 보기에 마르크스주의가 부적절하며, 이와는 다른 사회주의 페미니즘 이론이 필요함을 보여주는 방식으로 말이다.⁵ 벤스턴의 논문은 마르크스주의/사회주의 페미니즘의 틀 안에서 가사노동을 어떻게 이해할 것인가를 둘러싼 논쟁을 불러일으켰다―이른바 가사노동 논쟁이다.

1990년대에는 '유물론적 페미니즘'이라는 용어가 통용되었다. 포스트모던 이론에 사회 현실이라는 일정한 토대를 제공하고자 한 페미니스트들이 만들어낸 말이다. 그렇지만 마르타 히메네스Martha

Gimenez가 적절하게 규정하듯이, 유물론적 페미니즘은 "다소 문제적이고 모호한 개념"이다. 때로는 담론 분석과 결합된 '마르크스주의 페미니즘'이나 '사회주의 페미니즘'(로즈마리 헤네시의 연구가 대표적이다)과 동의어로 쓰이기도 하고, 다른 한편으로는 마르크스주의와 무관하고 싶어하는 문화 페미니스트들도 사용하기 때문이다.[6] 계급과 성, 인종의 관계에 대해 뚜렷이 구분된 이론적 관점을 나타내지 않는 또 다른 용어는 '우머니즘'이다. 이 용어는 '페미니즘'이 지나치게 일차원적이라고 느끼거나 여성뿐만 아니라 유색인 남성과의 유대도 표현하고자 하는 일부 유색인 여성들에게 선호된다. 마찬가지로, '다문화' 페미니스트나 '글로벌' 페미니스트를 자처하는 이들 역시 넓은 의미에서 보면 사회주의 페미니스트라 할 수 있다. 페미니스트들은 특정한 논쟁에서 자신을 자리매김하기 위해 특정한 용어를 사용한다.

오늘날 쇠퇴하는 것은 좁은 의미의 '사회주의 페미니즘'이다. 마르크스주의의 자본주의 비판을 받아들이면서도 여성 억압을 계급 억압으로 환원할 수 있다는 견해(마르크스주의 분석은 이런 식으로 이해된다)는 거부하는 페미니스트들이 발전시킨 사회주의 페미니즘은, 현대 사회에서 여성의 지위가 경제 체계(자본주의)와 섹스-젠더 체계(가부장제)가 작용한 결과라고 주장했다. 일부 사회주의 페미니스트들은 자본주의 가부장제라고 이름 붙인 하나의 체계에 관해 말하는 것을 선호했다. 그러나 한 체계를 선호하든 두 체계를 선호하든, 핵심적인 주장은 여성의 종속을 설명하는 데 생산양식이 섹스-젠더 관계보다 우위를 갖지 않는다는 것이다. 많은 이들은 돌봄을 비롯한 온갖 종류의 노동보다 임노동을 강조하고 '재생산관계relations of reproduction'(섹슈얼리티와 양육)라고 이름 붙인 것보다 생산관계를 강조한 마르크스주의를 성차별주의라고 보았다. "개인적인 것이 정치적인 것"임을 확신한 사회주의 페미니스트들은 성, 섹슈얼리티, 가족 내 관계 등의 쟁점에 이론적·정치적 관심을 기울이고자 했다. 일부 유토피아 사회주의자들은 다뤘지만 대다수 마르크스주의자들은 무시한 쟁점 말이다.

이처럼 뚜렷하게 반反마르크스주의를 표방한 사회주의 페미니즘이 쇠퇴한 데에는 내적·외적 이유가 모두 작용했다고 본다. 1970년대 사회주의 페미니스트들은 자유주의자나 마르크스주의자가 '몰성적인 gender-blind' 범주를 사용한다고 비판했다. 자유주의에서 말하는 '개인'이나 마르크스주의에서 말하는 '노동계급'이 대표적인 예다. 이런 범주는 개인과 노동자에 존재하는 성적 차이를 무시하며, 따라서 자유주의나 마르크스주의로는 여성 억압을 설명할 수 없다고 페미니스트들은 주장했다. 그러나 유색인 여성들은 사회주의 페미니즘을 비롯한 페미니즘이 '노동계급 여성'이나 '여성' 같은 몰인종적인 범주를 사용한다고 똑같이 비판할 수 있었고, 실제로 그렇게 비판했다. 인종 억압(과 이성애 중심주의를 비롯한 다른 형태의 억압들)을 수용하려면 두 가지 선택이 있는 것처럼 보였다. 성차별주의를 설명하기 위해 '사회관계 체계'를 가정할 필요가 있다면, 인종주의(를 비롯한 여러 억압 형태)를 설명하기 위해서는 자본주의와 가부장제를 넘어서는 체계를 가정할 필요가 있었다. 이런 선택은 수많은 질문을 제기했다. '체계'란 정확히 무엇으로 구성되는가? 얼마나 많은 체계가 필요한가? 체계들은 서로 어떤 관계를 맺는가? 그 결과로 나온 관점은 단순한 다원주의와 어떻게 다른가? 다른 선택은 마르크스주의 같은 포괄적인 이론으로 돌아가는 것이었다. 사회주의 페미니스트들은 각기 다른 형태의 억압을 하나로 환원하지 않고 어떻게 통합할 것인지가 막연하다는 이유로 마르크스주의자들과 선을 그었기 때문에 이런 선택은 매력적으로 보이지 않았지만, 체계를 여러 개로 늘리는 것도 만족스럽지는 않았다. 그리하여 서로 다른 형태의 억압이 정확히 어떤 관계를 갖는가는 예나 지금이나 명료하지 않고, 의견 불일치가 존재한다. 이 책에 등장하는 대부분의 필자들은 이 억압들이 구체적으로 어떻게 관계되는가, 어떤 억압이 설명적 우위를 갖는가 하는 질문을 직접적·이론적으로 다루지 않은 채 상호 연관성을 보여줄 뿐이다.

마르크스주의와 구별되는 하나의 이론적 입장으로서 사회주의 페미니즘은 또한 외적인 이유, 즉 지적·정치적 이유로 인해 쇠퇴했다. 지적 전선에서는 포스트모더니즘이 학계에 미친 영향을 아무리 강조해도 지나치지 않을 것이다. 포스트모더니스트들은 많은 이론이 보이는 과도한 일반화와 역사적·정치적 맥락에 대한 무시를 타당하게 비판하면서 출발하여 결국 철저하게 반反이론적인 입장을 주장하기에 이르렀다. 포스트모더니즘의 국지성과 특수성에 대한 강조, 이른바 '총체화 서사totalizing narratives'에 대한 맹비난, 진리와 인과율이라는 개념 자체에 대한 비판은 여성 억압에 대한 일관되고 체계적인 이론을 개발하려고 노력하는 페미니스트들에게 큰 실망을 안겨주었다. 사회적·정치적 권력이 학문 연구에 영향을 미친다는 포스트모더니즘과 결부된 통찰은 (실제로는 전혀 새로운 것이 아니었지만) 많은 이들을 회의론으로 인도했다. 이러한 통찰은 또한 모순되게도 모든 것이 사회적으로 구성된다는 주장으로 많은 이들을 이끌었다. 그에 따라 페미니즘의 젠더관계 비판에 중심축을 이루었던 섹스와 젠더 사이의 구별이 사라져버렸다. 그러나 육체가 의미화 작용 속에서 사라진다면, 재생산 권리를 주장할 수 있는 토대는 무엇인가? 일부 포스트모더니즘이 페미니즘과 관련된 통찰에 입각해 이론을 세우고 급진성을 내세운 점을 감안하더라도, 그 효과는 (아무리 좋게 말해도) 방향 상실이었다.

정치적 원인을 살펴보자면, 여성해방운동을 비롯한 사회운동의 쇠퇴는 심대한 영향을 미쳤다. 온갖 신조(실로 이런 '신조'들이 탄생하던 시기였다)를 지닌 페미니스트들의 저술이 폭발적으로 증가한 것은 1960~1970년대 여성운동의 산물이었다. 이 시기에 나온 수많은 영향력 있는 글들이 활동가 집단의 입장 성명(「레드스타킹 선언Redstockings' Manifesto」, 「컴바히강 집단 성명Combahee River Collective's Statement」)이나 집단 논설(이 시기에 가장 큰 영향력을 발휘한 하이디 하트만Heidi Hartmann 의 글과 게일 루빈Gayle Rubin의 글)이었음을 생각해보라. 새로운 운동은 새로운 이론을 자극했다. 가령 동성애자운동 덕분에 퀴어연구라는 학문 분야가 생겨났다. 많은 활동가들이 여성을 위한 사회 정책 및 서비스 분야로, 학계로, 가족과 중년기로 이동함에 따라 이런 중요하고도 적극적인 자극은 사라졌다. 지난 10년 동안 가장 뜨거운 페미니즘 이론이 고도로 학술적인 부류—포스트모더니즘—였던 반면 지배적인 정치는 가장 국지적이고 특수주의적인 형태의 정체성 정치였음은 결코 우연의 일치가 아니다. 물론 우리는 또한 이 모든 것이 어떤 맥락에서 벌어졌는지를 이해해야 한다. 1980년대와 1990년대 대부분 동안 세계 곳곳에서 정치가 전반적으로 오른쪽으로 표류했음을 유념해야 하는 것이다.

내 견해를 밝히자면, 마르크스주의가 생산관계에 초점을 맞추면서 가족 내부의 노동을 등한시했다는 비판은 잘못된 것이다. 앞서 설명했듯이 마르크스주의 이론의 주요한 목표를 생각해보면 알 수 있다. 마르크스가 자본주의에서 여성의 가사노동이 비생산적이라고 말한 것은 성차별주의에 빠졌기 때문이 아니다. 그는 정부를 위해 일하는 목수에 대해서도 같은 말을 했다. 일반적인 의미에서 보자면 두 노동 모두 분명히 생산적이지만, 마르크스는 자본주의의 관점에서 무엇이 생산적인지를 이해하고자 했다—즉 잉여가치를 만들어내는 것만이 생산적인 노동인 것이다. 게다가 각기 다른 형태의 억압을 비롯해 사회의 다양한 측면이 서로 어떤 관계를 갖는지 이해하려면, (더 중요하게는) 사회를 변화시키려면, 이런 질문들을 다루는 이론이 필요하다. 역사적 유물론이 사회학적 측면과 역사 변동에 대한 설명을 통해 하고자 했던 일이 바로 이것이다. 따라서 역사적 유물론은 여전히 매우 중요하다. 어떤 이론이든 100여 년 전에 만들어졌다면 어느 정도 수정될 필요가 있지만, 내가 보기에 여성 억압을 더 적절하게 설명하기 위해 마르크스주의의 기본적인 이론에 중대한 수정을 가할 필요는 없다. 그렇지만 보완될 필요는 있다고 생각한다. 페미니스트들이 마르크스의 정치경제학 이론보다 생산과 재생산의 온전한 모습을 더 잘 보여주는 사회이론, 민주주의의 문제를 경제뿐만 아니라 개인적 관계에도 확대하는 사회이론을 요구하는 것은 당연한 일이다. 그들은 또한 우리 삶의 정서적 차원에 마땅히 관심을 기울이고자 한다. 우리 삶의 가장 내밀한 측면에서 억압이 어떻게 모습을 드러내는지를 이해하기 위해서, 무엇보다도 더욱 완벽한 인간 해방의 미래상을 제시하기 위해서 말이다. 마르크스주의에는 이런 잠재력이 있다. 경제관계가 우리의 존재 자체에 어떻게 침투하는지를 예민하게 포착한 덕분에 마르크스는 에이드리언 리치의 규정처럼 "인간의 조건을 탐구한 위대한 지리학자"가 되었다. 그러나 이런 통찰력은 충분히 발전되지 않았다. 더욱이 마르크스와 엥겔스는 진정으로 민주적인 사회주의에 헌신했기 때문에 사회주의가 어떤 모습일 것인가 하는 문제는 등한시했다. "미래의 요리사를 위한 요리책을 쓸" 생각은 없었다는 것이다. 경제민주주의가 어떤 모습일 것인가는 매우 복잡한 문제이며 이런 문제를 탐구했다면 도움이 됐을 것임에도 불구하고 게다가 이런 탐구를 생략한 탓에 사회주의를 소비에트권이나 서유럽 사회복지 자본주의에서의 사회주의와 손쉽게 등치하는 결과가 나타났다. 오늘날 우리에게는 사회주의를 예시하는 미래상이 어느 때보다도 더 필요하며 페미니스트들은 여기에 많은 기여를 할 수 있다.

바야흐로 사회주의 페미니즘 이론(넓은 의미의)은 번성하고 있다. 특히 역사가를 비롯한 사회과학자들의 경험적 연구가 그러한데, 이 책에도 몇 가지 대표적인 사례를 포함시켰다. 이런 연구는 많은 영향을 미치며, 연구자들이 항상 강조하는 것처럼 페미니즘 이론이 여전히 집단적인 기획임을 여실히 보여준다. 오늘날 '교차성intersectionality'—한 여성의 지위는 언제나 성별뿐만 아니라 계급, 인종 등의 작용이라는 관점—이라 불리는 것에 대다수 페미니스트들은 적어도 말로는 동의한다. 그렇지만 이런 인정은 단지 이런저런 '주의들isms'의 목록으로 표현될 뿐이며, 그중에서도 '계급주의classism'는 가장 등한시되거나 인종주의와 뒤섞인다. 백인은 항상 중간계급과 짝을 이루고 흑인은 빈민과 짝을 이루는 식이다. 이런 측면들을 일관되고 체계적으로 통합하는 것은 내가 말하는 넓은 의미의 사회주의 페미니스트들의 연구뿐이다. 사회주의 페미니즘은 또한 (가장 중요하게는) 노동운동을 비롯해 어떤 운동이든 간에 영향을 미친다. 이는 사회주의 페미니즘 이론의 영향력이 확대됐다기보다는 미국의 노동력에서 여성과 소수민족이 차지하는 비율이 점차 커져가는 사정 때문일 테지만, 그렇다 하더라도 의미심장한 일이다. 초기에 남녀평등 헌법 수정안Equal Rights Amendment(ERA)* 비준과 낙태 합법화에 초점을 맞추면서도, 한편으로는 저소득층 의료보험인 메디케이드Medicaid 기금을 낙태에 사용하는 것을 금지한 하이드 수정안Hyde Amendment은 사실상 도외시했던 전국여성기구National Organization of Women(NOW)조차 요즘에는 계급과 인종을 상당히 의식하고 있다.

지금이야말로 사회주의 페미니즘을 적극적으로 재평가하기에 알맞은 때다. 세계화라는 야만적인 경제 현실 덕분에 계급을 무시하기가 힘들어졌고, 페미니스트들은 1970년대에 사회적인 차원에서 던졌던 커다란 질문을 이제 지구적인 차원에서 제기하고 있다. 이런 맥락에서 보면 미국에서 나타나는 수많은 발전 역시 의미심장하기 짝이 없다. 가장 중요한 점은 여성과 소수인종이 노동력에서 차지하는 비중이 점차 커짐에 따라 계급 억압과 성/인종 억압, 작업장 문제와 공동체 문제 사이의 선명한 분할이 현실적·이론적으로 불가능하다는 사실이 더욱 뚜렷해졌다는 것이다. 미국노총산별회의(AFL-CIO)의 새 지도부가 조직화에 전념하면서 관심과 희망이 높아지고 있다. 전국 각지의 학생들이 노동착취 공장sweatshop 문제를 둘러싸고 활동을 벌이며 세계 곳곳의 노동단체들과 연계를 맺고 있다. 몇 년 전에는 하버드에서 '학생과 노동자'를 주제로 회의가 열렸다. 그 뒤 2001년 봄에는 하버드에서 '생활임금 캠페인Campaign for a Living Wage'이 시작되어 오랫동안 성공을 거두었다. '대학생과 노동자'에 관한 회의도 두 차

---

* [옮긴이주] 미 연방정부나 어떤 주州정부도 법 앞에 평등한 권리를 성별에 따라 부인하거나 침해할 수 없음을 명시한 헌법 수정안이다.

례 열렸다. 정치를 배제한 채 문화 문제에만 초점을 맞추는 학계의 태도에 점점 더 많은 사람들이 일면적이고 제멋대로라는 평가를 내리고 있다. 사방으로부터 공격이 확대됨에 따라 포스트모더니즘과 정체성 정치의 장악력이 점점 느슨해지고 있다. 심지어 정체성 정치 안에도 계급에 대한 관심이 간접적으로나마 존재한다. 이를테면 '가난뱅이 백인white trash' 문학처럼 말이다. 그렇지만 이런 비판을 우파(와 토드 기틀린Todd Gitlin 같은 일부 좌파)의 몫으로 남겨두어서는 안 된다. 1960년대의 통찰력을 계속 간직하는 것이 중요하다. 사회주의 이론과 실천이 젠더, 인종/민족, 섹슈얼리티 등의 쟁점에 진지한 관심을 기울이지 않는다면 오늘날 신뢰를 얻기 힘들 것이다. 또한 단순한 비판에서 나아가 계급을 정체성의 다른 측면들과 통합하는 적극적인 분석 사례를 제공하는 것이 중요하다. 이 책에서 그 성과를 볼 수 있다. 또 하나 중요한 것은 폭넓은 사회주의 페미니즘 안에서 계급과 정체성의 다른 측면들 간의 관계를 비롯해 '물질'과 '경제'의 의미에 관한 이론적 논의를 추구하는 것이다. 최근 포스트모더니즘을 좀 더 현실적이고 유물론적인 방향으로 받아들이려고 노력하는 페미니스트들이 포스트모더니즘 내부에서 비판을 가하며 이론적 논의의 폭이 넓어지고 있다. 경제 문제가 다시금 많은 페미니스트들의 의제에서 중심을 차지하고 포스트모더니즘의 쇠퇴가 뚜렷해지는 지금이야말로 마르크스주의가 어떻게 여성 억압이라는 세계적인 현실을 이해하는 데 기여할 수 있는가, 그리고 마르크스주의 자체가 어떻게 수정·보완되어야 하는가를 재검토할 시기이다.

선구자들

사회주의 페미니즘이 역사를 지닌 현재 진행형 기획이라는 명제를 입증하기 위해 이 책 도입부에는 19세기와 20세기 초 사회주의 페미니즘 저술 가운데 일부를 발췌·수록했다. 독자들은 1960년대와 1970년대 2세대 페미니즘second-wave feminism의 글이 포함되지 않은 걸 보고 의아해할지도 모른다. 가장 유명한 사회주의 페미니즘 저술이기 때문이다. 그렇지만 이 글들은 다른 곳에서 쉽게 구해 볼 수 있다. 이 책의 일차적인 목적은 오늘날 사회주의 페미니즘이 지닌 강점과 자원을 보여주는 것이기 때문에 수록된 대부분의 글이 극히 최근에 쓰인 것이다. 가급적 많은 주제와 목소리를 담고자 노력했지만, 나 자신의 관점에 따라 글을 선별할 수밖에 없었다. 내가 얼마나 많은 글을 빼먹었는지 잘 알고 있다. 그러나 바로 이런 사실이야말로 오늘날 얼마나 많은 훌륭한 사회주의 페미니즘 연구가 진행 중인지를 입증하는 증거인 셈이다!

성, 섹슈얼리티, 재생산

이 주제에 관한 부로 책을 시작하는 것이 적절해 보였다. 2세대 페미니즘에서 이룩한 가장 두드러진 혁신 중 하나가 과거에 거의 모든 정치사상가들이 등한시한 이런 쟁점에 대해 관심을 기울인 것이었기 때문이다. '개인적인 것이 정치적인 것'이라는 통찰은 우리 삶에서 가장 사적이고 내밀하며 개인에게 속한 것처럼 보이는 영역조차 사회 전체의 권력 불평등을 반영함을 의미한다. 도로시 앨리슨이 생생하고 날카롭게 보여주는 것처럼, 계급은 내면으로부터 우리의 정체성을 형성하며 우리의 가장 친밀한 관계에 끼어든다. 미카엘라 디 레오나르도와 로저 랭카스터는 섹슈얼리티와 사회에 관한 토론의 역사와 정치경제학을 탐구한다. 그들은 이 문제야말로 좌파 학문과 실천에 중요함을 강조한다. 에밀리 마틴은 월경이 여성의 노동 능력에 미치는 영향에 관한 과학적 견해에 어떤 정치경제학적 토대가 있는지를 보여준다. 월경전증후군을 의학적 문제로 진단하는 것도 그중 하나다. 로절린드 페트체스키는 재생산 권리를 인권에 포함시키려는 국제적 노력이 커지고 있기는 하지만, 경제정의와 분리 불가능한 것으로 이해하지 않는 한 재생산 권리를 확보하기 힘들다고 주장한다. 마지막으로 로즈마리 헤네시는 성적 정체성을 이해하는 데 역사적 유물론이 문화적 유물론보다 더 적절한 토대임을 주장한다.

가족: 사랑, 노동, 권력

가족은 대부분의 정치사상가들이 등한시한 반면 페미니즘 저술에서는 핵심적으로 다룬 또 다른 주제다. 그런데 과연 가족이란 무엇인가? 가족은 생물학적 단위가 아니며, 재생산뿐 아니라 사랑과 노동, 권력의 무대가 되는 무척 다양하고 계속 진화하는 장소다. 주디스 스테이시는 미국의 가족을 소재로 삼아 "다양하고 진화하는" 성격에 초점을 맞추며, 테마 캐플런은 전 지구적 자본주의에서 왜 그리고 어떻게 아버지 없는 가족이 점차 일반화되고 있는지를 설명한다. 앤 퍼거슨의 '성-애정 생산'이라는 개념은 모든 가족에 수반되는 노동을 밝혀주는 반면, 푸르비 샤와 체리 모라가는 가족 내부의 권력 불평등과 인종/민족이 젠더와 교차하는 방식을 다룬다. 재니스 하켄은 인종/민족과 젠더의 교차 방식을 가정폭력에 대한 각기 다른 이해와 치유 전략으로 확대한다. 데니즈 칸디요티는 가부장제라는 보편주의적인 개념과 대조적으로, 각기 다른 남성 지배 체제의 제약 안에서 여성들이 상황을 최대한 개선하기 위해 어떤 식으로 분투하는지를 보여준다. 스테파니 쿤츠는 마르크스와 엥겔스의 가족 분석이 갖는 여러 한계를 비판하면서도 가족을 협력과 갈등, 모순의 장소로 본 두 사람의 통찰력을 치켜세운다. 이 책의 필자들을 비롯한 후대 사상가들은 이런 관점을 발전시키는 셈이다.

임금노동과 투쟁

'여성의 일'은 가정 내부와 주변에 있다는 관념은 대다수 여성들이 무급노동뿐만 아니라 유급노동도 한다는 사실에 의해 거짓임이 드러난다. 실제로 신흥산업국에서는 여성들이 노동력의 상당 부분을 차지한다. 그러나 젠더 및 인종 이데올로기는 경제적 제약과 더불어 일부 유급노동을 '여성의 일'(또는 특정한 종류의 여성의 일)로 만들고 여성의 경제적 기여를 하찮거나 심지어 눈에 보이지 않는 것으로 만드는 데 공모한다. 이블린 나카노 글렌Evelyn Nakano Glenn이 그녀의 대표적인 논문 「노예 상태에서 서비스 노동으로From Servitude to Service Work」[7]에서 아프리카계 미국인 여성들의 실상을 보여주었듯이, 찬드라 탈파드 모한티는 새로운 전 지구적 노동 분업에 속한 제3세계 여성 노동자들의 모습을 보여주며 초국가적 연대의 가능성을 제시한다. 레슬리 샐징어와 엘리자베스 오글즈비는 라틴아메리카의 사례를 통해 재화와 이윤의 생산이 어떤 식으로 젠더화된 국민의 생산과 동시에 이루어지는지를 보여준다. 낸시 매클린은 미국 여성 노동조합원들의 평등을 위한 투쟁을 자세히 설명하면서, 이 역사에서 중심을 차지한 것은 페미니즘이었음을 보여준다. 조 바인드먼과 카말라 켐파두는 성노동과 다양한 변종 성노동—노예제에서 임시 파트타임 노동에 이르는—을 비롯해 세계 곳곳에서 점차 확산 중인 성노동자운동을 논한다.

경제학, 사회복지, 공공정책

왜 여성들은 때로 억압 체제에 충성을 바치는가? 여성들은 혁명에서 어떤 대접을 받았는가? 성중립적인 법률과 정책은 과연 여성들에게 유리하게 작용하는가? 각기 다른 종류의 '이해'를 다룬 맥신 몰리뉴의 중요한 논의 덕분에 우리는 이런 질문들을 고민할 수 있다. 미미 아브라모비츠는 최근 복지 관련 법률에서 일어난 변화가 여성들에게 얼마나 큰 재앙을 안겨주었는지, 또 여성들이 어떻게 반격하고 있는지 보여준다. 한편 앤절라 데이비스는 사적 폭력과 여성의 공적 투옥 증대를 연결 지으면서 양자의 인종화된 성격을 보여주며, 폭력 반대, 여성교도소, 인권 등을 둘러싼 운동이 서로 연합을 형성할 것을 제안한다. 크리스 틸리와 랜디 알벨다는 적극적인 어조로 여성의 경제적 평등을 달성하기 위한 전략과 의제를 제시한다.

정치와 사회 변혁

여성을 위한 사회정의를 획득하려는 싸움에서 어떤 정치 전략과 운동, 변화가 가장 유망한가? 실라 로보섬은 영국에서 여성해방운동이 고조되던 시절, 급진적인 여성들이 여성으로서 자기 이익을 위해 처음으로 조직을 결성했던 때로 우리를 안내한다. 여성들은 여성이기만 한 것이 아니라 특정한 계급, 인종/민족, 섹슈얼리티이기 때문에 그들에게 결정적으로 중요한 정치적 질문은 이런 각기 다른 정체성을 중심으로 조직된 운동들이 어떻게 교차하는가다. 리스 멀링스와 엘리자베스 마르티네스는 민족주의 운동이 여성들에게 갖는 한계를 보여주는 한편, 엘런 메익신스 우드는 자본주의와 다양한 해방 기획의 관계를 논하면서 계급이야말로 자본주의를 구성하는 유일한 지배 체제라고 주장한다. 이와 동일한 입장에서 조해나 브레너는 여성운동과 민권운동이 유사한 성과를 얻었지만 비슷한 막다른 길에 봉착했으며, 이제 막 형성되기 시작한 폭넓은 반자본주의 운동을 통해서만 이 난국을 돌파할 수 있다고 주장한다. 신시아 인로는 군대가 다양하고 서로 연결되어 있으면서도 눈에 잘 보이지 않는 방식으로 많은 여성들의 삶을 지배하고 있음을 보여준다. 메리 혹스워스는 민주화 이론의 예상과는 정반대로 공산주의의 종말이 대다수 여성의 정치·경제적 상태를 개선시키기는커녕 오히려 악화시켰음을 보여준다.

자연, 사회, 지식

가장 개인적인 주제로 시작한 이 책은 사회주의 페미니즘 이론이 독특한 통찰을 제공하는 가장 추상적이고 보편적인 주제로 마무리된다. 낸시 하트삭은 마르크스를 원용해 커다란 영향력을 발휘한 페미니스트 입장론을 다시 정식화한다. 흑인 페미니즘 인식론에 관한 퍼트리샤 힐 콜린스Patricia Hill Collins의 연구[8]나 '특정한 위치에 놓인 지식situated knowledge'에 관한 다른 연구에서 입장론의 전망을 엿볼 수 있다. 나는 여성(과 남성)에게 독특한 본성이 있는가라는 오래된 질문에 대한 답은 인간 본성에 관한 마르크스의 이론을 활용함으로써 찾을 수 있다고 주장한다. 에코페미니스트 밸 플럼우드는 인간 지배와 자연 지배에 대한 저항을 통합하는 이론적 접근을 제공하면서 자연의 정치학을 다루고, 미라 난다는 합리성·문화·발전 등에 관한 일부 포스트콜로니얼 에코페미니즘 사상이 여성에게 어떤 위험성을 제기하는지를 탐구한다. 마지막으로 줄리 시는 아시아계 미국인 페미니스트들이 환경정의를 위한 투쟁에 어떤 기여를 할 수 있는지를 보여준다.

전체적으로 볼 때, 이 책에 실린 글들은 사회주의 페미니즘이 여전히 건재하며, 우리가 살아가는 행성 자체를 파괴할 태세인 전 지구적 자본주의라는 야만적 체제에 대한 대안을 이론화하고 건설할 수 있는 거대한 잠재력이 있음을 분명히 보여준다.

선구자들

유토피아 사회주의자들: 로버트 오언*의 추종자들[1]

내가 그렇듯이 당신도 현존하는 사회와는 아주 다른 사회 체제를 기대하겠지요. 오늘날의 사회에서는 모두가 서로를 속이고 밀어내고 남의 것을 빼앗으려고 노력합니다. 이익과 의무는 정반대되고요. 이른 바 도덕 체계라는 것은 악당들이 설교만 하고 실천은 하지 않는 위선 덩어리에 지나지 않습니다. 여성뿐만 아니라 남성 노예들까지도 아무

---

* [옮긴이주] 로버트 오언Robert Owen(1771~1858)은 『사회에 관한 새로운 의견A New View of Society』(1814), 「빈곤을 줄이기 위한 사회주의적 계획Plans for alleviating poverty through Socialism」(1817) 등을 발표한 영국의 유토피아 사회주의자로, 노동자들의 각성과 협력을 통한 사회 변화를 주장했으며, 최초의 협동조합과 유치원을 설립했다.

말 없이 복종하게 만드는 거지요. 게다가 잡다한 구조 자체가 공포와 피에 의해 유지됩니다. 당신은 더 나은 사회의 모습을 보고 싶겠지요. 이런 사회에서는 박애의 원칙이 두려움의 원칙을 밀어낼 테지요. 조바심과 불안감으로 가득한 개인의 경쟁 대신 상호 협동과 공동 소유가 자리 잡을 거고요. 수많은 남녀 개인들이 자발적인 연합을 형성해서 유용하고 필요한 모든 물건을 공급하기 위해 상호 보증인이 될 겁니다. …… 협동자들 사이에 견해의 자유와 평등이 완전히 보장되고, 모든 사람의 자녀가 동등하게 교육받고 전체에 의해 부양될 것입니다. …… 이러한 사회 제도 구상만이 여성과 남성 사이에 완전한 평등과 상호 행복을 철저히 그리고 영원히 보장할 겁니다.

- 윌리엄 톰슨*이 애나 휠러Anna Wheeler**에게 보낸 편지, 1825년

가정에서 남자가 여자에게 가하는 한결같은 불의야말로 …… 옳고 그름에 관한 모든 통념을 뒤죽박죽으로 만든다. 모든 가정은 절대 전제정의 중심부이며, 복종을 명령하기만 하면 되는 남자에게는 물론 지식과 설득이 필요없다. 오늘날 모든 인류가 가르침을 받는 이

---

* [옮긴이주] 윌리엄 톰슨William Thompson(1775~1833)은 아일랜드 출신의 정치·철학 저술가이자 사회개혁가로, 공리주의에서 출발해 자본주의 착취 비판으로 나아갔다. 협동조합, 노동조합, 차티즘 운동 등과 더불어 마르크스에게도 큰 영향을 미쳤다. 애나 휠러와 지적 교류를 하면서 유토피아 페미니즘의 선구적인 저작 『인류 절반의 호소Appeal of One Half the Human Race』를 남겼다.

** [옮긴이주] 애나 휠러Anna Wheeler(1793~1818)는 여성의 정치적 권리와 피임의 권리를 옹호한 아일랜드 출신 저술가다. 열다섯 살에 결혼했으나 12년 뒤 남편이 세상을 떠나자 생계 유지를 위해 프랑스 철학자들의 저술을 번역했다. 로버트 오언, 제러미 벤담, 프랜시스 라이트 등에 정통했다. 여성의 정치적 권리와 동등한 교육을 열렬하게 옹호했으며, 플로라 트리스탕을 비롯한 프랑스의 페미니스트·사회주의자들과 활발하게 교류했다.

중심부에서부터 지배욕과 이기심이라는 전염병이 모든 인간 교류를 통해 퍼져나간다. …… 인류의 행복을 향해 조금이라도 실질적인 진전을 이루려면 우선 이 커다란 장애물부터 치워야 한다. 이걸 치우지 않고서는 인류가 아무리 협동한다 한들 행복이나 덕을 창조하지 못한다.

- 윌리엄 톰슨, 1826년

더비Derby에서 여성 노동조합이 첫발을 내딛었고, 압제자들이 그 모습을 보고 도망쳤음을 세상에 알리자. 압제자들은 여자들에게 문서를 내놓으면서 서명을 하든지 아니면 **일을 그만두라고** 요구하고 있다. 공장에 고용된 이들뿐만 아니라 **자기 집에서 일하는 하인들**에게도 말이다. 참으로 무뢰한 같은 폭정이다. 그러나 우리가 그들의 요구를 거부하고 있음을 알리자. …… 그 결과로 수많은 사람들이 동맹파업에 결합하고 있다. …… 자매들이여! 도시와 마을의 지부에서부터 …… 눈을 떠라, 일어나라. 가정의 어머니들과 처녀들이여, 앞으로 나서서 우리의 영광스러운 대의에 동참하라. 적들의 권력에 도전하자. 당신의 천진난만한 아이들이 처음 입을 떼면서부터 **노동조합! 노동조합!** 외치게 하자.

- 익명의 인물이 『개척자The Pioneer』에 보낸 편지, 1834년 2월 22일

여성의 임금은 평균적으로 남성의 3분의 2 이상으로 평가받지 못하며 …… 우리가 보기에 실제로는 3분의 1을 넘는 경우도 드물다(게다가 부인들은 아예 임금을 받지 못한다). 그런데 여성 노동의 산물은 유용하지 않은가? …… 부지런한 여자는 부지런한 남자와 똑같은 급

료를 받을 자격이 충분하다.

– 프랜시스 모리슨,* 1834년

지금이야말로 영국의 일하는 여성들이 오랫동안 억압받아온 권리를 요구할 때다. 공업 도시에서 여성 노동에 매겨진 값을 보라. 숙련된 노동자든, 부지런한 노동자든, 여자가 할 수 있도록 말이다(원문대로 실었다). 여자가 하는 일이니까 싸다는, 언급할 가치조차 없는 말인가? 내 묻노니, 왜 여성의 노동은 이렇게 평가절하되어야 하는가? 왜 남자로 가장한 채 주인임을 자처하는 잔인하고 탐욕스러운 압제자들이 …… 여성의 시간과 재능을 독점하는가? 자매들이여, 더는 복종하지 말자. …… 하나로 단결해서 우리의 정당한 권리를 요구하자!

– 프랜시스 모리슨, 1834년

방직업에서는 …… 여성의 노동을 남성과 차별하는 일이 성공적으로 이루어지고 있으며, 그 결과 이 업계에는 생활임금을 줄 수 있는 일자리가 거의 남아 있지 않다. 남성의 가치를 산산이 무너뜨리기 위해 여성의 노동을 격하하는 이런 지긋지긋한 관행을 뿌리 뽑는 일이야말로 우리의 우선 과제가 되어야 한다. …… 대책은 무엇인가? 왜 당신들은 여성이 타고난 평등을 인정하지 않는가? 왜 당신들의 사회

---

* [옮긴이주] 프랜시스 모리슨Francis Morrison(1807~1898)은 영국의 오언주의 페미니스트로, 잉글랜드 서리에서 농장 노동자의 사생아로 태어났다. 열다섯 살에 집칠쟁이housepainter인 제임스 모리슨과 사랑에 빠져 버밍엄으로 달아나서 함께 살았다. 두 사람은 아이를 가진 뒤 결혼을 했으며, 제임스의 도움 아래 프랜시스는 급진주의 정치학을 독학했다. 제임스가 오언주의 노동조합 신문인 『개척자』의 편집인이 된 뒤 프랜시스는 여성 문제에 관한 논설을 이 신문에 기고했다.

개선 계획에 여성들을 포함시키지도, 의식과 독립성 면에서 여성을 당신들만큼 높이지도 않는가?

- 존 도어티,* 1834년

우리가 보기에 여성의 종교적 해방을 달성하는 수단은 모든 도시, 소읍, 마을에 '여성협회'를 결성하는 것이다. 이 협회를 통해 여성들은 자신들의 권리와 죄, 운명에 대해 대화하고 토론하고 발언할 수 있다. 또한 자신들의 복지와 인류라는 거대한 가족의 복지에 관해 의논하고, 전체 사회 속에서 사도의 임무를 실천하기 위해 서로 도우며 준비할 수 있다.

- 캐서린 밤비, 1841년

우리는 성과 무관하게 모든 인간이 …… 부드러움과 강한 힘을 동시에 가진 모습을 보고 싶다. 요컨대 참된 공산주의자든 사회주의자든, 남자는 남자의 힘뿐만 아니라 여자의 힘을 가져야 하고, 여자는 여자의 힘뿐만 아니라 남자의 힘을 가져야 한다. 남녀 모두 균형 잡힌 존재가 되어야 한다.

- 굿윈 밤비,** 1840년대

---

* [옮긴이주] 존 도어티John Doherty(1798~1854)는 아일랜드 출신의 노동 운동가, 사회·정치 개혁가다. 맨체스터에서 면직 노동자로 출발해 노동조합 조직가로서 노동시간 단축과 공장 개혁, 아동노동 반대 등 활발한 활동을 펼쳤다.

** [옮긴이주] 굿윈 밤비Goodwyn Barmby(1820~1881)는 영국의 유토피아 사회주의자로, 부인 캐서린 밤비Catherine Barmby와 함께 1830~1840년대에 오언주의 운동에서 활발하게 활동했다. 확고한 페미니스트로 이름을 날렸으며 다양한 공동체 운동에서 조직가, 신문 편집자, 저술가로 활동했다. 차티스트 운동의 요구안에 여성 참정권 조항을 삽입할 것을 주장하기도 했다.

플로라 트리스탕*: 프랑스의 유토피아 사회주의자

보편적인 남녀 노동자 연합만이 …… 죽어가는 문명과, 뛰어난 지성들이 예견한 조화로운 사회 질서를 잇는 다리를 세울 수 있다. …… 나는 여성들에게 권리를 달라고 요구한다. **세계의 모든 악폐는 여성이 타고난 절대적인 권리를 지금까지 이렇게 망각하고 멸시한 데서 비롯된다**고 확신하기 때문이다. 나는 여성들에게 권리를 달라고 요구한다. 이것만이 **여성들이 제대로 된 교육을 받을 수 있는 유일한 길**이기 때문이며, 남성 전체의 교육, **특히 하층계급 남성의 교육**이 여성 교육에 달려 있기 때문이다.

노동자들이여, 여러분은 지금 당신네 가정에서 어떤 일이 벌어지는지를 안다. 당신네, 부인에 대해 **권리를 가진 주인**인 남자들은 부인과 만족하며 살고 있는가? 말해보라. 당신들은 행복한가?

아니다, 아니다. 뻔히 보이는 것처럼, 당신들에게는 권리가 있지만 당신들은 **만족스럽지도 행복하지도** 않다.

주인과 노예 사이에는 한쪽을 다른 한쪽에 묶어두는 족쇄의 무게로 인한 피로만이 존재할 뿐이다. 자유의 부재가 드러나는 곳에 행복이 존재할 수는 없는 법이다. ……

---

* [옮긴이주] 플로라 트리스탕Flora Tristan(1803~1844)은 19세기 초 여성 및 노동운동가로 활동했으며, "모든 남녀노동자들 사이에 직업의 구별 없이 조직되는 전체적인 연합" 결성을 주장한 『노동자연합L'Union Ouvrière』(1843) 등을 썼다.

1. 견고하고 단단하며 확고한 **단결**로 **노동자 계급을 구성한다.**

2. 노동자 계급이 존재할 필요가 있음을 확고히 하고 다른 계급들이 이 사실을 분명히 받아들이도록 하기 위해, **노동자 연합**이 선출하고 급료를 지불하는 대변자를 내세워 국민 앞에서 노동자 계급을 대표하도록 한다.

3. **육체노동이 하나의 재산으로서 정당성**을 인정받도록 한다. (프랑스의 2,500만 프롤레타리아는 육체 외에 어떤 재산도 없다)

4. **모든 남녀**에게 **노동권**의 정당성을 인정받도록 한다.

5. **모든 남녀**에게 도덕적, 지적, 직업적 교육권의 정당성을 인정받도록 한다.

6. 현 사회 체제에서 **조직화 작업**의 가능성을 탐구한다.

7. 각 지역마다 **노동자 연합 전당**을 세워 노동자 계급 자녀들을 지적·직업적으로 가르치고, 일터에서 다쳤거나 몸이 약하거나 나이 든 남녀 노동자를 돌본다.

8. **하층계급 여성**에게 도덕적·지적·직업적 교육을 제공할 시급한 필요성을 인식한다. **하층계급 남성**에게 덕성을 불어넣는 존재로 만들기 위함이다.

9. **원칙적으로 남녀의 법적 평등**이 **인류를 통일**하는 유일한 방법임을 인식한다.

– 플로라 트리스탕, 『노동자연합』, 2판, 1844년

하층계급이 서로 의존하는 것이 절대적으로 필요하다. 부르주아지

에게 이익을 맡긴다면 또다시 큰 손해를 볼 것이다.

– 플로라 트리스탕, 『프랑스 여행Le Tour de France』, 1843년

샤를 푸리에*: 프랑스의 유토피아 사회주의자

어떤 사회에서든 여성 해방(자유)의 정도는 일반적인 해방을 가늠하는 자연스러운 척도다. 이러한 척도는 현 사회에도 완벽하게 들어맞는다. 오늘날 여성의 정치적 평등을 위해 벌이는 대중 투쟁은 전반적인 프롤레타리아트 해방 투쟁의 유일한 표현이자 부분이며, 전반적인 해방 투쟁의 힘과 미래도 거기에 있다. 여성들이 보편·평등·직접 참정권을 획득하면—여성 프롤레타리아트 덕분에—계급 투쟁이 무한히 진전되고 격화될 것이다. 부르주아 사회가 여성 참정권을 혐오하고 두려워하는 것은 이 때문이며, 우리가 여성 참정권을 쟁취하기를 원하고 쟁취하게 될 것도 이 때문이다. 우리는 여성 참정권 투쟁을 통해 혁명적 프롤레타리아트의 망치질로 현 사회를 박살낼 시간을 앞당기게 될 것이다.

– 샤를 푸리에, 「네 가지 운동의 이론Théorie des Quatre Mouvements」,
1841~1845년

---

* [옮긴이주] 샤를 푸리에Charles Fourier(1772~1837)는 프랑스 사회주의자다. 푸리에는 자유방임주의에서 내세우는 경제적 자유나 경쟁이 아니라 배려심, 소통 등을 강조하며 부자든 빈자든 함께 모여 서로 나누고 배려하며 살아가는 유토피아적 공동체 '팔랑스테르phalanstere'를 구상했다. 이러한 구상을 담은 책 『사랑이 넘치는 신세계Le Nouveau Monde amoureux』(1816)를 비롯해 여러 저서를 남겼다.

미국의 자매들이여! 프랑스의 사회주의자 자매들은 여러분과 하나
되어 시민적·정치적 평등에 대한 여성의 권리를 옹호합니다. 더불어
우리는 연대에 바탕을 둔 결사의 힘을 통해서만, 즉 노동자를 조직하
기 위한 남녀 노동계급의 연합을 통해서만 여성의 시민적·정치적 평
등과 만인의 사회적 권리를 완전하고도 평화롭게 쟁취할 수 있다고
확신합니다.

– 프랑스의 유토피아 사회주의자 폴린 롤랑Pauline Roland과
잔 드루앵Jeanne Deroin이 미국여성대회에 보낸 편지, 1851년

마르크스와 엥겔스

사람과 사람의 직접적, 자연적, 필연적 관계는 **남성과 여성의 관계**
이다. 양성의 이러한 **자연적** 관계 속에서 인간과 자연의 관계는 곧 인
간과 인간의 관계이며, 이는 인간과 인간의 관계가 곧 인간과 자연의
관계—인간의 고유한 **자연적** 기능—인 것과 마찬가지다. 그러므로 이
러한 관계에서 인간적 본질이 어느 정도로 인간에게 자연이 되었는지
또는 자연이 어느 정도로 인간의 인간적 본질이 되었는지는 **감각적으**
로, 직관 가능한 **사실**로 환원되어 **나타난다**. 따라서 우리는 이러한 관
계에서 인간의 발전 단계 전체를 판단할 수 있다. 이 관계의 성격에서
인간이 어느 정도로 **유적**類的 **존재**로서 **인간**으로서 형성되어 있으며
자신을 파악하는지가 도출된다. 남성과 여성의 관계는 인간과 인간의
가장 자연적인 관계이다. 그러므로 인간의 **자연적** 태도가 어느 정도로
인간적으로 되었는지 또는 인간에게 **인간적** 본질이 어느 정도로 **자연**

적 본질이 되었는지, 인간의 **인간적 본성**이 **인간**에게 어느 정도로 **자연**이 되었는지는 이러한 관계 속에서 드러난다. 또한 이러한 관계 속에서, 인간의 **욕구**가 어느 정도로 **인간적** 욕구로 되었는지, 따라서 인간에게 **다른** 인간이 어느 정도로 인간으로서 욕구가 되었는지, 인간이 어느 정도로 그의 가장 개별적인 현존 속에서 동시에 사회적 존재인지가 드러난다.

- 카를 마르크스,
『경제학 철학 수고Economic and Philosophical Manuscripts』, 1844년

가족의 폐지라니! 가장 급진적인 사람들조차 공산주의자들의 이 파렴치한 제안에 대해서는 격분을 금치 못한다.

오늘날의 가족, 부르주아 가족은 어디에 근거를 두는가? 자본이며, 사적 영리다. 완전하게 발전된 형태의 가족은 오직 부르주아지에게만 존재한다. 하지만 이러한 현상은 프롤레타리아 가족의 실질적 부재와 공창公娼에서 그 보완물을 찾는다.

부르주아 가족은 이러한 보완물이 사라지면 당연히 함께 사라지며, 또 둘 다 자본의 소멸과 함께 사라진다.

당신들은 부모가 자식을 착취하지 못하게 막으려 한다고 우리를 비난하는가? 이게 죄라면 기꺼이 유죄를 인정하겠다.

그런데 당신들은 우리가 가정교육을 사회교육으로 바꿔놓으면서 가장 신성한 관계를 파괴한다고 주장한다.

그렇다면 당신들의 교육은 어떠한가? 당신들의 교육은 사회적이지 않으며, 학교나 여타 다른 매개를 통해 직·간접적 간섭을 받으면서 사회적 조건에 의해 규정받지 않는단 말인가? 공산주의자들이 교

육에 대한 사회의 개입을 창안한 것은 아니며, 다만 그 개입의 성격을 변화시켜 교육을 지배계급의 영향으로부터 벗어나게 하려고 노력할 뿐이다.

현대 산업으로 인해 프롤레타리아의 가족적 유대가 모두 끊어지고 아이들이 단순히 상품이나 노동 도구로 전환될수록 가족과 교육, 부모 자식 간의 신성한 관계에 관한 부르주아지의 입에 발린 이야기는 더욱더 역겨운 것이 된다.

그런데 당신네 공산주의자들은 부인 공유제를 도입하려 하는 것이 아니냐고 부르주아지 전체가 입을 모아 비명을 지른다.

부르주아지는 자기 부인을 단순한 생산도구로밖에 보지 못한다. 그래서 생산도구를 공동으로 이용해야 한다는 말을 들으면 자연스럽게 여성들도 만인의 공유물이 되는 똑같은 운명에 처하게 될 것이라고 결론 내릴 수밖에 없다.

한낱 생산도구에 불과한 여성의 지위를 타파하는 것이야말로 우리 공산주의자들이 지향하는 바라는 사실을 부르주아지는 전혀 알아채지 못한다.

더군다나 우리의 부르주아지는 공산주의자들이 공개적이고 공식적으로 부인 공유제를 도입하려 한다면서 고결한 도덕심에 경악을 금치 못하는데, 사실 이보다 더 우스운 짓거리도 없다. 공산주의자들은 부인 공유제를 도입할 필요가 없다. 부인 공유제는 태곳적부터 존재해왔으니 말이다.

우리의 부르주아지는 공공연한 매춘은 말할 필요도 없거니와, 프롤레타리아트의 부인과 딸들을 마음대로 농락하는 것으로도 만족하지 못하여 자기네 부인들을 서로 유혹하는 것을 주된 쾌락으로 삼고 있다.

부르주아적 결혼은 사실상 부인을 공유하는 제도이며, 따라서 부르주아지는 기껏해야 공산주의자들이 위선적으로 은폐된 부인 공유제 대신 공개적으로 합법화된 부인 공유제를 도입하려 한다고 비난할 수 있을 뿐이다. 그러나 그건 그렇다 치고 현재의 생산관계가 철폐되면 그 생산관계에서 비롯된 부인 공유제, 즉 공식적·비공식적인 매춘도 사라질 것은 분명한 사실이다.

– 카를 마르크스·프리드리히 엥겔스,
『공산당 선언The Manifesto of the Communist Party』, 1848년

독일 사회주의 지도자 아우구스트 베벨*

우리는 모든 생산수단이 공동체의 소유가 되는 사회, **성별의 구별 없이 만인의 완전한 평등을 인정하는 사회**를 건설하기 위해 노력해야 한다.

– 아우구스트 베벨,
『여성의 과거, 현재, 미래Woman in the Past, Present and Future』, 1885년

여성이 프롤레타리아로서 억압받는가 하는 질문과는 무관하게, 오

---

* [옮긴이주] 아우구스트 베벨August Bebel(1840~1913)은 독일의 사회주의자·저술가로서 1867년 독일 노동조합연합 의장을 맡았고, 1869년 독일 사회민주노동당을 창립했으며, 1889년 제2인터내셔널 창립에 참여하는 등 활발한 활동을 펼쳤다. 주저 『여성과 사회주의 Die Frau und der Sozialismus』(1883)는 마르크스주의 여성론의 고전으로 꼽힌다.

늘날과 같은 사적 소유의 세계에서 여성은 거의 전적으로 성별이라는 잣대에 의해 평가된다. 남성은 알지 못하는 수많은 제한과 장애물이 여성에게는 존재하며 모든 상황에서 여성을 제약한다. 남성에게 허용되는 많은 것들이 여성에게는 금지된다. 모든 사람이 향유하는 수많은 사회적 권리와 자유를 여성이 행하면 실수나 범죄로 간주된다. 여성은 한 사회적 존재로서, 그리고 여성이라는 성별을 가진 자로서 고통받으며, 둘 중 어떤 역할을 맡을 때 가장 고통받는지 결론내리기는 쉽지 않다.

— 아우구스트 베벨, 『여성과 사회주의』, 1891년

지금까지 사람들은 여성들에게는 선천적으로 이 정신 능력이 결여되어 있기 때문에 그런 일들을 감당하지 못한다고 계속 말해왔다. 여성이 고위 전문직에 참여하는 건 지금으로서는 현대 사회의 아주 극소수에만 해당되는 이야기지만, 원칙적으로 볼 때 매우 중요한 문제다. 대다수 남성들은 여성이 언제까지나 남성보다 육체적·정신적으로 열등하며, 따라서 동등한 권리를 주장할 자격이 없다고 믿어 의심치 않는다. 그리고 이런 믿음이 있기 때문에 여성들의 열망을 단호하게 가로막는 반대자 노릇을 한다.

— 아우구스트 베벨, 『여성과 사회주의』, 1891년

여성에 대한 남성의 폭정은 프롤레타리아트에 대한 부르주아지의 폭정과 비슷하며, 여러 면에서 남성의 폭정이 부르주아지의 폭정보다 훨씬 극악하다. 프롤레타리아 남성은 한정된 시간 동안만 고용주에게 자신의 노동시간을 판매하며, 상황이 마음에 들지 않으면 대부분의 경우 다른 더 나은 고용주를 찾아 나선다. 하지만 부인은 자기 남편에게 영원히 묶여 있으며, 매일 매시간 남편과 반목하며 살아간다. 결혼한 여성은 죽는 날까지 족쇄를 차야 한다. 프롤레타리아 남성은 다른 남성에 비해 훨씬 독립적이다. 동료들과 연합해서 한결 쉽게 존중과 정의를 요구할 수 있기 때문이다. 그렇지만 여성의 경우는 상황이 판이하게 다르다. 여성은 온갖 불의를 감내해야 하며, 법률 체제는 프롤레타리아 남성에 비해 여성을 제대로 보호해주지 않는다. 어쨌든 가장 어려운 상황에나 처해야 보호를 받을 뿐이다. 상황이 이쯤 되면 갈라설 필요가 있지만, 이혼을 하면 여성은 비참한 고독으로 전락하는 반면 남성은 다른 부인을 얻는 즐거움을 누린다.

— 아우구스트 베벨, 「여성의 현재와 미래 지위에 관하여Über die gegenwärtige und künftige Stellung der Frau」, 1878년

노동계급 여성은 노동계급이나 다른 사회계급의 남성보다 부르주아 여성이나 귀족 여성과의 공통점이 더 많다.

— 아우구스트 베벨, 「여성의 현재와 미래 지위에 관하여」, 1878년

프리드리히 엥겔스

유물론적 인식에 따르면, 역사를 최종적으로 결정하는 요인은 직접적 생활의 생산과 재생산이다. 그런데 이것 자체는 다시 이중적인 방식으로 이루어진다. 한편으로는 생활수단의 생산, 즉 의식주의 대상과 이에 필요한 도구의 생산이며, 다른 한편으로는 인간 자체의 생산,

즉 종의 번식이다. 특정한 역사 시대에 특정 지역에 사는 인간은 사회적 제도 안에서 살아가는데, 이 사회적 제도는 두 종류의 생산, 곧 한편으로는 노동의 발전 단계, 다른 한편으로는 가족의 발전 단계에 의해 규정된다.

- 프리드리히 엥겔스, 『가족, 사유재산, 국가의 기원The Origin of the Family, Private Property and the State』, 1884년, 초판 서문

18세기 계몽주의에서 물려받은 지극히 불합리한 관념 가운데 하나는 사회 발전의 초기에 여성이 남성의 노예였다는 가정이다. ……

모권의 전복은 **여성의 세계사적 패배**였다. 남자가 가정에서도 주도권을 잡게 됐고, 여자는 지위가 추락하여 남자의 정욕의 노예이자 아이를 낳는 단순한 도구로 전락했다. 여성의 이러한 굴종적인 지위는, 특히 영웅시대와 더 나아가 고전시대 그리스인에게서 노골적으로 나타나듯이, 점차 미화되고 그럴싸하게 포장되어 때로는 좀 더 완화된 형태를 취하기도 했다. 그러나 여성의 굴종적인 지위는 계속 유지되었다.

이렇게 확립된 남성 전제專制의 첫 번째 결과는 당시 막 출현한 가부장제 가족이라는 중간 형태다. ……

이상이 고대의 가장 문명화하고 발달한 민족을 최대한 추적해 본 일부일처제의 기원이다. 일부일처제는 결코 개인적인 성애의 결과가 아니었으며, 이와는 아무런 관계가 없었다. 왜냐하면 결혼은 언제나 정략결혼이었기 때문이다. 일부일처제는 자연적 조건이 아니라 경제적 조건에 바탕을 둔 것으로, 특히 자연적으로 성장한 원시적 공동 소유에 대한 사적 소유의 승리를 기반으로 한 최초의 가족 형태였다.

가족 안의 남자의 지배, 즉 남편의 부를 상속할 확실한 남편의 자식을 낳는 것—이것만이 그리스인이 솔직하게 표명하는 단혼의 유일한 목적이었다. ……

역사에 나타난 최초의 계급 대립은 단혼에서 남편과 아내 간 적대의 발전과 일치하고, 최초의 계급 억압은 남성에 의한 여성 억압과 일치한다. 단혼은 위대한 역사적 진보 중 하나지만, 동시에 노예제나 사적 소유와 함께 오늘날까지 계속되는, 즉 모든 진보가 동시에 상대적 퇴보이며 한쪽의 행복과 발전이 다른 쪽의 고통과 억압으로 관철되는 시대를 열었다. 단혼은 문명사회의 세포 형태이며, 우리는 이를 통해 앞으로 명백히 전개될 대립과 모순의 본질을 연구할 수 있다. ……

이제 우리는 일부일처제의 경제적 기초도, 그 보완물인 성매매의 경제적 기초도 확실하게 소멸시킬 사회혁명을 향해 나아가고 있다. …… 그런데 일부일처제가 경제적 원인에서 생겨났다고 해서, 이러한 원인이 사라지면 일부일처제도 사라질 것인가?

이 질문에 다음과 같이 대답해도 틀리지 않을 것이다. 일부일처제는 사라지기는커녕 오히려 완전하게 실현될 것이다. 왜냐하면 생산수단이 사회적 소유로 전환됨과 함께 임노동도 프롤레타리아트도 소멸되어, 일정한 수—통계적으로 계산될 수 있는—의 여성들이 돈을 받고 몸을 팔아야 하는 필요성도 소멸될 것이기 때문이다. 성매매는 사라지지만, 일부일처제는 사라지는 대신 마침내 남성에 대해서도 현실이 될 것이다. ……

이러한 일부일처제로 인해, 소유관계에 일부일처제가 나타나면서 생긴 모든 특성은 완전히 제거될 것이다. 그것은 첫째로 남자의 지배

이며, 둘째로 이혼의 불가능이다. ……

　그래서 자본주의적 생산이 조만간 일소된 후 양성관계의 질서에 대해 지금 예상할 수 있는 것은 주로 우리가 부정적으로 여기는 것들로서, 대부분 소멸하는 것들에 국한된다. 과연 무엇이 새로 나타날 것인가? 그것은 새로운 세대가 성장했을 때 결정될 것이다. 평생 돈이나 사회적인 권력 수단으로 여자의 몸을 사는 일이 없을 남자들과, 진정한 사랑 이외의 다른 이유로 남자에게 몸을 맡기거나 경제적인 결과가 두려워 사랑하는 사람을 거절하는 일이 평생 한 번도 없게 될 여자들의 세대 말이다. 일단 이런 사람들이 생겨나면 이들은 오늘날 우리가 마땅히 해야 한다고 믿는 일 따위는 전혀 개의치 않을 것이다. 자신의 실천을 스스로 만들 것이고, 이를 바탕으로 삼아 각 개인의 실천에 대한 여론을 스스로 만들 것이다―이것이 전부다.

- 프리드리히 엥겔스, 『가족, 사유재산, 국가의 기원』, 1884년

독일 사회주의 운동 지도자 로자 룩셈부르크[2]

　유산계급 여성들은 언제나 노동 대중에 대한 착취와 억압을 열렬히 지지할 것이다. 이런 착취와 억압을 통해 사회에 아무 소용도 없는 자신들이 생활하기 위한 자금을 간접적으로 받기 때문이다. …… 정반대로 프롤레타리아 여성은 경제적으로 독립적이며, 남성과 마찬가지로 사회를 위한 생산적인 노동에 종사한다. 가사노동을 통해 남자들을 돕는다는 말이 아니다. …… 가사노동은 오늘날의 자본주의

경제 체제의 의미 안에서는 생산적이지 않다. 수많은 자잘한 일에 엄청난 에너지와 자기희생을 쏟아붓는데도 말이다. 가사노동은 프롤레타리아들의 개인적인 관심사, 즉 그들의 축복이자 경사에 불과하며, 현대 사회에서 보자면 바로 이런 이유 때문에 허공의 공기에 지나지 않는다. 잉여가치를 창출하고 자본가에게 이윤을 안겨주는 노동만이 생산적이다—자본의 지배와 임금 체제가 계속되는 한에는. 이런 관점에서 보자면, 두 다리를 놀려 고용주에게 이윤을 안겨주는 카페의 댄서는 생산적인 근로 여성인 반면, 가정의 울타리 안에서 프롤레타리아 여성과 어머니가 들이는 노고는 비생산적인 노동으로 여겨진다. 조야하고 얼빠진 소리처럼 들리겠지만, 오늘날의 자본주의 경제 질서가 얼마나 조야하고 얼빠진 것인지를 이보다 더 정확하게 표현하지도 못하리라. 프롤레타리아 여성이 이런 현실을 있는 그대로 투명하고 뚜렷하게 이해하는 것이야말로 다른 무엇보다 시급한 과제다.

이런 관점에 설 때에만 정치적 평등을 요구하는 근로 여성의 주장이 굳건한 경제적 기반에 확고하게 뿌리내리기 때문이다. 오늘날 수많은 프롤레타리아 여성이 남성과 마찬가지로 자본주의적 이윤을 창출한다—공장과 작업장, 농업과 가내 수공업, 사무실과 상점 등에서. 따라서 현대 사회의 엄격한 경제적 의미에서 프롤레타리아 여성은 생산적이다. ……

이런 상황에서 프롤레타리아 여성의 정치적 시민권을 부정하는 것은 더없이 비열한 불의다. 이미 부분적으로 잘못되었기 때문이다. ……

과학적 사회주의를 공동으로 창시한 프리드리히 엥겔스의 말마따나 사회의 폭넓은 층이 불의를 의식한다면, 이것이야말로 사회의 경

제적 토대에서 이미 심대한 변화가 벌어지고 있으며 기존 질서가 현재
진행 중인 발전 과정과 모순에 맞닥뜨리게 되었다는 확실한 징표다.
오늘날 정치적 시민권의 박탈을 시급히 바로잡아야 할 불의라고 느낀
수백만 프롤레타리아 여성이 벌이는 강력한 운동 역시 기존 국가의
사회적 토대가 이미 무너지고 있으며 최후가 멀지 않았음을 보여주는
징표다.

— 로자 룩셈부르크, 「여성 참정권과 계급 투쟁Women's Suffrage
and Class Struggle」, 1912년

독일 사회주의와 국제 여성노동자운동 지도자
클라라 체트킨*

여성 문제는 프롤레타리아 여성, 중류 부르주아지 여성, 인텔리겐치
아 여성, '최상위 1만 명'의 여성에 따라 각각 다르다. 각 계층의 계급
적 상황에 따라 다양한 형태를 띠는 것이다.
'최상위 1만 명'의 여성들에게는 여성 문제가 어떤 형태를 띠는가?
이 사회계층의 여성은 보유한 재산 덕분에 자기 개성을 자유롭게 꽃
피울 수 있다. 마음 내키는 대로 살 수 있는 것이다. 그렇지만 부인으
로서 여전히 남편에게 의존한다. ……

---

* [옮긴이주] 클라라 체트킨Clara Zetkin(1857~1933)은 1911년 세계 최초로 국제 여성의 날
을 조직한 인물이기도 하다. 1917년까지 독일 사회민주당원이었으며, 사민당 여성지 『평등
Gleichheit』을 창간, 편집했다. 제1차 세계대전(이하 1차대전) 참전을 옹호하는 당에 반발해 로
자 룩셈부르크와 탈당해 공산당 조직에 참여했다.

이 집단에 속한 여성들이 자기 삶을 진지한 내용으로 채우고 싶다는 욕망을 누리려면 우선 자기 재산에 대한 자유롭고 독립적인 통제권을 주장해야 한다. 따라서 이런 요구가 '최상위 1만 명'의 여성운동이 제기하는 요구의 핵심을 차지한다. 이 여성들은 자기 계급의 남성들에 맞서서 이런 요구를 달성하기 위해 싸운다—부르주아지가 특권계급에 맞서 싸우면서 내세웠던 것과 똑같은 요구다. 재산 소유에 바탕을 둔 모든 사회적 차별을 끝장내기 위한 싸움인 것이다. ······

그러면 중소 부르주아지나 부르주아 인텔리겐치아 집단에서는 여성 문제가 어떻게 드러나는가? ······ 이 집단에서는 상류층의 경우와 달리 여성이 사유재산 소유자로서 남성과 평등을 누리지 못한다. 프롤레타리아 집단의 경우와 달리 근로 여성으로서 평등을 누리지도 못한다. 이 집단의 여성들은 오히려 남성과 경제적 평등을 얻기 위해 싸워야 하며, 두 가지 요구를 통해서만 싸울 수 있다. 직업교육에서 평등을 요구하는 것, 그리고 직업 수행에서 양성평등을 요구하는 것이 그것이다. 경제학 용어로 말하자면, 남녀 사이에 자유 무역과 자유 경쟁을 실현하는 것에 지나지 않는다. 이런 요구가 실현되면 중간계급과 인텔리겐치아 여성과 남성 사이에 이익 충돌이 일어난다. ······

부르주아 여성운동이 순전히 경제적인 동기를 추구하는 것이라고 규정한다면 잘못된 생각일 것이다. 부르주아 여성운동에는 한층 심오한 지적·도덕적 측면이 있다. 부르주아 여성은 자기 빵을 벌겠다고 요구할 뿐만 아니라 지적으로 완전한 삶을 살고 자기 개성을 발전시키기를 원한다. 바로 이런 계층에서 비극적이고 심리학적으로 흥미로운 '노라'* 같은 인물을 만날 수 있다. 부르주아 부인은 인형의 집의 인형 같은 삶에 진저리를 치며, 현대 문화의 폭넓은 발전에 참여하기를 원한다. 그리고 경제적인 면과 지적·도덕적인 면 모두에서 부르주아 여권론자들의 분투는 전적으로 정당화된다.

프롤레타리아 여성의 경우에는 자본의 착취 필요성, 값싼 노동력에 대한 끊임없는 추구 때문에 여성 문제가 생겨난다. …… 프롤레타리아 여성이 현대 경제생활 구조로 끌려들어가는 것도 이 때문이며, 작업장과 기계로 끌려들어가는 것도 이 때문이다. 프롤레타리아 여성은 남편이 생계를 꾸리는 데 조금이나마 도움을 주기 위해 경제생활에 들어선다. 자본주의 생산양식은 이 여자를 남보다 싼 경쟁자로 변신시킨다. 여자는 가족의 생활을 개선시키기를 원한다. 그리고 그 결과로 프롤레타리아 가족에 더 큰 고통을 가져온다. ……

프롤레타리아 여성은 경제적 독립을 달성했지만, 인간으로서나 여성 혹은 부인으로서나 한 개인의 온전한 삶을 살 가능성은 없다. 부인이자 어머니로서 하는 노동에 대해 자본주의 생산의 식탁에서 떨어진 부스러기만을 대가로 받기 때문이다.

따라서 프롤레타리아 여성의 해방 투쟁은 부르주아 여성과 달리 자기 계급의 남성에 맞서는 투쟁이 될 수 없다. 프롤레타리아 여성은 자유로운 경쟁을 제한하기 위해 세워진 장벽을 무너뜨리기 위해 자기 계급의 남성에 맞서 싸울 필요가 없다. 자본의 착취 필요성과 현대 생산양식의 발전 덕분에 이런 싸움을 할 필요가 전혀 없다. 오히려 문제는 프롤레타리아 여성의 착취를 막을 새로운 장벽을 세워야 한다는

---

* (앞쪽) [옮긴이주] 원문에는 'Neva'라고 되어 있으나 입센의 희곡 『인형의 집』의 주인공 '노라'의 오기로 보인다. 앞의 각주에서 인용한 Draper and Lipow, "Marxist Women versus Bourgeois Feminism"에 재수록된 체트킨의 원문에는 '노라'라고 되어 있다.

것이다. 또한 부인과 어머니로서 권리를 되찾고 확보해야 한다는 것이다. 프롤레타리아 여성이 추구하는 최종 목표는 남성과의 자유 경쟁이 아니라 프롤레타리아트의 정치적 지배를 확립하는 것이다. 프롤레타리아 여성은 자기 계급의 남성과 손을 잡고 자본주의 사회에 맞서 싸운다. 물론 부르주아 여성운동에서 내세우는 요구에도 동의한다. 그러나 프롤레타리아 여성은 이런 요구의 실현을 단지 목적에 이르는 수단으로 보며, 따라서 남성 노동자들과 함께 투쟁하고 동등하게 무장할 수 있다.

- 클라라 체트킨, 「프롤레타리아 여성과 사회주의 혁명Proletarian
Women and Socialist Revolution」, 1896년

영국 사회주의자 엘리너 마르크스*

······ 랭커셔와 요크셔에서는 여성이 거의 예외 없이 노동조합에 가입하여 정식으로 조합비를 내고 각종 혜택을 받지만, 노동조합 지도부에 단 한 명도 참여하지 않고, 조합 기금의 관리에 대해서도 전혀 목소리를 내지 않으며, 지금까지 단 한 번도 노동조합 총회에 대의원으로 참석하지 않았다. 대표와 행정은 전적으로 남성 노동자의 몫이다.

---

* [옮긴이주] 엘리너 마르크스Eleanor Marx(1855~1898)는 카를 마르크스의 막내딸이자 사회주의자로, 영국사회민주연맹British Social Democratic Federation 창립에 참여하기도 했다. 그렇지만 조직 내 의견 불일치가 계속되자 엘리너 마르크스는 이곳을 떠나 사회주의연맹Socialist League 창립에 참여하고, 영국을 비롯한 여러 나라에서 벌어진 노동자 파업을 지지하고, 제2인터내셔널을 조직하는 데 힘쓰는 등 사회주의자로서 활발한 활동을 펼쳤다.

여성들의 이런 명백한 무관심과 무시는 쉽게 찾아볼 수 있다. 모든 여성 조직에서도 상당히 흔한 일이지만, 여기서는 무시할 수 없다. 오늘날에도 여성은 여전히 두 가지 의무를 다해야 하기 때문이다. 공장에서 여성은 **프롤레타리아**로서 일당을 벌어 자신과 아이들이 먹고 살아야 한다. 다른 한편 **가정의 노예**, 즉 남편과 아버지와 형제들을 위해 무상으로 일하는 하인이다. 아침 일찍 공장에 가기 전부터 얼마나 많은 일을 하는지, 만약 남자가 그런 일을 해야 한다면 이 일만으로도 하루치 노동으로 족하다고 생각할 것이다. 남자들은 조금이나마 쉴 수 있는 점심시간도 여자에게는 휴식시간이 아니다. 그리고 불쌍한 남자들이 자기를 위한 시간이라고 하는 저녁때에도 불쌍한 여자들은 일을 해야 한다. 집안일을 해야 하고, 아이들을 돌봐야 하며, 옷을 빨고 꿰매야 한다. 요컨대, 영국 어느 공장 도시의 남자들이 10시간을 일한다면, 여자들은 최소한 16시간을 일해야 한다. 상황이 이러한데 어떻게 여자들이 다른 일에 적극적으로 관심을 기울일 수 있겠는가? 물리적으로 불가능한 일이다. 그렇지만 그나마 이런 공장 도시에 있는 여성은 대체로 운이 좋은 편이다. 여자들은 '충분한' 임금을 벌고, 남자들은 여자가 일하지 않으면 제대로 살지 못하며, 따라서 여자들이 상대적으로 독립적이다. 여성 노동이 기름땀 노동에 지나지 않고, 엄청난 양의 **가사노동**이 일상의 규칙이 되어버린 도시나 지역에서야 조직화를 위한 최악의 조건과 절실한 필요성을 발견하게 된다.

최근 몇 년 동안 이 문제에 관해 많은 일이 이루어졌지만, 나로서는 그 성과가 쏟아부은 노력과 전혀 어울리지 않는다고 말해야 할 의무감을 느낀다. 그렇지만 내가 보기에는 대다수 여성 노동자들이 비참한 조건 아래서 살기 때문에 항상 상대적으로 성과가 작은 것은 아니다. 오히려 대다수 여성 노동조합이 세워지고 운영되는 방식이 중요한 이유인 것 같다. 대부분의 여성 노동조합을 이끄는 것은 남녀를 막론하고 중간계급 사람들이다. 확실히 이 사람들은 어느 정도까지는 기특하게 일을 하지만, 이 운동이 어떤 것인지 이해하지도 못하고 이해하려고도 하지 않는다. 이 사람들은 여성 노동자들의 비참한 현실을 불편하게 느끼며 불행한 노동자들의 상태를 '개선'하고 싶어 한다. 그러나 우리와 똑같은 사람들은 아니다.

– 엘리너 마르크스, 「영국 여성노동자운동에 관하여On the
Workingwomen's Movement in England」, 1892년

…… 자본주의 생산의 '자연'법칙이나 노동자가 생계수단으로 가져가는 생산물의 양에 '자연적인' 한계 같은 게 존재하지 않는 것처럼, 여성의 '자연적인 소명' 같은 것은 없다. 여성의 경우에 아이를 돌보고, 살림을 꾸리고, 남편에게 순종하는 것이 '소명'이라고 여겨진다. 자본주의 생산의 경우에는 잉여가치 생산이 자본 생산에 필요한 예비 조건이다. 마지막으로 노동자가 생계수단을 위해 받는 양은 단지 굶주림을 겨우 면하는 수준으로 유지된다. 이런 것은 물리학에서의 운동법칙과 같은 의미의 자연법칙이 아니다. 사회에서 임시로 정한 합의일 뿐이다. 프랑스어를 외교 언어로 쓰기로 합의한 것처럼 말이다. ……

두 피억압 계급, 즉 여성과 직접생산자 모두 자신들의 해방은 스스로 이루는 것임을 이해해야 한다.

– 엘리너 마르크스와 에드워드 에이블링,
『여성 문제The Woman Question』, 1887년

영국 사회주의자이자 자유사상가 에드워드 카펜터*

…… 여성이 자유롭지 않다면 자기 이름값을 하는 게 가능할까?

오늘날, 아니 오늘날까지, 임금노동자가 자기 육체노동을 팔지 않고는 다른 생계수단이 없는 것처럼, 여성도 자기 성을 파는 것 말고는 다른 생계수단이 없다. 여성은 평생 동안 한 남성에게 자기 성을 팔아서 그 대가로 사회에서 존중을 받고 귀부인이나 일꾼으로 새장에 갇힌 삶을 살아간다. 아니면 밤이면 밤마다 성을 파는 '자유여성'이 되어 세상의 멸시를 받다가 빈민굴에서 삶을 마감한다. 어느 경우든 간에 (여성 자신이 정말로 이 문제에 관해 생각을 한다면) 그 여성은 자존감을 잃을 수밖에 없다. 참으로 대단한 선택권이다!―얼마나 오랫동안 여성의 운명이 이러했던가? ……

여성의 해방 말고는 다른 해결책이 없다―물론 남녀 대다수 민중의 해방과 경제적 노예제의 폐지도 포함된다. '자유여성'과 '자유연애'라는 말의 진정하고 정당한 의미를 되찾아주지 않는 해결책은 있을 수 없다. 여성이 겪는 고통 때문에 심장에서 피를 흘리는 모든 여성이 최대한 당당하게 스스로 자유여성임을 밝히고 나서도록 하자. 자유여성이라는 명칭에 따라붙는 온갖 비난을 받아들이도록 하자. 자기가 원하는 대로 말하고 옷을 입고 생각하고 행동하고 무엇보다도 성적 능력

---

* [옮긴이주] 에드워드 카펜터Edward Carpenter(1844~1929)는 영국의 사회주의자이자 시인으로, 엘리너 마르크스와 그녀의 남편 에드워드 에이블링Edward Aveling 등과 영국사회민주연맹에 함께하기도 했다. 그는 이상적인 미래의 결혼에 대한 구상을 담은 『자유로운 사회에서의 결혼Marriage in Free Society』(1894)을 비롯해 많은 저서를 남겼으며, 동성 연인인 조지 메릴George Merrill과 함께 살면서 동성애자 인권 운동에도 중요한 영향을 미쳤다.

을 이용할 수 있는 권리를 주장하게 하자. 경멸과 조소에 맞서게 하자. 자신이 원한다면 "자기 삶을 잃도록" 내버려두자. 해방은 이런 식으로만 올 수 있음을, 자유여성이 존중받을 때에만 성매매 여성이 사라질 것임을 확신하게 하자. 그리고 인류의 나머지 반쪽을 진정으로 존중하는 모든 남성이 여성에게도 그렇게 행동하기를 간청하도록 하자. 소중한 선물이어야 할 것을 흥정의 대상으로 내놓으라고 말로나 행동으로나 여자를 유혹하지 않도록 하자. 기꺼이 약간 떨어져서 여자를 바라보도록 하자. 여자가 스스로 일어서게끔 도와주도록 하자. 그리하여 마침내 남성의 입장에서는 희생이 조금 따르겠지만, 남성 역시 인생의 여정에서 진정한 동반자이자 조력자를 얻게 될 것이다. ……

사회가 자유와 다수의 지배를 향해 가까이 갈수록 이런 위대한 정신을 더욱 기쁜 마음으로 끌어안을 것이며, 과거의 온갖 관습 속에서 이 정신을 실현하기 위해 부분적으로 이루어진 노력을 인식한다면, 관습을 부정하기보다는 받아들이고 재결합함으로써 변화시키고 계발하려 할 것이다. …… 우리가 기대하는 것처럼, 사회가 미래의 어느 시점에 인간의 마음속 욕구와 인간 존재의 다양성을 인정한다면, 다양한 욕구를 혼동하지 않을 것이다. 오히려 각기 다른 욕구가 다양한 기능을 가리키며 이 모든 것이 나름대로 자기 자리와 목적이 있음을 알게 될 것이다. 사회가 이따금 자연의 축제를 너그럽게 보아주고 어느 정도의 동물적 생활을 자유롭게 풀어줄 만큼 양식이 있다고 해서, 영속적인 정신적 결합이 안겨주는 심원한 기쁨이나 행복과 이런 모습을 구별하지 못할 만큼 어리석지는 않을 것이다. 또는 어떤 경우에 아이를 시급히 가져야 하는 사정으로 여자가 남자와 일시적으로 결합하는 것을 인정한다고 해서, 여자를 평생 동안 값싼 매춘부로 낙인찍을 만큼 멍청하지는 않을 것이다. 사회는 사랑의 감정에 다양한 형태와 기능이 존재함을 사실상 용인할 것이며, 실제로는 평생 지속되는 동료애(어쩌면 성적인 요소는 극히 작을 수도 있다)가 가장 만족스러운 형태라고 믿겠지만, 융통성 없는 혼인 관습 그 자체가 항구적인 혼동과 오해의 원천임을 알게 될 것이다. 이런 관습은 오늘날처럼 두 사람이 같은 집에서 영원히 살면서 식탁에 마주 앉지 않으면 아예 서로 남남이라고 여기며, 두 종류의 친밀한 관계만을 인정한다. 전통이 아니면 범죄이며 결혼이 아니면 간통일 뿐이다.

물론 이런 의미의 사회 해방, 그리고 참된 사랑의 온갖 다양한 모습에 반응하여 유동적으로 구현될 인간 삶의 가능성은 경제적 의미의 사회 해방과 나란히 이루어진다. 인류가 산업 문제를 해결하여 거대한 기계력의 산물이 공통의 유산이 되고, 어떤 남자나 여자도 다른 이가 소유한 노예가 아니게 될 때, 성매매나 부인을 소유하기 위한 결혼 같은 갖가지 애정 도착이 사라질 것이다. 그리고 이렇게 경제적으로 자유로운 사회에서 인간의 결합은 마침내 자기 내면의 참된 법칙에 따라 이루어질 것이다. ……

어쩌면 우리보다 더 완전히 발전한 사회만이 자기 내부에 있는 다양한 애정의 풍부한 가능성을 이해할 것이며, 애정 어린 차별과 심미적인 절제를 통해 사랑의 로맨스가 완벽한 상태로 몇 년, 몇 십 년이고 지속되는 수많은 관계의 매혹을 온전히 음미하리라.

— 에드워드 카펜터, 『사랑의 성년기Love's Coming-of-Age』, 1911년

러시아·미국 무정부주의 지도자 엠마 골드만

나는 아름다운 이상과 무정부주의, 인습과 편견으로부터의 해방과 자유를 위해 싸우는 대의를 이루려면 삶의 활력과 기쁨을 부정해야 한다고 믿지 않았다. 나는 우리의 대의 때문에 내가 수녀처럼 행동해야 한다거나 운동이 수도원으로 바뀌어서는 안 된다고 주장했다. 그런 대의라면 나는 원하지 않았다. "나는 자유를 원한다. 자기 표현의 권리와 아름답게 빛나는 것들에 대한 만인의 권리를 원한다."

– 엠마 골드만, 『나의 생애Living My Life』, 1931년

여성의 발전과 자유와 독립은 여성 스스로 자기 자신을 통해 이루어져야 한다. 첫째, 여성 자신을 성적 상품이 아닌 하나의 인격체로 주장해야 한다. 둘째, 자신의 몸을 마음대로 하고자 하는 자의 권리를 거부하라. 즉 스스로 원하지 않으면 임신을 거부하라. 신, 국가, 사회, 남편, 가족 등에 대한 복종을 거부하라. 그리고 삶을 소박하게, 그러면서도 깊고 풍요롭게 만들라. 복잡다단한 삶의 의미와 본질을 배우려 애쓰고, 여론이나 대중의 비난을 두려워하지 말아야 한다. 투표권이 아닌 바로 이런 노력으로 여성은 해방되고 지금까지 이 세상에 없었던 강력한 세력으로 등장할 것이다. 여성은 참된 사랑과 평화와 조화를 이루고, 신성한 불을 일으키며, 생명을 부여하고, 자유로운 남성과 여성을 창조하는 세력이다.

– 엠마 골드만, 「여성참정권Woman's Suffrage」, 1914년

이 여성 인신매매의 진짜 원인은 무엇인가? 백인 여성만이 아니라

황인과 흑인 여성도 거래된다. 이것은 당연히 착취이다. 자본주의라는 무자비한 몰록Moloch 신은 부불노동을 집어삼키며 살을 찌우면서 수많은 성인 여성과 소녀를 성매매로 내몬다.

어디에서도 여성은 일하는 능력에 따라 대접받지 못한다. 단지 성적 대상일 뿐이다. 따라서 여성은 거의 불가피하게 몸을 허락해야만 생존권을 보장받고 어느 분야에서든 지위를 유지할 수 있다. 그리하여 여성이 결혼을 하든 안 하든 한 남자나 여러 남자에게 몸을 파는 것은 당연한 일이고 정도만 다를 뿐이다. ……

경제적 요인이 성매매의 유일한 요인이라는 주장은 일면적이고 지나치게 피상적이다. 경제적 요인 못지않게 중요한 다른 요인도 많다. 우리 개혁론자들도 이 사실을 잘 안다. …… 나는 그 자체로 사람들에게 도덕적 경기를 일으키는 성문제를 언급하려 한다.

여성이 성적 상품으로 길러진다는 건 다들 인정하는 사실이다. 그런데도 여성 자신은 성의 의미와 중요성에 대해 전혀 알지 못한다. 성을 주제로 다루는 모든 것이 금기시되고, 성의 문제를 암흑에서 끄집어내려고 하는 사람들은 박해를 받고 감옥에 들어간다. 그런데 …… 바로 이렇게 무지하기 때문에 여성의 전체 삶과 본성이 왜곡되고 불구가 된다. 남자아이를 자연의 충동에 따라 자라도록 내버려두는 것은 오래전부터 자명한 진리였다. 말하자면 남자아이는 성적 본능이 생기는 순간부터 그 본능을 충족시킬 수 있다. 그러나 도덕론자들은 여자아이가 본능이 생긴다는 생각 자체에 호들갑을 떤다. 도덕론자에게 성매매가 문제되는 것은 여자가 몸을 판다는 점이 아니라 결혼하지 않고 몸을 판다는 점 때문이다. ……

이런 이중적인 도덕 잣대가 성매매가 생겨나고 영속화하는 데 적지 않은 역할을 했다. 이런 잣대 때문에 젊은이들은 '순결'이라는 이름 아래 성 문제에 완전히 무지할 수밖에 없으며, 거기다가 과도한 성적 본능을 억누른 탓에 청교도들이 그토록 피하고 싶어하는 상황이 생겨나고 말았다.

성적 만족을 위해 반드시 성매매가 있어야 하는 것은 아니다. 성매매는 대담무쌍하게 정상에서 벗어난 이들이 저지르는 잔인하고 무정하고 범죄적인 행동이다. 물론 정상적인 사람들도 성매매에 대한 책임이 있다.

— 엠마 골드만, 「여성의 매매The Traffic in Women」, 1910년

결혼은 주로 경제적인 협약이요, 일종의 보험 약정이다. 결혼은 구속력과 강제력이 더 크다는 점에서만 일반적인 생명보험과 다를 뿐이다. 그 보상은 투자한 것에 비해 터무니없이 적다. 사람들은 보험에 가입해서 돈을 붓다가도 마음 내키면 언제든지 해약할 수 있다. 반면 여자가 내는 보험료가 남편이라면, 여자는 자기 이름과 사생활과 자존감과 심지어 "죽음이 두 사람을 갈라놓을 때까지" 생명 자체까지도 납부해야 한다. 게다가 결혼이라는 보험은 저주스럽게도 평생 동안 사회적으로는 물론 개인적으로도 의존적이고 기생적이고 완전히 무익한 삶을 살게 만든다. ……

모든 삶 속에 가장 강력하고 심오한 요소요, 희망과 기쁨과 황홀감을 안겨주는 사랑은 모든 법과 모든 관습에 저항한다. 사랑은 인간 운명을 결정짓는 가장 자유롭고 강력한 요소다. 이렇게 압도적인 힘인 사랑을 어떻게 별 볼 일 없는 국가와 교회가 길러낸 잡초인 결혼과 동일시할 수 있는가? ……

언젠가는, 언젠가는 남성과 여성이 함께 산 정상에 오르게 되리라. 남성과 여성이 서로 당당하고 강인하고 자유로운 모습으로 만나 사랑이라는 황금빛을 받아들이고, 그 빛에 몸을 맡기고, 빛을 쬐게 되리라. 제아무리 천재라도, 그 어떤 환상과 상상력을 발휘하더라도 남성과 여성의 삶에 강력한 힘을 발휘하는 사랑의 잠재력을 조금도 예상하지 못할 것이다. 이 세상에서 진정한 동반자 관계와 하나 됨이 탄생한다면, 결혼이 아니라 사랑이 그 부모일 것이다.

— 엠마 골드만, 「결혼과 사랑Marriage and Love」, 1916년

러시아 볼셰비키 지도자 알렉산드라 콜론타이

현대 인류가 관심을 기울여 숙고해야 하는 많은 문제 가운데 성 문제야말로 손꼽히게 중요한 문제임이 분명하다. …… 노동계급이 "미래라는 포위된 요새"를 공격하는 과정에서 직면할 과제 중 하나는 분명 남성과 여성 사이에 더 건강하고 즐거운 관계를 확립하는 일이다.

노동계급의 이런 필수적인 과제 중 하나에 이토록 용납할 수 없이 무관심한 근원적인 이유는 무엇일까? '성 문제'는 '사적인 문제'의 영역으로 분류되었기 때문에 집단적으로 노력과 관심을 기울일 가치가 없다면서 우리 자신에게 위선적으로 설명한다고 되는 일인가? 역사를 통틀어 사회적 투쟁의 변치 않는 특징 중 하나가 양성 간의 관계와 이 관계를 규정하는 도덕규범을 바꾸려는 시도였다는 사실을 왜 애써 무시하는가? 어떤 사회 집단 안에서 개인 관계가 조직되는 방식이 적대적인 사회계급 사이에 벌어지는 투쟁의 결과에 결정적인 영향

을 미친다는 사실은 왜 외면하는가?

우리 사회의 비극은 통상적인 행동 방식과 개인의 행동을 규제하는 원칙이 무너지고 있다는 사실이 아니라 새로운 삶을 시도하는 자생적인 물결이 사회 구조 안에서부터 발전하면서 남성들에게 아직 실현할 수 없는 희망과 이상을 부여한다는 사실에서 기인한다. 우리는 소유관계의 세계, 즉 날카로운 계급 모순과 개인주의적인 도덕으로 이루어진 세계에서 살아가는 사람들이다. 우리는 여전히 피할 길 없는 정신의 고독에 짓눌린 채 생활하고 사고한다. …… 남자들은 고독감 때문에 여성 가운데서 '영혼의 짝'을 찾으려는 환상에 약탈적이고 건전하지 못한 방식으로 집착하기 쉽다. ……

우리 시대를 장식하는 '천박한 개인주의'는 무엇보다도 양성관계를 조직하는 데서 가장 뻔뻔스럽다. 사람들은 고독에서 벗어나기를 원하며, '사랑에 빠지면' 저절로 다른 사람의 영혼에 대한 권리를 얻게 된다고 순진하게 상상한다. ……

우리가 '결혼을 약속한 파트너'에게 하는 권리 주장은 절대적이고 완전하다. 우리는 상대방을 정중하게 대우해야 한다는 가장 단순한 사랑의 규칙조차 따르지 못한다. 양성관계의 새로운 개념이 이미 윤곽을 드러내고 있다. 이 새로운 개념은 우리에게 완전한 자유와 평등, 진정한 우정이라는 낯선 관념에 입각하여 관계를 형성하라고 가르칠 것이다. ……

'성의 위기'는 현대 남성 심리의 두 가지 특징 때문에 더욱 악화된다.

1. 결혼한 상대방을 '소유'한다는 생각.

2. 양성이 불평등하다는 믿음, 즉 성의 영역을 비롯한 모든 영역에서 모든 방식으로 동등하지 않다는 믿음. ……

인간 정신에 근본적인 개혁이 이루어지지 않는다면, 남성이 사랑의 잠재력을 키우지 못한다면, 성의 위기는 해결할 수 없다. 그리고 정신을 개혁하려면 공산주의 노선을 따른 사회경제관계의 기본적인 변혁이 필요하다. 이것은 '케케묵은 진리'이지만 다른 해결책은 없다.

— 알렉산드라 콜론다이,
「양성 관계와 계급 투쟁Sexual Relations and the Class Struggle」, 1911년

영국 사회주의자·페미니스트 실비아 팽크허스트*

나는 이스트엔드East End**를 일깨우는 일이 가장 중요하다고 생각했다. …… 단순히 회원 몇 명을 모집하고 지부를 세우는 게 아니라 이 지역 전체를 대중운동으로 끌어들여서 대다수가 참여하게 만드는 게 나의 목표였다. …… 빈곤의 심연과도 같은 이 지역에서 여성운동을 만들어내면 나라 곳곳에서 비슷한 운동이 일어나게 자극하는 신호탄이 될 터였다. …… 나는 또 투표권을 실제로 얻게 될 때 노동자

---

* [옮긴이주] 실비아 팽크허스트Sylvia Pankhurst(1882~1960)는 20세기 초 영국에서 여성참정권운동·공산주의 여성운동을 이끌었다. 어머니 에멀린 팽크허스트Emmeline Pankhurst, 자매들(크리스타벨 팽크허스트, 아델라 팽크허스트)과 함께 여성참정권운동에 참여했으나, 중산층 여성을 운동의 기반으로 삼았던 이들과 달리 여성참정권운동이 노동운동과 연대해야 함을 주장하며 여성 노동자에 주목하는 등 정치적 노선을 달리했다.

** [옮긴이주] 산업혁명 이래 런던에서 극빈 노동자가 밀집된 지역으로 유명하다. 제2차 세계대전(이하 2차대전) 이후 대대적인 정비와 개선이 이루어졌다.

여성의 지위를 강화하기를 열망했다. 노동자 여성들의 강력한 자립적인 운동이 존재한다면, 참정권운동이 성과를 거두는 날에 그들의 권리를 확보하는 데 무엇보다도 큰 도움이 될 것이었다. 아울러 나는 미래를 내다보고 있었다. 나는 이 최하층 10퍼센트 여성들이 자신들의 이익을 지키는 투사가 되도록 일깨우고 싶었다. 진부한 여론과 상투적인 구호를 혐오하고, 그들 자신이 처한 끔찍한 처지에 맞서 저항하며, 자신들과 가족에게도 문명과 진보의 혜택에서 자기들 몫을 달라고 요구하는 투사가 되기를 바랐다.

– 실비아 팽크허스트, 『여성참정권운동The Suffragette Movement』, 1931년

***

자기 자신을 위해서만 글을 써서는 안 된다. 남을 위해서도 써야 한다. 머나먼 곳에 사는 알지 못하는 미래의 여자들을 위해서 말이다. 그들에게 우리가 결코 영웅이 아니었음을 말해주자. 다만 우리는 우리의 목표를 열정적으로 믿고 추구했을 뿐이다. 우리는 때로 강했지만 때로는 매우 약했다.[3]

– 알렉산드라 콜론타이

THE SOCIAL
FEMINIST

CONTEMPORARY READER IN THEORY AND POLITICS

PROJECT:

1부

성, 섹슈얼리티, 재생산

1

계급의 문제

도로시 앨리슨Dorothy Allison
미국의 작가이자 레즈비언 활동가. 한국에 번역된 『캐롤라이나의 사생아』
(신윤진 옮김, 이매진, 2014)를 비롯해 『내가 확실히 아는 두세 가지 것들Two Or
Three Things I Know For Sure』, 『동굴 주거인Cavedweller』 등 여러 편의 소설과 저
술을 발표했다.

"그 사람들은 우리랑 달라. 우리처럼 사람 생명을 소중하게 여기지 않거든"이라는 말을 처음 들었을 때, 나는 센트럴플로리다에 있는 고등학교를 다니고 있었다. 이 말을 한 육군 신병 모집관은 한 무리의 남자애들에게 육군이 어떤 곳인지, 해외에 나가면 어떤 일이 일어나는지 설명하던 참이었다. 차가운 분노가 엄습해왔다. 전에도 **그 사람들**이 그렇게 냉담한 투로 말해지는 걸 들은 적이 있다. **그들**, 저쪽 편 사람들, 우리가 아닌 사람들, 그들은 그토록 쉽게 죽고, 아무렇지도 않게 서로를 죽인다. 그들은 다르다, 라고 우리, 나는 생각했다. **나는.**

사우스캐롤라이나주 그린빌에 살던 예닐곱 살 때 똑같이 냉담한 어조로 나를 무시해버리는 말을 들은 적이 있다. "그 애랑 놀지 마라. 말도 걸지 말라고." 나와 내 가족, 우리는 언제나 **그들**이었다. 나는 누구일까? 신병 모집관의 말을 들으면서 궁금증이 일었다. 나와 같은 사람들은 누구일까? 우리는 그토록 쉽게 죽고, 흔적도 없이 사라진다─우리/그들, 가난뱅이들과 동성애자. 나는 가난뱅이 백인의 앙상한 주먹으로 고집 센 레즈비언의 입을 지그시 눌렀다. 분노는 좋은 감정이었다. 분노에 뒤따르는 수치심보다 강하고 순수했다. 도망쳐서 숨고 싶고, 부인하고 싶고, 내가 누구인지, 세상이 나를 어떻게 할지 전혀 모른 척하고 싶은 갑작스런 충동과 공포보다는 말이다.

나 같은 사람들은 눈에 띄지 않았다. 우리는 평범했지만, 그럼에도 불구하고 신화적이었다. 우리는 모든 사람이 말하는 그들이었다—감사할 줄 모르는 가난뱅이들 말이다. 나는 내가 사랑한 수많은 사람들을 파괴한 운명으로부터 도망치기 위해 기를 쓰면서 자라났고, 남들을 피해 숨는 습관을 익히면서 나 자신으로부터 숨는 법도 배웠다. 나는 내가 누구인지 몰랐다. 단지 그들이 되고 싶지 않았다. '진짜' 사람들, 중요한 사람들이 안전하게 느끼도록 없애버리거나 사라지게 만드는 사람들이 되고 싶지 않았다. 내가 동성애자임을 알게 된 무렵에는 숨는 습관이 내 안에 깊숙이 자리 잡았다. 마치 내가 선택한 게 아니라 본능인 것처럼 말이다. 숨자, 살아남으려면 숨자, 라고 생각했다. 내 삶, 내 가족, 내 성적 욕망, 내 역사에 관한 진실을 말하면 저 미지의 영토로, 그들의 땅으로 넘어가 나 자신의 삶을 이름 지을 기회, 즉 내 삶을 이해하거나 삶의 권리를 주장할 기회를 영영 놓칠 수밖에 없음을 알았기 때문이다.

넌 왜 그렇게 두려워하니? 애인들과 친구들은 내가 갑자기 낯선 사람처럼 보일 때마다 물었다. 나는 애인에게든 친구에게든 말을 하려 하지 않았고, 그들이 생각하기에 내가 마땅히 해야 하는 일들을 하지 않았다. 간단한 일들, 이를테면 직업을 구한다든가, 그들로서는 내가 쉽게 받을 수 있을 거라고 확신한 장학금이나 지원금을 신청하지도 않았다. 자격이란 그들보다는 우리에 가깝게 느끼는 문제라고 나는 말하곤 했다. 너는 네게 권리가 있고, 세상에 네 자리가 있다고 생각하겠지. 그런 생각이 워낙에 너의 본질적인 일부라서 나 같은 사람은 상상조차 하지 못할 테고. 너의 세상에 살고 있는 것 같지만 세상을 가지지는 못한 사람을 너는 모를 거야. 나는 내가 아는 사실을 갖가지 방식으로 몇 번이고 설명했지만, 내가 얼마나 두려운지를,

나 자신이 얼마나 부정당한다고 느끼는지를 분명히 납득시킬 수 없었다. 나는 동성애자를 혐오하는 세상에 태어난 동성애자였고, 가난뱅이를 경멸하는 세상에 가난뱅이로 태어났다. 내가 산 세상을 경험해보지 못한 이들에게 그런 세상이 있음을 믿게 만드는 것도 내가 소설을 쓰는 이유 중 하나다. 어떤 일을 이해하기 위해서는 직접 느껴야 한다는 것을, 가령 절망 같은 것은 절대로 충분하게 분석되지 않는다는 것을 나는 안다. 절망은 직접 살아봐야 아는 것이다. 그러나 내가 소설을 쓸 수 있다면, 소설을 통해 독자를 끌어당겨서 그가 자신을 소설 속 주인공처럼 상상하고, 주인공의 두려움과 불안감, 희망과 공포를 느끼게 할 수 있다면, 나는 언제나 경외심을 가지고 바라본 바로 그 사람들처럼 현실적이고 중요한 인물로 나 자신을 알게 되리라.

나는 10대 시절부터 내가 레즈비언임을 알았고, 친족 성폭력과 신체적 학대가 야기한 결과들과 화해하면서 20년이라는 세월을 보냈다. 하지만 내 삶의 중심을 차지하는 요소는 1949년에 사우스캐롤라이나주 그린빌에서 끔찍하게 가난한 집안의 백인 여자에게서 사생아 딸로 태어났다는 사실이다. 나를 낳기 전해에 중학교 1학년을 중퇴한 소녀는 웨이트리스로 일하고 있었고, 나를 낳았을 때는 이제 막 열다섯 살하고 한 달을 넘긴 나이였다. 바로 이 사실, 즉 이 사회가 수치스럽게 여기며 멸시하고 또 어느 정도 당연시하는 가난한 처지에서 태어났다는 사실에 따르는 피할 수 없는 영향은 나를 압도했다. 이 사실을 이겨내거나 부정하기 위해 평생을 보냈을 정도다. 나로서는 절대다수의 사람들이 빈곤은 자기가 초래한 상태라고 믿는다는 사실을 깨닫기가 정말로 어려웠다.

나는 가족을 무척 사랑했기 때문에 가족을 멸시하고 싶은 충동이 일 때마다 내 안에서는 반대로 자부심이 전기 불꽃처럼 튀었다—우리 가족을 주류 사회와 레즈비언 페미니즘의 재해석이라는 신화와 이론에 그럭저럭 끼워 맞추고 싶다는 충동 때문에 복잡하면서도 한 풀 꺾인 자부심이었다. 스티븐 스필버그의 영화냐 어스킨 콜드웰Erskine Caldwell의 소설이냐, 즉 드높이느냐 희화화하느냐 둘 중 하나를 선택하라고 한다. 가부장제를 원흉으로 몰아세우면 우리 가족의 남자들과 여자들이 내린 갖가지 선택은 하찮은 일이 될 뿐이다. 나는 온갖 이론적 관점의 광범위한 일반화에 맞서 싸워야 했다.

전통적인 페미니즘 이론은 계급 차이라든가 섹슈얼리티와 자아가 어떻게 욕망과 부정에 의해 형성되는지를 이해하는 데 한계가 있다. 이 이데올로기에는 우리 모두가 자매이며 세계에 대한 우리의 분노와 의심을 레즈비언 공동체 바깥으로 돌리기만 하면 된다는 함의가 내포되어 있다. 모든 게 가부장제 탓이라고, 빈곤과 사회적 멸시는 아버지들이 지배하는 세상의 산물이라고 말하기는 쉽다. 나도 종종 나의 성의 역사를 깡그리 무시한 채 내 계급적 배경 가운데 남들과 기꺼이 공유하고 싶은 것들만 이야기하고 싶었다. 레즈비언이자 노동계급에서 탈출한 사람으로서 나의 삶이 가부장제에 의해 구성된 것처럼 행세하고 싶었다. 아니면 정반대로, 가난했던 성장기가 내 삶에 얼마나 많은 영향을 미쳤는지를 무시한 채 성폭력으로 인해 여성이자 레즈비언으로서 나의 정체성이 어떻게 형성되었는지에 관해서만 말하고 싶었다. 그런데 문제는 내 삶에서 문제가 된 모든 것을 단순명료하게 가부장제나 성폭력 탓으로 돌리기가 쉽지 않다는 것이다. 쉽사리 눈에 보이지 않고 존재조차 부인되는 우리 사회의 계급 구조 탓으로 돌리기도 쉽지 않다.

내가 속한 레즈비언 페미니스트 공동체에서 우리는 정신과 육체의 분리에 관해 오랫동안 대화를 나눴다. 우리는 살아남기 위해 우리의 삶을 구획지었던 것이다. 오래전부터 나는 이 개념이 나 자신의 활동가로서의 삶과 성적 욕망에 따라 행동하는 열정적이고 은밀한 또 다른 삶을 분리하는 방식을 가리킨다고 생각했다. 나는 이런 분리가 무척 단순하며, 시간과 명석한 두뇌만 있으면 이런 분열을 치유할 수 있을 거라고 확신했다—그와 동시에 성을 이해하게 될 거라고 믿었다. 그게 단순한 분리가 아니라 산산조각이 나는 것임을 꿈에도 알지 못했던 나는 삶의 모든 부분을—며칠, 몇 달, 몇 년을—순수한 목표만을 향해 나아가면서 보냈다. 매일 아침 일어나 일을 시작했고, 쉬지 않고 열심히 일하면서 내 삶을 맞닥뜨리기를 어떻게든 피했다. 잡무에 매달리느라 실신할 지경이었다. 내가 과연 어떤 사람인지, 어떻게 지금의 내가 되었는지는 무시한 채 나날의 일을 진척시켰고, 하는 일이 바로 자기 정체성인 자동기계가 되었다.

나는 내가 참되고 소중한 존재임을 느끼기 위해 레즈비언 페미니스트 공동체와 하나가 되려고 노력했다. 고등학교나 대학 시절에 그랬던 것처럼 내가 숨고 있음을, 안전을 찾아 섞여 들어가고 있음을 알지 못했다. 잊으려는 충동을 미처 깨닫지 못했다. 나는 내가 이야기하지 않거나 나 스스로 너무 많이 생각한 모든 일이 중요하지 않다고 믿었다. 그 어떤 것도 내게는 뚜렷하지 않았다. 나는 하나의 삶을, 내가 자부심을 가지는 하나의 정체성과 내가 안전하게 느끼는 대안적인 레즈비언 가족을 구성했고, 나의 근본이 거의 사라져버렸음을 깨닫지 못했다.

그런 삶을 사는 게 얼마나 쉬웠는지 생각하면 놀랍기만 하다. 모든 사람과 모든 것이 이 과정에 협조했다. 우리 문화의 모든 것―책, 텔레비전, 영화, 학교, 패션 등―이 마치 두 눈으로 보고, 두 손으로 만들고, 두 귀로 듣는 것처럼 나타난다. 설령 당신이 이런 상상 속 피조물의 일부가 아님을 알더라도―교향곡이 아니라 컨트리음악을 좋아하고, 냉소 가득한 눈길로 책을 읽고, 의심의 눈초리로 뉴스를 보고, 이성애자가 아니라 레즈비언이고, 정상에서 벗어난 당신만의 소수자 공동체에 둘러싸여 있더라도―당신은 여전히 그런 헤게모니에 의해, 또는 헤게모니에 대한 저항에 의해 형성된다. 이런 동질화된 세계관에 저항하는 유일한 길은 나 자신을 나보다 더 큰 무언가의 일부로 만드는 것이었다. 페미니스트이자 급진적인 레즈비언 조직가로서, 그리고 나중에는 성적 급진주의자로서(포르노 반대론자가 아니라 검열 반대론자인 사람들, 성적 다양성을 주장하는 우리 같은 사람은 '친섹스 페미니스트pro-sex feminist'라는 이름과 더불어 결국 이런 이름을 얻게 되었다) 나 역시 여느 이성애자나 비정치적인 시민처럼 어딘가에 속하고 싶고 안심하고 싶다는 욕구가 컸다. 때로는 내 삶의 나머지가 온통 싸움터였기 때문에 이런 욕구가 더욱 중요했다.

유대인 레즈비언 이레나 클렙피시Irena Klepfisz의 시[1]를 처음 읽었을 때, 나는 누군가 나를 알아준다는 전율을 느꼈다. 내가 클렙피시처럼 "지도상에서 불타 사라지거나" 학살당한 민족의 일원이어서가 아니었다. 사람들은 우리에게 우리 자신을 파괴하라고, 눈에 띄지 말라고 부추겼다. 중산층이 만들어낸 고상한 빈민이라는 신화에 들어맞지 않았기 때문이다. 마흔이 넘어 가족에 대한 자부심이 확고한 지금까지도 빈민을 낭만적으로 장식하는 이런 신화에 끌리곤 한다. 가끔은 과거를 되돌아보고 무엇이 진짜였는지, 무엇이 진실이었는지 궁금해한다. 가족들 사이에는 너무나도 많은 거짓말과 농담이, 부인과 의도적으로 에두른 말이 떠다녔다. 마음속 모욕감이나 순간적으로 찡그린 표정으로 전에 말한 모든 것이 거짓임을 나타내기도 했다. 무엇이 진짜였을까? 책이나 영화에서 묘사되는 가난은 낭만적이었고, 어떻게 가난에서 벗어났는지를 이야기하기 위한 배경일 뿐이었다.

좌파 지식인들이 묘사하는 가난 역시 낭만적이었으며, 중·상층계급을 몰아세우기 위한 근거일 뿐이었다. 좌파 지식인들의 관점에서 노동계급 영웅은 언제나 남성이었다—정의롭게 분노하며, 초인적으로 고귀한 남성. 현실의 자기혐오와 폭력은 존재하지 않는 것으로 치부되거나 희화화되었다. 내가 아는 가난은 휑하고 기운 빠지고 부끄러운 것이었고, 내가 아는 여자들은 가족 바깥의 세상에서 영웅처럼 여겨지는 것과는 다른 방식으로 강한 이들이었다.

우리 가족의 삶은 텔레비전에서 볼 수 없었고, 책이나 심지어 만화책에도 없었다. 이 나라에는 빈민들에 대한 신화가 존재했지만, 내가아무리 욱여넣으려고 애를 써도 우리는 거기에 포함되지 않았다. 선량한 빈민들이라는 관념이 있었다—열심히 일하고, 해진 옷이라도깔끔하게 입고, 본래는 고귀하다는 식이었다. 나는 우리가 나쁜 빈민이라고 생각했다. 남자들은 술만 마시고 일자리에 오래 붙어 있지를 못하고, 여자들은 하나같이 결혼도 하기 전부터 애를 뱄고, 온종일 일하고 너무 많은 아이를 낳느라 순식간에 닳아빠지고 뚱뚱해지고 늙어버렸다. 아이들은 콧물을 줄줄 흘리는 데다 툭하면 울고, 버릇이 없었다. 사촌들은 학교를 그만두고, 차를 훔치고, 마약을 하고, 주유소나 식당 종업원 같은 밑바닥 일자리를 전전했다. 우리는 고귀하지 않았고, 세상에 감사하거나 희망을 품지도 않았다. 사람들이 우리를 멸시하는 걸 알고 있었다. 가족들은 가난을 부끄러워했고, 가망 없고 무기력한 처지를 수치스러워했다. 과연 우리가 어떤 목표를 가지고 일을 하거나 돈을 모을 수 있었을까? 맞서 싸우거나 투쟁을 벌일 만한 것이 있었을까? 우리 윗세대들은 아무것도 절대 변하지 않는다는 사실, 자기 처지에서 벗어나려고 기를 써봤자 실패할 게 뻔하다는 사실을 가르쳐주었다.

엄마는 형제자매가 열한 명이었는데 내가 이름을 아는 건 여섯 명에 불과하다. 다들 세상을 떠나서 이제는 나머지 이모나 삼촌의 이름을 말해줄 사람이 없다. 내 생부에 대해 말해준 건 할머니였다. 변변치 못한 골치 아픈 남자였던 생부는 결혼해서 애를 여섯 낳고 가난한 흑인들을 상대로 싸구려 보험을 팔았다고 한다. 엄마는 내가 한 살때 다른 남자와 결혼했다. 그는 1년 뒤 내 여동생이 태어나자마자 세상을 떠났다.

내가 다섯 살 때 엄마는 재혼해서 그 남자랑 죽을 때까지 살았다. 두 사람이 결혼한 첫해에 엄마는 유산을 했는데, 병원 주차장에서 엄마를 기다리던 중 의붓아버지가 처음 나를 건드렸다. 의붓아버지의 행동은 내가 열세 살이 넘을 때까지 계속되었다. 여덟 살쯤엔가, 의붓아버지가 나를 심하게 때려서 집안에 뒷말이 돌자 엄마가 우리를 데리고 집을 나와 모텔에 간 적이 있다. 하지만 우리는 2주 뒤에 돌아왔다. 엄마는 달리 선택의 여지가 없다고 말했다. 혼자서는 우리를 키울 수 없다고 말이다. 열한 살 때 나는 사촌 한 명에게 의붓아버지가 나를 강간한다고 말했다. 엄마는 짐을 싸서 우리 자매를 데리고 며칠 집을 나갔지만, 이번에도 의붓아버지가 다시는 그러지 않으마고 맹세했고, 결국 또 몇 주일 뒤에 돌아왔다. 나는 한동안 말을 하지 않았고, 그 뒤 2년 동안에 대해서는 흐릿한 기억만이 있을 뿐이다.

의붓아버지는 영업사원 일을 했고, 엄마는 웨이트리스, 세탁부, 조리사, 과일 포장 일 등을 전전했다. 나는 이해할 수가 없었다. 두 사람이 그렇게 온종일 열심히 일하는데 왜 우리는 항상 돈이 궁한지를. 그렇지만 공장이나 제철소에서 열심히 일하는 엄마의 형제자매들도 사정은 마찬가지였다. 사실 우리 부모는 집안의 다른 누구보다도 형편이 나은 편이었다. 하지만 결국 의붓아버지가 해고되면서 우리 집도 나락으로 떨어졌다—악몽 같은 몇 달이었다. 법원 집행관이 문을 두드렸고, 가구가 압류됐고, 수표가 부도났다. 두 사람은 의붓아버지가 우리를 버린 것처럼 보이려는 계획을 짰다. 의붓아버지는 혼자 플로리다로 내려가 새 일자리를 구하고 우리가 살 셋집을 구했다. 그러고는 한밤중에 유홀 트럭 임대회사의 트레일러를 몰고 와 바리바리 짐을 싣고 남쪽으로 이사를 갔다.

사우스캐롤라이나를 떠나 플로리다로 가던 날 밤, 엄마는 낡은 폰티액 자동차 뒷좌석으로 고개를 내밀면서 우리에게 약속했다. "거기 가면 좋아질 거야." 그 말을 믿었는지는 모르겠지만, 아침 일찍 조지아주를 가로지르던 기억은 난다. 붉은 언덕과 담요처럼 덮인 잿빛 이

끼가 뒷유리로 멀어지고 있었다. 나는 플로리다로 향하는 동안 뒤따라오는 트레일러를 바라보았다. 우리 물건을 다 싣기에는 어처구니없이 작은 차였다. 엄마는 돈이 생기지 않는 건 하나도 싸지 않았다. 결국 엄마한테 쓸모 있는 건 세탁기와 재봉틀, 두 개뿐이었다. 그것들은 트레일러에 단단히 묶여 있었다. 나는 여행하는 내내 사고가 나서 트레일러가 폭발하고 낡은 옷가지며 깨진 접시들이 도로 위에 산산이 흩어지는 상상을 했다.

겨우 열세 살 때의 일이다. 나는 처음부터 완전히 다시 시작하고 싶었다. 과거 흔적이라고는 하나도 없이 새로운 사람들과 다시 시작하고 싶었다. 남들 눈에 비친 우리, 현실의 우리로부터 도망치고 싶었다. 가족들에게서도 이런 욕망을 보았다. 문제가 생기면 처음 떠오르는 생각이 이런 거다―지리적인 해결책 말이다. 이름을 바꾸고, 살던 곳을 떠나 사라져버리자. 나 자신을 바꿔버리는 거다. 이런 충동 뒤에는 내 삶과 나 자신이 아무런 쓸모가 없어 차라리 버리는 게 낫다는 확신이, 무언가를 바꾸려고 애쓰기보다는 도망쳐버리는 게 쉬우며 변화 자체가 불가능하다는 확신이 도사리고 있다. 이따금 돌이켜보면, 내 삶을 지배하고, 진정한 변화를 그토록 고통스럽고 어렵게 만든 것이 바로 이런 확신이었다는 생각이 든다. 알코올이나 폭력보다 매혹적이고, 성적 증오나 불평등보다 미묘한 확신 말이다.

센트럴플로리다에 가서도 생활은 안정되지 않았다. 의붓아버지의 폭력은 멈추지 않았고, 내 수치심은 치유되지 않았으며, 엄마가 행복해지지도 않았다. 플로리다로 가서는 엄마의 병과 병원비가 우리의 삶을 지배하게 되었다. 엄마는 내가 여덟 살 때 자궁을 들어냈고, 궤양과 만성 요통으로 계속 입원하는 신세였다. 내 청소년기

대부분 동안 엄마는 미신에라도 사로잡힌 것처럼 누구든 **암**이라는 말을 입 밖에 내지 못하게 했다. 아프지 않을 때에는 의붓아버지와 계속 일을 하면서 도무지 갚을 길 없어 보이는 빚을 청산하려고 애썼다.

열네 살 때쯤, 여동생들과 나는 의붓아버지의 성적 접근을 대부분 막아낼 수 있었다. 우리는 가까운 사이가 아니었지만 똘똘 뭉쳐서 의붓아버지에게 대항했다. 의붓아버지는 일터에서 이성을 잃고 화를 낸 일이 있은 뒤 심리치료사에게 상담을 받았는데, 처방받은 약을 먹으면서부터 침울해지고 폭력적인 성향이 줄어들어 우리의 노력을 거들어주었다. 우리는 순식간에 자라났다. 동생들은 학교를 그만뒀지만, 성적이 좋았던 나는 닥치는 대로 장학금 시험을 봤다. 가족 중에서 처음으로 고등학교를 졸업한 사람이 되었으니, 대학에 진학한다는 것 자체가 엄청나게 놀라운 일이었다.

누구나 자신의 삶이 정상이라고 생각하듯, 나도 내 삶이 다른 이들과 다르다는 사실을 알지 못했다. 우리가 남들과 얼마나 다른지를 깨닫기 시작한 건 센트럴플로리다에서였다. 거기서 만난 사람들은 사우스캐롤라이나 피드몬트 지역을 지배하는 것과 같은 단단한 계급 구조의 산물이 아니었다. 중학교 교실을 처음 둘러보면서 이 사람들이 누구인지—개인으로서만이 아니라 하나의 집단으로서 어떤 사람들인지, 저들 스스로는 어떻게 생각하는지—알지 못한다는 걸 깨달았을 때, 그들 역시 나를 모른다는 사실을 알았다. 그린빌에서는 모든 사람이 우리 가족을 알았고, 우리가 인간쓰레기임을 알았다. 무슨 말인가 하면, 우리는 가난뱅이에, 암울한 싸구려 일자리나 전전하고, 10대부터 애를 낳고, 결코 학교를 제대로 졸업하는 일이라고는 없는 족속이었다. 하지만 1960년대에 센트럴플로리다는 도망자와 이주자로 넘쳐나는 곳이었다. 백인 노동계급이 대다수였던 교외 학교에서는 우리를 소득과 집안 배경이 아니라 지능과 적성 검사에 따라 분류했고, 나는 갑자기 대학 진학 코스에 올라섰다. 서투른 사교술과 초라한 옷차림, 느릿느릿한 말투 때문에 멸시받기는 했지만, 전에는 한 번도 겪어보지 못한 것도 있었다—익명의 세계가 나를 감싸주었고, 사람들은 마지못해 인정하면서도 과연 내가 어떤 사람이 될지 궁금해했다. 그들이 이미 내 삶은 빈곤과 무기력으로 결정났다고 여기지 않았기 때문에 비로소 나는 나 자신을 위해 다른 미래를 상상할 수 있었다.

이 새로운 땅에서 우리는 알려지지 않은 사람이었다. 빈민의 신화가 우리를 에워싸고 아름답게 꾸며주었다. 나는 그것을 학교 선생님들, 새 안경을 맞출 돈을 대준 라이온스클럽 대표, 내가 받게 된 장학금에 대해 설명해준 주니어리그[미국 상류층 여성들로 구성된 봉사단체] 여성의 눈을 보고 알았다. 전에 알던 **그들**의 일부가 되는 것보다는 신화 속 빈민의 하나가 되는 게 더 나았다. 훨씬 나았다. 나는 또 새로운 차원의 두려움을 느꼈다. 전에는 상상하지도 못했던 것을 잃어버릴지도 모른다는 두려움이었다. 나는 이 기회를 놓치지 않게 해달라고 기도했고, 어느 날 갑자기 예전에 알던 나로 돌아갈지도 모른다는 공포 속에 살았다.

청소년기에는 사우스캐롤라이나 탈출이 싸구려 영화 같다고 생각했다. 우리는 탈주 노예들처럼 도망쳤다. 의붓아버지를 발견했다면 체포했을 보안관은 상상 속 국경경비대였다. 만약 내가 사우스캐롤라이나에 계속 살았다면, 분명 우리 가족이 대대로 물려받은 가난과 감옥, 사생아라는 덫에서 헤어나오지 못했을 것이다―제아무리 똑똑하고 고집 센 레즈비언이라 해도 사정은 똑같았으리라.

할머니는 내가 스무 살 때 돌아가셨는데, 엄마가 장례식에 참석하러 고향에 간 뒤 나는 잇달아 꿈을 꾸었다. 꿈속에서 우리는 여전히 그린빌에 살고 있었다. 할머니가 죽은 곳에서 멀지 않은 곳이었다. 꿈에서 나는 아이가 둘 있고 눈은 하나뿐인 채 트레일러에 살면서 방직공장에 나갔다. 꿈속 내내 아이들을 죽이고 자살할 결심을 하는 데 몰두했다. 꿈이 너무나도 생생했던 탓에 나는 내 삶이 정말 그렇게 굴러가리라고 굳게 믿게 됐고, 가족과 나 사이에 가능한 한 거리를 두기 위해 더 열심히 공부하기 시작했다. 대학에서 만난 여자애들의 옷차림에서부터 버릇, 태도, 야망 등을 그대로 흉내 내는 한편 나 자신의 취향이나 관심, 욕망은 바꾸거나 숨겼다. 레즈비언이라는 사실을 비밀로 남겨둔 채 여자 같은 남자들과 관계를 유지했다. 둘 다 스스로를 보호하고 위장하는 데 도움이 됐다. 친구들에게는 집에 잘 가지 않는 이유를 의붓아버지와 툭하면 싸워서 편히 있을 수가 없기 때문이라고 설명했다. 하지만 그런 건 집을 멀리하는 이유 중 일부분에 불과했다. 물론 둘러대기 가장 편한 이유이기는 했다. 진실을 말하자면, 나는 엄마 집에서 내가 어떤 사람이 될지 두려웠다. 꿈속에 나온 여자처럼 증오로 가득 차 있고, 폭력적이고 절망적인 사람이 될 것만 같았다.

나 자신의 삶에서 얼마나 침착하면서도 철저하게 도망쳤는지 설명하기는 쉽지 않다. 내 출신을 잊지는 않았지만 이를 갈면서 과거를 숨겼다. 장학금으로 대학원 학비를 감당하지 못했을 때에는 식당 종업원, 계약직 교사, 가정부 등을 전전하며 1년 동안 미친 듯이 일했고,

마침내는 어느 도시든 직원 자리가 빈 사회보장국에서 일하겠다는 조건으로 직장을 구했다. 가족들로부터 멀리 떨어진 곳에서 일자리와 내 공간을 갖게 되자 정치적으로나 성적으로나 적극적으로 바뀌었다. 나는 여성센터 지원팀에 합류했고, 중산층 여자들과 잇따라 사랑에 빠졌다. 다들 내 악센트와 인생 이야기에 홀딱 빠진 여자들이었다. 우리 가족과 사우스캐롤라이나, 가난 자체에 관해 내가 한 이야기는 모두 거짓말이었다. 우습거나 재미있게 들리도록 잘 각색된 이야기였다. 가난, 절망, 두려움, 내가 어떻게 해도 아무것도 바뀌지 않는다는 느낌, 농담을 하면서도 속내에서는 타오르는 분노 따위의 진실을 듣고 싶어하는 사람은 아무도 없다는 사실을 빌어먹게도 잘 알고 있었다. 애인들과 내가 레즈비언 대안 가족을 이루어 우리가 가진 자원을 서로 공유할 때조차도 내 출신 배경과 내가 아는 나에 관한 진실을 아무도 모르게 꼼꼼히 가렸다. 새로운 사람으로, 건전한 급진 레즈비언 활동가로 다시 태어나기 위해 최대한 노력했고, 나를 재창조하는 것이 세계를 개조하는 데에도 도움이 된다고 굳게 믿었다. 10년 동안 집에 이따금 가서도 고작 며칠을 머물다 돌아왔다.

1980년대에 페미니스트 섹슈얼리티라는 개념을 처음 접했을 때, 나는 정말이지 그게 무슨 뜻인지 알 수 없었다. 나 자신이 예나 지금이나 페미니스트이고, 성을 두려워하는 사회에 맞춰 욕구를 재단하지 않고 내 성적 욕망에 따라 행동할 권리를 주장하는 데 전념하기는 했지만, 나의 성적 환상을 설명하거나 정당화해야 한다는 요구 앞에서는 당황할 수밖에 없었다. 도대체 어떻게 성적 욕구를 설명할 수 있을까?

'섹스전쟁Sex Wars'*은 이미 끝났다고들 하는데, 나는 그런 말을 들을 때마다 누가 승리했냐고 묻고 싶어진다. 하지만 대다수 레즈비언들이 **변태**pervert나 **퀴어**라는 말을 사용하는 방식에 위협감을 느껴본적이 없는 여자들은 내 유머감각을 잘 이해하지 못할지도 모르겠다. 나는 '퀴어'라는 말을 레즈비언보다 넓은 의미로 사용한다. 1980년에 처음 사용한 이래 나는 이 말을 언제나 내가 단순히 레즈비언만이 아니라 한계를 뛰어넘는 레즈비언transgressive lesbian이라는 의미로 써왔다—펨이고, 마조히스트이고, 내가 찾는 여자들만큼 성적으로 공격적이고, 이성애 헤게모니에서 생각하는 수준 못지않게 상상에서나 실제 성행위에서나 온갖 포르노를 찍는다.

도트 이모는 이런 농담을 하곤 했다. "내가 확실히 아는 게 두세 가지 있는데, 그것도 매번 바뀌고 도무지 내가 바라는 만큼 확실한 건 없더구나." 내가 확실히 아는 건 계급, 젠더, 성적 기호,** 선입견(인종, 민족, 종교 등에 대한)이 복잡한 격자를 이루어서 우리의 삶을 제한하고 모양 짓는다는 것, 그리고 증오에 대한 저항은 단순한 행동이 아니라는 것이다. 증오와 저항이 들끓는 속에서 자신의 정체성을 주장하는 것은 한없이 복잡한 일이며, 더 심한 경우에는 거의 설명할 수 없는 일이다.

나는 '사회'에서나 대가족이라는 친밀한 세계에서나 레즈비언인 나를 혐오한다는 사실을 알지만, 레즈비언들 역시 나를 혐오하거나 멸시(어떤 면에서는 혐오보다 더 교묘하고 위축되게 만드는)한다는 사실을

---

* [옮긴이주] 이 책 2장 참조.

** [옮긴이주] 요즘에는 'preference'라는 단어에 담긴 '선호, 기호, 취향' 같은 뉘앙스를 피하기 위해 '성적 지향sexual orientation'이라는 표현을 쓴다.

안다. 상당 부분 계급에 의해 형성된 내 태도와 성적 실천 때문이었다. 나의 성적 정체성은 계급과 지역적 배경에 의해 마음속 깊이 세워졌으며, 내 성적 선호에 대한 혐오는 대부분 계급적 혐오다—아무리 많은 사람들, 특히 페미니스트들이 계급은 이유가 아닌 척을 할지라도. 내가 끌리는 여자는 언제나 중산층을 당혹스럽게 만드는 여자, 즉 정치의식이 있는 레즈비언 페미니스트다. 성적인 이상형을 말하자면 노출증에 신체적으로 공격적이고, 드러내지 않고 똑똑하고, 변태라 불리는 걸 자랑스러워하는 부치다. 대개 위험한 분위기를 풍기며 반어적인 유머감각을 지닌 노동계급이다. 오늘날에는 너도 나도 성적 관용을 들먹이지만, 나의 섹슈얼리티가 부치/펨 구분과 가죽 페티시즘 안에서, 또 그런 것들로 구성되어 있다는 사실을 알게 된 이들은 대부분 불쾌함이나 노골적인 혐오를 드러내곤 한다.

생의 대부분 동안 나는 성폭력과 유년시절에 겪은 신체적 학대 때문에 상처받고 어긋난 것이라고, 아니면 성적 만족을 채우는 데만 이기적으로 몰두하느라 일부러 혐오스럽고 퇴행적인 성적 실천에 탐닉하는 것이라고 생각했다. 사람들은 내가 욕망을 버리기를 바랐다. 페티시즘과 젠더 역할 놀이를 즐기고, 역사적으로 볼 때 정상에서 벗어난 욕망 범주를 놀이 삼아 해보거나 점잖게 깔아뭉개기를 바랄 뿐 이런 범주에 따라 성적 정체성을 주장할 정도로 진지하게 받아들이지는 않는, 정상적인 여자가 되기를 요구했다. 이성애 사회에서 요구하는 바를 뿌리치기란 만만치 않았다. 다른 레즈비언들이 똑같은 요구를 할 때에는 섬뜩할 정도였다.

내가 내 계급적 배경으로부터 얻은 힘 중 하나는 멸시에 익숙하다는 점이다. 나를 비난하는 이들이 요구하는 그런 사람이 될 가능성이 전혀 없음을 안다. 심지어 그들을 만족시키기 위해 노력한다 해도 돌아오는 것은 멸시뿐이며, 나 또한 스스로를 경멸하게 될 거라고 생각한다. 그렇지만 내가 살아온 삶과 낯선 이들이 내 삶을 바라보는 방식 간의 관계는 끊임없이 나 자신을 신화화하는 환상으로 이끌었다. 나는 언제나 힘겹고 때로는 고통스러운 현실을 설명하기보다는 주류 문화의 고정관념과 오해를 조롱하고 싶은 유혹에 시달렸다.

나는 우리가 어떻게 사회의 신화에 저항하면서도 그것을 내면화하는지를 이해하려고 노력하는 중이다. 우리 가족의 이야기를 일종의 교훈담으로, 즉 우리는 영웅으로, 중·상층계급은 악당으로 쓰고 싶은 유혹을 지금도 떨치기가 어렵다. 만약 우리가 영화 속 고상한 남부 백인들 행세를 한다면, 대대로 방앗간 노동자로 일했으나 반란과 노동조합을 들먹이는 가족적 성향과 알코올 중독 때문에 쫓겨난 것처럼 행세한다면 그야말로 낭만적인 신화가 될 것이다. 그러나 이건 거짓말일 뿐이다. 사실을 말하자면 우리 가족 중 누구도 노동조합 같은 데 가입한 적이 없다.

빈민의 신화를 최대한 밀어붙여보자면, 우리 가족은 모두 노동조합 조직가거나 아니면 노동조합이 실패하면서 주저앉은 사람들이 될 것이다. 우리 가족에게 노동조합 조직가는 목사처럼 다른 계급의 인간이었다. 그들이 아무리 훌륭한 목표를 이루고자 애쓴다고 존경받는 사람들이라 해도 의심하고 끔찍하게 싫어했다. 명목상 남침례회 교인이기는 했지만 우리 가족 중 목사의 말에 귀를 기울이는 사람은 아무도 없었다. 어린애들만 주일학교를 다닐 뿐이었다. 무엇이든—정치 이데올로기든 정치 제도든, 삶의 의미나 목적에 관한 어떤 이론이든—진지하게 믿는다는 건 비현실적인 일로 여겨졌다. 열한 살인가, 문고판 서가에서 발견한 사회파 소설을 읽기 시작했을 때 괴로웠던 건 바로 이런 사고방식 때문이었다. 나는 싱클레어 루이스Sinclair Lewis의 소설을 특히 좋아했고, 우리 가족이 노동자 투쟁에 속한 모습을 상상하기도 했다.

노동조합에 관해 물었을 때 도트 이모는 씽긋 웃으면서 대답했다. "우리는 조합원이 아니었지." 사촌 부치는 웃음을 터뜨리면서 노동조합에 가입하면 조합비를 내야 한다고 말했다. "제기랄, 우리는 헌금 접시에도 돈을 안 내는데. 노동조합에 돈을 낼 턱이 없지." 우리 가족이 진심으로 믿는 것이라고는 행운과 운명의 변덕뿐이라는 사실이 부끄러웠다. 우리 집 사람들은 절대 푸념을 늘어놓거나 나서지 말고 그저 유머감각을 유지하는 게 현명하고 훌륭한 일이며, 언젠가 불운이 행운으로 뒤바뀌는 날이 올 거라고 믿어 의심치 않았다. 내가 거의 종교적인 열정을 지닌 활동가가 된 것은 우리 가족과 그들이 속한 남부 노동계급 공동체를 가장 분노케 한 일이었다.

마찬가지로 우리 가족이 가장 당혹스러워한 것은 레즈비언이라는 나의 섹슈얼리티가 아니었다(내 평생 엄마 말고는 아무도 내 성적 기호를 심각하게 받아들이지 않았다). 오히려 노동이나 야망, 자존감에 관한 내 사고방식을 난감하게 여겼다. 그들은 웨이트리스였고, 세탁부였고, 카운터 점원이었다. 나는 가정부 일을 하러 다니면서도 아무에게도 이야기하지 않았다. 만약 가족들이 알았더라면 화를 냈을 것이다. 그들에게 일은 자신을 위해 필요한 것일 뿐이었다. 살아남기 위해 해야 할 일을 하는 것이었다. 그들에게는 고된 시간을 견디고 힘든 일을 하는 데서 얻는 자부심이 없었다. 그러면서도 그들은 가정부 같은 일, 백인이 아니라 흑인이 해야 하는 일이 있다고 믿었다. 나는 그렇게 생각하지 않았지만, 우리 집안에서 세상을 바라보는 방식이 얼마나 이런 믿음에 바탕을 두고 있는지를 알았다. 때로 나는 두 문화 중 어느 쪽에도 속하지 않은 채 둘 사이에 양다리를 걸치고 서 있는 것 같았다. 가족들의 무조건적인 인종차별에 이를 갈면서도, 그들이 현실적으로 참고 살아가는 걸 보면 존경하지 않을 수 없었다. 하지만 점점 나이가 들수록 집안사람들의 세계관이 무척 낯설게 느껴졌고, 그들로서는 전혀 이해하지 못할 수치심이 생겨났다.

엄마와 이모들은 말했다. "간이식당이 없어지지 않는 한 넌 언제든지 일을 구할 수 있어." 그러고는 한마디 덧붙이곤 했다. "난 웃음 한번 날려서 좀 더 받아낼 수도 있지." 물론 집세 낼 돈이 없을 때 카운터 너머로 딱한 미소를 짓거나 애처로운 웃음을 보낸다고 해서 수치스러울 건 전혀 없었다. 엄마처럼 자존심을 긁기도 하고 사정하기도 하는 식으로 남자들을 구워삶아 돈을 조금 빌릴 수도 있었다. 하지만 나는 싫었다. 그럴 정도로 가난한 게 싫었고, 그런 일을 할 때마다 어김없이 수치심이 드는 게 싫었다. 그건 구걸이나 마찬가지였다. 어떤 면에서는 몸 파는 일이나 다름없었다. 그 덕분에 생활을 이어가면서도 경멸해 마지않았던 일이었다. 결국 나는 돈이 필요했다.

"웃음을 잘 활용하라고." 사촌 자매들은 농담처럼 말하곤 했지만 나는 그 말에 담긴 의미가 싫었다. 대학을 졸업한 뒤 혼자 생활을 꾸려나가면서 페미니즘 이론을 공부하기 시작했을 때, 집안 여자들을 이해하기보다는 오히려 경멸하게 되었다. 나는 스스로에게 몸을 파는 것도 숙련 직업이라고, 사촌들은 결코 아마추어를 넘어서지 못한다고 말하곤 했다. 이런 판단에는 일말의 진실이 있었다. 비록 바깥세상에서 내리는 온갖 잔인한 평가처럼 그런 진실을 만드는 조건을 무시하기는 했지만 말이다. 엄마를 비롯한 집안 여자들에게는 기둥서방이 아니라 '돈 많은 애인sugar daddy'들이 있었다. 돈이 궁할 때 슬쩍 찔러 넣어주는 남자들이. 여자들은 그들을 상냥하게 대했는데, 그건 그들이 그녀들에게 잘해주기 때문이었다. 그렇다고 해서 값을 매길 만큼 직접적이거나 무신경한 관계는 결코 아니었다. 엄마나 이모들은 그걸 매춘이라고 하지도 않았다. 누군가 남자들이 단지 육체관계 때문에 도움을 주는 거라고 말하기라도 하면 불같이 화를 냈다. 생계를 위해 일을 하고, 욕을 입에 달고 살았지만, 그건 다른 문제였다.

나는 엄마가 돈 많은 애인을 싫어하는지, 아니면 그가 주는 도움을 필요로 하는 곤궁한 처지를 싫어하는지 늘 궁금했지만, 기억을 더듬어보면 싫어하지는 않았던 것 같다. 그 남자는 나이가 많고 반쯤은 불구에 말을 더듬었으며, 가난했다. 그리고 엄마를 아주 정중하게 대했다. 아니, 대단히 존중했다. 두 사람의 관계는 고통스러웠지만, 엄마와 의붓아버지가 가족을 부양할 돈을 넉넉히 벌지 못하던 터라 엄마는 애인이 주는 돈을 거절할 수 없었다. 하지만 그 남자는 엄마가 돈을 어디다 쓰든 개의치 않았다. 진실을 말하자면, 엄마는 그 남자를 진짜 좋아했고, 자기한테 잘해주니까 좋아한 것만은 아니었던 것 같다.

지금도 나는 두 사람이 육체관계를 가졌는지 확실히 알지 못한다.

엄마는 예쁜 여자였고, 그 남자를 친절하게 대했다. 그는 살면서 누구에게서도 그런 친절을 받아보지 못했을 게 분명하다. 게다가 그 남자는 엄마와 의붓아버지 사이에 문제가 생기지 않도록 무척 조심했다. 부도덕한 행동이나 성적으로 복잡한 관계를 백안시하는 전형적인 10대였던 나는 두 사람의 관계를 경멸해 마땅하다고 확신했다. 나는 절대 그런 짓을 하지 않을 거라고도 생각했다. 하지만 내 애인이 처음 내게 준 돈을 받았을 때, 머릿속의 모든 게 바뀌었다. 애인에게는 큰 액수가 아니었지만 내게는 큰돈이었고 또 필요했다. 차마 거절할 수는 없었지만 받는 내가 싫고 주는 애인이 싫었다. 더욱이 그녀는 엄마의 애인과 달리 내 가난을 우아하게 두둔해주지도 않았다. 가난한 사촌들과 이모들을 보면서 느꼈던 쓰라린 경멸이 내 안에 휘몰아치면서 사랑을 남김없이 태워버렸다. 나는 서둘러 관계를 끝냈다. 아무 대가 없이 주어야 마땅한 것을 판 나 자신을 용서할 수 없었다. 섹스가 아니라 사랑 말이다.

집안 여자들이 자기가 얼마나 열심히 일하는지를 말하면 남자들은 한쪽으로 침을 찍 뱉으면서 고개를 가로젓곤 했다. 남자들은 진짜 일을, 거칠고 위험하고 육체적으로 힘든 일을 했다. 그들은 감옥에 갔다. 짐승 같은 손으로 나를 을러댄 냉혹하고 무심한 남자들만이 아니라 점잖고 부드러운 남자들도 마찬가지였다. 그건 또 다른 집안 내력이었고, 사람들은 엄마네 가족 즉 우리 가족이 으레 감옥에 가겠거니 생각했다. 아직 젖니가 남아 있는 사내아이를 두고서도 이런 말들을 했다. "애 아빠가 조지아에 있는 감옥에 갔어. 애 삼촌도 그렇고. 십중팔구 애도 똑같을 걸." 우리는 항상 삼촌이나 사촌, 또는 이름도 모르는 남자 친척을 만나러 카운티 구빈농장으로 차를 타고 가곤 했다. 그들은 빡빡 민 머리에 침울한 표정을 한 채 망연자실해서 엄마의 어깨에 고개를 묻고 울거나 이모들에게 도와달라고 애원했다. 그들이 하는 말은 뻔했다. "엄마, 난 아무 짓도 하지 않았다고요." 그 말이 사실일 수도 있지만, 어쨌든 우리까지 그들을 믿어주지 않는다면 누가 믿겠는가? 아무도 진실을 이야기하지 않았다. 자신의 삶이 어떻게 망가지게 되었는지에 관해서조차도.

내가 좋아하던 사촌 한 명은 내가 여덟 살 때 감옥에 갔다. 공중전화를 부수고 돈을 훔친 죄였다. 같이 저지른 친구는 풀려나 부모의 보호 감독을 받았지만, 사촌은 카운티 구빈농장에 있는 소년원으로 보내졌다. 석 달 뒤 엄마는 프라이드치킨 한 통, 차가운 옥수수빵, 감자 샐러드를 챙겨들고서 우리를 데리고 소년원을 찾아갔다. 100여 명의 사람들이 잔디밭을 메운 가운데 사촌과 둘러앉아 그가 마치 석 달 내내 밥 한 끼 제대로 못 먹은 사람처럼 집어삼키는 모습을 지켜보았다. 사촌의 삭발한 머리와 되는 대로 면도해서 파르스름한 상처가 난 귀에 시선이 갔다. 사람들의 웃음소리, 음악을 연주하는 소리가 들려왔다. 제복 차림의 키가 큰 남자가 우리 곁을 느릿느릿 지나쳐 갔다. 그는 이쑤시개를 씹으면서 우리를 자세히 뜯어보았는데, 좀체 고개를 들지 않던 사촌의 얼굴은 증오로 굳어 있었다. 그는 교도관이 돌아섰을 때에야 뒤를 돌아보았다.

"개새끼들." 사촌이 중얼거리자 엄마가 쉿, 하고 제지했다. 교도관이 뒤돌아 올 때까지 우리는 모두 가만히 앉아 있었다. 긴 침묵이 흐른 뒤 남자가 활짝 웃으면서 "에헴" 하고 말했다. 그 한마디가 전부였다. 그러고는 다시 돌아서 가버렸다. 우리 모두 말이 없었다. 아무도 먹지 않았다. 이내 사촌은 안으로 들어갔고, 우리는 농장을 나섰다. 차로 돌아와서 엄마는 한동안 자리에 앉아 조용히 울었다. 한 주 뒤에 사촌이 싸움질을 해서 구금 기간이 6개월 늘어났다는 얘기를 들었다.

사촌은 열다섯 살이었다. 그는 두 번 다시 학교로 돌아가지 않았고, 감옥에서 나온 뒤에는 군대에 갈 수 없었다. 마침내 집으로 돌아왔을 때 우리는 한마디도 하지 않았다. 할 필요가 없었다. 물어보지 않아도 알 수 있었다. 교도관이 작은 보복을 했다는 사실을, 조만간 사촌이 다른 공중전화를 털 거라는 사실을, 그렇지만 이번에는 침착하게 해서 잡히지 않으리라는 것까지. 사촌이 느끼는 분노의 근원이 무엇인지도, 깔끔하게 잘 차려입은 채 자기를 보면서 개만도 못한 삶이라고 멸시하는 사람들에 대해 어떻게 느끼는지도 알았다. 나도 똑같이 느꼈기 때문이다. 교도관은 사촌을 바라보는 것과 똑같은 표정으로 나와 엄마를 보았다. 우리는 쓰레기였다. 다름 아닌 우리 같은 사람들을 수용하고 파괴하기 위해 카운티 구빈농장을 지은 것이었다. 같이 공중전화를 부수고도 집으로 돌아온 친구는 철물점을 운영하는 교회 집사의 아들이었다.

집사와 그 아들을 싫어한 만큼이나 어떤 면에서는 내 사촌도 싫었다. 머리를 썼어야지, 어떤 위험이 있는지 알았어야지, 하고 나는 혼잣말을 했다. 좀 더 조심했어야지. 나이가 들어 스스로 벌어 먹고살기 시작하면서, 사촌에게 내뱉었던 때보다도 더 화가 나서 나 자신에게 이런 말을 읊조리곤 했다. 나는 내가 누구인지 알았다. 무엇보다도 중요한 일은 나 자신을 보호하고 사람들이 경멸하는 내 정체성을 숨기는 것임을, 선량한 빈민과 분별 있는 레즈비언이라는 신화 속에 섞여 들어가야 하는 것임을 알았다. 페미니스트 활동가가 됐을 때에도 머릿속에서는 이런 혼잣말이 계속 메아리쳤지만, 그 무렵이면 이미 진동수가 가장 작은 기본음처럼 바뀌어서 저 깊은 곳에 편재해 있더라도 더 이상 들리지는 않았다. 그렇지만 여전히 그 박자에 맞춰 모든 행동을 했다.

1975년에 나는 플로리다주 탤러해시에서 사진작가 조수로 일하며 근근이 살아가고 있었다. 그러나 내 삶을 쏟은 진짜 일은 레즈비언 페미니즘 활동, 그러니까 플로리다주립대학에 여성학 과정을 개설하기 위한 위원회와 지역 여성센터에서 하는 활동이었다. 내가 맡은 역할 중 하나는 일종의 복음 전도 레즈비언 페미니스트가 되어 여성혐오 사회에 대한 정치적 분석을 진전시키는 데 조력하는 것이었다. 우리 모두 인종차별에 대해 숙고해야 한다고 생각하는 것과 마찬가지로 누구나 계급에 대해 고민해볼 필요가 있다고 입 발린 말을 하는 경우가 아니면, 나는 계급에 관해 말하지 않았다. 나는 심지가 굳은 사람이었고, 레즈비언 공동체—모두 젊고 진지한 백인으로 이루어진—에 살면서 페미니즘 쟁점을 다룬 책이 새로 나올 때마다 빠짐없이 챙겨 읽었다. 모두 세계를 변혁해야 한다는 필요에서 나온 책이었다.

오랜 시간이 지난 지금, 당시 내가 내 삶을 얼마나 온당한 것으로 보았는지를 설명하기란 쉽지 않다. 나는 경박하거나 지레 겸손하게 굴지 않았고, 사회관계를 재설정하는 투쟁이 얼마나 격렬할 것인지에 대해 무심하지도 않았지만, 우리 세대의 많은 여성들이 그러하듯이 내 삶에 변화를 일으킬 수 있다고 굳게 믿었다. 그런 변화를 일으킬 수만 있다면 내 삶을 기꺼이 바칠 각오도 있었다. 고된 시간일 거라고, 지루한 일에 자기희생으로 점철된 기나긴 시기를 겪어야 할 거라는 예상은 했다. 공개적인 혐오와 공격의 대상이 되고, 개인적인 관심사보다 더 고귀하고 중요한 대의를 위해 내 욕망이나 애인, 가족은 뒷전으로 밀어두어야 한다는 것도 예상했다. 동시에 여성이자 레즈비언으로서 나의 욕망, 나의 섹슈얼리티, 나의 욕구를 좀 더 진지하게 받아들이기 위해 지독하게 노력했다. 나는 내가 살아가는 매순간 개인적인 정치혁명을 수행하고 있다고 믿었다. 보육시설 마루를 닦을 때든, 대학에 여성학 연속강좌를 개설하기 위한 새로운 예산을 짤 때든, 지역 페미니즘 잡지를 편집할 때든, 여성을 위한 서점을 열 때든, 언제든 간에. 나는 늘 지쳐 있었고, 의료보험 따위는 있을 리가 없었고, 돈한 푼 못 받으면서 따분한 일을 했다. 또 여전히 애인들을 만나러 공동체를 몰래 빠져나오곤 했다. 같이 사는 사람들이 보기에는 애인이 시대착오적이고 성차별적인 여자였기 때문이다. 그렇지만 이렇게 살면서도 페미니즘 혁명에 온몸을 바치고 있다는 생각은 한 치도 흔들림이 없었다. 이제 옷장 속에 사는 게 아니었다. 나 자신의 생각을 얼마나 칸칸이 나눠놨던지 내가 이 일을 왜 하는지 질문조차 던지지 않을 정도였다. 나는 페미니즘에 대한 신념 이면에 있는 어떤 것도 결코 인정하지 않았다—계급적으로 구축된 변화에 대한 불신이나 언젠가 내 진짜 정체가 드러나 내쳐질지도 모른다는 은밀한 두려움 같은 것 말이다. 내 삶을 아낌없이 내주도록 길러지지 않았다면 과연 그렇게 유능하고 헌신적인 혁명가가 될 수 있었겠는가?

한 곳에만 초점을 두었던 혁명가적 전념은, 내가 다시 글을 쓰기 시작하면서 바뀌었다. 할 일이 산더미처럼 쌓여 있을 때는 글을 쓴다는 생각이 시시해 보였지만, 제대로 설명하지 못하거나 혁명 이후로 미뤄둘 수 없는 감정과 생각을 맞닥뜨리자 모든 것이 달라졌다. 이런 변화는 단순하면서도 예기치 못하게 일어났다. 어느 주에 전혀 다른 두 집단에서 강연을 해달라는 요청이 왔다. 성공회 주일학교와 소년 원이었다. 성공회 학생들은 전부 잘 차려입은 백인에 말을 정연하게 했고 하나같이 예의 바른 모습이었다. 그리고 (대놓고 물어보지는 않으면서도) 여자 둘이 침대에서 하는 게 어떤지 이야기를 끌어내고 싶어 했다. 소년원 애들은 전부 여자였는데, 그중 80퍼센트가 흑인과 히스패닉이었다. 녹색 소년원복이나 청바지에 작업용 티셔츠를 걸친 그들은 하나같이 입이 거칠고 버릇없고 겁 없고 농담을 잘했고, 마찬가지로 여자 둘이 침대에서 하는 게 어떤지 듣고 싶어서 안달이었다.

성공회 주일학교에서는 아이들의 공포와 불안을 살살 건들면서 최대한 뻔뻔하게 내 성경험을 털어놓으며 재미있게 이끌려고 했다. 주일학교 교사는 내 성장기며 커밍아웃에 대해 점점 더 구체적인 질문이 나오자 벌게진 얼굴로 말을 더듬었다. 내게 자신의 자유주의 성향을 자신 있게 밝혔던 남자였다. 자리가 끝나 햇빛 속으로 걸어 나오는데 아이들의 질문에 함축된 경멸하는 태도에 화가 치밀었고, 영문도 모른 채 우울해져서 울음조차 나오지 않았다.

소년원 아이들의 경우는 달랐다. 뻔뻔스러운 아이들은 몇 분 지나지도 않아 내 얼굴을 붉게 만들었다. 호기심도 있고 자기들이 이미 아는 걸 과시하고 싶은 마음도 있어서 갖가지 질문을 큰소리로 쏟아냈다. "부치예요, 펨이에요?" "남자하고도 해봤어요?" "하고 싶어요?" "아이는 갖고 싶어요?" "여자친구는 어떻게 생겼어요?" 큰 키에 자신만만해 보이는 여자애가 고개를 쭉 내밀면서 "이봐, 여친! 나 다음 주에 나가거든. 그날 밤에 뭐 할까?"라고 외쳤을 때, 나는 결국 웃음보를 터뜨렸다. 너무 웃어대느라 숨이 막힐 지경이었다. 다 같이 악을 쓰듯이 낄낄거릴 때까지 웃음이 멈추지 않았다. 소년원을 나서면서 소지품 검사를 받으면서도 기분이 잡치지 않았다. 그날 밤 애인과 물침대에 누우면서도 얼굴에서는 웃음이 떠나지 않았다. 그런데 애인이 팔로 나를 감싸 안는 순간 갑자기 눈물이 흘러내렸다.

그날 밤 나는 사촌들과 내게 일어났던 일들을 갑자기 이해하게 되었다. 완전히 새로우면서도 괴로운 관점에서의 이해였고, 지난날 내가 우리 가족과 나 자신에게 얼마나 잔인했는지를 분명히 깨달았다. 세상이 어떤 식으로 우리 것을 빼앗고 내쳐버렸는지, 왜 내가 그토록 열심히 일하면서까지 그런 생각을 안 하려 들었는지, 처음부터 끝까지 다시 이해하게 됐다. 어린 시절에는 바꿀 수 없는 것에 대해서는 입에 올리지 말아야 한다고 배웠다. 심지어, 자기 삶을 바꿀 수 없는 사람들은 당연히 그런 사실을 부끄러워해야 하고 숨겨야 한다고 배웠다. 나는 이런 수치를 받아들였고 곧이곧대로 믿었다. 왜 그랬을까? 사촌들이나 내가 대체 무슨 짓을 했다고 그렇게 멸시받아야 했을까? 왜 나는 항상 우리가 날 때부터 경멸받아 마땅하다고 믿었을까? 그날 밤 생각한 모든 것을 누군가에게 이야기하고 싶었지만, 그럴 수 없었다. 내가 아는 여자들 가운데 내 생각을 이해할 만한 이는 아무도 없었다. 내가 사는 여성 공동체에는 노동계급이 단 한 명도 없었다. 우리에게는 그런 쓰라린 진실을 말할 공통의 언어가 없다는 의심이 들기 시작했다.

이후 며칠 동안 카운티 구빈농장에서 보낸 오후가 계속 떠올랐다. 동물원 속 동물이 된 것 같은 느낌, 우리를 바라보던 진짜 사람들이 보고 웃고 쓰는 물건이 된 것 같은 느낌도. 주일학교 교사는 확신에 찬 자유주의자였지만, 오래전 교도관이 사촌을 볼 때와 같은 눈으로 나를 쳐다보았다. 어린 시절로 다시 내동댕이쳐진 느낌이었다. 벗어나려고 기를 썼던 그 모든 두려움 속으로. 우리 가족이나 나와 달리 옷을 차려입고 대화하는 법을 아는 높은 사람들, 세상에 대한 의심을 품을 수 있는 혜택을 부여받은 사람들의 처분에 다시 맡겨진 느낌이었다.

워낙 오래전에 분노를 경험한 탓에 그 분노가 내 삶을 어떻게 모양 지었는지 낱낱이 추적할 수는 없었다. 나는 어떤 이들에게는 어떠한 몫도, 어떠한 기회도 주어지지 않는다는 사실을 다시 한 번 깨달았다. 그들이 아무리 용기 있고 유쾌하고 서로를 사랑한다 해도 규칙을 정하는 사람들에게는 그저 우스갯거리일 뿐이라는 사실을. 규칙을 정하는 사람들이 싫었다. 마침내 나는 내가 누구인지, 어디에 속하는지를 더 이상 알지 못하기 때문에 이런 슬픔이 밀려오는 것임을 깨달았다. 나는 가족으로부터 도망쳤고, 집을 찾지 않았으며, 나 자신을 새로운 사람으로 만들기 위해 갖은 애를 썼다. 대학 졸업장이 있는 내가 어떻게 노동계급이 되겠는가? 레즈비언 활동가로서? 소년원의 교도관들을 생각했다. 그들은 내 강연을 들으러 온 아이들을 지켜볼 때처럼 텅 빈 유리창을 보듯 공허한 눈길로 나를 보지 않았다. 차마 생각하기 싫지만 원래대로라면 나 역시 이 아이들과 똑같은 삶을 살았을지도 모른다. 교도관들의 눈에 담긴 경멸은 레즈비언인 나에 대한 경멸이었다. 다르면서도 같은, 어쨌든 경멸이었다.

내가 사납게 날뛰는 동안 여자친구는 나를 붙잡고 달래면서 왜 그렇게 아파하는지 이야기를 꺼내게 만들려고 애썼다. 하지만 설명할 수 없었다. 여자친구는 자기 가족과의 어색한 관계를 자주 말하곤 했는데, 사업을 하는 아버지는 여전히 두 달에 한 번씩 수표를 보내주고 있었다. 여자친구는 우리 가족에 관해서는 거의 알지 못했다. 가끔 농담을 던지거나 조심스럽게 이야기한 게 다였다. 너무도 외로웠지만 차마 그녀 팔에 안긴 채 거짓말을 할 수 없어서, 아무것도 설명할 수가 없었다. 소년원에서 만난 여자애들, 그들이 자신들의 자매, 형제, 사촌, 애인에 관해 거칠게 쏟아낸 짧은 이야기들이 떠올랐다. 잃어버린 것들에 대한 아이들의 단조로운 언급을 생각했다. 아이들은 희망과 미래를 잃은 것에 대해서도, 마침내 자유를 얻게 될 때 자신들의 삶이 얼마나 뒤틀리고 고통스러운 모습일지에 대해서도 절대 입에 올리지 않았다. 울음이 그치고 눈물이 마른 뒤, 옆에 누워 잠든 여자친구를 바라보면서 그녀에게 하지 못한 말에 관해 생각했다. 몇 시간 뒤 자리에서 일어나 시를 쓰기 위한 메모를 했다. 두 여자가 대화하는 형식으로, 상실에 관해 적나라하고 고통스럽게 털어놓는 이야기였다. 한 여자는 상대방을 이해하지 못하고, 다른 여자는 자기가 아는 이야기를 모두 하지 못한다.

분노와 슬픔을 담은 날것 그대로의 가락을 한 편의 가공된 이야기로 만드는 데에는 오랜 시간이 걸렸다. 예전에는 절대 가까이 들여다보지 않았던 무언가를 내게 설명해주는 이야기였다—도망치고, 내 안에서 문을 걸어 잠그고, 숨는 과정 전체를 담은. 그걸 이해하는 데 거의 평생이 걸렸다. 가난하고 남들과는 다르게 태어난 우리 같은 사람들은 왜, 어떻게 궁지로 내몰려서 자기를 내팽개치거나 잃어버리는지, 왜 진짜 우리의 모습이 사라져버리는지를 깨닫는 데 말이다. 이 시가 「이름들의 강River of Names」[2]이라는 이야기가 되었을 무렵이면 나는 그 과정을 거꾸로 뒤집겠다고 결심한 상태였다. 나와 우리 가족의 진짜 역사를 당당히 말하고, 내가 누구인지에 대해서만이 아니라 거짓말을 하고 싶은 유혹에 대해서도 진실을 말하고 싶었다.

소설을 쓰는 기초적인 기술을 독학했을 무렵, 이야기하는 법을 이해할 때까지 내 머릿속을 떠나지 않을 이야기는 단 하나뿐임을 알고 있었다―엄마가 소녀였던 나를 어떻게 구해주었는지, 또 어떻게 구해주지 않았는지에 관한 복잡하고도 고통스러운 이야기임을. 『캐롤라이나의 사생아Bastard Out of Carolina』[3]를 쓰는 일은 궁극적으로 우리 가족의 자존심과 비극을 주장하는 길이었고, 무엇보다 폭력과 학대의 기반 위에서 형성된 내 궁지에 몰린 섹슈얼리티를 주장하는 길이었다.

과거에 칸칸이 구획해놓았던 내 삶은, 우리 가족에 관한 진짜 생각을 글로 쓰기 시작한 뒤인 1970년대 말에 갑자기 폭발해버렸다. 함께 일하는 여자들(대부분 레즈비언이었다)이 내가 누구랑 잤는지, 우리가 함께 뭘 했는지에 대해 어떻게 생각하는지 견딜 수 없이 두려웠다. 우리 공동체에서 불화가 커졌을 때, 이제 더는 일상적인 레즈비언dyke 네트워크 안에 숨을 수 없었을 때, 활동가로서 충실하게 일하는 것으로 내 삶을 계속 정당화할 수 없었을 때, 여러 여자와 자는 것으로 어수선한 마음을 달랠 수 없었을 때, 나의 난잡한 성생활을 비롯해 부치/펨을 넘나드는 성향, 사도마조히즘적 섹스에 대한 탐구 때문에 내가 선택한 공동체에서 쫓겨났을 때, 나는 다시 집으로 갔다. 어머니와 여동생들이 있는 집으로 갔다. 찾아가서 이야기를 나누고 의논을 하고 서로를 이해하기 시작했다.

적어도 우리 가족에게 레즈비언은 레즈비언일 뿐이었다. 정장 코트를 입든 가죽 재킷을 입든 아무 차이가 없었다. 게다가 내가 나 자신과 화해하지 못한 그 시간 내내 우리 가족은 나와 일종의 화해를 이루었다. 내 여자친구들은 조금 이상하지만 여동생들 남편처럼 대접을 받았고, 난 항상 대하기 어려웠지만 그럼에도 여전히 그들 삶의 일부분을 차지하고 있는 딸이었다. 나는 내가 여동생들과 오랫동안 이야기하지 못하게 가로막았던 장벽에 맞서고자 노력하기 시작했다. 여동생들 역시 내가 어떤 사람인지 알지 못했다. 가족에 대한 나의 느낌, 가족에 대한 나의 사랑을 재발견하기 위해서는 긴 시간을 두고 서로의 말에 귀를 기울여야 했다.

독특한 가족 배경과 계급 배경에서 자라난 나를 직시하고 나서야 나는 내게 의미 있는 정치가 무엇인지를 구성할 수 있었다. 왜 내가 운동을 믿는지, 왜 레즈비언들에게는 자기 현시self-revelation가 그토록 중요한지 다시 깨닫기 위한 정치를. 우리의 섹슈얼리티와 핵심적인 정체성이 형성되는 복잡한 방식, 우리가 나면서부터 속하게 되는 혈연 가족과 레즈비언 공동체 안에서 사귄 친구나 연인들로 이룬 확대가족 둘 다의 일원으로서 자기를 인식하는 방식을 명쾌하게 설명해주는 만능 페미니즘 분석 따위는 존재하지 않는다. 내 경우에는 결국 어디에나 있는 두려움에 저항하려는 욕구가, 이대로 숨어 사라지고 싶고 내 삶, 내 욕망을 위장하고 싶다는 충동이, 우리가 (세상을 좀 더 정의롭고 인간적인 곳으로 만들고자 애쓰면서도) 서로를 거의 이해하지 못한다는 사실만이 최종적인 결론으로 남았다. 무엇보다도 나는 **그들의** 정치를, 인간은 왜 다른 이들을 두려워하고 낙인찍으면서도 한편으로는 자기 자신이 다른 이들 중 하나가 될지도 모른다고 남몰래 두려워하는지를 이해하고자 노력하고 있다. 계급, 인종, 섹슈얼리티, 젠더, 그리고 우리가 서로를 분류하고 배제하는 기준으로 삼는 다른 모든 용어를 내부에서부터 파고들 필요가 있다.

계급 층화, 인종차별, 편견 등이 끔찍한 건 어떤 이들이 자기 가족과 공동체의 안전이 타인들을 억압하는 데 달려 있다고 믿기 시작하기 때문이다. 누군가 인간다운 삶을 누리려면 다른 이들은 불완전하고 야만적인 삶을 살아야만 한다. 이러한 믿음이 우리 문화를 지배하고 있는 것이다. 남부의 가난한 백인들이 그토록 단호한 인종차별주의자인 것이나 중산층이 빈민들을 그토록 경멸하는 것은 바로 이 때문이다. 어떤 이들이 타인의 파멸 위에 자기 삶을 세우는 상상을 하게 만드는 것도, 중산층이 느끼는 수치심의 은밀한 고갱이이자, 주변적인 노동계급을 자극하는 채찍이며, 노숙자와 빈민들이 별 거리낌 없이 증오나 폭력을 휘두르게 만드는 것도 이러한 신화다. 주변화의 정치학에 상당한 관심을 기울이는 레즈비언·페미니스트 공동체 안에 어떻게 여전히 수많은 배제와 공포가 존재하는지, 우리 중 얼마나 많은 이가 불안감을 느끼는지를 살펴보면 이 신화의 힘은 한층 더 뚜렷해진다.

나는 가난하고 혐오스러운 아이로, 신체적이고 정서적이고 성적인 폭력의 희생자로 자라났다. 고통을 겪는다고 사람이 고귀해지지 않음을 안다. 고통은 사람을 파괴한다. 파괴나 자기혐오, 평생을 따라다니는 절망에 저항하려면, 우리는 경멸받는 습관을 벗어던져야 한다. 그토록 부정적으로 치부되는 **그들**이 될지도 모른다는 공포를 벗어던져야 한다. 거짓말을 늘어놓는 신화와 손쉬운 도덕을 거부하고, 우리 자신을 인간으로, 흠이 있고 정상이 아닌 인간으로 바라보아야 한다. 우리는 모두—정상이 아니다.

2
젠더, 섹슈얼리티, 정치경제

미카엘라 디 레오나르도Micaela di Leonardo
일리노이주 노스웨스턴대학 인류학 교수. 『지식의 교차로에 서 있는 젠더 Gender at the Crossroads of Knowledge』, 『종족 경험의 다양성The Varieties of Ethnic Experience』 등의 저서가 있다.

로저 랭카스터Roger Lancaster
조지메이슨대학 인류학·문화연구 교수. LGBT, 젠더/섹슈얼리티, 정치경제 등을 연구했으며, 『섹스 패닉과 처벌하는 국가Sex Panic and the Punitive State』, 『자연과의 불화The Trouble with Nature』 등의 저서가 있다. 미카엘라와 로저 두 사람은 함께 『젠더/섹슈얼리티 독해The Gender/Sexuality Reader』에 편자로 참여하기도 했다.

젠더와 섹슈얼리티라는 쟁점은 일국적인 것이든 국제적인 것이든 오늘날의 모든 정치 논쟁을 관통한다. 특히 미국에서는 사람들이 지배적인 정체성 정치—결코 변치 않는 젠더, 성적 기호, 인종/민족/국민적 정체성을 강조하는 한편 계급은 무시하는—의 한가운데에 있기 때문에 성과 정치의 변화무쌍한 교차를 긴 역사적 시각에서 일관되게 보기가 쉽지 않다. 많은 평자들은 조직적인 좌파 정치가 쇠퇴한 책임을 정체성에 바탕을 둔 '새로운 사회운동' 탓으로 돌린다. 이러한 관점 때문에, 언론의 상업화를 비롯해 우리 공통의 역사를 누군가 가로챈 탓에, 젠더와 섹슈얼리티에 대한 명쾌한 이해가 사회주의 사상과 활동에 얼마나 필수불가결한 것인지, 그리고 페미니즘·동성애 연구 및 정치가 예나 지금이나 얼마나 논쟁적인 것인지를 이해하기란 쉽지 않다. (이에 비하면 인종 분석의 중요성과 논쟁적 성격에 대한 인식은 한결 낫다) 아래에서는 1960년대 이래 젠더와 섹슈얼리티를 둘러싸고 계속 변화한 학문적 이해—및 그것을 둘러싼 분열—의 전후 맥락을, 특히 이런 변화를 가능케 한 미국의 정치·경제적 변동 안에서 살피고자 한다. 여기서 우리는 주로 2세대 페미니즘과 동성애자 해방운동의 부상에 초점을 맞출 것이다. 반反식민운동과 인종해방운동이 성에 대한 시각을 개조하는 데 중심적인 역할을 한 사실에 관해서는 다른 더 긴 연구에서 다루도록 하겠다.

2세대 페미니즘

이제 사반세기 이상 진행 중인 페미니즘 사상 및 운동의 르네상스를 자극한 것은 역사적인 정치·경제적 변동의 연쇄였다. 미국에서 전후戰後의 경제 팽창은 거대한 노동력 수요 확대로 이어졌고, 그에 따라 여성의 노동력 참여율도 크게 높아졌다. 아버지나 남편에게 의존하지 않고서도 생활을 꾸릴 수 있다는 바로 그 가능성 때문에 많은 여성이 남성의 사회적 지배에 도전했다. 한편 이 시대에 대부분의 '여성 일자리'를 특징지은 낮은 임금과 지위, 협소한 승진 기회 등은 페미니스트들로부터 반발을 불러일으켰다. 같은 시기 베트남에서 계속되던 전쟁은 전국적인 반전운동을 낳았다. 민권/블랙파워 운동에 큰 영향을 받은 동시에 손을 잡고 진행된 운동이었다. 1960년대에 대학생 연령층이 인구학적으로 팽창하면서 젊은 층에 기반을 둔 저항의 물질적 토대가 더욱 튼튼해졌다. 페미니스트들은 이 같은 동시대의 다른 운동들에서 인적 자원과 실천을 끌어왔으며, 상대적으로 젊은 페미니스트 활동가들은 섹슈얼리티, 육체, 재생산 등의 쟁점을 특히 강조했다.

초창기 2세대 페미니즘 이론가와 활동가들은 "여성은 태어나는 게 아니라 만들어진다"는 시몬 드 보부아르의 전후 선언을 따라 섹스/젠더 구분을 만들어냈고, 이 구분은 널리 퍼져나갔다. 서로 다른 남성/여성의 생리라는 생물학적 현실은 '섹스'로, 이전까지 주로 형식 문법에서 사용되던 용어인 '젠더'는 적절한 성 역할에 관한 문화화된 통념의 다층 구조를 가리키는 것으로 정의함에 따라 페미니스트들은 남성 통제에 대한 여성의 종속, 가정 내 유폐, 가사노동과 양육에 대한 책임, 성적 수동성, 자동적인 이성애 등의 '자연스러운' 지위에 관한 논의를 제기할 수 있었다.

"개인적인 것이 정치적인 것"은 2세대 페미니즘이 새로 만들어 낸 말이지만, 이 말의 구체적인 의미는 최근 몇 년간 약화, 손상됐다. 19세기와 20세기 초, (당시 명칭대로 하자면) 여자운동woman movement 은 일반적인 가정에서의 분업이라든가, 공격적이고 성적인 남성과 수동적이고 어머니다우며 무성적인 여성이라는 지배적인 통념, 이러한 관행과 이데올로기를 옹호하고 합리화한 학문 제도 등에 이의를 제기하지 않았다. 당시 여성운동은 공공 영역에서의 장벽을 허무는 데 집중했다―투표권, 고등교육과 전문직으로의 진입, 정부 개혁에 대한 발언권 등이 주된 목표였다. 2세대 페미니스트들은 정치적인 것의 정의를 '성의 정치'로까지 확장했다. 여기에는 재생산에 대한 여성의 통제권, 평등한 가사노동, 남녀 부모의 동등한 육아 참여, 여성의 동등한 성적 욕구와 권리 인정 등을 둘러싸고 가정이라는 전선에서 벌어지는 싸움이 포함되었다. 이러한 맥락에서 2세대 페미니스트들은 여성의 성적 수동성이나 '여성 불감증', '여성 신경증', 어머니 탓으로 돌려지는 다양한 심리적 구성 개념psychological construct 등의 완전히 사회적―이고 남성 지배적―인 이데올로기와, 일반적으로 '올바른' 여성의 신체 유형, 육체적인 자기표현, 몸단장과 치장 등의 통념을 설명했다. 그들은 1960년대 '성혁명'의 남성적 편향에 이의를 제기하고, 여성의 섹슈얼리티에 관한 킨제이의 연구를 재발견하고, 여성의 성적 반응에 관한 20세기 초 페미니즘 연구를 발굴하고, 여성과 남성의 섹슈얼리티와 성적 관계에 관한 독자적인 조사연구를 수행했다. 또한 활동가들은 의료 행위에서 남성적 편향이 낳은 심각한 결과를 폭로하며 개혁을 위한 캠페인을 벌였다. 유방암, 피임법, 폐경기의 생리적 기능 등에 대한 연구 개선 및 확대, 불필요한 수술(자궁절제, 제왕절개, 근치 유방절제*) 근절 등이 주된 개혁 목표였다.

그렇지만 이 시기에 지배적인 분석 양식은 주제나 언어 모두 여성 노동에 초점을 맞추는 것이었다. 페미니스트들은 과소평가된 여성들의 노동에서 '여성의 역할'이라는 장막을 걷어버렸다. 무급 가사노동이든 유급노동이든, 장소도 뉴욕주 그레이트넥Great Neck이든 인도 구자라트Gujarat나 괌, 혹은 소련 그루지야Georgia[오늘날의 조지아]든 상관없었다. 그들은 마르크스와 엥겔스를 따라 인간 재생산노동까지 포함하도록 노동력 개념을 확장했다. 여기서 재생산이란 임신에서부터 아이가 성인이 될 때까지 양육하는 것을 모두 아우르는 말이었다. 노동을 강조한 덕분에 페미니스트들은 파슨스 사회학에서 여성에게 할당한 '정서적 역할' 바깥의 여성의 삶을 상상할 수 있었다. (파슨스 모델은 남성의 역할을 '도구적'인 것으로 정의함으로써 보부아르가 분석하고 이의를 제기한 이분법적인 내재/초월 모델을 재생산한다) 시간을 가로질러 세계 곳곳에서 이루어지는 여성의 노동활동을 분석하는 과정에서 페미니스트들은 젠더를 통해 불평등하게 굴절되는 노동과 소비 행위의 장소로서 가정을 새롭게 보게 되었다. 또한 '전통적인' 이성애 혼인에 함축된 재정적 지원과 성적 봉사의 교환 모델을 인식하고, 포르노그래피, 성매매, 섹스관광을 비롯한 대규모 산업으로 이루어지는 갖가지 형태의 성노동을 조사했다. 이들 산업에서 여성이나 일부 젊은 남성,

---

* [옮긴이주] 유방 조직뿐 아니라 흉근과 겨드랑이 지방, 림프절까지 절제하는 수술법. 현재는 거의 시행되지 않는다.

어린이들은 폭리를 취하는 남성(과 극소수 여성) 사업가들을 위해 착취 당하다시피 노동했다.

이 시기에 페미니즘 이론의 '노동화'만큼이나 생산적인(농담이다) 성과는 그것의 고유한 한계를 드러냈다는 점이다. 이러한 한계는 섹슈얼리티와 재생산에 대한 고찰에서 뚜렷하게 드러났다. 정통 마르크스주의나 속류 마르크스주의에서 끌어온 노동 비유는 기본적으로 환원주의였다—모든 실천, 행위, 활동이 협소하게 이해된 '노동'으로 환원되었으며, 섹슈얼리티와 재생산은 경제적 교환 및 착취와 관련해서만 '실질적'이고 '유일한' 것으로 정의되었다. 일반적으로 떠올리는 공장이나 사무실에서의 노동이 착취, 협력, 속박된 상황에서도 얻을 수 있는 기본적인 인간적 만족을 동시에 반영할 수 있듯이, 여성과 남성 역시 섹스, 가정, 재생산 등에서 동시에 여러 가지 경험을 할 수 있고, 실제로도 그렇다. 의식 고양 모임consciousness-raising group*의 실천이 분명 커다란 해방감을 제공하기는 했지만, 여성들이 남성과 남성의 '전통적인' 역할에 대해 이따금 내리는 긍정적인 평가는 언제나 단순한 '허위의식'을 드러낸다는 암묵적인, 때로는 노골적인 모델을 강화했다. 그리하여 "사랑은 강간범에 대한 희생자의 반응"이라는 슐라미스 파이어스톤Shulamith Firestone의 격언이 나오게 되었다.

노동양식은 또 다른, 좀 더 간접적이고 비非마르크스주의적인 분석방법에서 이론적 약점을 드러냈다. 일군의 페미니스트 이론가들은 재생산을 담당하는 육체 때문에 부득이하게 많은 여성이 아이를 돌보

---

* [옮긴이주] 1970년대 미국에서 대중적이었던 페미니즘 활동으로, 여성들이 한데 모여 자신이 여성으로서 경험한 바나 생각 등을 자유로이 말하는 모임이었다.

고 공공 영역에서 배제되며, 그 결과 가정에서 낮은 지위로 전락한다는 통념에 초점을 맞추었다. 레비스트로스의 구조주의 관점에서 이러한 논의 틀을 정교하게 다듬은 셰리 오트너Sherry Ortner는 일반적으로 여성이 (출산과 요리를 통해) 자연과, 남성은 (공공 영역과 정치를 통해) 문화와 결부된다고 주장했다. 따라서 인간의 보편적인 목표가 문화를 통해 자연을 초월하는 것으로 여겨짐에 따라 여성은 원시성, 즉 비인간성과 결부되며 남성보다 낮은 지위에 놓이게 된다는 것이었다. 낸시 초도로Nancy Chodorow는 페미니즘적 프로이트 분석으로 오트너의 논의를 보완했다. 정신분석학적으로 말하자면, 여성이 유일한 애 보는 사람 역할을 맡은 결과 아이들이 여성을 얕잡아 보게 된다는 주장이었다. 인간 정신과 나아가 여성의 지위를 바꾸기 위해서는 남성이 육아에 참여해야 한다. 미셸 로절도Michelle Rosaldo 역시 페미니즘적 베버주의 논의 틀을 통해 공공 영역과 가정 영역의 분리를 완화하고 여성의 공적 참여를 확대할수록 여성의 지위가 높아질 것이라고 주장했다.

이들 논의는 전부 출산, 육아, 요리, 가사 등 역사를 초월하고 문화를 가로질러서도 변함없는 '여성의 일'이 있으며, 이 일은 거의 분리되다시피 한 여성의 가정 영역에서 이루어진다는 통념에 바탕을 둔다. 그러나 사실 '여성 영역'이라는 통념 자체가 서구의 역사적 구성물이다. 빅토리아 시대에 지배적인 지위에 올라선 인공물인 것이다. 더욱이 여성은 시공간을 막론하고 동일한 노동을 수행하지도 않았다. 아이를 돌보는 일조차 여성만의 일이 아니며, 시대와 장소에 따라 매우 다른 활동이 수반된다. '공공'과 '가정'은 결코 보편적인 인간 사회의 구분이 아니다. 마지막으로, 캐럴 매코맥Carol MacCormack과 메릴린 스트래선Marilyn Strathern이 1980년에 엮은 『자연, 문화, 젠더Nature,

Culture, Gender』가 자세하게 펼쳐 보여주듯이 자연, 문화, 젠더라는 인간의 구성물은 보편적으로 여성을 자연과, 남성을 문화와 동일시하지 않는다. 또한 많은 문화에서는 세상을 '자연/문화'라는 이분법으로 해석지도 않는다. 오늘날 서구에서 이해하는 '자연'은 교권과 왕권에 맞선 계몽주의 투쟁의 소산이다. 즉 성차의 사회적 의미를 둘러싼 투쟁까지 아우르는 도전의 범주이기도 하다. 따라서 '노동'이라는 논의의 틀은 젠더, 섹슈얼리티, 육체를 페미니즘으로 분석하기 위한 유일한 토대로서는 불완전하고 환원주의적일뿐더러, '노동하는 여성의 육체 women's bodies in labor'라는 통념에 부분적으로 기초한 보편적인 논의 역시 경험적으로 따져보면 결함이 있다. 물론 어떤 사회에서든 여성의 공적인 정치 참여와 남성의 육아 참여를 나쁜 일로 볼 수는 없다. 하지만 함정에 빠진 주부/어머니를 보편적인 '여성'으로 보는 서구 페미니즘의 고정관념은 현재와 과거의 세계 대다수 여성들의 삶을 이해하는 토대로서 이바지하지 못했다.

페미니스트 사회과학자들이 초기의 보편화 논의에서 빠져나오기 위해 노력하는 동안, 역사가들은 아이러니하게도 사회 형태의 우연성과 특이성에 대한 인류학적·민족지학적 이해를 통합하는 노력을 통해 단호하게 앞으로 나아가고 있었다. E. P. 톰슨E. P. Thompson이 1960년대 초반에 내놓은 선구적인 저작『영국 노동계급의 형성The Making of the English Working Class』은 문화사가 성장하는 데 토대를 놓았거나, 변화하는 망탈리테mentalité[심성구조] 및 문화 생산을 원대한 경제·정치사의 고유한 일부로 진지하게 고려하게끔 했다. 이러한 논의 틀 덕분에 젠더와 섹슈얼리티의 역사가 꽃피우게 됐다. 페미니즘 연구를 특히 자극한 것은 1975년 『사인Signs』 창간호에 발표된 캐럴 스미스로젠버그Carroll Smith-Rosenberg의 논문 「사랑과 의식의 여성 세계The Female World of Love and Ritual」였다. 스미스로젠버그는 19세기 미국의 중간계급 및 부유층 백인 여성들이 여성인 친구나 친척과 주고받은 편지 자료를 검토하면서, 19세기에 독립된 여성 영역이 있었고 그들 사이에 열정적이고 낭만적인 애착(이런 애착은 평생 지속되며 이성애 혼인의 영향을 받지 않았다)이 존재했음을 주장했다. 역사가들이 과거의 '인류학화', 즉 "과거는 또 다른 나라다"라는 통념에 몰두함에 따라 서구를 비롯한 다른 곳의 역사에서 젠더와 섹스를 중심으로 한 다양한 역사 저술이 속속 등장했다. 특히 서구 과학이 부상함에 따라 성별화된 육체라는 지배적인 구성물이 어떻게 변천해왔는지에 관한 중요한 설명이 이루어질 수 있었다. 인류학자들은 상징적/해석적 인류학과 다양한 마르크스주의 전통의 이론 틀에 입각하여, 특히 동성애 연구의 부상에 힘입어 서구 및 비서구의 젠더-섹스-육체 구성물에 관한 자세한 민족지학과 분석을 내놓기 시작했다.

문화 페미니즘의 문제점

그렇지만 스미스로젠버그의 기념비적인 논문은 광범위한 동성사회적homosocial* 애착에 대한 새로운 학문적 감수성이 도래했음을 알렸을

---

* [옮긴이주] 미국의 젠더 및 퀴어 연구자 이브 세지윅Eve Sedgwick이 『남성들 사이에서 Between Men』(1985)에서 처음 사용한 용어로, 동성 간의 사회적 유대를 이르는 말이다.

뿐만 아니라 미국 급진 페미니즘이 현대 문화 페미니즘으로 넘어가는 과정을 드러냈다. 1970년대 중반 이래 미국 및 서구 정치가 전반적으로 우경화되는 추세에 영향을 받은 동시에 그것과 나란히 이루어진 변화였다. 앨리스 에콜스Alice Echols는 다큐멘터리 역사책인 『나쁜 여자 전성시대Daring To Be Bad』에서 "성-계급 체제를 제거하는 데 전념하는 정치운동"이 "남성적인 것에 관한 문화적 가치 평가와 여성적인 것의 가치절하를 뒤집는 전복을 목표로 하는 반反문화운동"으로 옮겨 간 역사적 변화를 설명했다. 정치 환경이 변화함에 따라 페미니즘 교과 과정의 필수 요소였던 "여성에 대한 적극적 가치 평가"는 여성의 보편적인 본성에 고유하다고 가정된 특성들, 가령 양육, 이타주의, 협동성, 평화주의, 온화하거나 부재하는 섹슈얼리티에 대한 찬양으로 바뀌었다. 이런 집요한 묘사는 모든 남성에 대한 성별화된 묘사와 동시에 이루어졌다. 남성은 본래 경쟁적이고 폭력적이며 여성을 억압하는 존재로 설명됐다. 따라서 여성과 남성의 지위, 삶 등이 시간과 공간에 따라 변화하는 데 대한 고찰로부터 멀어지는 변화가 나타났다. 역사적으로 우연적인 다양한 제도 및 정치가 젠더관계에서의 상대적인 힘과 특성을 결정하는 데 어떤 역할을 하는지에 대한 분석에서 멀어지게 된 것이다.

이 시대의 페미니즘 정치운동, 특히 반군사주의나 환경 관련 운동은 점차 마니교적인 상징주의와 함께 작동했다("사내애들에게서 장난감을 빼앗자", "어머니를 사랑하라"). 많은 페미니즘 학문이 이런 변화를 반영하고 더욱 재촉했다. 심리학자 캐럴 길리건Carol Gilligan은 베스트셀러가 된 『다른 목소리로In a Different Voice』에서 여성은 "인간관계의 맥락에서 자기 자신을 규정할 뿐만 아니라 보살핌 능력의 측면에서 자신을 평가한다"고 주장했다. 이 같은 페미니즘 본질주의 입장은 여성을 "난로 위의 천사"로 본 빅토리아 시대의 환상을 교묘하게 되살린다. 여성은 가정 내의 도덕적으로 우월한 존재로서 경쟁이 판치는 타락한 시장에서 돌아오는 아버지/남편/아들을 감화하고 정화한다. 이러한 환상은 여성이 본래 정념이 없다거나 여성의 성적 욕구는 (남성과 달리) 타인에게 해나 불편을 끼치지 않는다고 가정한다는 점에서 빅토리아 시대의 구성물과 일치한다. 물론 어떤 역사적 순간, 어떤 장소에서는 여성들이 자기 자신과 타인에게 이렇게 보였겠지만 많은 경우에는 사정이 달랐다. 절도, 성을 이용해 물질적 이익을 얻거나 타인에게 해를 끼치는 일, 아동 유기, 고문, 살인, 성적 학대―과거에나 현재에나 대다수 사회에서 적어도 일부 여성은 이 모든 일에 관여했고, 이를 만연한 남성 지배만으로 설명하지는 못한다. 또한 집안과 아이들을 돌보는 '양육'과 '이타적인' 활동에는 종종 상당한 이기주의가 수반된다. 어쨌든 서구 산업사회에서는 극히 최근까지도 어린이들이 부모를 위해 노동을 했고, 어른이 되어서는 부모(특히 어머니)에게 충실하고 노동과 돈으로 은혜를 갚아야 했다.

　문화 페미니즘은 이런 식으로 서구 페미니즘의 역사에서 면면히 이어지는 동일성/차이의 이율배반에서 동일성의 극단을 부정하며, 여성들의 차이의 구축을 여성이 영웅 아니면 희생자 역만을 맡는 도덕극과 융합한다. 문화 페미니즘은 젠더 기능주의라는 서구 정치사상의 중심 기조에 도전하지 못하며, 사실 '전통적인' 역할을 맡은 여성들을 높이 평가하는 현대의 반反페미니즘 정치와 썩 잘 들어맞는다. 우리는 또한 문화 페미니즘이 '여성'이라는 보편주의적 범주를 주장하는 동시에 여성의 다양성을 이유로 이 범주를 반박하고, 이런 반박을 현대 정체성 정치의 문제적 구조에 끼워 맞춘다고 주장하고자 한다. 그렇지만 우리의 기획에서 가장 중요한 것은 1980년대 '페미니즘 섹스전쟁'에서 문화 페미니즘이 어떤 역할을 했는가다.

앞서 살펴봤듯이 성적 쾌락에 대한 여성의 권리를 주장하고 여성을 겨냥한 만연한 성폭력에 항의하는 것은 2세대 페미니즘 초기의 중요한 의제였다. 가령 1970년에서 1975년 사이에 출간된 미국의 베스트셀러 도서 중에는 현대 남성 작가들의 여성혐오적인(종종 성적으로 폭력적인) 묘사를 자세히 다룬 케이트 밀렛Kate Millett의 『성 정치학Sexual Politics』(1970)이라든가, 낭만적 사랑의 신화를 통렬히 비난하고 시험관 임신이라는 공상과학적 미래를 제시한 슐라미스 파이어스톤의 묵시록 『성의 변증법The Dialectic of Sex』(1970), 문학사를 자유자재로 넘나들면서 쾌락을 향유하는 여성의 난잡한 능력을 지지하고 남성의 성적인 여성혐오를 비난한 저메인 그리어Germaine Greer의 『여성 거세당하다The Female Eunuch』(1970), 미국 문화에 '지퍼 터지는 섹스zipless fuck'*라는 신조어를 안겨주면서 커다란 성공을 거두었지만 좋은 작품은 아닌, 에리카 종Erica Jong의 피카레스크 소설이자 실화 소설 『비행공포Fear of Flying』(1973), 『제2의 성』 같은 열렬한 어조로 성폭력을 개괄한 수전 브라운밀러Susan Brownmiller의 『우리의 의지에 반하여 Against Our Will』(1975) 등이 있었다. 활동가들은 성적 자유, 레즈비언의 권리, 재생산 통제권, 낙태권, 성적 공포에서 벗어날 자유 등을 요

---

* [옮긴이주] 에리카 종이 『비행공포』에서 만들어낸 말로 낯선 사람끼리 감정적인 친밀감이나 숨은 동기가 전혀 없이 섹스 자체만을 위해 나누는 성행위를 가리킨다.

구했다. 그들(우리)은 '밤길 되찾기 행진Take Back the Night March'을 시작했고, 대중매체에서 여성을 폭력적이고 포르노적으로 재현하는 데 반대하는 캠페인을 벌였고, 성폭력피해자긴급지원센터와 매 맞는 여성을 위한 쉼터를 설립·운영했고, 법률 개정을 위한 로비 활동을 펼쳤고, 여성의 성적 욕망(다른 여성에 대한 욕망을 포함해)을 이야기했고, 남성들에게 개인적으로나 집단적으로나 성적 행동을 개선할 것을 요구했다. 그렇지만 1970년대가 저물 무렵에 이르러 문화 페미니즘이 경직됨에 따라 '성적 자유'와 '성적 공포에서 벗어날 자유'를 결합한 2세대 페미니즘의 통일성이 느슨해지기 시작했다.

새로운 분열의 한쪽 끝에서는 수전 브라운밀러, 캐서린 매키넌Catherine MacKinnon, 앤드리어 드워킨Andrea Dworkin 같은 이들이 여성에 대한 폭력, 특히 포르노그래피를 핵심적인 혹은 유일한 페미니즘 쟁점으로 삼았다. 법학자인 매키넌을 비롯한 반反포르노 페미니스트들은 기독교 우파와 협력해 미국, 캐나다에서 섹스를 재현하는 인쇄물과 영상물을 금지하는 법안을 만들거나 입법에 영향력을 미치기 위해 노력했다. 이들 페미니스트는 포르노그래피와 홍등가에 강박적으로 집착하는 한편 아이러니하게도 실제 강간, 구타, 성적 학대 같은 문제나 이런 범죄의 희생자들을 지원하고 지지하는 이들의 우려는 무시하는 경향이 있었다. 그럼에도 반포르노 페미니스트들은 과장된 선언 덕분에 대중매체에 쉽게 오르내릴 수 있었다(대중매체에서는 이들이 종종 '페미니즘 시각'을 대표한다). 특히 캐서린 매키넌은 오늘날 미국에서 섹슈얼리티에 관한 페미니즘 시각을 대표하는 인물이 되었는데, 실제로 『본래의 페미니즘Feminism Unmodified』에서 이에 대한 소유권을 주장하기도 했다. "내 생각에는—여러분은 '내 생각에는'이라는 말이 '페미니즘'과 동의어임을 알게 될 것이다." 이제 마리아나 발베르데Mariana Valverde가 1989년 『페미니즘 연구Feminist Studies』에 기고한 논문의 도움을 받아 인간 섹슈얼리티에 관한 매키넌의 견해를 검토해보자.

매키넌은 섹슈얼리티만을 여성 억압의 지주로서 바라보며, 불평등한 성적 경험을 초역사적이고 범문화적인 상수로 간주한다. "나는 섹슈얼리티야말로 젠더를 사회생활에 불평등하게 기입하는 실천들의 집합이라고 주장하고자 한다." 그녀는 "여성을 그처럼 성적 대상으로 정의하는 것이야말로 남성을 흥분시키는 일"이라고 노골적으로 선언한다. 따라서 발베르데가 지적하는 것처럼 "여성 억압의 사회·경제적 뿌리"를 부정한다. 인류 역사에서 여성의 성적 행위를 모두 지워버림은 말할 것도 없다. 이런 본질주의적이고 반역사적인 입장은 불가피하게 역사적으로나 인종, 계급, 국적에 따라서나 다양한 성적 경험 역시 부정하는 결과로 이어지며, 인간 조건을 분석하는 데 이런 범주들이 마찬가지로 중요함을 (아니, 중요성 자체를) 부정하게 된다. 비판자들에게 답하는 글에서 매키넌은 계급과 인종을 무시했다는 비난을 회피하는 한편 역사가들이 제기한 이의, 이를테면 유럽 근대화에서 포르노그래피가 정치적으로 활용되었다는 복잡하고도 새로운 연구는 비웃고 무시해버린다.

페미니스트들은 이러한 견해를 반역사적이라고 일컬었다. 아 맙소사. 우리는 남자들이 우리와 섹스하는 온갖 방식이 얼마나 심오하고 매혹적인지 가볍게 보았다. 남자들은 어떤 식으로든 섹스를 한다는 점을 강조하기 위해서였다. 남자들은 우리를 상대로 섹스를 한다. 역사의 모습이 어떠해야 하는가에 관한 그들의 정의에 들어맞을 만큼 이런 사실이 크게 바뀐 게 아니라 할지라도, 그건 우리의 잘못이 아니라고 말할 수밖에 없다.

여성의 영웅적 저항에 초점을 맞추는 다른 많은 문화 페미니스트와 달리 매키넌의 이론 틀에서는 이런 저항이 가능하지 않으며, 따라서 (발베르데가 지적하는 것처럼) 여성들은 "아무리 불안정한 지위에서라도 가부장제와 무관한 성적 욕망을 되찾거나 발명하지 못한다." 매키넌은 이성애 섹스를 싸잡아 공격하면서, 레즈비어니즘도 비난에 끼워 넣는다. "젠더가 권력의 체계인 한, 여성이 가진 권력이 더 적은 한, 추상적인 평등 같은 혜택과 마찬가지로 레즈비어니즘 역시 단지 동성애를 행하는 권력을 가질 수 있는 여성들에게 이런 선택을 넓혀줄 뿐이다." 발베르데는 다음과 같이 결론짓는다.

> 결국 섹슈얼리티는 한결같이 억압적인 것으로 구성되며, 페미니즘 기능주의(모든 현상은 가부장제 일반을 위한 목적에 봉사하는 것으로 설명된다)와 철학적 비관주의라는 두 개의 붓으로 가차 없는 남성 폭력이 그려진다. 저항, 전복, 쾌락은 설명에서 배제된다.

반포르노그래피 그룹이 어머니로 살아가는 여성의 삶에 상대적으로 무관심한 반면, 대중문화와 학계에서는 대단히 많은 문화 페미니스트가 모성의 물신화에 대한 탐구에 에너지를 쏟고 있다. 빅토리아 시대 이래 서구 대중문화에서는 여자들이 아이를 낳고 기르는 행위를 언제나 똑같이 경험하며, 남자들은 절대 아이를 돌보지 않고, 철학자 사라 러딕Sara Ruddick이 말하는 지속적이고 세심한 이타주의의 '모성적 사고'야말로 시간과 공간을 가로질러 여성의 의식을 가장 잘 설명해준다는 가정이 널리 퍼져 있다. 문화 페미니스트들은 "어린 그리스도를 안은 성모 마리아상"을 연상시키는 이런 폭넓은 이데올로기를 활용하면서 여성의 삶을 더욱 높게 평가하려는 노력을 경주했다. 정치평론가 캐사 폴릿Katha Pollitt이 쓴 「길리건의 섬에 고립되다Marooned on Gilligan's Island」는 이런 감상적이고 자기중심적인 관점에 대한 가장 훌륭한 비판일 것이다. 이 글에서 폴릿은 사라 러딕과 캐럴 길리건, 언어학자 데보라 태넌Deborah Tannen(『그래도 당신을 이해하고 싶다You Just Don't Understand』) 등에게 도전장을 내민다.

그러나 젠더에 대한 이 모든 설명의 가장 큰 문제점은 자신들이 발견하는 차이를 남성과 여성이 차지하는 경제·사회적 지위나 개별 남성과 여성 사이의 실제 권력 차가 아니라 남성과 여성이 성장하는 과정의 보편적인 특징으로 돌린다는 것이다.

폴릿은 문화 페미니즘의 세계관이 당대 미국에서조차 모성의 현실을 잘못 설명한다고 지적한다.

러딕은 어머니들이 하는 일을 설명하는 것이라고 주장하지만, 사실 어머니들이 해야 한다고 자신이 생각하는 바를 설명할 뿐이다. …… 인종 통합을 위한 강제 버스 통학이나 부자 학교와 가난한 학교의 통합, 일반 아동·장기보육 아동boarder baby* 발달장애 아동 등을

---

* [옮긴이주] 부모의 양육 능력(자격) 부족으로 병원에 무기한 맡겨진 아동을 말한다.

위한 시설 설립 등에 반대하는 지역 차원의 투쟁에서 가장 두드러지는 존재가 바로 어머니들이다. …… 진짜 이유는 부동산 가치에 대한 염려나 인종차별 심리겠지만, 이 어머니들은 종종 자신은 단지 아이를 보호하는 것뿐이라고 말한다.

문화 페미니스트들은 모성을 경건하게 숭배하기 때문에 지독하게 가난한 삶을 살아가는 어머니들의 행동과 인식을 이해하지 못할뿐더러 재생산, 전 세계적 인구 변동 추세, 신新맬서스주의적 인구 이론 등의 성별화된 현실과 맞서는 데 도움을 줄 수도 없다. 문화 페미니즘은 여성의 완전히 다른 본성을 고집한다는 점에서 여성을 혐오하는 나쁜 과학에 굴복한다. 문화 페미니즘은 젠더와 과학의 문제에 역사적으로, 지식사회학적으로 세심하게 접근할 필요성을 이해하지 못한다. 오늘날 세계 곳곳에서 벌어지는 여성(과 남성)에 대한 성폭력의 다양한 현실을 전혀 파악하지 못하며, 성별화된 섹슈얼리티에 인종이 기입되는 갖가지 변화무쌍한 방식을 포착할 수단도 제공하지 못한다. 마지막으로, 인종이나 국적에 상관없이 수많은 여성이 (동성애자든 이성애자든) 성적 쾌락을 추구하고 찾는다는 사실을 유념하는 것이 좋다. 신디 로퍼Cyndi Lauper가 노래했듯이, 여자들은 그저 즐기고 싶을 뿐이다.

점점 넓어지는 이데올로기적 심연의 다른 쪽 끝에는 (대중매체에는 자주 등장하지 않지만) 섹슈얼리티와 재생산을 연구하는 대다수 페미니스트·게이 학자들과 더불어 표현의 자유 옹호론자들이 있다. 1980년대의 두 '페미니즘 섹스 경전'—『욕망의 힘Powers of Desire』(1983)과 『쾌락과 위험Pleasure and Danger』(1984)—은 여러 분과 학문을 가로질러 수

많은 연구자를 결합시킨 성과였다. 이들 개인으로서는 수많은 쟁점에서 의견을 달리했겠지만, 여성의 성적 욕망을 공개적으로 연구하는 공동 프로젝트를 수행하고, 여성에 대한 제약이 만연한(그렇지만 반드시 동일하거나 보편적이지는 않은) 현실을 인식하고, 여성과 남성의 다양한 성생활을 역사적·비교문화적으로 자세히 연구하고, 젠더가 성 이론 및 연구에서 고려해야 할 유일하게 의미 있는 인간 구분은 아니라는 점을 공개적으로 인정하는 데에는 뜻을 모았다. 계급, 카스트, 인종/종족, 성적 지향, 연령, 재생산 지위, 종교, 국적 등의 분석 범주는 특정한 장소와 시대의 섹슈얼리티를 이해하는 데 젠더만큼이나 필요한 것일 수 있다. 페미니스트들 사이의 분열이 확대되는 상황에서 두 책 중 어느 쪽도 여성에 대한 폭력이라는 쟁점을 충분히 다루지는 않았다—미국의 인종 계층화와 교차하는 경우는 예외였다. 그렇지만 문화 페미니스트들이나 매키넌과 달리, 때로 '친섹스 페미니스트'라는 이름표를 마다하지 않은 이 학자들은 페미니스트들이 섹스를 쾌락이나 공포 둘 중 하나와 동일시하는 선택을 내려야 한다는 새로운 지배적인 통념을 인식하고 개탄했다. 『욕망의 힘』의 편저자들은 이렇게 경고했다. "우리는 두 관점 사이에서 동요한다. 한편에는 독선적인 여성의 검열의식이 있고, 다른 한편에는 여성의 취약성을 최소한으로만 다루는 대범한 자유주의가 있다." 『쾌락과 위험』의 편저자인 캐럴 밴스Carole Vance는 여성들—어느 한 여성을 놓고 보더라도—의 성경험이 대단히 다양한 현실을 강조했다.

어떤 사람들에게는 섹슈얼리티의 위험—일상적인 학대와 모욕뿐만 아니라 강간, 친족 성폭력, 착취, 폭력, 잔학 행위, 강압에 이르기까지—때문에 쾌락이 무의미해진다. 다른 이들에게는 섹슈얼리티의 적극적인 가능성—몸, 호기심, 친밀감, 관능, 모험, 흥분, 유아적·비이성적인 인간관계 등의 탐험—이 가치 있을 뿐만 아니라 지속적인 활력을 제공하기도 한다. 어느 경우에도 이런 입장은 고정된 것이 아니다. 여성은 자기 삶의 각기 다른 시점에 외부나 내부의 사건에 대해 이런저런 입장을 선택할 수 있기 때문이다.

마지막으로, 이 학자들은 역사에 전념했기 때문에 문화 페미니스트들보다 지적으로 성실했을 뿐만 아니라 서구의 성 이데올로기가 시간의 흐름에 한 층위로 내장되어 있음을 간파했다. 따라서 이들은 100년의 서구 페미니즘 역사라는 맥락 속에서 우리 자신을 바라볼 수 있었다. 엘런 캐럴 두보이스Ellen Carol DuBois와 린다 고든 Linda Gordon은 1984년에 발표한 통찰력 있는 논문 「전장에서 황홀경을 찾다Seeking Ecstasy on the Battlefield」에서 19세기 말의 사회정화운동 Social purity movement*과 오늘날의 문화 페미니즘이 대단히 유사함을 보여주었다. 19세기 말의 사회정화운동은 성매매에 초점을 맞추면서 여성은 본래 정욕이 없다는 통념을 부추겼으며, 현대 문화 페미니즘은 포르노그래피에 초점을 맞추면서 여성의 성적 쾌락이라는 문제에 침묵했다.

---

* [옮긴이주] 19세기 말 성매매를 몰아내기 위한 운동이었다. 여기에는 기독교 윤리에 따라 부도덕한 성행위가 포함됐기 때문에 비단 성매매만이 아니라 낙태, 피임 등이 금지됐으며, 포르노그래피가 규제됐다.

사회정화 정치는 19세기 여성들의 경험에 대한 이해할 만한 반응이기는 했지만 이는 여성에게 그 자체로 제한적이며 한계를 짓는 시각이었다. …… 오늘날 페미니즘 내부에서 사회정화 정치가 부활하는 듯 보인다. …… 우리 시대의 포르노그래피와 성적 '도착'에 대한 페미니즘의 공격은, 보수주의 및 反페미니즘 진영의 사회정화운동인 '도덕적 다수Moral Majority'*나 '가족 수호 운동'과 구별 정립하는 데 실패하고 있다. 여성 착취의 주된 영역으로서 성에 거의 배타적으로 초점을 맞추고, 여성의 성적 희생을 '남성 섹슈얼리티'라 이름 붙인 폭력적인 본질 탓으로 돌리는 경향은 점점 커지고 있으며, 오늘날 훨씬 더 보수적이기까지 하다. 여성으로서 우리의 상황이 근본적으로 달라지고 있기 때문이다.

다른 많은 학자들은 지난 2세기 동안 미국 및 유럽 여성들 사이에서 나타난 성적 급진주의나 저항, 계급 분화, 정치적 조직화, 성도덕 진화 등의 관계를 연구하고 있다. 또 다른 학자들은 제3세계라고 이름 붙였던 나라들에서 섹슈얼리티와 정치라는 상호 침투하는 영역을 연구하기 시작했다. 페미니즘 정치의 현재를 개괄하는 앨리스 에콜스의 논평은 이런 철저한 역사 연구에서 나온 것이다.

문화 페미니스트들은 …… 음탕한 남성에 대항하여 모든 여성을

---

* [옮긴이주] 침례교 목사인 제리 폴웰Jerry Falwell이 1979년에 창설한 미국의 기독교 근본주의 단체. 베트남 전쟁 이후 좌파에 대항하여 생긴 신우파New Right 단체로 낙태 합법화 반대, 국방 예산 증액 지지 등을 표방한다.

고결하고 정숙한 자매애로 조직하려는 투쟁에서 여성의 성적 취약성과 걸핏하면 등장하는 젠더 고정관념에 호소한다. …… 반포르노그래피 운동은 페미니즘판 낙태 반대 운동으로 기능한다—여성의 전통적인 성적 보수주의를 강화하고 확인하며 문화의 희생자이자 도덕적 수호자라는 여성의 자기의식을 조작하는 것이다.

레즈비어니즘이라는 쟁점 역시 '페미니즘 섹스전쟁'에서 중심을 차지했지만, 이에 따른 분립을 이해하려면 먼저 동성애자 권리운동과 동성애 연구의 부상을 살펴보아야 한다.

게이 혁명과 이론의 퀴어화

우리 인간은 동물들 가운데 구체적으로 제한되지 않은 잠재력을 가졌다는 점에서 독특한 존재다. 음식, 물, 휴식 등을 필요로 하는 기본적인 생물학적 욕구 외에도 우리에게는 인간에 특유하고 의식의 발달에 종속되는 욕구가 있다. 관계에 대한 욕구, 창조하고 건설하려는 욕구가 그것이다. 우리는 모두 성애를 즐기는 존재다. 우리는 우리 삶을 만족을 얻고자 애쓰는 과정으로서 경험한다. 우리는 삶을 성적으로 경험하며, 아름다움과 감정으로 활기를 얻는다. 기본적으로 우리에게는 적극적으로 관여하고 창조하려는 욕구가 있으며, 우리의 환경과 우리 자신에 형식과 의미를 부여하려는 욕구가 있다.

— 붉은 나비Red Butterfly, 『동성애자 해방Gay Liberation』

페미니즘과 마찬가지로, 오늘날의 게이/레즈비언 해방운동 역시 풍부하고 오랜 역사에 기대어 있다. 이 운동은 여러 세기에 걸친 반체제적인 성적 하위문화와 여러 젠더 헤게모니에 맞선 교묘한 저항의 뒤를 잇고 있으며, '은밀하고' '암호화된' 문학·미술·사회적 표현으로 이루어진 반反경전counter-canon에서 교훈을 얻는다―이런 표현은 감히 사랑이라는 이름을 말하면서 이따금 갑자기 모습을 드러냈다. 무엇보다 이 운동은 동성애자 권리와 사회적 관용을 요구한 성과학, 자유주의, 좌파, 사회민주주의 운동에서 뻗어나온 여러 갈래의 전통 위에서 있다. 마그누스 히르슈펠트Magnus Hirschfeld라든가 해블록 엘리스Havelock Ellis, 에드워드 카펜터, 에드워드 웨스터마크Edvard Westermarck, 카를 울리히스Karl Ulrichs 등과 같은 초창기 인물들이 가장 눈에 띄는 출발점이었다.*

그렇지만 동성애의 역사는 연속적이지 않다. 분명히 20세기 중반은 동성애 정치 전통의 가시성이 돌연 중단된 시기였다. 소련과 동유럽의 스탈린주의, 독일과 중유럽의 나치즘, 미국의 매카시즘은 모두 동성애자들의 발언에서부터 정치, 표현, 활동을 무지막지하게 억압했다. 온갖 유사과학 이론이 등장하여 동성애가 국가 안정과 사회 안녕을 해치는 심각한 도덕적·의학적·심리적 위협임을 입증했다. 스탈린주의와 나치즘, 매카시즘은 국가 권력을 동원해 동성애자를 구금하

---

* [옮긴이주] 마그누스 히르슈펠트(1868~1935)와 해블록 엘리스(1859~1939)는 각각 독일과 영국의 의사이자 성과학자로, 특히 히르슈펠트는 성과학연구소를 설립해 동성애에 관한 연구를 진행하는 한편 동성애자 해방운동을 활발하게 펼쳤다. 에드워드 웨스터마크(1862~1939)는 핀란드 사회학자로 족외혼, 일부일처제 등을 연구해 『인류혼인사The History of Human Marriage』 등의 저술을 남겼다. 카를 울리히스(1825~1895)는 독일에서 동성애자 해방운동을 펼쳤던 인물로, 다섯 명 모두 초기 게이/레즈비언 해방운동에 큰 영향을 끼쳤다.

고 박해하고 투옥하고 세뇌하고 신체를 불구로 만들었다. 그리고 어떤 경우에는 처형하기까지 했다. 2차대전 이전에 시작되어 1960년대 말에야 막을 내리기 시작한 이 기나긴 단절기 동안 퀴어한 몸과 도착적인 욕망은 그 자체로 법적 규제와 사회적 감독, 정치적 감시, 과학적 호기심, '의학적'이거나 정신의학적인 침범의 대상이었다. 미국에서 동성애자들은 1960년대 말까지도 호르몬 '치료'와 전기충격 요법, 전두엽 절제술 등에 시달렸다.

1950년대의 '전시(냉전) 가족'은 가장 관용적인 때에도 공개적인 동성애 정치에 비옥한 토양을 제공하지 않았다. 매터신협회Mattachine Society* 같은 용감하고 헌신적인 소규모 집단이 국가의 감시와 정치적 억압을 견뎌내기는 했지만, 게이/레즈비언 정치가 상당한 규모로 또 공개적으로 표현되려면 정치적 공간이 열릴 기회를 기다려야 했다. 하지만 동성애의 역사가 무엇을 보여주든 간에 현실이 항상 겉모습과 같은 것은 아니다. 1945년부터 1969년까지는 국가 차원에서의 전례 없는 박해가 쏟아진 시기였지만, 뉴딜의 연방공공사업프로젝트Federal Works Projects라는 대규모 동원이 이루어진 뒤이기도 했다—물론 2차대전 군 징집이 이루어진 뒤이기도 했다. 앨런 베루베Allan Bérubé가 보여주었듯이, 이런 동원을 통해 젊은이들은 소도시의 고립되고 편협한 삶에서 빠져나와 처음으로 상대적인 자유를 맛보았다. 동성끼리 모인 환경이 확대됨에 따라 많은 이들에게 성적 실험의 기회가 주어졌다.

---

* [옮긴이주] 1950년 공산당원이자 노동운동가인 해리 헤이Harry Hay가 로스앤젤레스에 설립한 게이 단체. 미국에서 선구적인 LGBT 단체로 손꼽힌다. 1960년대 초 지역 지부들로 분리된 뒤 지금까지도 명맥을 유지하고 있다.

그리고 새로운 자기 형성self-fashioning* 양식의 기회도.

2차대전이라는 집단적 경험은 예기치 않은 많은 결과를 가져왔다. 잘 알려져 있다시피 '리벳공 로지Rosie-the-Riveter'**들이 전시 생산을 맡았던 일은 일찍이 페미니즘 사고에 불을 지핀 불씨였다(결국 꺼졌을지라도). 파시즘에 맞서 싸우기 위해 징집됐던 흑인들은 고향으로 돌아와 인종차별 분리 정책Jim Crow segregation에 직면했다. 이런 집단적인 분리 경험은 이전부터 존재했던 민권에 대한 목소리를 더욱 높였다. 또한 이런 거대한 군사적 동원은 모든 지역, 모든 계급의 레즈비언·게이들을 한데 불러모았다. 이는 동성애자들이 더 큰 개인적 자유와 개별적 자치를 보장해주는 환경, 즉 대도시로 향하는 첫 번째 이주 물결을 예고하고 부추겼다. 전후 미국 사회에 만연했던 교외화를 전면적으로 거스르는 움직임이었다. 결국 게이·레즈비언 조직이 응집력 있는 정치 세력이 될 수 있었던 것은 이러한 도시 집중 양상 덕분이었다. 전례 없이 많은 수의 게이와 레즈비언이 자유롭고 관용적인 '보헤미안' 동네에 정착했고, 샌프란시스코나 뉴욕 같은 도시에 대대적으로 집결함에 따라 새로운 규모의 공동체 자원을 축적할 수 있었다. 비공식적인 네트워크를 비롯해 동성애자 동네, 동성애자 술집이나 만남의 장 같은 사교 공간이 속속 생겨났다.

---

* [옮긴이주] 스티븐 그린블래트Stephen Greenblatt가 『르네상스의 자기 형성Renaissance Self-Fashioning』(1980)에서 만들어낸 개념으로 사회에서 받아들여지는 기준에 따라 정체성과 공적 인격을 확립하는 과정을 가리킨다.

** [옮긴이주] 2차대전 당시 미국에서 방위산업체로 여자들을 끌어들이려고 제작한 선전 포스터의 주인공. 남자들의 군 징집으로 중공업 생산 인력에 생긴 공백을 메운 여성 노동자들을 가리킨다.

새롭게 등장한 동성애자 해방운동은 2차대전 이후 사회적 검열과 경찰의 탄압에도 불구하고 계속 확대된 하위문화에 의존했다. (경찰이 어느 동성애자 술집—스톤월Stonewall Inn—단골들을 일상적으로 괴롭힌 일이 운동을 촉발시키는 계기가 된 것은 우연이 아니다) 또한 이 운동은 베이비붐 세대의 생애주기에 편승했다. 일제히 청년기에 접어든 베이비붐 세대는 성적·정치적 매카시즘의 울타리에서 벗어나고자 했다. 동성애자해방전선Gay Liberation Front은 민권운동과 페미니즘, 전투적인 반전운동을 본받아 억압적인 정신분석학계에 맞서고, 동성애 규제법sodomy laws을 비판하고(완벽하지는 않을지라도 제한적인 성과를 거두었다), 가장 가시적인 형태의 차별에 도전하고, 다른 정치운동 세력과 잠정적인 연합을 형성하고, 게이와 레즈비언들에게 집단적인 커밍아웃을 할 것을 촉구했다—이 과정에서 은밀한 실천을 급진 정치를 위한 토대로 전환하고, "벽장을 박차고 거리로 나가자" 같은 구호로 수많은 이들의 상상력을 사로잡았다.

이 들뜬 시절에 동성애자해방전선을 비롯한 단체들은 동성애자 혁명의 범위를 거리낌 없이 확장했다. 어떤 구호는 이렇게 외쳤다. "둘, 넷, 여섯, 여덟: 가족과 교회와 국가를 박살내자." 흔히 동성애자운동은 '새로운 사회운동'(파편화된 정체성과 연결되며, 전체적이고 체계적이며 거시정치적인 변혁과 정반대로 개인주의적이고 일상적인 작은 변화를 추구한다고 여겨지는 동원 유형)의 탁월한 사례로 언급되기 때문에, 동성애자 해방이 실은 총체적이고 전 세계적인 전망을 표현했다는 사실, 섹슈얼리티 영역에서의 억압을 다른 영역, 특히 젠더뿐만 아니라 인종 및 계급 영역에서의 억압과 연결하여 분석했다는 사실을 유념하는 게 좋겠다. 동성애자 해방의 전망은 결코 '협소'하지 않았다. 어느 활동가의 말을 빌리자면, 이 운동이 추구한 미래상은 페미니즘보다 더 전면적이었고, 죽음 자체보다도 더 무시무시한 혁명이었다. 일부 투사들과 이론가들은 마르크스·엥겔스의 국가 없고 계급 없는 미래상을 고스란히 되풀이하면서 장기적인 혁명을 꿈꾸었다. 개인의 삶과 사회 제도를 철저하게 뒤바꿔 투쟁과 동원, '이성애'와 '동성애'라는 범주 자체를 사라지게 만들 그런 혁명 말이다. 이후 점진주의로의 방향 전환이며 권리 지향적인 접근 방식, 정체성에 대한 유사종족적인 추구, 동성애자 소비자들로 이루어진 하위경제의 번영, 심지어 정치적 정체성보다 저항의 주변성을 찬양하는 최근의 경향까지도 관점에 따라 다양한 방식으로 바라볼 수 있다. 혁명과 거리가 먼 상황에 직면한 정치적 후퇴 내지 성숙하는 과정에서 필연적으로 거치는 발전으로 볼 수도 있고, 억압하면서 관용하는 소비사회에 흡수된 것으로 보거나 유토피아적인 꿈과 실용적인 진보 사이를 변증법적으로 오가는 필요한 극단으로 볼 수도 있다. 어떻게 보든 간에 동성애자운동은 결코 '미시정치적인' 전망에 의해 시작되고 성장한 것이 아니다.

페미니즘이 그러했던 것처럼 정치적 실천에 뒤이어 사회이론이 등장했다. 그리고 2세대 페미니즘과 마찬가지로 게이/레즈비언 연구의 초기 모델은 기존의 전통적인 이론을 뒤집는 것을 의미했다. 수십 년간 다양한 학문 분야가 동성애의 '원인'과 '치료'에 집착했다면, 운동에 힘을 보태는 새로운 학문은 동성애 억압의 원인과 구조를 질문하고, 동성애자 해방 기획을 탐구했다. 종래의 이론이 항상 이성애적 관점만이 아니라 이성애를 규범화하는 관점을 가정했다면, 게이나 레즈비언의 시각에서 보는 것만으로도 과거의 지배적 모델과 급진적으로 단절하는 셈이었다. 게이/레즈비언 연구는 가족, 종교, 심리학, 의학

같은 제도 안에 존재하는 이성애 규범의 강제적인 동학을 폭로하면서 게이와 레즈비언의 섹슈얼리티만이 아니라 섹슈얼리티 일반에 대해서도 비판적으로 연구할 수 있는 가능성을 새롭게 열었다.

초기 2세대 페미니즘이 그러했듯이 동성애 이론 역시 초창기에는 보편주의를 확대하고 일반화를 넓히는 방향으로 나아가는 경향이 있었다. 동성애는 여자다움과 마찬가지로 쉽사리 규정되거나 이미 알려진 것으로 규정되었다—물론 역사적이고 문화적인 변형이 따를 수는 있지만 핵심 자체는 단일하고 명료하고 안정적인 정체성이었다. 이런 모델 중 일부에서는 동성애자나 레즈비언의 정체성을 (노골적으로든 암묵적으로든) '본질'이나 '주어진 것'으로 본다. 즉 모든 사람에게 보편적으로 주어진 경향이나 모든 사회에서 소수에게 존재하는 경향으로 보는 것이다. 다른 패러다임에서는 이성애주의가 문화의 보편적인 구조로 기능한다. 이 억압 체계는 다른 권력 체계와 복잡하게 접합되며 가장 가까운 친척인 성차별주의만큼이나 영속성을 갖는다. 예컨대 마르크스주의와 구조주의, 프로이트-라캉 이론을 아우른 역작인 게일 루빈의 1975년 논문 「여성 거래The Traffic in Women」는 정치경제학의 비유에 기대 보편적인 '섹스-젠더 체계'라는 가설을 세운다. 루빈은 비대칭적인 젠더관계라는 보편적 존재를 강제적인 이성애 체계와 결부시킨다. 한쪽이 다른 쪽을 함축하고 명령한다. 동성 간 성행위에 대한 터부는 여성들을 남근 권력에서 배제할 뿐만 아니라 이성애 동맹—여성 거래—을 명령한다. 동시에 젠더 불평등 체계는 이분법적인 젠더 차이의 의무적이고 강제적인 생산을 요구한다. 동종(동성) 짝짓기에 대한 엄격한 터부에 의해 강제될 수 있을 뿐인 균형 상태인 것이다. 비록 보편주의적 관점이 과장되기는 했지만 이런 주장은 레즈비언 페미니즘의 주축이었으며, 일찍부터 페미니즘과 게이/레즈비언 연구 간 협력 가능성의 전조가 되었다.

1970년대와 1980년대에는 점점 더 많은 문헌들이 역사와 사회 속에서 동성애라는 낙인의 형태와 기능을 다루었다. 확실히 동성애에 대한 폄하는 젠더 규범을 단속하고 강화하며, 마찬가지로 젠더 규범은 동성애에 대한 낙인을 단속하고 강화한다. 비록 동성애 행위에 대한 터부가 오래된 것이기는 하나 이런 터부에서 절대적이거나 필연적이거나 보편적으로 보이는 것은 아무것도 없다. 제프리 윅스Geoffrey Weeks, 마이클 구디치Michael Goodich, 존 보즈웰John Boswell, 데이비드 그린버그 David F. Greenberg 등이 보여주었듯이, 동성애 억압에는 역사가 있다. 동성애 억압은 일정한 환경에서 생겨나며, 오랜 기간에 걸쳐 성쇠를 겪는다. 동성애 억압의 정의와 지형은 변화하며, 일정한 유형의 투쟁과 기획 안에서 생산되는 동시에 그런 투쟁과 기획을 생산하기도 한다. 또한 '서구적인 것'으로서 서구의 역사—및 '나머지 지역'과 구별되는 서구라는 명명 자체—와 독특하게 연결되어 있으며, 일단 확립되면 권위주의적 제도 기획에 영속적으로 유용한 자원을 제공한다.

유럽에서 비역sodomy에 대한 박해는 12~13세기에 강화되었다. 처음에는 성직자 집단 내에서 이루어지다가 교회에서 평신도들에 대한 영향력을 확대함에 따라 전 사회적 차원에서 박해가 벌어졌다. 그 결과로 교회와 세속 당국에서 벌인 비역 근절 운동은 여러 측면에서 분석된 바 있다. 무엇보다도 명백한 점은 이런 운동이 성적 행동과 가족 생활에 대한 점증하는 규제에 개입했다는 것이다. 그러나 서구 문화의 중요한 요소를 형성한 이 운동은 또한 광범위한 정치·경제적 발전

과도 역동적으로 연결되었다. 정치 담론에서는 성적으로 방탕한 삶에 대한 묘사가 흔히 동원되었다. 이런 재현은 특권 귀족층에 대한 대중의 분노를 결집시키면서 새롭게 떠오르는 시민층에게 유리하게 작용했다. 비역에 대한 적대감은 계급 갈등과 결합되어 봉건제가 쇠퇴하고 부르주아 계급이 상승하는 과정에서 일정한 역할을 했다.

비역의 위협은 또한 이슬람과 이단에 반대하는 기독교 선전의 중심 기조이기도 했다. 유럽 각국의 언어에는 이러한 역사의 흔적이 여전히 남아 있다. '비역쟁이bugger'라는 표현은 '불가르족Bulgar'에서 파생된 말로, 이단의 표시이자 이슬람을 암시했으며, 기독교 서구의 경계를 가리키는 불안한 표지였다. 마찬가지로 '비역'이라는 모호한 용어는 오랫동안 종교적 이단(내부의 대타자the Other within)과 동의어였고 이교 신앙이나 이슬람(외부의 낯선 존재)을 떠올리게 만들었다. 동성애 행위에 대한 절대적이고 무조건적인 금지—와 유럽이 비역질 문화에 포위되어 있다는 의식—는 서구에 특유한 것이었고, 제국주의의 독특하고 자기의식적인 남성성을 규정지었다. 요컨대 동성 간 성교에 대한 터부는 자본주의의 발흥이라든가 서구의 자기 정의self-definition, 종교·정치적 불관용의 양성, 근대 민족국가의 등장, 온갖 종류의 권위주의 등에서 다채로운 역할을 했다.

페미니즘 저술의 흐름과 나란히 동성애 연구 문헌에서도 이어진 한 경향은 과거를 회복하고 심지어 기념하는 것이다. 동성애 역사와 민족지학이 계속 추구해야 하는 과제는 감춰진 삶을 찾아내고 잊힌 목소리를 되찾는 일이다. 그렇지만 '되찾기'와 '드러내기'의 실천이 이런 정언명령을 낳은 현대 서구 환경과 매우 다른 문화나 먼 과거의 역사에 적용될 때는 문제가 불거진다.

인류학자 루스 베네딕트Ruth Benedict의 발자국을 좇는 일부 연구 방식은 다른 문화와 역사적 시기 속에서 동성애자를 찾는다. 이런 연구는 대개 둘 중 하나의 서술 형식을 취한다. 첫 번째 경우에, 게이와 레즈비언들은 행복하게 산다. 우리 사회보다 더 관용적이고 계몽된 사회에 살기 때문이다. 따라서 이 사회는 모방해야 할 모델을 제공한다. 두 번째 경우에, 다른 문화에 속한 게이와 레즈비언들은 사회적 불관용과 불우한 환경에 맞서 꿋꿋이 버틴다. 따라서 그들 **자신이** 훌륭한 역할모델이 된다. 어느 쪽이든 간에 명백하게 문화 자체가 역사나 민족지학에 삽입되고 있다. 저자와 독자는 다른 문화와 시대 속으로 자신들을 투사하면서 그곳에서 다른 삶의 가능성을 탐구한다—동일시의 비약인 셈이다.

이런 비약이 필요할 수도 있겠지만, 진지한 연구를 위한 충분조건은 아니다. 억압에 관한 역사적 연구와 섹슈얼리티에 관한 경험적 연구는 이내 광대한 범위의 역사적 차이와 비교문화적 다양성에 맞닥뜨렸다. 동성애 터부가 보편적이거나 불변하는 것이 아니라면, 그것은 도대체 정체성의 어떤 면을 금지하는 동시에 반드시 함축하는가? 그리고 터부가 존재하는 경우에조차, 현대 서구의 동성애 혐오와 다른 용어로 만들어진다면 모독 대상은 우리의 그것과 반드시 똑같을까? 이러한 명명의 질문들은 심각한 문제를 제기하고 흥미로운 혁신을 낳았다. 한때 "장미는 장미라 장미a rose is a rose is a rose"*이며, 동성애는 무차별하고 획일적이며 보편적인 경향으로 이해할 수 있다고 가정했던 분야에서 말이다.

---

* [옮긴이주] 거트루드 스타인Gertrude Stein의 1913년 시 「성스러운 에밀리Sacred Emily」의 한 구절.

예컨대 현대의 동성애자와 유사한 의미를 가진 이름표가 붙었지만, 성적 대상의 선택에 따라 정체성이 정해진다고 보기는 힘든 전근대의 비역쟁이는 어떻게 이해해야 할까? 비역쟁이와 동성애자 모두 성적 행동에 바탕을 두고 낙인찍히는 건 분명하지만, 비역쟁이는 '죄인'(인간은 모두 죄인인 것처럼!)인 반면 동성애자는 의학적·심리학적으로 '도착'이거나 '다른' 존재로 규정된다. (비역쟁이가 일관되게 동성 성교에 의해 분류되는지도 분명치 않으며, 오늘날 법조계에서도 보이는 '비역'의 정의를 둘러싼 혼란의 상당 부분은 이런 모호함 때문이다) 고전 고대의 남색은 어떻게 이해해야 할까? 분명 그리스의 남색은 남자 둘을 필요로 했다. 하지만 그리스인들은 성인 남성과 하위 신분—여성, 노예, 소년—사이의 성관계는 승인하고 지지하기까지 한 반면, 자유인 성인 남성 간의 성적 교합(오늘날 남성 동성애의 정의가 바로 이것이다)은 불쾌하게 여겼다. 멜라네시아 지역에서 보고되는 다양한 관행은 어떻게 이해해야 할까? 이곳에서는 정액이 자기 몸 안에서 만들어지는 게 아니라 남에게서 얻는 물질이라고 생각한다. 따라서 손위의 젊은 인척이나 젊은 남성이, 어린 소년이 남자로 '자랄' 수 있도록 씨를 넣어준다. 이런 사회에서 정액은 당연히, 반드시 남성 사이에서 거래된다. 문제가 되는 일이라면 정액이 그릇된 방향 즉 세대를 거슬러 흘러가는 경우일 것이다. 북아메리카 원주민 버다시berdache*나 이와 비슷한 트랜스젠더 지위는 어떻게 이해해야 할까? 인류학자 해리엇 화이트헤드Harriet Whitehead는 한때 버다시를 아메리카 원주민 동성애자로 해석하기도 했지만, 이들의 지위를 '동

---

* [옮긴이주] '두 개의 영혼two spirit'이라고도 한다. 북아메리카 원주민 중 전통적인 제3의 성(혹은 다른 젠더 변형)을 가진 이들을 포괄적으로 가리키는 단어다.

성애 틈새 영역'보다는 중간 젠더intermediary gender(때로 양성애나 동성애 패턴을 함축한다)로 이해하는 게 더 낫다고 주장한 바 있다.

동성애 연구 저술이 발달하고 확대됨에 따라, 미처 상상하지 못했던 정체성이나 제기되지 않았던 질문들로 탐구 대상이 미끄러져 들어가거나 변형되는 경향이 나타났다. 1980년대에 이르면 동성애—와 이성애—를 사소하고 피상적인 변형이 있는 '보편적인' 형태라고 말하는 것이 어불성설임이 점차 분명해졌다. 복잡한 연구를 통해 발견된 것은 한 주제에 입각한 문화와 역사의 변주가 아니라 주제 자체의 심층적인 변주였다. 이러한 맥락에서 '동성애의 종언'(및 이와 상관된 이성애의 종언)은 현실에서 일어나기 전에 이미 이론에서 일어났다.

같은 시기 젠더 분야에서도 정체성에 관한 유사한 접근이 등장했다. 모니크 위티그Monique Wittig의 레즈비언 유물론 페미니즘 선언은 시몬 드 보부아르를 인용하는 한편 '문화 페미니즘'이라는 이름으로 생겨난 온갖 낭만적이고 본질주의적인 주제를 부정하면서 도전장을 던졌다. "여성으로 태어나는 것이 아니다"—그리고 여성이 되기를 열망해서도 안 된다. 이내 글 쓰는 사람들마다 대문자 '여성Woman'뿐만 아니라 소문자 '여성들women', 심지어 '성sex'이라는 단어에도 따옴표를 붙이기 시작했다. 이들 단어가 문화 범주로서 발명된 것이 자의적임을 나타내기 위해서였다. 정치와 학문이 결합된 학제 간 용광로 속에서, 페미니즘 이론과 게이/레즈비언 연구가 공유하는 장소 속에서 새로운 접근이 등장했다. 사회의 특수성과 문화의 차이가 연구 전면에 대두될수록 '남성', '여성', '동성애자', '이성애자' 같이 이미 이해된, 기존에 주어진 규정들은 더욱 문제시된다. 인간, 동물, 기계 사이의 구분을 모호하게 만드는 존재의 신화를 이용하는 '사이보그' 문헌(특히 도나 해러웨이

Donna Haraway를 보라)과, 마찬가지로 모든 경계에 의문을 던지는 퀴어 이론의 최근 물결은 페미니즘 및 게이/레즈비언 연구의 이런 비유를 포착하고 확장하면서 안정된 근저의 정체성이라는 통념을 더욱 문제시하고 범주의 덫에 빠지지 말라고 경고한다.

1980년대 '레즈비언 섹슈얼리티'를 둘러싸고 벌어진 논쟁은 이러한 새로운 통찰과 관련 있었다. 게일 루빈이 지도자 역할을 맡은 가운데 일군의 레즈비언 학자와 활동가들은 여성/레즈비언의 성적 감정과 행동이 남성(동성애자든 이성애자든)의 그것과 밑바닥에서부터 다르다—본래부터 협조적이고 친절하다(그들 특유의 말로 하자면 '바닐라 같다')—는 당시의 지배적인 시각에 강력한 반론을 펼쳤다. 이 이론가들은 또한 일부 여성은 (상호 동의한) 레즈비언 사도마조히즘 같은 극단적인 행동에 참여할 만큼 폭력적이고 위압적인 성적 감정과 욕망이 없다는, 경험에 위배되는 주장에 반대했다. 반포르노그래피 페미니스트들은 이러한 주장에 (말하자면) 발끈했고, 1982년 바너드대학 연구자·페미니스트회의Barnard College Scholar and the Feminist Conference에서 일부 참가자들이 발표한 견해 때문에 양쪽이 분열하기에 이르면서 갈등은 정점에 달했다. 이번에도 역시 '도덕적 어머니Moral Mother'라는 과거의 압박감이 산 자들을 악몽처럼 짓누르면서 페미니즘이라는 이름 아래 여성에게 성적 감정을 억누를 것을, 심지어는 이른바 근저의 여성적 정체성이라는 이름 아래 다양한 여성 섹슈얼리티에 관한 논의를 억누를 것을 요구했다.

여기서 우리는 페미니즘 및 동성애 이론과 실천에서 본질주의적인 정체성 정치의 요소들, 즉 현대의 공적인 정치 영역에서 가장 지배적이고 해로운 경향이 발전하는 과정에 초점을 맞추었다. 그렇지만 1980년대 이래 학계는 포스트구조주의/포스트모더니즘 해석이 압도하고 있다. 특히 젠더/섹슈얼리티 분야에서는 근저의 안정된 성적 정체성의 부정을 정체성 일반의 부정으로 확장하고, 더 나아가 물질세계의 현실까지 부정하는 연구가 넘쳐나고 있다. 이런 틀 안에서, 젠더와 섹슈얼리티가 사회적으로 구성된다는 지적 통찰은 현존하는 정치경제에 인간이 체현되는 현실을 부정하는 방향성 없는 관념론으로 넘어간다. 가령, 매키넌의 마니교적 젠더 이원론은『뉴욕타임스』와 일부 법률 영역에 쉽게 접근할 수 있지만, 대학 안에서는 순전히 담론적인 젠더와 섹슈얼리티 분석이 세계를 좌지우지한다. 마치 담론이 현실의 물질적인 인간-동물의 삶 속에 구현되지도, 그것에 의해 생산되거나 영향을 미치지도 않는 것처럼 말이다. 역사가 리사 두건Lisa Duggan은『소셜텍스트Social Text』에 기고한「국가의 퀴어화Queering the State」에서 이런 상황을 점잖게 조롱했다. 〈오프라 윈프리 쇼〉를 통해 대중과 소통하려는 학계의 다양한 포스트모던 스타들을 즐겁게 상상하면서.

정체성 정치의 몰역사적이고 자기중심적인 본질주의와 '언어적 전회turn to language'라는 필요하지만 충분하지 않은 관념론적 연구 사이에서 섹슈얼리티에 관한 좌파 학문과 정치가 발전하고 있다. 이 글에서 우리는 바로 이 전통을 추적했다. 역사적 정치경제 연구 및 이에 관련된 운동은 지금 당장은 대중적인 영역의 어떤 장에서도 메가폰 전쟁에 승리를 거두지 못하고 있다. 그러나 이들 연구가 밝게 비추는 젠더/섹슈얼리티 분야는 이러한 이유 때문에 원대한 정치적 전망만큼이나 중요하다. 좌파에 속한 우리는 이 분야를 외면한 채 고향을 떠나―거나 고향으로 돌아와―서는 안 된다.

3

월경전증후군, 노동 규율, 분노

에밀리 마틴Emily Martin
뉴욕대학 인류학 명예교수. 『유연한 신체: 소아마비 시절부터 에이즈 시대까지 미국 문화에서 추적한 면역Flexible Bodies: Tracking Immunity in American Culture from the Days of Polio to the Age of AIDS』, 『몸속의 여성: 재생산의 문화 분석The Woman in the Body: A Cultural Analysis of Reproduction』 등의 저서가 있다.

분노의 나무에는 뿌리가 너무 많아 때로는 가지가 나오기도 전에
떨어진다.

– 오드리 로드Audre Lorde, 「누가 그게 단순하다 했는가Who Said It Was Simple」,
『시선집Chosen Poems Old and New』, 1982

바야흐로 월경전증후군(PMS)에 대한 관심이 엄청나게 터져 나오고
있다. 잡지, 신문기사, 대중서, 소책자가 발행되고, 전문 클리닉이 세워
지며, 치료제가 팔려나간다.

월경전증후군에 관한 지배적인 모델은 생리학/의학 모델이다. 이 모
델에서 월경전증후군은 여성들이 '겪는' 신체·정서·행동에서의 다양
한 '증후'로 나타난다. 신체적 원인은 "월경주기 중에 호르몬 생산, 특
히 여성 호르몬인 프로제스테론progesterone 생산 기능 저하"에 있다.
"이러한 기능 저하는 월경주기의 정상적인 작동을 교란하며, 월경전
긴장 증세(PMT, 월경전증후군의 다른 표현)라는 불쾌한 증상을 유발
한다."[1] 놀랍게도 "전체 여성의 4분의 3 이상이 월경전 긴장 증세의
각종 증상을 겪는다"고 한다. 다시 말해서, 절대다수의 여성이 신체적
으로 비정상적인 호르몬 주기 때문에 고통받는다는 것이다.

월경전증후군에 관한 이런 견해가 "다 마음먹기 나름이야"라든가
"이 악물고 좀 참아봐", "인내심을 가져" 같이 고통을 무시해버리는 흔
한 반응을 넘어서는 진보를 가져왔다고 볼 수도 있다. 하지만 이런 견
해 역시 시간과 사회의 본성에 관한, 여성과 남성이 맡아야 하는 역할

에 관한 일련의 가정을 수반한다.

월경이 병리 작용으로 여겨지기 시작한 19세기로 돌아가서 이야기를 시작해보자. 의사들 사이에서는 여성이 사춘기부터 폐경기까지 생식기관에 의해 완전히 지배된다는 생각이 만연했던 터라, 여성들은 자궁과 난소에 필요한 정력을 다른 곳에 쏟으면 안 된다는 경고를 받았다. 여성의 정력이 제한적이라는 이런 견해는 19세기 미국 현실과 곧바로 충돌했다. 많은 소녀와 여성이 공장에서, 상점에서, 혹은 다른 사람의 집에서 대단히 오랜 시간을 힘들게 일하고 있었기 때문이다. 상층계급 여성들에게는 몇 달, 심지어 몇 년씩 바깥 활동을 안 하면서 침대에만 누워 사는 삶을 찬미하는 '병약 숭배cult of invalidism'가 강요되었지만, 빈민들에게는 이런 생활이 결코 가능하지 않았다. 이런 모순은 여러 가지 방식으로 해결되었다. 한 예로, 에드워드 클라크Edward Clarke의 영향력 있는 저서 『교육과 성Sex in Education』(1873)에 따르면, 여성 직공이 여학생보다 병치레가 덜한 건 "뇌를 덜 쓰기" 때문이다.

클라크 같은 남성들이 여성은 (노동계급 여성을 제외하고) 신체 기능 때문에 집에만 있어야 한다고 주장하고자 했다면, 페미니스트들은 어떻게 여성이 신체 기능에도 불구하고 바깥세상에서 활동할 수 있는지를 보여주려고 했다. 사실 클라크를 비롯한 이들의 견해는 무엇보다도 1세대 페미니즘이 제기하는 위협에 대한 반응이었다고 볼 수 있다.

월경과 여성의 노동 능력 사이의 관계는 19세기에 핵심적인 쟁점이었다. 초점이 월경 기간 자체로부터 월경 전 며칠을 포함하는 쪽으로 옮겨 갔을 때에도, 여성들이 집 밖에서 일할 수 있는지 여부가 여전히 핵심 쟁점이었다. 1931년에 로버트 프랭크Robert T. Frank가 최초로 월경전증후군 증상들에 이름을 붙이고 설명했다는 사실에는 많은 이들이 동의한다.[2] 그가 '월경전 긴장 증세'라고 이름 붙인 증상에 관한 논의 가운데 두 측면은 꼼꼼히 살펴볼 필요가 있다. 첫 번째 측면은 그가 여성은 난소의 주기적인 흐름에 지배된다는 사고(이런 사고는 19세기를 주름잡았다)를 제시했다는 점이다.

프랭크는 가장 심각한 환자에게만 엑스레이 치료를 수행했지만, 이내 모든 여성의 정서 상태는 한 달 내내 여성 호르몬의 영향을 받는 것으로 여겨지게 되었다. 1970년대에 이르러서야 일부 연구자들이 사회적·문화적·상징적으로 중요한 요소들이 여성의 감정에 작용하며, 생화학 물질과 감정 변화 간의 **상관관계**를 관찰할 수는 있지만 "직접적인 인과성은 여전히 불분명하다"고 주장하기 시작했다. "사실 생화학적 변화는 사회적으로 중재되는 감정 변화에 **반응**하여 일어남을 시사하는 풍부한 증거가 존재한다."[3]

프랭크의 연구에서 주목할 두 번째 측면은 월경전 긴장 증세가 여성의 노동 능력에 미치는 효과에 직접적인 관심을 기울였다는 점이다.[4] 이런 연구가 대공황 직후에 나왔다는 사실은 대단히 의미심장해 보인다. 1차대전 덕분에 여성들이 유급 노동시장에서 이룬 성과가 사라지고 있었다. 여성들에게는 임금노동을 그만두고 남자들에게 그 일을 넘기라는 압력이 사방에서 가해졌다.[5]

월경이 여성을 허약하게 만든다는 사실을 보여주는 다른 많은 연구가 전간기에 쏟아져 나온 것이 과연 우연의 일치일까?[6] 여성이 남성의 완전고용을 가로막는 장애물로 여겨지던 시기에 월경 때문에 여성이 허약해진다는 사실을 밝히는 연구가 속속 등장했음을 감안하면,

2차대전이 시작된 뒤 월경이 전혀 불리한 조건이 아님을 입증하는 연구가 물밀듯이 나온 것도 전혀 놀랄 일이 아니다.[7]

2차대전이 끝난 뒤, 1차대전 이후와 마찬가지로 여성들은 그동안 맡았던 많은 유급 일자리에서 쫓겨났다.[8] 이런 양상은 너무나도 분명해서 그렇게 오랫동안 간과됐을 리 없을 것 같지만, 우리가 알다시피 2차대전 이후 (1차대전이 끝난 뒤에 그러했던 것처럼) 여성은 호르몬 때문에 실제로 무능력해진다는 월경 관련 연구가 홍수처럼 쏟아져 나왔다. 1953년 캐서리나 돌턴Katharina Dalton이 1940년대에 수행한 연구가 『영국의학저널British Medical Journal』에 발표됐는데,[9] 이는 월경전증후군의 심각성을 널리 알리려는 노력의 시발점이었다.

돌턴의 연구는 전후 유급 노동력에서 여성을 밀어내려는 시도와 절묘하게 들어맞았다. 하지만 월경전증후군에 대한 관심이 극적으로 폭발한 것은 1970년대 중반부터 후반 사이의 일이었다. 이번에는 참전 군인들이 돌아와 여성들이 갑자기 '자격을 잃게 된' 일자리를 내놓으라고 요구하지 않았다. 대신, 이 시기 여성들은 사상 처음으로 대규모 전쟁의 도움 없이 유급 노동력에 대대적으로 진출한 상태였다. 소피 로스Sophie Laws는 최근 갑자기 월경전증후군을 부각하는 이유가 "2세대 페미니즘에 대한 반응"이라고 지적했다. 그럴 법한 이야기다.[10]

그렇다면 여성들 스스로 전하는 월경전증후군 증상은 어떨까? 그들의 말에서는 노동 세계에 관한 어떤 견해가 드러날까? 여성들이 표현하는 변화에서 압도적인 주제는 정신적 또는 신체적 규율을 필요로 하는 활동을 수행할 능력을 잃는다는 것이다. 대다수 사람들이 정신과 육체의 규율을 요구하고 그에 보상하는 일자리를 갖는 사회에서 규율 상실이 부정적으로 인식되리라는 것은 당연한 일이다. 오래전 마르크스는 노동자의 노동에서 얼마나 많은 가치를 쥐어짜느냐에 따라 공장주의 이윤이 좌우되는 체제에서는 노동자들이 일해야 하는 시간의 양과 하는 일이 (손과 몸의 정확한 움직임까지) 공장주에 의해 통제될 것임을 보여주었다. 실제로, 역사적으로 봤을 때, 법을 통해 일일 노동시간 단축을 강제하면 공장주들은 단축된 노동시간 동안에 어떻게 노동강도를 강화할지 궁리했다.

해리 브레이버먼Harry Braverman을 비롯한 이들은 19세기 말에 도입된 과학적 경영이 어떻게 노동의 탈숙련화와 쇠퇴에 이바지했는지를 보여준 바 있다. 노동 과정의 창조적·혁신적·계획적 측면이 기계적인 육체 작업에서 분리되고, 육체 작업은 경영진이 세심하게 조율하는 통제에 극단적으로 종속된다.[11] 우리는 조립 라인 공장 노동이 '생산성'과 '효율'에 따라 노동자의 육체를 시간과 공간에 굴복시키는 결과를 낳는다는 통념에는 익숙할지 몰라도, 탈숙련화가 단조롭고 기계적인 반복을 낳으면서 사무직과 거대한 서비스 산업[12]뿐만 아니라 전문직에도 점차 영향을 미친다는 사실을 깨닫는 데에는 익숙하지 않다.

따라서 노동과 관련하여 극소수를 제외한 모든 여성을 비롯해 인구의 절대다수가 육체적·정신적 규율에 종속된다. 이 규율은 푸코가 말하는 '권력의 미시물리학', 즉 '유순한 신체'를 생산하는 전체 기획에서 '사소한 계략들'의 한 표현이다.[13] 많은 여성들이 전하는 내용은 월경 전 며칠 동안 이런 규율을 참을 마음이 들지 않거나 참지 못하겠다는 것처럼 보인다. 그렇다면 노동 규율에 더 깊이 종속된 여성들에게서 월경전증후군 발생률이 더 높게 나타나는지 질문을 던져보아야 한다.* 또한 월경전증후군 증상의 경험(및 보고)과 계급, 민족 같은 요인들 사이에 상관관계가 존재하는지도 궁금해지게 마련이다. 그러나 유감스럽게도 월경전증후군 관련 문헌들은 이런 질문들을 거의 무시한다.

좀 더 정교한 사회학적 분석이 이루어지지 않는 한 가지 이유는, 아마 이 여성들을 언급하거나 치료하는 이들이 여성의 정신적·육체적 상태가 문제되는 것은 오직 산업사회에서 노동이 조직되는 방식 때문임을 알지 못한다는 데 있을 것이다. 여성들은 기능 불량으로 여겨지며, 견고한 규율과 생산성에 대한 요구를 덜기 위해서는 사회 및 노동의 조직보다는 여성의 호르몬 불균형이 바뀌어야 한다고 간주된다.

많은 월경전증후군 증상들은 후기 산업사회에서 요구하는 노동 규율을 참지 못하는 점에 초점을 맞추는 것처럼 보인다. 그런데 어설픈 실수를 하는 여성들의 경우는 어떨까? 물론 이런 경험은 어떤 종류의 사회 환경에서도 불리한 조건일 것이다. 아마 그렇겠지만, 어설퍼진다는 점에 대한 불만이 대부분 살림을 꾸리는 일상적인 일에서 겪는 곤란에 초점을 맞춘다는 사실은 흥미롭다. "저는 한 달에 유리컵 하나씩은 꼭 깨뜨려요. 그런데 바로 그때 생리가 시작된다는 걸 알게 되죠."[14] 집안일 때문에 일상적인 규율을 준수하는 능력이 약해지는지 여부가 문제되는 경우가 있을까?

---

* 리스 멀링스는 소수민족과 노동계급 여성 사이에서 이런 일이 더 빈번하게 나타난다고 지적한다. Leith Mullings, "Minority Women, Work, and Health," in Wendy Chavkin, ed., *Women's Health Hazards on the Job and at Home*(New York: Monthly Review Press, 1984), 131쪽.

아마 집안일에서 규율이 필요한 것은 일을 효율적으로 처리하려는 욕심과 해도 해도 끝이 없다는 생각이 합쳐지기 때문일 것이다. 시몬 드 보부아르는 이런 생각을 설명한 바 있다. "흡사 시시포스의 형벌과도 같다. …… 끝없는 반복이다. 깨끗이 치우면 더러워지고, 더러워지면 치우는 일이 날이면 날마다 계속된다. 가정주부는 제자리걸음만 하면서 서서히 닳아 없어진다. 주부는 아무것도 하지 않는다. 다만 현재를 무한히 반복할 뿐이다."[15] 집안일의 이러한 측면은 사회학적 연구[16]뿐만 아니라 여성이 쓴 소설에서도 드러난다.

너는 아침에는 우선 기저귀를 가는 일로 하루를 시작했지. 기저귀를 간 다음에는 세탁물 통이 다 찼으면 빨래를 했고. 기저귀 발진을 일으키는 암모니아가 있을지 모르니 커다란 들통에 담아 난로 위에 올려놓고 반시간 동안 삶았어. 기저귀가 삶아질 동안 아이들 밥을 먹였어. 오줌 기저귀를 삶는 그 난로 옆에 서서 음식을 할 수 있을 때는 말이야. 아침을 먹고 나면, 아이들을 데리고 황량한 거리로 산책을 나가 꽃과 무당벌레와 비행기구름을 보여주었지. 이따금 오토바이가 옆을 지나가면서 아이들을 놀라게 했어. 때로는 개가 쫓아오기도 했고. 산책을 하고는 집으로 돌아왔지. 낮잠시간 전에 골라잡을 일이 많았지. 장 볼 목록 만들기, 설거지하기, 침대 정돈하기, 아이들과 마룻바닥 기어다니기, 정원의 잡초 뽑기, 어제 저녁에 쓴 냄비와 프라이팬을 철수세미로 긁어내기, 가구 표면 다듬기, 청소기 돌리기, 단추 달기, 기장 늘리기, 해진 옷 깁기, 커튼 감침질하기 등등 말이야. 아이들을 한꺼번에 재울 수 있으면 낮잠시간 동안 『패밀리서클Family Circle』 잡지를 뒤적이면서 집을 어떻게 독창적으로 꾸밀지, 남편에게 어떤 새

로운 요리를 내놓을지를 찾아볼 수 있었어.[17]

캐서리나 돌턴은 여성이 월경을 하기 전에 이런 틀에 박힌 일에 어떻게 반응하는지 사례를 제시한다.

그러면 갑자기 아무 일도 할 수 없는 것 같은 느낌이 든다. 모든 일이 고통스럽게만 느껴진다. 집안일은 끝이 없고, 매번 식단 짜기도 진력이 난다. 별 뚜렷한 이유도 없이 저함감이 든다. "내가 왜 이 모든 일을 해야 하지?" 하고 스스로에게 반항적으로 묻는다. "결혼하기 전에는 이런 일을 할 필요가 없었는데. 지금 내가 이걸 왜 해야 하나?"[18]

이런 환경에서 물건을 떨어뜨리거나 칼에 베이거나 불에 데거나 음식을 태우는 여성은 이를테면 코트디부아르의 벵족Beng 여성과는 완전히 다른 수준의 시간과 에너지에 대한 요구에 맞춰야 한다. 코트디부아르에서는 비록 월경 전이 아니라 월경 중이기는 하지만, 여자들은 특히 숲에 들어가서는 안 되며, 농사를 짓거나 나무를 자르거나 물을 나르는 등 일상적인 일을 해서도 안 된다. 대신 마을 안에 머물면서 평소에는 시간이 없어 하지 못하는 일을 마음껏 해도 된다. 야자 열매로 특별한 요리를 만드는 것 같은 일 말이다. 맛을 높이 치는 이런 요리는 손질하고 조리하는 데 몇 시간이 걸리고, 보통 월경 중인 여자와 가까운 친구, 친척들끼리만 먹는다.[19] 서구 여성과 대조적으로 벵족 여성이 어떤 다른 요구를 받든 간에, 벵족 사회의 관습은 여성의 일상적인 활동에 주기적인 변화를 규정한다. 아마 벵족 여자는 손가락을 데는 일이 적을 것이다.

대중적인 보건 관련 문헌에서 인용되는 여성들은 대체로 자신들이 경험하는 주기적인 변화를, 이를 근거로 노동시간 구조를 바꿀 만큼 정당한 것이라 여기지 않는다. 그렇지만 내가 인터뷰한 몇몇 여성은 다른 생각을 갖고 있었다. 한 여성은 간단하게 이 문제의 핵심을 찔렀다.

어떤 여자들은 생리통이 워낙 심해서 태도가 완전히 바뀌죠. 그들에게는 아마 혼자만의 시간이 필요할 테고, 만약 사람들이 이해해준다면 전부 다는 아니더라도 며칠 동안 휴가가 필요할 거예요. 저 같은 경우는 처음 생리통이 오면 잠을 많이 자요. 아무것도 하고 싶지가 않거든요. 어쩌면 사람들이 좀 더 이해할 수 있겠죠. 여성의 몸은 변하니까요.

우리 사회의 노동 구조가 월경 주기에 맞춰 활동에 주기적인 변화를 주지 않는 상황에서, 월경 중인 여성의 노동에는 무슨 일이 일어날까? 최근의 많은 연구에서는 월경 전에 여성의 실제 작업 수행 능력이 줄어드는지 알아내려는 노력을 기울이고 있다. 이 주제에 관한 대중적인 문헌을 읽으면서 받게 되는 지배적인 인상은 거의 모든 면에서 능력이 줄어들지 않는다는 것이다. 이런 결론을 내리는 데 근거가 된 연구를 강력하게 비판하는 주장도 있다. 자료를 적절하게 통제하지 못했고, 부정적인 조사 결과를 보고하지 않았으며, 남성과 비교한 여성의 작업 수행 능력 수준을 보고하지 않았다는 것이다.[20] 그렇지만 여전히 다른 연구들에서는 월경 중에 여성의 작업 수행 능력이 향

상되거나 별다른 변화가 없다는 결론을 내린다.[21]

우리가 인터뷰한 몇몇 여성은 여성 노동자들이 월경전증후군에 대해 받는 이중적인 메시지를 쉽게 잊지 못할 만큼 인상적으로 표현했다.

> 저는 생리 중이라는 사실을 들키지 않아야 한다고 생각하면서 자랐어요. 이런 생각 때문에 남자보다 무능해 보이게 돼요. 저는 언제나 일종의 순교자가 되려고 노력했는데, 그러다가 최근에 갑자기 온갖 과학 정보를 듣게 됐어요. 여자한테는 정말로 기분에 영향을 주는 주기가 있고, 생리를 할 때는 진짜 우울해진다는 정보 말이에요. 갑자기 이런 정보 때문에 난 괜찮다고 우는 소리를 하는 게 정당해지는 건지 잘 모르겠어요.

이런 속박에서 벗어나는 길은 여성들의 경험적 진술에 초점을 맞추는 것이다. 한 달에 며칠 동안은 다르게 행동하며, 그 때문에 우리 사회에서 노동이 요구하는 규율을 감당하기가 어렵다는 식의 진술 말이다. 그렇다면 이들 진술을 여성에게 결함이 있으니 고쳐야 한다는 경고가 아니라 사회에 결함이 있으니 시정해야 한다는 통찰로 들을 수 있을 것이다. 이러한 고찰은 여성들이 보고하는 집중력이나 통제력 저하가 다른 보완 능력의 향상을 동반하는가라는 질문으로 이어진다. 집중력 저하는 자유 연상 능력의 향상을 의미할까? 근력 조절 능력 저하는 이완 능력의 향상을 의미할까? 효율성 저하는 업무량 절감에 대한 관심이 증대됨을 의미하는 걸까?

월경전증후군에 관한 문헌 곳곳에서 이런 능력 향상을 암시하는 부분을 찾을 수 있다. 한 여성은 이렇게 말한다. "우울감 말곤 진짜 고통은 없어요. 사실 전 그 우울감을 즐기고요. 제게는 조용한 성찰의 시간이죠." 다른 여성들은 "평소보다 꿈을 많이 꾸고, 다른 때에 비해 더 섹시하다고 느끼기도" 한다.[22] 어느 조각가는 월경 전에 특별한 능력을 발휘한다고 말했다. "그때 제 시각과 작업에는 나머지 기간에는 찾아볼 수 없는 특징이 있어요. 전 창의성에 효과를 보려고 생리 때가 되기를 기다려요." 또 다른 여성은 다음과 같이 말했다.

때로는 느닷없이 울기도 하지만 그건 유익한 울음이에요. 슬픈 텔레비전 프로그램을 보거나 아이들이 귀여운 짓을 해도 눈물이 차올라요. 마음속은 아이들이나 남편, 세상, 인류, 모든 기쁨과 고통에 대한 애정으로 흘러넘치고요. 어쩔 땐 마냥 울기만 해요. 그럼 힘이 생기죠. 울고 나면 대지의 일부가 된 느낌, 활력을 주는 힘이 된 느낌이 들어요.[23]

북아메리카 원주민인 유록족Yurok의 민족지학 사례를 살펴보면 월경 전이나 월경 중에 여성이 갖게 되는 능력이 어떻게 불리한 조건이 아니라 힘으로 여겨지는지에 관한 통찰을 얻을 수 있다.* 토머스 버클리Thomas Buckley는 유록족이 월경을 어떻게 바라보는지 설명한 적이

---

* Marla N. Powers, "Menstruation and Reproduction: An Oglala Case," *Signs* 6(1980)에서는 월경을 더러움 같은 부정적인 상태와 결부시키는 일반적인 관념이 연구자가 선험적으로 갖고 있는 서구식 통념의 결과물일 수도 있음을 지적한다. 파워스는 오글랄라 평원Oglala Plains의 인디언들에게는 그런 연상 관념이 없다고 주장한다. 물론 그렇다고 해서 월경이 절대 부정적으로 여겨지는 법이 없다는 말은 아니다. Sally Price, *Co-wives and Calabashes*(Ann Arbor: University of Michigan Press, 1984)를 보라.

있다(기존의 민족지학 설명에서는 다루지 않은 주제다).

월경 중인 여성은 따로 떨어져 있어야 한다. 여성의 능력이 최고조에 달하는 시기이기 때문이다. 따라서 세속적인 일이나 사교적인 오락으로 시간을 허비해서는 안 되며, 남성에게 관심을 기울여서 집중력을 흐트러뜨려서도 안 된다. 그 대신 자기가 가진 에너지를 자기 삶의 본성에 관한 명상에 집중해야 한다. "자기 삶의 목적을 찾아내고" 정신적 에너지를 '축적'해야 하기 때문이다.[24]

여성들은 공통적으로 월경 전에 분노를 느낀다고 말한다. 이런 분노를 여성들이 느끼는 방식과 의료 전문가들이 설명하는 방식은, 사회에서 여성들에게 기대되는 역할에 관해 많은 시사점을 던져준다. 한 지방 신문에 실린 심리치료 지원 그룹에 관한 광고에서는 이렇게 묻는다. "월경전증후군이 있으신가요? 우울증—신경과민—공황발작—탐식증—무력감—현기증—두통—요통—분노. 다른 여성들은 이런 증후군에 어떻게 대처할까요? 새로운 극복 방식을 배우세요. 삶을 꾸려가는 다른 이들에게 지원을 받으세요."[25] 분노는 여성만 괴롭히는 증후군이나 질병의 증상 목록에 열거된다. 더 자세한 설명을 읽어보면, 우리 사회에서 여성이 표현하는 분노가 문제시되는 이유는 (신경과민 같은 유사한 감정과 더불어) 분노가 가족 내에서 여성에게 부여된 역할, 즉 화목한 관계를 유지하는 데 걸림돌이 되기 때문임을 알 수 있다. "불안하고 성마른 어머니가 가족 내에서 화합을 장려하지 못할 것임은 분명하다."[26] 여성의 분노는 (아무리 실질적인 근거가 있다 하더라도) 주변 사람들의 삶을 힘들게 해서는 안 된다. 여성이 자신의 분노를 통제할 수 없다면, 호르몬 불균형으로 간주되어 이런 기능 이상에 대해 의학적 치료를 받아야 한다. 만약 그녀가 계속해서 가족을 이런 감정에 휘둘리게 한다면—월경전증후군 관련 문헌에서 여성의 **잘못**으로 해석되는—파국적인 결과가 뒤따를지도 모른다.

여자를 남자의 성화를 일으키는 불꽃 정도로 여기는 다음과 같은 서술을 보라.

어느 날 밤 여자는 남자에게 소리를 지르며 가슴을 주먹으로 치고 있었다. 히스테리에 사로잡힌 여자가 남자의 셔츠 칼라를 붙잡고 늘어지는 바람에 떨어진 단추가 토스터며 전자레인지에까지 날아갔다. 하지만 수전은 자신이 무슨 짓을 했는지 알아채기도 전에 부엌 벽에 내동댕이쳐졌다. 리처드는 손등으로 수전의 얼굴을 후려쳤다. 워낙 세게 때려서 이빨 두 개에 금이 가고 턱이 빠져버렸다. 그 전에도 수전은 맞다가 혀를 깨물어 입에서 피가 난 적이 있었다. …… (그날 밤 리처드는 수전을 응급실에 데려갔다가 다음 날 아침에 데리고 왔다) 그는 수전이 성을 내다 **통제 불능이 되면** 그녀를 다시 때리게 될까 봐 걱정이 됐다.[27]

이 사건에서 화를 낼 때 누가 더 통제 불능이었는가? 리처드인가, 수전인가? 수전의 행동을 너그러이 보아 넘기지 않는다 할지라도, 그녀가 휘두른 폭력이 리처드에게 신체적 손상을 입혔다고 볼 수는 없다. 수전은 남편의 사타구니를 걷어차거나 칼로 찌를 수도 있었다. 요점은 여자가 상대적으로 상징적인 수단을 택해 자신의 분노를 표현한 반면, 남자는 그러지 않았다는 것이다. 그럼에도 월경전증후군 관련 문헌들에서는 통제 불능인 사람은 **여자**이며, **남자**의 행동에 책임이 있는 것도 여자라고 간주된다. 이런 설명들에서 남자의 문제점은 외부 환경과 다른 사람들(여자들) 때문에 야기된다. 한편 여자의 문제점은 자기 자신의 내적 장애, 즉 생물학적인 '기능 장애'에 의해 유발된다. 이 설명들에서는 영국이나 미국 사회에서 왜 여성들이 평상시의 감정 통제가 느슨해질 때 극단적인 분노를 느낄 수 있는지 전혀 고민하지 않는다.

여성들의 분노가 극단적이라는 점은 의심할 여지가 없다. 실제로 많은 여성이 월경 전에 자신이 무언가에 '홀린' 것 같다고 설명한다. 여성으로서 갖는 자아상(그리고 그 배후에 도사린, 여자란 어떠해야 하는가라는 문화적 구성물) 때문에 여자는 한 달에 한 번 분노하고 시끄러우며 때로는 폭력적인 '동물'이 되는 자신을 인식하지 못한다.

> 뭔가가 머릿속을 잡아채는 것 같아요. 제가 정말 거칠어질 때면 정상적인 심리 상태가 분노로 바뀌어요. 평소에는 굉장히 침착한데, 그럴 때는 제가 아닌 다른 누군가가 이 모든 짓을 하는 것 같아서 무척 겁이 납니다.[28]

> 뭐랄까, 속에서 무언가가 흥분하는 것 같아요. 커다란 스프링처럼요. 무슨 일 때문이든 방아쇠가 당겨지면 그냥 폭발해버리는 거예요. 너무 무서워요. 뭔가에 홀리는 것 같거든요.[29]

전통사회에서 공식적인 정치 제도에 종속된 이들(대개 여성)이 빙의를 수단 삼아 불만을 나타내고 우월한 사람들을 조종하는 일은 인류학적으로 흔히 발견되는 현상이다.[30] 그러나 이런 사회에서는 사로잡힌 영혼을 달래거나 고통의 배후에 있는 산 사람을 비난하는 과정에서 여성과 사회 집단으로 하여금 사회관계를 바로잡도록 하는 게 분명하다. 우리 사회에서는 이런 요소들이 뒤죽박죽으로 엉킨 가운데 여성들이 '홀린 것 같다'고 말하지만, 여성들의 고통 이면에서 사회가 보는 것은 제대로 기능하지 않는 여성들의 **신체**다.

여성들이 일종의 빙의라고 생각할 만큼 강력한 분노는 대체 어디서 비롯되는 걸까? 월경 전에 느끼는 분노의 공통된 특징은 여성들이 직접적인 원인을 알 수 없다고 느낀다는 점이다. "저나 남편이나 지난 몇 년 동안 제가 남편과 가족에게 보인 터무니없는 행동에 제 안에 도사린 사악함 말고 다른 원인이 있다는 생각이 전혀 떠오르지 않더라고요."[31]

이런 식으로 경험된 분노(오로지 여성에 내재한 악의 결과물)는 죄책감을 낳을 수밖에 없다. 그리고 이렇게 널리 퍼진 분노의 원천이 사회에서 억압받는 여성들의 인식—비록 그들 자신이 분명히 표현하지는 못할지라도—에 있다는 사실은 당연해 보인다. 낮은 임금에 드문 승진 기회, 개그'맨' 같이 여성을 암묵적으로 배제하는 언어, 강제로 떠맡겨지는 가족 내 역할, 그 밖에도 끊임없이 요구되는 양육과 자기부정 등 수많은 악폐에 대한 인식 말이다. 에이드리언 리치는 다음과 같은 질문을 던진다.

평생을 아이들과 함께 집 안에 외롭게 갇혀 지내면서, 아니면 혼자 생계를 책임지며 어머니 노릇을 하려고 애쓰면서, 아니면 여자는 첫째도 어머니요 마지막에도 어머니이며 언제나 어머니라고 말하는 독단에 맞서 한 개인으로서 자신을 지키려는 갈등을 겪으면서, 대체 어떤 여자가 '미쳐버리든지' 다 놓아버리든지 제정신이라고 규정된 것을 단념하는 꿈을 꾸지 않았을까? 단 한 번이라도 보살핌을 받기 위해서 혹은 자기 자신을 보살피는 방법을 찾기 위해서 말이다.[32]

리치는 여성들이 품는 환상과 백일몽 속에 '분노가 구현된다'는 사실을 인정한다. 어쩌면 월경을 앞두고 많은 여성들의 환상이 현실이 될지도 모른다. 리치의 논의에서처럼, 여성들은 비단 어머니 노릇만이 아니라 모든 사회 제도를 비트는 것으로 자신들의 폭력을 경험하기 때문이다.

분노를 질병이 아닌 축복으로 보려면, 여성들이 자신의 분노를 정당하다고 느낄 필요가 있을 것이다. 자신의 분노가 정당하다고 느끼려면 여성들이 사회에서 자신이 처한 구조적 위치를 이해할 필요가 있고, 이런 이해가 자리 잡으면 단지 성별 때문에 사회에서 온전한 시민권을 부정당하는 집단의 일원으로서 자신을 인식할 수 있게 된다.

인종차별과 식민주의에서 기인하는 억압이 피억압자들에게 만연한 분노를 영속시킨다는 사실은 잘 알려져 있다.[33] 여성들이 월경 전 우울감을 설명하면서 흔히 반란이나 저항, 심지어 '전쟁을 치르는' 것 같은 느낌이라고 이야기하는 것이 과연 우연의 일치일까?[34]

물론 여성의 신체를 약물로 치료하는 의료 기법에 대한 신뢰는 월경 전 우울함과 불쾌함이 정상적이고 예측 가능하며 월경 주기에 맞춰 나타난다는 연구 결과에서 나온다. 따라서 월경 전에 겪는 감정들 일부분은 어느 정도 호르몬 변화—월경 주기의 일부라고 알려진—에 의해 야기되는 게 분명해 보인다. 과학적 의학의 논리에 따르면, 다음 단계는 월경전증후군으로 고통받는 수많은 여성들을 위해 불쾌한 증상을 완화하는 약물을 찾으려고 노력하는 것이다.

그렇지만 이런 일이 이루어지려면, 즉 여성들의 월간 주기를 진정시키려면 적어도 무엇이 빠졌는지를 인식하는 게 좋을 것이다. 우리 사회에서는 남성과 여성 모두 자연세계의 주기와 일치해 이루어지는, 생물학·심리학적 요인들의 복잡한 상호작용에 따른 하나의 주기에 익숙하다. 우리 모두 지구가 한 바퀴 자전하는 동안 일정 시간은 잠을 자야 하며, 잠을 자지 못하면 얼마나 몸이 망가지는지, 잠을 자면 몸이 얼마나 살아나는지를 안다. 또한 우리는 사회적으로 정해진 일주일이라는 주기를 인정하고 그에 따라 행동한다. 산업자본주의에서의 노동 규율 요구를 중심으로 정해진 주기 말이다.[35] 심지어 남성은 여성보다 더 강하게 일주일 주기에 맞춰 자신의 기분을 조직화한다는 사실이 밝혀지기도 했다.[36] 주간 주기에 따른 계획적 결근(제너럴모터스에서는 월요일·금요일 결근율이 10퍼센트에 달할 정도다)[37]은 미국 산업을 당혹스럽게 만드는 원인이지만, 어느 누구도 이런 문제 때문에 노동자들에게 약물 치료를 해야 한다고 생각하지 않는다.

글로리아 스타이넘Gloria Steinem은 냉소적으로 묻는다. "어느 날 갑자기 마술과도 같이 남자가 월경을 하고 여자는 안 하게 된다면 무슨 일이 벌어질까? 분명 월경은 누구나 부러워하고 자랑스러운, 사내다운 대대적인 행사가 될 것이다."

남자들은 내가 오래 생리를 하니, 네가 많이 하니 하며 자랑스레 떠벌릴 것이다. 소년들은 이제 쟤도 드디어 남자가 되었구나, 하는 시기심 어린 시선으로 생리에 관해 이야기할 것이다. 갖가지 선물에 종교 의식, 가족 만찬, 남자들끼리 여는 파티 등으로 초경을 축하할 것이다. 매달 건장한 사내들이 생리로 노동 손실을 일으키는 사태를 막기 위해 의회는 기금을 지원해서 전국생리통연구소를 설립할 것이다.[38]

아마 우리는 이 목록에 하나를 더해야 할 것이다. 만약 남자들이 생리를 한다면, 우리는 모두 하루, 일주일뿐만 아니라 한 달 주기로 활동을 변경하게 될 것이며, 월경 기간을 중심으로 발산되는 특별한 힘을 극대화하는 한편 불쾌감을 최소화하는 쪽으로 시간과 공간을 조직하게 될 것이다.

월경전증후군은 여성의 의식이라는 복잡한 구체에 또 하나의 면을 추가한다. 여기서 우리는 노동이 조직화되는 방식에 의해 억눌린 능력에 대한 각성와 여성 자신의 경험에 입각하여 기존의 노동과 시간 구조에 이의를 제기하는 공공연한 도전을 발견할 수 있다. 또한 여성들이 대개 그들의 분노를 생물학적 기능 이상으로 환원하는 주장의 힘에 눌려 격노로 전환시키지 못하는 미완성의 분노를 발견할 수 있다. 월경전증후군의 전체 역사 속에는 질문의 전모가 제대로 인식되지 않은 논쟁의 형성 과정이 들어 있다. 여성들은 과연 문화 이데올로기에서 말하는 것처럼 신체 기능 때문에 가정과 가족으로 좌천되는 것일까? 차선책으로 전시에 인력 공백을 메우는 경우를 제외하고는? 아니면 자신들이 경험하는 시간과 인간 능력의 상이한 개념에 의지하여 노동 세계에서 자기 역할을 맡을 뿐만 아니라 그 세계를 변혁할 도전을 제기하려는 참인 걸까?

4

인권, 재생산 건강, 경제정의는 왜 분리될 수 없는가

로절린드 P. 페트체스키Rosalind P. Petchesky

뉴욕시립대학 명예교수. 『글로벌 처방: 보건과 인권의 젠더화Global Prescriptions: Gendering Health and Human Rights』, 『낙태와 여성의 선택Abortion And Woman's Choice』 등의 저서가 있다.

남아프리카공화국 정부 위원회에서 조사한 바에 따르면, 공영병원 시스템 예산이 워낙 적어서 저소득층에게 적절한 치료를 제공할 수 있는 노동자와 의료 설비, 구급차, 침대 시트, 의약품 등이 턱없이 부족하다. …… 병동에서는 으레 사용기한이 지난 의약품이 눈에 띈다. 병원 두 곳에서는 필요한 설비가 고장나거나 구할 수 없어서 환자 몇 명이 사망하기도 했다.[1]

인도 구자라트주와 라자스탄Rajasthan주에 있는 기초보건센터 대부분은 질이 떨어지는 의약품(피임약을 비롯해서)을 보유하고 있거나 그마저도 구하지 못해 환자들에게 시장에서 약품을 직접 사 오라고 요구했다. 일회용 주사기 또한 대부분 비치되어 있지 않아 환자들이 직접 사 왔다.[2]

방글라데시 다카Dhaka에서 진행된 한 연구에서는 비용 때문에 병원 이용률이 낮은지를 판단하기 위해 산부인과 이용에 대한 지불 능력을 살펴보았다. 통상적인 분만에 평균적으로 드는 비용은 월평균 가구 소득의 25퍼센트였다. 제왕절개 수술 비용은 95퍼센트에 달했다. …… 전체 가구의 51퍼센트가 출산 전후 병원비를 낼 돈이 없었다. 이 가구 가운데 79퍼센트는 친척이나 대부업자에게 돈을 빌려야 했다. 전체 가구의 4분의 1은 출산 전후 관리를 위해 월소득의 두 배에서 여덟 배를 지출했다.[3]

1994년 카이로에서 열린 국제인구개발회의International Conference on Population and Development 문서와 1995년 베이징에서 열린 제4차 세계여성회의World Conference on Women 문서 모두 재생산 및 성과 관련된 건강이 인간의 기본권에 속한다고 확인했다. 두 문서에서는 재생산 및 성과 관련된 건강을 신체 보전과 안전이라는 개인의 권리뿐만 아니라 가장 높은 기준의 보건 및 이에 접근할 수 있는 정보와 수단에 대한 사회적 권리로 확립한다.[4] 그러나 세계화와 시장의 힘이 대다수 나라에서 사회 윤리라는 오래된 통념을 유린함에 따라, 여성의 재생산 및 성적 권리를 경제정의와 빈곤 종식을 위한 강력한 캠페인과 결합하지 않는다면 그런 권리를 획득하지 못한다는 사실이 너무나도 분명해지고 있다. 이는 각종 국제 문서와 정책 및 이를 실행하기 위한 각국의 노력에서 여전히 가장 허약한 연결고리로 남아 있는 결정적인 부분이다.

유엔 포럼에서 보건, 교육, 환경 보호, 사회 발전, 성평등 같은 기본적인 인간의 요구를 '인권의 틀' 안에 집어넣어야 한다고 탄원하는 일은 더 이상 필요치 않다. 10년 넘게 이어진 비정부기구와 풀뿌리 운동의 노력으로 유엔 논의에서 이러한 틀이 한층 더 정당성을 얻게 됐고, 따라서 오늘날 '인권'이라는 말에는 터무니없는 국가 범죄(죄수 고문이나 종족말살genocide 등)보다 훨씬 광범위한 쟁점이 포함된다. 인권이 국가 범죄에만 국한되었던 과거에 비하면 진일보한 셈이다. 더욱이 불과 몇 년 전까지만 해도 각국 정부 대표단과 교황청에서 언어·문화적으로 '낯설다'고 과히 의문시했던 '젠더'와 '성평등'이라는 개념도 국제 사회에서 적어도 수사적 차원에서는 마지못해 수용된 것처럼 보인다. 이는 특히 남반구의 페미니즘 비정부기구들이 끊임없이 단호하게 노력해 거둔 성과다.

그렇지만 국제기구와 각국의 정책 결정권자들뿐만 아니라 여성운동단체에도 완고한 분리가 계속 존재하는 것처럼 보인다. 이러한 분리는 전문가주의와 원조 공여자 중심 의제, 그 밖에 수많은 힘이 작용한 결과다. 이에 따른 한 가지 결과로 여성운동이 서로 다른 갖가지 '쟁점'―폭력, 재생산 권리, 섹슈얼리티, 여성 아동 및 청소년, 개발(경제, 노동)과 여성―으로 구획되고, 이런 쟁점들이 교차하는 핵심적인 지점에 대해서는 충분한 관심이 기울여지지 않는다. 이러한 구획화는 인권 체계에서 가장 중요한 작동 원리인 **불가분성**의 원리를 제거하는 셈이다.[5]

형식적인 면에서 보자면, 불가분성의 원리는 각기 다른 '세대'의 인권―시민, 정치, 경제, 사회, 문화, 그리고 이른바 연대의 권리(지속 가능한 인간 발전과 환경 안전)―사이에 필요한 통합을 가리킨다. 좀 더 실제적으로 말하자면, 이 원리는 여성이 재생산 보건 관리를 받거나 이를 위해 병원에 지불할 재정적 자원이 없을 때, 의약품 복용 설명서나 병원 벽에 붙은 포스터를 읽지 못할 때, 임신에 악영향을 미치는 살충제나 오염물질에 오염된 일터에서 일할 때, 임신 조절을 하면 남편이나 인척으로부터 멸시받거나 구타당할 때에는 "얼마나 많은 아이를 어느 정도의 간격으로 언제 낳을 것인지를 자유롭고 책임 있게 결정할"(「세계인구개발회의 행동계획」 7.3항) 권리를 행사할 수 없다는 실상과 관련이 있다.

인권과 건강에 대한 통합적 접근

"건강은 모든 부문에 걸친 문제"이며 젠더와 발전에 관한 폭넓은 렌즈를 통해서만 효과적으로 다룰 수 있다는 견해의 뿌리는 적어도 22년 전으로 거슬러 올라간다.[6] 1978년, 1차 보건의료에 관한 국제회의International Conference on Primary Health Care에서는 건강이란 "단지 질병에 걸리지 않았거나 허약하지 않을 뿐 아니라 완전한 신체적·정신적·사회적 안녕 상태"이자 "기본적인 인권"이라는 국제보건기구 헌장의 정의를 채택했다. 이 회의에서 채택된 알마티 선언Alma Ata Declaration은 "전 세계 모든 사람의 건강"을 강조했을 뿐만 아니라 1차 보건의료의 중요성을 다음과 같이 역설했다.

1차 보건의료는 최소한 다음을 포괄한다.
- 주요한 건강 문제와 이러한 문제를 예방·관리하는 방법에 대한 교육
- 음식 공급과 적절한 영양 증진
- 안전한 물과 기본적인 위생시설의 충분한 공급
- 가족계획을 포함한 모성 보호와 아동 건강 관리
- 주요 감염성 질환에 대한 예방접종
- 지역 유행 질병의 예방 및 관리
- 흔한 질병 및 외상에 대한 적절한 치료
- 필수 의약품 제공

또한 1차 보건의료에는 보건의료 부문 외에도 국가 및 지역사회 발

전에 관한 모든 부문—특히 농업, 축산업, 식품, 산업, 교육, 주택, 공공사업, 통신 등—과 양상이 포함되며, 이 모든 부문의 조화로운 노력이 필요하다.

페미니스트들은 재생산 및 성적 권리와 관련된 불가분성 원리와, 이런 권리가 효과를 발휘하기 위해 실현되어야 하는 다양한 경제·사회적 기반 조건의 이론적 중요성에 관해 지적한 바 있다.[7] 그렇지만 내게 이런 원리의 일상적이고도 실제적인 현실이 선명하게 다가온 건 최근 남인도를 여행하면서였다. 인도의 케랄라Kerala주, 안드라프라데시Andhra Pradesh주, 타밀나두Tamil Nadu주는 다른 개발도상국이나 인도 내의 다른 주에 비해 건강 지표가 상대적으로 높은 지역으로 여겨진다. 하지만 이처럼 '건강한' 지역에서도 빈곤 때문에 재생산 및 성적 권리가 가로막히는 장벽은 여전히 높다.

바니타 나야크 무케르지Vanita Nayak Mukherjee가 어업 집단 내 여성을 상대로 생식기계 감염과 월경·용변 습관 사이의 연관성에 관한 질적 연구를 수행한 케랄라주가 한 예이다. 무케르지의 연구 결과는 위생시설 및 화장실 부족과 문화 속에 뿌리내린 성차별이 결합되어 가난한 여성들 사이에 생식기·비뇨기·위장 관련 질병이 악화된다는 냉혹한 이야기를 전한다. 가난과 화장실 부족은 남성과 여성 모두에게 영향을 끼친다. 그러나 오로지 여성들만이 정숙 규범에 따른 비난을 받으며, 밤을 틈타 바깥에서 몰래 용변을 볼 수 있을 때까지 방광이 가득 차고 큰일을 미루는 고통을 겪는다. 언제든지 자유롭게 길가에서 소변을 보거나 해변에서 대변을 볼 수 있는 남성들과는 다르게 말이다. 게다가 생리대도, 월경 중에 생리대를 갈 수 있는 사적인 공간도 부족한 탓에 여성들은 치마 속에 더러운 속옷을 겹겹이 껴입은 채 평생을 보내야 한다.[8] 일반적인 건강뿐만 아니라 재생산 건강과 성평등을 위해서도 깨끗한 물과 위생시설을 이용할 수 있는 환경(흔히 '경제 기반시설'과 결부된다)이 필수적임을 이보다 더 생생하게 보여주는 증거가 어디 있겠는가?

안드라프라데시주에 거주하는 달리트dalit('지정 카스트')* 여성들의 사례에서는 건강, 재생산, 성적 권리라는 쟁점이 토지 문제, 채무, 카스트 차별 등과 구별되지 않는 그물망을 형성한다. 활동가들의 가장 큰 관심사 가운데 하나는 소외된 농업노동자들을 조직하고 정치 세력화하는 일이다. 대다수 농업노동자들은 토지 개혁 조치를 통해 분배받은 손바닥만 한 땅뙈기를 채무 때문에 잃고 있다. 그러나 채무 자체가 보건의료 체계의 불공정한 경제학과 불가분하게 뒤엉켜 있다. 최근 한 조사에서 확인된 것처럼, 인도 "농민이 부채를 떠안게 되는 두 번째로 흔한 원인"은 보건 부문의 원가 회수와 민영화 추세에 따른 "의료비 상승"이다.[9] 재생산 권리에 관한 카이로회의의 규정을 실행하기 위해 인도 가족계획 프로그램에서 새롭게 시작한 '[인구 감소] 목표치에 속박되지 않는 접근target free approach'(TFA)은 빈곤과 차별로 인해 달리트들이 직면하는 건강 및 재생산 권리 침해 문제를 다루지 않는다.[10] 카이로회의는 대다수 국가에서 가난한 여성들이 받는 보건의료 혜택의 질과 접근권에 기껏해야 제한된 효과를 미쳤을 뿐이다. 이러한 권리 침해에는 농촌 마을의 상수도

---

* [옮긴이주] 흔히 '불가촉민'이라는 차별적인 명칭으로 불리던 집단을 가리킨다.

나 위생설비 부족 문제라든가, 계속해서 높은 수준을 유지하는 영유아·산모 사망률, 생식기계 감염만이 아니라 최근의 인체면역결핍 바이러스(HIV) 발병률 증가 등이 포함된다. 점점 더 많은 달리트 여성들이 이주 노동자가 되어 국제 섹스산업으로 진출하고 있기 때문이다.[11]

무역과 무슨 관계가 있는가?

HIV/에이즈가 남아시아에서 급격히 확산됨에 따라 인도 역시 사하라 사막 이남 아프리카 국가들을 괴롭혔던 것과 같은 딜레마에 직면할 것으로 보인다. 생명 연장 약품(항레트로바이러스 요법 포함)의 세계시장 가격이 지나치게 높을뿐더러 무역 관련 지적재산권에 관한 협정Trade-Related Intellectual Property Rights Agreement(TRIPs)은 기업 편만 들기 때문에 이 약을 구해 먹을 엄두조차 내지 못하는 것이다. 무역 관련 지적재산권 협정은 초국적기업의 지적재산권과 배타적 특허권을 보호하기 위해 세계무역기구에서 제정한 것으로, 이는 초국적기업 제품을 "세계 어디서도, 어느 누구도 개발·판매하거나 값을 매기지" 못하게 막는다.[12] 복잡하게 뒤얽힌 세계무역은 언뜻 보기에 재생산 및 성적 권리와 거리가 먼 듯하지만, 실제로는 건강과 인권, 거시경제학이 만나는 연결고리의 중심에 자리하고 있다. 무역 관련 지적재산권 협정을 집행하는 세계무역기구의 활동은 국가 법률뿐만 아니라 건강에 관한 국제협정(가령 위험 폐기물을 비롯한 환경 독소의 교역 금지)에 앞서는 권한이 있다. 이 때문에 가난한 나라들은 제네릭

generic 약품*을 자체 생산하거나 비특허 공급업체로부터 이런 약을 싼 값에 구입하기가—불가능하지는 않지만—쉽지 않다. 무역 제재를 비롯한 징벌 조치를 받을 수 있기 때문이다.**

인권에 바탕을 둔 통합적인 건강에 대한 접근이라면 다음과 같은 사실을 인정해야 한다.

> 가능한 최상의 보건 기준을 누릴 수 있는 기본적인 인권이나, 개발 도상국과 가난한 사람들에게 감당할 수 있는 비용으로 구명 치료를 제공할 윤리적 책임보다 무역 관련 지적재산권 협정에서 규정하는 지적재산권이 우선시되어서는 안 된다.***

이 말에는 모든 나라 사람들이 생명을 구하고 연장하는 의약품을 이용할 수 있는 인권이 산업계에 가정된 권리(오늘날에는 지적재산권에 함축된 권리로 정의된), 즉 부자 나라 시장의 기준에 맞춰 가격을 정할

---

* [옮긴이주] 일명 카피약. 특허 보호 중인 의약품에 반대되는 개념으로 특허가 만료됐거나 특허 보호를 받지 않는 의약품을 통칭한다.

** K. Silverstein, "Millions for Viagra, Pennies for Diseases of the Poor," *Nation*, 19 July 1999, 13~19쪽을 보라. 남아공 정부는 AZT(에이즈 치료제) 같은 약품을 자체적으로 생산하기 위해 값싼 약품을 수입하거나 국내 제조업체들의 '강제 실시compulsory licensing'[지적재산권자의 허락 없이 특허를 사용할 수 있도록 하는 강제 조치. 특허의 배타적 권리에 대한 일종의 제약이다]를 허용하는 등 잠시나마 제재를 회피하고자 했지만 인권을 중시한 이런 정책은 미국에 본부를 둔 제약회사들이 가한 적대적인 위협에 얼마 안 가 으스러져버렸다. 세계적인 경제 불평등 때문에 대다수 개발도상국은 저항을 꿈도 꾸지 못한다. 자국 시민의 건강 때문에 외국인 투자와 수출시장을 잃게 될 위험이 있기 때문이다.

*** 2000년 4·5·6월 '유엔 세계사회개발정상회의 +5'에서 각국 대표단이 '후속 과제'를 협의하는 데 영향을 미치기 위해 비정부기구 여성 코커스NGO Women's Caucus에서 제안한 내용이다.

수 있는 권리나 초국적기업의 이윤보다 우선시되어야 한다는 의미가 담겨 있다.

HIV/에이즈에 맞서 싸우기 위해 특히 사하라 사막 이남 아프리카에 막대한 금액을 제공하겠다는 세계은행의 발표는 보건의료 접근성을 한층 확대해야 한다는 세계 경제 체제의 도덕적 의무를 인정한 결과다.* 그렇지만 필수적인 약조차 민간기업이 가격을 절대적으로 통제하는 것을 당연시하는 한, 인권에 바탕을 둔 약속이라고 보기는 힘들다. 무엇보다도 세계은행의 발표는 거시적 차원에서 빈국을 몰락시키고 미시적 차원에서 가난한 여성과 그 가족을 채무의 늪으로 더욱 밀어넣는 대출 및 민간시장의 기본 구조를 고스란히 유지시킨다. 다시 말해 세계은행을 비롯한 원조 공여자들(북반구 정부든 민간 자선재단이든)의 인도주의적 제스처는 위기를 완화하는 데 도움이 되기야 하지만, 건강을 기본적인 인권이 아닌 상품으로 다루는 사실 자체를 문제 삼지는 않는다.

건강, 무역, 인권의 교차를 관찰해보면 또 한 가지 질문을 제기하게 된다. 이른바 깡패국가에 대한 경제 제재는 무고한 일반인, 특히 여성 및 아동의 건강에 얼마나 파괴적인 영향을 미치는가? 예컨대 미국이 쿠바에 일방적으로 부과한 통상금지는 1996년 헬름스-버튼법Helms-Burton Act을 통해 쿠바와 교역하려는 외국 기업들에게까지 확대됐는

---

* 이런 약속과, 에이즈 치료제의 아프리카 수출 가격을 낮추겠다는 초국적 제약회사들의 최근 제안은 에이즈 활동가들과 유엔 사무총장, 유엔에이즈계획(UNAIDS) 등의 압력에 부응한 것이다. *New York Times*, 24 April 2000, 10쪽; *New York Times*, 12 May 2000, A1쪽 등을 보라. J. D. Wolfensohn, "Free from Poverty, Free from AIDS," 유엔안전보장이사회 연설, 10 January 2000(www.worldbank.org)도 보라.

데, 이는 임산부의 영양 부족, 산아 체중 저하, 조산 등의 문제로 이어졌다. 최근까지 세계 최고 수준의 공공 보건의료 체계에 세계 최저 수준의 산모 및 영유아 사망률을 기록했던 나라에서 벌어진 일이다. 통상금지로 인해 수입 성분을 구할 길이 막히면서 경구 피임약을 수백만 정 생산하던 쿠바 국내 제약산업이 결딴났고, 결국 쿠바 여성들은 기부 의약품에 의존하고 있다. 엑스레이 필름 수입도 제한되어서 모든 35세 이상 여성이 정기적으로 받던 유방 엑스선 촬영은 고위험군만이 받는 것으로 바뀌었다. 유방암 사망 위험성이 높아진 것이다.[13] 다시 말해서, 무역 정책이 인권에 미치는 영향은 성별에 따라 완전히 달라진다.

대안을 찾아서: 건강과 인권을 위한 공동체 조직화

여성건강 활동가들은 인권, 건강권, 경제정의의 원칙을 하나로 결합하는 전망을 내놓기 위해 무엇을 할 수 있을까? 국제회의 및 국가 정책 차원에서 이런 연계를 증진하려는 노력이 필요하기는 하지만, 이런 노력은 풀뿌리 차원에서 대중적 지지를 착실히 쌓는 공동체 조직화를 통해 지탱되지 않는다면 아무 쓸모가 없다.

인도 타밀나두주에서는 농촌여성사회교육센터Rural Women's Social and Education Centre(RUWSEC)가 공동체 조직화를 통해 여성의 재생산 및 성적 권리를 확립하려고 노력하는 중이다. 농촌여성사회교육센터는 재생산 건강을 넓은 의미의 공동체 보건과 여성 복지로 정의하며, 지역 마을 사람들(주로 달리트)을 채용해 컴퓨터, 행정 등의 기술을 훈

런시키는 민주적이고 위계 없는 구조로 운영된다. 센터에서 관장하는 다양한 프로그램 중에는 의사가 아니라 지역사회 활동가들이 운영하는 진료소도 있다. 이곳에서는 온갖 유형의 입원 환자와 외래 환자에게 재생산 및 1차 보건 진료를 제공할 뿐만 아니라 문자 교실을 운영하고, 타밀어로 대중 보건 교육을 진행하며, 가정폭력에 대해 마을 차원에서 개입하고, 마을의회panchayat 의원과 수출가공지역 여성 노동자와 마을 청소년을 위해 성평등 및 섹슈얼리티에 관한 워크숍을 진행한다.[14]

농촌여성사회교육센터가 20년 넘게 100여 개 마을에서 일상적인 활동을 벌인 결과, 여성 청소년·성인 사이에 대중적인 권리 문화가 확산됐고, 자기 몸과 보건, 경제적 기회에 관한 권리 의식이 확립됐다. 지역 조직가들과 프로그램 진행자들이 보고한 바에 따르면, 10년 전과 달리 오늘날에는 여성 청소년·성인들이 자기주장을 확고히 내세운다고 한다. "나 자신 말고는 그 누구도 내 몸을 통제하지 못한다. 누구도 내 몸에 대한 권리를 주장할 수 없다."

이러한 의식은 성별 및 세대별 변화로 이어진다. 이제 여성들은 남성이 병원에 동행해주기를 기다리지 않고 그들 스스로 간다. 소녀들은 삶에서 결혼 말고도 더 많은 것을 기대하며, 일찍 결혼하기를 거부하거나 때로는 결혼 자체를 거부한다. 여자아이들과 남자아이들은 "스스로 더 많은 것을 생각하며" 정의, 권리, 부조리 등에 대해 생각한다. 센터의 청소년 프로그램 진행자는 이런 변화가 생겨난 가장 중요한 이유—텔레비전의 영향과 마을 밖에서 여성이 일할 수 있는 일자리의 증가보다도 더 중요한 이유—로 이제까지 어머니(와 아버지) 세대 전체가 농촌여성사회교육센터의 훈련 프로그램을 이수한 점을 꼽는다. 이런 교육 덕분에 성평등, 재생산/성적 건강, 딸들의 경제적 독립 등에 관한 권리에 바탕을 둔 구상을 지지한다는 것이다.

인도 세쿤데라바드Secunderabad에 있는 아스미타여성자원센터Asmita Resource Centre for Women는 재생산 건강을 인권과 경제정의라는 넓은 맥락에 끼워 넣기 위해 노력하는 또 다른 풀뿌리 조직으로, 농촌여성 사회교육센터와 마찬가지로 달리트, 부족민* 등의 주변 집단 사이에서 주로 활동한다. 아스미타는 안드라프라데시주 전체에 네트워크가 뻗어 있으며, 성폭력, 경제 발전, 노동자 권리, 법률·문화 교육, 각기 다른 종교·언어 집단 사이의 교류, 이슬람 및 힌두교 공동체 출신 여성 작가·예술가의 활동 장려, 성인·청소년 여성의 재생산·성을 비롯한 보건의료 이용 활성화 등 광범위한 영역에 걸쳐 포괄적인 프로그램과 대중 교육을 펼치고 있다. 이들의 '건강 자립Self-Help in Health' 프로그램은 『내 몸은 나의 것Nâ Shariram Nâdhi』(인도판 『우리의 몸, 우리 자신Our Bodies, Ourselves』)이라는 책자를 출간하고 농촌 전통 산파 교육 프로그램을 신설하는 데까지 이르렀다. 무엇보다도 아스미타에서 직장 내 성희롱에 항의하는 캠페인을 벌인 덕분에 1997년 인도 대법원은 성희롱에 관해 중요한 판결을 내리고 고용주들을 위한 지침을 마련했다.[15]

아스미타는 '내 몸은 나의 것'이라는 원칙을 지배적인 인구 정책 및 거시경제 정책에 대한 비판과 연결시킨다. 또한 성별, 카스트, 계급, 연령을 가로질러 권력과 자원과 정보를 더욱 공평하게 분배하는 구상과

---

* [옮긴이] 아리안족이 들어오기 전부터 인도에서 살았던 소수 부족을 지정부족민으로 분류한다. 일반적으로 넓은 의미의 '달리트'에 포함된다.

도 연결시킨다. 아스미타의 핵심을 이루는 팀은 도시 및 농촌의 풀뿌리 여성들과 협력하면서 베이징행동강령Beijing Platform, 카이로행동계획Cairo Program, 유엔여성차별철폐협약(CEDAW) 등의 내용을 체계적으로 환기시킨다. 이 문서들이 아스미타의 역량 강화 의제에 정당성을 부여해주는 원천이라고 보기 때문이다. 남인도에서 베이징행동강령 선전을 책임지고 있는 주요 비정부기구로서 아스미타는 포스터와 선전물 수천 장을 배포하고 두루마리 걸개를 만들었다. 여기에는 생계, 글을 읽고 쓰는 것, 자기 몸에 대한 통제권, 정치적 참여, 건강 등에 대한 여성의 권리가 모두 한 지점에서 교차하며, 이 모든 권리와 부채 탕감, 완전고용, 최저임금, 동일노동 동일임금, 사회 부문 예산 증대, 토지 개혁 등이 연결된다는 사실을 부각시키는 내용이 들어갔다.[16]

의미심장하게도, 제13차 여성 건강을 위한 국제 행동의 날(2000년 5월 28일)은 '바로 지금 여성에게 건강을, 만인에게 건강을!'이라는 캠페인을 통해 알마티 선언의 구상을 부활시키는 데 주력한다. 이 캠페인은 부자 나라와 가난한 나라 사이뿐만 아니라 각국(북반구의 선진 산업국들을 포함해) 내의 계급 사이에 또 남녀 사이에 존재하는 심각한 자원 불평등에 대한 비판을 담고 있으며, 수많은 빈민·노인·주변부 집단(특히 여성과 아동)이 보건의료에 접근하는 것을 더욱 어렵게 만든 수익자 부담 및 원가 회수 계획에 대한 새로운 강조에 의문을 제기한다. 또한 세계은행을 비롯한 '보건 부문 개혁' 경제학자들이 '특정 대상 중심 접근법'(공공 부문 지출 축소를 완곡하게 표현하는 말이다)을 지지하며 보편적 접근권('만인에게 건강을')이라는 알마티 선언의 원칙은 저버렸다고 비난한다.

무엇보다도 이 캠페인은 여성의 재생산 권리, 보건의료에서의 성평등, 포괄적 보건의료 서비스 접근권, 반성폭력 운동 등의 실행에 대한 지속적인 요구를 바탕으로, 구조적·경제적 변화를 위한 몇 가지 사안을 강력히 촉구하고 있다.

- 국가 예산을 군시 우선 정책에서 "건강을 비롯한 인간 개발 우선 과제"로 전환한다.
- "부국들과 국제 금융기관들은 …… 빈국의 외채 부담을 실질적으로 경감해준다."
- 종속을 영속화하는 차관·해외원조와 보호주의 정책 대신 공정 무역을 실시한다.
- 특허 독점 같은 "이윤 극대화 관행"이 "인간 생사에 관련된 문제"를 유린하지 못하도록 "보건을 통해 이윤을 챙기는 초국적기업들"을 국제 인권 규범에 종속시킨다.[17]

2000년 여성 건강 국제 행동의 날을 위한 선언은 이런 요구가 실행되려면 새로운 국제적 책임 메커니즘이 필요함을 인식한다. 현재 세계 보건 정책과 개발 정책을 좌우하는 국제기관들이 따르는 메커니즘이 아닌, 한층 더 민주적이고 인간의 필요에 부응하는 메커니즘이 필요하다는 것이다.

'바로 지금 여성에게 건강을, 만인에게 건강을!' 캠페인은 여성의 재생산 및 성적 권리를 말뿐이 아니라 실제로 달성하기 위해서는 폭넓은 구조적 변화가 필요하다는 사실에 대해 초국적 여성건강운동 진영의 관심이 커지고 있음을 보여주는 신호다. 물론 이런 관심은 진공 상태에서 나온 것이 아니다. 세계화와 지배적인 무역 정책이 불공평하게 미치는 영향에 대항해서 최근 시애틀과 워싱턴DC, 그리고 미국 바깥에서 벌어지는 대규모 시위의 맥락에서 나오는 것이다. 동시에 여성 단체들은 젠더 시각과 인권 시각이 서로 연결되어 있으며, 두 시각 모두 국제무역과 관련된다는 인식을 이들 시위에 안겨주었다. 국제 행동의 날 캠페인과 2000년 10월에 열린 빈곤과 폭력에 대항하는 세계여성행진은 '쟁점별 분리'에서 벗어나 더욱 통합적인 구상으로 나아가는 신호탄이다. 아스미타와 농촌여성사회교육센터 같은 단체에서 풀뿌리 공동체와 함께 활동하면서 역경을 무릅쓰고 현실화하기 위한 노력을 경주한 것이 바로 이런 구상이다. 또한 이 구상은 인권이라는 틀이 경제정의, 젠더정의와 연결될 때 얼마나 혁명적인 잠재력을 지닐 수 있는지를 암시한다.

5

욕구에 바탕을 둔 성정치를 위해 마르크스주의 페미니즘을 다시 주장한다

로즈마리 헤네시Rosemary Hennessy
텍사스주 소재 라이스대학 영문학 교수.『유물론적 페미니즘과 담론의 정치학Materialist Feminism and the Politics of Discourse』,『유물론적 페미니즘: 계급, 차이, 여성의 삶 읽기Materialist Feminism: A Reader in Class, Difference, and Women's Lives』(공저) 등의 저서가 있다.

학계에서는 '유물론 페미니즘'이라는 표현이 더 널리 쓰이기 시작했지만, 여기서 '유물론'은 매우 좁은 의미에 국한된 듯하다. 그것은 담론 및 문화 문제에 관련될 뿐, 사회적 삶에서의 다른 문제는 간과하는 것처럼 보인다. 이러한 '문화 유물론'은 사회주의 페미니즘에 토대를 제공했던 역사유물론과는 매우 다르다. 실제로 최근에 이루어진 '문화 유물론'의 발전은, 문화를 이해하고 설명하는 다른 가능한 방식인 마르크스주의 페미니즘을 흐릿하게 만들고 있다. 결론부터 말하면 나는 역사유물론의 자본 비판이 갖는 중요성을 알리기 위해서는 과감하게 '마르크스주의 페미니즘'의 깃발을 다시 치켜들 필요가 있음을 주장하고자 한다(좌파에 대한 마녀사냥이라는 억압 전략과 지배 체제를 대체할 '대안은 없다'는 주장에 대항해서 말이다). 마르크스주의 페미니즘은 19세기부터 마르크스주의자들과 페미니스트들이 쌓아온 풍부한 작업과 더불어 역사유물론에서 발전시킨 자본주의 분석에 기대 사회에 대한 설명을 제공한다. 우리는 이런 설명 덕분에 문화 형성과 자본 사이의 체계적인 관계를 사고할 수 있으며, 그럼으로써 그 관계를 바꾸려는 투쟁에서 더욱 튼튼한 통일전선을 벼려낼 수 있다.[1]

문화 유물론 대 역사(또는 마르크스주의) 유물론을 둘러싼 논쟁의 쟁점 가운데 하나는 변화하는 문화 형식(몇 가지만 예를 들자면 젠더, 섹슈얼리티, 민족, 인종 등)과 자본주의 정치경제(자본주의가 자본주의일 수 있게 하는 기본적인 노동의 사회관계) 사이의 관계를 어떻게 설명할 것인가 하는 점이다. 마르크스주의 페미니즘의 계급 분석이 여전히 적절할 뿐만 아니라 어느 때보다도 필요하다는 주장은 적어도 자본주의를 이론과 실천의 출발점으로 의제에 올려놓음을 의미한다. 자본주의야말로 사람들이 자신의 요구를 충족시키기 위해 생산하는 보편적인 수단이며, 자본주의 '세계화'에 따르는 인간적 대가가 어느 때보다도 더욱 거대하기 때문이다.

자본주의의 진보에도 불구하고—혹은 신자유주의의 진보를 가리키는 하나의 지표로서—20세기 후반 페미니즘 이론 및 정치에서 나타난 가장 의미심장한 발전은 자본주의의 참화를 설명하고 그에 맞서 싸우는 개념과 비판적인 틀에서 후퇴했다는 것, 대신 다양한 포스트모던 분석학과 정체성 정치를 내세운 것이었다. 나는 『이윤과 쾌락: 후기 자본주의의 성적 정체성Profit and Pleasure: Sexual Identities in Late Capitalism』[2]에서 많은 문화이론 연구가 가정하는 바—역사유물론이 섹슈얼리티 이론이나 정치 어느 쪽에도 거의 또는 전혀 기여하지 못한다는 데 대해 의문을 제기한 적이 있다. 이러한 추세에 맞서 나는 정체성, 특히 성적 정체성의 역사는 문화적으로 구별 지어지고 삶을 통해 경험되는 모든 면에서 자본주의 임금노동과 가사노동, 상품 생산 및 소비 등의 사회적 관계에 의해 기본적으로 조직된다고 주장한다. 물론 조직 과정이 결코 단순하지는 않지만 말이다. 나는 『이윤과 쾌락』 결말 장에서 성정치가 이러한 사회적 관계를 고려하는 쪽으로 방향을 재설정하려면 무엇이 필요한지를 고찰하며, 인간의 욕구라는 출발점에서 시작해야 한다고 제안했다.

섹슈얼리티를 비롯해 더 넓은 인간 감각 및 정서 영역은 필수적인 인간 욕구의 기본 집합에서 완전히 제외되었는가? 인간 욕구를 계산하면서 감각 및 정서 능력을 무시하지 않는다면, 대항적인—심지어 혁명적인—의식 형태를 위한 집단적 관점을 형성하는 과정에서 이러한 능력이 정치적 행위와 실천, 헌신을 어떻게 자극하고 복잡하게 만들고 잠식하는지를 인지할 필요가 있다. 정체성에만 초점을 맞춰왔던 성정치의 방향을 정서와 욕구 사이의 관계로 전환한다는 건 무슨 의미일까?

역사유물론은 인간 욕구를 충족시키는 것이 역사의 기준선이라는 전제에서 시작한다. 욕구는 신체 생명 유지에 관련된다는 점에서 육체적이지만, '자연적'이지는 않다. 욕구 충족은 반드시 사회적 관계를 통해 이루어지기 때문이다. 이런 맥락에서 사회적 상호작용 자체가 필수 욕구로 전환된다. 인간 욕구에는 또한 일정한 인간 잠재력을 행사하는 능력도 포함된다. 한 종으로서 인간에게는 많은 능력이 있다. 감각, 정서, 정서적인 사회관계 능력만이 아니라 지적으로 사고하고 발명하고 소통하는 능력이 있다. 인간의 수많은 정서적 능력은 필수적인 욕구를 충족시키는 데 통합된다. 이런 욕구를 돌보는 사회적 관계를 중재하기 때문이다. 정서적 욕구는 대다수 욕구 충족의 사회적 구성 요소로부터 따로 떼어낼 수는 없지만, 그 자체로 인간 욕구를 구성하기도 한다. 모든 사람은 자신의 정서 능력을 개발하고 활용할 수 있는 조건을 누릴 자격이 있다는 의미에서 말이다.

정서 능력은 인지와 연결되며, 그 안에 각인된 사회적 맥락의 흔적과도 연결된다. 수많은 인간 잠재력 가운데 하나로서 정서 능력은 또한 육체의 다른 물질적 욕구—음식, 주거, 질병이나 부상의 회복 등에 대한 의존—와 관계가 있다. 이 모든 욕구를 충족하기 위해서는 일정한 형태의 사회적 협력이 필요하다. 굶주림과 마찬가지로 정서적 관계에 대한 욕구 역시 역사적으로 충족되며, 다양한 사회구성체에서 각기 다른 형태를 띤다. 이러한 정서적 잠재력은 마르크스가 말하는 노동에도 포함된다. 이는 필수적인 인간 욕구를 충족시키고 자유롭게 발전시키는 능력을 의미하기 때문이다. 마르크스가 분명하게 그런 이름을 붙이지는 않았지만, 그가 욕구의 발전은 역사적으로 인간 잠재력의 발전을 조건으로 삼는다고 주장할 때 종종 언급하는 '자아실현'을 위한 인간 잠재력 중에는 정서적 욕구도 포함된다.

자본주의 아래에서 노동자들은 자신이 가진 인간 잠재력의 많은 부분을 스스로 통제하지 못한다. 사실 많은 인간 잠재력의 금지야말로 자본과 노동 사이의 투쟁이 벌어지는 장소 중 하나이다. 자본주의의 임노동 체제 아래에서 노동자가 자신의 노동력을 임금시장에 상품으로 내놓을 때, 그/녀는 노동력에 고유한 자아실현의 잠재력을 팔아버린다. 우리는 심지어 완전한 인간 잠재력의 발달을 금지하는 것이야말로 상품 교환에서 인간관계의 발판을 구성한다고 말할 수도 있다. 노동자는 노동력과 임금을 맞바꾸면서 마르크스가 노동이라고 말하는 것 속에 구현된 일정한 욕구—자신의 인간 잠재력의 몇 가지 측면—를 상실하도록 강요받는다. 노동자는 최저 기준에 맞춰 생존하기 위해 "교육, 정신적 발달, 사회적 기능 수행, 사교, 육체적·정신적 생명력의 자유로운 활동 등을 위한 시간, 심지어 일요일의 안식시간까지도" 포기할 것을 강요받는다.[3]

그렇다면 잉여가치 생산의 동반자는 '금지된 욕구'의 생산이다. 금지된 욕구는 매우 유용한 개념이다. 데보라 켈시Deborah Kelsh는 자본주의 아래에서 노동의 상품화가 낳은 매우 중요한 결과를 이해하는 한 방법으로서 이 개념을 제안한 바 있다.[4] 노동자가 시장에서 자본가를 만나 자신의 노동력을 임금과 맞바꿀 때, 그가 가진 많은 인간 잠재력과 욕구는 이름 없는 가격으로서 교환에서 배제된다. 금지된 욕구는 또한 작업장 바깥에서 이루어지는 노동력 생산에도 한 층위로 내장돼 있다. 노동력을 재생산해야 하는 필요성은 임금으로 계산되는 사회적 필요노동의 일부가 아니기 때문에, 먹이고 입히고 돌보는 가사노동은 금지된 욕구의 집합을 이룬다. 이런 욕구를 충족시키기 위한 노동은 제값을 받지 못하거나 아예 값을 받지 못하고, 언제나 가치를 인정받지 못하며, 여성의 타고난 역할로 이해됨으로써 흔히 노동으로 보이지 않게 된다.

욕구가 금지되는 또 다른 방식은 상품 생산에 필수적인 부수작용으로서 일어나는 의식의 상품화다. 마르크스는 『자본』에서 상품의 물신적 성격을 다룰 때 이 과정을 설명한 바 있다. 상품자본주의에서 사람들은 시장에서 상품을 소비할 수 있도록 해주는 사회적 관계를 보지 못하며, 이 과정을 위해서는 정서·감각·사회적 존재인 인간 능력을 산산이 부수어야 한다. 노동자는 노동할 수 있는 인간 잠재력을 자신의 다른 욕구와 분리할 때만 자기 노동력의 '주인'으로 나설 수 있다. 오직 이런 방식을 통해서만 자기 능력과 심지어 인격까지도 내다 팔 수 있는 물건으로 상품화할 수 있다.

분명 인간 욕구는 스스로 대변할 수 없고, 그러지도 않는다―'느낄 수 있게' 되어야 하며 실제로 이미 **그렇다**. 자본주의 아래서 인간의 정서적·감각적 능력은 역사적으로 만들어졌으며, 그 결과 이런 능력을 조직화하는 일부 방식이 정당한 '경험'과 사회적 관계로 굳어진 반면 다른 방식은 금지되었다. 가령 섹슈얼리티 담론은 성적 정체성을 구성하면서 일정한 인간 정서와 감각의 의미를 생산하며 성적 동일시와 욕망을 규범적인 것과 잘못된 것으로 구분한다. '금지된 정서적 욕구'는 규범적 담론에서 수치스럽게 여겨지는 동일시와 욕망의 조직체만이 아니다. 기존에 정해진 범주에 쉽게 맞아떨어지지 않는, 말로 설명하기 힘든 감각과 정서도 여기에 해당한다. 어쩌면 정서와 그것을 조직하고 이해할 수 있게 만드는 '사회적 맥락' 사이의 관계는 항상 불완전한 것일지도 모른다. 우리가 '경험'이라고 일컫는 것을 구성하는 감각과 정서의 인간 잠재력은 인가된 정체성 범주가 포착하는 것보다 언제나 훨씬 풍부하다. 규범적 담론이 이름을 붙이지도 않고 붙일 수도 없는 감각, 정서, 행동의 경향이나 인간 잠재력은 고스란히 남겨진다.

이런 인간 잠재력의 대부분은 '자본주의에 동화될 수 없는 외부'인 금지된 욕구의 영역에 자리 잡고 있다. 잉여가치의 추출이라는 말 자체를 폐지하지 않고서는 이런 잠재력을 자본주의 안으로 되돌릴 수 없다. 이런 금지된 욕구의 영역은 계속 주시해야 한다. 자본주의의 이해에 끊임없이 점증하는 위협을 제기하기 때문이다. 이 영역은 자신을 따라다니며 괴롭히는 자본주의의 '극악한 숙명'이다.[5] 정치적 행동의 기준점으로 금지된 욕구를 주장하면 이런 극악한 숙명이라는 새로운 토대로 사회운동의 방향을 전환할 수 있다.

물론 이런 방향 전환의 과제는 또한 정체성의 영속성과 단기적인 정치적 활용 및 거기 담긴 정서적 짐에 대해서도 이야기를 해야 한다. 내가 제안하는 방향 전환은 국가의 지원 아래 정체성을 조절하고 훈육하는 제도를 통해 자본주의가 폭력을 행사하는 방식을 부정하지 않는다. 사회운동은 사람들의 이런 정체성 경험을 간단히 처리할 수 없으며, 물화된 범주를 통해 이런 경험이 조직되는 방식에 영향을 미쳐야 한다. 이런 작업과 그를 통해 만들어지는 새로운 의식은 사람들의 집단적 활동에서 생겨난다. 금지된 욕구를 지배 문화에서 제공하는 이해 방식과 견주어보는 과정에서 말이다.

사회 변혁을 위해 집단적 주체를 조직하는 과정은 인식과 이성에만 영향을 미치지 않는다. 이 과정은 사람들이 자신의 것으로 주장하는 정체성에 쏟아부은 정서적 투자에도 영향을 미친다. 이런 작용이 이루어지는 방식 가운데 하나는 '탈동일시disidentification'의 실천을 통한 것이다. 탈동일시는 우리가 받아들이고 그에 따라 살아가는 기존의 동일시 방식에 대한 작용을 수반한다. 이런 '작용'은 우리가 당연하게 여기는 정체성들을 그것을 가능케 한 역사적 조건 앞에 드러낸다. 또한 이런 정체성들을 고난의 역사를 담은 이야기에서 몰아내 다른 개념 틀로 이식하는 결과를 낳는다. 이런 개념 틀 덕분에 우리는 이 고난이 인간 욕구 전체를 금지하는 사회적 관계의 소산임을 알게 된다. 탈동일시는 정체성 정치의 협소한 분노를 자본 자체의 원천인 폭넓은 집단적 행위의 힘과 열정으로 대체하는 결과를 낳는다.

탈동일시 작용은 자본주의의 극악한 외부에서 현실을 경험하는 위치에서 지배적인 지식에 반대하는 입장으로부터 생겨난다. 이 입장은 어떤 단일한 집단 정체성이 아니라 잉여 인간 욕구surplus human needs가 금지되는 이들의 집단성을 주장한다. 이 작용을 시작하는 하나의 방법은 지배 문화에서 조장하는 정체성과, 이런 용어로 소환되지 않는 사회적 관계의 생생한 '경험' 사이의 간극을 부각시키는 것이다. 소속되지 않았다는 정서, 정체성을 위해 제공되는 조건 안에서 어울리거나 편안하게 느끼지 못하는 어렴풋한 정서로 혼히 '경험되는' 것은 바로 이런 '초과excess'이다. 탈동일시 과정은 오인 misrecognition의 이런 정서적 구성 요소에 초점을 맞추며, 그것에 이름을 붙이고 기존의 범주를 자연화naturalize하는 감정으로 돌리는 방식에 대한 고찰을 초래할 수 있다. 탈동일시는 충족되지 않는 욕구를 체계적으로 생산하는 자본주의와 관련하여 이런 정서적 초과를 다시 서술하도록 권유한다. 탈동일시는 오인의 형태에 영향을 미치는 동시에 또한 욕망과 정체성의 지배적인 조직화가 정서적 투자의 장소가 되는 방식을 드러내며, 이런 비판적인 각성을 통해 기존의 투자를 되돌리는 과정을 초래한다. 이처럼 투자를 되돌리는 것은 언제나 불완전한 미완성의 기획이며, 이 점을 인식하는 것이야말로 한 사람의 역사적 위치의 한계에 관한 중요한 교훈이다. 역사적 한계에 관한 이런 현재 진행형 교훈을 거부하거나 얕잡아볼 필요는 없다. 이런 교훈은 또한 우리가 역사적·비판적으로 지닌 정서적 동일시의 형태를 더욱 야심찬 정치 기획으로 연결해줄 수도 있다. 충족되지 않은 인간 욕구의 급진적인 외부를 반자본주의 동원의 출발점으로 삼자고 주장하는 기획 말이다.

내가 제안하는 것처럼, 정체성의 형성, 특히 성적 정체성의 형성을 인간 욕구와 관련하여 고찰하면, '프롤레타리아트'를 물화하거나 섹슈얼리티를 배제하거나 부차적인 지위로 밀어내지 않는 집단적 계급 행위를 상상할 수 있는 길이 열린다. 성정치를 인간 욕구라는 토대 위에 다시 올려놓으면 성적 정체성의 담론에서 조직하는 인간의 감각과 정서 잠재력을 다른 필수적인 인간 욕구의 충족 및 바로 여기서 완전한 민주주의를 시작하기 위한 운동에 대한 요구와 연결시킬 수 있다. 무엇보다도 이런 방향 전환을 위해서는 자본주의가 절대적

으로 필요로 하며 따라서 인간 욕구를 희생시키면서까지 맹렬하게
실행하는 착취의 사회 구조를 종식시키는 것을 정치의 의제에 올려
야 한다. 최소한 변화를 상상하기 위한 조건을 마련하는 지평으로서
말이다.

THE SOCIAL

FEMINIST

CONTEMPORARY READER IN THEORY AND POLITICS

PROJECT:

2부

가족: 사랑, 노동, 권력

6
가족은 죽었다,
새로운 가족 만세!

주디스 스테이시Judith Stacey
뉴욕대학 명예교수. 『중국의 가부장제와 사회주의 혁명Patriarchy and Socialist Revolution in China』, 『멋진 신가족: 20세기 말 미국 가정의 격변에 관한 이야기Brave New Families: Stories of Domestic Upheaval in Late Twentieth-Century America』, 『가족의 이름으로: 포스트모던 시대에 다시 생각하는 가족의 가치 In the Name of the Family: Rethinking Family Values in the Postmodern Age』 등의 저서가 있다.

유엔에서는 1994년을 세계 가족의 해로 선포했다. 그렇지만 **가족**은 매우 서구적이고 근대적인 개념이다. 일부 문화에는 아예 '가족'이라는 범주 자체가 없다. 가족이라는 용어를 사용하는 많은 사회에서는 다양한 관계를 서술하고 다양한 의미를 전달하기 위해 그런 말을 쓴다. 유엔에서 가족을 기념하기로 한 무렵이면 이 용어와 그것이 의미하게 된 친족체계 모두 극심한 변형과 정치적 논쟁 상태에 도달해 있었다. 미국이 대표적이기는 했지만 세계 곳곳에서도 반향이 나타났다. 유엔은 세계 가족의 해를 선포함으로써 이런 논쟁적인 용어에 기만적인 통일성을 부여했다. 유엔이 가족이라는 용어를 사용하는 것은 또한 기울어가고 있는 근대화 이론(서구 중심적이라고 비판받는)의 소산이다.

근대화와 가족

유럽과 북미 대부분의 지역에서 가족은 결혼한 이성애 커플과 생물학적 자녀나 입양한 자녀로 구성되는 핵가족 단위와 거의 동의어가 되었다. 대중적으로는 혈연이나 혼인, 입양을 통해 이어진 모든 사람을 가리키기 위해 이 개념을 좀 더 유동적으로 변용하지만, 대다수 서구 사람들은 가족을 자연과 그릇되게 결부시키고 끝을 알 수 없는 머나먼 과거로 투사한다. 그렇지만 역사학자들이 입증한 바에 따르면,

고대 세계에서 "로마의 '가족familia'은 혈연이나 혼인에 의한 인척뿐만 아니라 노예, 하인까지 포함해 '가장paterfamilias'에 속한 모든 이를 가리키는 말이었다."[1] 따라서 옥스퍼드 영어사전에서는 '가족family'이라는 단어가 영어에 처음 들어온 시기를 르네상스 직전인 1400년 정도로 추정한다. 당시 '가족'이라는 말은 한 집안이나 집안 하인들을 가리켰다.[2] 역사학자들은 15세기에 절대다수의 가족(전체 가족의 3분의 2에서 4분의 3)이 아이들을 성인이 될 때까지 기를 수 없었다고 추정한다.[3]

옥스퍼드 영어사전에는 오늘날 가족의 대중적 의미인 "실제로 함께 살든 따로 살든 부모 자식으로 이루어진 집단"이 총 열한 가지 정의 중 **세 번째**에 올라 있으며, 17세기 말에 이런 용법으로 처음 쓰였다고 기록되어 있다.[4] 빅토리아 시대인 19세기에 이르러서야 오늘날 우리가 통상적으로 사용하는 의미가 우위를 점하게 되었다. 역사학자 존 길리스John Gillis가 상기시키는 바에 따르면, 19세기 중반까지도 "많은 이에게는 결혼이 언감생심 꿈도 못 꾸는 일이었고, 대부분의 사람들은 단란한 가정에서 자라지 못했다."[5]

따라서 가족이 흔히 근대화라고 불리는 오랜 역사적 변형의 소산임을 인식하는 것이 중요하다. 실제로 많은 역사학자들은 가족이라는 말로 지칭하게 된 특정한 가정 제도를 설명하기 위해 근대 가족이라는 개념을 사용한다. 서구에서 근대 가족은 노동과 가족생활이 완전히 통합된 가부장적, 전근대적 가족 경제에서부터 역사적으로 발달했다. 미국에서는 산업화로 인해 유급노동이 가족과 분리됨으로써 남성은 생계부양자, 여성은 주부가 된 19세기에 근대 가족 제도가 생겨났다. 처음에 이런 가족 유형은 백인 중간계급 사이에서 근대와 성공의 표본이 됐다. 실제로 미국식 생활방식은 이런 가족 형태와 완전히 동일시되었고, 그 결과로 노동조합운동은 남성 노동자들에게 이 가족 형태의 기초가 되는 물질적 조건(남성 생계부양자 임금)을 확보해주기 위해 거의 한 세기 동안 싸워야 했다. 하지만 20세기 중반까지도 상당수 산업노동자는 남성 생계부양자 핵가족이라는 목표에 도달하지 못했고, 아프리카계 미국인 절대다수는 이런 목표를 향해 손을 뻗어보지도 못했다. 노예는 결혼을 할 수 없었고, 친권이 아예 없었으며, 아프리카계 미국인 가구 가운데 전업주부를 둘 만큼 여유 있는 집은 거의 없었다. 사실상 많은 아프리카계 미국인 어머니는 상대적 특권계급인 백인들의 근대 가정에서 가사노동자로 일했다.[6]

근대 가족 제도가 발흥함에 따라 명백하게 가부장적인 전근대 가족 경제는 소멸하게 되었다. 따라서 근대 가족 제도는 사회학자 데니즈 칸디요티Deniz Kandiyoti가 말하는 '가부장적 교섭patriarchal bargain'에서 변화를 나타냈다.[7] 고전적인 가부장적 교섭에서 여성들은 안전한 사회적 지위와 보호를 얻는 대가로 공공연한 종속을 받아들인다. 근대 가부장적 교섭은 공사 영역 분리와 낭만적 사랑의 이데올로기로 이 거래를 보기 좋게 포장한다. 근대 남성과 여성은 부모나 친족이 경제·정치·사회적 목적을 위해 전체적으로든 부분적으로든 중매하는 전근대적 결혼 대신 사랑과 교제를 추구하며, 개인적인 욕망을 상호 보완하기 위하여 그들 스스로 평생을 결합한다. 남성 생계부양자와 여성 주부 사이의 분리된 하지만 동등한 분업이라는 겉모습 아래, 여성과 아동은 점점 남성의 소득에 의존하게 되었다. 19세기에는 '진정한 여성다움'에 대한 숭배가 생겨나면서 가정생활과 모성애가 찬양되었다. 이렇게 해서 생겨난 여성성에 관한 개념들은 계속해서 서구

가족 이데올로기에 주입된다.[8] 더불어 어린이가 '미성숙한 시기'에는 특별히 모성적 형태의 사랑과 돌봄이 필요하다는 교의가 발달하면서 아동을 가장의 소유물로 다루었던 과거의 법적 교의가 무너지기 시작했다.[9] 19~20세기에 근대 가족 제도가 진화함에 따라 미국의 가족 유형은 점점 더 예측 가능하고 동질적으로 바뀌었다. 전근대에는 높은 사망률 및 재혼율로 인해 가족 유형이 줄곧 다양하고 복잡했지만, 사망률이 낮아지면서 점점 더 많은 사람들이 정상적인 가족생활 경로를 예상할 수 있게 된 것이다. 20세기 중반에 이르러 근대 가족생활 유형은 출생에서부터 구혼, 결혼, 노동, 육아, 사망까지 매우 동질적이고 규범적이고 예측 가능한 것이 되었고, 결국 가족은 자연스럽고 보편적이며 자명한 것처럼 보이기 시작했다.

사회과학자들이 당대의 문화적인 묵계에 영향 받지 않는 경우는 드물다. 2차대전 이후 미국의 가족사회학자들은 가족 근대화 이론을 발전시켰다. 미국 가족의 역사가 세계적 모델임이 입증될 것이라는 확신에 기반한 것이었다. 사회과학자들은 근대 핵가족이 산업사회의 작동을 지탱하는 데 이상적이며, 계몽주의의 진보와 민주주의의 소산이자 보완물이라고 주장하면서, 이 모델이 근대화가 진행 중인 세계 곳곳에 퍼져나갈 거라고 예상했다. 서구 문화 제국주의의 산물인 가족 근대화론은 서구 문화 형태가 우월하기 때문에 세계 각지의 '후진적인' 나라와 민족에 대해 궁극적으로 승리를 거둘 것이라고 가정했다.[10] 실제로 일부 가족 연구자들은 일찍이 서구에서 근대 핵가족이 발달한 덕분에 자본주의 발전에 있어서도 서구가 우위를 점하게 됐다고 주장하기에 이르렀다.[11]

서구 각국 정부는 자기네 가족 유형의 우월성을 확신했기 때문에 종종 정복된 민족들에게 자신들의 젠더·가족 유형을 강요했다. 가령 미국은 남성이 이끄는 핵가족 단위에만 토지 소유권을 부여함으로써 신대륙 토착 문화에 존재하던 모계·확대 친족 체계를 붕괴시켰다.[12] 유럽인들 역시 비슷한 방식으로 매우 다른 아프리카 친족 체계에 핵가족 원리를 강요해 파괴적인 결과를 야기했다. 가령 잠비아의 구리 광산 지대에서 광산 소유주들은 노동자의 부인과 아이들에게만 특전을 베풂으로써 실제로 존재하는 확대가족 유형을 무시하고 붕괴시켰다.[13] 그렇지만 사실 서구인들은 흔히 근대 핵가족 제도의 범세계적 전파가 자동적으로 실현될 것이라고 생각했다. 가족에 관한 이처럼 다소 모순적인 사고—한편으로는 자연스럽고 보편적이며 다른 한편으로는 서구 우월성의 징표이자 동인이라는 사고—는 대중 담론과 학술 담론에서 계속해서 충돌한다.

가족의 모순

우리는 근대 가족 제도의 이데올로기와 원리, 실제에 고유한 모순을 인식함으로써 현대 가족의 혼란에 관해 일정한 관점을 얻을 수 있다. 가장 명백한 모순은 의지와 강제 사이의 긴장이다. 근대 가족 이데올로기는 혼인서약을 이렇게 설명한다. 낭만적 이끌림과 상호 보완적인 감정적 욕구에 의해 서로에게 끌린 동등한 두 개인의 자유의지와 열정의 소산이다. 그렇지만 여성을 남성 생계부양자에게 경제적으로 의존하게 만드는 근대 가족 제도의 분업과 법적·현실적인 여성의 종속은 여성들에게 결혼을, 결혼생활을 유지하는 쪽을 선택할 강력한 동기를 부여한다. 개인적인 욕망과는 전혀 무관하게 말이다. 한편 남성은 확실히 혼인관계 안팎에서 정서적·성적 관심을 추구할 기회를 줄곧 누렸으며, 대다수는 극히 최근까지도 문화 규범과 물질적 승인 덕분에 전업주부의 개인적·정서적·사회적 봉사에 의존할 수 있었다. 풍자석인 정지평론기 비버라 에런라이크는 미국의 백인 중산층은 자기 계급 성원을 사적인 하인으로 고용한, 역사에서 유일한 부르주아 계급일 것이라고 지적한 바 있다.[14]

자유연애나 교제라는 평등의 원리와 물질적·문화적 강제라는 불평등한 형식 사이의 모순을 받아들이는 정도는 남성 생계부양자 임금의 현실적인 가능성과 접근성에 따라 달랐다. 페미니스트 역사학자들은 남성들이 전업주부이자 양육자를 부양할 정도로 충분한 임금을 벌기 위해 수행한 노동조합 투쟁에서 노동계급 부인들이 이 투쟁을 얼마나 지지하거나 저항했는지, 혹은 투쟁에서 혜택을 누렸는지를 둘러싸고 논쟁을 벌여왔다.[15] 그렇지만 누가 이런 합의(하이디 하트만은 이를 남성 공장주와 노동자 간에 교섭된 가부장제와 자본주의의 거래라고 이름 붙였다)를 이루었든 간에, 이 성과는 결국 단명하고 말았다. 대다수 산업노동자는 1950년대나 1960년대까지 전업주부를 부양할 만한 소득을 얻지 못했으며, 충분한 소득을 획득하자마자 탈산업화와 후기산업화가 공모해 노동자들의 일자리를 없애고 소득을 잠식했다.[16]

그리하여 근대 가족 제도의 유전 암호에는 ('Y' 염색체에) 불안정이라는 단어가 기입되었다. 남성들이 생활임금을 받는 안정된 일자리를 구할 수 있는지 여부에 여성의 생존이 달려 있었기 때문이다. 1970년대와 1980년대에 이런 거래의 실타래가 풀리기 시작함에 따라 젠더 및 가족 질서 전체가 얼마나 허약한 것인지 확연히 드러났고, 선진 산업사회 곳곳에서 '가족의 위기'를 둘러싸고 당혹스러운 반응이 확대되었다.

지난 수십 년 동안 모든 선진국에서는 이혼율이 급증하고 출산율이 하락했으며 비혼 동거 가정, 복합 가족과 혼합 가족,* 비혈연 가정 등의 비율이 늘어났다. 미국에서 가족이 쇠퇴한다고 호들갑을 떨면서 경고하는 이들은 흔히 이런 인구학적 추세의 초국가적 성격을 간과한다. 1977년에 빈Vienna에서 수행된 한 연구에서는 1970년대 유럽 이혼율의 증가 속도가 2000년까지 이어질 경우 유럽 전체 혼인 중 85퍼센트가 이혼으로 끝나게 될 것이라고 경고했다.[17]

이전까지 큰 차이를 보였던 여성과 남성의 고용률 역시 같은 기간에 전 세계적으로 비슷해지기 시작했다. 남성이 일자리를 잃거나 실제로 벌어들이는 소득이 줄어들면서 가족을 부양하기 어려워지자 여성, 특히 어린 자녀를 둔 여성들은 이제 자신이 생계를 부양하거나 힘을 보태기 위해 일을 할 필요가 있다고 생각한다. 교육 수준이 낮은 남성들이 안정된 일 혹은 일 자체를 구하지 못하는 현상은 매우 급격한 변화다. 1970년대에는 고졸 미만 남성 가운데 3분의 2 이상이 전업으로 일을 한 반면, 10년 뒤에는 겨우 절반만이 이런 안정된 일을 구할 수 있었다.** 여전히 상당한 성별 임금 격차가 존재하지만,

---

* [옮긴이주] '복합 가족step family'은 예전 배우자 사이에서 가진 자녀와 함께 사는 재혼 가족을 가리키며, '혼합 가족blended family'은 복합 가족이 새로 자녀를 낳는 경우를 가리킨다.

** 게다가 1990년 이래 남성보다 거의 두 배나 많은 여성이 유급 노동력에 결합하고 있다. "Working Wives Keep America's Families Out of Red," *San Francisco Chronicle*, 14 March 1994.

여성 고용 일반화와 남성 일자리 감소로 인해 남성에 대한 여성의 경제적 의존이 일부 줄어들었으며, 결혼을 강제하는 버팀목이 약해지고 있다.

이런 사실이 세계 곳곳에서 독신모가 늘어나고 결혼한 적 없는 독신모 비율이 늘어나는 주된 이유 가운데 하나이다. 시트콤 여주인공 머피 브라운*은 소수이지만 점점 늘어나는 미국의 부유한 전문직 여성의 가족 상황을 보여주는 논쟁적인 상징이 됐다. 이 여성들은 어머니 노릇을 완전히 포기하느니 한부모가 되기를 선택하고 있다. 하지만 현실에서는 독신모 가정의 절대다수가 비참한 경제 상황에 직면한다.** 많은 여성이 홀로 어머니가 되는 선택을 내리는 동시에, 이에 관련된 이유로 후기 산업사회 전역에서 출산율이 인구 보충 출생률[총인구를 유지하는 데 필요한 출생률] 이하로 떨어지고 있다. 가톨릭 국가인 이탈리아가 선진 산업국가 가운데 가장 낮은 출산율을 기록하는 점은 특히 놀랍다.[18] 반면 주요한 가족 쇠퇴 국가로 유명한 스웨덴에서는 출산율이 높아지기 시작했다.[19] 스웨덴의 예비 부모, 특히 예비 엄마들이 미래에 대해 비교적 높은 안정감과 확신을 갖는다는(보기 드문 누진세 체제와 각종 사회복지에서 비롯된) 사실이 이런 역설을 설

---

* [옮긴이주] 미국 시트콤 〈머피 브라운〉의 주인공. 머피는 시즌 4에서 임신을 하는데, 아이를 혼자 키우기로 결심한다.

** 1992년의 한 연구에서 밝혀진 바에 따르면, 대학을 1년 이상 다닌 여성 가운데 비혼모 비율은 1982년 5.5퍼센트에서 1992년 11.3퍼센트로 늘어났다. 머피 브라운 같은 전문직이나 경영직 여성의 비율은 3.1퍼센트에서 8.3퍼센트로 늘어났다. 그렇지만 1993년 현재, 여성 한부모 가정의 47퍼센트가 빈곤한 생활을 한다. 두부모 가정의 빈곤율이 8.3퍼센트인 것과 대조된다. Jason DeParle, "Census Reports a Sharp Increase Among Never-Married Mothers," New York Times, 14 July 1993.

명해주는 주된 요인일 것이다. 한편 『뉴욕타임스』에서는 "동독의 성인들은 인류 역사상 대규모 인구를 보유한 어느 나라 못지않게 출산을 일시적으로 중단하는 상태에 다다른 것처럼 보인다"고 전한다. 독일 통일 이후 닥친 비참한 경제 상황에 대한 반응인 것이다. 이에 브란덴부르크주에서는 모든 신생아 부모에게 650달러를 장려금으로 지급하기로 의결했다.[20]

전 지구적 자본주의는 생산성 증대와 기술 발달을 통한 끝없는 이윤 추구에 지배되기 때문에, 우리 사회의 유일한 상수는 변화뿐이라고 확신할 수 있다. 사회 변동은 우리가 사는 세계의 항구적이고 끝없는 특징이며, 가족생활의 미래에 관해 우리가 알 수 있는 것은 이 역시 계속 변화하리라는 점뿐이다. 최근 생식 기술과 유전공학에서 이루어진 발달 덕분에 미래 가족 시나리오의 가장 극적이고 급진적인 함의를 일부 엿볼 수 있다. 아놀드 슈워제네거가 임신한 실험과학자로 분한 1994년 크리스마스 시즌 가족영화 〈주니어Junior〉(남자들보다는 여자들에게 더 인기가 많았다)는 과학이 성교, 수정, 임신, 출산, 결혼, 육아, 양육 등을 분리하는 파우스트적 재능을 완성함에 따라 가족생활이 어떻게 재정의될 것인지를 예시적으로 보여준다. 한때 공상과학소설의 단골 메뉴였던 임신한 남성과 시험관 아기는 이제 불가피한 현실처럼 보인다. 우리는 이미 한 남성의 정자와 한 여성의 난자를 수정시키고, 그 수정란을 제2의 여성의 자궁에 착상시킨 뒤, 아기를 입양해서 기를 계획인 제3의 여성의 '대리모' 역할을 하게 하는 단계에 이르렀다. 제3의 여성은 제2의 남성이나 제4의 여성을 공동 부모로 삼을 수도 있고 혼자 부모 노릇을 할 수도 있다. 이런 세상에서 어머니나 아버지, 가족은 과연 무엇이며 누구인가?

포스트모던 가족

위에서 스케치한 놀랄 만한 변화는 근대 가족 제도의 특정한 가부장적 거래가 붕괴했음을 보여준다. 그 대신 이제 우리는 앞에서 묘사한 포스트모던한 가족 상황의 조건 안에서 친밀한 삶을 벼려낸다. 서구 가족사의 현 시점에서 어떤 단일한 가족 유형도 통계적으로 우세하지 않으며, 우리의 가족관계는 점차 다양해지고 있다. 미국 가정 가운데 극소수만이 자녀가 있는 결혼한 부부이며, 이 중 상당수가 이혼 및 재혼한 이들이다. 생계부양자 아빠와 전업주부 엄마로 이루어진 근대 가족에 속한 아이보다 독신모와 함께 사는 아이가 더 많다.* 포스트모던한 가족 상황이 갖는 특징들 대부분은 미국과 스칸디나비아에서 극명하게 드러난다. 그렇지만 인구학적 추세는 선진 산업국가 전역에서 비슷하게 나타난다. 정도, 시기, 변화 속도 등에서만 차이를 보일 뿐, 방향은 같다. 한때 가족 근대화 명제에서는 세계의 모든 사회가 단일한 가족 제도, 즉 서구식 근대 가족 제도로 수렴될 것이라고 예측했다. 얄궂게도 오늘날 세계는 다양성과 유동성, 불안정성이라는 포스트모던한 가족 상황으로 수렴되고 있다.

한때 자연스럽고 변함없을 것처럼 보였던 젠더, 섹슈얼리티, 양육, 가족생활 등의 사회적 성격은 포스트모던한 상황에서 가시적으로 드

---

* 1988년에는 한부모 가정에 사는 아동이 약 22퍼센트, 맞벌이 가정에 사는 아동이 47퍼센트, 남성 생계부양자와 여성 주부로 이루어진 가정에 사는 아동이 29퍼센트였다. Griswold, *Fatherhood in America*, 220쪽. 그렇지만 1993년에 이르면 미국에서 태어난 신생아의 30퍼센트가 비혼모의 자식이었다. Kristin A. Moore, "Report to Congress on Out-Of-Wedlock Childbearing"(Washington, DC: Child Trends, 1994).

러나고 정치적 논쟁의 대상이 된다. 자본주의 산업사회 전역에서 유사한 인구학적 추세를 통해 근대 가족 제도가 해체되고 있지만, 근대 가족의 위기에 대한 각국의 대응은 크게 다르다. 일부 사회는 관대한 사회복지 정책을 고안하는 식으로 남성 생계부양자 가족의 쇠퇴에 적응하고 있다. 취약해진 결혼 때문에 흔히 아동에게 가해지는 파괴적인 영향과 여성들에게 지워지는 불평등한 짐을 사회복지 정책을 통해 일부나마 완화하려는 것이다. 스웨덴과 노르웨이를 필두로 한 스칸디나비아 나라들은 이러한 혁신적인 가족 지원 정책의 기준을 만들고 있다. 두 나라에서는 부모에게 신생아를 돌보기 위해 1년 동안 급여의 90퍼센트를 받고 서로 기간을 나눠 휴직할 수 있는 자격을 부여하는데, 아버지가 이 혜택을 이용하는 경우가 매우 드물기 때문에 최근 두 나라 모두 아버지 쪽에 추가적인 유인책을 제공했다. 이를테면 남녀가 원하는 대로 나눠 쓸 수 있는 유급 육아휴직 기간 12개월에 더해, 오직 남성에게만 1개월을 추가로 쓸 수 있게 했다. 게다가 스칸디나비아 노동자들은 아픈 아이나 친척을 돌보기 위해 유급휴가를 쓸 수 있으며, 보편적인 가족수당을 받고, 성교육·피임·낙태·국가에서 보조하는 양질의 돌봄 서비스 등을 비롯한 의료보호를 누린다. 이 북유럽 나라들에는 빈털터리 아버지가 거의 없다. 국가에서 육아 비용을 징수하고 분배하는 책임을 떠맡기 때문이다. 그 결과, 미국에서는 한부모 가정의 절반 이상이 공식 빈곤선 아래의 생활을 하는 반면, 스웨덴에서는 그 수치가 2퍼센트에 불과하다.[21] 최근 스웨덴 여성들이 기꺼이 아이를 더 많이 낳는 것도 이런 사실 때문일 공산이 크다. 마찬가지로, 스웨덴과 노르웨이는 또한 덴마크의 선례를 따라 동성 결혼을 합법화했다. 미국에서 이 문제가 가시적인 정치 쟁점이 되기도 전에 말이다.*

그렇지만 다른 부유한 사회들은 포스트모던한 인구학적·문화적 변동에 훨씬 더 적대적인 모습을 보이고 있다. 이 나라들은 이런 변동이 낳은 불공정하고 파괴적인 효과를 시정하는 공적 책임을 떠맡으려 하지 않는다. 미국은 단연 극단적인 사례다. 이례적으로 사유화된 경제와 개인주의 문화, 인종적 대립을 반영하듯, 미국의 저소득층 대상 사회복지는 언제나 상대적으로 인색하고 징벌적이고 인기가 없었다. 그런데 이런 보잘것없는 제도조차 해체되고 있다. 18개 선진 산업국가 가운데 미국만이 시민들에게 보편적인 의료보호나 가족수당, 유급 육아휴직 등을 제공하지 않는다.[22] 실제로 1993년 가족의료휴가법Family and Medical Leave Act of 1993이 제정되고 나서야 50인 이상 사업장에서 일하는 노동자들에게 3개월 무급 육아휴직을 쓸 권리가 주어졌다. 그렇지만 이를 쓸 여력이 있는 가족은 거의 없다. 미국에서 복지 혜택을 받으려면 항상 가계 수입 조사를 받아야 하고, 빈민이라는 낙인이 찍히는데, 그마저도 변변찮은 액수에 불과하다.[23] 그 결과, 미국에서 빈곤한 삶을 살아가는 독신모 가정과 아동 일반의 비율은 어느 선진 산업국가보다도 더 높다.[24] 현 복지 개혁 입법이 실행될 때 이런 수치스러운 기록에 어떤 숫자가 더해질지를 줄잡아 추정해보면, 복지 제도를 손보자고 처음 주장한 대니얼 패트릭 모이니핸Daniel Patrick Moynihan 상원의원 같은 사람조차 깜짝 놀랄 지경이다.[25]

미국의 가족 지원 정책은 산업사회 가운데 가장 취약하지만, 미

---

* 동성 파트너들이 자신들의 관계를 합법화하기를 선택하면 이성애 결혼에 부여되는 권리와 혜택을 대부분 누릴 수 있다. 그렇지만 교회 결혼을 하거나 자녀를 입양하지는 못한다.

국만큼 가족 위기를 둘러싼 정치화된 언어 공방을 남발하는 사회도 없다. 미국에서 벌어지는 젠더, 섹슈얼리티, 재생산, 가족 등의 정치는 세계에서 가장 양극화되어 있고 호전적이며 사회 분열을 야기한다. 근대 가족 제도의 쇠퇴에 대한 사회 구조적 대응이 그만큼 취약하기 때문이다. 페미니즘과 동성애자 해방, 이에 대한 반동backlash적인 '가족 수호pro-family' 운동이 정치 스펙트럼 전체에 걸쳐 목소리를 내고 영향을 미친 중요한 이유가 바로 여기에 있다.

근대 가족 제도, 아니 더 정확히 말하자면 1950년대판 근대 가족이 이상화된 형상인 오지와 해리엇* 가족에 대한 향수가 미국에서 점차 강력한 이데올로기적 힘을 발휘하고 있다. 이런 이데올로기는 캐나다와 영국에서도 다소 완화된 모습으로 드러난다.[26] 근본주의 기독교도들과 우익 공화당원들은 1980년대에 가족 수호 운동을 선두에서 이끌며 레이건 '혁명'을 부추겼다. 그렇지만 1994년 선거철에 이르면 클린턴 대통령조차 소수 사회과학자 집단이 이끄는 가족 가치 수호를 위한 (명백히 중도적인) 캠페인의 이데올로기를 받아들인 상태였다. 계속 진행 중인 이 캠페인에서는 가족의 붕괴를 미국 사회 불안의 주요 원인으로 설명하면서 범죄, 폭력, 교육 수준 저하에서부터 빈곤, 마약 남용, 성병 등에 이르기까지 온갖 문제를 결혼 가족이 쇠퇴한 탓으로 돌린다.[27]

한 나라가 가족의 쇠퇴 때문에 곤경에 빠지는 어린이들에 대해 호들갑을 떨며 나타내는 관심과 이런 고통을 완화하기 위한 정책을 실

---

* [옮긴이주] 1952년에서 1966년까지 미국 ABC에서 방영되었던 시트콤 〈오지와 해리엇의 모험The Adventures of Ozzie and Harriet〉의 주인공.

행하려는 의지 사이에는 거의 반비례 관계가 존재하는 것처럼 보인다. 이는 위선적이라고까지는 할 수 없어도 역설적으로 보인다. 하지만 가족 지원 정책은 각국에서 사회복지를 공적으로 책임지는 정도의 역사적인 발달과 일치하며, 노동운동이 상당한 발언권을 얻어낸 의회제 정부에서 가장 강력하다.[28] 다른 한편 가족에 대한 입 발린 말은 사적 영역의 대용물이자 사회복지의 공적 책임을 방기하는 근거로 작용한다. 유감스럽게도, 한 사회가 개인주의화되고 시장 지향적이 될수록 가족의 유대를 지탱하기는 더욱 어려워진다.

'가족'을 묻어버리자

세계 가족의 해를 선포하기로 한 유엔의 결정은 세계 곳곳에서 가족 제도가 위기에 처했다는 사실에 대한 암묵적인 시인을 나타낸다. 그렇지만 이런 언어 선택은 모순된 기획을 선포하는 셈이다. 보편적으로 공유되는 가족의 정의가 무엇인지에 관한 질문을 회피하기 때문이다. 실제로 가족의 해를 조직하는 책임을 맡은 유엔 가족위원회는 이런 딜레마를 인정하면서도 회피하려 했다. 첫째, 위원회는 가족에 대한 일련의 공식적인 원칙을 서두에 언급하면서 이렇게 주장했다. "세계 곳곳의 가족에 존재하는 유형, 문화, 관습 등이 대단히 다양하기 때문에 가족의 정의는 정해진 것이 없다." 그렇지만 또한 「위기에 처한 가족Family in Crisis」이라는 제목의 보고서를 펴내면서 "오늘날 가족을 괴롭히는 위기의 정체를 확인하려면 가족이라는 말의 의미를 분명히 해야 한다"는 점을 인정했다. 마지막으로, 바로 이 문서는 "우

리는 가족이 존재하지 않음을 알고 있다"는 놀라운 말로 결론을 맺는다.[29]

남성 생계부양자와 여성 주부, 결혼한 남녀와 자녀로 구성되는 단위가 지배하는 근대 가족 **제도**를 가족이라고 한다면, 가족은 정말로 죽었다. 그러나 그 유령, 즉 가족 이데올로기는 아직 살아 있으며, 자신과 대면하기를 거부하는 모든 이의 의식에 출몰한다. 지금이야말로 근대 가족 제도라는 시체에 대해 사회적 해부를 실시할 때다. 고통받는 정신이 편히 쉴 수 있도록 말이다. 우리가 잃어버린 가족 제도를 적절한 추도식을 통해 떠나보내면, 매우 다른 포스트모던한 가족 상황 아래서 친밀한 관계를 유지하기 위해 분투하는 사람들의 다양한 요구를 자유롭게 다룰 수 있을 것이다.

가족이라는 임종 직전의 환자를 병리학자처럼 냉정하고 객관적인 태도로만 바라보면 불편한 결론에 다다를 수 있다. 역사적으로 볼 때, 안정된 결혼과 가족생활 제도는 모두 다양한 강제와 불평등 조치에 의존했다. 여성과 남성이 경제적으로 상호 의존하고, 가정이 스스로 재생산할 수 있는 충분한 자원을 가지고 생산 단위로서 기능하며, 각 개인에게 경제·성·사회생활의 다른 대안적인 수단이 없을 때 가족 **제도**가 가장 안정되었던 것 같다. 이런 종류의 가족 단위는 항상 더 넓은 친족관계와 공동체, 종교적 유대 속에 한 층위로 내장돼 있었고, 이런 관계들의 지원과 재가를 받았다. 유감스럽지만 이런 가족 제도는 모두 가부장적이었다. 이런 원칙 가운데 몇 가지를 의미심장하게 벗어난 근대 가족 제도의 안정성은 충분하고 확실한 남성 가족임금에 의존했다. 그렇지만 전근대적인 가부장제 거래를 중단시킨 자본주의 산업화가 부단하게 발전함에 따라 근대 가부장제 거래 역시 중단되었고, 계속해서 포스트모던한 가족 체제도 종류를 막론하고 중단될 것이다.

역사를 통틀어 가족 위기의 해소는 가정생활의 한 남성 지배 형태를 다른 형태로 대체함으로써 이루어졌음을 인식하는 게 중요하다. 가령 중국 혁명은 유교식 가부장제를 가부장적 사회주의로 대체했다.[30] 서구에서는 산업화로 인해 전근대적 가족 경제에 초래된 위기를 '가족의 이념형The Family'으로 해결했다. 근대 가족 제도는 여성들에게 이전 시기 가부장적 거래 이상의 성과와 손실을 모두 안겨주었지만, 이제 이 제도 역시 역사적 역할을 다했다.

가부장제의 위기에는 언제나 극심한 위험과 기회의 순간들이 존재한다. 탈산업사회 곳곳을 지배하는 포스트모던한 가족 상황 아래에서 여성들은 과거 어느 때보다도 더 큰 교육과 고용의 기회를 누리며, 또 교육과 고용을 필요로 한다. 여성들이 남성의 소득에 덜 의존하게 됨에 따라 학대나 적대적인 관계를 벗어나거나 피할 자유를 누리게 된다. 그렇지만 이와 동시에 남성들이 가족이나 부모로서 책임감을 덜 느끼고, 점점 더 많은 여성이 '살림과 노동이라는 이중 부담double day'을 추가로 짊어지는 것처럼 보인다. 다른 한편, 동유럽에서는 공산주의 가부장제 거래가 붕괴하면서 다른 종류의 가부장제 위기가 터져 나오고 있다. 많은 여성이 2교대 노동[집안 살림과 직장 노동]과 배급줄 서기 의무에서 해방되고 있지만, 또한 많은 여성이 음식이나 생명 자체는 말할 것도 없이 고용, 낙태, 보육 서비스 등의 기회를 잃고 있다. 여성들이 다양한 가부장제 위기에서 살아남기 위해 분투하는 상황에서 과거의 안정된 가부장제 형태가 제공했던 상대적인 안정감에 대한 향수를 느끼는 것도 별로 놀랄 만한 일은 아니다.

여성의 가족

근대 가족 제도가 막 해체되기 시작하던 1950년대 후반에 『남자의 가족The Family of Man』이라는 휴머니즘 사진집이 미국에서 엄청난 인기를 끌었다.[31] 그 이후 등장한 포스트모던한 가족 상황은 '여성의 가족'이라고 부르는 게 더 적절할 것이다. 대중 담론은 독신모와 아버지 없는 아이들이 늘어나는 현상에 몰두하고 있다. 흔히 거론되는 전 세계적인 빈곤의 여성화는 가족생활의 여성화가 낳은 직접적인 결과다. 둘 다 근대 가족 제도를 지탱하던 근대 산업 질서가 붕괴된 이래 벌어진 현상이다.

탈산업화된 전 지구적 자본주의 상황 아래, 결혼의 불안정성과 여성을 중심으로 한 친족 유대가 점차 불가피한 현실이 되고 있다. 이런 현상은 탈산업사회들에 사실상 두 가지 불완전한 선택지를 제시한다. 스칸디나비아 국가들처럼 새로운 현실이 아무리 달갑지 않더라도 그것을 인정하고 적응하면서 아동과 시민의 복지에 대한 더 큰 사회적 책임을 떠맡는 선택이 하나 있다. 또는 포스트모던한 가족생활의 현실을 부정하고 저항하고 매도할 수도 있다. 미국에서 인기를 얻는 것처럼 도덕적 공황 상태와 반동의 정치라는 수사에 호소하는 것이다.

아마 포스트모던한 '여성의 가족'이 마침내 '가족의 이념형'을 묻어버리는 데 앞장설 것이다. '가족의 이념형'은 잘못된 이론적 가정과 제국주의 논리에서 파생된 개념으로서 절정기에 달했을 때조차 결코 여성과 아이들, 심지어 많은 남성의 이해를 제대로 충족시키지 못했다. '가족의 이념형'이 풍기는 그릇된 젠더 중립성에 현혹되어서는 안 된다. 세계 가족의 해는 여느 해와 비슷한 해여서, 여성들은 가족 위기의 피해를 집중적으로 받기 일쑤였고 점점 어려워지는 역경 속에서도 낙심하지 않고 가족을 지키기 위해 분투했다. 여성들은 특히 가족의 변화를 부정하는 반동 세력에 맞서 저항해야 한다. 복지에 대한 공격은 취약한 가족을 지키기 위해 분투하는 어머니들에 대한 공격이다. 가족 가치 수호 캠페인에 저항한다고 해서 가족에 반대하는 것은 결코 아니다. 여성들은 가족의 정의를 확대하기 위한 대중적인 노력을 이끌어야 한다. 우리가 실제로 살아가는 가족 유형과 선호, 관계의 다양성을 인정하고 지원할 만큼 정직하고 너그럽게 가족을 정의해야 하는 것이다. 지금이야말로 '가족의 이념형'이라는 유령을 평안하게 자리에 눕히고, 살아 있는 가족을 위해 안전한 세계를 만드는 일에 착수할 때다. 가족은 죽었다. 새로운 가족 만세!

7

───── 생존의 이야기

: 계급, 인종, 가정폭력

재니스 하켄Janice Haaken

포틀랜드 주립대학 명예교수. 지역사회 임상심리학자이자 다큐멘터리 감독,
사회정의 활동가이기도 하다. 여러 학문을 넘나드는 연구자로서 정신분석과
페미니즘, 젠더와 정신병리 진단의 역사, 폭력과 트라우마에 대한 집단적 대
응, 이야기하기의 심리학 등에 관해 많은 저서를 썼다.

그는 토요일 밤마다 아내를 때렸다. 제 실패를 아내의 얼굴에 자국으로 남김으로써 아내 탓으로 돌리려고 한 것이다.

— 앨리스 워커Alice Walker,
『그레인지 코플랜드의 세 번째 인생The Third Life of Grange Copeland』

2000년 가을에 열린 가정폭력과 아프리카계 미국인 공동체에 관한 어느 회의에서 흑인 여성이자 시애틀 경찰청 가정폭력·성폭력 담당 국장인 토니 맬리엇Toni Malliet 경위는 한 이야기로 발표를 시작했다. 만성 복통이 있는 신경질적인 여자아이에 관한 이야기였다. 아이는 아버지가 어머니를 일상적으로 구타하는 모습을 무기력하게 지켜보곤 했다. 맬리엇은 성경 구절을 연상시키는 어조로 이 아이가 어떻게 자랐는지, 어떻게 아버지에게 반기를 들고 그를 집에서 내쫓았는지를 설명했다. "그 아이가 접니다." 맬리엇은 일그러진 미소를 지으며 말을 이어나갔다. "지금은 누구에게서든 학대받지 않아도 되죠. 저에게는 총이 있고, 소지 면허가 있고, 사용법도 아니까요."[1] 맬리엇은 아프리카계 미국인 공동체를 잔인하게 다루는 기관에서 일하는 데 회의를 느껴 괴로웠던 시기가 있었다고 털어놓았다. 그리고 남자에게 위협받는 여자들만이 아니라 권력이나 지배의식이 거의 없는 남자들을 체포하는 데 대해서도 곤혹감을 표했다. 가정폭력 분야의 찬가가 된 티나 터너의 노래 〈사랑과 그게 무슨 관계가 있지?What's Love Got to Do with It?〉 몇 구절을 힘차게 읊은 뒤, 맬리엇은 "사랑은 그것과 많은 관계가 있습니다"라는 말로 발표를 마무리했다. 맬리엇은 아프리카계 미국인 공동체에 속한 사람들이 서로 사랑하는 법을 배우기 전까지는 가정폭력의 비극이 계속될 것이라고 주장했다. 질의응답 시간에 청중 가운데 한 여성이 최근 시애틀 센트럴지구에서 경찰이 흑인 젊은이 두 명을 살해한 사건에 대해 어떤 일을 하고 있느냐고 맬리엇에게 물었다. 이 질문을 계기로 경찰에 의존하는 데 따르는 위험성과, 가정폭력을 아프리카계 미국인 공동체의 광범위한 문제와 분리해서는 안 된다는 점에 대한 논의가 진행되었다.

백인 페미니스트 연구자이자 활동가인 나는 문화적 맥락과 사회적 정체성에 따라 가정폭력에 대한 이해가 어떻게 달라지는가 하는 문제에 관심을 기울여왔다. 백인 페미니스트들이 조직하고 내가 지금껏 참석한 많은 회의와 대조적으로, 토니 맬리엇이 발언한 회의의 발표자들과 참석자들은 가정폭력에 대한 이야기와 설명에 복잡한 관점을 견지할 수 있었다. 아이들을 때린다든지 남편에게 폭언을 퍼붓는다든지 하는 여성의 공격성을 주제로 삼아도 방어적인 분노의 물결이 일지 않았다. 남성(심지어 폭력을 휘두른 전력이 있는 남성까지도)을 운동에 통합하는 것이 중요하다는 논의도 여성 연대에 대한 위협으로 받아들여지지 않았다. 빈곤, 인종차별, 소외에 관한 이야기도 즉각적인 반발을 야기하지 않았다. 반면 오늘날 많은 가정폭력 관련 회의에서는 경제적 조건에 초점을 맞추면 남성들에게 '구실'을 만들어주는 것과 마찬가지라는 반응이 즉각적으로 튀어나온다. 이 회의의 참석자들은 여성이 적극적인 역할을 하는 폭력 유형을 비롯하여 폭력의 무수한 결정 요소들을 탐구하면서도 "남성에게 책임을 물을" 수 있었다.

이 글에는 크게 세 가지 목표가 있다. 첫째는 최근 가정폭력 분야에서 부각되는 인종 및 계급에 관한 대화에 기여하는 것이다. 이 분야에서 진행 중인 논의의 상당 부분은 위기에 처한 여성들에게 문화적으로 세심한 지원 서비스를 제공하고, 교육·훈련 과정에서 다양한 형태의 여성 억압을 강조하는 것이다. 가정폭력 희생자인 유색인 여성들의 요구를 다루는 것이 중요하기는 하지만, 나는 비판적인 사회 **분석**의 수준에서 유색인 여성들의 기여를 강조하고 싶다. 둘째는 사회주의 페미니즘 분석이라는 렌즈를 통해 인종, 계급, 가정폭력 사이의 관계를 탐구하는 것이다. 가정폭력에 관한 미국의 페미니즘 담론에서 거의 빠져 있는 사회주의 페미니즘 관점이야말로 가정폭력에서 작동하는 사회적 요인들의 복잡한 모체를 이해할 수 있는 틀을 제공한다. 젠더의 영향력에만 국한된 분석으로는 이런 복잡한 모체를 이해할 수 없다. 셋째는 정신분석 문화이론이 가정폭력을 둘러싼 조직화에 적절한 의미를 갖는다고 제안하는 것이다. 임상의로 일한 이력이 이 기획을 특징짓기는 하지만, 나의 정치적 작업에 더 중요한 영향을 미치는 것은 정신분석 문화이론이다. 이 관점은 사회의 구조적·역사적 요인들과 다른 한편의 심리적 동학—특히 무의식적 환상과 방어—을 하나로 결합한다. 정신분석 페미니즘은 폭력을 구조화하는 과정, 특히 여성들의 경험이 갖는 유사성과 차이의 경계들을 교섭하는 과정에서 등장하는 집단적 환상과 방어를 탐구하는 데 유용하다 (Haaken 1998, 1999를 보라).

일치와 차이

아내 구타를 둘러싸고 세력이 결집한 초기에는 가부장제 가족에 대한 공통된 비판에 바탕을 두고 일치가 이루어졌다.[2] 직접 구타를 당했든 아니든 많은 여성이 매 맞는 여성들의 이야기에 공감할 수 있었다. 이런 이야기를 통해 여성의 경제적 의존이 어떤 비극적인 대가를 치르는지가 선명하게 드러났기 때문이다. 여성 구타 문제가 폭로됨에 따라, 여성에게 할당된 문화적으로 이상화된 영역인 가족이 생지옥일 수 있다는 생각이 퍼져나갔다. 전례 없이 많은 여성이 유급 노동력에 진입하는 가운데 가정에서 살해당하는 여성이 거리에서 살해당하는 여성보다 더 많다는 주장은 일터를 향한 대이동의 정당성과 필요성을 더욱 부각시켰다.

지난 10년간 가정폭력 분야는 구타를 '권력과 통제' 모델로 설명하는 쪽으로 옮겨 갔다(Pence and Paymar 1993). 권력과 통제 모델은 가부장적 권위에 대한 급진 페미니즘의 비판에 기반해, 남성의 지배욕이야말로 여성 구타의 배후에 자리한 주된 동기라고 주장한다. 이때 남성이 휘두르는 폭력은 일종의 남성 병리나 서투른 충동 통제보다는 남성 권력과 특권이 낳은 직접적인 부산물로 해석된다. 이런 주장은 모든 여성이 남성의 폭력에 일률적으로 취약하다는 주장과 짝을 이룬다. 다만 그런 폭력에 대처하는 자원을 얼마나 갖고 있는지가 다를 뿐이라는 것이다.

이 모델의 문제점은 권력과 통제라는 동기가 원동력의 성격을 띠며, 남성에게 깊이 뿌리박힌 속성으로 나타난다는 것이다. 이는 맥락이나 우연적인 요소—실업, 빈곤, 중독, 혹은 다른 물질적 조건들—와는 무관하게 작동한다. 구타를 획일적인 젠더 문제로 역설하는 이러한 경향과 상반되게 가정폭력 분야에서 유색인 여성의 존재가 점점 부각됨에 따라 여성의 폭력 경험과 관련하여 차이에 대한 논의가 강조되고 있다. 킴벌리 크렌쇼Kimberlé Williams Crenshaw는 "인종, 계급, 젠더의 교차성"을 분석하자고 호소하는 한편, "빈민 공동체에서 가정폭력 비율이 더 높은 현실에 대한 논의를 가로막는 함구령"이 운동에 보수적인 영향을 미치고 있다고 지적한다(1994: 100쪽). 베스 리치Beth Richie는 여성들의 삶에 젠더 폭력이 미치는 영향 차이를 가볍게 본 초기의 전략은 그 의도가 아무리 좋았다 하더라도 특히 유색인 여성들에게 값비싼 대가를 안겨주었다고 주장한다.

> 모든 여성이 위험에 처해 있다는 관념은 우리 운동의 수사적 패러다임의 보증서 중 하나이기는 하지만, 사실상 위험한 생각이라고 주장하고 싶다. 젠더 억압의 경험을 둘러싼 그릇된 일체감에 입각해 국가적인 옹호 운동을 구축했기 때문이다. …… 결국 젠더 폭력이 인종·계급적으로 중립적이라는 가정 때문에 저소득층 여성과 유색인 여성이 지배적인 관점에서 삭제되는 결과가 나타났다(Richie 2000: 1134~1135쪽).

인종, 계급, 젠더의 교차성을 진지하게 받아들이면 운동의 목표, 전략, 다양한 승리의 대가에 관해 복잡한 질문이 생겨난다. 가정폭력은 모든 여성에게 어느 정도나 유사한 경험인가? 여성의 억압을 이해하는 주된 범주로 가정폭력에 호소하는 것의 함의는 무엇인가? 남성들의 책임을 면제해주지 않으면서 남성 폭력이라는 우리들의 초상에 공감을 회복할 방도가 과연 있을까? 다음 절들에서 이런 질문을 탐구해보고자 한다.

아내 구타에 관한 페미니즘의 관점

성정치와 마찬가지로, 폭력의 정치 역시 정서적 반응과 상충하는 인식이라는 문화의 지뢰밭을 열어젖힌다. 성과 폭력에 관한 공적 담론이 부정과 히스테리 사이에서 동요하기 때문에, 남성 폭력 문제에 대한 페미니즘의 관여는 널리 퍼진 사회적 불안에 의해 끝없이 과잉 결정된다. 빈민 공동체에 폭력이 얼마나 '만연한지'를 과장하기란 어렵지 않으며, 마찬가지로 폭력의 정도를 최소화하는 것도 가능하다. 그러나 폭력에 대한 인식에서 나타나는 더욱 중요한 차이는 폭력을 어떻게 해석하거나 이해하는지에 관계된다. 보수주의자들은 무수한 형태의 도덕적 방종(대부분 개인의 도덕적 선택으로 환원된다)을 강조하는 반면, 진보주의자들은 폭력에 영향을 미치는 사회·경제적인 결정 요소들에 초점을 맞추는 경향이 있다. 보수주의자들은 가족의 '붕괴'를 개탄하고 일하는 어머니들을 탓하지만, 진보주의자들은 실업과 소득 불균형을 폭력의 주요 선행지표로 꼽는다(Weiner et al. 1990을 보라).

급진 페미니즘은 가정폭력 관련 활동의 이면에 자리한 영혼이었다. 물론 자유주의 페미니스트와 사회주의 페미니스트도 이 운동에 적극적으로 참여했다.[3] 사회주의 페미니스트들이 여성 억압의 비교문화적 가변성과 역사적으로 변화하는 젠더 불평등의 성격을 강조하는 반면, 급진 페미니스트들은 보편성을 역설하는 경향이 있다. 급진 페미니스트들은 남성 폭력이 가부장적인 지배 체제에서 유래한다고 주장한다. 인류 역사의 많은 부분에 걸쳐 경제 및 문화의 토대를 이루는 그 체제 말이다. 봉건주의나 자본주의, 사회주의를 막론하고 역사를 통틀어 모든 사회는 가부장적 사회 질서를 유지하는 수단으로 남성 폭력을 승인했다. 남성들은 여성의 종속을 통해 물질적·심리적 혜택을 누리며, 여성들은 폭력의 위협 때문에 적극적으로 저항하지 못한다. 가정폭력 문제를 중심으로 한 조직화를 통해서야 비로소 여성들은 가부장적 보호라는 겉모습 뒤에 감춰진 섬뜩한 현실을 드러내고, 이런 보호가 여성들에게 불러오는 위기 상황을 극적으로 표현할 수 있다. 인종차별, 동성애 혐오, 계급 억압에 맞서는 사회운동이 관련된 투쟁으로 이해되지만, 성차별은 기본적인 원형이다. 여성이 계급 지배와 인종 지배라는 맥락에서 억압자로 인식될지라도 급진 페미니즘은 여성들을 자기 이해관계를 위해 행동하는 주체라기보다는 남성들의 포로로 묘사하는 경향이 있다.

자유주의 페미니스트들은 기존 정치·경제 체제에서 점진적인 개혁을 통해 진보가 달성된다고 믿는다. 이런 사회 변화 전략에는 남성 폭력이 구조적 문제가 아니며 나아가 다양한 시정 조치를 통해 문제를 완화할 수 있다는 가정이 함축되어 있다. 이런 조치에는 희생자에 대한 법적 보호가 포함되지만, 예방에 관한 사고로 확장되기도 한다. 남자아이들은 더 섬세하고 타인을 보살피고 비폭력적인 성향으로, 여자아이들은 좀 더 자기주장이 확고한 성향으로 키우자는 것이다. 자유주의자들은 또한 아내를 구타하는 남편에 대해 징벌적인 조치보다는 치료/교정 중심의 접근을 택하고 빈곤 경감과 폭력 예방 사이의 관계를 강조하는 경향이 있다. 이런 주장을 확장하면 폭력은 주변화된 공동체에 영향을 미치는 더 뿌리 깊은 문제의 증상이라는 결론이 나온다. 폭력은 경제적 박탈에 대한 반응이며, 국가의 개입, 특히 빈곤의 영향을 개선하는 개입이 필요하다는 것이다.

급진 페미니즘과 자유주의 페미니즘 모두 나름의 통찰력이 있고, 각각은 학대하는 남성에 대한 여성의 경험에서 근원적으로 작동하는 동학의 일부를 구체화한 것이다. 나아가 이 두 이론 틀은 자주 겹쳐지고 합쳐진다. 페미니스트들이 많은 쟁점에서 공통의 지반을 발견하기 때문이다. 그렇지만 급진 페미니스트들은 가정폭력, 친족 성폭력, 강간, 성매매 같은 쟁점을 둘러싼 조직화에 뚜렷한 관심을 보였다. 가부장적 폭력이 만연한 현실을 적나라하게 드러낼 수 있기 때문이다. 이런 쟁점들 덕분에 우리는 가부장적 폭력의 무시무시한 전체성을 깨달을 수 있으며, 그에 반대하는 우리 목소리의 통합적 힘을 느끼게 된다. 적이 하나로 단결한다면 우리 또한 하나로 단결해 여성의 삶에 대한 위협을 용납하지 않겠다고 저항해야 한다.

페미니즘 정치는 몇몇 지점에서 하나로 수렴하지만, 남성 폭력 문제의 '심도'와 주요 원인, 근절을 위한 전략 등에 관해서는 서로 견해를 달리한다. 급진 페미니스트들은 남성 폭력 문제를 '극대화'하는 반면 자유주의 페미니스트들은 '최소화'한다. 사회주의 페미니스트들은 남성의 우월적 지위가 구조적인 문제이며 사회와 제도를 바꿀 필요가 있다는 급진 페미니즘의 견해에 동의한다. 여성에 대한 폭력은 전 세계적인 문제로, 광범위한 사회에서 벌어진다. 따라서 전 세계 여성이 대규모로 결집해 저항할 필요가 있다.

이러한 보편성에도 불구하고, 중요한 것은 한 특정한 나라에서조차 남성 폭력의 의미와 형식에서 나타나는 차이에 주목하는 것이다. 카롤 하게만비트Carol Hagemann-White는 독일의 페미니즘 조직화에 대한 분석에서 이렇게 지적한다. "비록 지금도 널리 쓰이기는 하지만 '여성에 대한 폭력'이라는 표현은 이제" 이 운동의 복잡한 정치적 영역을 포착하기에는 "부적절해 보인다"(1998: 181쪽). 가령 이 표현은 남성 우위에 도전한 여성에 대한 대응으로서의 아내 구타와, 여성에 대한 폭력이 성문화된 가부장적 실천의 연장선인 상황 사이의 차이를 포착하지 못한다(Levinson 1989를 보라).

사회주의 페미니스트들의 관점에서 보자면, 사회계급은 (젠더 못지않게) 가족 내 관계를 비롯하여 사람들 간 관계를 모양 짓는다. 가정폭력은 가족과 공동체에 영향을 미치는 더 넓은 사회·경제적 세력 관계 속에서 이해해야 한다. 게다가 선진 자본주의 사회에서는 권력이 직접적인 폭력 행사에 주로 의존하지 않는다. 폭력을 사회 통제 수단으로 삼는 것은 고도로 동기 부여된 노동자를 창출하고 인간의 생산활동에서 최대한의 가치를 뽑아내는 데 바탕을 둔 체제에 어울리지 않는다. 한편 많은 공동체에 고질적인 문제는 불충분한 음식, 주거, 보건, 고용 등의 형태를 띠는 경제적 폭력뿐만 아니라 경찰력을 통한 물리적 폭력이다.

렌즈를 확대하다

사회주의 페미니즘 분석이라는 렌즈를 통해, 즉 사회계급을 불의를 비추는 렌즈로 삼아 남성 폭력을 이야기할 때, 남성과 여성이 그들의 공통된 운명을 결정하는 사회 세력에 대항하여 제휴하는 영역을 볼수 있다. 남성과 여성 모두 소외와 절망에서 생겨나는 병리 현상과 가혹한 삶을 경험한다. 매 맞는 아내가 레노어 워커Lenore Walker(1984)가 말하는 이른바 "학습된 무력감" 때문에 고통받는다면, 때리는 남편도 마찬가지 고통을 겪는다. 이런 무력감은 변변한 기회조차 얻지 못하는 쓰라린 절망감에서 기인한다. 부유한 남성들이 타인에게 권력을 행사할 수 있는 권리의식을 시종일관 강화하는 반면, 노동계급 남성들은 남성성 가운데서도 불안정하고 가변적인 차원을 경험하기 십상이다. 부유층에게 가정이 경쟁의 분투에서 벗어나 고요한 안식을 취하는 장소라면 피억압자들에게 가정은 기운을 되찾는 곳이며, 이는 종종 공격적인 분출의 형태를 띤다. 노동이 위계적 통제에 대한 복종과 자기 감시를 수반할 때, 가정은 자기 통제가 좀 더 안전하게 유예되는 하나의 장소가 된다(Barrett and McIntosh 1991; Stacey, 1990 등을 보라).

억압의 다양한 축을 연구하는 페미니스트들은 '폭력'이나 '공격성' 같은 단어에 포함된 의미와 행위의 폭넓은 연속성을 좀 더 쉽게 인식한다. 부르주아 사회에서는 많은 종류의 공격적인 행동, 특히 유색인들의 행동이 '폭력적'이라고 해석된다. 시끄럽게 이야기하고 욕설을 하고 빠르게 움직이고 자기주장을 내세우는 이 모든 행동이 인종차별적이고 과대망상적인 렌즈를 거치고 나면 위협적인 공격 성향을 가리키는 불온한 지표로 여겨질 수 있다. 가정폭력에 반대하는 운동은 유색인, 특히 흑인을 위협적인 존재로 여기는 백인들의 고정관념으로부터 자유롭지 않다. 공격적인 행동에 관한 문화적 해석은 다양하지만, 이런 해석들은 하나같이 '타자'로 규정된 이들에 대한 비합리적인 불안과 망상에 따라 만들어진다. 가령 오리건주 포틀랜드에서는 아프리카계 미국인 여성들이 쉼터를 떠나거나, 떠나라는 요구를 받을 공산이 더 크다. 이들의 행동은 백인 직원과 거주자들에게 폭력적으로 여겨지기 쉽기 때문이다. 간혹 진짜로 손찌검하는 일도 있지만, 여기에는 시끄럽게 떠들거나 소리치는 것과 같은 좀 더 미묘한 표현 방식까지도 포함된다.*

벨 훅스bell hooks(1997)는 '매 맞는 여성'이라는 용어조차 여성들의 수많은 경험을 일차원적인 규정으로 환원한다고 주장한다. 억압된 공동체에서 경제적 폭력을 비롯해 일상적인 고통에 시달리는 여성들과 매 맞는 여성들을 분리하는 선을 긋기란 그리 쉽지 않다. 극단적인 폭행 사례를 중심으로 결집하는 가정폭력 반대 운동은 여성의 신체와 정신에 일상적으로 가해지는 비교적 극적이지 않은 폭행을 과소평가하는 데 이바지할 수 있다. 다른 비판자들은 또한 가정폭력 분야에서 사용되는 기존 범주들의 한계를 지적한다. 마이클 존슨Michael Johnson(1995)은 '가부장적 테러 행위patriarchal terrorism'와 '일반 부부 폭력common couple violence'을 구분하면서, 가정폭력이라는 원형原形으로는 가족 내에서 벌어지는 물리적 공격의 다양한 표현을 적절하게 연결하지 못한다고 주장한다. 남성들이 그러하듯이 많은 여성이 사소한 폭력의 통제된 분출에 관여한다. 따귀를 때리거나 물건을 던지거

---

* 오리건주 포틀랜드에 있는 아프리카계 미국인 방송African-American Providers Network의 이사이자 가정폭력 피해자 쉼터인 브래들리앵글하우스Bradley-Angle House의 간부인 브리짓 폰불레Bridgette Fawnbulleh에 따르면, 이런 문제야말로 쉼터에서 흑인 여성들이 되풀이해서 겪는 갈등 중 하나라고 한다. 또한 폰불레의 주장에 따르면, 포틀랜드에서 아프리카계 미국인 여성들은 평균 2~3일을 쉼터에서 보내는 데 반해 백인 여성들은 한 달 이상을 지낸다.

나 소리를 지르는 일 등은 벌어지자마자 언제 그랬냐는 듯이 흔적도 없이 사라질 수 있다. 이러한 공격 형태는 존슨이 말하는 **가부장적 테러 행위**, 즉 여성의 자아의식을 무너뜨리고 여성에 대한 심리적 통제를 목표로 의례화된 신체·정서적 폭행과 구별되어야 한다.

가정폭력 반대 운동에서 내세우는 주장과는 반대로, 가난한 노동계급 여성이 부유층 여성에 비해 배우자에게서 폭행을 당하기 더 쉽다(Carrillo and Tello 1998을 보라). 그들은 또한 남성 권위에 공공연하게 도전하기 더 쉽다. 실제로 많은 가정폭력은 가족 내 남성 권력에 대한 여성들의 이의제기를 중심으로 벌어진다(Gordon 1988을 보라). 억압의 역사에서 기인한 분노는 손쉽게 치환된 과녁으로 향한다. 손 닿지 않는 지배자가 아닌 가까이 있는 이들에게로 향하는 것이다. 남성은 여성에 비해 더 많은 문화적 관용을 누리기 때문에 (다른 충동과 마찬가지로) 분노를 행동으로 옮기기가 쉽다. 하지만 여성과 남성 모두 과거의 학대 경험이 현재에서 재연될 수 있다. 특히 현재의 관계에 따르는 구속이 예전의 불온한 경험을 상기시키기 때문이다.

여성 폭력은 남성 폭력에 비해 훨씬 드문 데다 파괴적인 면이 덜하기야 하지만, 페미니즘 문헌에서 '핵심적인' 여성적 자아의 진정한 일부가 아니라 고색창연한 과거로 재현되는 경향이 있다. 또한 페미니스트들은 여성 폭력이 대개 방어적인 반면, 남성 폭력은 흔히 공격적이며 여성에 대한 지배를 확립하는 수단이라고 주장하는 경향이 있다(Johnson 1995). 이런 입장은 여성이 품는 분노의 뿌리 깊고도 다양한 원천을 간과해버린다. 실제로 가정에서 남성이 보이는 **수동성**이야말로 공공연한 폭력 행위보다도 더한 여성의 분노를 일으키는 원천이며 만성적인 문제이다.

젠더의 차이를 전체화(이를테면 남성은 악하고 여성은 선하다거나, 여성은 생명을 부여하는 자이고 남성은 파괴자라는 식으로)하지 않고서도 페미니즘적인 남성 폭력 분석을 제시할 수 있다. 젠더 이분법 비판은 페미니즘 기획의 본질적인 부분이며, 젠더·공격성·사회계급 사이의 복잡한 관계에 대한 이론화 역시 마찬가지다. 이제 막 걸음마를 뗀 아이도 엄마에게 발길질을 할 수 있지만, 그렇다고 해서 엄마에 대해 권력과 통제를 누리는 것은 아니다. 여자가 남편에게 냄비를 던질 수도 있지만, 그렇다고 해서 남편에게 설거지를 시킬 수 있는 건 아니다.

사회계급은 더 나아가 젠더와 권력, 공격성 사이의 관계를 중재한다. 앤 캠벨Anne Campbell(1991)은 소녀 갱단에 대한 연구에서 거친 성격과 싸움이 여성성과 적대적인 것으로 여겨지지 않는다는 사실을 발견했다. 연구 대상 소녀들은 거리에서 살아가는 기술을 자랑스레 늘어놓았고 "폭력깨나 쓴다고 이름을 얻는 게" 중요하다고 말했다. 남자애들에 비해 여자애들이 심각한 부상이나 사망을 유발하는 일을 피하는 경향이 있기는 하지만, 캠벨이 지적하듯이 남성 갱단과 여성 갱단 둘 모두에서 대부분의 공격성은 명백한 폭력 행위보다는 **과시**의 형태로 나타났다.

하나의 보편적 경향으로서 남성의 폭력 성향에만 초점을 맞추면 젠더 폭력의 물질적 원인을 간과하는 위험이 생겨난다. 초창기 매 맞는 여성들의 운동에서는 여성이 남성 폭력에 취약할 수밖에 없게 만드는 경제적 의존의 여러 형태를 강조한 데 반해(Dobash and Dobash 1979; Schechter 1982), 최근의 페미니즘 담론에서는 남성의 권력 동기에 중점을 둔다. 경제생활에 자리한 물질적 토대와는 분리한 채 말이다. 그러나 아내 구타에 관한 비교문화적 연구에서는 경제적 자원에 대한 여성의 접근성 및 통제권과 남성 폭력에 저항할 수 있는 능력 사이의 연계를 계속해서 강조한다. 가정폭력에 관한 가장 종합적인 비교문화 연구 중 하나에서 데이비드 레빈슨David Levinson이 밝힌 바에 따르면, 여성들이 독자적인 노동 집단을 구성한 사회에서 아내 구타 비율이 가장 낮게 나타났다. 들편에서 나란히 일을 하든, 지역 시장에서 하나의 집단을 이루어 장사를 하든, 독자적인 경제적 결사체를 이루든 말이다. 레빈슨은 이렇게 결론짓는다. "여성들만으로 이루어진 노동 집단의 존재는 여성의 유대나 경제적 힘을 보여주는 지표로서 아내 구타를 제어하거나 예방하는 데 기여한다"(Levinson 1989: 58쪽).

매우 고결하게 묘사된 여자다움에 바탕을 둔 피해자 담론에는 실질적인 대가가 따른다. 특히 이 같은 백인 중간계급의 기준에 맞지 않는 여성들에게 말이다. 백인 여성들을 위한 문화적 멜로드라마가 역겨운 '짐승' 때문에 곤경에 빠진 소녀를 구하러 무대에 등장하는 '착한 남자'를 중심으로 펼쳐지는 데 반해, 흑인 여성들은 지배적인 문화 각본에서 보호받아야 하는 역할을 맡을 가능성이 적다(Hall 1983; Hurtado 1998). 강하디강한 흑인 여성은 여성다운 허약함이 없는 존재, 곤경에 직면해서도 극기로 똘똘 뭉친 존재로 재현된다(Collins 1990; West 1999). 바로 이런 동일한 서사에서 '가모장matriarch'인 아프리카계 미국인 여성은 강하기 짝이 없으며, 자기 영향력이 미치는 남자들을 약하게 만듦으로써 거세한다.

이런 인종차별적인 정형화는 또한 많은 흑인 여성들의 자기 재현을 모양 짓는다. 물론 정형화에서 허용하는 것보다 더 복잡한 자아상의 모체를 통해 이루어지기는 하지만 말이다. 가정폭력은 많은 유색인 여성의 저작들, 즉 고통과 쾌락, 상심과 기쁨의 뒤섞임을 중심으로 하는 저작들에 반복해서 등장하는 모티프로, 억압받는 공동체에서 가족 성원들을 하나로 묶어준다. 잔인한 곤경을 풍경 삼아 펼쳐지는 억압받는 공동체의 가정폭력 이야기는 우리의 도덕적 범주가 과연 안정적인 것인지 질문을 던진다. 더불어 '권력과 통제' 모델이 폭력과 그로 인해 가족이 받는 외상外傷의 순환에 초점을 맞추었던 이전 모델을 대체함에 따라, 유색인 여성들은 학대하는 사람이 제 의지로 행동하는 게 아니라 과거 역사를 행동으로 옮기고 있다는 생각을 품게 되기 쉽다. 앤 맥길리브레이Anne McGillivray와 브렌다 코매스키Brenda Comaskey는 캐나다 원주민 공동체 내의 가정폭력에 관한 연구에서 다음과 같이 지적한다.

> 원주민 공동체에서 벌어지는 친밀한 폭력의 비율이 높아진 사실을 세대 간 폭력 유형, 학습된 행동으로서의 폭력, 폭력의 정상화와 내부화 등으로 설명하려면, 아동기에 대한 조사가 배우자 폭력을 이해하는 데 중심적이다(McGillivray and Comanskey 1999: 57쪽).

또한 세대 간 폭력 유형을 조사하다 보면 피식민 민족들을 비롯해 그들의 공동체, 그들의 문화가 파괴된 역사를 살펴보게 된다. 『그레인지 코플랜드의 세 번째 인생』(1970)에서 앨리스 워커는 브라운필드의 사디스트적인 아내 폭행을 그가 사회적으로 붕괴했음을 보여주는 표현으로 그림으로써 이런 논지에 서사적 힘을 부여한다. 소설은 브라운필드의 짐승 같은 행동을 생생하게 묘사하지만, 그가 휘두르는 폭력은 남부 소작농이라는 덫에 걸려 인간성을 빼앗긴 조건에서 생겨나며, 방치된 채 보냈던 유년시절도 더해진 것이다. 아버지와 친척들이 북부를 향해 떠나면서 갓난 브라운필드의 세상은 어머니의 존재로 좁아진다. 어머니는 미끼를 만들기 위해 생선 내장을 모으는 일을 하러 가면서 아이를 현관에 내던져둘 수밖에 없다. "어머니는 아침마다 서둘러 한 번 안아주고 설탕 젖꼭지*를 물리고는 아이를 남기고 갔다. 아이는 비가 오니 해가 뜨나 엄마가 올 때까지 설탕 젖꼭지만 죽어라 빨았다"(6쪽). 브라운필드는 황량한 세상에서 유일한 생계의 원천으로 여자들을 빨아먹는 남자로 자란다. 이런 결핍이 남자다움의 규범을 통해 다듬어지면서 브라운필드의 정서적 삶은 점차 아내와 애인 사이에서 분열된다. 아내 멤은 빼앗긴 모성의 대상이자 쓰라린 분노의 과녁이 되고 애인인 조시는 분리된 '만족스러운' 어머니의 계승자가 되는 것이다.

> 짓밟힌 자존심, 산산이 부서진 자아 때문에 브라운필드는 아내 멤을 교직에서 끌어냈다. 아내가 가진 지식은 읽고 쓰기도 겨우 하는 남편의 체면을 크게 손상시켰다. …… 아내가 아무 관계도 없는 다른 남자들, 가난뱅이 백인들을 유혹한다는 상상에 빠져 아내를 구타하게 만든 것은 다름 아닌 자기 자신과 자신의 삶, 세상에 대한 분노였다. 분노와 노여움과 좌절감이 그를 지배했다. 브라운필드는 이런 분노 때문에 모든 책임을 아내에게 돌릴 수 있었고 실제로도 그렇게 했다 (55쪽).

---

* [옮긴이주] 아기에게 물리려고 덩어리 설탕을 천으로 동여맨 공갈 젖꼭지.

매 맞는 여성들의 운동에서 한 작업의 상당 부분은 이런 치명적인 로맨스를 저지하는 것, 즉 정서적으로 상처받은 남성들이라는 유혹에 관해 여성들에게 경고하기 위한 것이었다. 실제로 남성 폭력의 근원에 자리한 고통을 탐색하고자 시도하는 순간, 여성들은 다시 파괴적인 소용돌이에 빠져들게 된다. 폭력을 휘두르는 남성들은 흔히 아내나 여자친구에게 지나치게 의존한다. 설령 이런 의존이 마찬가지로 강렬한 남성적 권리의식에 의해 중재된다고 할지라도 말이다. 많은 여성들은 남성 분노 밑바닥에 자리한 유아적 불안을 의식적으로도 무의식적으로도 감지한다. 그리고 이런 간절한 요구는 '학습된 무력감'이 그러하듯이 여성들이 학대관계를 유지케 하는 힘의 중요한 일부일 수 있다. 이들은 때로 학대를 견디면서 남성 권력의식을 회복할 남자의 권리를 암묵적으로 받아들이지만, 때로는 폭력이 분출한 뒤의 '허니문' 기간에 남자들에게 권리 주장을 하기도 한다. 내 환자 중 한 명은 이 동학을 이렇게 설명한 바 있다. "그이가 가끔 폭발하면 저는 참고 견뎌요. 하지만 정신을 차리고 나면 화해하려고 노력하면서 저를 도와줘요. 자기가 한 번 발끈했으니 이제 빚을 진 셈이죠."

다양한 저항 경로

많은 유색인 여성의 경우, 가족이라는 속박에서 벗어나려면 백인 여성에 비해 더 복잡한 압력과 규범에 직면해야 한다. 여성들은 친족 간 유대를 유지·보존하는 것에 관해 공통된 문화적 입장을 갖지만, 가부장적 가족으로부터의 해방 기획이 유색인 여성들에게 갖는 의미는 백인 여성들에 비해 양가적이다. 가족 구조 안에 곤경의 원천이 자리할 공산이 크지 않고, 가족 성원들의 운명이 폭넓은 우연성에 좌우되기 때문에 일상생활은 이런 우연성에 큰 영향을 받는다. 독립된 핵가족이라는 문화적 이상은 독립된 개인이라는 이상과 마찬가지로 환상으로 인식되기 쉽다.

그러나 아프리카계 미국인 여성들의 폭력 경험이 정형화된 드라마에서 시사하는 것보다 더 복잡한 것처럼, 다른 유색인 여성들의 경험도 한층 복잡하다. 유색인 여성들에 관한 문헌에서 공통된 주제는 일상적인 곤경과 가정폭력 사이에 경계선을 긋는 데 어려움이 있다는 것, 또 다른 한편으로는 악행의 단일한 원천을 집어내기가 어렵다는 것이다(Lockhard and White 1989; Davis 2000). 유색인 여성들은 경제적으로 취약한 공동체에 살아가는 경우가 많다. 이런 곳에서는 부당한 대우가 여러 가지 형태를 띠며, 맞받아 싸우는 능력이 생존의 필수 요건이다. 설령 진짜 적의 대리인을 상대로 싸우는 일이 다반사일지라도 말이다. 여성들은 자본주의 사회의 완충 장치이지만, 자원이 부족하고 긴장이 격한 곳에서는 더 많은 충격을 흡수해야 한다. 많은 여성이 거친 남자들에게 자신의 생존을 맡긴다. 똑같이 방어용 갑옷으로 무장한 이 남자들이 언젠가 여성들에게 화살을 돌릴지라도.

에벌린 화이트Evelyn White(1994)는 가정폭력의 문화적 차원을 다루면서 흑인 여성들이 자신의 취약성을 인정하고 남성들의 고통으로부터 벗어나는 과정에서 직면하는 곤란을 강조한다. 이는 여성 심리에 관한 대중서에서 후렴구처럼 거듭 등장하는 문제지만, 화이트는 학대 상황을 벗어나면서 여성들이 느끼는 양가적 감정에 영향을 주는 사회적 힘을 간과하지 않는다. 그녀는 흑인 남성들이 직면하는 억압에 감정이입을 하는 것과 그 책임을 떠맡는 것을 구별한다.

은행이 배우자에게 대출을 내주지 않았다고 해서 당신이 배우자의 공격 대상이 될 이유는 없다. 집주인이 임대료를 올린다고 해서 당신이 희생양이 될 필요는 없다. 남편이 아이들을 디즈니랜드에 데려갈 여유가 없다고 해서 당신이 샌드백이 될 필요도 없다. 신체적·정서적 학대는 흑인의 남성다움을 보여주는 것으로서 받아들일 게 아니다. 흑인 여성을 학대한다고 흑인 남성들이 상처받은 자존심을 치유하거나 존엄성을 되찾지는 못한다(26쪽).

매 맞는 여성들의 운동에서 또 다른 정형화된 드라마(상처받은 남성다움을 돌보는 영원한 보모로 여성을 묘사하는 드라마)를 만들어내려는 유혹에 굴복하지 않은 채 남성들의 상처 입은 인간성을 인정하기란 쉽지 않다. 핵가족을 배경 삼아 실현되는 낭만적 사랑의 이데올로기는 여성들에게 가해지는 이런 정서적 요구를 한층 강화한다. 그러나 새로운 해결책을 찾는다고 해서 구타 가해자들을 악마시할 필요는 없다. 학대하는 남성들에 대한 집단적 개입에 초점을 맞추면 가해자들의 개별적 배우자인 매 맞는 여성들이 짐을 덜 수 있다.

유색인 여성들은 우리 운동에 존재하는 이런 공백을 가장 앞장서서 다뤄왔다. 신학자 들로리스 윌리엄스Delores Williams(1994)는 가정폭력을 다루는 전략이 여러 차원에서 미치는 영향들을 고려할 필요가 있다고 주장한다. 첫째, 흑인 공동체의 여성과 남성에 대한 폭력이라는 국가적 역사를 다루어야 한다. 둘째, 흑인 하인들이 백인 고용주의 가정에서 겪는 학대와 착취를 비롯한 작업장 문제를 포함해야 한다. 셋째, 여성들이 자기 가정과 공동체에서 직면하는 폭력을 다루어야 한다.

트레이시 웨스트Traci West 또한 '정의 구현justice-making'을 위한 틀을 제시하면서 구타 당사자의 개인적 책임이라는 사고 너머로 나아간다. 젠더 폭력에 대해, 그리고 여성들의 저항을 지지하는 것에 대해 공동체의 책임이 있음을 지적하는 것이다.

> 사회적 폭력과 개인적 폭력 사이에는 강한 관계가 있기 때문에 이 공식은 성적·신체적 폭행 '사건들'을 교정하기 위해 고립시키는 개인주의적 이해에 의존해서는 안 된다. 정의 구현을 위한 행동은 남성 폭력의 조건을 재생산하는 다양한 문화적 폭력과 계속 투쟁할 것을 호소한다. …… 아프리카계 미국인 여성들의 사회적 예속에서 이득을 보고 이런 예속을 영속화하는 이들에게 여성을 위한 정의 구현 과정에서 책임을 물어야 한다(West 1999: 197쪽).

웨스트는 국제전범재판소와 비슷한 지역 법정을 세울 것을 호소한다. 여성에 대한 폭력을 통해 이득을 보는 이들을 법정에 세우자는 것이다. 이 전략은 유력한 기관들, 이를테면 빈민 지역에서 폐업하는 은행이나 지역 주택공사 등이 빈민 지역 여성들에게 가해지는 폭력에 얼마나 깊이 연루되어 있는가에 관한 의식을 일깨우기 위한 것이다. 가정폭력 방지 프로그램에는 빈곤 완화 조치가 포함되어야 한다. 요컨대 여성들이 학대 상황을 벗어날 수 있는 의미 있는 대안과, 자본 도피 및 실업에 의해 황폐해진 지역사회를 재건할 자원이 제공되어야 하는 것이다.

이와 대조적으로, 부족협의회를 폭넓게 경험한 아메리카 원주민 여성들은 지역사회에 바탕을 둔 가정폭력 개입에 대해 상대적으로 양가적인 입장을 취한다. 캐나다에서는 원주민 조직에 속한 여성들이 "원주민 공동체에는 '좋은 약'과 '나쁜 약'이 있"음을 강조한다(McGillivray and Comaskey 1999: 51쪽). 부족협의회는 때로 여성들 편에 서서 개입하기도 하지만, 언제든 학대하는 남성에게 유리한 쪽으로 결정을 내리게 마련이다. 비록 원주민 여성들이 사법 제도와는 다른 중재안과 대안을 선호하는 경향이 있기는 하지만, 앤 맥길리브레이와 브렌다 코매스키가 밝혀낸 바에 따르면 다른 이들은 지역협의회보다 외부 경찰의 개입을 선호했다. 이 협의회들 대부분이 여전히 가부장적임을 감안하면 이런 상충된 결과는 놀랄 일이 아니다. 전통적 관습이 되살아나고 있지만, 아메리카·캐나다 원주민들은 여전히 북미에서 가장 높은 빈곤율과 실업률을 기록하고 있다.

유색인 여성 연합 조직들은 가정폭력에 관해 공통의 경험과 각기 다른 경험을 다루기 위한 조직화를 시작했다. 중심 목표는 사법 제도에 대한 비판을 발전시키는 한편 구타 가해자 문제에 개입하는 것이다. 내가 사는 오리건주 포틀랜드에서도 여성 및 가정을 위한 문화별 서비스와 지역사회에 기초한 개입을 발전시키기 위해 다종족 여성 활동가 집단인 라나LANA가 결성됐다(Rojas 2000도 보라). 이 단체에 속한 라틴계, 아시아계, 아프리카계 미국인, 아메리카 원주민 여성은 서로 다른 경험을 가졌지만, 사법 제도에 지나치게 의존하는 데 대해서는 공히 신중한 태도를 견지하고 있다.

법질서 페미니즘

미국에서 가족 내의 여성과 아동에 대한 '매질'에 관련된 관습의 역사는 가부장 권위의 경계 변화와 뒤얽혀 있다. 아동학대가 그렇듯이 가정폭력도 역사적으로 변화를 겪는 범주다(Gordon 1988을 보라). 호혜적 권리와 상호 의존에 바탕을 둔 제도인 가족은 흔히 시민사회를 지배하는 규칙과는 다른 규칙에 따라 움직이는 것으로 이해된다. 아동학대와 아내 구타 사건을 다루기 위한 가정법원 설립은 가정 내 폭력을 사법적인 형사 소추 절차와 분리하려는 이해관계의 소산이었다. 가족 안에서 이루어진 행위는 시민사회에서 심판을 받은 행위와 동일한 의미에서 범죄로 심판 받지 않았다. "결혼 허가증marriage license*은 구타 허가증이다"라는 가정폭력 반대 운동의 상투어는 비단 아내 학대만을 포괄하지 않는다. 지난 세기 동안 아동 권리 운동이 지반을 넓혀왔음에도 불구하고 아동에 대한 신체적 폭행은 여전히 법의 보호를 받는다.

매 맞는 여성들의 운동에서 등장한 페미니즘의 사법 제도 비판은 여성 편에서 개입하지 않는 국가의 실책에만 배타적으로 초점을 맞추었다. 강간과 구타에 맞서 싸우는 활동가들은 경찰이 여성들의 호소를 진지하게 받아들이지 않음으로써 은밀하면서도 공공연하게 남성

---

* [옮긴이주] 중세 시대부터 교회나 당국의 승인을 받아야 혼인이 성립되었던 서구에서 역사적으로 이어져온 표현이다. 미국의 경우에는 국가가 모든 시민을 위해, 사회 전체의 안녕을 위해 우선적인 권리를 갖는다는 의미에서 혼인 허가가 정당화되었다. 질병이나 부적절하거나 불법적인 결혼으로부터 시민을 보호하고, 정확한 국가 기록을 유지하고, 결혼 당사자들에게 심사숙고할 충분한 시간을 준다는 이유에서였다. 물론 현실적으로 공공기관이 결혼 허가 여부를 심사하는 권한은 없지만 언어·이론상으로는 남아 있는 셈이다.

폭력을 지원한다고 주장했다. 페미니스트들은 가부장제가 남성 구타에 관대한 법의 역사를 어떻게 활용하는지 보여준 바 있다. 법은 언제나 뜨거운 설전에 사로잡혀 통제력을 상실한 남성에게 '감정이입'을 했던 것이다.

구타를 범죄로 다루는 것이 중요하다는 점에 관해서는 거의 만장일치로 합의가 이루어졌지만, 가정법원을 비롯한 분쟁 조정 절차에 관해서는 페미니스트들 사이에 논쟁이 존재한다. '아내 때리기wife beating'는 '여성 구타woman battering'라는 용어로 대체되었는데, 이 용어를 쓰면 여성이라는 피해자의 지위가 부각될뿐더러 폭행이라는 중죄와의 언어적 연관성이 분명히 드러나기 때문이다. 이 같은 학대를 범죄로 규정하는 것은 가족을 탈사유화de-privatize하고 가정폭력을 여성의 시민권에 대한 침해로 정의하는 더 큰 전략의 일환이다(Siegel 1996; Goldfarb 2000). 미국의 현행 법률 기준에는 구타 가해자를 의무적으로 연행하게 되어 있으며, 각종 금지 명령 역시 더욱 엄격하게 적용된다(Mullender 1996).

그런데 법률 및 입법 개혁을 통해 여성들이 가부장제 아래서 겪는 노골적인 불의가 일부 개선되기는 했지만, 여성과 페미니즘이 예상치 못한 짐을 떠안는 결과도 나타났다. 유색인 여성들은 여성을 보호하기 위해 국가 권한을 발동하는 조치들에 대해 효력 정치 가처분 신청을 제기하는 데 가장 큰 목소리를 내곤 한다. 남성의 연행 및 투옥 건수가 이미 경이로울 정도로 높은 빈민 지역에 경찰 개입이 미치는 영향에 대해 우려가 집중되고 있다. 사실 가정폭력 연행률이 가장 높고, 이런 연행이 억제 효과를 거의 발휘하지 못하는 곳이 바로 빈민 지역이다(Davis 2000을 보라). 가정폭력을 범죄로 규정한 것은 여전히 가정폭력 반대 운동의 초석이지만, 유색인 공동체 여성들은 경찰권 확대가 야기한 억압적 효과를 가장 직접적으로 실감하는 중이다. 맥길리브레이와 코매스키는 이렇게 설명한다.

> 캐나다 원주민 자치에 관한 담론에서는 방향이 다르다. 자치 치안 local policing, 집단 판결circle sentencing,* 전환 제도diversion,** 그리고 궁극적으로 독립된 사법 제도 등을 통해 국가 사법 제도를 우회하는 쪽을 선호하는 것이다. 배우자의 폭력에 노출된 원주민 여성들은 경쟁하는 담론들 사이에 갇혀 있다(McGillivray and Comaskey 1999: 92쪽).

크렌쇼는 구타가 인종·계급을 초월한 문제라는 가정폭력 분야에서의 주장 때문에 페미니즘이 국가의 가정폭력 개입이 낳는 차별적 효과를 분석하지 못한다고 지적한다. 유색인일 공산이 큰 빈곤 여성들은 실상에서 '지워진다.' "정치인들과 언론이 더 관심 갖는 피해자들에게 초점을 맞추기 위해 한쪽으로 밀려나는 것이다"(1994: 105쪽).

여성들이 국가의 보호를 '당연히' 기대할 수 있는 분야로서 가정폭력이 정당성을 획득함에 따라, 빈민 대변자들은 빈곤의 구조적 원인

---

* [옮긴이주] 판사, 변호사, 검사, 경찰관, 피해자, 가해자, 가족, 지역사회 구성원 등이 하나의 서클을 이루어 피해자의 요구와 가해자의 처벌, 지역사회의 보호 등을 전반적으로 고려하여 최선의 합의를 이끌어내는 과정을 말한다. 이 합의는 법원 결정에 구속력을 갖지는 않는다.

** [옮긴이주] 'diversion program' 또는 'pre-trial diversion program'이라고도 한다. 가해자가 피해자 보상이나 교육, 사회봉사 등의 프로그램을 충실히 이행하는 대가로 범죄 기록을 봉인하거나 형사 기소를 감면해주는 제도이다. 우리나라의 경우, 가정폭력범죄의 처벌 등에 관한 특례법(1997년)에서 규정한 사회봉사 및 수강명령, 보호관찰 등이 여기에 해당한다.

을 다루기보다 빈곤을 가정폭력의 결과로 끼워 맞추는 것이 정치적으로 더 널리 통용됨을 발견했다. 실제로 1994년 여성폭력방지법Violence Against Women Act of 1994의 잉크가 채 마르기도 전에 미국 의회에서는 빈곤 여성들에 대한 가장 파괴적인 공격이 입안되었다. 복지 개혁의 가혹한 충격을 개선하고자 분투하는 활동가들은 가정폭력이야말로 여성들이 공적 지원을 갈구하게 되는 주된 원인이라고 역설했다. 의회는 마침내 가정폭력 피해자임을 입증할 수 있는 여성들에 대해서는 각 주에서 공적 지원에 기간 제한을 두지 않는 면제 조항을 채택하게끔 하는 규정을 통과시켰다(Brandwein 1999; *Chicago Daily Herald* 1999).

가정폭력과 빈곤이 결합됨에 따라 빈곤 여성들의 취약성에 관해 이야기할 수 있는 정치적 공간이 열렸다. 그렇지만 논의는 가정폭력을 야기하는 빈곤이 아니라, 가정폭력이 여성 빈곤의 주된 원인이라는 데에 집중됐다. 빈민 대변자들은 여성들이 복지에서 노동으로 이동하는 것을 가로막는 주요한 장애물은 흔히 학대자인 남성 배우자라고 주장했다(Brandwein 1999). 복지 수혜자 신세에서 벗어나기 위해 필사적으로 노력하지만 남성 배우자 때문에 번번이 좌절하는 여성들에 관한 신문기사가 정기적으로 등장하기 시작했다.

도리스 로버트슨의 사례는 멍든 눈과 제어할 수 없는 발작적인 울음, 당혹스러운 상황에 대한 공포 때문에 한 여성이 계속 복지에 매달리게 되는 현실을 낱낱이 보여준다. 로버트슨은 남편이 무엇을 원했는지를 이야기한다. "남편은 제가 의기소침하고 통제 불능 상태가 되길 바랐어요. 밖에 나가서 일자리를 구하지 못하게요." 로버트슨은 같이 사는 14년 동안 남편의 학대 때문에 직장을 두 번 잃었다고 말한다. "남편은 제가 평생 정부 지원금에 기대 살아가기를 원했어요"(*Chicago Daily Herald* 1999: 6쪽).

빈민층과 부유층 모두에서 여성의 삶은 남성에게 일상적으로 침해당한다. 그러나 많은 복지 활동가가 택하는 주장은 여성 빈곤을 가난한 남성들의 책임으로 돌리는 것이다. 더욱이 이런 담론의 배후에 놓인 가정은 복지를 받을 '자격이 있는' 여성과 '자격이 없는' 여성을 가르는 경계를 강화하는 데 집중한다. 빈곤에 도덕적 정당화라는 구제의 깃발이 필요하다면, 부러진 뼈와 멍 자국을 내보일 수 있는 여성들이 '평범한' 빈곤 여성에 비해 한결 설득력 있는 피해자가 된다.

가정폭력 피해자 쉼터가 공공주택을 비롯한 공적 지원에 접근하는 수단이 되고, 가정폭력 심사가 빈곤 여성 선별 지원의 일환으로 대두되는 상황에서, 빈곤 여성들이 점점 더 자신의 경험을 가정폭력 담론에 끼워 맞추는 것도 놀랄 일은 아니다. 빈곤 여성들이 학대 경험을 꾸며낸다는 말이 아니다. 불이 난 건물에서 나가는 출구가 하나뿐이라면 사람들이 그곳으로만 몰릴 거라는 이야기다. 주변화된 집단의 삶은 학대와 괴롭힘으로 점철되기 때문에 배우자의 폭행이 삶의 곤경을 '이야기하는' 주된 방식이 되기 쉽다. 문제는 이 이야기가 날조된다는 것이 아니라, 여성들이 억압을 설명할 수 있는 문화적 배경이 극히 협소하다는 것이다. 특히 여성의 고통을 인지하는 장벽이 매우 높은 제도에 대해 권리 주장을 하기가 힘들다.

사회적 상징의 공간인 여성 쉼터

가부장제 사회에는 폭력적인 남자를 피해 안식처를 찾는 여자들에게 일정한 정당성을 부여하는 오랜 역사가 존재한다. 심지어 '엄지 규칙'(19세기 매질 관련 법률에서 남편이 엄지손가락보다 가는 회초리로 아내를 때리도록 허용한 조항)에조차 남성 권력을 행사하는 데 제한이 있었다. 이런 제한이 시사하는 바는 여성들에게 피난처를 제공하는 것이 가부장 권력을 침해하는 만큼이나 그 권력을 쉽게 재기입할 수 있다는 점이다. 여성의 예속을 다룬 가부장적 이야기에서는 '착한 남자'가 곤경에 빠진 처녀를 구하기 위해 끼어들지만, 페미니즘은 이 이야기의 새로운 결말을 만들어낸다. 여성이 여성을 위해 운영하는 피난처를 만들어냄으로써 고딕 소설*의 굴레를 깨뜨리는 것은 다름 아닌 자매애의 힘이다.

과거 수녀원에서의 은둔생활처럼 매 맞는 여성들의 쉼터는 페미니즘 내에서 숭배되는 장소다. 내 수업을 듣는 학생들은 자신이 쉼터에서 한 활동에 관해 말할 때면 종종 성스러운 음색을 띠곤 한다. 많은 젊은 여성들에게 이런 활동은 일종의 통과의례가 되었다. 피해자 지원활동을 함으로써 페미니즘이라는 대의에 대한 헌신을 보여주고자 하는 것이다. 쉼터 활동이 위력을 발휘하는 것은 상처 입은 남자다움을 보살피는 보모라는 **여성의** 입장으로부터 단절하고, 그 대신 가부장제의 파시즘적 요소들에 의해 유린된 여성들을 돌보기 때문이다.

---

* [옮긴이주] 18세기 말부터 19세기 초까지 영국에서 유행했던 괴기·공포 소설.

가정이 보호와 양육을 연상케 하듯이, **쉼터** 역시 비슷한 모성을 연상시킨다.

모성 이미지의 전유는 페미니즘 분석이라는 렌즈를 통해 보살피는 사람으로서 여성 역할의 가치를 다시 주장하려는 수단이다. 나아가 페미니즘은 모성적 관심의 대상을 핵가족—특히 아이들과 남성 파트너—의 배타적인 요구로부터 사회관계와 지속적인 자매애의 유대라는 더 넓은 연계로 이동시킨다.

동시에 운동 내의 이런 이상화된 공간들은 방어를 비롯한 여러 기능을 할 수 있다. 이상화는 많은 인간 능력에 중요하지만, 혼란스러운 심리 상태를 '나쁜 대상bad object'에 투사함으로써 외적 원인으로 돌리는 방어적인 기능을 주로 할 때에는 병리 현상이 된다. 사회운동에서는 각 집단이 어떻게 집단의 안녕을 유지하기 위해 적(실질적인 적을 비롯해)에게 의존하게 되는가를 인식하는 문제가 중요하다. 집단 내에서 갈등 혹은 적대의 근본 원인을 회피할 때, 남성 폭력이 초점으로 부각될 수 있다.

피해 여성이 폭력의 동학에서 실질적으로 어떤 역할도 하지 않는다는 주장은 쉼터 공간에 대한 방어적 이상화의 징후이다. 어떻게 보면 피해자가 가정폭력과 전혀 무관하다는 이런 주장은 피해자에게 책임을 돌릴 여지를 주지 않기 위한 노력이다. 가정폭력 상황에서 여성이 어떤 **행동**을 하든 가부장적 상상력 속에서는 여성이 상황을 **통제**하는 표시로 보인다. 따라서 많은 페미니스트들은 학대받는 여성이 아무 잘못이 없으며 절대적으로 무고함을 주장한다.

그렇지만 여성을 편집증에 사로잡힌 악마로 재현하는 데 대항하여 지나치게 낭만화해버린다면, 페미니즘이 넘어서려고 하는 이분법적인 젠더 재현 자체를 강화하는 셈이 된다. 쉼터 교육 과정에서는 예상 가능한 거리 두기 반응("그럴 만한 짓을 한 게 틀림없어")으로부터 피해자를 보호하기 위해 상당한 노력을 기울인다. 그렇지만 교육에서 제시되는 생존자들의 이상화된 모습과 쉼터 생활의 복잡한 현실 사이에는 현저한 간극이 존재한다. 많은 쉼터에서 여성들은 집중적인 사례별 관리를 받는다. 직원과 거주자가 대립하는 일은 무척 흔하다. 아이 다루기, 약물·알코올 복용, 쉼터 규칙 위반 등을 둘러싸고 충돌이 벌어지는 것이다.

유색인 여성들은 쉼터 서비스의 문화적 차원을 고심하고 매 맞는 여성들의 운동 내의 고질적인 관행에 의문을 던지는 데 앞장선다. 의문시되는 관행 중 하나는 쉼터 위치를 비밀로 하는 것이다. 대부분의 쉼터는 주소를 공개하지 않으며, 여성 거주자들은 이곳 주소를 절대 다른 사람에게 알리지 않겠다는 동의서에 서명해야 한다. 입주가 허용된 여성은 일단 쉼터에서 몇 블록 떨어진 곳에 내려 찾아와야 하며, 많은 경우 쉼터는 동네에서 멀리 떨어져 있다. 이렇게 복잡한 규정을 두는 이유는 가해자들이 언제 들이닥쳐 폭력을 휘두를지 모르는 탓에 위치 비공개 등의 지속적인 경계와 보안 조치가 필요하기 때문이다. 그러나 우리가 전국적인 연구에서 밝힌 것처럼, 주소를 공개한 쉼터에서 더 많은 폭력 사건이 발생하지는 않았다(Haaken and Yragui 2003). 많은 논자들은 공개적인 쉼터가 오히려 남성 폭력 문제를 널리 알릴뿐더러 지역사회에서도 쉼터의 안전을 책임지고 나선다고 주장한다.

개인적이든 집단적이든, 병적이든 건강하든 간에 방어적으로 운영하는 데에는 대부분 현재나 과거의 경험에 일정한 근거가 있다. 하지만 피해자 보호시설을 공개하지 않으면 다른 심리적인 방어와 동일한 대가를 치를 수도 있다. 처음에는 적응할 수 있을지라도, 위안을 찾으려고 온 곳에서 지독한 불안에 시달리게 되는 것이다. 쉼터를 '비밀스러운' 보호 공간으로 유지하는 데 여성들을 이용하면 어머니라는 보호자 자격에 관한 불안감이 생겨난다. 이 집단은 여성이 무한한 남성 권력에 직면하여 집단적으로 무능하고 무기력하다는 문화적 환상을 재생산한다. 여성들은 심지어 개별 남성이 휘두르는 지나친 영향에조차 사실상 저항하지 못한다.

쉼터를 비밀에 부치는 관행은 또한 학대 상황에서 작동하는 동학의 일부도 재생산할 수 있다. 가정과 쉼터 둘 모두에서 여성들은 친구나 공동체로부터 고립되며, 비밀을 유지하는 이상화된 보호자로 동원된다. 의존의 토대가 좁아지고 여성들은 집중적으로 감시받는다. 물론 결정적으로 중요한 차이는 쉼터가 임시적이나마 안전한 공간을 창출한다는 점이다. 이 공간에서 여성들은 이런 의존 형태를 넘어서도록 지원을 받는다. 이성애 부부의 권력 불균형 대신 자매애의 단합이 자리 잡는다.

다른 차이점을 인식하는 것도 중요하다. 페미니스트 쉼터는 대개 비공개이기는 하지만 일반 쉼터에 비해 '개방적'인 경향이 있다. 여성들에게 피난처를 제공하는 것을 넘어서 정치활동에까지 관여하기 때문이다. 페미니스트 쉼터는 젠더 폭력을 중심으로 여성들을 결집시키고, '밤길 되찾기 행진' 같은 행사에 적극적으로 참여한다. 자원봉사자들과 직원들은 서비스 제공자 역할과 정치 활동가 역할을 오가는 모순적인 위치를 잘 알고 있다. 가부장적 가족에서 피난을 온 쉼터 거주자들에게는 다른 정치적 난민과 마찬가지로 즉각적이고도 엄청난 요구가 있다. 서비스 제공자 역할만 하기에도 벅차기 십상이다.

그렇지만 여성들이 거주하는 쉼터를 지역사회에서 고립시키고 비밀로 남겨두면 피해자 지원 활동의 부담이 더욱 커질 수 있다. 쉼터는 남성의 위협—매 맞는 여성들이 참고 견디기도 하고 달아나기도 하는—으로 가득한 세상에서 '선량한 보호자'가 될 수 있다. 학대받는 여성들이 흔히 자기 어머니를 쓸데없다고 생각하거나 자기를 떠받치는 내적인 모성의 대상에 의지하지 못하는 것처럼, 매 맞는 여성들 역시 쉼터에 가고 싶다는 생각과 쉼터 따위는 아무 쓸모도 없다는 생각 사이에서 동요할 수 있다. 하지만 쉼터가 지역사회 기관으로서 고립되면 이런 동학을 부추길 수 있다. 피해 여성들은 자기 공동체로 돌아갈 때까지도 쉼터의 역할을 납득하지 못하거나 거기에 의지하지 못할 수도 있다. 임시 거처로도 별 소용이 없는 것이다.

경제적으로 주변화된 공동체에 사는 여성들은 사적인 것과 공적인 것을 가르는 경계에 도전하고 있다. 성별화된 권한의 영역에 관해서나 쉼터가 공동체 내에서 차지하는 장소에 관해서 말이다. 포틀랜드의 경우, 이런 경계에 도전하는 움직임 가운데에는 비공개 쉼터들이 문화적 차이(가령 사용할 수 있는 위생용품)에 좀 더 민감하게 대응하고 어린이들을 다루는 데서도 문화적 차이를 고려하도록 밀접하게 협력한 사례가 있다. 하지만 여기에는 쉼터를 좀 더 친숙하고 개방된 장소로 만들려는 노력 또한 필요하다. 2000년 가을, 라틴계 여성들은 주소가 공개된 개방형 쉼터인 희망의 집Casa Esperanza을 개설했다. 쉼터 개소식에 참석한 사람들(온갖 인종의 여성운동가, 성직자, 동네 지지자 등)은 희망의 집 거주자들과 직원들을 보호하는 데 적극적으로 참여했다.

결론

지난 10년간 미국에서 가정폭력은 급진 페미니즘에서 주류 정치의 쟁점으로 옮겨 갔다. 어느 정도는 반폭력 운동 활동가들이 일군 중요한 작업 덕분이었다. 그렇지만 운동이 거둔 승리는 특히 유색인·빈곤 여성들에게 타격을 입혔다. 이 분야의 많은 활동가들이 빈곤과 실업은 가정 내 남성 폭력 문제와 무관하다고 주장하기 때문이다. 이런 주장은 범죄 행위의 원인에 관한 보수적인 언사로 확대되기 쉽다. 문제의 근원이 남성의 극단적으로 야만적인 성향에 있다면, 선량한 남성은 선천적으로 이런 성향에 저항하는 것이라면, 폭력 문제는 생물학적 원리나 남성의 잔인한 심리 상태로 축소되기 쉽다.

남성들(남편, 아버지, 성적 파트너)이 가정생활이라는 맥락에서 여성을 계속해서 억압하고 학대하는 것은 사실이지만, 친밀한 남성 파트너에만 초점을 맞추면 강력한 가부장적 제도들(국가와 기업자본주의)의 책임을 면해주는 셈이 된다. 홈리스·빈곤 여성, 여성 실업자, 여성 이민자 등의 문제가 점차 가정폭력 담론에 끼워 맞춰진다. 여성을 가난한 처지에 빠뜨린 책임은 부와 기회를 극명하게 차별하는 식으로 조직된 사회가 아니라 문지방에 버티고 서서 속박에서 벗어나려는 여성을 가로막는 남성에게 돌아간다.

남성이 폭력을 '선택한다'는 페미니즘의 주장은 예전의 모델을 바로잡는 중요한 역사적 역할을 했지만, 이런 접근법 때문에 여성들은 예상치 못한 짐을 떠안게 됐다. 페미니스트들은 개별 행위를 결정하는 문화적 요인을 강조한다는 점에서 보수주의자들과 다르지만, 가정폭력이 남성들의 개인적 '선택'이라는 사고는 보수주의의 법질서 캠페인을 부채질하는 결과를 낳는다. 이런 캠페인은 범죄 행위를 비정상적인 심성의 소산으로 규정함으로써 대중적 공분을 결집시킨다. 법률을 위반하는 삶 자체에 몰두하는 비뚤어지고 사악한 인간들이 으레 있다는 것이다. 또한 남성 가정폭력 가해자를 자율적인 행위자로 규정함으로써 여전히 그 서사를 지배하고 있는 권력과 통제의 폭넓은 동학을 배제해버린다.

페미니즘의 반폭력 운동은 젠더 폭력을 공적인 문제로 드러내고 여성들이 남성의 수중에서 겪는 학대에 관해 대중 의식을 환기시키는 데 결정적인 역할을 했다. 그러나 이 운동의 과제는 가정이라는 영역을 넘어 폭력이 공적 삶의 구조에 어떤 식으로 뿌리내리고 있는지를 보여주는 데 있다. 남자의 주먹이라는 잔인한 형태를 띠든 무자비한 경제적 경쟁이라는 다소 '문명화된' 형태를 띠든 간에 말이다. 이런 표준적인 폭력 형태들을 포괄하는 쪽으로 운동의 경계를 확장하고, 공동체가 충격을 받을 때 빈곤 여성과 유색인 여성들이 어떻게 완충 장치로서 특별한 짐을 떠안게 되는지를 보여줄 때, 반폭력 운동은 가정폭력이라는 고딕 공포 소설을 새로운 결말로 맞이할 수 있을 것이다.

8
가정을 다시 정의한다

푸르비 샤Purvi Shah

인도계 미국 시인. 시집으로『지형의 흔적들Terrain Tracks』, 『기적의 흔적 Miracle Marks』등이 있으며, 남아시아계 여성 가정폭력 반대 단체를 이끌고 있다.

나는 삼촌네 거실에 삼촌 친구 네 명에게 둘러싸여 앉아 있고, 그들에게 내 말이 얼마나 우습게 들리는지를 안다. **결혼은 사회적일 뿐만 아니라 정치적인 행위다.** 내 말은 혁명적인 것과는 거리가 멀지만, 이 집 안에서 나는 이단이다. 결혼이 문화적 행사일 뿐이라고 확신하면 그런 제도가 '정치적'이라는 생각은 사실상 신성모독이다. 정치라는 건 대통령 선거라든가 의회나 법원에서 최근에 내린 결정 같은 것이니까. 정치는 권력을 유지하는 모든 방식을 포괄하지 않는다. 우리 집에서 결혼이라는 '사적' 의식은 '문화'의 일부로 여겨질 뿐 '정치'의 '공적' 영역이라고는 간주되지 않는다. 결혼은 '전통', 사회 관습, 사람들 사이의 친밀성(실제적인 것이든 아니든)에 관련된 것이기 때문이다.

이러한 정치/문화, 공/사 이분법 때문에 결혼 같은 가족 구조 및 제도가 어떻게 여성에 대한 폭력을 영속화하거나 장려하는지를 보여주기란 거의 불가능하다. 가정이 사적 공간이며, 가정 문제가 문화에 의해 다스려진다는 사고는 남성의 우위와 가정폭력을 정당화할 수 있다. 이는 '전통'과 '유산', 문화가 낳은 소산일 뿐이기 때문이다. 정치와 문화의 분리는 또한 활동가들의 메시지를 침묵시키는 데 이용된다. 진보단체들이 공동체 행사에 참여하는 통로가 가로막히며, 엘리트들의 이해와 권력에 들어맞게 검열된 문화가 만들어진다.

우리가 우선 실행에 옮겨야 할 개념상의 혁명 중 하나는 폭력이 일어나는 가정이 공적인 공간이라고 믿는 것이다. 가정폭력은 가정이라는 닫힌 영역 안에서 벌어지는 개인적인(사적인) 문제가 아니라 문화·사회·환경적 요인들의 영향을 받는 정치적인(공적인) 문제임을 보아야 한다. 우리는 가정과 가정을 구현하는 제도들(이를테면 결혼)을 통해 문화에 관한 무언의 가정들이 어떻게 폭력을 영속화하는 데 이바지하는지를 보여주어야 한다. 이런 전제들에 도전함으로써 우리는 가정폭력을 배타적인 가족 문제가 아니라 더 큰 사회적 문제로 볼 수 있다.

가정폭력에 반대하는 남아시아계 투쟁에서 우리는 우리의 저항이 개인적인 경계뿐만 아니라 문화적인 경계까지도 넘어서는 것임을 인식해야 한다. 우리는 가정폭력을 문화-정치적인 문제로 만듦으로써 구타 가해자들이 자신의 행동을 정당화하기 위해 '전통'과 '역사'를 이용하는 방식에 맞설 수 있다. 활동가들은 초국가적인 사회 변혁에 계속 헌신하면서 정체성 정치 너머로, 가정과 고국의 문제 너머로 나아감으로써 개별적인 사례가 아닌 가정폭력 이면에 있는 이데올로기(이성애 규범성heteronormativity이나 경제적 착취 등)에 초점을 맞출 수 있고, 그로써 공동체적 참여와 개입의 여지를 제공하는 새로운 틀을 구성할 수 있으리라.

9
오빠의 성은 백인이고
내 성은 황인이었다

체리 모라가Cherríe Moraga
멕시코계 미국 극작가이자 시인이자 수필가이자 활동가다. 『전시의 사랑
Loving in the War Years』, 『내 등이라 불린 이 다리This Bridge Called My Back』
(공저) 등의 저서가 있으며, 멕시코 원주민 여성운동에도 활발히 참여하고
있다.

내가 10대일 때 누군가 치카나[멕시코계 여성]가 무슨 의미인지 물었다면, 아마 나는 내가 겪은 온갖 고충을 늘어놓았을 것이다. 언니와 내가 각각 열다섯, 열넷이고 오빠가 몇 살 더 위였을 때, 우리는 그때에도 여전히 오빠 시중을 들고 있었다. 20여 년이 지난 지금은 다 지나간 얘기처럼 과거형으로 쓰고 있지만, 사실은 그렇지 않다. 지금도 어머니 집에서는 오빠와 아버지가 상전이다. 내게도 말이다. 지금은 어머니를 존중하고 어머니의 바람대로 따르기 위해 시중을 들지만, 예전에는 그런 일을 하는 것에 화가 났다. 주로 오빠 때문이었다. 매일 엄청나게 먹어대는 나를 위해 일주일에 70시간이나 일한 적도 있는 아버지와는 달리, 내가 오빠 시중을 들 이유라고는 오직 오빠가 남자라는 것밖에 없었다.

어느 토요일 오후였다. 당시 열일곱이던 오빠가 집으로 친구를 한 무더기 끌고 왔다. 퍼니, 스티브, 로베르토 등이 생각난다. 오후에 농구를 하고 와서 땀범벅에다 진이 빠진 채로 거실에 털썩 주저앉으며 오빠가 말했다. "야, 마실 것 좀 가져와."

'너가 가져와라, 돼지야.' 나는 속으로 생각하면서도 입 밖으로 말이 튀어나올까 봐 조심했다. 오빠에게는 언니와 내 이름을 하나로 부르는 역겨운 습관이 있었다. '조안'과 '체리'를 합쳐 "체란, 우리 정말 목말라"라고 말하는 식이었다. 우린 여동생들로 뭉뚱그려질 뿐이었다. 손가락 하나 까딱하지 않으려고 갖은 애를 쓰는 인간이었던 게 분명하다. 하지만 어머니는 마당에서 일하고 계셨고, 오빠가 하라는 대로 하지 않으면 한바탕 소동이 일어나 어머니가 집으로 달려 들어올 게 뻔했다. 그러면 오빠 친구들 때문에라도 월요일에 얼굴 들고 학교에 가는 것도 곤란할 터였다. 이미 그런 일을 겪은 적이 있으니까.

어머니가 우리 나이였을 때, 그러니까 40년도 더 된 옛날에 어머니는 남자 형제들과 형제 친구들의 시중을 들었다. 레모네이드를 만들어주는 정도가 아니었다. 남자들은 일을 마치거나 온종일 술을 마시고 나서 몰려왔다. 그러면 '여자들las mujeres'은 자기들도 들에서 일하다 온 참이었는데도 부리나케 부엌에 들어갔다. 서둘러 토르티야를 만들든 프리홀[콩을 삶아서 으깨 양념한 멕시코 요리], 족발, 미트볼 수프 따위를 데우든 아무튼 뭐든 해주었다. 이내 남자들 눈앞에는 하얗게 빛나는 식탁보가 깔리고 갖가지 음식이 차려졌지만, 여자들의 불평 한마디 들리지 않았다.

남자들의 갈증을 달래주려고 섰을 때, 내 머릿속에는 '사타구니 가려움증'이라는 말밖에 떠오르지 않았다. 머릿속에서 그들의 거시기가 살아 움직였다. 우리를 제멋대로 갈라놓는 것, 나는 하인이 되고 남자들은 주인이 되게 만드는 건 거시기가 있느냐는 차이뿐이었으니까.

기관총으로 다 날려버리고 싶었지만 이런 공상은 속으로만 삼켰다. 오빠의 침대를 매일 정돈하고, 매주 방을 치워주고, 오빠가 여자들과 데이트하기 전에 구두를 닦는다든가 셔츠 다려주는 일을 꾹 참았던 것처럼(오빠의 데이트 상대 중에는 내가 짝사랑한 여자도 있었다). 내가 12시간 동안 청소 일을 해서 번 돈을 빌려주면, 오빠는 그 돈을 여자랑 하룻밤 보내는 데 날려버렸다. 돈이 늘 부족한 데다 변변찮은 직업도 없었는데 항상 야구 연습 같은 걸 가야 했기 때문이다. 오빠와 더블데이트를 할 친구들이 집 앞에서 경적을 울리며 재촉하는 가운데 오빠 손에 돈을 쥐어줄 때, 나는 그 돈을 돌려받는 일은 결코 없으리라는 걸 알았다.

세월이 흘러 내가 치카나라는 사실을 정치적인 문제로 만들기 시작한 뒤, 오빠가 내게 한 말을 기억한다. "**나는** 문화적으로 '박탈당했다'고 느낀 **적**이 없어." 내 생각에 그 말은 '백인들'이 **그들** 문화에 접근을 거부당한 제3세계 사람들을 설명하기 위해 쓰는 표현이다. 그때는 오빠가 무슨 말을 하려 했는지 정확히 알지 못했지만, 언니에게 그 이야기를 하자 언니가 대꾸했던 말이 생각난다. "당연히 오빠는 그런 적이 없지. 우리 집에서 남자로 자랐으니까. 두 세계에서 제일 좋은 것만 누렸잖아." 그렇다. 이제 나는 그것이 진실이라는 걸 안다. **남성 세계의 남자가, 백인 세계의 희멀건 피부가, 뭐가 아쉬워서 변화를 이야기하겠는가?**

나로서는 억압자와 동일시하려는 욕망이 오빠만큼 크진 않았다. 오빠와 달리 나는 백인white man이 **될** 수 없었으니까. 단지 백인 남자의 **여자**가 될 수 있을 뿐이었다.

10

마르크스와 엥겔스의
가족론을 다시 본다

스테파니 쿤츠Stephanie Coontz

워싱턴주 에버그린 주립대학 현대가족위원회의 연구·대중교육 책임자이며 역사와 가족학을 가르치고 있다. 『우리가 걷지 않은 길: 미국의 가족과 향수의 덫The Way We Never Were: American Families and the Nostalgia Trap』, 『결혼, 역사: 사랑은 어떻게 결혼을 정복했는가Marriage, a History: How Love Conquered Marriage』 등을 썼으며, 결혼과 가족 문제에 관해 활발한 저술 활동을 하고 있다.

오늘날의 가족, 부르주아 가족은 어디에 근거를 두고 있는가? 자본이며, 사적 영리다. …… 부르주아 가족은 이런 보완물이 사라지면 당연히 함께 사라지며, 또 둘 다 자본의 소멸과 함께 사라진다.

- 카를 마르크스·프리드리히 엥겔스, 『공산당 선언』

만약 마르크스와 엥겔스가 이론가들과 활동가들에게 유익한 질문 대신 틀에 박힌 평범한 대답을 남겼다면, 가족에 관한 그들의 저작은 오늘날 별다른 관심을 끌지 못했을 것이다. 마르크스와 엥겔스는 비록 충분치 못한 인류학 자료로 작업했고 당대 사람들을 지배한 여러 가정에 묶여 있긴 했지만, 어떤 특수한 사회 **안에서도** 통상적으로 발견되는 가족의 범위를 비롯한 복잡한 가족의 역사를 집단혼集團婚에서 대우혼對偶婚을 거쳐 일부일처제로 이어지는 세 단계의 발전 도식으로 압축해서 보여주었다.

두 사람은 동시대인들의 시각을 뛰어넘어 19세기 부르주아 가족의 역사적 특수성과 계급적 기원을 지적했지만, 사유재산을 집중시키는 기제라는 점에 초점을 맞춘 가족 논의는 여성운동의 영향을 비롯한 부르주아 가족 내의 변화를 향한 경향을 고려하지 못했다. 또한 두 사람은 노동계급 가족의 각기 다른 기원과 동학을 탐구하지도 않았다.

엥겔스는 아내의 종속과 핵가족이 대가족의 그물망에서 점차 독립된 사실이 사유재산의 발전과 관련된다는 점을 정확히 인식했지만, 이와 같이 "여성이 세계사적인 패배"를 당한 이유를 관념론적으로 해석했다. 생물학적 아들에게 재산을 물려주려는 남성의 욕망으로 본 것이다. 후에 플레하노프Georgii Valentinovich Plekhanov가 『역사에서 개인의 역할The Role of the Individual in History』에서 지적한 것처럼, 경제적인 역사 해석과 유물론적 역사 해석은 같지 않다. 사람들의 동기와 사고를 분석하는 수준에 너무르면서 의도에 대한 유토피아적인 평가 대신 냉소적인 평가를 내릴 뿐이기 때문이다.

마르크스 역시 초기 저작에서 사유재산의 근원을 "더러운 이기심" 탓으로 돌리면서 관념론의 흔적을 드러냈다. 그렇지만 나중에 마르크스는 '이기심'의 지배—그리고 그것의 정의 자체—야말로 설명할 필요가 있는 것임을 인정했다. 이때부터 마르크스는 줄곧 사람들의 욕망과 동기(이타적인 것이든 이기적인 것이든 간에)가 아니라 생산과 교환의 사회적 관계에서, 그리고 사람들이 특정한 생산양식에 기입하는 협업과 강제, 갈등이 의도치 않게 낳은 결과에서 현상과 사건의 원천을 찾고자 했다. 마르크스와 엥겔스는 계급관계와 소외를 설명하면서 초기에 견지했던 헤겔식 관념론을 넘어섰지만, 이런 새로운 통찰을 젠더관계와 남성 지배에 대한 분석에까지 적용하지는 못했다.

게다가 마르크스와 엥겔스는 대부분의 성적·젠더적 상호작용은 자연의 일부이며, 자연은 문화보다 하등한 것이라는 빅토리아 시대의 가정을 받아들였다. 두 사람은 최초의 사회 분업은 남성과 여성 사이에 이루어진 것이라고 정확하게 지적하면서도 이 분업을 성적 교섭과 같은 것으로 오인함으로써 가족 내 분업을 '자연적'인 것으로 암시했다. 따라서 두 사람은 정신노동과 육체노동의 분할이 나타나고 나서야 분업이 '정말로' 중요한 의미를 갖게 된다고 결론 내렸다. 그리하여 생산력과 사회 갈등에 관한 이론에 젠더관계와 성 체계를 통합시키는 데 실패했다.

그렇지만 엥겔스와 마르크스의 방법론에 담긴 두 요소는 언제나 가족생활과 가족의 변화를 풍부하게 이해할 수 있는 길을 안내해주었다. 첫째 요소는 재생산이 역사적 힘의 산물이자 그 자체로 하나의 역사적 힘이라는 유물론적 통찰이다. 생산노동의 본질과 가치의 원천은 모두 역사적으로 특수하다는 인식이 이런 통찰과 결합된다. 마르크스의 노동가치론은 '가치'를 자본주의의 독특한 현상으로 정의한 점에서뿐만 아니라 가치 분석을 자본주의 사회관계 **비판**으로 삼았다는 점에서도 동시대인들의 노동가치론과 달랐다.

마르크스와 엥겔스의 주장에 따르면, 자본주의 아래서는 오직 자본과 교환되는 노동만이 생산노동이며 가치를 생산한다. 그렇지만 상품이 팔리지 않으면 그 가치는 실현되지 않으며 심지어는 가치가 존재한다고 말할 수도 없다. 상품을 만드는 데 투입된 사회적 노동은 팔리지 않은 상품이라는 덫에 걸리게 된다. 그 결과 인간의 협업 노력은 **사물**의 교환으로 위장되고 통제된다.

한편 인간이 하는 가장 중요한 노동, 예컨대 양육을 비롯한 수많은 '가족' 관련 활동은 자본주의 아래서 전혀 가치를 생산하지 않으며, 따라서 주변으로 밀려나고 폄하된다. 이런 이론적 돌파구가 가족 분석에 대해 갖는 함의는 지대하다.

마르크스와 엥겔스가 가족 연구에 기여한 두 번째 지점은 기술력만이 아니라 사회관계가 계급 분석의 중심을 차지한다는 변증법적 주장이다. 『독일 이데올로기』에서 마르크스는 "특정한 생산양식 또는 산업 단계는 항상 하나의 특정한 협업 방식 또는 사회적 단계와 결합하며, 이런 협업 방식 자체가 하나의 '생산력'"임을 시사한다.

협업(또는 강제) 방식은 계급을 정의하고 사회 변화를 이해하는 데 결정적이다. 그리고 가족은 민족이나 젠더 같이 사회적으로 구성된 다른 관계와 더불어 협업과 강제를 조직하는 중심적인 기제다. 가족은 또한 마르크스주의적 의미에서 모순의 장소이기도 하다. 특정한 과정이나 사회 체제를 영속화하는 데 필요하면서도 이 과정이나 사회 체제를 손상시키는, 내재적인 적대가 일어나는 장소인 것이다.

이런 통찰은 가족 자체와 오늘날 노동자들의 삶에서 가족이 갖는 의미를 더욱 깊고 풍부하게 이해하는 길을 일러준다. 예를 들어, 가족 안에서 남성이 특권적 지위를 차지하는 것은 사실이지만, 남성은 여성과 아이들이 이 사회에서 스스로 재생산할 수 있는 수준(이혼 후 빈곤 통계를 보라) 이상으로 그들을 부양하는 **동시에** 그들로부터 노동과 복종을 끌어낸다. 가족을 이론적으로 적절하게 설명하려면, 모든 가족 구성원을 위해 물질적 자원 이용을 극대화하는 가족의 역할과, 권력과 보수의 불평등한 분배를 내적·외적으로 정당화하는 가족의 역할 사이의 긴장까지도 설명해야 한다.

이 같은 이론을 세우기 위해서는 자원과 권력, 자율성을 둘러싸고 가족 **내에서** 벌어지는 투쟁과 가족들이 자기 성원들의 이익을 증진하거나 다른 집단에 맞서 성원을 보호하는 방식을 동시에 탐구해야 한다. 요컨대, 가족생활의 이중성을 설명할 뿐만 아니라 각기 다른 계급과 민족 집단 사이에 다양하게 나타나는 가족 형태와 기능까지도 포괄해야 한다. 이런 접근법을 통해서만 오늘날 미국에서 나타나는 '가족의 위기'를 구성하는 복잡하고 모순적인 과정들을 파악할 수 있다.

지난 30년 동안 젠더 역할과 연령 역할, 문화 규범, 기술 등에서 장기적으로 이루어진 변화가 전후에 확립된 임금 교섭 및 가족 교섭의 붕괴와 상호작용하면서 아이를 기르고 세대 간 재분배가 이루어지는 주된 장소로서 결혼의 중심적 지위가 약해졌다. 이런 변화 덕분에 많은 개인이 억압적이거나 해로운 가족 상황에서 해방되었다.

그렇지만 동시에 이런 변화는 어떻게 의존하는 이들을 돌볼 것인가, 사람과 사람 사이의 의무를 독려할 것인가를 둘러싸고 현대 자본주의에서 나타나는 전반적인 위기의 일부분이다. 사람들은 무엇보다도 자기 가족과 사생활에서 이런 위기를 느끼기 쉽다. 흔히 사람들은 이런 변화와 관련된 고통을 '전통적인' 가족 유대가 붕괴된 탓으로 돌리곤 한다. 잘못된 판단이지만, 그렇게 생각할 법도 하다.

이런 정서를 '그릇된 의식'으로 치부해서는 안 된다. 현재의 경제·사회 환경에서 부르주아 가족, 특히 여성운동에 의해 민주화된 부르주아 가족은 많은 노동자가 열망할 수 있는 가장 좋은 삶인 것처럼 보인다. 동시에 대부분의 노동자는 노동과 가족생활에서 긴장을 느끼며 살아간다. 따라서 자신의 욕구를 충족시키지 못하는 가족을 떠날 수 있는 선택권을 갖는 게 중요하다. 이처럼 복잡하게 뒤얽힌 정서적·정치적 양면성은 그럴싸한 구호만으로 해결되지 않는다. 가족을 둘러싼 논쟁과 투쟁을 제대로 살피려면, 마르크스가 『루이 보나파르트의 브뤼메르 18일The Eighteenth Brumaire of Louis Bonaparte』에서 복잡한 정치 상황을 분석하면서 보여준 것과 같이 모순과 우연성의 미묘한 차이까지 포착하는 통찰력이 필요하다.

11

모성과 섹슈얼리티의 이해에 관하여
: 페미니즘-유물론 접근법

앤 퍼거슨Ann Ferguson

애머스트 소재 매사추세츠대학 명예교수. 『뿌리에 홍건한 피: 모성, 섹슈
얼리티, 남성 지배Blood at the Root: Motherhood, Sexuality and Male Dominance』,
『성적 민주주의: 여성, 억압, 혁명Sexual Democracy: Women, Oppression and
Revolution』 등의 저서가 있다.

어머니와 딸 사이의—근본적이고, 왜곡되고, 오용된—카섹시스 cathexis[정신 집중] 현상은 제대로 기록되지 않았지만 중요한 이야기 이다. 생물학적으로 닮은 두 몸, 하나는 다른 하나의 자궁 안에 행복 하게 누워 있었고, 다른 하나는 생명을 탄생시키기 위해 산고를 치렀 을 이 두 몸 사이에 흐르는 에너지보다 더 큰 감정의 흐름은 아마 인 간 본성에 달리 없을 것이다.

'아이 없는 여성'과 '어머니'는 잘못된 양극화로서, 그것은 모성과 이성애라는 두 제도를 지탱해준다. …… 우리들 중 누구도 어머니 '또 는' 딸이 아니다. 놀랍고 혼란스럽고 착잡하게도 우리는 둘 다.

— 에이드리언 리치, 『여성으로 태어나Of Woman Born』

지배관계에 대한 다중 체계 접근법

모성과 섹슈얼리티를 이해하기 위해 내가 취하는 방식은 다중 체계 페미니즘 유물론(또는 사회주의 페미니즘) 접근법이다. '다중 체계'라 함 은 어느 하나로 환원하지 않는 접근법을 뜻한다. 즉 남성 지배를 자본 주의나 상품 생산 경제 체제의 기능으로 환원(고전적 마르크스주의)하 거나 인종 및 계급 지배를 가부장제의 기능으로 환원(고전적 급진 페미 니즘)하지 않는다는 것이다. 오히려 나는 상호작용하면서도 반半자율 적인 인간 지배 체계를 통해 사회를 파악할 때만 인간 역사의 많은 부분을 이해할 수 있다고 가정한다. 인간 지배 체계 중에서도 중요한 세 가지는 계급, 인종/종족, 섹스/젠더다. 이런 지배 체계들이 항상 서로를 지탱하지는 않는다. 특히 급격한 변화나 사회적 위기가 닥친 시기에는 더욱 그러하다. 1960년대 미국에서의 흑인민권운동이나 1970년대 여성운동 같이 특정한 역사적 시기의 사회운동을 이해하는 한 가지 방법은 새롭게 발전한 지배 체계가 기존의 지배 체계를 잠식하는 변증법적 과정이 사회 위기를 야기했다고, 이를테면 자본주의가 발전함에 따라 인종 및 성적 지배가 잠식되었다고 보는 것이다. 다중 체계 이론multisystems theory은 환원주의적 접근법과 달리 동일한 수준의 계급이나 인종, 남성 지배를 보장하는 새로운 사회적 '균형'이 발달해서 사회 위기가 자동적으로 해결된다고 가정하지 않는다.

나의 독특한 다중 체계 사회주의 페미니즘 이론이 다른 이론과 구별되는 지점은 '성/애정 생산sex/affective production'이라는 개념에 있다. 이 개념은 모든 사회에는 성적 분업을 조정하고 섹슈얼리티와 친족 상호작용을 조직하며 성/젠더를 학습시키는 '성/젠더 체계'가 있다는 게 일 루빈의 논점(Rubin 1975)을 발전시키며, 또한 하나의 종으로서 인간에게 특유한 점은 인간 사회가 각기 다른 유형의 가족과 친족 네트워크를 통해 인간 본성을 구성하는 방식이라는 하버마스의 통찰(Habermas 1979)과도 연결된다. 고전 마르크스주의 이론 내의 한 경향과 달리 나의 이론은 경제 영역—인간의 물질적 요구를 충족시키는 **사물**의 생산과 사회적 잉여가 전유되는 방식—을 모든 인간 지배 관계의 물질적 토대로서 특권화하지 않는다. 오히려 나는 가족과 친족 네트워크 안에서 이루어지는 **사람들**의 생산과 재생산을 하나의 생산 과정으로 개념화한다. 이 생산 과정은 양육과 친족관계와 성적 구조 사이의 역사적 관계 및 경제적 생산양식에 따라 서로 다른 **형태나 양식**을 띨 수 있다. 마르크스주의에서 각기 다른 계급 생산양식에 특유한 독특한 '논리'(구조적 규칙)를 가정하는 것처럼, 나 역시 각각의 성/애정 생산양식은 섹슈얼리티, 양육, 애정affection 등의 인간적 봉사를 교환하는 독자적인 논리를 가지며, 따라서 특별한 생산물(인간 아동)의 인간 본성을 각기 다르게 구성한다고 주장하고자 한다. 유아기 및 아동기가 젠더 정체성과 그에 수반되는 남성적·여성적 성격 구조 형성에 결정적인 시기라고 생각하기 때문에, 나는 가족과 친족 네트워크를 성/애정 생산의 중요한 물질적 토대로서 특권화한다. 하지만 그렇다고 해서 성/애정 생산이 가족과 친족 네트워크에 국한된다는 결론이 나오는 것은 아니다. 정반대로 나는 자본주의 경제 발전에 특유한 성/애정 생산은 아동기 소년·소녀 모두에게 문제적이고 모순적인 젠더 정체성을 만들어낸다고 주장한다. 이런 정체성에 입각하여 학교, 공동체, 나중에는 일터에서 사람들과 나누는 상호작용 경험은 성적 기호와 실천, 그리고 젠더 정체성의 궁극적인 내용을 결정하는 데 매우 중요하게 작용한다.

자본주의 사회에 특유한 공/사 분리, 즉 경제 생산 영역과 가정생활 영역의 분리 때문에 성/애정 생산 혹은 사람의 생산을 사물의 생산이 이루어지는 곳과는 다른 장소나 영역에서 일어나는 과정으로 개념화하는 오류를 범해서는 안 된다. 성별에 따른 임금노동 분업, 직장 내 성희롱, 남성이 결정을 내리고 여성이 따르는 역할 분리, 고위직 남성 노동 대 하위직 여성 노동 등은 모두 자본주의 생산 과정의 독특한 측면이자 성/애정 생산의 구성 요소를 이룬다. 마찬가지로 무급 가정주부에 비해 남성 임금소득자가 갖는 권력을 비롯해 여성들 사이에서의 계급적 차이—육아 비용을 감당할 수 있는가, 어머니이면서도 자신을 위한 여가시간을 가질 수 있는가—는 성/애정 생산의 자본주의적 측면을 보여주는 특유한 사례다. 이처럼 사물의 생산과 사람의 생산은 상호 침투한다. 이 두 생산을 분리된 생산 체계로 개념화하는 취지는 서로 논리가 다르다는 데 있다. 두 종류의 생산에 한 층위로 내장되어 있는 지배관계에 대한 저항 전략과 변화 가능성을 이해하려면 이러한 논리를 역사적이고 구체적으로 이해해야 한다.

성/애정 생산의 특수한 유형들을 분석하기에 앞서, 여기에 수반된 개념들과 애정, 양육, 섹슈얼리티의 토대를 이루는 가정들을 검토할 필요가 있다.

성/애정 생산 개념

성/애정 생산이라는 개념 범주는 아동, 애정, 섹슈얼리티 생산에서 남성과 여성 사이에 이루어지는 봉사의 교환과 노동의 사회 조직을 이해하는 한 방편이다. 모든 인간 사회에는 섹슈얼리티와 애정의 상호 작용(우정, 사회적 유대, 결연 등), 양육관계 등을 조직하고 통제하는 특수한 양식이나 양식들이 존재한다. 현대 사회처럼 계급과 인종/종족에 따라 복잡하게 분할된 사회에는 각기 다른 가족 및 친족 네트워크 조직을 중심으로 한 수많은 상이한 양식이 있을 수 있다.

과거의 노동과 봉사 조직 양식들의 중심에는 업무 수행과 그에 수반된 봉사의 분배에 관련된 성적 분업이 자리 잡고 있었다. 성/애정 봉사(섹슈얼리티, 애정, 양육)의 생산 및 교환에서 이루어지는 성적 분업이야말로 성별화된 사람(즉 자신을 남성이나 여성으로서 의식하는 존재)의 사회적 생산에서 핵심을 차지한다. 이런 의식은 언제나 관계적이며(즉 남성적인 것은 여성이 아닌 것이며 여성적인 것은 남성이 아닌 것이다), 따라서 사람을 사회적 성 계급social sex class에 연결시킨다. 사회적 성 계급은 일정하게 이상적인 남성적 또는 여성적 특징을 가질 것으로 기대된다. 이런 이상적인 특징 가운데 하나가 대개 상대 성을 끌어당기는 성적 매력이다. 그렇지만 젠더 정체성과 성 정체성(즉 성적 기호) 사이에 자동적인 연결이란 존재하지 않는다. 강한 우연성에 불과한 것이다. 어떤 남성이 남자에게만 성적으로 끌린다면 그는 비정상적인 남성이지만, 그래도 여전히 남성이다. 여자에게 끌리는 여성의 경우도 마찬가지다.

계층화된 계급 사회와 카스트 사회에서 상이한 경제계급과 인종/종족 집단은 서로 다른 섹스/젠더 이상형을 갖게 마련이다. 물론 대개 하층계급은 '본성상' 열등한 남성·여성 유형으로 범주화될 테지만 말이다. 분리된 범주는 흔히 착한 여자와 나쁜 여자—이를테면 성모 마리아(어머니)/창녀—를 정형화하며 지배계급의 이상적인 남성상과 여성상의 헤게모니를 예시한다. 그에 따라 지배계급 성원들은 이런 이상형을 충족시킨다(종속계급 성원들은 해당되지 않는다).

많은 상이한 성/애정 생산양식은 남성 지배적(또는 가부장적)이다. 일반적으로 성/애정 생산양식들은 남성과 여성 간 불평등하고 착취적인 섹슈얼리티·애정·양육의 생산 및 교환을 공유한다. 즉 여성들은 생산 과정(예컨대 인간 재생산에 대한 결정)과 봉사 교환에 대한 통제권이 상대적으로 적고, 남성들은 이러한 교환에서 주는 것보다 더 많은 것을 받는다. 성/애정 생산양식들은 남성이 여성을 지배하고 착취하는 사회 메커니즘이나 특수한 성적 분업에서 서로 구별되며, 양육·섹슈얼리티·애정적 유대에서의 남성 권력에 대한 여성의 저항·도피·태업 전략도 각기 다르다.

성/애정 생산의 '통일성'을 이해하려면 그것의 철학적 토대까지 탐구할 필요가 있다. 가령 왜 섹슈얼리티, 애정, 양육은 물질적 생존 욕구를 충족시키기 위한 재화 생산과는 다른 방식으로 뒤얽힌다고 가정되는가? 섹슈얼리티, 애정, 양육에 관해 어떤 근원적인 이론이 가정되는가? 상이한 성/애정 생산양식을 분류하는 데 사용되는 인간 행위, 지배, 착취 개념들에는 어떤 함의가 있는가? 성/애정 생산에서 **섹슈얼리티와 애정**은 왜 연결되는가? 근원적인 가정은 섹슈얼리티와 애정 모두 **육체적인** 동시에 **사회적인** 에너지이며, 각각은 '성/애정' 에너지라고 지칭할 수 있는 일반적인 물리적/사회적 에너지 유형의 특수한 표현이라는 것이다. 우리는 애정적 유대를 육체보다는 감정적인 것으로, 성적 유대를 감정이나 사회보다는 육체적인 것으로 생각하는 경향이 있다. 나는 사실 이런 생각은 서구의 이원론적 사고 패턴 때문에 초래되는 왜곡이라고 주장하고자 한다. 성/애정 에너지를 애정적/정신적/특별히 물리적이지 않은 상호작용에서부터 물리적이지만 특별히 애정적이지 않은 성기 접촉까지 아우르는 하나의 스펙트럼으로 이해하는 게 더 도움이 될 것이다. 성/애정 에너지를 이해하는 두 번째 방법은 정도 차이를 허용하는 각기 다른 두 차원 또는 측면을 제시하는 것이다. 한 인간과 다른 인간(들) 내지 인간을 상징하는 사물 사이의 **물리적인** 관여·매력·상호 연계의 차원이 하나고, 자신과 다른 인간(들) 사이의 관여·매력·상호 정의interdefinition의 사회적/**정서적 차원**이 다른 하나다.

이제 성/애정 생산 패러다임의 통찰과 문제점 가운데 일부를 검토해볼 필요가 있다.

우선 인간 본성에 관한 명제를 보자. 인간은 단지 물리적 생존이라는 물질적 욕구가 충족되는 것(즉 노년에 자기를 돌봐줄 아이가 있는 것)을 보장하는 수단으로 재생산하지는(즉 아이를 갖지는) 않는다. 오히려 인간은 사회적 종이며, 일정한 형태의 성적/애정적 상호작용을 통해 서로 연결되려는 욕구는 물질적 삶을 생산하는 동물 종으로서 갖는 물질적 욕구만큼이나 기본적이다. 이성애 짝짓기는 의도적이든 우연적이든 간에 인간 생식으로 이어지고, 생식은 다시 양육으로 이어진다. 그리하여 이성애 짝끼리 서로 주고받는 애정과 섹슈얼리티는 아동에 대한 양육/애정, 사회화, 물리적 보존을 조직하는 양육 체계의 사회적 발전을 필요로 한다. 가부장적 양육 체계는 또한 성인의 섹슈얼리티를 조직하기 때문에(일부일처제에 흔히 남성에게 관대한 이중 잣대를 들이밀곤 하는 결혼 제도의 강제적인 이성애를 통해 이루어진다), 성인들이 하는 성교와 각 섹스/젠더가 참여하는 양육 노동의 본성, 양, 통제 사이에는 상호작용이 존재한다.

두 번째 명제는 성/애정 생산 체계를 남성 지배의 토대로 가정하는 것이 두 가지 특정한 의미에서 페미니즘 **유물론**의 접근법이라는 것이다. 첫째, 우리는 인간 아기가 살아남으려면 애정과 돌봄이 필요함을 안다. 따라서 단순히 먹이고 입히는 것 이상을 수반하는 어머니 노릇이나 보살핌은 인간 종의 재생산에 필요한 물질적인 조건이다. 둘째, 다른 동물 종과 달리 인간 소아에게는 처음에 특정한 대상이 없는 신체 에너지(가령 애정, 성, 영양)가 존재한다. 인간에게 목표가 고정된 본능이 없다는 사실은 곧 어린아이에게는 돌봄과 사회화 기간이 필요하다는 것을 뜻한다. 요컨대 인간 종에게는 이런 과제를 중심으로 한 섹슈얼리티 및 애정의 조직화와 일정한 양육 체계가 물질적으로 필요하다.

따라서 우리는 마르크스와 엥겔스가 『독일 이데올로기』에서 도입한, 인간의 기본적인 물질적 욕구를 충족시키기 위해 사회적으로 필요한 노동이라는 생산 개념을 확장할 필요가 있다. 인간의 욕구를 충족시키기 위한 자연의 변형만이 아니라 새로운 생명의 생산과 재생산—가족과 친족 네트워크에 한 층위로 내장돼 있는 다양한 역사적 양육 및 성 체계를 통한 **사람**의 생산과 변형—까지 포함하도록 말이다.

잠시 짬을 내 성/애정 생산 개념을 고전적 마르크스주의 범주에 대한 페미니즘의 다른 수정과 대조해보자. 일부 마르크스주의 페미니스트들은 인간 사회 조직(특히 사물의 생산이 사회적 잉여의 창출과 분배를 수반하는 체계)에서 경제 영역의 우위를 강조한 고전적 마르크스주의를 수정하려고 시도한다. 그들은 모든 경제 체계는 생산과 재생산을 필요로 하며, 따라서 한 체계의 재생산양식(노동력 재생산과 생식양식까지 포함한)은 사물의 생산만큼이나 그 체계의 전체적인 작동에 중요하다고 주장한다. 이들 페미니스트는 경제적인 것의 사회적 우위(토대/상부구조의 구별)라는 개념을 거부해야 한다고 주장하거나, 가족과 친족 네트워크의 재생산양식이 사물의 생산만큼이나 한 사회구성체를 이루는 경제적 토대의 중요한 일부라고 주장한다.

재생산양식(Brown 1981)과 생식양식(McDonough and Harrison 1978) 개념의 문제점은 (a) 이 개념들이 인간의 생물학적·사회적 재생산 둘 다를 모호하게 의미하거나 (b) 이 사회관계 형태의 목표이자 목적으로 아동의 생산을 강조한다는 점이다. 어느 접근법도 만족스럽지 않다. 재생산양식은 마르크스주의의 생산/재생산 범주(Barrett 1980)와 혼동을 일으키기 쉽다. 마르크스주의의 생산/재생산 범주에서는 경제 체계의 사회적 재생산양식이 사회관계의 모든 장소에서—이를테면 공장, 국가, 학교뿐만 아니라 가족 안에서도—동시에 일어나는 것으로 설명될 수 있다. 이런 사회적 재생산 개념은 가령 자본주의와 가부장제 사이의 관계를 파악하는 데 유용한 방편을 제공하지 못한다.

두 번째 대안(생식양식)에서는 인간의 생물학적 재생산과 출산율 조절이 이 체계들의 목표로 보일 것이다. 이런 것을 강조하면 재생산 도구로서가 아니라 본래 활력을 가진 사람으로서 섹슈얼리티의 쾌락을 경험하려는 인간 동기를 주변화하게 된다. 또한 성적 분업에서 자신을 위해 발전한 애정적·성적인 동성애 관계가 가부장적 성/애정 생산 과정을 공고화(지배적인 남성의 경우)하거나 이 과정에 저항(종속적이거나 일탈적인 남성이나 여성의 경우)하기 위한 기제로 이용되는 방식을 간파하지 못할 것이다(Hartmann 1981b).

성/애정 생산 패러다임은 이런 접근법들보다 우월하다. 반半자율적인 섹슈얼리티 조직화 체계, 애정, 가족과 친족 네트워크 내의 아동 생산 등을 파악함으로써 가부장적 관계가 사물 생산양식의 변화(봉건주의, 자본주의, 국가사회주의)를 거치면서도 어떻게 지속되는지(가족과 친족 네트워크 안에 한 층위로 내장된 채 재생산되기 때문이다)를 이해할 수 있기 때문이다. 이 패러다임을 통해 우리는 자본주의 발전에 따른 가족 구조의 변화가 어떻게 일부 가부장적 성/애정 생산 형태를 약화하면서도 다른 변형된 형태가 발전할 가능성을 열어두는지를 개념화할 수 있다.

성/애정 생산 개념이 제기하는 심각한 철학적 문제는 육아, 성, 보살 핌 활동이 일이나 노동인 경우와 여가활동인 경우를 어떻게 구별할 수 있는가 하는 것이다. 생산 개념을 사용하는 것은 우리가 노동(인간 의 물질적 욕구를 충족시키기 위해 사회적으로 필요한 활동)과, 일(당사자가 여가로 생각하지 않는 활동)이 될 수는 있지만 노동 자체는 아닌 활동과, 놀이인 활동을 경험적으로 구별할 수 있다고 가정하기 때문이다. 육 아는 어머니들이 유아나 소아를 돌보며 집에서 수행하는 가사노동의 한 측면이지만, 우리는 육아와 가사노동이 분리된 노동활동이라는 사 고 자체가 자본주의적 생산이 발전함에 따라 경제 생산으로부터 가 정이 분리되면서 야기된 역사적 발전임을 안다. 에런라이크와 잉글리 시(Ehrenreich and English 1975, 1978)는 20세기 초반 가정과학운동 domestic science movement,* 의료시설, 아동발달 전문가, 소비 자본주의 등의 발전이 결합된 효과가 어떻게 양육 노동에서 사회적으로 필요 하다고 여겨진 일을 줄이기는커녕 오히려 늘리는 결과를 낳았는지를 입증한 바 있다.

이와 비슷한 역사적 주장에서는 가부장적 사회에서 남성과 여성 사이에 이루어지는 성관계가 여성들에게 보답받지 못하는 일을 안 겨준다(이 과정에서 수반되는 통제와 성적 만족이 남성과 여성 파트너 양쪽 에 동등하지 않기 때문이다)는 일부 페미니스트의 견해에 이의를 제기 한다. 육체적·정신적 건강의 중심을 차지하는 섹슈얼리티와 그것의

---

* [옮긴이주] 19세기 말~20세기 초에 서구에서 가정의 살림살이와 양육을 과학적 지식과 합리성, 경제적 효율성에 따라 새롭게 조직하려 한 운동.

교환 및 배치에 대한 우리의 관념 자체가 부르주아 성과학자들과 치료사들이 근래에 개발한 사회적 담론 구성물이라는 최근의 역사적 주장(Foucault 1978; Weeks 1979, 1981)을 받아들인다면, 이런 주장을 어떻게 펼칠 수 있겠는가? 그리고 만약 성적 건강이라는 개념 자체가 역사적으로 상대적인 것이라면, 양육과 섹슈얼리티와 애정 속에 사회적 필요노동의 교환이 존재한다는 주장을 어떻게 옹호할 수 있겠는가? 가부장적 양육 체계와 성 체계 때문에 남성들이 (일이나 봉사를) 덜 하고 (여가나 봉사나 쾌락을) 더 누리는 식으로 양육과 성교의 생산 과정을 통제하고 착취할 수 있다는 주장은?

설사 좋은 양육이나 섹슈얼리티나 관계를 위한 초역사적인 보편적 요건이 존재하지 않음을 인정한다 할지라도, 남성과 여성이 이런 생산 과정에 투입하고 보상 받고 통제하는 것을 비교할 경험적·역사적 방법이 존재하지 않는다는 결론이 나오지는 않는다. 마르크스의 사회적 필요노동 개념에는 특정한 역사적 시기에 한 사회에서 이용할 수 있는 자원과 기대가 주어졌을 때 사람들이 받아들이게 된 최소한의 생활수준에 어느 정도 좌우되는 "역사적·도덕적 요소"가 있다. 마찬가지로 받아들일 만한 성적 만족에 대한 여성의 기대는 19세기 이래 변화해왔다. 성과학자들의 저술 때문이기도 하고 2세대 여성운동 덕분이기도 하다.

가부장적인 성교 형태의 불평등은 남성이 여성에 비해 더 많은 오르가슴과 성적 만족을 경험한다는 사실에만 있는 것이 아니다(물론 이런 사실은 분명한 관련이 있고, 경험적으로 측정할 수도 있다). 여성의 이미지를 남성의 성적 대상으로, 여성의 육체를 남성 쾌락의 도구로 영속화하는 것은 다름 아닌 지배의 양상, 즉 남성들이 대개 성행위를 시작하는 쪽으로서 성교의 본성 자체를 통제한다는 사실이다. 이런 상황에서는 설사 여성이 상대 남성보다 더 많은 오르가슴을 경험할지라도 성관계에서 남성에 비해 행위 주체가 되지 못한다.

사지 마비, 오르가슴, 완벽한 사정 같은 신체 상태(Reich 1970)와 성적 주체성 대 수동성의 경험을 연결 지을 수 있는, 성적 만족과 주체성의 물리적인 모델을 세운 뒤에야 우리는 성관계의 상대적인 평등이나 불평등을 측정할 수 있을 것이다. 그러나 우리에게 완벽한 이론이 없다고 해서 성/애정 생산 패러다임이 막다른 길에 봉착한 것은 아니다. 단지 경험적인 성교 연구가 더 필요할 뿐이다. 결국 성관계에서 평등을 측정하게 된다 할지라도, 그때까지 지금 우리가 갖고 있는 직관적인 기준을 활용할 수 있다. 가령 항상 한쪽만 오르가슴을 누리는 성관계라든가 오르가슴을 즐기는 쪽이 성행위 과정까지 통제하는 성관계는 불평등한 관계라는 점에는 대부분의 사람들이 동의할 것이다.

마지막으로, 성적 관계나 양육관계에서 한쪽이 독점하는 권력이나 통제/주체성이라는 문제는 여성의 선택의 자유를 제한하는 경제, 정치/법률, 문화적 제약과 분리할 수 없다. 경제적 의존, 재생산 조절에 관한 법적 규제, 여성의 성적 자유나 남성의 양육 책임을 주창하는 강력한 여성 유대 네트워크의 부재, 남성 파트너의 물리적 폭력 등과 같은 제약은 모두 여성이 남성에 비해 양육과 섹슈얼리티에서 자유롭지 못하게 만드는 경험적 요소다. 이런 사실은 성/애정 생산 체계가 경제적 생산양식이나 국가의 본성 등으로부터 자율적이지 않음을 보여준다.

부모와 아이 사이의 상호작용 중 어떤 것이 노동이고 어떤 것이 여가인지를 결정하는 문제에 관해, 우리는 이것이 부모에 대한 사회

(및 계급과 민족)의 기대에 따라 역사적으로 달라진다는 데 동의할 수 있다. 또한 우리는 양육 노동에서 여성과 남성의 관계가 평등한지 불평등한지를 비교하는 방법을 찾을 수 있다. 양육 노동과 여가를 구분하는 선이 문화에 의해 그어진다 할지라도, 가부장적인 성/애정 생산 양식에서는 전체 노동시간을 따져볼 때 대다수 어머니가 남성에 비해 직접적으로나 간접적으로나 더 많은 양육 일을 하는 게 분명하다('간접적인 양육 노동'에는 유아와 아동을 물리적으로 부양하는 데 필요한 상품을 만들거나 교환하는 등 무급 생산노동뿐만 아니라 임금노동도 포함된다). 폴브레(Folbre 1982)는 남성에 대해 여성이, 자식에 대해 부모가 착취당하는 정도를 측정하기 위해 가정 경제 안에서 임금노동과 비임금노동을 비교하는 경제 모델을 개발하는 중이며, 델피(Delphy 1984)는 남성이 지배하는 가정 경제는 이혼한 뒤에도 지속된다고 주장한다. 어머니들이 훨씬 더 많은 직간접적 양육 노동을 떠맡을 뿐만 아니라, 아버지들 대부분은 양육비를 충분히 지급하지 않기 때문이다. 이런 맥락에서 어머니인 여성에 대한 남성의 착취는 이혼과 더불어 증가한다. 따라서 독신모 가정이 늘어나는 것은 단순히 남편-가부장제husband-patriarchy의 쇠퇴가 아니라 새로운 가부장적 성/애정 형태의 증가로 보아야 한다. 우리가 '독신모 가부장제single mother patriarchy'라고 부르는 이 형태는 가족 중심적인 가부장 형태에서 비개인적인 국가 가부장제 형태로 변화하는 것과 연결된다(hooks 1981과 아래를 보라).

마지막 문제는 애정, 섹슈얼리티, 양육의 연결이 상대적인가 보편적인가 하는 질문과 관련된다. 성/애정 생산의 분석 범주들은 역사적으로 특수한 형태를 띠는 배우자-자신-자식으로 이루어지는 보편적인 성/애정 삼각형을 시사하는 것처럼 보인다. 그렇지만 아리에스(Ariès

1962)와 쇼터(Shorter 1975)는 중세에 자식, 친족, 배우자 사이의 애정적 상호작용은 농민 가족의 특징도, 귀족 가족의 특징도 아니라고 주장한다. 오히려 이런 관계는 부르주아적인 감상적 가족의 일부로 발전한 것이다. 부르주아 가족은 아동기라는 새로운 개념을 개발하고 점차 애징을 강조했다.

부르주아 가족보다 귀족과 농민 가족을 위해 다른 형태의 가부장적 성/애정 생산을 개념화할 필요가 있다는 데에는 나도 동의한다. 애정적 연결이 존재하는 경우와 부재하는 경우, 배타적이지 않은 경우(유모나 보모, 확대 친족망이 아이를 돌보는 경우)에 부모, 자식, 배우자 사이의 동학은 분명 각각 다를 것이다. 단순히 상속자를 만들기 위해 성관계를 갖는 경우와 결과적으로 생겨난 아이나 성적 에너지가 그 자체로 소중히 여겨지는 경우는 동학이 분명히 다르다.

누가 아이를 보살피거나 돌보는지에 따라 상대적이기는 하지만, 돌보는 사람은 아이가 살아가는 데 필요한 최소한의 애정을 제공해야 한다. 따라서 이런 봉사를 할 사람을 찾는 것은 귀족 가정에서도 성/애정 생산의 필수적인 일부다. 나아가 중세 귀족들 사이에서 혼외관계의 이상이었던 궁정풍 연애, 고대 그리스 남성 귀족들에게 이상시됐던 동성애 관계, 농민들의 긴밀한 동성 간 유대 등은 애정적 상호작용이 언젠가, 양육과 결혼 상호작용에서 애정적 상호작용이 결여된 인간 사회에서 일정한 형태로 제도화될 것임을 보여주는 증거라고 주장할 수도 있다.

12
가부장제와 교섭하기

데니즈 칸디요티Deniz Kandiyoti
런던대학 동양아프리카대학(SOAS) 교수. 젠더와 이슬람에 관한 연구의 권위자로 『중동의 젠더화Gendering the Middle East』, 『여성, 이슬람, 국가Women, Islam and the State』 등의 저서가 있다.

현대 페미니즘 이론에서 만들어낸 모든 개념 가운데 아마 가부장제야말로 가장 남용되고 어떤 면에서는 가장 이론화되지 않은 개념일 것이다. 이런 사정을 게으름 탓으로 돌릴 수는 없다. 이 문제에 관해 상당한 양의 저술이 존재하기 때문이다. 그보다는 현대 페미니즘의 용어 사용법이 발전하는 배경이 된 특수한 조건 탓일 것이다. 급진 페미니스트들은 매우 자유로운 용법을 부추기면서 남성 지배의 거의 모든 형식이나 사례에 가부장제라는 단어를 적용한 반면, 사회주의 페미니스트들은 자본주의 아래서 가부장제와 계급의 관계를 분석하는 데에만 주력하고 있다. 그 결과, '가부장제'라는 용어는 종종 지나치게 획일적인 남성 지배 개념을 떠올리게 만든다. 문화적·역사적으로 구별되는 젠더관계의 내적인 작동을 드러내기보다는 오히려 흐리게 만드는 추상적 차원에서 다뤄지는 것이다.

여기서 가부장제를 둘러싼 이론적 논란(Barrett 1980; Beechey 1979; Delphy 1977; Eisenstein 1978; Hartmann 1981; McDonough and Harrison 1978; Mies 1986; Mitchell 1973; I. Young 1981)을 검토하고자 하는 것은 아니다. 대신 각기 다른 형태의 가부장제에 대처하는 여성들의 전략을 분석함으로써, 이들 형태를 확인하는 데 중요하지만 상대적으로 경시된 관문을 제시하고자 한다. 나는 어떤 주어진 사회에 존재하는 이른바 **가부장적 교섭**patriarchal bargain*의 청사진을 드러내고 규정하는 일련의 구체적인 제약 안에서 여성들이 전략을 세운다고 주장할 것이다. 물론 이 교섭은 계급, 카스트, 종족에 따라 다양한 변화를 보일 것이다. 이런 가부장적 교섭은 여성의 성별화된 주체성을 형성하는 데 지대한 영향을 미치며 상이한 맥락에서 젠더 이데올로기의 성격을 결정한다. 또한 억압에 직면하여 여성이 벌이는 능동적이거나 수동적인 저항의 잠재력과 특수한 형태 모두에도 영향을 미친다. 더욱이 가부장적 교섭은 영원하거나 불변하는 실체가 아니라 역사적 변화를 겪게 마련이며 이런 변화에 따라 새로운 투쟁 영역과 젠더관계의 재협상 영역이 생겨나게 된다.

내 주장을 실례로 입증하기 위해, 남성 지배 체계가 여성들에게 갖는 함의를 논하는 데 이상적 전형으로 여겨지는 두 사례를 대조해볼 것이다. 이 두 이상형은 일종의 발견적heuristic 수단으로서 체계적·비교적·경험적 내용으로 확대하고 구체화할 수 있는 잠재력이 충분하다. 그렇지만 이 글에서는 가능한 변형들을 스케치하는 정도에 그치도록 하겠다. 두 유형은 한편으로는 사하라 이남 아프리카와 다른 한편으로는 중동, 남아시아, 동아시아의 사례에 바탕을 둔 것이다. 이 글에서 나는 사하라 이남 아프리카의 일부다처제에서 확인되는 상대적으로 자율적인 모자가족mother-child unit을 비롯하여 집합성

---

* (앞쪽) 복잡한 개념을 전달하기 위해 만들어낸 용어가 으레 그렇듯이, **가부장적 교섭**이라는 용어도 쉽지 않은 타협의 결과물이다. 이 용어에는 젠더관계를 규정하는 정해진 규칙과 각본의 존재를 가리키려는 의도가 담겨 있다. 남성과 여성 모두 이런 규칙과 각본에 순응하고 묵묵히 따르지만 그럼에도 이의를 제기하고 다시 정의하고 협상할 수 있다. 교섭이라는 단어 대신에 '계약', '거래', '시나리오' 등도 대안으로 제시되었지만, 이 중 어느 것도 **교섭**이라는 말에 함축된 유동성과 긴장을 충분히 포착하지 못했다. '교섭'이라는 단어가 보통 어느 정도 동등한 참가자 사이의 거래를 의미하며 따라서 분명하게 비대칭적인 교환을 가리키는 내 용법에 정확하게 들어맞지 않는다고 지적해준 신시아 콕번Cynthia Cockburn과 넬스 존슨Nels Johnson에게 감사한다. 그렇지만 여성들은 대체로 상대적으로 약한 지위에서 교섭한다.

corporateness[유기체적 통일성을 가리키는 표현이다]이 약한 가족 형태에서 부터, 콜드웰(Caldwell 1978)이 '가부장제 벨트patriarchal belt'라고 규정한 지역에서 우세한, 집합성이 강한 남성 중심 가족까지 아우르는 하나의 연속체를 부각시키고자 한다. 마지막 절에서는 가부장적 교섭 자체와 이 교섭이 여성의 의식과 맺는 관계의 붕괴와 변화를 분석할 것이다.

자율과 항의: 사하라 이남 아프리카의 몇 가지 사례

사하라 이남 아프리카에서 진행된 농업 개발 프로젝트의 여성들에 관한 문헌을 검토하던 중 나는 정말로 순수한 문화 충격을 경험했다 (Kandiyoti 1985). 한 가지 유형의 가부장제(뒤에서 고전적 가부장제라는 이름으로 좀 더 자세히 설명할 것이다)에 익숙했던 나로서는 내 눈앞에 펼쳐지는 내용에 미처 대비가 되어 있지 않았다. 이 문헌들은 여성들이 자기네 노동의 가치를 낮추려는 시도에 저항한 사례, 남편이 생산물을 고스란히 가져가는 것을 거부한 사례로 가득 차 있었다. 몇 가지 예를 들어보겠다.

새로운 농업 계획에서 남성에게 자본과 신용을 제공하고, 남성이 가장으로서 아내의 무보수 노동을 이용하리라고 가정하는 곳에서는 어디든 문제가 불거지는 듯했다. 케냐의 관개 벼농사 지역인 음웨아Mwea에서는 여자들이 자기 땅을 가질 수 없었다. 다른 대안은커녕 남자의 소득을 전혀 통제할 수 없었기 때문에 생활은 견디기 힘들 지경이었고, 결국 부인들이 남편을 버리고 도망치는 일이 다반사였다(Hanger and Moris 1973). 감비아의 벼농사 관개 계획 지역에서도 남자들에게만 관개 토지와 신용을 제공했다. 강변 습지에 벼농사를 짓는 일은 전통적으로 여성의 몫이었을뿐더러 남녀가 함께 곡식을 재배하고 농산물을 관리하는 오랜 관습이 있었는데도 말이다. 여자들에게는 공동·개별 소유지에 노동을 분배하는 데 대해 관습적인 의무가 있었기 때문에 자기 논에서 무상으로 일하라는 남편들의 요구를 물리칠 수 있었다. 남자들은 자기 아내에게 임금을 주거나 아내의 일손을 얻기 위해 관개 농지를 빌려주어야 했다. 우기에는 여자들도 습지에 따로 벼를 재배할 수 있기 때문에 할 일이 많았고, 남자들은 여자들이 자기 논에 가지 않는 날까지 기다릴 수밖에 없었다(Dey 1981).

부르키나파소의 소농 지역 계획에 관한 콘티(Conti 1979)의 설명에서 보듯이, 이곳에서도 남자들에게만 농지와 신용을 제공했다. 여자들은 독자적인 자원 기반을 전혀 갖지 못한 채 빈약한 기반시설에 의지해 일상적인 집안일을 해야 했다. 그 결과 여성들은 소리 높여 항의하고 협조하기를 거부했다. 로버츠(Roberts 1989) 역시 아프리카의 현실적 조건에서 여성들이 자율성을 극대화하기 위해 활용하는 전략을 보여준 바 있다. 예컨대 나이지리아의 요루바족Yoruba 여성들은 남편과 농사일의 조건을 협상하는 한편, 장사에 더 많은 시간과 에너지를 쏟으려고 한다. 자기 힘으로 살아가기 위해, 궁극적으로는 남편의 농사일을 그만두기 위해서다. 하우사족Hausa 여성들은 이슬람 관습 때문에 남편들이 농사일을 도우라고 요구하는 일이 적기 때문에 주로 음식을 해서 내다 파는 일을 한다.

요컨대 아프리카 일부다처제가 여성들에게 불안정을 안겨주기 때문에 여성들은 상대적인 자율성의 영역을 극대화하기 위해 노력한다. 남성이 아내를 부양할 책임은 일부 사례에서 규범이기는 하지만 사실 비교적 약한 편이다. 아이들 교육비를 충당하는 등 아이들과 자기 자신을 부양하는 책임을 맡는 것은 주로 여자들이다. 남편들은 다양한 정도로 지원할 뿐이다. 여성들이 남편에게 전적으로 의존하게 되면 얻을 것은 거의 없고 잃을 것은 많으며, 따라서 가까스로 유지하는 미묘한 균형을 깨뜨리게 될 각종 개발 계획에 저항하는 것은 당연하다. 아내들은 이런 항의를 통해 현존하는 자율성의 영역을 보호하는 것이다.

몇 가지 역사적 사례에서 여성의 자율성과 남성의 부양 책임을 교환하는 진정한 균형의 기록을 발견할 수 있다. 맨(Mann 1985)이 지적하듯이, 라고스Lagos의 요루바족 여성들은 기독교식 결혼에 따라 남편에게 종속되면서도 그것을 기꺼이 받아들였다. 더 많은 보호를 받을 수 있다고 생각했기 때문이다. 반대로 오늘날 잠비아 남성들은 관습 결혼과 대조되는 현대식 법정 결혼에 저항한다. 아내와 자식에게 더 많은 의무를 지게 되기 때문이다(Munachonga 1982). 두 당사자가 섹스와 노동 봉사의 교환을 솔직하게 협상하는 혼인 형태는 좀 더 노골적인 교섭 형태를 위한 토대를 닦는 것처럼 보인다. 아부(Abu 1983: 156쪽)는 아샨티족Ashanti의 결혼을 언급하면서 "부부가 자원과 활동을 각자 분리하고 서로의 관계에서 공공연하게 교섭을 한다는 점"을 가장 두드러진 특징으로 꼽는다. 이 경우(및 일부다처제)에 남녀는 자기 친족에 대해 계속해서 의무를 갖기 때문에 가족이나 가정이 하나의 집합적 실체corporate entity로 생각되지 않는다.

분명 아프리카의 친족 체계에는 혼인 형태, 주거, 가계家系, 상속 규칙 등과 관련하여 중요한 변이들이 존재한다(Guyer and Peters 1987).
이런 변이들은 각 사회가 세계 경제에 편입된 상이한 방식을 비롯하
여 완전히 다른 문화적·역사적 과정에 바탕을 두고 생겨난 것이다
(Mbilinyi 1982; Murray 1987; S. Young 1977). 그렇지만 아프리카계 카리
브인 유형이라고 광범위하게 규정되는 틀 내에서, 부부 가족의 (이데올
로기에서나 실천에서나) 비집합성이 가장 뚜렷이 드러나는 사례를 일부
발견할 수 있다. 이런 사실은 여성들의 혼인 및 시장 전략을 보여준다.
역사적 변화에 관한 연구들(가령 Etienne and Leacock 1980)을 보면,
식민화 때문에 여성들이 상대적 자율성을 가질 수 있는 물질적 토대
(공유지를 이용할 수 있는 권리나 전통적인 수공업 생산 등)가 잠식되었지
만, 시장이나 혼인 어느 쪽에서도 그 효과를 상쇄시킬 수 있는 변화가
이루어지지 않았음을 알 수 있다. 위에서 논의한 오늘날의 개발 계획
들 역시 남성이 이끄는 집합적 가족 모델을 가정하거나 강요하는 경
향이 있다. 이런 모델은 여성들의 선택권을 제한하면서도 안정과 안녕
을 누릴 수 있는 다른 길은 열어주지 않는다. 특히 이런 변화가 갑작스
럽게 일어나는 경우, 여성들은 이를 남성 지배 질서와 합의를 이룬 기
존 상태를 위협하는 침범으로 간주한다. 따라서 여성들은 공공연하
게 변화에 저항한다.

굴종과 조작: 고전적 가부장제하의 여성들

여성들이 공공연하게 저항한 이런 사례들은 내가 **고전적 가부장제**
라 이름 붙인 체계에 대한 여성의 순응과 극명한 대조를 이룬다. 고전

적 가부장제의 가장 뚜렷한 사례는 북아프리카와 이슬람 중동(터키, 파키스탄, 이란을 포함한), 남아시아와 동아시아(특히 인도와 중국)를 아우르는 지역에서 찾아볼 수 있다.*

고전적 가부장제가 재생산되는 비결은 부계 거주 확대가족이 일으키는 효과에 있다. 이런 가족 형태는 일반적으로 농업 사회에서 농민의 재생산과도 관련된다(E. Wolf 1966). 인구학적 제약과 기타 제약 때문에 부계 3대가 함께 사는 가족의 수적 우위는 줄어들었지만, 이런 가족 형태가 강력한 문화적 이상을 대표한다는 점은 의심의 여지가 없다. 연장자 남성이 젊은 남성을 비롯한 모든 구성원에 대해 권위를 부여받는 가부장적 확대가족의 등장이 국가에 의한 가족의 통합 및 통제와 밀접한 관련이 있다는 주장(Ortner 1978), 또 그것이 친족에 기초를 둔 잉여 관리 방식에서 공헌도에 따른 방식으로 변화한 것과 관련이 있다는 주장(E. Wolf 1982) 모두 설득력이 있다. 부계 거주-부계제 복합체가 여성들에게 갖는 함의는 놀랄 만큼 획일적일 뿐만 아니라 힌두교, 유교, 이슬람 등의 문화·종교적 경계를 가로지르는 통제

---

* 여기서는 동남아시아뿐만 아니라 지중해 북부도 제외했다(지중해 북부의 경우에는 체통 규범이나 여성의 정조를 전반적으로 중시하는 등의 중요한 유사성이 있기는 하다). 그 이유는 부계 거주-부계제 복합체patrilocal-patrilineal complex가 지배적인 지역에 초점을 맞추고 싶기 때문이다. 그리스 같이 여성들이 재산을 상속받고 관리하며 지참금을 받아 생산적 자산으로 활용하는 양계 친족 체계bilateral kinship system를 갖춘 사회 역시 다른 이데올로기적 측면에서는 중대한 유사성이 있지만 이 논의에서는 배제된다. 그렇지만 여기서 말하는 지역적 경계 안에 이데올로기와 실천의 절대적인 동질성이 존재한다고 말하고자 하는 것은 아니다. 가령 인도 아대륙 내에는 중요한 변이들이 존재하며, 이런 변이들은 여성들에게 각기 다른 함의를 갖는다(Dyson and Moore 1983). 반대로, 양계 친족 지역 안에도 고전적 가부장제의 모든 특징—즉 재산, 주거, 부계 상속 등—이 특정한 상황 아래 결합되는 사례가 있을 수 있다(Denich 1974). 여기서 내가 말하고자 하는 바는 본문에서 지적한 경계선 안에서도 쉽게 확인 가능한 뚜렷한 고전적 가부장제의 사례를 발견할 수 있다는 것이다.

와 종속의 형태를 수반한다.

고전적 가부장제 아래서 여자아이들은 무척 어린 나이에 혼인을 통해 남편의 아버지가 이끄는 가족으로 넘겨진다. 그 집에서 여자는 모든 남자뿐만 나이 든 여자, 특히 시어머니에게 종속된다. 이 과정이 원래의 친족 집단과 얼마나 완전한 단절을 나타내는가 하는 문제는 혼인 관습상 족내혼 정도와 상이한 체통 개념에 따라 달라진다. 이를 테면 터키 사람들의 경우 족내혼 비율이 낮고 주로 남편이 여성의 체통을 책임진다. 아랍 사람들의 경우에는 인척끼리 결혼하는 비율이 훨씬 높으며, 친정 쪽에서 결혼한 딸의 체통을 보호하는 데 계속 관심을 갖고 발언권을 행사한다(Meeker 1976). 그 결과 터키 여성의 전통적인 지위는, 족내혼과 친정에 대한 의존으로 가부장 가족 내의 지위가 다소 희석될 수 있는 아랍 여성보다는, 혁명 전 중국의 '외인 신부 stranger-bride'*의 지위와 더 비슷하다.

주된 혼자marriage payment 형태가 지참금이든 신붓값이든 간에, 고전적 가부장제에서 여성은 보통 아버지의 세습 재산에 대해 아무런 권리 주장을 하지 못한다. 지참금은 유산을 미리 상속받는 것이라고 보기 힘들다. 토지 같은 생산적 자산 형태를 띠지 않을뿐더러 신랑 쪽 친족에게 직접 전달되기 때문이다(Agarwal 1987; Sharma 1980). 이슬람 사회에서 여성이 상속권을 주장하면 오빠나 남동생들의 눈 밖에 나기 십상이다. 그런데 남편에게 학대를 당하거나 이혼을 하는 경우

---

* [옮긴이주] 중국 전통 혼인 제도에서 결혼 당사자는 결혼 전에 서로 얼굴을 보지도 못하며, 여성은 자기 집에서 나와 남편의 집으로 들어가는 출가외인이자 입가외인으로서, 결혼 초기에는 어떤 권한이나 지위도 없이 시어머니의 지휘에 종속되고 오로지 남편의 보호만을 받을 뿐이다. '외인 신부'는 이런 지위를 가리키는 은유적인 표현이다.

에 유일하게 의지할 수 있는 것은 바로 이 남자 형제들이다. 어린 신부는 사실상 가진 것 하나 없이 남편의 집안으로 들어간다. 부계제에서 자기 자리를 확고히 하려면 아들을 낳는 수밖에 없다.

부계제는 여성이 하는 노동과 낳는 자손을 모두 독차지하며, 여성의 노동과 생산에 대한 기여를 보이지 않게 만든다. 가부장적 확대가족에서 여성의 생애주기라는 것은 어린 신부일 때 겪었던 박탈과 곤경을 나이가 들어 며느리에게 통제와 권위를 행사하는 것으로 보상받는 식이다. 여성이 가족 안에서 누리는 권력의 순환적 성격과 시어머니의 권위를 물려받으리라는 기대 때문에 여성들 스스로 이런 형태의 가부장제를 철저히 내면화하게 된다.

고전적 가부장제에서 남성에 대한 종속을 상쇄하는 것은 나이 든 여성(시어머니)이 젊은 여성(며느리)에 대해 누리는 통제권이다. 그렇지만 여성은 결혼한 아들을 통해 노년에 안정을 누릴 수 있으며, 자신이 통제할 수 있는 유형의 노동 권력을 손에 쥘 수 있다. 여성에게 아들은 대단히 중요한 자원이기 때문에, 반드시 아들이 자신에게 평생 동안 효도하도록 만들어야 한다. 나이 든 여성은 젊은이들끼리의 낭만적인 사랑을 억제하려는 기득권을 가진다. 결혼의 유대를 부차적인 것으로 유지하고 아들이 자기를 우선시해야 한다고 주장하기 위해서이다. 젊은 여성들은 시어머니의 통제를 우회하고 가능하면 피하려고 한다. 이런 고투가 이성애 유대를 어떻게 손상시키는가에 관해서는 문화적으로 특수한 사례들이 있지만(Boudhiba 1985; Johnson 1983; Mernissi 1975; M. Wolf 1972), 전반적인 양상은 무척 유사하다.

계급이나 카스트가 고전적 가부장제에 미치는 영향은 또 다른 복잡한 문제를 야기한다. 부유한 계층에서는 여성들이 가사노동 이외의

일을 하지 않는 것이 신분의 징표로서 다양한 격리·배제 관습으로
제도화되어 있다. 푸르다 관습purdah system*과 베일 쓰기가 대표적인
예다. 푸르다 관습을 비롯해 이와 유사한 신분 표시 관행은 여성의 종
속과 남성에 대한 경제적 의존을 더욱 강화한다. 그렇지만 구속적인
관습을 지키는 것이 가족 신분의 재생산에서 결정적인 요소이기 때
문에, 여성들은 이를 깨뜨리는 데 저항할 것이다. 설령 규칙에 따르면
경제적 곤경에 처할지라도 말이다. 여성들은 아프리카 여성들이 하
는 상거래 활동 같이 경제적으로 유리한 선택을 포기한다. 대신 남부
끄럽지 않고 보호받는 가정 내 역할과 어울린다고 여겨지는 다른 일
을 한다. 그 결과로 더 많은 착취를 당하기도 한다. 인도 나르사푸르
Narsapur의 레이스 직조공들에 관한 연구에서 미스(Mies 1982: 13쪽)는
다음과 같이 말한다.

> 과거의 집안 유폐 형태를 가지고 여성의 가정화domestication of
> women**를 정당화할 수도 있지만 그 성격은 확실히 변했다. 카푸
> Kapu*** 여성들은 이제 고샤gosha(봉건시대 전사 카스트 여성)가 아니
> 라 가정에 고립된 주부이자 세계시장을 위해 생산하는 노동자다. 레
> 이스 직조공들의 경우에 이런 이데올로기는 거의 물질적인 힘이 되
> 었다. 이 체제 전체를 떠받치는 것은 이 여성들은 집 밖에서 일을 할

---

* [옮긴이주] 이슬람 문화에서 여성이 외간남자들의 눈에 띄지 않게 집안의 별도 공간에 살
거나 푸르다(베일)로 얼굴을 가리는 관습을 말한다.

** [옮긴이주] 여성의 자리를 가정에 국한시키는 현상을 가리키는 개념이다.

*** [옮긴이주] 인도 안드라프라데시주에 주로 거주하는, 전사 집단에서 유래한 하층 카스
트 집단.

수 없다는 이데올로기이다.

따라서 가족 내의 불합리한 노동관계에 저항을 시도하는 사하라 이남 아프리카 여성들과 달리 고전적 가부장제 지역의 여성들은 기존 규칙을 가능한 한 끝까지 준수하며, 결국 자신들의 노동을 평가절하하는 결과를 맞게 된다. 권력 지위의 주기적인 변동은 지위에 대한 고려와 결합하여 결국 여성 자신의 종속을 재생산하는 데 적극적으로 공모하는 결과로 이어진다. 여성들은 아들과 남편의 애정을 조작함으로써 자신의 안정을 극대화하는 개인적 전략을 선호한다. 울프(M. Wolf 1972)가 중국의 자궁 가족uterine family*에 관해 통찰력 있게 지적하듯이, 이런 전략은 남성 가부장이 나이가 들면서 부인에게 권력을 빼앗기는 결과로 이어질 수도 있다. 이런 개인적인 권력 전술로 가부장제의 전반적인 각본에서 구조적으로 불리한 조건이 바뀌지는 않지만, 여성들은 자신의 삶의 기회를 극대화하는 데 전문가가 된다.

존슨(Johnson 1983: 21쪽)은 중국의 '여성 보수주의'에 관해 이렇게 지적한다. "얄궂게도 여성들은 수동성과 전면적인 남성 통제에 저항하는 행동을 통해 오히려 자신들을 억압하는 체제에 기득권을 가진 참가자가 되었다." 울프(M. Wolf 1974) 역시 중국 여성들이 자신들이 주요 수혜자가 되는 1950년 혼인법에 저항한 사실에 대해 비슷한 지적을 한다. 그렇지만 울프의 결론에 따르면, 중국 여성들은 과거의 가족 제도를 전면적으로 바꾸려고 하지는 않지만, 가족관계를

---

* [옮긴이주] 가부장제 사회에서 남편의 집에 시집 온 여성이 아들을 낳으면서 점차 권력과 지위를 획득해나가는 가족을 가리키기 위해 울프가 만들어낸 개념이다.

조종해서 얻을 수 있는 제한된 안정에도 이제 더는 만족하지 못할 것이다.

다른 고전적 가부장제 지역에서는 물질적 조건의 변화 때문에 규범 질서가 심각하게 손상되고 있다. 케인 등(Cain et al. 1979: 410쪽)이 간명하게 표현한 것처럼, 이 체제의 열쇠이자 아이러니는 "남성의 권위가 물질적 기반에 바탕을 두는 반면 남성의 책임은 규범적으로 통제된다"는 사실에 있다. 케인 등이 방글라데시의 한 마을에 관해 수행한 연구는 친족 사이의 의무적 유대, 구체적으로는 여성들에 대한 남성의 규범적 의무의 이행이 빈곤 때문에 압력을 받는 훌륭한 사례를 제공한다. 마을의 홀어미 중 거의 3분의 1이 가족을 부양하는 가장으로서 임금노동을 통해 생계를 꾸리기 위해 분투했다. 그렇지만 가부장제가 만들어내고 강화하는 노동시장의 분할 때문에 여성들의 노동 선택권은 무척 제한되었고, 여성들은 매우 낮고 불확실한 임금을 받아들여야 했다.

역설적이게도, 고전적 가부장제에서 여성들이 노출되는 위험과 불확실성은 출산율을 높이는 강력한 유인을 형성한다. 그렇지만 빈곤이 심화되는 상황에서 높은 출산율이 경제적 엄호물을 제공해주지 못할 것임은 거의 분명하다. 그릴리(Greeley 1983)는 방글라데시의 토지 없는 가정이 기혼 여성을 비롯한 여성의 임금노동에 점점 의존함을 보여주며, 이에 따라 가부장제 가족의 안정성이 어떻게 손상되는지를 논의한다. 혁명 전 중국 가족의 위기에 관한 스테이시(Stacey 1983)의 논의는 전통 체제를 떠받히는 물질적·이데올로기적 토대의 잠식에 관한 고전적인 설명이다. 스테이시는 더 나아가 유교 가부장제가 어떻게 새로운 민주적·사회주의적 형태에 의해 지양되고 변형되었는지를 탐구한다. 다음 절에서는 이런 변형 과정에 담긴 함의를 일부 분석하고자 한다.

가부장적 교섭의 종말
: 보수주의로의 후퇴인가 급진적 항의인가?

고전적 가부장제의 물질적 기반은 새로운 시장의 힘이나 농촌 지역의 자본 침투(Kandiyoti 1984), 만성적인 빈곤화 과정 등의 영향 아래 무너진다. 이 체제의 붕괴로 이어지는 단일한 경로는 존재하지 않지만, 그 결과는 꽤나 일률적이다. 남성이 토지·가축·상업자본 등으로 이루어진 일정한 형태의 공동 세습 재산을 통제하는 체제의 전형적인 특징은 연장자 남성이 연소자 남성을 지배하고 가정에서 여성을 보호하는 것이었다. 그러나 토지나 재산이 없는 사람들의 경우에는 모든 가족 구성원이 생존에 기여해야 하기 때문에 여성에 대한 남성의 경제적 보호는 신화 속 이야기가 되어버린다.

고전적 가부장제의 붕괴는 젊은 남자들이 일찌감치 아버지로부터 해방되고 아버지의 가정에서 떨어져 나오는 결과로 이어진다. 이 과정은 여성들이 훨씬 젊은 나이에 시어머니의 통제에서 벗어나 자기 가정을 이끌게 됨을, 이제 자기에게 복종하는 며느리들에게 둘러싸여 사는 미래를 기대할 수 없음을 뜻한다. 어중간하게 사이에 낀 세대의 여성들에게 이런 변화는 참으로 인간적인 비극이 아닐 수 없다. 과거의 가부장적 교섭이 야기한 막중한 대가는 치렀지만 약속된 혜택은 누릴 수 없기 때문이다. 중국 여성의 자살에 관한 울프(M. Wolf 1975)

의 통계를 보면, 1930년대 이래 45세 이상 여성의 자살률이 급증하는 뚜렷한 변화가 나타난다. 예전에는 젊은 여성, 특히 갓 결혼한 신부의 자살률이 가장 높았던 것과는 대조적이다. 울프는 이런 변화를 아들이 해방되고 가족의 통제에서 벗어나 배우자를 선택할 수 있게 된 변화와 연결시킨다. 그 결과로 연장자 여성은 시어머니로서 누리던 권력과 체통을 잃게 된 것이다.

고전적 가부장제가 실질적으로 제공하는 경제적·정서적 안정보다도 더 무거운 장애물로 여성들의 길을 가로막음에도 불구하고, 여성들은 이런 변화 과정에 저항한다. 다른 대안적인 권력이라고는 없이 과거의 규범 질서가 자신들의 손에서 빠져나간다고 보기 때문이다. 몰리뉴(Molyneux 1985: 234쪽)는 여성의 이해에 관한 폭넓은 논의에서 이렇게 말한다.

> 이는 흔히 말하는 '허위의식' 때문만이 아니다(물론 허위의식도 하나의 요소로 작용한다). 서서히 일어나는 이런 변화는 일부 여성들에게 눈앞의 현실적인 이익을 위협하거나 다른 보상 없이 각종 보호를 박탈해버리는 결과를 낳기 때문이다.

따라서 고전적 가부장제가 위기에 접어들면, 많은 여성은 자신이 동원할 수 있는 모든 압력을 행사해 남성들이 의무를 준수하게 만들며, (극단적인 압력을 받는 경우를 제외하면) 규칙을 어기거나 체통 없이 굴어서 권리 주장의 기반을 잃으려 하지 않는다. 여성들의 수동적인 저항은 이 가부장적 교섭에서 자기 몫에 대한 권리(복종과 예의범절에 대한 대가로 보호를 받는 권리)를 주장하는 형태를 띤다.

이런 맥락에서 임금을 벌기 위해 일을 해야 하는 많은 여성의 반응은 베일 쓰기 같은 전통적인 정숙 표지의 강화로 나타날 수 있다. 흔히 여성들은 선택의 여지 없이 집 밖에서 일을 하며, 따라서 '노출'된다. 여성들은 이제 자신이 보호받을 가치가 있음을 보여주기 위해 모든 상징적 수단을 동원해야 한다. 호메이니가 여성들에게 집에 붙어 있을 것을 권고했을 때, 많은 이란 여성이 명백한 억압적 요소들에도 불구하고 열광적인 지지를 보냈다는 사실은 의미심장해 보인다. 남성의 책임을 강화하겠다는 암묵적인 약속은 본래의 가부장적 교섭을 고스란히 되살려낸다. 애당초 여성들에게 선택의 범위가 극히 제한되어 있기 때문이다. 아자리(Azari 1983: 68쪽)가 지적하듯이, 젊은 여성들이 베일을 받아들이는 건 "이슬람 질서에서 부과하는 제한이 이 질서에서 약속한 안전과 안정, 체통을 누리기 위해 치러야 하는 작은 대가이기 때문"이다.

이처럼 고전적 가부장제의 붕괴에 대한 대응으로 여성 보수주의를 분석한다 할지라도 여성들이 활용할 수 있는 대응의 범위를 줄이는 것은 결코 아니다. 이런 분석은 단지 주어진 체제의 내적 논리 안에서 특정한 전략이 차지하는 위치를 보여주려는 시도다. 서유럽이나 미국의 산업사회 같은 매우 상이한 맥락에서도 유사한 전략을 발견할 수 있다. 서구 가정생활의 실제와 이데올로기가 어떻게 변화했는지 역사와 현재를 통해 분석해보면, 가부장적 교섭의 변화도 볼 수 있다. 19세기와 20세기에 출산 조절에 대한 페미니즘의 태도가 어떻게 변화했는가를 연구한 고든(Gordon 1982)은 자발적으로 어머니 노릇을 떠맡는 전략을 여성의 처지를 개선하려는 더 넓은 계산의 일환으로 설명한다. 여성에게는 성욕이 없다는 빅토리아 시대의 이데올로기에 관한 코트(Cott 1978)의 분석 또한 여성들의 선택이 전략에 따른 것임을 보여준다.

현대에 관해서는 에런라이크(Ehrenreich 1983)가 미국에서 백인 중산층의 가부장적 교섭이 어떻게 붕괴했는지를 분석한 바 있다. 에런라이크는 1950년을 기점으로 남성들이 생계부양자 역할에서 점진적으로 물러나는 과정을 추적한다. 그는 여성들이 자율권 확대를 요구한 것은 남편의 책임이 이미 많이 줄어들고 남성들이 혼인 이외에 선택할 수 있는 대안이 상당한 문화적 정당성을 얻은 뒤의 일이라고 지적한다. 의사, 상담사, 심리학자 같은 전문가들이 책임 있는 남성 생계부양자와 가정에 충실한 주부라는 관념을 강화하기 위해 노력하는 등 격렬한 이데올로기적 동원이 이루어졌음에도 불구하고, 대안적인 흐름이 등장해 지배적인 규범 질서에 도전하기 시작했다. 이런 맥락 안에서 에런라이크는 페미니즘 운동과 반페미니즘 운동을 평가하며 이렇게 말한다. "오래전부터 계속된 가족임금 체계의 불안정에 직면하여 여성들이 정반대되는 선택을 내린 것 같다. 밖으로 나가서(비유적으로 말하자면) 소득과 기회의 평등을 얻기 위해 싸우거나, 집에 머무르면서 남자들을 곁에 더욱 단단하게 묶어두려 한다"(Ehrenreich 1983: 151쪽). 따라서 반페미니즘 운동의 가족주의는 현재 남성들이 느끼는 불만과 소외를 페미니스트들의 탓으로 손쉽게 돌리면서 과거의 가부장적 교섭을 복원하려는 시도로 해석할 수 있다(Chafetz and Dworkin 1987). 실제로 스테이시(Stacey 1987: 11쪽)가 지적하는 것처럼, "페미니즘은 예전에 잃어버린 친밀감과 안정감에 대한 광범한 갈망과 향수—오늘날 미국의 사회·정치 문화에 만연한—에 내리꽂히는 상징적인 피뢰침 역할을 한다."

그렇지만 급격한 사회 변동 시기에 나타나는 의식과 투쟁 형태를 제대로 인식하려면 섣부른 범주화보다는 체계적이고 편견 없는 검토가 필요하다. 긴즈버그(Ginsburg 1984)는 미국 여성들의 낙태 반대 활동을 꼭 반동적인 것이라기보다는 전략적인 것으로 평가한다. 긴즈버그는 많은 여성이 재생산 및 가정생활로부터 섹슈얼리티를 분리하는 것을 자기 이익을 해치는 짓으로 여긴다고 지적한다. 이런 분리는 무엇보다도 남성들로 하여금 성행위에 따른 재생산 결과에 책임을 지게 하는 사회적 압력을 약화시키기 때문이다. 이에 대한 우려나 겉으로 드러나는 전반적인 불안은 결코 근거 없는 것이 아니며(English 1984), 아이를 가진 여성들을 정서적·물질적으로 지원하는 확실한 대안이 부재한 상황을 확인시켜준다. 스테이시(Stacey 1987) 역시 탈산업시대의 다양한 '포스트페미니즘' 의식 형태를 확인한다. 스테이시는 오늘날 노동과 가족에 대해 탈정치화된 페미니즘의 태도와 결혼생활에서 안정성과 친밀감을 높이려는 개인적 전략이 복잡할뿐더러 종종 모순적으로 합쳐지고 있음을 지적한다.

이데올로기적 차원에서 보자면, 교섭이 실패하는 경우에 희생양을 찾거나 전통적인 질서의 확실성을 동경하거나 변화가 너무 지나치거나 잘못된 방향으로 나아갔다고 여기는 산만한 정서가 확산되는 듯하다. 포스트페미니즘에 관한 로젠펠트와 스테이시(Rosenfelt and Stacey 1987)의 고찰과 보수적인 친가족 페미니즘에 관한 스테이시 (Stacey 1986)의 논의는 신보수주의 담론의 호들갑스러운 전제를 비판하면서도 이 담론에서 진지하게 표명하는 정당한 우려는 일부 받아들인다.

결론

　여성들의 전략과 대처 방식을 체계적으로 분석하면, 가부장 체제의 본성을 문화·계급·일시적 구체성 속에서 포착하는 데, 남성과 여성이 자원·권리·책임을 둘러싸고 이떻게 서로 저항하고 수용하고 적응하고 갈등하는지를 드러내는 데 도움이 될 수 있다. 이런 분석은 계급·인종·젠더 사이의 관계에 관한 이론적 논의에서 드러나는 인위적인 구분을 일부 해체한다. 참여자들의 전략이 몇 가지 제약의 차원에서 형성되기 때문이다. 여성들의 전략은 언제나 인식 가능한 가부장적 교섭의 맥락에서 수행되는데, 이 교섭은 시장과 가정에서 여성들의 선택지를 규정하고 제한하고 왜곡시키는 암묵적인 각본으로 작용한다. 이 글에서 논의한 남성 지배 체제의 두 이상적 전형은 여성들이 근거로 삼아 협상하고 전략을 세울 수 있는 서로 다른 기준선을 제공하며, 각각은 여성들의 저항 및 투쟁의 형태와 잠재력에 영향을 미친다. 가부장적 교섭은 비단 여성들의 합리적 선택에 영향을 미치는 것만이 아니라 성별화된 주체성의 무의식적인 측면들을 형성하기도 한다. 초기 사회화의 배경뿐만 아니라 성인기의 문화적 환경에도 침투하기 때문이다(Kandiyoti 1987a, 1987b).

　절대적인 가부장제 개념이 아니라 협소하게 정의된 가부장적 교섭에 초점을 맞추면, 변화 과정을 자세하게 분석할 수 있는 가능성이 높아진다. 제인웨이(Janeway 1980)는 서구 사회에서의 성적 이미지와 관습의 변화를 분석한 글에서 토머스 쿤(Thomas Kuhn 1970)의 과학 패러다임이라는 용어를 차용한다. 제인웨이는 이 비유를 통해 섹슈얼리티 영역에서 널리 공유된 사고 및 실천이 성 패러다임으로 작용하면서 주어진 시기에 정상성의 규칙을 확립할 수 있다고 지적하면서도, "기존의 규칙이 작동하지 않고, 변칙anomaly의 등장을 더는 피할 수 없으며, 일상적인 경험의 실제 세계가 수용된 인과성에 도전할 때"에는 변화를 겪을 수밖에 없다고 말한다(Janeway 1980: 582쪽). 그렇지만 성 패러다임이 명확하게 정의된 가부장적 교섭의 규칙에 기입되지 않는다면 그 패러다임을 완전히 이해할 수 없다. 제인웨이는 서구 사회의 정숙한 여성이라는 이상과, 일반화된 현금 경제가 등장하기 전 정당한 상속자에 대한 재산 이전 사이의 관계에 대한 논의에서 이 점을 잘 보여준다.

쿤의 비유를 좀 더 넓혀본다면, 가부장적 교섭에는 정상 국면과 위기 국면이 있다고 볼 수 있다. 이런 개념을 수용하면 세계에서 현재 일어나고 있는 일에 대한 우리의 해석 자체가 달라진다. 고전적 가부장제가 정상 국면인 동안에는 실제로 경제적 곤경과 불안정에 노출된 여성들이 많았다. 이 여성들은 아이를 낳지 못해 이혼해야 하거나, 고아가 되어 친정에 의지하지 못하거나, 아니면 살아남은 아들이 없어서, 더 나쁜 경우에는 아들이 '배은망덕'해서 보호를 받지 못했다. 그렇지만 이들은 단지 '불운한' 것으로 여겨졌다. 원래는 합리적인 체제의 변칙이나 우연한 사고로 간주됐던 것이다. 모든 질서는 오직 붕괴 시점에 다다라서야 체계적인 모순을 드러내게 마련이다. 현대의 사회·경제적 변화가 결혼, 이혼, 가족 구성, 성별화된 분업 등에 미치는 영향은 필연적으로 여성과 남성 사이의 조정 이면에 자리한 근본적이고도 암묵적인 가정들에 대한 질문으로 이어진다.

그렇지만 새로운 전략과 의식 형태가 오래된 폐허에서 간단하게 등장해 매끄럽게 새로운 합의를 만들어내는 것은 아니다. 오히려 종종 복잡하고 모순적인 개인적·정치적 투쟁을 통해 형성된다(Strathern 1987). 특정한 가부장 체제가 붕괴하면 단기적으로는 여성들 사이에서 수동적 저항이 일어난다. 이런 저항은 남성의 책임과 통제 증대를 요구하는 역설적인 형태를 띤다. 각기 다른 사회적 장소에서 여성들이 채택하는 중단기적인 전략을 제대로 이해하면, 무엇이 페미니스트 의식을 구성하는가에 관한 자민족 중심적이거나 계급에 구속된 정의를 정정하는 데 힘을 발휘할 수 있다.

후기

「가부장제와 교섭하기」를 발표한 지 10년이 넘도록 나는 이 글에서 개괄적으로 제시한 주장을 돌아보라는 권유를 받았다.[1] 그 사이에 가족 안팎에서 교섭력을 분석하려는 시도는 더욱 많아졌고 점점 정교해졌다. 「가부장제와 교섭하기」는 이런 쟁점들을 파악하려 한 초창기 시도 가운데 하나다. 나는 교섭이 언제나 각기 다른 남성 지배 체제에 함축된 '게임의 규칙'이라는 맥락에서 이루어진다고 주장했다. 이 규칙들은 언제든 달라지거나 재정의될 수 있지만 그럼에도 상대적으로 지속적인 인간 거래의 틀을 제공하며, 이 틀은 여성의 합리적 선택이라는 측면과 성별화된 주체성의 무의식적 측면 모두에 영향을 미친다. 그리고 이 두 측면은 다시 여성들로 하여금 각기 다른 맥락에서 저항과/이나 공모라는 상이한 전략을 선호하게 만든다. 따라서 나는 여성들을 자신들이 속한 규범적 세계 안에서 이해할 수 있는 광범위한 전략을 펼친 합리적 행위자로 제시한 동시에 바로 이런 전략이 본질적으로 제한된 것임을 지적한 셈이다. 다시 말해서 나는 제임스 스콧James Scott식의 저항을 지지하면서도 동시에 여성들이 지배적인 젠더 이데올로기의 범위 안에서 움직인다고 주장함으로써 그람시의 논의를 따르고자 했다.

「젠더, 권력, 경합Gender, Power and Contestation」에서 저항/묵인을 설명하고자 하는 몇 가지 이론 틀(스콧, 그람시, 부르디외)을 검토한 나는 주로 계급 지배가 어떻게 작동하는지를 해명하려는 접근법으로는 젠더에 바탕을 둔 종속 형태들을 온전히 포착할 수 없다는 결론에 다다랐다. 스콧의 접근법에는 권력자와 피지배자 모두 어느 시점까지는 동일한 규범적 제약에 구속된다는 함의가 담겨 있었다. 이는 내가 제안한 바, 즉 젠더 질서에는 '가부장적 교섭'(더 적절한 이름이 붙여지기를 바란다)이라는 상호 구속적인 제약이 수반된다는 주장의 이면에도 담겨 있는 것이었다. 그렇지만 권력자들은 일방적으로 게임의 규칙을 바꿀 수 있을 만큼 유리한 위치에 서 있으며, 이들에게 어디 해볼 테면 해보라고 덤비는 하위자subordinate들의 시도는 아무 효과 없는 가련한 지연작전으로 보일 것이다. 반항보다 순응을 택한 하위자들의 합리적 결정을 다른 행동 방침이 봉쇄된 상황에 대한 인정과 관련하여 예로 드는 것은 사실상 헤게모니의 증거를 숨긴다. 이것은 또한 내 초기 연구의 핵심적인 약점 가운데 하나다.

그렇지만 나는 가부장적 교섭의 물질적 기반을 강조한 애초의 주장을 견지하고자 한다. 기존 젠더관계를 '자연화'하는 지배 이데올로기의 본성이 (부르디외가 말하는 억견doxa 개념의 경우처럼) 아무리 굳건하다 할지라도, 궁극적으로 지배 이데올로기는 근본적으로 변화한 물질적 환경의 습격에 저항하지 못하며 (부르디외가 말하는 정설

orthodoxy이 그러하듯이) 끊임없이 자기 자신을 재발명해야 한다. 더욱이 여성들이 일정한 형태의 가부장적 관계에 집착하고 이해관계를 갖는 것은 허위의식의 소산도 아니고, 의식적인 공모의 결과도 아니다. 단지 자신들이 손에 넣을 수 있는 일정한 권력 지위에 실질적인 이해가 걸려 있기 때문이다. 성별화된 권력이 경험을 균열시키는 것은 계급, 인종, 민족이 아니라 여성과 남성의 생애주기 전개를 통한 가정 영역의 상이한 조직화에 함축된 복잡하고 정서적(이고 물질적)인 계산이다. 따라서 다른 지배 형태와 비유하는 것은 오히려 문제를 더 복잡하게 만들 뿐이다.

어쨌든 젠더관계의 경우에 헤게모니에 관해 말하는 것은 주로 비유의 방식으로, 그것도 일정한 지점까지만 도움이 된다. 그렇다. 남성성이나 여성성을 사회적으로 지배적인 일부 변형물과 동일시하고 성적 관계를 이성애와 동일시함으로써 생겨나는 담론 세계의 압축은 강력한 지배 이데올로기를 보여준다. 포스트구조주의 페미니스트들은 더 나아가 다름 아닌 젠더 구분 자체가 억압을 빚어낸다고 주장한다. 즉 일정하게 성별화된 정체성을 여성에 대한 남성의 제도화된 특권이 아니라 종속적인 것으로 구획한다는 것이다. 이 경우에 허위의식의 주요 형태는 이런 구분을 특정한 담론 구성의 효과로서 간파하기보다는 액면 그대로('토대로서') 받아들이는 데 있을 것이다. 그렇지만 젠더 구분 자체를 문제시하는(그리고 그것을 담론 폭력의 기원적인 행동으로 다루는) 분석들이 성별화된 불평등을 재생산하는 특정한 사회관계나 제도적 틀에 대한 깊은 이해를 자동적으로 진전시켜주지는 않는다. 남성 지배나 가부장제 같은 개념을 포기하고 그 대신 젠더를 선호하는 데 따르는 난점은 여기서 비롯한다. 사회관계 이론에 바탕을 두고 젠더를 논의하지 않을 때는 더욱 그러하다. 젠더 이론과 페미니즘 사회 실천 이론 사이의 간극을 메우는 명료한 길은 존재하지 않으며, 따라서 나는 '가부장적 교섭' 개념이 여전히 어느 정도 유용성이 있다고 생각한다.

13
전 지구적 자본주의 아래서 사라지는 아버지들

테마 캐플런Temma Kaplan
럿거스대학 역사학 교수. 『민주주의에 열광하다Crazy for Democracy』, 『거리를
되찾자Taking Back the Streets』 등의 저서가 있다.

세계 곳곳에서 아버지와 정부가 아버지의 책임을 회피하는 지금, 가부장제는 계급 및 역사의 측면에서 비교론적으로 논의될 필요가 있다. 아버지의 부재와 계속된 여성 종속이라는 오늘날의 문제는 극빈층 사람들에게 전혀 새로운 문제가 아니다. 그 기원은 적어도 16세기까지 거슬러 올라간다. 새로운 점은, 점점 더 많은 사람이 생계수단 없이 도시로 몰려들면서 이런 양상이 확대된다는 사실이다. 한때 산업화 없는 도시화라고 불렸던 현상이 이제는 빈곤의 여성화로 바뀌고 있으며, 여성과 아동의 생활조건은 점점 더 불안정해지고 있다.

가부장제를 세대·위계 체계에 따른 아버지와 장래 아버지들의 지배로 간주하는 것은 남성들이 다스리는 가족의 존재를 가정한다. 남성의 계보는 할아버지에서부터 아버지, 형제, 남편, 때로는 아들을 거쳐 국가라는 최고 권위에서 정점에 달한다. 린다 고든과 앨런 헌터 Allen Hunter, 주디스 스테이시, 스티브 스턴Steve Stern 등은 모두 오늘날 여성과 사회가 직면한 문제는 아버지와 할아버지의 **부재**를 동반하는 남성 지배 체제와 모든 사회 서비스를 점차 사유화하려는 정부의 존재라고 언급한 바 있다. 전형적인 가부장제와 달리, 여성을 종속시키며 여성의 섹슈얼리티, 재생산 능력, 노동, 복지를 통제하는 현 체제는 보이지 않는 손에 의존하는 것처럼 보인다. 극빈층 여성과 아동의 복지를 지원하는 데에는 아무런 관심이 없는, 부재한 아버지들의 세대라는 보이지 않는 손에.

어떤 유대가 깨졌다고 생각하는 이들은 가부장제를 남성과 여성 사이의 계약과 혼동하는 듯하다. 남성이 경제적 지원을 해주는 대가로 여러 세대에 걸쳐 여성을 구타하고, 성적으로 학대하고, 여성과 아이들을 지배하고, 모든 종교적·세속적 법을 정의하고 해석하는 등 무엇이든 마음대로 할 수 있는 계약 말이다. 그렇지만 봉건제가 주로 무력하기 때문에 순종하는 이들로부터 노동을 짜내는 체제였듯이, 가부장제는 언제나 남성 지배 체제에 지나지 않았다. 권력을 휘두르는 방식이 외관상 변화한 것은 사유재산이 점점 더 소수 남성에게로 집중되고 노동이 세계화되는 현상과 관련이 있어 보인다. 이제 자본가들은 노동력 재생산을 걱정하지 않기 때문이다.

자본주의와 착취에 초점을 맞추는 것만으로는 남성 지배나 그에 따른 여성과 아동에 대한 야만적 처우가 설명되지 않지만, 흔히 간과되던 양상이 드러나기는 한다. 15세기 유럽의 초기 제국주의와 함께 시작됐고 우리 시대에도 일부 지역에서 일어나는 물결 속에, 땅의 예속에서 해방된 이들은 또한 도시에서 일자리를 구할 수단이 전혀 없는 채로 땅에서 밀려나는 고난을 겪었다. 서유럽 지역에서 봉건제가 파괴되고, 아시아·아프리카·라틴아메리카·중동에서 식민주의에 따라 토지가 재편되고, 19세기 미국과 브라질에서 노예제가 종식되고, 2차대전 이후 세계 곳곳에서 농업이 점차 기계화됨에 따라 농민들은 토지에 대한 권리를 잃었다. 남성 막노동자들은 종종 일을 찾기 위해 살던 땅을 떠나야 했다. 대부분은 인근 도시로 옮겨 갔지만, 그곳에서도 안정된 일자리를 찾지 못한 이들은 고향과 가족을 등지고 점점 더 먼 곳으로 옮겨 갔다. 대개 젊은 유럽 남성이었던 이 노동자들은 라틴아메리카, 아시아, 아프리카로 진출한 초창기 제국주의 모험사업의 대중적 기반을 형성했다. 이 노동자들은 부를 찾아 떠났으나 고향에서는 일자리를 기대할 수 없었다.

유럽 보병들은 특히 세비야나 제노바 같은 항구도시에 부인과 아이들을 남겨둔 채 다른 대륙을 착취하러 나섰다. 식민지 여성들이라고 형편이 좋은 것은 아니었다. 페루, 멕시코, 인도, 케냐에서 여성들은 종종 유혹에 넘어갔다가 버림을 받았다.[1]

19세기 스페인과 이탈리아의 땅 없는 일용직 노동자들(아르헨티나 사람들이 '제비들las golondrinas'이라고 부른 이들)은 북반구에서 남반구까지 추수를 따라 옮겨다녔다. 노동자들은 걸핏하면 새로운 장소에서 다른 일자리를 찾기도 하고, 고향에 돈 보내는 일을 중단하기도 했다. 19세기에 잉글랜드 콘월과 스코틀랜드에서 광산이 문을 닫자 광부들은 미국에서 일을 찾았다. 이 광부들 또한 부인과 아이들을 남겨두고 떠났다. 하루아침에 가장이 된 여자들은 홀로 아이를 키우려고 애썼다. 혼자서 혹은 (꼭 피붙이가 아니더라도) 다른 여자들과 함께 아이를 키우는 독신 여성들은 일찍이 16세기부터 노동계급 가족 형태 중 하나가 되었다.

대니얼 패트릭 모이니핸이 '흑인 가족'이나 '흑인 가모장제black matriarchy'라고 규정한 이런 양상, 즉 홀로 아니면 친척이나 친구들과 함께 아이를 키우는 가난한 여성들은 여러 세기 동안 세계 각지의 일부 장소에서 프롤레타리아 가족의 한 종류를 가리키는 모델이었다. 자본주의 아래서 빈곤의 가족 구조였던 것이다. 평범한 여성들의 영웅적 노력은 예나 지금이나 인정이나 존중을 받지 못한다. 아버지의 부재 역시 독신모들을 남성의 지배로부터 해방시켜주지 않는다. 땅에 매인 가장 억압적인 조건에서 해방되는 동시에 굶어 죽을 자유를 누리는 빈민 가정이 되는 일이 다반사였다. 어머니와 딸들 역시 살아남기 위해 일을 찾아 나섰다. 근대 초기 이탈리아와 프랑스, 스페인에서는 남자들이 집을 나가거나 자기 몫을 하지 못하면 아이를 낳은 여자들은 유모로 일을 하거나 가족을 부양하기 위해 빨래나 바느질을 했다. 18세기 벨기에와 오스트리아, 19세기 아일랜드와 멕시코, 과테말라, 20세기 초 일본과 중국 같은 나라의 어린 소녀들은 하녀나 매춘부로 팔려 나갔다. 처음에는 가까운 읍내나 도시로, 결국에는 미국같이 먼 곳으로 떠났다.[2] 여성들은 가족의 유대로부터 자유로워지지도 않았을뿐더러 (매사추세츠주의 로웰Lowell·로렌스Lawrence,* 한국의 여성 방직노동자들이 그러했듯이) 흔히 아버지의 소득원으로서 자기도 모르는 사이에 가부장제에 경제적 보탬이 됐다.

자본주의하의 경제적 관계로서 가부장제는 언제나 자산과 공동체의 재생산 통제에 의존했다. 자산이 없는 남자들은 단지 음식과 의복, 살 곳과 섹스만을 필요로 했다. 남자들끼리만 있으면 싸움질이 벌어지기 십상이었고, 술 마시고 흥청거리느라 규율된 노동을 수행하는 능력에 차질이 빚어지는 일이 다반사였다. 20세기 전반기의 잠비아(옛 북北로디지아)에 관해 쓴 조지 촌시George Chauncey나 같은 시기의 칠레에 관해 쓴 토머스 클루복Thomas Klubock에 따르면, 광산 소유주들은 노동자주택을 지었다. 노동자들이 안정된 가정생활을 꾸리도록, 음주를 줄이도록, 그럼으로써 더욱 유순한 노동력을 창출하기 위해서였다.[3] 그렇지만 광산촌 여성들은 열악한 생활조건과 아버지나 남편의 저임금만이 아니라 남자 친척들의 구타에 시달렸다. 가령 아그네

---

* [옮긴이주] 19세기에 섬유공장이 밀집해 있던 지역이다.

스 스메들리Agnes Smedley가 콜로라도에서 보낸 어린 시절을 구슬프게 회상하는 『대지의 딸Daughter of Earth』이나 도미티야 바로스 데 충가라 Domitila Barros de Chungara가 볼리비아 시글로XXSiglo XX 광산촌에서 보낸 삶을 이야기하는 『내 말을 들어라!Let Me Speak!』를 보라.[4] 임금을 벌기 위해 일하는 남녀에 대한 직접적인 착취와 억압받는 남성들의 여성 학대 때문에 남녀 간의 성적·사회적 관계, 가족 내에서 아버지와 자식 사이의 관계가 더럽혀졌다.

지난 40년간 산업국가에서 일어난 변화는 각국 정부가 이제 더는 아동의 건강 상태와 노동력 재생산에 몰두하지 않는다는 점이다. 마거릿 휴잇Margaret Hewitt이 『빅토리아 시대 산업의 부인과 어머니들 Wives and Mothers in Victorian Industry』(재출간될 만한 책이다)에 쓴 바에 따르면, 19세기 중반 영국 토리당은 노동계급이 재생산을 하지 않을까봐 몹시 염려했다. 여성 공장 노동자 중 일정한 비율(높지는 않지만)이 어머니였기 때문이다.[5] 아이는 가난한 여성 노인들에게 맡길 수밖에 없었는데, 이 노인들은 한 번에 열 명까지도 맡았다. 당시만 해도 유아용 유동식 같은 게 없었기 때문에(이유식은 20세기에 들어서서야 대중화된다) 노인들은 물을 탄 우유에 빵부스러기를 녹여 먹였고, 조용히 있도록 마취제까지 먹였다. 이 아이들은 올언 허프턴Olwen Hufton이 보고한 프랑스 유기 아동들이 그러했듯이, 많은 수가 죽었다.[6] 휴잇에 따르면 미래에 노동력이 부족해지리라는 공포와 온정주의에 빠진 토리당 급진파는 보호 법안을 만들어 임신한 여성과 자녀가 있는 여성은 대부분의 공장 노동을 하지 못하게 했다. 오늘날 우리는 세계화 경제에서 노동력 부족에 대한 공포가 사라진 현실을 목도하고 있다. 동아시아와 동남아시아, 중앙아메리카와 남아메리카, 점차 아프리카까지 거대한 노동력 공급 국가를 찾아 옮겨다니는 세계화 경제는 이제 누가 공장에서 일할 것인지 걱정할 필요가 없다.

그럼에도 불구하고 세계 곳곳에서 아이들을 주로 부양하는 건 여전히 여성이다. 남성들이 이 가족 저 가족을 전전하거나 아예 가족을 꾸릴 필요성을 찾지 못하기 때문이다. 스티브 스턴은 멕시코를 비롯한 라틴아메리카(아프리카도 포함해야 한다)의 판자촌 거주 여성들이 무허가촌에 지은 판잣집에 대한 토지 권리를 획득해 완전 무상이나 무상에 가까운 주거를 얻고자 노력하고 있음을 지적한다. 스턴이 말하는 것처럼, 남자들이 아내와 아이들과 같이 산다고 해도 몇 푼 안 되는 임금에 집세를 낼 여력이 있는 경우는 드물다. 그리고 일단 여자가 집을 갖게 되면 학대 관계에서 벗어날 수 있다. 폴 마셜Paule Marshall은 『브라운 걸, 브라운 스톤Brown Girl, Brown Stone』에서 이런 양상의 초창기 모습을 묘사한다―1930년대 브루클린에서 바베이도스 출신 이주 여성들은 남편이 집을 떠나더라도 아이들에게 집을 마련해주기 위해 허리띠를 졸라매고 돈을 모았다.[7] 루스 베하Ruth Behar의 『번역된 여성: 에스페란사 이야기와 함께 경계를 넘다Translated Woman: Crossing the Border with Esperanza's Story』, 엘사 요우베르트Elsa Joubert의 『포피 논헤나의 긴 여행The Long Journey of Poppie Nongena』, 카롤리나 데 제주스Carolina de Jesus의 『어둠의 자식Child of the Dark』[8] 등은 각기 다른 방식으로 멕시코, 남아공, 브라질의 독신모들이 무자비한 아버지와 남편, 정부에 맞서 살아남기 위해 분투하고 주거를 확보한 이야기를 전해준다. 남성들과 정부는 여성과 아이들을 부양하지 않았을 뿐만 아니라 가족을 절망적인 곤경으로 몰아넣었다.

아파르트헤이트 시절의 남아공은 가부장적 관계의 쇠퇴와 노동력 부족에 영향 받지 않은 자본주의의 팽창 사이의 관계를 전형적으로 보여준다. 아파르트헤이트는 토지와 노동을 조절하고 인종 분리를 유지하기 위한 체제였다. 백인들이 유색인에게서 빼앗은 토지를 기계화하고 가축 사육이 발달함에 따라 농업노동자에 대한 수요는 점점 줄어들었다. 정부는 유색인들을 비옥한 지역 바깥의 황무지로 쫓아냈다. 흑인들은 닥치는 대로 아무 일이나 할 수밖에 없었다. 유모들, 즉 혼자 힘으로 생활을 꾸려나가기 위해 아이들을 시골에 두고 떠나야 했던 이들을 제외하면 여성 노동자에 대한 수요는 거의 없었다. 흑인 남성들은 때로 광산이나 공장에서 계약직 노동자 자리를 구할 수 있었지만, 이런 일자리를 얻으려면 반투스탄Bantustan*이라 불리는 황량한 땅에 부인과 아이들을 내버려두고 나와야만 했다. 반투스탄에는 물과 음식, 교육 기회나 보건시설 같은 게 거의 없었다. 때로 남성들은 집으로 돈을 보냈다. 그렇지만 그들이 번 얼마 안 되는 돈은 자기 생활비와 유흥비로 쓰이는 경우가 다반사였다.

많은 여성들은 아이들이 굶주리거나 치료를 받지 못해서 죽는 걸 두고 보느니 도시로 나간 남편을 찾아 불법 이주를 감행했다. 케이프타운 같은 도시에서는 일자리를 찾을 수 있었다. 사회학자 린지 매니컴Linzi Manicom은 아파르트헤이트를 인종차별 체제만이 아니라 성차별 체제라고까지 말한 바 있다.9 정부는 잉여노동에 관한 마르크스의 견해를 무심코 모방하면서 여성과 아이들을 '잉여인간'이라고 불렀다. 이윤을 창출하지 못한다는 이유에서였다.

---

* [옮긴이주] 1960년대 남아프리카공화국 영토 안에 있는 반투족(남아프리카 흑인)을 격리하고 인종 분리 정책을 추진하기 위해 설정한 자치 구역.

남아공 정부는 주로 유색인 남성들로 이루어진 노동력을 영구적으로 유지할 수 있는 사회적 지원을 제공하는 데 관심을 기울이지 않았다. 이 백인 가부장들은 여느 세계적 자본가들처럼 노동력 재생산에 무관심했다. 다른 나라나 다른 항구에 더 가난하고 절망적인 노동자들이 넘쳐난다는 사실을 잘 알고 있었기 때문이다.

케이프타운 변두리에 있는 크로스로드Crossroads라는 무허가촌의 여성위원회 지도자인 레지나 은통가나Regina N'Tongana는 살아남은 세 자녀를 지키기 위해 1978년부터 1985년까지 7년간을 싸웠다. 정부가 아이들을 죽음의 땅인 반투스탄으로 돌려보내려고 했기 때문이다. 은통가나는 힘겹게 케이프타운으로 돌아가 다른 이들의 도움으로 새로운 공동체를 만들어냈다. 여자들은 판잣집을 만들고 학교와 탁아소를 세웠으며 정착 생활을 관리하기 위해 각종 위원회를 설립했다. 정부가 판잣집을 철거하기 위해 불도저를 보냈을 때, 여자들은 맞서 싸우면서 무너진 집을 다시 지었다. 의회 철문에 쇠사슬로 제 몸을 묶고, 교회 조직과 함께 활동하면서 정부의 치부를 밝혀내 국내외 여론에 호소했다. 마침내 정부가 무허가촌 출신 갱단 두목들과 연합해 대다수 원주민을 몰아내는 데 성공했을 때, 여자들은 일부 남자들의 도움을 받아 집을 다시 짓고 같은 처지의 여자들을 돕기 위한 조직을 결성했다.[10]

16세기 이래 자본주의하에서 극빈층 여성들은 유사한 양상의 남성 지배를 경험했지만, 국제적인 빈곤의 여성화는 노동력 재생산에 대한 관심이 줄어드는 데서 기인한다. 가족에 대한 향수는 역설적으로 자녀에 대한 관심의 결여와 어머니에 대한 경멸을 동반한다. 아버지들과 국가는 이제 사회에서 극빈층 여성들의 이익을 보호한다고 주장하지도 않는다. 그러나 라틴아메리카와 아프리카의 판자촌에서 벌어지는 운동이 충분히 보여주듯이, 일부 여성들은 맞서 싸울 수 있다. 우리가 할 일은 '가족'을 강화하자고 호소하면서도 극빈층 독신모와 그 자녀들에 대한 지원을 삭감하는 이데올로그들의 냉소주의를 폭로하고 세계 각지에서 여성들의 운동이 추구하는 목표를 지지하는 것이다. 여성 스스로 관리할 수 있는 자원을 확보하는 목표 말이다.

학대 가해자들에 맞서는 싸움에서부터 주거권과 재생산권을 확보하는 노력에 이르기까지, 오늘날 모든 계급의 여성은 살 권리와 자녀를 부양할 권리를 새롭게 요구하고 있다. 자신들의 존재가 전 지구적 자본주의의 이익에 도움이 되든 안 되든, 권력 당국이 단지 살아남기 위해 노력하는 자신들을 혐오하든 안 하든 간에 말이다.

THE SOCIAL FEMINIST

CONTEMPORARY READER IN THEORY AND POLITICS

PROJECT:

3부

임금노동과 투쟁

14

여성 노동자와 자본주의
: 지배 이데올로기, 공통의 이해, 연대의 정치

찬드라 탈파드 모한티Chandra Talpade Mohanty

인도 뭄바이 출신의 페미니즘 이론가이자 활동가로, 시러큐스대학 여성학
교수다. 포스트콜로니얼·트랜스내셔널 분야를 연구했다. 『페미니스트 해방
전사: 계보, 정의, 정치, 희망Feminist Freedom Warriors: Genealogies, Justice, Politics,
and Hope』(공편), 『페미니스트 계보, 식민 유산, 민주적 미래Feminist Genealogies,
Colonial Legacies, Democratic Futures』(공편) 등을 엮었고, 한국에 소개된 책으로
『경계 없는 페미니즘Feminism without Borders』(여이연, 2005)이 있다.

우리는 열심히 일하면 아이들을 번듯하게 입힐 수 있고, 우리 자신을 위해서도 시간과 돈이 약간 남을 거라는 꿈을 꿉니다. 다른 사람들만큼 일을 잘하면 똑같은 대우를 받기를, 우리가 그들과 다르다는 이유로 아무도 우리를 깎아내리지 않기를 꿈꿉니다. …… 이윽고 우리는 자문해요. "이런 일들을 어떻게 실현시킬 수 있을까?" 지금까지 우리는 두 가지 가능한 답을 찾아냈습니다. 복권에 당첨되는 것, 아니면 사람들을 조직하는 거죠. 뭐랄까, 나는 숫자에는 한 번도 운이 없었어요. 그러니 당신 책에서 이렇게 말하세요. 그럴 시간이 없다고 생각할지 모르지만 스스로 조직해야 한다고요! …… 당신 자신의 삶에 대해 조금이나마 권력을 얻는 유일한 길은 집단적으로 행동하는 것뿐이니까요. 당신과 같은 요구를 가진 다른 이들로부터 지지받으면서 말이에요.

— 이르마Irma(캘리포니아주 실리콘밸리의 필리핀계 노동자)[1]

아이들과 번듯한 삶을 살고 싶다는 이르마의 꿈, 자기가 하는 노동의 질과 가치에 따라 동등한 대우와 긍지를 누리고 싶다는 바람, 집단적 투쟁이야말로 "자신의 삶에 대해 조금이나마 권력을 얻는" 수단이라는 확신은 전 지구적 자본주의라는 무대에서 가난한 여성 노동자들이 벌이는 투쟁을 간결하게 보여준다. 이 글에서 나는 가난한 제3세계 여성들에 대한 착취, 공통된 위치와 요구를 가진다는 인식에 바탕을 둔 여성 노동자들의 공통된 이해, 그리고 여성 노동자들의 일

상적 삶의 변화에 근거를 두는 동시에 삶을 변화시키는 조직화 전략/
실천에 초점을 맞추고자 한다.

젠더와 노동: 역사적·이데올로기적 변화

"일을 하니까 사는 게 즐거워지더라고요." 코니 필드Connie Field의
영화 〈리벳공 로지의 삶과 시대The Life and Times of Rosie the Riveter〉에서
유대인 노동계급 여성 롤라 와이설Lola Weixel이 2차대전 중 용접공장
에서 일한 경험을 돌아보면서 하는 말이다. 당시 많은 미국 여성이 노
동력에 편입되어 전장에서 싸우는 남성들의 자리를 대신했다. 영화
속 가장 감동적인 한 장면에서 와이설은 함께 일하고, 기술을 배워 제
품을 만들고, 일한 대가로 임금을 받다가 전쟁이 끝나자 이제 당신들
은 필요가 없으니 여자친구나 가정주부, 어머니 역할로 돌아가라는
말을 듣는다는 게 자신과 다른 여성들에게 어떤 의미였는지에 대해
말한다. 1940년대 말에서 1950년대에 미국의 국가적 선전기구는 남
성 노동과 여성 노동을 명백히 하고, 그에 상응하는 남성성/여성성과
가정생활에 대한 기대를 노골적으로 드러냈지만, 1990년대에는 사
정이 달라졌다. 공과 사, 노동자와 소비자와 시민의 정의가 바뀜에 따
라 임금노동은 이제 가시적인 남성성의 측면에서 정의되지 않는다. 그
렇지만 1990년대의 일자리 경쟁, 고용 손실, 이윤 창출의 동학은 여
전히 1900년대 초 뉴잉글랜드 공장 도시들의 쇠퇴를 야기한 역동적
인 과정의 일부다. 이 과정은 미국/멕시코 국경이나 캘리포니아 실리
콘밸리에서 '미국인' 노동자와 '이민' 노동자/'제3세계' 노동자를 경

쟁시키는 동학이기도 하다. 마찬가지로, 여성들이 주도한 1909년 뉴욕 의류노동자 파업, 1912년의 '빵과 장미Bread and Roses'(로렌스 방직) 파업, 2차대전 당시 롤라 와이설이 노동조합 조직화에서 맡은 역할, 1980~1990년대에 한국 방직·전자노동자들(대부분 젊은 미혼 여성이었다)이 빈번하게 벌인 파업 사이에는 연속성이 존재한다.[2] 1995년의 전 지구적 노동 분업은 1950년대의 상황과 무척 달라 보이지만, 여성 노동, 여성에게 노동이 갖는 의미와 가치, 착취에 대항하는 여성 노동자 투쟁 등의 이데올로기는 여전히 세계 각지의 페미니스트들에게 중심적인 쟁점이다. 어쨌든 여성들의 노동은 미국뿐만 아니라 모든 곳에서 자본주의가 발전하고 공고화되고 재생산되는 과정에서 중심을 차지했다.

미국에서 노예제, 계약하인제indentured servitude,* 계약노동, 자가고용, 임금노동 등의 역사는 동시에 자본주의의 발전이라는 맥락에 삽입된 젠더와 인종, 섹슈얼리티(이성애와 동성애)의 역사였다. 그리하여 각기 다른 인종, 종족, 사회계급의 여성들은 19세기의 경제·사회적 관행(남부의 노예 농업, 동북부에서 등장한 산업자본주의, 서남부의 대농장hacienda 체제, 중서부의 독립 가족농, 원주민의 사냥/채집과 농경)에서부터 20세기 말의 임금노동과 자가고용(가족 사업 포함)에 이르기까지 경제 발전 과정에서 무척 상이하면서도 상호 연결된 노동 경험을 했다. 방직공장들이 노동조합이 없는 노동자를 찾아 남부로 옮겨 가면서 로웰의 소녀들이

---

* [옮긴이주] 식민지 시대 아메리카에서 노동력 부족을 메우기 위해 영국에서 백인 노동자를 수입한 제도. 보통 가난한 젊은이들이 일정한 기간 동안 고용주 밑에서 일하는 대가로 뱃삯, 의식주 등의 생필품만을 받는 계약을 맺고 아메리카로 건너갔다. 계약 기간이 끝나면 자유로운 신분이 되었다.

일자리를 잃은 때로부터 거의 100년이 지난 1995년, 페미니스트들은 세계의 각기 다른 지역에서 수많은 심대한 분석과 조직의 과제에 직면해 있다. 이른바 '새로운 세계질서New World Order'[3]를 떠받히는 지배와 착취의 과정은 세계의 절대다수 사람들에게 물질·문화·정치적으로 파괴적인 영향을 미친다. 마리아 미즈Maria Mies는 세계가 점차 소비자와 생산자로 분할됨에 따라 제3세계 여성 노동자들이 심대한 영향을 받고 있다고 주장한다. 농업에서, 방직·전자·의류·장난감 같은 대규모 제조업에서, 수공예와 식품 가공 같은 소규모 소비재 제조업(비공식 부문)에서, 성산업과 관광산업에서 제3세계 여성 노동자들은 노동자로서 국제적인 노동 분업에 끌려 들어가고 있다.[4]

소비자나 생산자/노동자라는 존재에 따라붙는 가치, 권력, 의미는 불평등한 세계 체제에서 우리가 어디에 속하고 누구인가에 따라 엄청나게 달라진다. 1990년대에 전 지구적 자본주의를 대표하는 특징은 다국적기업이다. 리처드 바넷Richard Barnet과 존 캐버나John Cavanagh는 다국적기업이 새로운 세계질서에 미치는 영향을 분석하면서 전 지구적 상업의 장을 네 가지 교차하는 그물망으로 특징짓는다. '전 지구적 문화시장Global Cultural Bazaar'(영화, 텔레비전, 라디오, 음악 등의 미디어를 통해 이미지와 꿈을 창조하고 퍼뜨린다), '전 지구적 쇼핑몰Global Shopping Mall'(광고, 유통, 마케팅 네트워크를 통해 먹고, 마시고, 입고, 즐기는 모든 것을 파는 세계적인 슈퍼마켓), '전 지구적 작업장Global Workplace'(상품을 생산하고, 정보를 처리하고, 서비스를 제공하는 공장과 작업장들의 네트워크), '전 지구적 금융 네트워크Global Financial Network'(통화 매매, 전 지구적 유가증권 등의 국제적 거래) 등이 그것이다.[5] 각각의 그물망 안에서는 남성성, 여성성, 섹슈얼리티의 인종화된 이데올로기가 올바른 소비자와 노동자, 관리자를 구성하는 역할을 한다. 한편, 여성들의 심리적·사회적 권리 박탈과 빈곤화는 여전히 계속된다. 여성들의 육체와 노동은 전 지구적 꿈과 욕망, 성공과 훌륭한 삶의 이데올로기를 전례 없는 방식으로 공고히 하기 위해 활용된다.

페미니스트들은 세계화와 자본주의적 재식민화 방식이 제기하는 도전에 직접 대응하고 있다. 이 과정에서 페미니스트들은 성정치만이 아니라 (a) 민족국가 내부와 경계를 가로지르는 종교 근본주의 운동, (b) 구조조정 정책(SAPs), (c) 군사주의, 비무장화, 여성에 대한 폭력, (d) 환경 악화와 토착 원주민들의 토지/주권 투쟁, (e) 인구 통제, 보건, 재생산 정책과 실천 등이 여성에게 미치는 영향도 다룬다.[6] 각각의 경우에 페미니스트들은 노동자, 성적 파트너, 어머니 겸 돌보는 사람, 소비자, 문화·전통을 전하고 변화시키는 사람 등으로서 여성들에게 미치는 영향을 분석하고 있다. 남성성과 여성성, 모성과 이성애의 이데올로기를 분석하고 행위, 접근, 선택을 이해하고 그 지도를 그리는 것이 이 분석과 조직화의 중심을 차지한다. 따라서 자본주의적 지배와 재식민화 과정의 특징에 대한 설명이 압도적으로 보일지도 모르지만, 나는 수많은 저항과 투쟁의 형태에도 관심을 환기시키고자 한다. 이런 저항과 투쟁 또한 언제나 식민주의/자본주의의 각본을 구성하기 때문이다. 계급/카스트에 특유하고 인종화된 위계와 자본주의적 가부장제는 여성에 대한 지배와 착취의 오랜 역사에서 핵심을 차지하는 부분이지만, 이런 관행에 맞선 투쟁과 왕성하고 창조적이며 집단적인 동원과 조직화 형태 역시 언제나 우리 역사의 일부였다.

테리사 애모트Teresa Amott와 줄리 매사이Julie Matthaei는 미국 노동 시장을 분석하면서 젠더, 계급, 인종-종족적 권력 위계들이 교차하면서 두 가지 주요한 결과가 나타났다고 주장한다.

첫째, 힘없는 집단은 언제나 임금과 고용 안정성이 낮고 노동조건
이 열악한 일자리에 집중된다. 둘째, 일터는 극단적인 차별의 장소다.
일터에서 노동자들은 같은 인종-종족, 성, 계급 집단과만 함께 일
한다. 물론 기업과 지역에 따라 일자리를 얻는 특정한 인종-종족 집
단과 성별은 다를 수 있지만 말이다.[7]

애모트와 매사이는 성별과 인종에 따른 일자리 유형화에 관심을
기울이면서도 이러한 일자리 유형화와, 노동시장에서 임금이 낮고 차
별적이며 종종 위험한 부문에 집중된 노동자들의 사회적 정체성 사
이의 관계를 **이론적으로** 설명하지는 않는다. 애모트와 매사이가 도표
로 제시하는 경제사가 미국 자본주의 발전 과정의 인종적이고 성적인
기초를 이해하는 데 대단히 중요하기는 하지만, 두 사람의 분석은 이
일자리들이 **어떻게** 정의되는지와 **누가** 이 일자리들을 얻으려고 애쓰
는지 사이에 관계가 존재하는가라는 질문은 회피한다.

나는 여성들이 전 지구적 경제에 편입된 두 사례(인도 나르사푸르의
여성 레이스 직조공과 실리콘밸리의 전자산업에서 일하는 여성)를 검토함으
로써 젠더·인종·종족의 상호관계와 여성들을 특정한 착취 맥락에 위
치시키는 노동 이데올로기의 윤곽을 그려보고자 한다. 이 두 사례에
서 여성들이 계급, 인종, 종족의 구분선에 따라 모순적인 위치를 차지
한다는 사실은, 현대 자본에 의한 전 지구적 경제의 조직화가—두 곳
의 지리적·사회문화적인 뚜렷한 차이에도 불구하고—이 노동자들을
매우 유사한 방식으로 위치지우고 지역적으로 특수한 위계를 효과적

으로 재생산하고 변형시킴을 시사한다. 이러한 맥락에서 가내노동과 공장 노동 사이에는 의미심장한 연속성이 존재한다. 고유한 노동 이데올로기뿐만 아니라 여성들이 노동자로서 갖는 경험과 사회적 정체성의 측면에서도 말이다. 이런 경향은 영국의 흑인 여성 노동자들(아프리카계 카리브인, 아시아인, 아프리카인), 특히 가내노동과 공장 노동, 가족 사업에서 일하는 여성들의 사례 연구에서도 발견할 수 있다.[8]

가정주부와 가내노동: 나르사푸르의 레이스 직조공들

인도 나르사푸르의 레이스 직조공들에 관한 마리아 미즈의 1982년 연구는, 자본 축적의 명령 아래 가난한 농민 사회와 부족 사회가 국제적 분업으로 '통합'되는 나라들에서 여성들이 어떻게 발전 과정의 영향을 받는지를 생생하게 보여준다. 미즈의 연구는 자본주의 생산관계가 어떻게 **가정주부**라고 규정되는 여성 노동자들의 어깨 위에 세워지는지를 보여준다. 젠더와 노동의 이데올로기와 그것의 역사적 변화는 레이스 직조공들을 착취하는 데 필요한 지반을 제공한다. 그러나 여성을 가정주부로 정의하는 것은 또한 여성 노동의 이성애화 heterosexualization를 암시한다―여성들은 언제나 남성과 혼인관계를 통해서만 정의되는 것이다. 레이스 산업과 그에 따른 생산관계의 발전에 관한 미즈의 설명은 젠더·카스트·종족 관계의 근본적인 변화를 보여준다. 봉건 전사 카스트(지주)와 나르사푸르(가난한 기독교도), 세레팔람Serepalam(가난한 카푸/힌두교도 농업 종사자) 여성들 사이에 원래 존재하던 카스트 차이는 레이스 산업이 발전하면서 완전히 바뀌었고, 새로운 카스트 위계가 생겨났다.

　미즈가 연구를 하던 당시에 레이스 제조업체는 60곳이 있었고, 나르사푸르와 세레팔람에서 20만 명의 여성이 노동력을 이루고 있었다. 레이스를 짜는 여성들은 하루에 6~8시간을 일했는데, 연령대는 6세부터 80세까지 다양했다. 미즈는 1970년에서 1978년 사이에 레이스 산업이 팽창하고 세계시장에 통합됨에 따라 특정한 지역 안에서 계급/카스트 차별이 생겨났으며, 비생산 일자리(상업)는 전부 남성이 차지하고 생산 과정은 여성이 전담하게 되었다고 주장한다. 그리하여 남자들은 여자가 만든 제품을 판매하고 여성 노동에서 나오는 이윤에 의지해 살았다. 남성 노동과 여성 노동이 양극화되자 남성들은 자신을 여성 노동에 투자하는 수출업자이자 사업가로 정의했다. 또한 이런 양극화에 따라 여성은 가정주부로, 여성 노동은 '여가활동'으로 정의하는 사회적·이데올로기적 경향이 강화됐다. 이러한 맥락에서 노동은 성적 정체성, 즉 여성성과 남성성, 이성애 등의 구체적인 정의에 바탕을 둔 것이었다.

　카스트와 젠더라는 두 토착적인 위계가 상호작용하면서 '여성의 일'에 대한 규범적인 정의가 만들어졌다. 레이스 산업이 처음 시작될 때만 해도 카푸 남녀는 농업노동자였고 레이스 직조공은 하층 카스트인 하리잔Harijan* 여성의 몫이었는데, 자본주의적 생산관계가 발전하고 카스트/계급의 유동성이 생겨나면서 이제는 하리잔 여성들이 농업노동자가 되고 카푸 여성들은 레이스 직조라는 '여가' 활동을 맡게

---

* [옮긴이주] 간디가 불가촉민에게 붙여준 이름으로 '신의 자식들'이라는 뜻이다. 이 책 4장에 나오듯이, 당사자들은 이런 동정적인 이름을 거부하고 '달리트'라는 말을 쓴다.

됐다. 카스트에 기반한 격리와 푸르다 관습의 이데올로기가 잉여가치를 짜내는 데 결정적인 기여를 했다. 여성의 격리와 푸르다는 높은 카스트 신분을 나타내는 표시이기 때문에, 카푸 노동자 여성의 가정화—레이스 짜는 일은 '집 안에 앉아 있는 여성'이라는 개념과 연결되었다—는 전적으로 자본 축적과 이윤의 논리에 따른 결과였다. 이제 카푸 여성들은 봉건시대 지주 카스트 여성이 아니라 푸르다를 뒤집어 쓴 채 세계시장을 위한 생산에 종사하는 가정주부다.

여성의 격리와 가정화 이데올로기는 분명히 성적인 것이다. 보호와 소유라는, 남성과 여성에 관한 통념에 의존하기 때문이다. 이것은 또한 이성애 이데올로기이기도 하다. 아내, 자매, 어머니라는 여성에 대한 규범적 정의에 바탕을 두기 때문이다—여성은 언제나 혼인관계나 '가족'과 관련된다. 따라서 카스트 변화와 가정화·비가정화 nondomestication의 구분선에 따른 여성의 분리(카푸 가정주부 대 하리잔 농업노동자)는 여성들이 하는 노동을 성적 정체성, 카스트/계급 정체성과 효과적으로 연결한다. 이 경우, 가정화를 작동시키는 것은 여성을 가정 내 자리와 혼인관계, 이성애 등의 측면에서 정의하는 가정주부 이데올로기의 지속성과 정당성이다. '노동자'와 '가정주부'의 정의 간 대립적 성격은 노동의 비가시성(과 카스트에 관련된 신분)에 고정된다. 실제로 이런 대립은 여성을 **비노동자**non-worker로 규정한다. 정의상 가정주부는 노동자나 농업노동자가 될 수 없으며, 가정주부가 존재하기 때문에 남성 생계부양자와 소비자가 있을 수 있다. 이 경우에 '여성의 자리와 일'이라는 이데올로기는 분명히 현실적인 물질적 힘을 발휘한다. 공간적 변수는 카스트별로 독특하면서도 성별화된 위계를 구성하고 유지하기 때문이다. 따라서 미즈의 연구는 가정주부라는 여성의 사회적 정의가 구체적으로 어떤 효과를 발휘하는지를 생생하게 보여준다. 레이스 직조공들은 인구조사 통계에서 보이지 않을 뿐만 아니라(어쨌든 그들이 하는 일은 여가이다), 그들이 가정주부로 정의되기 때문에 남성들은 '생계부양자'로 정의될 수 있다. 여기서 자본주의 생산관계의 발전과 여성의 세계시장 편입을 통한 계급과 젠더의 프롤레타리아화가 가능한 것은 토착 카스트 이데올로기 및 성별 이데올로기의 역사와 변화 때문이다.

세계시장을 위해 생산하는 가정주부/노동자의 입장에서 자본주의적 과정의 작동을 읽어내면 농업노동자와 비노동자(가정주부) 사이의 성별화된 카스트/계급 대립이 보인다. 나아가 여성 노동의 감춰진 비용을 인정하고 책임질 수 있게 된다. 무엇보다도, 미즈가 말하듯 남성들이 생산자인 여성들에게 의존해 살아가는 상황에서 농업노동자/노동자가 근본적으로 **남성적인** 정의임이 설명된다. 이런 남성적인 노동 정의는 자본주의적 가부장 문화를 지탱하는 주축으로서, 이를 분석하고 변형하는 것이야말로 우리가 직면한 가장 중요한 과제 중 하나다. 이러한 노동 정의는 여성 노동과 그 비용을 보이지 않게 만들 뿐만 아니라 여성들을 스스로 선택할 수 있는 행위 주체가 아니라 빈곤화 과정 혹은 '전통'이나 '가부장제'의 희생자로 정의함으로써 여성들의 주체성을 깎아내리고 만다.

사실 여성들의 선택이 제기하는 모순은 레이스 직조공들이 자신들의 노동이 '여가활동'으로 규정되는 데 대해 보이는 반응에서 분명히 나타난다. 이들은 자신들이 '노동'을 한다는 사실을 분명히 알고, 자신들이 가난해진 역사를 인식하고 있으면서도(물가가 오르는데 임금은 그만큼 오르지 않기 때문에) 어떻게 이런 상황에 처하게 됐는지는 설명할 수 없었다. 따라서 자신들이 하는 노동과, 가정주부나 어머니 역할 사이에 존재하는 일정한 모순을 분명히 알면서도 이런 모순을 분석하는 통로에는 이르지 못했다. 그 결과, (a) 착취라는 측면에서 전체적인 상황을 파악하고 (b) 자신들이 처한 물질적 상황을 바꾸기 위해 전략을 세우고 조직하며 (c) 카스트/계급의 구분선을 가로질러 여성 노동자로서 공통된 이해를 인식하지 못했다. 실제로 세레팔람 여성들은 레이스 짜는 일을 임금노동보다는 '가내노동'으로 규정했으며, 소규모 상품 생산자로 자리 잡을 수 있었던 여성들은 자신이 하는 일을 사업으로 보았다. 자신들이 **노동**보다는 **제품**을 판다고 생각한 것이다. 이처럼 두 경우 모두에서 여성들은 자신을 비노동자로 규정하는 이데올로기를 내면화했다. 카스트와 가부장제 이데올로기의 내면화는 노동환경의 고립(공개적인 환경이 아니라 집 안에서 행해지는 노동)만큼이나 **노동자**나 **여성**으로서 조직화하는 데 불리하게 작용했다. 그렇지만 미즈는 이 이데올로기에 균열이 존재했다고 지적한다. 여성들은 농업노동자들에 대한 시기심을 드러냈는데, 레이스 직조공들이 보기에 그들은 들에서 함께 일하는 즐거움을 누렸기 때문이다. 페미니즘 동원의 측면에서 볼 때, 이런 맥락에서 필요한 것은 가정주부의 정체성을 '여성노동자나 일하는 여성'의 정체성으로 바꿀 필요가 있다는 사실에 대한 인식이다. 가정주부로서 공통된 이해를 인식하는 것은 여성과 노동자로서 공통된 이해를 인식하는 것과는 무척 다르다.

결혼 이주 여성, 어머니, 공장 노동
: 실리콘밸리의 전자노동자들

전 지구적 조립 라인의 한쪽 끝인 미국에 관한 나의 논의는 캘리포니아 실리콘밸리의 전자노동자들을 다룬 나오미 캐츠와 데이비드 켐니처(Naomi Katz and David Kemnitzer 1983)의 연구 및 캐런 호스펠드(Karen Hossfeld 1990)의 연구에 기초한 것이다. 생산 전략과 과정을 분석해보면 공장 노동에 대한 규범적 사고를 제3세계, 즉 주요한 노동력을 이루는 이주 여성들의 측면에서 이데올로기적으로 재정의할 필요가 있음을 알게 된다. 나르사푸르의 레이스 직조공들이 **가정주부**로 자리매김되고 그들의 노동이 복잡하기 짝이 없는 세계시장에서 **여가활동**으로 정의되는 반면, 실리콘밸리 전자산업에 종사하는 제3세계 여성들은 **어머니, 부인, 부수적** 노동자로 자리매김된다. 캐츠와 켐니처의 통계 자료에 따르면, 제3세계 국가들에서 '독신' 여성 조립 노동자를 찾는 것과 달리, 실리콘밸리에서는 '기혼 여성' 이데올로기가 고용 변수를 규정하는 데 일정한 역할을 한다.

호스펠드 또한 기존의 여성성 이데올로기가 어떤 식으로 실리콘밸리의 이주 여성 노동자들에 대한 착취를 공고히 하는지, 여성들이 어떻게 경영진에 맞서서 이런 가부장제 논리를 사용하는지를 자세히 보여준다. 전 지구적인 전자 조립 라인(한국, 홍콩, 중국, 타이완, 태국, 말레이시아, 일본, 인도, 파키스탄, 필리핀, 미국, 스코틀랜드, 이탈리아가 포함된다)의 양쪽 끝에서 이상적인 노동력으로 '독신' 여성과 '기혼' 여성을 가정하는 것은 여성성과 여자다움, 성 정체성에 대한 규범적인 이해에 근거를 둔다. 성적 차이와 이성애 결혼 제도에 입각해서 꼬리표가 붙여지고 '다루기 쉬운'(유순한?) 노동력이라는 함의가 덧붙여진다.*

캐츠와 켐니처의 통계 자료는 여성 노동의 정의와 변화가 이미 미국에 역사적으로 뿌리내린 젠더, 인종, 종족 위계 등에 의존함을 보여준다. 나아가 이 자료는 제3세계 여성 노동에 붙은 '일자리 꼬리표'의 구성이 그들의 성적·인종적 정체성과 밀접하게 결합됨을 생생하게 보여준다. 호스펠드의 최근 연구는 캐츠와 켐니처가 내린 결론을 일부분 뒷받침하지만, 그녀가 좀 더 초점을 맞추는 것은 "오늘날 자본주의 일터에서 성, 인종, 국적에 관한 모순되는 이데올로기들이 노동 통제와 노동자의 저항 형태로 동시에 이용되고 있는" 모습이다.** 호스펠드가 기여한 바는 산업 구조화에서 성별화된 이데올로기가 어떻게 작동하는지를 선명하게 보여주고 작업장에서 일어나는 이른바 '재여성화 전략refeminization strategies'을 분석한 사실에 있다.

실리콘밸리의 주요 노동력은 제3세계와 신규 이민 여성들로 이루어지지만, 상당수의 제3세계 이민자 남성 역시 전자산업에서 일하고

---

* Hossfeld, "United States." 말레이시아의 젊은 공장 여성에 대한 다양한 감시 방식을 여성적 섹슈얼리티라는 관념을 담론적으로 생산하고 구성하는 하나의 방법으로 다루는 아이와 옹Aihwa Ong의 논의 또한 '독신'과 '기혼'이 성적 통제라는 강력한 함의를 갖는 이런 맥락에 적용할 수 있다. Aihwa Ong, *Spirits of Resistance and Capitalist Discipline: Factory Women in Malaysia*(Albany: SUNY Press, 1987).

** Hossfeld, "Their Logic Against Them," 149쪽. 호스펠드는 최소한 30개 제3세계 국가(멕시코, 베트남, 필리핀, 한국, 중국, 캄보디아, 라오스, 태국, 말레이시아, 인도네시아, 인도, 파키스탄, 이란, 에티오피아, 아이티, 쿠바, 엘살바도르, 니카라과, 과테말라, 베네수엘라, 그리고 남유럽, 특히 포르투갈과 그리스 등)에서 온 노동자들과 이야기를 나눴다고 말한다. 실리콘밸리의 작업 현장에 이런 정도의 인종적·종족적 다양성이 존재한다는 사실이 갖는 함의를 잠시 생각해보는 것도 도움이 될 것이다. 이 모든 노동자가 '이민자'로 정의되지만 그중 많은 이가 최근에 이주했으며, 이런 상황에서 자본주의 재식민화 전략의 인종·종족·젠더 논리는 모든 노동자를 경영진뿐만 아니라 미국이라는 국가에 대해서도 비슷한 관계에 놓이게 만든다.

있다. 1980년대 초, 작업 현장에서 직공이나 잡역부의 80~90퍼센트를 차지한 것은 7만 명의 여성이었다. 이 가운데 45~50퍼센트가 제3세계, 특히 아시아 이민자였다. 백인 남성들은 기술직이나 감독직을 맡았다. 호스펠드의 연구는 1983년에서 1986년 사이에 수행되었는데, 그녀가 추정한 바에 따르면 당시 직공의 80퍼센트 가까이가 유색인이었으며, 여성이 조립 노동자의 90퍼센트를 차지했다. 캐츠와 켐니처는 전자산업이 한편으로는 생산을 탈숙련화함으로써, 다른 한편으로는 지루하고 보람 없고 임금도 적은 일을 수행하는 데 '더 적합한' 노동자 집단을 '끌어들이는' 데 인종·성별·종족적 정형화를 활용함으로써 값싼 노동력 자원을 적극적으로 추구한다고 주장한다. 인터뷰에 응한 경영진들은 이런 일자리의 특징을 다음과 같이 설명했다. (a) 미숙련 작업이다(요리법만큼이나 쉽다) (b) 지루한 노동을 참는 인내심이 필요하다(따라서 아시아 여성들이 더 적합하다) (c) 양육과 집안일이 주된 일인 여자들이 부수적으로 할 수 있다.

이 일을 수행하는 제3세계 이민 (기혼) 여성들을 보려면, 이런 일자리 꼬리표를 해부해보는 게 도움이 될 것이다. 캐츠와 켐니처가 기록한 일자리 꼬리표는 **여성의 노동**, 특히 **제3세계/이주 여성의 노동**에 대한 정의로 분석할 필요가 있다. 첫째, 요리법을 따라 하는 것만큼이나 쉬운 '미숙련'이라는 관념과 지루한 노동을 참는 인내심이라는 사고에는 둘 다 인종적·성적 차원이 존재한다. 둘 다 제3세계 여성을 어린이처럼 간주하는 고정관념에 의지하며, 비서구·전근대적인 (아시아) 농업문화의 특징을 '지루함'과 '인내심'으로 규정하는 토착주의 담론을 내놓는다. 둘째, 일자리를 어머니와 가정주부의 부수적 활동으로 정의하면 또 다른 차원이 덧붙여진다. 결혼을 한 여성은 집에 있어야 한다는 성적 정체성과 이성애 여성성의 적절한 통념이 바로 그것이다. 이 여성들의 일은 시간제 일자리가 아닌데도 부수적인 일로 정의된다. 이런 특정한 맥락에서 (제3세계) 여성들의 노동 수요는 일시적인 것으로 정의된다.

호스펠드의 경영 논리 분석 또한 비슷한 경로를 따르지만, 전체 문화에서 우세한 젠더 및 인종 고정관념이 어떻게 노동자의 의식과 저항에 주입되는지에 관한 한층 세심한 이해를 제공한다. 가령, 호스펠드는 노동자들이 어떤 식으로 공장 일자리를 '비여성적'이거나 '여자답지' 않은 것으로 보는가에 대해 관심을 환기시킨다. 경영진은 여성들에게 여성성을 공장 노동과 모순되는 것으로 보도록 부추기고 여성이나 노동자 둘 중 하나로 자신을 규정하도록 선택을 요구함으로써 이런 이데올로기를 활용하고 강화한다. 따라서 여자다움과 여성성은 가정적·가족적 모델을 따라 정의되며, 노동은 이런 주요한 정체성에 부수적인 것으로 간주된다. 의미심장하게도, 호스펠드의 연구에서 이민 여성의 80퍼센트가 자기 가족의 주된 수입원이었음에도 불구하고 여전히 남성을 생계부양자로 여겼다.

'가정주부'로서 착취당하는 인도 레이스 직조공들처럼, 실리콘밸리의 제3세계/이주 여성들은 '어머니이자 주부'로 자리매김되며 부수적으로 노동자가 될 뿐이다. 두 경우 모두 남성들이 진짜 생계부양자로 여겨진다. (여성들의) 노동은 대개 '공적' 영역이나 생산 영역에서 벌어지는 일로 정의되지만, 이런 이데올로기는 분명 집에 틀어박혀 있는 여성에 대한 고정관념에 의존한다. 나아가 인도에서 나타나는 노동의 **비가시성**은 실리콘밸리 노동이 갖는 **일시적/부수적** 성격과 비교할 수 있다. 미즈의 연구와 마찬가지로, 호스펠드와 캐츠·켐니커가 수집한 통계 자료 역시 전자노동자들을 착취하는 토대로 젠더 및 인종에 관한 지역적 이데올로기와 위계를 지목한다. 그러면 이런 질문이 생겨난다. 여성들은 착취적인 고용 상황에서 어떻게 자신의 위치를 이해하고 의미를 구축하는가?

전지노동자들과의 인터뷰를 살펴보면, 경영진의 견해와는 정반대로 여성들은 자기 일자리를 임시적인 것이 아니라 평생에 걸친 상향 이동 전략의 일부로 본다. 자신의 인종·계급·성별 지위를 잘 아는 여성들은 노동자로서 평가절하되는 데 대해 소득을 늘리는 것으로 대항한다. 조금이라도 좋은 조건을 찾아 잇달아 직장을 옮기거나, 초과근무를 하거나, 밤에 부업을 하는 식으로 말이다. 실리콘밸리 노동자들은 나르사푸르 여성들이 레이스를 직조하는 것과 매우 유사한 조건으로 '가내노동'을 한다는 점을 유념해야 한다. 두 가지 노동 모두 집에서 고립된 채 행해지며, 노동자가 모든 경비(가령 전기세나 청소 등)를 부담하고 법적인 보호(최저임금, 유급휴가, 의료보험 등)는 전혀 누리지 못한다. 그렇지만 두 경우에 노동이 갖는 의미는 다르며, 우리가 이해하는 방식도 다르다.

캐츠와 켐니처가 보기에 전자노동자들이 계급 이동에 몰두하는 것은 중요한 자기주장이다. 따라서 나르사푸르의 경우와 달리, 실리콘밸리에서 가내노동은 여성들 자신에게 사업가적인 측면을 갖는다. 실제로 나르사푸르 여성들의 노동은 남성들을 사업가로 바꿔놓는다! 실리콘밸리에서 여성들은 자신이 **개별적인 노동자**로서 직면하는 상황의 모순들을 활용한다. 나르사푸르에서는 여성들이 집 안에서 하는 노동을 여가활동으로 고정하는 데 필요한 자기 정의self-definition를 제공하는 것이 푸르다 관습과 카스트/계급 이동인 데 반해, 실리콘밸리에서는 개인적 야망과 기업가 정신이라는 **미국** 특유의 관념이 제3세계 여성들에게 필요한 이데올로기적 고정 장치를 제공한다.

캐츠와 켐니처는 이런 지하 경제가 일자리에 대한 **이데올로기적** 재정의를 만들어낸다고 주장한다. 이제 일자리는 안정되고 '편안한' 본토 백인 노동계급을 떠받치는 토대로서 정의되지 않는다. 다시 말해서 낮은 임금 및 부수적인 일이라는 일자리의 정의와, 유색인들의 생활방식이 다르게, 더 저렴하게 정의된다는 사실 사이에는 분명한 관계가 존재한다. 캐츠와 켐니처에 따르면 여성과 유색인은 계속해서 과거의 산업 체제에서 '정의상 제외'되며, 계급에서 국적/종족/젠더 구분선으로 옮겨 가는 이데올로기적 이동의 과녁이자 도구가 된다.[*] 이러한 맥락에서 이데올로기와 대중문화는 개인적 성공을 위한 각자의 선택지가 극대화됐음을 강조한다. 이 같은 개인적 성공은 노동조합 활동이나 정치적 투쟁, 집단적 관계와 단절된다. 이와 유사하게 호스펠드는 자신이 기록한 것과 같은 착취적인 노동 과정이 가능한 것은 '이민자'의 요구에 관한 인종차별적이고 성차별적인 경영 논리 때문이라고 지적한다.[**] 그렇지만 캐츠와 켐니처는 실리콘밸리 노동자들의 맥락에서 생산양식과 생산의 사회적 관계, 문화, 이데올로기 등의

---

[*] 실리콘밸리의 조립 라인은 흔히 인종·종족·성별 구분선에 따라 분할되며, 노동자들은 생산성 증대를 둘러싸고 서로 경쟁한다. 개별 노동자의 선택은 아무리 상상력이 풍부하고 야심적이더라도 체제를 변화시키지는 못한다. 미국 노동계급이 역사적으로 쟁취한 혜택을 무력화하는 역할만 할 뿐이다. 따라서 부업, 초과근무, 이직 등 노동자들이 내린 선택은 개별적인 저항 방식과 전반적인 계급 이동 전략의 지표이기도 하지만, 다른 한편으로는 노동자들의 간접임금에 추가되는 합법적이거나 제도화되거나 계약에 따른 조정을 회피하거나 우회하는 지하 가정 경제를 떠받치는 한 축이기도 하다.

[**] Hossfeld, "Their Logic Against Them," 149쪽. "당신들이 급여를 적게 받는 것은 여자가 남자와 다르기 때문이다." "이민자는 적게 가지고도 생활을 꾸릴 수 있다."

관계를 복잡하게 분석하면서도 왜 제3세계 여성이 주된 노동력을 이루는지를 자세히 설명하지는 않는다. 호스펠드 역시 작업장의 성별화와 자본주의 축적을 공고히 하기 위한 인종적·성적 논리의 활용을 세밀하게 분석하면서도 때로는 '여성'과 '소수 인종 노동자'를 분리하며,[9] 실리콘밸리 조립 라인에서 주된 노동력을 구성하는 것이 왜 유색인 여성인지를 구체적으로 설명하지 않는다. 캐츠와 켐니처는 여성과 유색인을 구별하면서 젠더와 인종의 오랜 개념적 구분을 재생산하는 경향이 있다. 요컨대 여성은 주로 젠더의 측면에서, 유색인은 인종의 측면에서 정의되는 것이다. 여기서 **상호작용적인** 젠더와 인종 개념, 즉 여성의 성 정체성은 인종에 기반을 두며, 유색인의 인종 정체성은 성별화된다는 개념은 배제된다.

나는 캐츠와 켐니처, 그리고 호스펠드가 수집한 자료는 사실상 왜 제3세계 여성들이 전자공장에서 고용 대상이 되는지를 설명해준다고 주장하고자 한다. 노동이 일시적이고 부차적이며 숙련이 필요치 않은 일로 재정의되고, 여성이 어머니와 가정주부로 구성되며, 여성성이 공장 노동과 모순되는 것으로 자리매김되기 때문이다. 또한 제3세계 이주 여성이 유순하고 인내심 있고 평균 이하의 임금에도 만족한다고 특수하게 정의되기 때문이다. 이런 현상을 이해하는 데 필요한 열쇠는 다름 아닌 여성 노동에 대한 이데올로기적 재정의다. 호스펠드는 노동자들이 경영진이 자신들에게 활용하는 성별화되고 인종화된 논리를 거꾸로 경영진에게 들이대는 저항 전략을 몇 가지 설명한다. 그렇지만 이런 전술이 직무상 일시적인 위안을 줄 수는 있어도 인종과 젠더에 관한 고정관념에 의존하기 때문에 장기적으로는 제3세계 여성들에게 불리하게 작용할 수 있다.

딸, 부인, 어머니: 영국의 이주 여성 노동자

가족 사업체들은 부인이자 어머니, 가족 체면의 수호자라는 여성의 가정 내 역할을 강조하는 이데올로기에 호소하고 친족관계의 중재를 받음으로써 소수 인종 여성 노동력을 활용할 수 있었다.[10]

가정 안팎에서 흑인과 소수 인종 여성들의 일하는 삶을 탐구한 논문집에서 샐리 웨스트우드Sallie Westwood와 파민더 바추Parminder Bhachu는 이주 여성 노동의 인종적이고 성별화된 측면들이 영국 자본주의 국가에 제공하는 이득에 초점을 맞춘다. 두 사람은 이른바 '소수 종족 경제ethnic economy'(적대적이고 인종차별적인 환경과 경기 하락이 결합하여 이민자들을 짓누르는 상황에서 이민자들이 생존을 위해 자원에 의존하는 방식)가 근본적으로 성별화된 경제임을 지적한다. 통계에서 나타나듯이, 아프리카계 카리브인 여성과 비이슬람 아시아 여성은 영국에서 백인 여성보다 높은 전일제 노동 참여율을 보인다. 따라서 흑인 여성들(여기서는 아프리카계 카리브해, 아시아, 아프리카 출신으로 정의된다)이 대부분 시간제 일자리에 집중돼 있을 것이라는 인식은 사실이 아니지만, 가내노동과 가족 사업(온 가족이 집 안팎에서 생계활동에 참여하는 사업)이라는 맥락 안에 놓인 그들의 노동생활 **형태**와 **양상**은 검토할 만하다. 영국 페미니즘 학자들의 연구[11]는 가정성과 이성애 결혼이라는 가족 이데올로기 때문에 가족 사업 내에서 흑인 여성들의 노동에 대한 경제적·사회적 착취가 굳어짐을 시사한다. 여성의 역할을 가족 안에 고정시키는 억압적인 가부장 이데올로기는 흑인 여성들이 출신 문화에서 물려받은 불평등과 억압의 체제에 토대를 둔다. 인종화된 영국 자본주의 국가라는 맥락에서 이윤을 창출하기 위한 접착제로서 재생산되고 강화되는 것이 바로 이러한 이데올로기다.

가령 영국 웨스트미들랜즈West Midlands주 의류산업에 종사하는 방글라데시 가내노동자들에 관한 애니 피재클리Annie Phizacklea의 연구는, 의류산업이 국내 하청을 하는 과정에서 여성들이 지탱하는 가족 및 공동체의 유대를 통해 저임금, 긴 노동시간, 여성 노동자들이 치르는 희생 덕분에 얼마나 경쟁에서 유리한 지위를 점하는지를 보여준다. 이스트미들랜즈East Midlands주 양말산업에서 일하는 인도 구자라트 출신 여성 공장 노동자에 관한 샐리 웨스트우드의 연구에서도 비슷한 점을 지적한다. 작업 현장 문화의 권력과 창의성은 여성성, 남성성, 가정성의 문화 규범에 의존하는 동시에 인도계 여성 노동자와 백인 여성 노동자 사이에 저항과 연대를 창출하는데, 이는 사실상 구자라트의 문화적 유산에 뿌리내리고 있다는 것이다. 웨스트우드는 구자라트 여성의 가정생활과 남자 가족 구성원들이 여자들의 노동을 경제적 독립을 위한 길이 아닌 가족 역할의 연장으로 인식하는 것 사이의 모순에 관해 이야기하면서, (억압적인 경우가 많은) 고유한 문화적 가치 및 관습의 소산으로서 집안 내 가정성 이데올로기와 작업장 문화 사이에 연속성이 있음을 정교하게 분석한다. 서로를 딸이나 부인, 어머니로 치켜세우는 것은 작업장에서 연대를 창출하는 하나의 형식이지만, 호스펠드의 용어처럼 강력한 재여성화 전략이기도 하다.

마지막으로, '소수' 종족 여성들을 가족 공동의 목표에 헌신하는 노동자로 변화시키기 위해 가족 내 문화 및 이데올로기 자원과 충성심에 의존하는 가족 사업은 또한 딸, 부인, 어머니, 가족 체면의 수호자로서 여성의 역할에도 의지한다.[12] 가족 사업에서 여성이 하는 노동은 보수를 받지 못할뿐더러, 보수를 받기는 하지만 가시적이지 않은 가내노동자의 노동과 비슷하게 의존 상태를 낳는다. 두 노동 모두 생산과 재생산 영역에 주입된 가정성과 여자다움의 이데올로기에 바탕을 둔다. 사샤 조세피디스Sasha Josephides는 가족 사업에 종사하는 키프로스 여성들을 논의하면서 '체면'이라는 가족 이데올로기의 활용과 공적 영역 바깥의 '안전한' 환경 구축을 여성성과 여자다움을 정의하기 위한 토대로 이야기한다. 여성성과 여자다움을 이렇게 정의한 결과(남성성을 아버지다운 보호로 정의한 데 따른 필연적인 결과다)로 키프로스 여성들은 자기 자신을 가족을 위해 일하는 노동자로서 보게 된다. 따라서 노동 문제를 둘러싼 모든 갈등은 가족이라는 맥락 안에 수용된다. 이는 노동을 사유화하고, (레이스 직조공들과 마찬가지로) 가족 사업체 내에서 여성 노동자의 정체성을 가족적 의무의 '자연스러운 연장'인 일을 하는 것으로 재정의하는 중요한 사례다. 노동자로서 정체성을 대신하는 것은 바로 어머니, 부인, 가족 구성원으로서 갖는 정체성이다.[13] 인도 펀자브Punjab 지방 시크교도에 관한 파민더 바추의 연구 역시 이런 사실을 예증한다. 바추는 남아시아인들이 운영하는 소규모 사업의 성장을 영국 경제에서 비교적 새로운 추세로 거론하면서, 가족 사업에 종사하는 여성 노동자들 대부분이 결국 자율성을 잃고 더 전통적인 가부장 지배 형태로 재진입함을 언급한다. 이 경우 남성들은 가족 안에서 경제 자원을 전부 혹은 대부분 통제한다. "이 여성들은 일을 포기함으로써 독자적인 소득원과 여성 동료들로 이루어진 커다란 네트워크를 잃을 뿐만 아니라 부계를 강조하는 친족 체계로 다시 빨려 들어가게 된다." 그리하여 여성들은 "생산 과정과의 직접적인 관계"를 상실하며, 그 결과 노동자로서 정체성이 (심지어 자기

자신들에게도) 비가시화되는 문제가 생겨난다.[14]

영국에 이주한 여성들의 노동에 대한 이런 분석은 미국과 다른 대도시 환경에서 노동자로서 착취당하는 유사한 궤적의 예를 보여준다. 요컨대 이 모든 사례 연구는 가정성, 여성성, 인종 등의 이데올로기가 현대 경제에서 어떤 식으로 제3세계 여성들에게 '여성의 일'에 관한 통념을 구성하는 토대를 형성하는지 보여준다. 레이스 직조공들의 경우에는 가내노동을 여가활동으로, 노동자 자신을 가정주부로 정의함으로써 이 과정이 이루어지는데, 앞서 논의했듯이 젠더와 카스트/계급이라는 토착 위계질서가 이런 정의를 가능케 한다. 전자노동자들의 경우, 여성의 일은 어머니나 가정주부를 위한 숙련이 필요치 않고 지루하고 부차적인 활동으로 정의된다. 개인적 성공이라는 미국 특유의 이데올로기뿐만 아니라 인종 및 종족의 국지적인 역사 또한 이런 정의를 만들어낸다. 따라서 우리는 노동자로서 레이스 직조공의 **비가시성**을 실리콘밸리 제3세계 여성들이 하는 노동의 **임시적인** 성격과 대조할 수 있다. 영국에서 가족 사업체에 종사하는 이주 여성 노동자들의 경우, 노동은 가족 내 역할과 충실성의 연장이 되며, 가부장적 의존성을 공고히 하기 위해 여자다움, 가정성, 기업가 정신 등의 문화 이데올로기와 종족/인종 이데올로기에 의존한다. 이 모든 경우에 노동범주를 자연화하는 유연성, 임시성, 비가시성, 가정성 등의 관념이 제3세계 여성들을 적절하고 저렴한 노동력으로 구성하는 데 결정적인 역할을 한다. 이 모든 관념은 젠더, 인종, 빈곤 등에 관한 고정관념에 의존하며, 이런 고정관념은 오늘날 세계무대에서 제3세계 여성들을 다시 노동자로 특징짓는다.

아일린 보리스Eileen Boris와 신시아 대니얼스Cynthia Daniels는 "가내노동은 생산, 소비, 자본 축적의 국제적 재구조화에 대처하는 일부 부문 및 기업의 중심적인 전략처럼 보이는 생산 분산의 일부분"이라고 주장한다.[15] 가내노동은 현대 자본주의 세계 경제에서 중요한 역할을 차지한다. 위에서 예로 든 세 지역(인도, 미국, 영국)에서 제3세계 여성들이 수행하는 가내노동에 관한 논의를 통해 우리는 이 역사적 국면에서 자본주의적 재식민화 전략에 특유한 무언가를 알 수 있다.

가내노동은 19세기 초 미국에서 공장 노동과 동시에 등장했으며, 하나의 체제로서 언제나 자본주의와 가부장제의 결합을 강화했다. 가내노동자를 (자신의 노동과 시장 모두를 통제하는 사업가가 아니라) 대개 '집'이나 집안에 딸린 부지에서 하는 일을 위해 고용주에게 의존하는 임금노동자로 분석하면 이런 형태의 노동이 갖는 **체계적인** 비가시성을 이해할 수 있다. 이런 노동이 본질적으로 착취의 성격을 띠어서 노동 형태로 가시화되지 않는 것은 가정성, 의존, 이성애 등의 이데올로기가 작용하기 때문이다. 이런 이데올로기 때문에 여성들―이 경우에 제3세계 여성―은 일차적으로 가정주부/어머니로, 남성들은 경제적 원조자/생계부양자로 명명된다. 가내노동은 가정, 가족, 여성성/남성성에 관한 가부장적 이데올로기와 인종/문화적 이데올로기를 노동과 균등화하는 데 편승한다. 가내노동은 집에서 이루어지는 노동이고, 집안일이나 육아 등 '살림'에 관련된 일을 하는 와중에 수행되는 노동이며, 으레 끝없이 계속되는 노동이다. '가정주부', '어머니', '전업주부' 등으로 규정하면 가내노동자를 정기적인 임금을 받고 노동자로서 권리를 지닌 이로 보지 못하게 된다. 그리하여 가내노동자들의 **생산**뿐만 아니라 그들이 노동자로서 당하는 **착취** 역시 사실상 비가시화되며, 이는 가정 내의 가부장적 가족관계 안에 억제된다. 가내노동은

임금노동뿐만 아니라 가족의 동학에 관한 설명에서도 흔히 배제되는 노동 형태다.[16]

영국의 가족 사업체들은 상이한 계급 동학 안에서 비슷한 이데올로기적 양상을 나타낸다. 흑인 여성들은 인종차별적인 사회에서 스스로를 (임금노동자라기보다는) 가족의 번영을 위해 일하는 사업가로 간주한다. 그렇지만 그들이 하는 일은 여전히 가족 내 역할의 연장으로 받아들여지며, 이는 종종 경제적·사회적 의존으로 이어진다. 그렇다고 해서 가족 사업체에서 일하는 여성들이 결코 자율성 의식을 획득하지 못하는 것은 아니다. 다만 하나의 체제로서 가족 사업 운영은 (인종차별적인) 영국 자본주의 경제에서 상향 이동을 추구하는 과정에서 토착적인 위계에 의존하고 그 위계를 강화하는 방식으로 제3세계 여성의 노동을 착취한다는 것이다. 오늘날 전 지구적 자본주의 무대에서 이런 형태의 노동이 이토록 심각한 착취를 야기하는 건 이성애적 친족 체계 안팎에 깊숙이 뿌리박힌 성차별적이고 인종차별적인 관계에서 여성 노동의 비가시성(시장에도 보이지 않고 때로는 노동자 자신에게도 보이지 않는다)을 전제로 삼기 때문이다. 가내노동을 고정시키는 성별화된 관계를 바꾸고 가내노동자를 조직하는 일이 페미니스트들의 시급한 과제로 대두되는 것도 바로 이 때문이다.

영국의 공장 노동과 가족 사업, 세 지역의 가내노동을 분석하면서 떠오르는 의문이 있다. 만약 노동자들이 독신 여성이었다면 가내노동과 공장 노동이 이런 특수한 방식으로 정의됐을까? 이 경우에 노동자의 구성은 젠더 이데올로기에 의존한다. 사실 여성 노동자가 심리적·물질적·정신적으로 생존하고 발전하기 위해 일이나 노동이 필요하다는 관념은 존재하지 않는다. 그 대신 여성들의 생존과 성장을 위한 토대를 제공한다고 여겨지는 것은 다름 아닌 가정주부, 부인, 어머니로서 여성들이 갖는 정체성(노동 변수 바깥에서 정의되는 정체성)이다. 이 제3세계 여성들은, 그들에게는 마치 노동이 경제·사회·심리적 자율성과 독립성, 자기 결정에 필요하지 않은 것처럼 노동/자본 과정 바깥에서 정의된다―이런 상황에서 노동에서 소외되지 않는 관계는 개념적으로나 현실적으로나 불가능하다.

공통의 이해/상이한 요구
: 가난한 여성 노동자들의 집단적 투쟁

이제까지 각기 다른 세 지역에서 전 지구적 자본주의 경제 과정이 자행하는 (대부분) 가난한 제3세계 여성 노동자들에 대한 착취의 이데올로기적 공통성을 정리해보았다. 그런데 여성들이 선택과 결정을 내리는 행위 주체가 되고 노동자로서 의식과 일상생활을 바꾸려면, '공통된 투쟁의 맥락'에 바탕을 둔 '공통의 이해'라는 문제를 어떻게 개념화해야 할까?

앞서 논의했던 것처럼 시장과 초국적 자본이라는 독단적인 이해 집단이 세계무대를 지배하는 상황에서 자본/노동이나 '노동자', 심지어 '계급 투쟁'이라는 오래된 이정표와 정의는 이제 정확하거나 실행 가능한 개념적·조직적 범주가 아니다. 투쟁과 행동의 새로운 가능성을 제시하는 것은 사실 빈곤 여성 노동자들이 처한 곤경이며, 그들이 살아남고 저항한 경험이다. 생계를 꾸리기 위해, 일상적 삶을 개선하기 위해 새로운 조직 형태를 만들어낸 경험 말이다.[17] 이러한 경우에 제

3세계 여성 노동자들의 경험은 어느 곳에서든 가난한 여성들의 노동 경험과 일상생활을 이해하고 바꾸는 데 적절한 의미를 갖는다. 아래에서는 페미니즘 정치이론가 안나 G. 요나스도티르Anna G. Jonasdottir의 작업을 바탕으로 삼아 오늘날 전 지구적 자본주의 경제에서 제3세계 여성 노동자들의 공통된 이해라는 문제에 대한 현실적인 정의를 제시함으로써 이런 질문들을 탐구해보고자 한다.

참여민주주의 정치 이론 안에서 여성의 이해 개념을 탐구한 요나스도티르는 이 과정에서 "사회적 존재의 상이한 충위, 즉 행위와, 행위에 힘과 의미를 부여하는 욕구/욕망"에 주목하는 사회·정치적 이해 이론이 갖는 형식적 측면과 내용적 측면 모두를 강조한다.[18] 그녀는 형식적인 측면에서 공통의 이해(적극적으로 '함께할' 권리, 즉 자기 자신의 존재 조건을 정의하거나 선택의 조건을 획득하는 데 참여할 권리)를 이론화하는 정치 분석가들과, (주관적으로) 개별화되고 집단에 근거한 '욕구와 욕망'(선택의 결과) 개념을 지지하며 이해 개념을 거부하는 이들 사이에서 판결을 내리면서 여성들의 공통된 이해 개념을 정식화한다. 이 개념은 공통의 이해를 강조하면서도 두 관점을 결합한 것이다. 요나스도티르는 이해의 형식적 측면(적극적으로 '함께함')이 매우 중요하다고 주장한다. "역사적으로 이해되고 사람들의 삶의 경험에서 나오는 것으로 간주되는 사회적 삶의 기본 과정에 대한 이해는, 삶의 조건이 체계적으로 다른 한, 사람들의 집단 사이에서 체계적으로 구분된다. 따라서 역사적·사회적으로 정의된 이해는 '객관적'인 것으로 규정할 수 있다."[19] 다시 말해, 제3세계 여성 노동자들이 공통의 이해를 갖는다고 주장할 수 있는 체계적인 물질적·역사적 토대가 존재한다. 그렇지만 요나스도티르는 이해에 관한 이론화의 두 번째 측면, 즉 욕구와 욕망의 충족(요나스도티르는 행위와 행위의 결과를 구분한다)은 여전히 열린 문제라고 지적한다. 따라서 이해의 관점에서 본 욕구와 욕망의 **내용**은 여전히 주관적 해석에 열려 있다.

이런 이론화는 제3세계 여성 노동자들의 공통된 이해의 개념화와 어떻게 연결될까? 여기서 행위와 행위의 결과를 구분한 요나스도티르의 논의는 매우 유용하다. 이 분야의 페미니스트들이 직면한 과제는 (a) 제3세계 여성 노동자가 노동자들과 마찬가지로 객관적인 공통의 이해를 갖는다고 이해하고(따라서 그들 역시 행위 주체이고 노동자들과 마찬가지로 선택을 한다), (b) 여성들이 노동자로서 갖는 자기의식과 나아가 그들의 욕구와 욕망—때로는 공통된 이해에 입각한 조직화에 불리한 영향을 미친다—에 대한 의식에 존재하는 모순과 어긋남 dislocation을 인식하는 것이다(행위의 결과).

많은 나라의 자유무역지대 여성 노동자들의 경우, 노동조합은 가난한 여성들의 욕구와 요구를 표현하는 가장 가시적인 공론장이었다. 그렇지만 조합에서의 성차별로 인해 대안적이고 좀 더 민주적인 조직 구조가 필요함을 인식하게 된 여성들은 여성노동조합을 결성하거나 (한국, 중국, 이탈리아, 말레이시아의 경우)[20] 지역사회 단체, 교회 위원회, 페미니즘 조직 등에 의지했다. 미국 전자공장에서 일하는 제3세계 이주 여성들은 흔히 노동조합에 적대적이다. 미국인 노동자, 즉 백인 남성 노동계급의 이미지에 따라 만들어졌다고 생각하기 때문이다. 따라서 이주 여성 노동자들의 투쟁에 교회가 관여하는 것은 미국에서 벌어지는 집단적 투쟁의 중요한 형태이다.[21]

여성 노동자들은 여성노동조합을 통해 혁신적인 전략을 발전시켜왔다. 가령 1989년에 한국여성노동자회Korean Women Workers

Association는 마산에서 공장을 점거했다. 여성 노동자들은 공장에 들어가 거기서 먹고 자면서 기계와 공장 구내를 지켰으며 생산을 효과적으로 중단시켰다.[22] 이런 형태의 공장 점거에서는 일상생활 자체가 저항이 되고(미국의 복지권 투쟁에서도 뚜렷하게 드러났다), 적대는 가난한 여성들의 삶이라는 세계적인 현실에 뿌리를 박는다. 이 투쟁은 노동자로서 공통된 이해를 표현할 뿐만 아니라 그들이 **여성**으로서 처한 사회적 상황을 인지하고 있음을 알리는 것이기도 하다. 이들 여성 노동자에게 노동과 가정의 인위적인 분리는 별 의미가 없는 것이다. 이런 '점거'는 생존의 형태로 **공동체를 구성하는** 가난한 여성 노동자들에게 관심을 환기시키는 집단적 저항 전략이다.

쿠무디니 로사Kumudhini Rosa는 스리랑카, 말레이시아, 필리핀 등의 자유무역지대 여성 노동자들의 '저항 성향'을 분석한 글에서 비슷한 주장을 펼친다.[23] 자유무역지대 여성들이 공동체 생활을 구축하고, 자원과 꿈을 공유하고, 조립 라인과 거리에서 서로 의지하거나 돕고, 개인적·집단적 저항 성향을 개발하는 방식을 분석하는 데에는 그들이 함께 살아가고 함께 일한다는 사실이 결정적으로 중요하다. 로사는 이런 형태의 저항과 상호 부조가 "전복의 문화"에 뿌리를 박고 있다고 주장한다. 이 전복의 문화에서 가부장적이고 권위주의적인 가정 안에서 순종과 규율을 요구 받으며 사는 여성들은 "감춰진 반란 형태"를 통해 실천을 습득한다.[24] 그리하여 여성 노동자들은 스리랑카에서 '자생적' 파업을 벌이고, 말레이시아에서 '살쾡이' 파업wildcat strike*에 나서며, 필

---

* [옮긴이주] 노동조합 지도부의 승인 없이 기층 조합원들이 자발적으로 벌이는 파업.

리펀에서 '동조' 파업에 들어간다. 이들은 또한 생산 목표를 조직적으로 낮추거나 작업 속도가 느린 노동자가 조립 라인에서 생산 목표를 충족시키도록 돕는 등 서로를 지원한다. 로사의 분석은 형식적으로 '함께하는' 차원에서 여성 노동자들의 공통된 이해에 대한 인식을 보여준다. 여성들은 여성이자 노동자로서 일상생활에서 겪는 모순을 의식하고 저항에 나서지만, 집단적인 요구를 확인하고 일상적인 삶의 조건을 바꾸기 위해 적극적으로 조직하지는 않는다.

젠더 및 인종/종족적 위계의 측면에서 노동의 이데올로기적 구성을 다룬 앞부분에서 가내노동을 제3세계 빈곤 여성에 대한 가장 심각한 착취 형태 중 하나로 논의했지만, 가장 창의적이고 힘 있는 집단적 조직화가 이루어지는 것도 바로 이곳이다. 이 분야에서 가장 눈에 띄는 성공을 거둔 조직화 시도는 인도의 근로여성포럼Working Women's Forum과 자가고용여성협회Self-Employed Women's Association(SEWA)다. 독립 노동조합으로 등록된 이 두 단체는 가내노동자뿐만 아니라 소상인, 행상, 비공식 부문의 노동자 등을 조합원으로 끌어들이는 데 집중한다.[25]

영국에도 가내노동자 조직화의 오랜 역사가 존재한다. 제인 테이트Jane Tate는 1980년대 말 웨스트요크셔가내노동그룹West Yorkshire Homeworking Group의 경험을 논의하면서 다음과 같이 말한다.

가내노동 캠페인은 여러 차원에서 이루어져야 한다. 개인적인 것과 정치적인 것이 연결되고, 가족 상황과 노동이 연결되며, 의회 로비와 소규모 지역 집회가 연결되어야 한다. 현실적인 측면에서 가내노동 캠페인은 많은 여성단체의 실천을 반영하는 조직화 방식을 채택했으며, 또한 공동체 활동의 이론과 실천으로부터 영향을 받휘다. 이 캠페인은 여성들의 힘을 발휘하는 것을 목표로 하며, 노동조합 같은 조직체보다는 덜 공식적인 구조 및 조직을 갖춘 소규모 집단을 통해 주로 이루어진다.[26]

이러한 노력에서 중심을 차지하는 건 인종, 종족, 계급 등의 쟁점이다. 대다수 가내노동자가 아시아나 제3세계 출신이기 때문이다. 테이트는 웨스트요크셔그룹이 가내노동자를 조직하기 위해 동시에 활용하는 수많은 전략을 확인한다. 지방 자회사들에 대해서만 조직화 노력을 집중하기보다는 '실제' 고용주(또는 진정한 적)를 정확히 포착해서 드러내는 활동, 상품 구매를 가내노동자 투쟁과 연결시키는 소비자 교육 및 압력, 노동조합·여성단체·소비자단체 간 연합을 형성해 공급업체들에게 노동 규약을 강제하는 투쟁, 가내노동 캠페인과 대안적인 노동조합 조직(이를테면 인도 자가고용여성협회) 발전을 연결시키는 활동, 국제노동기구(ILO) 같은 국제 조직들의 이목을 집중시키기 위한 싸움, 지방 가내노동자들의 풀뿌리 운동 사이에 초국가적 연계를 발전시키는 활동(이를 통해 자원과 전략을 공유하고 역량 증대를 위해 노력한다) 등이다. 가내노동자들의 공통된 이해는 노동자이자 여성으로서 겪는 일상적 삶의 측면에서 인정된다—이런 맥락에서 '노동자'와 '가내노동자' 혹은 '가정주부' 사이에 인위적인 구분이란 존재하지 않는다.

스와스티 미터Swasti Mitter는 자가고용여성협회와 근로여성포럼의 성공을 두 가지 측면에서 논한다. (a) 효율적인 전략을 활용하면 강력한 여성 노동자 조직을 만들 수 있는 잠재력을 대표한다는 점(근로

여성포럼 회원은 85,000명이고 자가고용여성협회 회원은 46,000명이다), (b)
이 '감춰진' 노동자들을 국내 및 국제 정책 결정자들에게 **노동자**로 드
러낸다는 점이 그것이다. 두 단체 모두 가난한 여성 노동자들의 요구
를 다루며, 리더십 훈련을 비롯해 육아, 여성 은행, 대안적인 상거래
기회를 제공하는 생산자협동조합 등 여성을 위한 발전 계획도 갖추고
있다. 자가고용여성협회 사무국장인 레나나 자발라Renana Jhabvala는
협회가 1972년 인도 노동운동에서 탄생해 여성운동으로부터 영감을
얻는 동안 언제나 협동조합운동의 일부를 자임했다고 설명한다. 그리
하여 가난한 여성 노동자들의 권리를 위한 싸움은 언제나 대안적인
경제 체제를 개발하려는 전략과 나란히 진행되었다.

이처럼 협동조합 원칙(또는 민주주의 원칙)을 가난한 여성들에게로
확대하는 것을 강조하고, 정치·법률 교육에 초점을 맞추며, 비판적이
고 집단적인 의식을 고취시키기 위해 교육하고, 집단적(때로는 전투적)
투쟁 전략과 경제·사회·심리적 발전 전략을 개발하는 등 자가고용여
성협회의 기획은 철저하게 페미니즘적이고 민주주의적이며 사회 변
혁적인 것이었다. 인도 사회에서 자가고용 여성들은 가장 무력한 집
단 중 하나다―그들은 카스트라는 측면에서 보면 경제적으로 취약
하며, 건강이라는 측면에서 보면 육체적·성적으로 취약하며, 물론 사
회·정치적으로도 눈에 띄지 않는다. 요컨대 이 여성들은 조직하기 가
장 어려운 집단 가운데 하나다. 자가고용여성협회가 집에서 일하는
가난한 여성 노동자들을 조직하는 데 성공할 수 있었던 것은 동등한
권리와 정의를 위한 집단적 투쟁(무엇무엇에 반대하는 투쟁)과 공유, 교
육, 자립, 자율 등의 협동조합적·민주적 원칙에 바탕을 둔 경제적 발
전(무엇무엇을 위한 투쟁)을 동시에 강조했기 때문이다. 자발라는 이를

다음과 같이 설명한다.

> 노동조합과 협동조합의 힘을 결합함으로써 회원들을 지켜주는 동시에 이데올로기적 대안을 제시할 수 있었다. 가난한 여성들의 협동조합은 새로운 현상이 아니다. 자가고용여성협회는 더욱 평등한 관계를 수립하고 새로운 사회를 창조할 하나의 사회 형태로서 협동조합이라는 구상을 추구한다.[27]

자가고용여성협회는 요나스도티르가 설명한 바, 제3세계 여성 노동자들의 공통된 이해와 요구를 결합하는 데 가장 근접한 것으로 보인다. 이 협회는 가난한 여성 노동자들의 객관적인 이해에 바탕을 두고 조직 활동을 벌인다. 노동조합과 협동조합이라는 조직 전략을 동시에 추구하는 것은 이 점을 잘 보여준다. 가난한 여성 노동자들이 노동자이자 시민으로서 권리와 정의를 누릴 자격이 있다는 사실이 기본적인 출발점이다. 다른 한편으로, 자가고용여성협회는 주관적이고 집단적인 이해를 인정하는 데 바탕을 두고 욕구와 욕망을 결합하는 더 깊은 차원으로 나아간다. 앞서 논의했듯이 전 세계 여성 노동자들의 과제는 바로 이처럼 공통된 이해를 인식하고 결합하는 수준에 오르는 것이다. 여성 노동자들이 **노동자로서** 갖는 공통의 이해는 앞서 검토한 투쟁과 조직 형태 속에서 다양하게 결합되지만, 제3세계 여성 노동자들의 공통된 욕구와 욕망(이해의 **내용적** 측면)을 확인하고 제3세계 여성 노동자들의 **정체성**을 구축하는 데까지 나아가는 것은 여전히 과제로 남아 있다. 이런 과제를 확인하고 다루는 데 가장 근접한 것은 아마도 자가고용여성협회인 듯하다.

이제까지 나는 전 지구적 자본주의가 발전하는 이 순간에 제3세계 여성 노동자들이 점유한 특수한 자리에 유리한 지점이 있다고 주장했다. 요컨대 (a) 지배와 재식민화의 구체적인 실천이 투명하게 보이며, 따라서 여성 노동자에 대한 자본주의적 재식민화의 전 지구적인 세밀한 과정이 드러난다는 점, (b) 국경을 넘어 제3세계 여성 노동자를 조직하는 연대의 토대로서 공통된 경험과 역사와 정체성을 이해할 수 있다는 점이다. 여기서 내 주장은 여성들이 노동자로서 갖는 사회적 정체성의 정의가 계급만이 아니라, 이 경우에는 인종, 젠더, 카스트의 역사, 노동 경험에 대한 이해에도 바탕을 두어야 한다는 것이다. 사실상 내가 주장하는 바는 오늘날 전 지구적 자본주의하에서 가내 노동은 '여성 노동'의 가장 중대하고도 억압적인 한 형태라는 것이다. 전 지구적 분업이라는 맥락에서 만들어진 '제3세계 여성 노동자'라는 이데올로기를 지적하면서 나는 불평등의 구체적인 역사에 위치한 차이들을 명료하게 밝혔다. 나르사푸르에서 젠더와 카스트/계급의 역사가 위치한 맥락을, 실리콘밸리와 영국에서 젠더와 인종, 자유주의적 개인주의의 역사가 위치한 맥락을 밝히면서 말이다.

그렇지만 이들 역사가 별개의 분리된 역사라고 주장하는 것은 아니다. 나는 현대 경제에서 제3세계 여성 착취의 특정한 형태로서 여성 노동에 초점을 맞추면서도 또한 제3세계와 제1세계 여성들이 공유하는 것처럼 보이는 특정한 역사를 전면에 드러내고 싶다. 오늘날 전 지구적 무대에서 자본이 펼치는 논리와 작동이 그것이다. 나는 현대 초국적 자본이 자신의 이해와 전략을 통해 토착적 사회 위계에 의존하고 남성성/여성성, 기술적 우위, 적절한 발전, 숙련/미숙련 노동 등의 이데올로기를 구성하고 재생산하고 유지할 수 있다고 주장한다.

여기서는 '여성 노동'이라는 범주의 측면에서 이런 주장을 펼쳤다. 앞서 본 것처럼, 이 범주는 제3세계 여성 노동자라는 이데올로기에 바탕을 둔다. 따라서 새로운 국제 분업 안에서 제3세계 여성들이 차지하는 위치를 분석하려면 식민주의와 인종, 계급과 자본주의, 젠더와 가부장제, 성과 가족 형태 등의 역사에 의존해야 한다. 여성 노동의 이데올로기적 정의와 재정의에 대한 분석은 공통된 투쟁의 정치적 기반을 가리키며, 나는 바로 이러한 제3세계 여성 노동자들의 정치적 단결의 구체적인 형성 과정을 지지하고자 한다. 이는 제3세계 여성의 혹은 제3세계와 제1세계 여성 사이의 공통된 경험, 착취, 힘에 대한 몰역사적인 관념과 대립된다. 이런 관념은 자아와 타자라는 서구 페미니즘의 규범적 범주를 이식하는 데 기여할 뿐이다. 제3세계 여성들을 **이론과 투쟁의 주체**로 보려면, 그들/우리의 공통된 역사**와** 상이한 역사의 특수성에 관심을 기울여야 한다.

요약하자면, 이 글에서 나는 전 지구적 환경에서 제3세계 여성 노동자들에 관한 다음과 같은 분석적·정치적 쟁점을 강조했다. (1) 특정 집단의 여성 노동자들을 역사에 기입하고 현대 자본주의 헤게모니의 작동에 기입했다. (2) 남성화된 노동자라는 이데올로기의 탈신비화에 근거하여 민족국가의 경계를 넘어 여성 노동자들 사이의 연결고리와 연대의 잠재력을 제시했다. (3) 제3세계 여성들의 노동을 집안일로 정의하는 것이 실제로는 전 지구적 자본주의 재식민화의 전략임을 드러냈다. (4) 여성들이 자신의 노동생활과 환경을 바꾸는 것만 아니라 가정이라는 공간을 재정의(가내노동을 부차적인 여가활동이 아니라 생계를 꾸리기 위한 노동으로 인정받기 위해서)하는 것에서도 노동자로서 공통의 이해를 가짐을 드러냈다. (5) 페미니즘 조직화와 경제·정치적 정의를 위한 집단적 투쟁의 토대로서 페미니즘의 해방적 지식이 필요함을 전면에 제기했다. (6) 제3세계 여성들이 여성/노동자로서 공유하는 사회적 정체성의 이론화에 근거하여 제3세계 여성 노동자의 공통된 이해를 실제적으로 정의했다. (7) 가난한 제3세계 여성 노동자들의 저항 성향, 집단적 투쟁 형태, 조직화 전략 등을 검토했다. "당신 자신의 삶에 대해 조금이나마 권력을 얻는 유일한 길은 집단적으로 행동하는 것뿐이니까요. 당신과 같은 요구를 가진 다른 이들로부터 지지받으면서 말이에요"라는 이르마의 말은 옳다. 제3세계 여성 노동자들의 정체성이 자본주의 재식민화에 맞서 싸우고 페미니즘적 자기결정권과 자율성을 얻기 위한 혁명적 토대를 형성할 수 있도록 공통의 이해와 요구를 정의하는 문제는 간단하지 않다. 그러나 마킬라도라maquiladora*의 노동자 베로니카 바스케스Veronica Vasquez**와 자가고용 여성협회의 여성들이 보여주는 것처럼, 여성들은 이미 그런 투쟁을 벌이고 있다. 20세기의 마지막은 전 지구적 자본주의 지배와 착취라는 성정치의 악화로 특징지어질 테지만, 희망과 연대라는 혁신된 정치의 여명이 밝아오는 징조도 보일 것이다.

---

* [옮긴이주] 1965년에 멕시코 정부가 해외 자본 유치를 위해 설정한 수출자유지구. 미국과 접한 국경선 20킬로미터 안쪽에 있다.

** [옮긴이주] 멕시코 티후아나Tijuana에서 일하던 여성 노동자로, 열악한 노동환경과 직장 내 성희롱 문제를 제기하며 싸웠을 뿐만 아니라 1994년 11월, 다른 99명의 노동자와 함께 경영주(미국 기업)를 상대로 멕시코 노동법을 지킬 것을 요구하는 소송을 벌였다.

15

— 적극적 평등조치의 숨은 역사
: 1970년대 일하는 여성들의
투쟁과 계급의 젠더

— 낸시 매클린Nancy MacLean
미국 듀크대학 역사학 및 공공정책학 교수. 『기사도의 가면 아래: 제2차
KKK단의 형성Behind the Mask of Chivalry: The Making of the Second Ku Klux Klan』,
『미국 여성운동 1945~2000The American Women's Movement, 1945-2000』 등의
저서가 있다.

만약 페미니즘을 하나의 성으로서 여성이 불평등을 겪는다는 인식과 성에 바탕을 둔 위계를 없애려는 노력으로 이해한다면, 가정과 일이라는 이중적 부담을 완화하는 기제와 동등한 임금을 위한 노동조합 여성들의 투쟁이야말로 평등권 수정안Equal Rights Amendment의 제정을 위한 싸움으로서 20세기 페미니즘 역사의 중심을 차지해야 마땅하다.[1]

1993년, 뉴욕시 소방국은 기묘한 지시를 내렸다. 근무 중이든 아니든 소방서 안에서든 밖에서든 브렌다 버크먼Brenda Berkman이 사진에 찍혀서는 안 된다는 것이었다. 버크먼은 15년 경력의 소방관이었다. 이 지시는 버크먼을 비롯한 여성들을 상대로 한 기나긴 싸움에서 마지막 일격이었다. 전통을 중시하는 소방국 117년의 역사 내내 남성에게만 할당됐던 일을 자신들도 할 수 있다고 주장한 여성들이었다. 싸움은 1977년에 시작됐다. 처음에 시 당국은 여성들이 소방관 시험을 치르는 것을 허용했다. 그런데 400명의 여성이 필기시험을 통과하자 곧바로 민첩성 시험 관련 규정을 바꿔버렸다. 그로부터 5년이 지나 성차별 집단 소송에서 승리를 거둔 뒤, 42명의 여성이 법원 감독하에 실시된 새로운 시험과 훈련을 통과했고 뉴욕 역사상 최초의 여성 소방관이 되었다. 그중 한 명인 버크먼은 미국여성소방관협회United Women Firefighters의 창립 회장으로서 협회에서 가장 두드러지고 입바른 인물이었다.[2]

백인 남성 동료 노동자들에게 냉대 받고 소방관 노동조합에게 배신당한 이 여성들은 흑인 남성 소방관들의 조직인 불카누스협회Vulcan Society에서 유일하게 의지할 수 있는 동료들을 발견했다. 그들 역시 소방국 내의 차별에 맞서 오랜 싸움을 벌이고 있었다. 이제 흑인 남성들은 여성들을 지지했고, "침묵을 지키라는 엄청난 압력"에도 불구하고 집단 소송을 지지하는 증언까지 했다. 뉴욕시 소방국 제복을 입는 13,000명 가운데 여성은 0.3퍼센트에 불과했지만, 여성이 소방국에 들어가는 문제를 놓고 일촉즉발의 긴장이 감돌았다. 상부에서 내려온 사진 촬영 금지 지시와 마찬가지로, 동료가 될 이들의 비조직적인 적대 행위나 불카누스협회의 지지는 이 문제에 많은 것이 걸려 있음을 보여주는 상징적인 예다. 뉴욕시 소방관들처럼 터무니없는 경우는 아니라 할지라도, 적극적 평등조치affirmative action에 의해 뒷받침된 경계 넘기는 많은 남성, 특히 백인 남성들에게 (종종 어떠한 논리도 뛰어넘을 만큼) 깊은 영향을 미쳤다.[3]

그렇지만 현대 미국의 역사가들은 이제 막 미국여성소방관협회와 같은 작업장에 근거한 성차별과, 적극적 평등조치 투쟁을 검토하기 시작했을 뿐이다. 더 많은 관심을 기울일 필요가 있다. 한편에서는 차별과 저임금에 넌더리가 난 밑바닥 직종의 여성 노동자들이 지난 사반세기 동안 대대적으로 집단행동에 나섰고, 다른 한편에서는 이런 투쟁을 계기로 직업상의 성·인종차별이 끈질기게 이어지는 양상과 그로부터 야기된 경제적 불평등뿐만 아니라 남성들의 권력과 여성들의 불이익을 떠받치고 일부 여성들을 일정한 유형의 노동에 적합한 것으로 규정하는 젠더 체제도 전례 없는 공격을 받았다. 여기서 설명하는 투쟁들은 차별에 도전하고 적극적 평등조치를 요구하면서 사실상 젠더와 인종, 계급을 재정의했다. 100년이 넘는 시간 동안 구축돼 온 연상관계가 허물어진 것이다(일부 역사가들은 젠더와 계급에 대해서는 더 오래되었다고 말할 것이다). 이러한 연상관계로 인해 노동계급이 되는 것이 무엇을 의미하는가는 남녀에게 매우 다르게 경험된다. 이 글에서는 계급과 젠더에서의 변화에 초점을 맞추지만, 인종 역시 이 두 범주와 그 연상 내용에 깊이 새겨져 있다. 현존하는 자료에서 그 관계를 밝히는 게 쉬운 일은 아니지만 말이다.

차별 반대 및 적극적 평등조치 투쟁은 이런 기대의 체제와 그것이 영속화하는 불평등의 양상에 이의를 제기했다. 몇 번이고 확인된 것처럼, 동등한 대우를 확보하기 위해서는 체제까지 개조하는 적극적 평등조치의 속성이 필요했다. 일자리 게토job ghetto와 그런 게토를 유지하는 관습을 깨뜨리려면 대대적인 일자리 개방 광고, 새로운 인력 채용, 기술 요건을 결정하기 위한 일자리 분석, 그런 기술을 가르치는 훈련 프로그램이 필요했고, 어떤 경우에는 여성을 채용하고 승진시키기 위한 구체적인 목표치(비판자들은 '할당량'이라고 그릇된 비난을 퍼부었다)와 일정을 세우는 등 새로운 실천이 필요했다. 오래된 일을 새로운 방식으로 수행하고 예전에는 문이 막혀 있던 새로운 일자리로 진출한 여성들은 이런 노력을 통해 젠더(와 계급)를 재구성하기 시작했고, 한때 지배적이었던 '여성의 일'과 '남성의 일' 사이의 구별을 영원히 흔들어놓았다. 물론 이러한 재구성이 문제의 뿌리를 뽑아내지는 못했다. 오늘날 계급 불평등은 사반세기 전보다 훨씬 더 확고하다. 그렇지만 온갖 소수 집단의 남성과 여성이 관심을 불러일으키면서 진입함에 따라 특정한 계급 지위와 경험의 **의미**는 바뀌었다. 이런 사실이 얼마나 극적이고 근본적인 변화인지를 우리가 미처 깨닫지 못하는 점이야말로 그들의 노력이 성공을 거두었다는 증거이다.

아래에서는 여성과 적극적 평등조치에 관한 이야기를 개략적으로 서술하면서 1970년대에 광범위하게 전개했던 집단행동의 세 유형에 초점을 맞출 것이다. 첫 번째 유형에서는 미국 각지의 여성 노동자들이 젠더에 관한 새로운 사고를 받아들이고, 자신들의 상황에 이 사고를 적용하고, 변화를 선동함에 따라 탈집중화된 대중운동이 일어났다. 광범위한 직종에서 여성들이 결성한 특별 코커스caucus*가 중요한 수단으로 작용했다. 두 번째 유형에서는 전업 조직가들이 사무직종에서 일하는 여성들을 위해 이런 코커스 결성 시도를 도시 차원으로 확대하려고 노력했다. 세 번째 유형은, 개별적인 저소득 여성들과 그 대변자들이 여성, 특히 여성 세대주를 위한 빈곤 경감 전략의 일환으로 적극적 평등조치에 호소했으며, 전통적으로 여성을 배제한 생산직종에 진출하기 위해 힘을 모아 압력을 가하기 시작했다. 이 세 가지 노력에 모두 관여한 이들은 민족·인종의 구분선을 가로질러 일하는 여성들을 조직하기 위해 노력했다. 앞의 두 유형에서는 집단행동에 참여하는 유색인 여성이 상대적으로 적었지만, '전통적으로 여성을 배제한' 일자리에 진입하기 위한 캠페인에서는 유색인 여성의 참여가 특히 두드러졌다.

---

* [옮긴이주] 여기서는 비공식적이고 정형화되지 않은 조직 구조를 가리키는 말이다.

여성 코커스

지난 사반세기 동안 무엇이 변했는지, 뉴욕시 소방관 투쟁 같은 투쟁이 왜 그토록 격렬해졌는지를 이해하기 위해서는 우리 시대의 (남성과 여성) 노동자들이 물려받은 젠더와 계급 사이의 연상관계를 검토해보아도 좋을 것이다. 대표적인 사례가 1970년대에 논쟁의 장으로 대두된 비서직과 건설직이다. 그렇지만 흥미롭게도 1960년대에 성차별에 관해 최초로 커다란 문제제기가 이루어진 곳은 성별화된 고용의이 양극단 어느 쪽도 아니었다. 첫 문제제기는 공장에서 일하는 여성들로부터 나왔다. 이들은 1964년에 민권운동이 쟁취한 입법에서 자신들이 활용할 수 있는 새로운 자원을 발견했다.

가령 앨리스 퓨랄라Alice Peurala는 1953년에 유에스철강U.S. Steel Corporation에 처음 입사한 이래 승진 시도가 번번이 가로막힌 노동자였다. 퓨랄라는 민권법Civil Rights Act이 등장했을 때 "이번이 기회라고 생각했다"고 말한다. 오늘날 누구나 알고 있듯이, 퓨랄라 같은 여성들이 항의 시위를 벌인 덕분에 조직적인 페미니즘 운동이발전하게 됐다. 평등고용기회위원회Equal Employment Opportunities Commission(EEOC)가 성차별에 관한 이런 문제제기를 소홀히 다루면서 결국 전국여성기구가 결성되는 결과로 이어졌다. 노동운동가와유색인 여성뿐만 아니라 저명하고 부유한 백인 여성들까지 전국여성기구 창설에 합류했다. 노동사가 데니스 데슬립Dennis Deslippe이 지적하듯이, "여성 노동조합원들은 중간계급 페미니스트들의 시도를단순히 보완한 게 아니라 2세대 페미니즘을 건설하는 데에도 일조했다."[4]

이러한 노력은 대중매체를 통해 폭넓은 대중의 관심을 끌었다. 1970년대 초에 이르면 온갖 텔레비전 뉴스, 잡지, 신문에 고용 성차별과 그에 맞선 여성들의 투쟁만이 아니라 여성운동 전반에 관한 보도가 등장했다. 이를 통해 젠더 의식이 고취된 여성들은 자기 직업을 새롭게 바라보고 계급 지체를 새로운 방식으로 상상하기 시작했다. 1970년대에 많은 미국 여성들이 이런 새로운 사고에 입각해서 행동하기 시작했다. 여성들은 아프리카계 미국인 생산직 남성들의 전술을 차용하고, 유명한 로즈타운Lordstown 살쾡이 파업*으로 상징되는 1970년대 초반 기층 노동자들의 전반적인 소요에서 힘을 얻어 생각이 비슷한 동료 노동자들과 한데 뭉쳤다. 더불어 이들을 특징짓는 투쟁 수단이라 할 수 있는 여성 코커스를 건설했다. 이런 코커스는 실제로 새로운 사회이론을 구현한 것이었다. 한데 뭉친 흑인 남녀와 모든 인종의 여성들은 전통적인 계급적 도구가 자신들과 관련된 문제에는 적합하지 않음을 암묵적으로 표명했다. 형식적인 면에서 보자면, 코커스는 서로 다투게 만드는 고립과 경쟁을 극복하기 위해 직종의 구분을 가로지르는 형식이었다. 또한 코커스는 독자적인 구조를 통해 일터에서 인종·젠더의 통합을 이루는 것만이 아니라 그것을 재정의하기 위해 싸웠다.

이러한 코커스는 마치 화약이 연쇄적으로 폭발하듯이 몇 년 만에 급속하게 퍼져나갔다. 철강 공장에서부터 자동차 공장, 은행, 대기업, 연방정부, 대학교, 노동조합, 전문직협회, 신문사, 방송사 등 곳곳에서

---

* [옮긴이주] 1972년 제너럴모터스 노동자들이 22일간 벌인 파업을 말한다.

여성들 스스로 조직을 결성했다. 여성 코커스의 물결에 휩쓸리지 않은 곳이 거의 없었다.[5] 여성사가들이 의식 고양 모임(주로 백인 중산층인)이 어떻게 여성운동을 확대하고 심화했는지를 보여준 반면, 이런 코커스—노동계급 중심에 때로 여러 인종이 섞이기도 했던—의 중요성은 간과되었다. 코커스는 일하는 여성들 사이에서 비판적인 의식을 발전시켰을 뿐만 아니라 실질적인 개선도 이룩했다. 이들의 노력이 없었다면, 민권법 제7조*는 여성들에게 사문화된 조항에 지나지 않았을 것이다.[6]

이런 초창기 여성 코커스들이 등장한 계기는 거의 언제나 일부 여성들이 당시의 젠더·계급 구도에서 유래한 기대를 갑자기 거부한 행동이었다. 어느 신문기사에서 애써 강조하며 보도했듯이, **"여성 코커스들에서 예외 없이 내세우는 주된 요구는 존중에 관한 것이다."** 여성들 사이에서 이제 막 드러나기 시작한 광범위한 차별에 대한 의식은 사소한 푸대접을 계기로 폭발하기 일쑤였다.

여성 코커스가 생겨나는 거의 모든 경우에 차별에 반대하는 투쟁으로부터 적극적 평등조치에 대한 요구가 논리적으로 도출되었다. 이러한 양상은 너무나도 두드러져서 참가자들이 적극적 평등조치를 문제 해결의 열쇠로 **보지 않은** 사례를 찾기란 하늘의 별 따기와도 같다. 『뉴욕타임스』 그룹에서부터 철강 노동자, 전화 교환원, 그리고 1971년에 조직화를 시작할 당시 900명 중 600명이 비서직이었던 NBC 여성 직원에 이르기까지 사례는 헤아릴 수도 없이 많다. 적극적

---

* [옮긴이주] 성, 인종, 피부색, 출신 국가, 종교 등을 이유로 고용상에 차별을 두어서는 안 된다고 명시한 조항이다.

15. 적극적 평등조치의 숨은 역사: 1970년대 일하는 여성들의 투쟁과 계급의 젠더　**349**

평등조치에 회의적인 노동조합 간부진에게 충성을 다하는 노동조합 여성연합Coalition of Labor Union Women(CLUW)까지도 적극적 평등조치를 강력하게 지지하게 되었다. 적극적 평등조치를 차별이라는 성벽을 부수는 공성 망치로 휘두른 아프리카계 미국인 남성들의 노력이 성공하자 여성들의 결단력은 더욱 단단해졌다.

여성들이 일자리 광고를 개방하고, 채용 범위를 확대하고, 직업 분석과 훈련을 도입하고, 여성 채용 및 승진에서의 구체적인 목표치를 설정하고, 이런 변화를 달성하기 위한 일정을 요구하는 데 성공한 것은 무엇보다도 적극적 평등조치 덕분이었다. 그 결과로 경영진은 이 모든 약속을 책임지게 되었다. 그리하여 일찍이 1971년에 전국여성기구는 성명을 통해 적극적 평등조치가 "고용 차별을 종식시킨 열쇠"이며 목표치와 일정을 확립하는 것은 "적극적 평등조치의 핵심"임을 분명히 했다. 적극적 평등조치가 소수 특권 여성들에게만 혜택을 주었다는 통념과는 달리, 모든 부류의 여성 직원들이 이득을 누렸다. 이제 저임금 일자리에 속한 (흑인과 백인) 여성들은 사무직과 청소직에만 국한되지 않고 경비원이나 기계 운전공, 우체부, 판매 대행인 등 돈벌이가 좋은 일자리를 얻을 수 있었다.[7]

사무직 종사자

그러나 여성 임금소득자 가운데 가장 큰 단일 집단은 여전히 사무직이었고(3명 중 1명), 그들은 두 번째 유형의 조직화 대상이 되었다. 사무직은 남녀 분리가 가장 심한 직종이었다. 가령 1976년에 여성은 은행 창구직원의 91.1퍼센트, 비서와 타자수의 98.5퍼센트를 차지했다. 사무직 노동자의 소득은 농업을 제외한 모든 범주의 남성 임금 소득자의 소득 아래로 떨어졌다.[8] 일부 페미니스트들은 여성운동과 노동계급 여성 사이의 거리를 좁히기 위해 1973년에 여성 사무직 노동자에게 맞춰진 조직 형태를 개발하고 새로운 의식을 확산시킬 수 있는 네트워크를 구축하는 데 착수했다. 이런 시도를 이끈 전국 지도자 중 한 명인 캐런 누스바움Karen Nussbaum의 회고를 들어보자. "여성운동은 다수의 일하는 여성들을 상대로 말하지 않았다. …… 우리는 기반을 넓히기 위해 관심의 초점을 좁혔다." 이렇게 만들어진 그룹들이 나인투파이브Nine to Five(보스턴), 여성직장인Women Employed(시카고), 여성사무직노동자Women Office Workers(뉴욕), 클리블랜드여성노동자Cleveland Women Working, 여성고용조직Women Organized for Employment(샌프란시스코), 볼티모어여성노동자Baltimore Working Women 등이었다. 1970년대 말에는 이런 조직이 10여 개에 이르렀고, '일하는 여성들Working Women'이라는 연합 조직을 이루었다. 회원을 모두 합하면 8,000명에 달했다. 이 조직들의 인종적 구성은 지역에 따라 다양했지만, 여성 코커스에 비해 흑인 여성의 참여율이 높았다. 때로는 전체 회원의 3분의 1을 차지하기도 했다.[9]

이 여성들을 하나로 연결한 것은 유독 여성에게 떠넘겨지는 부담을 거부한다는 점이었다. 무엇보다도 낮은 임금과 개인적인 봉사 요구가 쟁점이었다. 이 조직들은 '전국 비서의 날National Secretaries' Day'을 만들어 "장미가 아닌 임금 인상을 달라!Raises, Not Roses"는 구호를 외치고 사무직 노동자의 '권리장전'을 요구하며 시위를 벌였다. '나인투파이브'의 한 연사는 1974년에 이렇게 설명했다. "우리가 하는 말은 사무직 노동자는 개인의 하인이 아니라는 것이다. 사무직 노동자도 존중받고 자기 일에 대해 적절한 보상을 받아야 마땅하다."

이런 집단적인 노력은 사무직 노동문화보다 더 잠재적이며 만연한 무언가를 건드렸다. 진 테퍼먼Jean Tepperman은 당시 막 등장하던 운동에 관해 쓰면서 이 사실을 감지했다. "사무직 노동자에 관한 고정관념—어리석고, 하찮고, 허약하며 단지 남자들이 **실제** 노동을 하는 걸 돕는 데만 유용하다—은 모든 여성에 대한 고정관념을 사무실 환경에 맞춰 바꾼 것에 불과하다." 그러나 이런 고정관념에는 독특한 계급적 내용도 있었다.

> 여성 변호사나 대학 교수가 진지하고 지적인 사람임을 사람들에게 설득할 수는 있다. 그러나 많은 이들이 이런 여성을 예외로 여긴다—대다수 여성처럼 '단순한' 비서나 웨이트리스나 가정주부가 아니라는 것이다. 따라서 사무직 노동자들이 스스로 조직하고 권리 주장을 펴기 시작할 때, 그것은 여성에 대한 고정관념에 근본적으로 도전하는 행위이며 진정한 변화를 원하는 **모든** 여성에게 매우 중요한 의미를 갖는다.[10]

양쪽 모두에게 큰 이해관계가 걸려 있었다.

전문직협회도 아니고 노동조합도 아닌 이 사무직 노동자 조직들은 새로운 전범이 되었다. 연구와 창의적인 홍보, 미디어의 속성을 잘 활용한 직접행동 등을 통해 대규모 회원을 확보하고 권력 기반을 다진 것이다. 임금 인상과 사무직 노동자에 대한 존중이 우선적인 관심사였지만, 적극적 평등조치 프로그램을 확보하고 감시하는 일도 게을리하지 않았다. 이런 노력을 보여주는 대표적인 사례가 아마 1997년 미네소타주 윌마Willmar의 여성 은행원들이 벌인 활동일 것이다. 은행에서 월 300달러 이상을 더 주면서 여직원과 같은 일을 할 남성 직원을 채용하고 고참 여직원들에게 관리직 교육을 시키라고 하자 여직원들은 일을 멈췄다. 여직원들은 평등고용기회위원회에 이의를 제기한 뒤 적극적 평등조치 프로그램을 비롯한 요구 목록을 내걸고 파업에 들어갔다. 여직원들은 요구사항을 쟁취하기 위해 피켓 라인을 지키면서 미네소타의 매서운 추위를 견뎌냈다. 이 투쟁은 다큐멘터리 〈윌마의 8인The Willmar 8〉을 통해 영원히 각인되었다.[11]

'일하는 여성들' 네트워크는 당시 여성 임금소득자들이 성차별에 맞서 싸우기 위해 이용하는 또 다른 수단, 즉 노동운동과 구별되면서도 연결되었다. 당시 진보적인 노동조합들은 여성위원회나 코커스를 통해 조직된 여성 조합원과 지도자들에게 자극을 받아 적극적 평등조치와 페미니즘적 정책 일반을 점차 지지하게 되었다.[12] 특히 흑인 여성들은 단체교섭 협약에서 불평등을 공격하는 데 효과적인 수단을 발견했다. 흑인 여성들은 백인 여성에 비해 노동조합 가입률이 두 배 가까이 높았다. 애디 와이어트Addie Wyatt, 올라 케네디Ola Kennedy, 클라라 데이Clara Day—데이는 자기가 속한 노동조합을 "가장 위대한 민권운동가 중 하나"라고 불렀다—같은 흑인 여성들은 또한 노동조합 여성연합에서 지도적인 역할을 했고, 흑인노동조합원연합Coalition of Black Trade Unionists에서도 일정한 역할을 했다.[13] 따라서 많은 노동조합원—아마 숙련 기술직과 제복 근무 직종에서는 대다수가 해당할 것이다—이 적극적 평등조치에 반대했지만, 노동운동 일부에서는 여성과 아프리카계 미국인 남성으로부터 자극을 받아 젠더와 인종의 재구성을 통해 벌어지고 있는 계급의 재형성을 환영했다.

전통적으로 여성을 배제한 직종

여성 코커스와 사무직 노동자 조직들이 1970년대 말까지 이어짐에 따라 적극적 평등조치를 위한 새로운 조직화 형태가 확산되었다. 이른바 '전통적으로 여성을 배제한' 생산직종, 특히 건설직에서 여성들을 훈련시키고 배치하는 것이었다. 이 과정에서 성평등 주창자들은 숙련 기술자들의 남성 중심 계급의식에 직접 맞부딪혔다. 노동사가 데이비드 몽고메리David Montgomery가 간파했듯이, 숙련 기술자들은 오랜 전통에 따라 노동계급의 자긍심과 상관에게 동등하게 맞서는 '도전적 평등주의defiant egalitarianism'를 '가부장적 남성 우월주의'와 동일하게 여겼다.[14] 페미니스트들은 전통적으로 여성을 배제한 직종에 여성들이 진출해 더 많은 임금을 받게 되면, 많은 이들이 여성 일자리라는 게토에서 빠져나감으로써 여성 임금을 떨어뜨리는 과밀 현상이 해소되리라고 믿었다. 그들은 이런 믿음에 따라 전통적으로 남성이 독점해온 직종을 겨냥하는 전략에 호소했다.[15] 대학 교육을 받지 않은 남성들은 오래전부터 이런 직종에서 번듯한 임금과 개인적인 자긍심을 누리고 있었지만, 여성들은 이런 직종을 고려조차 하지 않는다는 사실은 성차별을 극명하게 보여주는 징표였다. 새로운 운동 구상은·민권 활동가들과 여성 코커스에서 얻어낸 개혁에 기대 여성의 빈곤을 완화하려는 자의식적인 노력이자 노동계급 일자리의 성적 분업을 겨냥한 정면 공격을 의미했다. 이런 노력과 공격을 위해

두 집단이 힘을 모았다. 한편에서는 시대의 관념과 적극적 평등조치의 개시에 힘을 얻은 일부 임금소득자 여성들이 관습과 비판에 도전하면서 소득 향상이라는 희망을 품은 채 '남성'의 직종에 진출했다.*
다른 한편, 일부 여성 조직가들은 빈민캠페인Poor People's Campaign과 전국복지권기구National Welfare Rights Organization에 고무되어 여성에게 빈곤을 강요하는 젠더 체제를 바꾸고 여성 빈곤을 경감하는 일에 착수했다. 두 집단 모두에서 백인 여성과 유색인 여성은 계급에 입각한 여성연합을 건설하기 위해 인종 문제를 다루게 되었다.

선구적인 조직 가운데 하나가 1972년 샌프란시스코에서 창설된 '여성옹호자들Advocates for Women'이었다. 이 조직의 설립자들은 전국여성기구 같은 여성운동 조직과 의식적으로 관계를 단절하려고 애썼다. 이런 거대 단체들은 평등권 수정안이나 부유층 여성들의 관심사에만 초점을 맞춘다고 생각했기 때문이다. '여성옹호자들'은 새로 생긴 연방 지원 기금을 활용해 여성들을 모집하고 훈련시키기 시작했다. 여성들로서는 전통적이지 않은 직종을 위해서였다. 라틴계인 도로테아 에르난데스Dorothea Hernandez가 이끈 이 조직은 "자기 자신과 가족을 부양해야 하는 저소득층 여성에 초점을 맞추면서 모든 인종과 문화의 여성들"을 지원하는 것을 목표로 삼았다. 이런 노력을 기울이는 이

---

* 그중에서도 커다란 파급력을 미친 것은 로린 윅스Lorean Weeks의 사례다. 윅스는 20년 가까이 전화교환원으로 '모범적인' 근무를 한 뒤 1966년에 '연결원switchman' 모집에 응모했다. 그러나 여자라는 이유만으로 떨어졌고 자신을 배제한 데 대해 항의하자 괴롭힘을 당했다. 윅스는 서던벨Southern Bell사를 상대로 소송을 제기했으며 평등고용기회위원회에서 AT&T에 제기한 기념비적인 소송에 힘을 보탰다. New York NOW, press release, 29 March 1971, box 627, Bella Abzurg Papers, Rare Book and Manuscript Library, Columbia University, New York을 보라.

유는 뚜렷했다. "빈곤은 여성의 문제가 아니며 …… 여성들에게는 돈이 필요하다." 돈을 손에 넣는 최선의 길은 직장을 구해 소득을 올리는 것이었다.

그 뒤 몇 년에 걸쳐 전국 각지에서 전통적으로 여성을 배제해온 직종에 진출하는 활동이 우후죽순처럼 이어졌다. 1970년대 중반에 이르면 샌프란시스코, 뉴욕, 시카고, 워싱턴DC, 애틀랜타, 데이턴Dayton, 루이스빌Louisville, 롤리Raleigh, 샌안토니오San Antonio, 위치토Wichita 등에서 140개 여성 고용 프로그램이 운영되었다. 1979년에는 27개 주 90여 개 프로그램이 힘을 모아 여성노동력네트워크Women's Work Force Network를 결성했다. 이 네트워크는 곧바로 여성의 건설직 진출을 촉진하기 위한 '건설업 동의 태스크포스Construction Compliance Task Force'를 구성했다.[16] 노동자로서든 지도자로서든 유색인 여성들의 참여가 압도적이었다. 가령 뉴욕에서는 흑인과 라틴계 여성들이 여성노동자연합United Tradeswomen 운영에 힘을 보탰고, 이들의 참여는 건설산업에서 인종차별과 성차별이 어떻게 결합해 작용하는지에 관한 논의를 촉발시켰다. 그 한 결과로 건설직종에서 흑인 여성들이 배제되는 데 대해 특별한 관심이 기울여졌고, 흑인 여성을 받아들이라는 압력이 가해졌다. 1981년 컨벤션센터 건설 현장에서는 "신규 채용되는 여성 중 적어도 절반은 유색인이어야 한다"고 요구하기도 했다.[17]

흔히 전통의 보루로 여겨지는 애팔래치아 산맥 이남에서도 여성들은 오랫동안 남성이 독점하던 고임금 노동에 진출하기 위한 조직화를 시작했다. 1977년, 이 지역 탄광에서 성장한 몇몇 여성이 "여자들이 탄광 일자리를 구해 일하는 데 도움을 주기 위해" 탄광고용프로젝트Coal Employment Project를 설립했다. 그리하여 여성 광부의 숫자는 1973년 0명에서 1981년 말 3,500명 이상으로 늘어나 전체 노동력의 2퍼센트를 차지하게 됐다. 대개 사별하거나 이혼해서 혼자 아이를 키우던 여성 광부들은 다른 여자들이 건설 현장에서 일하는 것과 같은 이유로 광부가 되었다. 다른 일자리보다 세 배나 많은 급여를 받을 수 있었던 것이다. 광업은 또한 흥미롭기도 하고 위신도 있었다. 지역에서 자란 여성들에게 광산은 어떤 이의 말마따나 "우리가 물려받은 유산의 일부"였다.[18]

이런 노력은 남성은 자립적인 존재로, 여성은 남성에게 의존하고 봉사하는 존재로 규정하는 계급에 대한 지배적 관념뿐만 아니라 존슨 대통령의 '빈곤과의 전쟁War on Poverty'으로 대표되는 빈곤 대책 모델에 대해서도 페미니즘이 공공연하게 도전함을 나타냈다. 흑인 빈곤 가정의 문제점은 여성 가장이 많다는 사실이라고 공공연하게 주장한 「모이니핸 보고서Moynihan Report」*에서 내놓은 전제에 입각해 구성된 이러한 접근법은 가난한 남성, 특히 흑인 남성을 위한 일자리를 창출하는 것이 핵심 과제라고 가정했다. 일자리를 창출해 남성들이 가정을 부양할 수 있게 한다는 것이었다. 여성 고용은 기껏해야 가족 병리 현상을 나타낼 뿐이었고, 최악의 경우에는 남성의 정당한 지배권을 박탈함으로써 병리 현상을 부추긴다고 보았다. 오늘날에는 비난을 초래할 만한 이런 사고가 1970년대 내내 강력한 영향

---

* [옮긴이주] 훗날 연방 상원의원이 되는 대니얼 패트릭 모이니핸이 1965년에 발표한 보고서. 원래 제목은 「흑인 가족: 국가적 행동을 위한 주장The Negro Family: The Case For National Action」이다.

력을 발휘했다. 비단 정부만이 아니라 민권운동과 흑인 민족주의 진영까지도 이런 사고에 물들어 있었다.[19] 그러나 전통적인 남성 중심 직종에 대한 여성 고용 프로그램에 참가한 여성들은 (피부색을 막론하고) 매우 다른 주장을 펼쳤다. 많은 여성이 가장 노릇을 계속하고자 했고, 그들에게는 편안하고 품위 있게 가장 노릇을 할 권리가 있었다. 가난한 남자들이 그러하듯이 가난한 여자들에게도 번듯한 일자리가 필요했다. 어느 이혼한 전기공은 "돈은 독립을 의미한다"고 설명했다. "일자리가 있다는 건 …… 남자 없이도 가족을 부양할 수 있음을 뜻한다. 번듯한 남자를 만나서 가정을 꾸리지 않아도 살아갈 수 있다는 말이다."[20]

젠더가 수행을 통해 구성된다는 이론적 견지에서 이러한 노력을 바라보고, 이 여성들을 여자다움과 남자다움에 관한 통념을 정정하는 데 관여하는 존재로 본다면, 더 풍부하고 미묘한 의미들이 나타난다. 많은 여성이 전통적으로 여성을 배제해온 일을 수행함으로써 자신을 변화시켰을 뿐만 아니라 과거에 남자들에게만 주어졌던 높은 임금을 받았다. 어느 여성 광부는 이렇게 썼다. "내가 더 힘이 세지고, 갱도 천장을 손금 보듯 볼 줄 알게 되자 이 일을 할 수 있다는 자신감이 커졌다. …… 살아남기 위해서는 혼자 힘으로 서는 법을 배워야 한다. 노력을 기울여 배울 만한 교훈이다."[21] 전통적으로 여성을 배제해온 일자리에 관한 자료는 흑인과 백인 여성들이 거의 개종을 고백하다시피 털어놓는 이런 개인적 성장담으로 넘쳐난다. (이런 자료를 보면 왜 일부 남성들이 자기 직종에 여성들이 진입하는 데 그토록 격렬하게 저항했는지도 이해할 수 있다. 바로 이런 동등하고 유능하다는 느낌을 겨냥한 저항이었다)

결국 문화 전반에서 여자다움과 남자다움의 의미가 점진적으로 바

뛸 수밖에 없었다는 사실을 깨닫기 위해 이런 변화를 낭만화할 필요는 없다. 미국광산노동조합United Mine Workers of America(UMWA) 조합원들이 임신을 하기 시작했을 때, 이런 변화는 분명 젠더와 계급의 관계에서 대단한 변화를 의미했다. 여러 세대에 걸쳐 미국 문화에서 광부는 남성 노동계급의 강인함의 상징이었다. 그런데 이제 전형적인 패기를 보여주는 인물이 어머니가 될 수도 있는 것이다. 여성 노동조합원들이 효과적으로 압력을 가한 결과, 1983년 미국광산노동조합 총회에서 향후 광산 부문 단체교섭 요구안에 육아휴직을 포함시키는 안을 만장일치로 지지했을 때, 이 사건 역시 노동운동에서 거대한 변화가 이루어지고 있음을 의미했다. 여성 조합원들은 여성뿐만 아니라 남성의 출산휴가까지 밀어붙임으로써—미국에서 으뜸가는 여러 노동가요를 통해 기억 속에 영원히 각인된—남자다운 노동계급의 상징적 모습에 집안일을 하는 남자까지 포함시켰다.[22]

이런 투쟁을 통해 계급과 젠더를 개조한 여성들은 이 과정에서 자신들이 종종 인종 문제와도 씨름하고 있음을 깨달았다. 투쟁은 더 깊은 배움으로 이어졌다. 가령 여성 코커스가 주로 백인 사무실에서 생겨났을 때에도 흑인 여성이 최소한 한두 명 이상은 적극적으로 참여했다. 성차별에 문제를 제기하는 과정에서 인종차별 역시 드러났다. '여성직장인'이 시카고의 해리스트러스트은행Harris Trust과 세이빙스뱅크Savings Bank를 상대로 제기한 기념비적인 소송이 대표적인 예다. 이윽고 많은 여성단체가 흑인 노동자 코커스나 비공식 그룹들과 유대를 확립할 필요가 있음을 깨달았다. 그 결과로 생겨난 연합체들에서는 물론 인종 간 갈등이 일었지만(특히 흑인 여성들은 이런 갈등을 몸소 느꼈다. 흑인 여성들은 백인 여성과 흑인 노동자 두 집단을 모두 필요로 했으며 또 각각의 한계를 절감했다), 확실히 이런 연합은 교육에 유익했을 뿐만 아니라 종종 혼자 힘으로 달성할 수 있는 것보다 많은 성과를 파트너들에게 안겨주었다. 전임제 조직들이 발달하면서 처음에는 백인 여성들이 거의 모든 상근직을 차지했다. 건설산업계 운동에서는 이런 점이 특히 문제됐다. 이 조직들이 주요 활동 대상으로 삼은 저소득 노동자 대부분은 유색인 여성이었기 때문이다. 이런 문제를 인식한 일부 단체들은 내부 차원에서 의식적으로 적극적 평등조치를 도입하는 식으로 단체를 재구성하는 데 착수했다.[23]

이와 동시에 전통적으로 여성을 배제한 직종에 진출하려는 노력 덕분에 백인 여성이 압도적으로 많은 조직조차도 공정한 고용을 위해 흑인 및 멕시코계 권리 조직들과 연합을 이룰 수 있었다. 글 앞머리에 소개한, 흑인 남성 소방관들과 불카누스협회의 지지를 받은 미국여성소방관협회가 대표적인 사례다. 또 다른 사례인 『뉴욕타임스』여성 코커스는 투쟁의 처음부터 끝까지 흑인 노동자 코커스와 보조를 맞추었다. 집단 소송을 벌인 여성 전화 노동자와 철강 노동자들도 마찬가지였다. '여성직장인'은 1977년에 다른 민권단체들과 손을 잡고 평등고용기회위원회 시카고 사무소를 업무 태만으로 고소했으며, 그 뒤로도 협력관계를 이어나갔다. 이런 연합을 통해 양쪽 모두 변화할 수 있었다. 여성단체들은 인종차별에 더욱 반대하고, 민권단체들은 사고방식에서나 프로그램에서나 페미니즘을 받아들이게 된 것이다. 여성들의 이런 투쟁에서 인종이 어떻게 작용했는지에 대해 확고한 결론을 내리려면 더 많은 연구가 필요하지만, 노동계급 여성단체들이 페미니즘의 다인종 연합 건설을 위한 중요한 모델을 제공하는 것은 분명하다.

이제까지 벌어진 변화를 과장하려는 생각은 없다. 여성들이 각본을 고쳐 쓰려고 한다면, 남성들 역시 그럴 수 있다. 뉴욕시 소방관들의 사례에서 여실히 드러나듯이 저항은 빈번하게 때로는 격렬하게 일어났다. 뚜렷한 한 가지 사례만 들어보자. 일부 남성들은 마치 불확실해진 자신의 남성성을 증명하고 여성들에게 그들의 자리를 상기시키기라도 하듯이, 성희롱에 의지했다. 뉴욕 소방관들의 사례에서처럼 남성들이 소중히 여기는 젠더 특권과 관행이 의문에 처하는 경우에 이런 구태의연한 전술이 더욱 공격적이고 의식적으로 활용되는 듯했다. 남자들은 거의 일터가 자기 안방이라고 생각하는 것 같았고, 아닌 게 아니라 그들은 일터에 포르노 사진 따위를 붙여놓곤 했다—이런 상황에서는 흔한 행동이다. 어느 관찰자는 이렇게 파악했다. "남성들은 성적 정체성을 부각시키는 행동을 통해 노동에 고유한 평등을 감추며 양성에 관한 전통적인 지배 및 종속의 정의를 덧붙인다."[24] 흑인 소방관들의 지지는 이러한 사태 전개를 복잡하게 만들었지만 사전에 방지하지는 못했다.

대면적인 저항을 잠시 무시한다면(이런 저항에 초점을 맞추면 어쨌든 남성들의 반응에서 나타나는 다양성과 복잡성을 보지 못하기 십상이다), 여기서 설명하는 투쟁이 많은 과제를 남겼음은 분명해 보인다.[25] 대체로 일하는 여성들은 자기 자신과 가족을 부양하려고 노력하는 과정에서 여전히 심각한 장애물에 부딪힌다. 분주한 사무실이나 건설 현장을 잠깐 들여다보면 알 수 있듯이, 직업상의 성적·인종적 분리는 줄어들기는 했지만 사라지지 않았다. 오늘날 모든 직업에서 남성과 여성이 동등하게 대표되려면 100명 중 53명의 노동자가 일자리를 바꿔야 할 것이다. 게다가 숙련직종에 종사하는 여성의 절대적인 숫자가 늘어나기는 했지만 고임금 숙련직의 2퍼센트만을 차지할 뿐이다. 어쨌든 매일 신문기사에서 볼 수 있는 것처럼, 고등교육을 받지 못한 이들에게 이런 번듯한 일자리는 그 자체가 멸종위기종이다. 사실 양성 간 임금 격차가 줄어들고는 있지만, 이런 변화의 40퍼센트 정도만이 여성 소득 향상에 기인하는 것이다. 나머지 60퍼센트는 남성 실질임금이 하락한 결과다. 고용과 소득에서 계속되는 불이익 때문에 지난 20년간 또 다른 문제가 더욱 뚜렷해졌다. 많은 수의 여성과 아동, 특히 유색인 여성이 가난해진 것이다. 게다가 이 빈곤 여성들 대다수는 이미 일자리가 있다. 1988년에는 노동력에 속한 여성 5명 중 2명이 연방정부에서 정한 빈곤선 이하의 임금을 받는 일자리를 갖고 있었다.[26] 그러므로 나는 모종의 직선적인 진보가 이루어졌으며 모든 일이 순조롭다고 주장하는 게 아니다.

그렇지만 적극적 평등조치는 결코 독립적인 조치나 만병통치약으로 고안된 게 아니었다. 애초부터 주창자들은 거의 한목소리로 이 조치는 무엇보다도 완전고용과 나란히 이루어져야 최선의 결과를 낳을 수 있다고 주장했다. 또한 동일임금과 노동조합 조직화, 교육 및 훈련 개선 등도 동시에 이루어져야 한다고 주장했다. 어쨌든 적극적 평등조치의 과제는 빈곤을 종식시키는 게 아니라 직업상의 분리에 맞서 싸우는 것이었고, 대단하지는 않더라도 전례 없는 성공을 거두었다. 성별에 따른 직업 분리 지수를 보면 성과를 뚜렷이 알 수 있다. 1970년에서 적극적 평등조치 실행이 정점에 다다른 해인 1980년까지 10년 동안을 보면 미국 역사에서 전례 없는 규모로 분리 지수가 감소했다. 1994년에 이르면 버스 운전사의 47퍼센트, 우체부의 34퍼센트, 경찰의 16퍼센트가 여성이다—전부 전통적인 '여성의 일'에 비해 임금 및 복지 수준이 높은 직종이다. 이는 고등 직업교육을 필요로 하는 비전통적인 일자리에서 여성이 차지하는 비율보다 다소 낮은 것이다. 현재 여성은 의과대학 학생의 40퍼센트(개업의의 20퍼센트), 법과대학 학생의 50퍼센트(개업 변호사의 24퍼센트), 모든 전문직과 관리직의 거의 절반을 차지한다.[27] 백인 여성과 유색인 여성이 이런 양상에 들어맞는 방식이 서로 다르기 때문에 성별에만 입각한 분석은 더욱 복잡해진다. 그러나 블루칼라든 핑크칼라든 아니면 전문직이든 간에 백인과 흑인 여성들은 성별 장벽을 무너뜨린 혜택을 누리고 있다.

물론 이런 변화가 순전히 적극적 평등조치 때문이라고만 생각한다면 오산일 것이다. 여기서 설명한 정책은 교육과 노동력 참여에서 성별 격차를 메우려는 여성들의 결단, 차별과 관련된 소송에 대한 제도적 공포, 기술과 노동력 수요에서의 새로운 발전, 페미니즘과 민권운동이 미국 문화에 안겨준 변화 등 폭넓은 역사의 결과로 생겨난 것이다. 이제까지 '남성의 일자리'로 여겨졌던 분야에 여성들이 대거 진출한 근본적인 원인을 따져보면 특히 가족 임금에 근거한 젠더 체계가 무너진 점이 크게 작용했다. 이 변화는 수많은 다른 변화의 결과인 동시에 원인이다. 대다수 여성들이 결혼 후에도 노동력 참여를 기대하고, 임신 조절이 확산되고, 결혼에 대한 신뢰도가 점점 떨어지고, 여성과 남성의 교육 양상이 유사해지고, 엄격한 성별 구분에 따른 분리 양상과 감수성이 사라졌으며, 심지어 스포츠 분야에서도 여성의 참여가 점점 늘어났다. 그러나 적극적 평등조치가 원인 역할을 한 점을 과장하는 게 어리석은 일이라면, 그런 역할을 아예 부정하거나 저평가하는 것 역시 억지 주장일 것이다. 적극적 평등조치는 이런 다른 발전들에 의해 촉진되었을 뿐만 아니라 그런 발전을 부추기기도 했다.[28] 밑바탕이 되는 도구와 법적 틀이 없었다면 여성들은 여기서 설명한 변화를 이루지 못했을 것이다. 1975년에 이르러 걸스카우트에서부터 그레이팬서Gray Panthers*에 이르기까지 거의 모든 전국적 여성단체가 적극적 평등조치를 지지하게 되고, 오늘날까지도 아프리카계여성목사협회African American Women's Clergy Association에서 YWCA에 이르기까지 계속해서 이 조치를 지지하는 데에는 그럴 만한 이유가 있는 것이다.[29]

그렇지만 이 조직들과 그들이 대표한다고 주장하는 여성 기반 사이에는 묘한 분리가 존재한다. 여론조사에서 잇따라 밝혀진 바에 따르면, 특히 백인 여성들이 백인 남성과 거의 비슷한 비율로 적극적 평등조치에 반대한다(질문을 어떤 문구로 던지는가에 따라 반대하는 비율은 달라진다).[30] 이러한 역설은 여러 요인으로 설명될 수 있다. 특히 백인 여성들이 이른바 비백인의 위협에 대해 백인 남성들과 일체감을 느낀다는 점에서 인종적 문제 틀이 크게 작용한다. 또한 일반 대중 차원에서는 정치경제학보다 개인적인 정치를 선호하기 때문에 많은 여성들이 페미니즘을 적극적인 공적 생활 참여보다는 라이프스타일 선택의 문제로 해석한다. 결국 1970년대 여성운동 의제에서 평등권 수정안과 재생산 권리를 둘러싼 투쟁이 고용 관련 투쟁을 압도하게 되었고, 주요 여성단체들은 대부분 풀뿌리 조직화보다 공공 서비스나 선거 정치를 강조하고, 회원들의 적극적인 참여보다 직원들의 활동에 방점을

---

* [옮긴이주] 1970년에 매기 쿤Maggie Kuhn이 창설한 노인의 복지와 권리를 추구하는 단체.

두기에 이르렀다. 이 모든 상황 전개를 보면, 오늘날 적극적 평등조치에 찬성하는 식견 있고 결집된 풀뿌리 여성 대중이 극히 적은 이유를 짐작할 수 있다. 결국 이러한 공백 때문에 적극적 평등조치 정책 전체가 공격에 더욱 취약해지고 있다.

그렇지만 페미니즘 단체의 전국 사무실과 풀뿌리 정서 사이에 역설적인 심연이 존재하는 또 다른 이유는 역사적인 기억상실증에서 찾을 수 있다. 작업장에 기반을 둔 투쟁은 현대 페미니즘의 집단적 기억에서 사라져버렸다—여성 코커스, 사무직 노동자 조직화, 전통적인 남성 중심 직종에 진출하기 위한 싸움, 노동조합에 근거한 투쟁 모두 말이다. 일하는 여성들의 이런 노력들이 모조리 잊힌 것은 아니지만, 그저 당연한 것으로 여겨지는 까닭에 여성운동의 재등장이라는 서사—해석은 말할 것도 없다—에서 모습이 두드러지지는 않는다. 이런 투쟁들이 젠더·인종·계급 범주의 사회적 구성과 불안정성에 관해 우리 시대에 고조된 의식에 (흔히 생각하는 것보다) 더 많은 기여를 한다는 점에서 이런 무시는 특히 역설적이다. 이미 활동가들은 이런 범주들의 본성과 거기서 연상되는 위계를 변화시키는 일에 착수했다. 학자들이 과제를 떠맡기 훨씬 전에 말이다. 역사적 연구에서는 땅에 묻힌 노동계급 여성들의 전통을 발굴하기 시작했다. 우리는 이런 전통을 통해 근대 페미니즘의 궤적을 사고하는 데 도움을 받을 수 있다. 아직도 찾아내야 할 이야기가 많다.

이런 이야기들은 우리가 과거뿐만 아니라 미래에 어떻게 다가갈 것인가를 함의하고 있다. 최근 페미니즘 실천가들과 연구자들의 회합에서 내린 결론처럼, "우리는 무엇이 이론인지에 관한 생각을 확장할 필요가 있다." 선구적인 페미니즘 경제학자 하이디 하트만이 소집한 토론 모임에 참석한 이들은 어떻게 이론이 해체주의와 배타적으로 동일시되기에 이르렀는지, 이런 옹색한 징의 때문에 얼마나 많은 이들—특히 학계 이외의 페미니스트들—이 "이론에서 멀어지게 되었는지"에 대해 하나같이 좌절감을 나타냈다.[31] 꼭 이런 식일 필요는 없다. 고용 차별과 적극적 평등조치 같은 문제를 둘러싼 투쟁을 비롯한 실제적인 투쟁을 통해 페미니즘 이론의 범위를 확장하는 기획을 진전시킬 수 있다. 이런 투쟁들은 이론을 위한 수많은 질문을 제기하기 때문이다. 각기 다른 성적 분업은 어떤 의미와 효과를 지니는가, 2차대전 이후 시기에 여성 노동자들의 집단적 의식과 행동의 원천은 무엇인가, 성차별과 계급·인종 억압 사이의 관계는 어떠한가, 작업장에 근거한 수행은 의식과 사회관계에 어떤 영향을 미치는가, 자본주의와 노동과 국가 정책은 우리의 삶을 형성하는 데서 어떤 관계를 맺는가 등의 질문을 말이다. 무엇보다도 이런 질문들을 통해 우리는 변화와 거기에 필요한 주체적 행위와 힘에 관해 생각하게 된다. 페미니즘 이론에서 이런 문제들을 다루기 시작하면 대다수 미국 여성들에게 할 말이 더 많아질 것이다. 거듭해서 되풀이한 것처럼 경제적인 문제(경제를 넓은 의미로 정의한다면)가 가장 우선적인 관심사이기 때문이다. 성 정치학을 억누르자거나, 재생산 권리를 무시하자거나, 문화와 주체성의 질문들을 회피하자는 주장을 하려는 게 아니다. 이 모든 전선에서 등장한 새로운 사고는 여기서 설명한 투쟁들에 많은 기여를 했다. 내가 말하고자 하는 것은 다른 무시된 쟁점들—대표적으로 경제적 불평등, 고용, 계급 등의 쟁점들—에 관심을 기울이면 여성운동에 관한 역사적 연구가 풍부해지고 페미니즘 이론과 실천이 활력을 얻을 수 있다는 점이다. 또한 고용 문제에 관심을 기울이면 차이에 대한 현재의 관심을 궁극적으로 가장 중요한 영역에 집중시킬 수 있다. 우리 모두의 삶을 향상시키는 변화를 쟁취하기 위해 차이를 가로질러 연합을 형성할 수 있는 견고한 지반을 찾는 데 집중할 수 있는 것이다.[32]

16

— 환상의 현실화
: 마킬라 작업장에서 이루어지는
여성과 남성의 생산

레슬리 샐징어Leslie Salzinger

버클리 소재 캘리포니아대학 젠더 및 여성학 교육학 부교수. 라틴아메리카
에 초점을 두고 젠더, 경제사회학, 페미니즘 이론 등을 연구하며, 『젠더의 생
산: 멕시코 글로벌 공장의 노동자 형성Genders in Production: Making Workers in
Mexico's Global Factories』 등의 저서가 있다.

1990년대 초반, 나는 전 지구적 생산에서 젠더가 차지하는 역할을 연구하기 위해 멕시코 북부 국경으로 갔다.* 멕시코에서는 이런 생산의 대부분이 마킬라도라(외국—대개 미국—자본이 소유한 수출가공 공장. '마킬라maquila'라고도 한다)에서 이루어진다. 1965년에 멕시코 북부 국경에 처음 설립된 마킬라는 저임금 멕시코 노동자들을 고용해 미국에서 생산한 부품을 완제품으로 조립한다. 미국 시장에서 판매하기 위한 것이다.

처음 방문한 공장인 판옵티멕스Panoptimex에서는 예상했던 대로 전형적인 모습이 펼쳐졌다.** 경영자들의 꿈과 페미니즘 인류학, 이론, 악몽에 등장하는 '유순한 여성들'이 실물로 그 자리에 놓여 있었다.[1] 줄지어 늘어선 여자들이 입가에 미소를 띤 채 붉고 검은 속눈썹을 찡그리며 컴퓨터 기판에 고개를 박고 있는 가운데, 남자 감독들이 어깨너머로 손가락 속도와 매니큐어를 동시에 들여다보고 있었다. 한눈에 봐도 자본주의에 봉사하는 화신인 여성성이 눈에 들어왔다.

그러나 이야기가 그렇게 간단한 것은 아니었다. 판옵티멕스에서 실행되는 여성성은 여성 노동자들의 가족과 가정생활에서 수입된 것처

---

* 이 글은 원래 1990년대 초 18개월에 걸쳐 네 곳의 마킬라를 대상으로 진행한 연구를 토대로 한 것이다. 나는 그중 3개월을 판옵티멕스에서 보냈는데, 주중에는 매일 작업 현장을 돌아다니거나 인사과에 앉아 있거나 관리자들을 면담하곤 했다. 나중에는 잘 알게 된 노동자 열 명과 나의 집에서 인터뷰를 했다.

** 이 글에 나오는 모든 이름은 가명이다.

럼 보이지만, 공장에서 보내는 시간 중 가장 두드러지게 눈에 들어오는 것은 적절하게 성별화된 노동자들을 창출하는 데 얼마나 많은 노동이 필요한가 하는 점이다. 세계화가 유순하고 솜씨 좋은 저렴한 노동력을 찾아 헤맨다는 사실은 뻔한 이치이며, 제3세계 여성은 특히 뛰어난 '저렴한 노동력'으로 이해된다. 그렇지만 전 지구적 공장이라는 실제 현실을 가까이 들여다보면, 이런 공식이 본말이 전도된 것임을 알 수 있다. 여성 노동자들이 언제나 이미 아버지에게 위협받고, 어머니에게 훈련받고, 남편에게 부양을 받는 것은 아니다. 오히려 생산적인 여성성은 하나의 범주로서, 경영자들은 그것을 통해 조립 작업을 바라보고 그에 따라 조직화하며, 또 그 범주를 통해 취업 희망자들과 노동자들을 상상하고 평가하고 규정한다. 우리가 고전적인 '여성 노동자'라고 생각하는 사람들은 이런 사고방식과 존재 방식 안에서 형성된다. 따라서 여성 노동자들이 공장에 존재하기 때문에 전 지구적 생산이 가능해진다고 생각하는 것은 잘못이다. 정반대로, 여성 노동자들은 전 지구적 생산의 최종 완성품이다. 젠더는 확실히 세계화의 중요한 측면이지만, 저비용 생산을 가능케 하는 것은 현실에 존재하는 여성들이 아니라 '여성성'이라는 수사修辭다.

이 모든 사실은 멕시코 마킬라 산업에서 가장 명백하게 드러난다. 마킬라 산업에서는 '여성 노동자'의 이미지가 계속해서 작업장 관계를 규정한다. 이런 여성화된 일자리에 젊은 남성들이 대규모로 유입되어도 사정은 마찬가지다. 이런 역설의 역사를 자세히 들여다보면, 그리고 더욱 중요한 점으로, '여성성'의 이미지가 특정한 마킬라 작업장에서 어떻게 작동하는지를 탐구해보면 '제3세계 여성 노동자'가 구성되는 과정을 파악하고 더 나아가 세계화에서 젠더가 어떤 역할을 하는지를 포착할 수 있다.

마킬라 산업의 성별화에는 오랜 모순의 역사가 존재한다. 1965년에 처음 세워질 때부터 마킬라 산업은 이미 널리 선전된 성별화된 수사의 틀에 맞춰져 있었다. 처음 표방한 주된 목적은 당시 미국 서부의 농장 일자리에서 쫓겨나고 있던 많은 수의 멕시코 남성(계약 이주 노동자braceros)들을 흡수한다는 것이었다. 그렇지만 세계 곳곳의 자유무역지대에 있는 여느 수출가공 공장의 관리자들이 그렇듯이, 마킬라의 인력 채용 부서들도 이미 '조립 노동자'에 대한 이미지를 품고 있었고, 농장 노동자들은 거기에 속하지 않았다.[2] 국경 지대의 부인 senoritas과 숙녀들damitas을 모집하는 광고의 메시지는 분명했다─젊은 여성들만 채용한다는 것이었다.[3] 경영자들과 노동조합 위원장, 정치평론가들은 공적 논의에서 간접적으로나마 이런 정책을 거듭해서 정당화했다. 누구랄 것 없이 여성 노동자의 우월성과 남성 노동자의 무능력을 일관되게 거론했다. 한 경영자는 어느 전형적인 기사에서 무미건조한 어조로 이렇게 언급했다. "전체 노동력의 85퍼센트가 여성으로 이루어져 있습니다. 규율이 잘 잡혀 있고, 하는 일에 집중을 잘하며, 남자들보다 지루해하지 않기 때문이죠."[4]

1980년대 초, 유순한 젊은 여성의 이미지에 금이 가기 시작했다. 노동조합 간 갈등이 몇 차례의 파업으로 이어졌고, 몽둥이를 손에 든 도전적인 여성 노동자들의 이례적인 사진이 지역 신문 머리기사를 장식했다. 그 직후, 페소화가 평가절하되면서 달러로 환산한 임금 비용이 크게 줄었고, 마킬라 노동자에 대한 수요가 급증했다. 그리하여 마킬라 수준의 임금을 받고 일하려는 젊은 여성이 부족해지면서 이미 고용된 이들은 점차 자기주장을 내세우게 되었다. 전혀 '여성'처럼 행동하지 않는 젊은 여성 노동자들과 맞닥뜨린 일부 관리자들은 노동력 부족을 젊은 남성들로 메우기 시작했다. 1980년대가 끝날 무렵이면 남성들이 마킬라 노동력의 절반 가까이를 차지하게 되었다.[5]

이런 역사가 남긴 결과겠지만, 1990년대 초반 마킬라 산업을 둘러보면 점점 역설적인 상황이 드러난다. 남성 노동자가 많은 수를 차지하고 있음에도 불구하고 말 잘 듣는 여성 노동자라는 정형화된 설명이 거듭해서 등장하는 것이다. 남성들이 대대적으로 마킬라 일자리에 진출하기 시작한 지 10여 년이 지나 이루어진 어느 인터뷰에서 마킬라도라협회Association of Maquiladoras의 노사관계 위원장은 여전히 여성 채용을 옹호하는 주장을 펼쳤다. "남자들은 앉아 있질 못해요. 여자들이 조용히 앉아서 일을 하지요." 이런 고정관념 속 여성상은 점점 보기 드물어졌지만, 여성성의 수사는 여전히 남아서 관리자들과 노동자들의 의사결정과 기대에 영향을 미쳤다.

바로 이런 맥락에서 나는 이와 같은 영속적인 이미지가 생산에서 어떻게 작용하는지, 그리고 상징적이면서도—내가 점차 깨닫게 된 것처럼—특이한 판옵티멕스 여성들과 어떤 관계가 있는지를 묻기 시작했다. 나는 18개월에 걸쳐 마킬라 작업장 네 곳을 연구했다. 그중 판옵티멕스를 비롯한 세 곳은 멕시코에서 가장 많은 마킬라 노동자가 살고 있는 국경 도시 시우다드후아레스Ciudad Juárez에 있었다.[6] 한 곳은 먼 남쪽에 있었다. 국경에서는 점차 찾기 힘들어진 유순한 여성 노동자를 찾아 공장을 옮긴 것이었다. 이 마킬라 공장들 중 세 곳의 관리자들은 여전히 조립 노동이 '여성의 일'이라는 관념을 고수하고 있었고, 다른 한 곳의 관리자는 그런 이미지에 무관심했지만 압력을 받고 있었다. 요컨대 이 이미지는 전반적으로 영향을 미쳤다.[7] 그렇지만

이 이미지가 미치는 영향은 공장마다 크게 달랐고, 각기 다른 생산성 수준을 지닌 서로 다른 유형의 작업장 주체를 만들어냈다.

후아레스의 자동차 부품 조립 공장에서 일하는 미국인 관리자 집단은 조립 노동이 고유한 '여성의 일'이라는 통념에 깊이 물들어 있었다. 하지만 이들은 여성 노동자를 충분히 끌어모을 수 없었고, 남성 직원들 대부분을 적으로 돌려 동료 여성 노동자들의 생산에 간섭하도록 자극하는 데 성공했을 뿐이다. 후아레스 외곽에 자리한 또 다른 부품 공장에서는 멕시코인 관리자들이 자신들이 사해동포주의자임을 보여주는 데 열중했다. 농촌 여성 노동자들이 '전통적인 멕시코 여성'에 불과하다는 통념을 버리고 그들을 팀워크와 리더십 훈련으로 조직한 것이다. 이런 훈련에서는 자신감과 극기라는 미사여구가 활용되었다—물론 이 모든 것은 작업 산출량 증대에 이바지하려는 시도였고, 독특하고 생산성이 높은 작업장의 '여성성'에 호소하는 내용이었다. 그리고 후아레스에 소재한 의료용 의류 공장에서는 '여성적이지 않은' 파업이 벌어지자 멕시코인 관리자들이 의도적으로 남성 노동자들에게 의지했다. '여성적인' 조립 노동자의 이미지를 내팽개쳐버리고 그 틀 자체를 폐기 처분한 것이다.

이와 같이 생산적인 여성성이라는 수사는 이 작업장들에서 언제나 의미심장한 역할을 했다. 그렇지만 각각의 경우에 독특한 효과를 발휘했다. 관리자들이 그들 자신을 누구라고 생각하는지에 따라 달랐던 것이다. 이런 경영진의 자아상은 여성성의 수사뿐만 아니라 그것을 소통시키는 노동 통제 전략에서도 작동했다. 하지만 내가 초국가적인 설명에서 묘사되는 존재와 실제로 닮은 여성 노동자들을 목격한 곳은 판옵티멕스뿐이었다. 그러므로 판옵티멕스에서 우리는 여성적 주체의 전형이라는 구조물을 발굴할 수 있다—이런 존재를 낳은 여러 힘들을 추적하면 되는 것이다.

판옵티멕스는 텔레비전을 제조하는 회사로서, 특정한 장소에서 여성(또는 남성)이 되는 적절한 방식은 무엇인가를 결정하는 것은 바로 여성적인 생산성이라는 초국가적인 수사의 맥락에서 시각적인 것에 집착하는 관리자들의 강박관념이다. 노동자들의 가시성을 높이는 데 중점을 두는 판옵티멕스의 노동 통제 관행은 한편으로는 자의식적이고 스스로 감시하는 여성들을 만들어내고 다른 한편으로는 거세된 남성들을 창조한다. 이 과정에서 경영진이 창조한 틀은 성별화된 주체성의 특정한 조합을 단순히 활용하는 게 아니라 그것을 만들어내며 이런 식으로 작업 현장에서 질서를 확립한다.

공장장은 엷은 금발의 남아메리카인으로 회사의 수도 본사로 승진 발령나는 것을 목표로 정한 인물이다. 공장장은 '자기' 공장의 미학에 집착한다—자기 트레이드마크 격인 색깔로 작업장을 다시 칠하고, 감독들은 넥타이를 매고 노동자들은 작업복을 입으라고 강요한다. 이 공장은 회사가 멕시코에서 특별히 자랑하는 곳이다. 최첨단 시설을 갖춘 이 공장의 성공적인 설계는 최근 후아레스에 제2공장을 짓는 경쟁업체에서 청사진을 사 가기까지 했다.

공장 작업장은 가시성을 위해 조직되어 있다—모든 것이 표시되는 판옵티콘(전면감시장치)인 것이다.[8] 통로는 노란색 테이프로 표시되고, 테스트 장소는 붉은색 화살표로 표시된다. 기계 위에는 녹색과 노란색, 붉은색 조명등이 빛을 낸다. 벽에 걸려 있는 커다란 흰색 그래프에는 붉은색과 노란색, 녹색과 검은색으로 품질 수준이 기록된다. 노동자의 머리 바로 위에는 점으로 가득한 도표가 하나씩 걸려 있다. 녹색은 불량 하나, 붉은색은 불량 세 개, 황금색 별은 하루종일 불량이 하나도 없었다는 뜻이다. 노동자들의 육체에도 표시가 매겨진다. 노란색 민소매 작업복은 신입이고, 담청색 작업복은 경험 많은 여성 노동자이며, 감색 작업복은 남성 노동자와 기계공, 오렌지색 작업복은 (여성) '전문' 노동자, 붉은색 작업복은 (여성) 작업반장이다. 립스틱, 마스카라, 아이라이너, 루주, 하이힐, 미니스커트, 이름표 등등 모든 것이 일종의 표시다.

생산 현장 위쪽은 창문에 둘러싸여 있다. 반층 위에는 유리 뒤에서 관리자들이 지켜보고 있다—물론 한눈을 팔 수도 있다. 관리자들은 위에 앉아 "생산 흐름을 유심히 관찰하면서" 작업 속도가 느려질라치면 감독에게 질책을 한다. 라인 한쪽에 텔레비전이 쌓이거나 간격이 벌어지거나 기술자들이 가까이 모여 있는 라인 중간에 텔레비전이 모여 있으면 위에서 금방 눈에 띄는 것이다. 늦은 오후에는 공장장과 차장이 내려온다. 두 사람은 뒷짐을 진 채로 작업장을 순회하면서—모두 입을 모아 말하는 것처럼—"젊고 예쁜 것들"과 말을 걸고 농담을 한다. 인사과(인사과 직원들의 직함은 '사회복지사'다)는 작업 자체보다 적절한 외모와 행동 문제에만 초점을 맞춘다. 어느 사회복지사는 라인에서 동료들에게 옛 여자친구의 편지를 보여준 젊은 남성 노동자에게 이렇게 말한다. "그건 남자답지 못해. 바지 입은 사내라면 그렇게 행동하지 않지!" 동료 노동자들과 계속 설전을 벌이는 젊은 여성에게는 이렇게 조언한다. "이걸 기억해둬. 중요한 사람이 되는 것도 좋지. 하지만 더 중요한 건 싹싹한 태도야." 여기서는 행동과 태도, 행실 등이 평가된다. 그것도 언제나 무척 성별화된 형태로. 숙련도나 속도, 품질 등은 거의 거론되지 않는다.

경영진이 겉모습에 중점을 두는 것은 작업장의 인구 통계에 고스란히 반영된다. 공장의 직접 조립 라인 노동자 중 80퍼센트 가까이가 여성이다. 노동자들은 항상 감시를 받으면서 일렬로 길게 앉아 일을 한다. 하루에 9시간 넘게 똑같은 세밀한 동작을 천 번 이상 반복하면서 말이다. 1980년대에 여성 노동자를 채용하기가 어려워지면서 후아레스의 마킬라 공장 대부분이 남성을 채용하기 시작했을 때, 회사는 45분 떨어진 농촌 마을에서 젊은 여자들을 버스 한가득 실어서 데려오곤 했다. 사람들로 가득한 익숙한 라인 풍경에 안정된 회사는 몇 년 동안 노동자들에게 출퇴근 교통편을 무상으로 제공했다. 지역에 있는 대부분의 회사와 사뭇 다른 이런 경제적 결정을 보면, 시각적인 고려를 우선시하는 판옵티멕스 경영진의 관행이 여성 노동자에 대한 초국가적 이미지에 얼마나 집착하는지를 알 수 있다.

조립 라인은 '작업자에 의해 통제된다.' 기판이 노동자 앞에서 멈춰서면 노동자는 부속을 끼우고 버튼을 눌러 고정시킨다. 성과급은 전혀 없고, 움직이는 조립 라인 때문에 서둘러 일할 필요도 없다. 그러나 이처럼 사방에서 뻔히 보이는 곳에서 누구 하나 자기 때문에 라인이 정체되는 걸 보고 싶지는 않다. 자기 앞의 공간이 텅 비고 사무실의 관리자들이 눈길을 주는 걸 원하지 않는 것이다. 잠시라도 손을 늦출라치면 감독이 나타난다. "아 여기가 문제군. 자기 무슨 일 있어?" 물론 감독 역시 주시를 받을 뿐만 아니라 주시하고 있기 때문이다. 감독은 앉아서 일하는 노동자들 뒤를 돌아다니면서 작업 능률과 노동자의 다리를 동시에 감시한다—때로는 작업 중인 '민첩한 손가락'을 응시하고 때로는 헤어스타일이 좋은지 뚫어져라 보기도 한다. 종종 좋아하는 작업자 옆에 멈춰 서서 잡담을 하고 품질을 검사하고 시시

덕거린다. 감독은 한 번의 몸짓으로 '훌륭한 노동자'이고 '탐나는 여자'임을 동시에 승인한다.

"감독이 개한테 말 거는 거 봤어?" 노동자들도 눈을 열심히 돌리면서 곁눈질로 새로운 스타일을 확인하고 다림질이 제대로 안 된 구김을 눈치 챈다. "야, 옷 차려입은 거 봐라!" 여성 노동자들은 대번에 "대충 훑어볼 능력"이 있다. 어느 젊은 여성은 처음에 일을 시작할 때는 화장도 안 하고 무릎 아래까지 덮는 옷만 입었다고 말한다. 그런데 동료 노동자들이 옷차림이 그게 뭐냐면서 '좀 꾸미고 다니라'고 말하기 시작했다. 여자가 말하는 동안에도 제일 친한 친구가 화장한 얼굴과 손톱, 미니스커트 차림의 몸매를 다정스러운 눈길로 관찰한다. "다들 외모가 중요하다고 말해요." 두 라인 아래쪽에서 일하는 또 다른 젊은 여성은 전날 늦잠을 자서 일을 빼먹었다고 털어놓는다. 머리와 화장을 하고 버스 시간에 맞추기에는 늦게 일어났다는 것이다. 일을 하러 온다는 건 남들 눈에 보이는 것이자 보는 것이고, 따라서 자기부터 보아야 한다.[9]

물론 탐나는 노동자를 결정하는 궁극적인 주체는 자기 자신이나 동료 노동자가 아니라 감독과 관리자들이다. 노동자들은 누가 선택을 받고 누가 받지 못했는지에 관해 끊임없이 수군거린다. 그렇게 간택된 극소수 노동자들에게 이런 경험은 개인적인 권력의 맛을 보여준다. 레이스가 달린 일체형 속옷을 입은 어느 노동자는 근처를 배회하는 감독에게 눈길을 주면서 말을 뱉는다. "가지고 있으면 자랑을 해야지!" 이런 권력은 종종 수단으로 활용된다. 내가 공장을 처음 방문한 날, 어느 젊은 여성(관리자들의 주목을 끄는 '젊고 예쁜 것' 중 한 명이었다)이 지각을 해서 경비원에게 출입을 저지당했다. 여자는 몰래 위층으로 올라가서 공장장을 설득해 중재를 하게 만들었고, 결국 일을 하라는 허락을 받았다. 조립 라인에서는 뒷말이 무성했다.

조립 라인의 남성들이 이 게임에 참여하는 경우는 거의 없다. 여성 노동자들과 물리적으로 분리된 남성 노동자들은 대개 서서 일한다. 라인 한쪽에서는 브라운관과 기판을 케이스에 붙이는 일을 하고 다른 쪽에서는 완성품을 포장한다. 남자들은 비교적 자유롭게 움직이면서 농담을 하며 웃기도 하고 소리쳐 부르기도 한다. 시끌벅적하지만 아무도 주목하지 않는다. 감독은 공공연하게 자기 담당 라인을 비우기 일쑤며, 노동자들은 감독이 감히 귀찮게 굴지 못한다고 오만하게 말한다. 그렇지만 지나치게 허풍을 떨기라도 하면 감독이 모든 행동을 중단시킨다. 그러고는 갑자기 제일 시끄러운 이들을 납땜하는 자리에 배치한다. '여자'들 사이에서 눈길을 끌며 불편하게 앉은 채로 일해야 하는 것이다. 남은 남자들은 '그쪽에서' 일하는 게 얼마나 지루한지에 관해 어색한 농담을 한다.

어느 젊은 남자는 여자들 때문에 일부러 이 공장에 왔다고 말한다. "여자친구를 찾게 될 거라고 생각했어요. 재미있을 것 같았고요." 내가 묻는다. "정말 재미있었나요?" 잠시 정적이 흐른다. 마침내 대답을 하는데 약간 당황한 듯 웃으면서 눈을 내리깐다. "아무도 나한테 관심을 보이지 않더라고요." 이 남자의 경험을 들으니 공장을 그만뒀다가 다시 돌아온 어느 여성 노동자의 이야기가 생각난다. "여기는 좋은 환경이에요." 여자의 말이다. "거리에서는 남자들이 우리한테 지분거리지만 여기서는 우리가 남자들에게 약간 지분거리거든요. 우리가 놀리면 남자들이 쩔쩔매요."

공장에서 남자라는 사실은 바라볼 권리가 있다는 것, '감독'임을 의미한다. 앞에서 말한 남성 조립 노동자의 경우에는 라인을 보며 서서 작업에 눈을 고정시켜야 하기 때문에 남자로 쳐주지 않는다. 공장의 중심에서 벌어지는 게임에서 이 남자는 주체도 아니고 객체도 아니다. 따라서 이 남자에게는 행동의 거점이 되는 위치도 전혀 없다. 공장 안의 여성들과의 관계에서나 공장 관리자들과의 관계에서나 말이다.

공장 안에서 인상적인 사실은 신입 노동자를 적절한 '젊은 여성'—과 '젊은 남성'—으로 만들어내는 데 얼마나 많은 노동이 투여되는가 하는 점이다. 전면적으로 감시하는 노동 통제 전략이라는 맥락 안에서 성별화된 의미들이 만들어지며, 이 전략 안에서 여성들은 탐나는 대상으로, 남성 관리자들은 욕망의 주체로 구성된다. 남성 노동자들은 비非남성이 되며 이 게임에 전혀 끼지 못한다. 이런 정체성은 공장 구조 속에서 경영진에 의해 규정되지만 노동자들 역시 이 정체성을 강화한다. 젊은 여성 노동자들은 관리 통제의 터무니없는 측면을 피하기 위해 노력하면서 이처럼 욕망의 대상이 되는 경험과 제한적이지만 유쾌한 자신들의 힘을 기꺼이 즐긴다. 반면 남성 노동자들이 남성성을 주장하려고 하면, 이런 주장을 도려내버리는 경영진의 능력에 취약해진다.

여기서 생겨나는 성별화된 의미와 주체성은 익숙하다. 판옵티멕스 경영자들은 실제로 이상적인 여성적 노동자를 발견하고, 국제적으로 유명한 반항적인 젊은 남성들로 그들을 보완한 것처럼 보인다. 경영자들은 어쨌든 그렇게 이해하고 있는 게 분명하다. 그렇지만 경영자들의 믿음 역시 외부적 수사의 산물이다—이 경우에는 멕시코의 민족 문화와 초국가적 산업에서 유래한 담론의 소산인 것이다. 자세히 들여다보면 여성성에 대한 기대가 지역적 맥락에서 작동하는 것을 간파할 수 있다. 사물의 겉모습에 치중하는 관리자들은 자신들이 보고 싶어하는 주체를 창조해내기까지 한다.[10] 따라서 판옵티멕스의 유순한 여성들과 거세된 남성들은 지역적 산물로서, 경영진의 채용과 노동 통제 전술이라는 자기 달성적인 예언을 통해 창조된다. 여기서 우리는 여성성의 초국가적인 수사가 지역적 관행으로 삽입되는 모습을 본다.

판옵티멕스는 무척 흥미로운 사례다. 전형적이기 때문이 아니라 이례적이기 때문이다. 이 사례가 두드러지는 이유는 노동자들이 토착적인 유순한 여성성의 이미지를 놀랄 만큼 정확하게 구현하기—말 그대로 생명을 부여하기—때문이다. 자기 고향이 아니라 초국가적인 경영진의 수사와 상상 속에서 생겨난 이미지를 말이다. 판옵티멕스 노동자들은 고전적인 시뮬라크르simulacre다. 환상화된 실재의 구현인 것이다.[11]

성별 인구통계나 경영진의 노동자 묘사가 아니라 작업장 생활의 상징적 관행과 구성적 기술에 초점을 맞추면 독특한 일련의 사회적 과정이 뚜렷이 드러난다. 우리는 주체들이 어떻게 공장 바깥에서부터 수입되는 게 아니라 작업장에서 환기되는지를 볼 수 있다. 또한 유순한 여성성이라는 초국가적인 이미지가 해석되고 행동의 기반이 되는 데 어떤 지역적인 조건이 필요한지를 이제 설명할 수 있다. 판옵티멕스의 노동자들은 이미 정해진 젠더 정체성을 가지고 공장에 들어가는 게 아니며, 또한 경영진의 환상을 자동적으로 반영하지도 않는다. 오히려 관리자들은 수많은 담론 안에 위치해 있다—여성적인 노동자는 그중 하나일 뿐이다. 판옵티멕스의 관리자들은 또한 시각적인 것이 압도적으로 강조되는 노동 세계에 참여한다. 화장과 파마를 한 나긋나긋한 판옵티멕스의 여성이 등장하는 곳은 바로 이 두 구조가 교차하는 지점이다. 멕시코인 아버지와 어머니가 아니라 초국가적인 시각의 소산인 것이다. 판옵티멕스 노동자들은 그들이 만드는 텔레비전만큼이나 전 지구적인 상품이다.

17

과테말라 사탕수수밭의
마초와 마체테

엘리자베스 오글즈비Elizabeth Oglesby

애리조나대학 지리학 교수. 『과테말라 읽기: 역사, 문화, 정치The Guatemala
Reader: History, Culture, Politics』(공편), 『과테말라, 제노사이드라는 질문
Guatemala, the Question of Genocide』(공편) 등을 엮었다.

지난해(2000년), 스물네 살의 세바스티안 톨Sebastián Tol은 하루 평균 10톤의 사탕수수를 베어 과테말라 태평양 연안 농산물 수출 플랜테이션에서 사탕수수 베기 '챔피언'에 올랐다.* 그렇지만 수확철이 끝날 무렵 세바스티안은 허드렛일조차 제대로 하지 못할 만큼 심한 어깨 통증을 얻은 채 고지대의 집으로 돌아왔다. 올해 플랜테이션 작업반에서 세바스티안이 맡았던 자리는 열여덟 살 먹은 동생인 산티아고가 물려받았다. 산티아고 역시 챔피언이 될 꿈에 부풀어 있다. 수확이 시작되기 한 달 전부터 산티아고는 매주 일당의 절반을 털어 일주일치 비타민 주사를 사기 시작했다. 사탕수수 밭에서 오래 버틸 수 있게 해줄 거라고 믿기 때문이다.

지난 20년간 과테말라 설탕산업의 생산량은 세 배로 늘어났고, 과테말라는 현재 라틴아메리카 3위의 설탕 수출국이다. 이런 성장은 대부분 사탕수수 베는 일꾼의 생산성을 높이기 위해 고안된 현대화 캠페인의 결과다. 사탕수수 일꾼들은 대개 고지대에서 이주한 원주민 노동자다. 오래전부터 노동자 소요를 폭압적으로 진압하는 것으로 악명을 떨친 과테말라의 사탕수수 플랜테이션에서는 현재 노동 규율을 이루기 위한 새로운 수단을 고안하는 중이다. 임금 인센티브, 인적 자본 투자, 노동자 정체성 개조 등의 방법과 새로운 기술을 결합시키는

---

* 이 글에 등장하는 세바스티안과 산티아고는 고지대에 사는 형제의 가명이다.

것이다. 이런 전략의 중심에는 사탕수수 베기 일꾼들 가운데 '선봉' 집단을 구성하는 전술이 자리 잡고 있다. 18세에서 25세 사이의 젊은이들을 서로 경쟁하게 만들어 생산성 목표를 이루도록 밀어붙이는 것이다.

실제로 전반적인 생산성이 급등하고 있다. 1980년에 사탕수수 노동자들은 일당으로 급여를 받았고 하루에 1~2톤을 수확했다. 그런데 지난해에는 중량에 따라 급여를 받았고 노동자들이 하루에 평균적으로 베는 양은 6톤으로 늘어났다. 생산성 증가는 기술 변화와 수확 노동력의 사회적 재설계가 결합된 결과다. 기술 변화에는 중량을 늘리고 더 휘어지게 만든 마체테machete* 개량과 기계식 사탕수수 적재, 사탕수수 베기의 테일러화Taylorization(즉 노동 과정을 반복 가능한 정확한 운동으로 잘게 쪼갠 시간-동작 연구의 활용) 등이 포함된다. 테일러식 기법은 어떻게 마체테를 잡고 휘두르는지, 사탕수수를 베어서 쌓는 데 얼마나 많은 동작을 이용하는지 등을 통제한다. 그러나 플랜테이션 관리자들은 이런 기법보다 더 핵심적인 요소는 사탕수수 베기에 임하는 노동자들의 태도를 바꾸려는 노력이라고 힘주어 말한다. 플랜테이션들이 추구하는 목표는 새로운 태도를 조성하여 노동자들의 신체에 점점 더 가혹한 요구를 하는 노동 체제에 대한 반항을 미연에 방지하는 것이다.

이런 목표를 달성하는 한 가지 방법은 수확 노동력의 남성화를 통한 것이다. 산업심리학자들이 동원되어 거의 전부가 남성이고 대부분

---

* [옮긴이주] 라틴아메리카 원주민이 전통적으로 사용하는 날이 넓고 큰 칼로, 사탕수수를 베는 데 많이 사용한다.

이 젊은이인 사탕수수 베기 일꾼을 채용하고 훈련시킨다. 이주민 캠프에는 오직 남자들만 거주할 수 있다. 음식 역시 남자 요리사들이 공장식 취사장에서 만든다. 대부분 군대에 복무하면서 요리를 배운 이들이다. 새로운 식단은 하루에 3,700칼로리를 제공하도록 짜여 있으며, 수확하는 동안 노동자들의 몸무게가 줄지 않도록 단백질과 탄수화물 균형에 신경을 쓴 것이다. 사탕수수 베기 일꾼들은 수분 보충 음료는 물론 건강검진도 받는다. 주기적으로 몸무게를 재고 근육 수치를 측정한다. 일꾼들의 신체 수치와 생산성 수준은 정기적인 관찰 대상이며, 이 모든 정보는 연도별 데이터베이스에 기록된다.

수확 노동의 남성화는 단순히 남성만 채용하는 문제가 아니다. 이는 또한 사탕수수 베기 일꾼들 사이에서 남성성의 관념을 강화하는 문제이기도 하다. 한편으로 작업장들은 작업 캠프에 동지애를 조성하고, 이곳이야말로 가족의 압력으로부터 자유로울 수 있는 공간이라는 생각을 퍼뜨리려고 노력한다. 대다수 이주민 캠프에는 텔레비전과 비디오가 있으며, '오락의 밤'마다 멕시코 카우보이 영화나 람보 영화 등을 틀어준다. 때로는 이국적인 댄서들을 데려와 캠프에서 춤판을 벌이고, 수확이 끝나면 노동자들을 해변이나 지역 술집으로 소풍을 보낸다. 캠프에 나이 든 남자 친척이 없기 때문에 젊은이들은 일종의 해방감이나 사춘기가 연장된 기분을 만끽한다. 술집과 사창가가 넘쳐나는 해변 지역에서는 더더욱.

다른 한편, 관리자들은 생산 할당량을 둘러싼 경쟁을 조장하기 위해 마초 의식machismo에 호소한다. 가장 많은 사탕수수를 벤 일꾼은 티셔츠에서부터 녹음기, 자전거, 최우수상인 경우 오토바이에 이르기까지 다양한 상품을 받는다. 관리자들은 매주 최고 사탕수수 베기 일꾼 명단과 수확량을 정리한 내용을 인쇄해서 나눠준다. 노동자들이 '기술자'라 부르는 이들이 캠프를 정기적으로 방문하기도 한다. 스물한 살인 어느 노동자는 내게 이렇게 말했다. "그 사람들은 우리가 얼마나 대단한지, 다른 모든 면에서 앞서는지 말해주곤 합니다." 또 다른 노동자는 분명하게 말해주었다. "우리는 여기서 마초예요. 마치 장날에 기름을 발라놓은 기둥에 상품을 걸어놓고 올라가기 경쟁을 벌이는 놀이판 같은 거죠. 올라가지 못할 걸 알면서도 노력은 해야 하는 거예요."

비타민B 주사의 힘을 한결같이 신봉하는 것 말고도 사탕수수 베기 일꾼들은 지구력을 키우기 위해 암페타민을 복용한다. 하지만 탈진이나 탈수 증상을 완화하기 위해 약물을 사용하는 것은 폭염 아래 사탕수수밭에서 일하는 노동자들에게 열사병이라는 심각한 위험을 야기할 수 있다. 나는 어느 십장에게 많은 일꾼들이 병이 들 정도로 일하는 이유가 무엇인지 물었다. "일꾼들한테 물어보면 그들은 돈을 벌거나 어쩌면 상을 받으려고 그런다고 말할 겁니다. 그렇지만 나는 순전한 경쟁심도 섞여 있다고 생각해요." 하지만 생산고를 높이기 위해 남성성을 조작한다고 해서 착취에 대한 노동자들의 인식까지 지워버릴 수는 없는 노릇이다. 사탕수수 베기 일꾼들은 더위와 고된 노동시간에 대해 불만을 토로하며, 플랜테이션들이 계속해서 공정한 임금을 지급하지 않고 있다고 말한다. "상품 같은 건 다 허풍에 지나지 않습니다." 5년 경력의 어느 노동자가 따지듯이 던진 말이다. "이런 상품도 다 우리가 받아야 할 돈으로 사는 겁니다. 녹음기를 준다고요? 작은 땅뙈기라도 준다면 해볼 만하겠지요!"

내전이 최고조에 달한 1980년 이래 사탕수수 부문에서는 대규모 노동자 파업이 한 번도 일어나지 않았고, 1970년대부터 있던 사탕수수 노동조합은 탄압으로 사라져버렸다. 그러나 일시적인 조업 중단은 많은 플랜테이션에서 꽤나 흔한 일이며, 이직률도 높다. 사탕수수 노동자들은 이런 관행에 의해 '규율'이 잡히는 걸까? 세바스티안 톨을 비롯해 많은 이들이 몸이 망가지는 큰 대가를 치르지만, 플랜테이션에 대한 노동자들의 인식은 거의 변하지 않은 것처럼 보인다. 플랜테이션에서 남성적인 노동 정체성을 장려한다고 해서 노동자들이 사탕수수 베는 일을 꺼리는 것도 아니며, 이런 정체성이 계급의식을 대체하는 것 같지도 않다. 그러나 젊은이 채용에 대한 강조가 겹쳐지면, 독자적인 노동자 집단이 생겨난다. 이 노동자들에게 해안 지역으로의 노동 이주는 몇 년이 걸리는 일종의 통과의례이자 장래의 꿈인 미국행 이주를 위한 발판 역할을 한다.

세바스티안 톨은 이제 다시는 사탕수수 베는 일을 할 생각이 없다고 말했다. 그러나 다른 노동자들에게서 앨라배마에 가면 '닭 자르기' 일이 많다는 말을 들었고, 어깨가 낫기만 하면 북쪽 나라로 가서 자신의 운을 시험해볼 생각이다.

18

성산업의 노예제에 관한
국제적 조망

조 바인드먼Jo Bindman
국제반노예협회 활동가로『국제적인 의제로서 성매매를 성노동으로 재정의
하자Redefining Prostitution as Sex Work on the International Agenda』의 공저자다.

국제노예제반대연맹Anti-Slavery International에서 일하는 우리는 성산업이 사회로부터 배제된 결과로 세계 곳곳에서 노예제와 유사한 관행과 결합된다고 생각한다. 노예제의 주된 특징은 때로는 죽음에까지 이르게 하지만 처벌받지 않는 폭력이 행사된다는 점, 이동의 자유를 상실한다는 점, 인지에 근거한 동의 없이 돈이나 상품을 위해 다른 소유자/주인에게 양도된다는 점이다. 노예제는 완전한 시민권의 결여와 관련된다.

성매매를 특별한 인권 문제로 명명한다 함은, 여성적이고 위험하며 지위가 낮은 다른 형태의 노동(가사노동이나 식당 노동 같은)이나 공장/들판에서 하는 노동과 성노동 사이의 구별을 강조하는 것이다. 결국 이 모든 노동에서 사람들을 연결하는 공통점, 즉 공통된 착취의 경험을 숨기는 셈이다. '성매매 여성'과 다른 모든 사람을 구별하게 되면 결국 성매매 여성은 사회가 다른 이들에게 제공하는 평범한 권리, 예컨대 일터에서 폭력을 당하지 않을 권리나 자기가 버는 것의 온당한 몫을 받을 권리, 고용주에게서 벗어날 권리를 영원히 누리지 못한다. 고용이나 노동의 관점에서 성매매를 성노동으로 명명하면 이 노동 역시 인권이나 여성권, 노동권에 관한 주류 논쟁으로 들어올 수 있다. 또한 성산업이 언제나 최악의 조건인 것은 아님을 인식할 수 있게 된다.

1949년 유엔에서 '인신매매 금지 및 타인의 성매매 행위에 의한 착취 금지에 관한 협약Convention for the Suppression of the Traffic in Persons and the Exploitation of the Prostitution of Others'을 공표한 이래, 여성에 관한 우리의 견해는 바뀌었다. 이제 우리는 여성을 순전히 수동적인 존재로 규정할 수 없으며, 이 협약은 여성의 요구를 충족시키는 데 적합하지 않다. 또한 이 협약은 성공을 거두지도 못했다. 우리는 여성들이 모든 사람과 동일한 기본권을 누릴 수 있도록, 여성들이 스스로 결정을 내릴 수 있도록 싸워야 한다.

노예제가 어떻게 성산업으로 유입되는지를 살펴보자. 성산업은 세계 모든 곳에 존재하며 무척 다양한 형태를 띤다. 스트립바나 고고바go-go bar, 픽업바pick-up bar, 나이트클럽, 마사지업소, 사우나, 트럭 기사식당, 레스토랑과 커피숍, 이발소, 다른 서비스는 전혀 제공하지 않는 노골적인 사창가 등에서 성을 팔기도 하고, 에스코트 대행업체를 통해서나 거리에서 성을 팔기도 한다. 이런 시설에서 일하는 이들 대부분은 소유주나 관리자와 공식적인 계약을 맺지 않은 채 통제에 종속된다. 성산업에서 일하는 이들은 일반적으로 주류 사회에서 배제된다. 따라서 이들은 다른 사람들이 시민이나 여성, 노동자로서 누리는 학대받지 않을 권리를 전혀 누리지 못한다. 국제적인 권리든, 국가적인 권리든, 관습적인 권리든 간에 말이다.

성노동자들은 국제적·지역적 보호를 받지 못하기 때문에 일터에서 착취에 노출되며 관리자들과 고객, 법 집행 관리, 대중의 폭력에 시달린다. 산업보건·안전 규정을 비롯해 노동자 보호의 필요성은 특히 HIV/에이즈를 비롯한 성병 감염이라는 맥락에서 중요한 의미를 갖는다. 성노동자들은 일터에서 아무런 권리가 없기 때문에 질병에 취약할 수밖에 없다. 자기 자신을 보호하려면 정보와 자료, 권한이 두루 있어야 하는데 성노동자들에게는 아무것도 없다.

사실 이론상으로 보자면, 기존의 인권·노예제 관련 협약들로도 성산업에서 노예제를 근절하는 데 충분하다. 이런 협약들은 이를테면 인도 카펫 산업이나 아이티의 사탕수수 재배, 인도네시아와 영국의 가정부 노동 등에서 노예제를 금지하고 있다. 이 모든 인권 학대가 계속 존재하기는 해도, 각종 협약이 존재하기 때문에 각국 정부에 이런 협약들을 국내법으로 제정하도록 압력을 가할 수 있다. 일단 법의 일부로 편입되고 나면, 그 영향 아래에 있는 개인이나 집단, 활동가들은 법 집행이 확실히 이루어지도록 활동할 수 있다. 국제노예제반대연맹이 현장 파트너들과 활동하는 방식의 본질이 바로 이런 것이다. 비록 느린 과정일 수 있지만, 우리는 궁극적으로 이런 활동을 통해 현대적인 형태의 노예제를 근절할 수 있다고 믿는다. 따라서 성산업에서도 각종 국제협약을 활용할 수 있다. 하지만 성산업의 경우에는, 성노동자나 성매매 여성을 다른 노동자들과 구분하는 입장 때문에 노예제와 유사한 관행을 종식시키기가 쉽지 않다.

　우리는 노동조건이 끔찍한 카펫 산업에 종사하는 아동이나 채무예속의 덫에 걸린 플랜테이션 노동자의 권리를 보호하는 각종 국제협약을 지적하고 싶다. 성노동자들은 이를 통해 지역 및 국제 사회의 일원으로서 자신의 권리를 주장할 수 있을 것이다. 이를 위해서는 먼저 성매매 역시 노동이라고 확인할 필요가 있다. 성매매도 다른 여느 직업처럼 착취 관행에 취약한 하나의 직업인 것이다. 이렇게 확인하면 여느 노동자들처럼 성노동자들도 모든 노동자를 착취에서 보호하고 여성을 차별에서 보호하는 것을 목표로 하는 기존의 수단들에 포함되어 보호를 받을 수 있다. 국제노예제반대연맹이 존재하는 이유도 온갖 형태의 착취에 맞서 싸우기 위함이다.

흔히 성매매가 이루어지는 끔찍한 환경에 대해서는 두말할 나위 없이 많은 사람이 혐오를 나타낸다. 선진국과 개도국의 많은 여성과 소녀들이 속임수에 넘어가 성산업에 들어서며, 자기 의지와 무관하게 강제로 성산업에 묶여 있다. 오늘날 존재하는 채무 예속에서는 자기를 담보로 잡힌 사람이 빚을 갚을 때까지 사실상 채권자의 소유물이 된다. 자기를 담보로 잡힌 사람은 학대에 극히 취약할 수밖에 없다. 이 시스템에서는 채권자가 정한 조건에 따라 무기한으로 선불금을 갚아야 하는데, 자기를 담보로 잡힌 사람은 이런 조건을 거의 알지 못하며, 빚과 함께 채권자에 의해 다른 사람에게 넘겨지기도 한다. 이런 관행은 플랜테이션 농업이나 벽돌 제조업, 카펫 직조업 등 세계 각지의 여러 다른 산업에서 흔한 일이다. 타이완 성산업에 종사하는 채무 예속 상태의 여성들은 어두운 공간에 갇힌 채 생활하며, 어쩌다 외출을 허락받을 때에도 무장 경비원을 대동한 채 나가야 한다. 태국에서는 하루에 스무 명의 손님을 받아야 하면서도 콘돔으로 자신을 보호할 힘도 없다. 각종 질병 치료와 낙태 비용은 고스란히 빚에 더해지며 HIV 양성 판정을 받으면 바로 버려진다.

우선 인신매매의 경우를 보자. 흔히 채무 예속과 결합된 인신매매를 통해 여성들은 갖가지 목적으로 국경을 넘는다. 가정부나 '우편 주문' 신부, 성매매 여성 등이 가장 흔한 경우다. 성산업 알선업자들은 네팔에서 인도로, 도미니카공화국에서 독일로 여성과 소녀들을 보내며, 그곳에서 여성들은 인신매매 업자에게 전적으로 의존하게 된다. 현지의 언어나 관습, 법률을 거의 알지 못하며, 설령 여권을 손에 넣는다 해도 어떻게 고향에 돌아가는지 알지 못한다. 인신매매 업자의 손아귀에 들어간 여성들은 비인간적인 환경에서 오랜 시간을 일할 수밖에 없다.

가족 바깥에서 이루어지는 아동노동의 경우에는 수많은 어린이에게서 교육을 통한 미래를 빼앗아간다. 갑갑한 환경에서 오랜 시간을 일하며 아동기에 필요한 보살핌을 받지 못하면 건강을 해쳐 평생 동안 고통받을 수 있다. 어린이들을 선호하는 것은 흔히 어른에 비해 임금이 싸고 열악한 노동조건에 저항할 힘이 없기 때문이다. 어린이들은 특히 작업장에서 이루어지는 성적 학대에 취약하다—아동 가사노동자의 경우에는 거의 예외 없이 성적 학대를 당한다. 10대 초반의 수많은 소녀가 사창가나 거리에서 일을 하는데, 나이가 어리기 때문에 위협에 몹시 취약하다.

복지·교육을 통해 시민들을 채무 예속이나 인신매매, 아동노동으로부터 보호하는 나라들에서 이런 문제를 악화하고 또 다른 문제를 야기하는 것은 성산업을 억제하기 위한 법률이다. 이런 법률은 성매매 여성을 범죄자로 규정한다. 영국에서는 성매매 여성이 범죄자로 규정되면서 시민권을 박탈당했다. 성매매 여성은 자기 생명을 보호하기 위해 휴대하는 콘돔 때문에 체포되어 구금되고 벌금형을 받을 수 있다. 구타와 강간, 심지어 살인 위협을 받으면서도 경찰에 보호를 요청할 수도 없다.

여기서 제시한 사례들은 성산업의 노예제를 극명하게 보여준다. 그렇지만 노예제가 성산업의 고유한 본질은 아니다. 세계 각지의 수많은 여성들이 용감하게 성산업에 발을 들여놓는다. 오늘날 우리가 사는 세계에서 많은 사람, 특히 여성은 자신과 가족을 부양할 기회가 제한되는 현실에 직면한다. 여성들은 사회적 배제에 노출되고 경제적 착취에 맞닥뜨릴 위험을 감수하면서도 성매매가 가능한 최선의 선택이라고 판단한다.

우리가 이런 사람들에게 무엇을 하고 무엇을 하지 말아야 한다고 말할 수 있을까? 이들에게는 다른 노동자들이 추구하는 최상의 노동조건을 누릴 자격이 없는 것일까? 이 직업을 선택할 권한을 박탈하고, 다른 분야의 더 나쁜 일을 하라고 강요할 수 있는 걸까? 가령 인도 유리 공장에서는 항상 열기와 연기와 소음에 둘러싸인 채 끔찍한 화상을 입을 위험을 안고서 일해야 한다. 노동자들에게 지옥과도 같은 이곳에서 일을 계속하면 기대수명이 10~15년 줄어든다고 한다. 생계형 농업에 종사하면서 하루 종일 뼈 빠지게 일하는 건 어떤가? 농사일을 끝내면 산더미 같은 집안일을 해야 하고 수확을 한들 최소한의 생계를 이어나가는 것조차 쉽지 않다. 노골적으로 말하자면, 화장실 청소를 하거나 생산 라인에서 쥐꼬리만 한 돈을 받고 지루한 노동을 견디느니 차라리 성매매로 나서는 게 나을 수도 있다. 또 성매매는 아이들을 학교에서 집으로 데려온 뒤 할 수 있는 유일한 일일 수도 있다.

인권 분야에 종사하는 우리는 경제정의나 만인을 위한 실행 가능한 경제 대안을 세우기 위한 노력과 더불어 노예제와 유사한 관행을 종식시키는 활동을 해야 한다. 채무 예속과 인신매매, 아동노동과 비인간적 노동조건, 폭력과 위협에 맞서 모든 전선에서 싸우자. 성산업에 종사하는 여성들을 사회에서 배제하고, 적어도 서류상으로는 만인이 누리는 권리를 박탈하는 법률에 맞서 싸우자. 모든 형태의 착취에 대항해 싸우자.

19
성노동자 권리의 세계화

카말라 켐파두Kamala Kempadoo

캐나다 요크대학 교수.『카리브해의 섹스: 젠더, 인종, 성노동Sexing the Caribbean: Gender, Race and Sexual Labor』등을 쓰고,『세계 성노동자: 권리, 저항, 그리고 재정의Global Sex Workers: Rights, Resistance, and Redefinition』(공편),『인신매매와 매춘을 재고한다: 이주, 성산업, 인권에 대한 새로운 시각Trafficking and Prostitution Reconsidered: New Perspectives on Migration, Sex Work, and Human Rights』(공편) 등을 엮었다.

성매매에서 여성들이 노동자, 이민자, 알선업자의 위치를 차지하는 것 외에도 인종차별은 제3세계 성노동자들을 국제관계 속에 자리매김한다.

갈색이나 검은색 피부를 가진 여성은 매력적이고 욕망을 부추기는 에로틱한 대상이자 잠시 동안의 혼외정사에 적당한 상대로 여겨진다(이상적인 '국외자' 여성). 장기적으로 사귈 상대나 동등한 파트너, 미래에 자기 아이의 어머니가 될 인물로 보이는 경우는 드물다. 따라서 이 여성은 미지의 존재 혹은 금지된 존재로 나타나지만, 지배적 담론에서는 종속된 '타자'로 자리매김된다.

제3세계 '타자'의 이국풍화exoticization는 성노동에서 여성들을 자리매김하는 데서 경제적 요소만큼이나 중요한 역할을 한다. 다시 말해, 여성이 성매매에 나서는 것은 단지 극심한 가난 때문만은 아니다. 인종과 종족 역시 현대 성산업을 이해하는 데 중요한 요소다.

『뉴욕타임스』기사 제목처럼, "이국적인 수입품이 이탈리아의 섹스 시장을 사로잡았다." 기사에 따르면, 로마 성노동계에서 아프리카 여성들의 중요성이 점차 커지고 있으며, 동시에 제3세계 여성과 이국풍 취미 사이에 연계가 생겨나고 있다(1997년 7월 9일자). 그렇지만 성매매는 모순으로 가득한 영역이다. 제3세계 여성(과 남성)의 섹슈얼리티에 관한 이국풍 취미가 고조되고 있을지라도, 그들은 전 지구적 성산업 내에서 백인 여성보다 하위의 자리를 차지한다. 백인 성노동자들은 거의 예외 없이 더 안전하게 더 많은 돈을 받으며 더 편안한 환경에서 일한다. 갈색 피부의 여성들(흑백 혼혈, 아시아계, 라틴계)이 중간계급을 형성하며, 흑인 여성들은 여전히 길거리 매춘 같이 가장 열악하고 위험한 부문에서 두드러진 비중을 차지한다.

인종차별의 두 번째 차원은, 다소 불분명하기는 하지만 최근 미국과 서유럽에서 쏟아져 나오는 페미니즘 및 성노동자 관련 저술들에서 드러나는 신식민주의와 관련된다. 여성 인신매매를 다룬 캐슬린 배리 Kathleen Barry의 『여성 성노예제Female Sexual Slavery』(1984)는 이러한 경향을 잘 보여준다.

정말이지 식민주의적인 발상이라고밖에 보이지 않는 배리의 기획은, 그녀가 보기에 자기결정 능력이 없는 여성들을 구제해야 한다는 것이다. 이런 과제에는 성 자체에 대한 독특한 문화적 정의가 따라붙는다. 가령 아프리카나 카리브해의 여러 나라에서는 일부일처제에서부터 다수의 섹스 파트너에 이르기까지 다양한 성적 관계가 하나의 연속체를 이루며, 성이 여성이 거래할 수 있는 소중한 자원으로 여겨진다. 그런데 섹슈얼리티와 성-경제적 관계에 관한 이런 서발턴 subaltern[하위주체]의 이해와 실제 현실은 무시되고, 성적 관계에 관한 서구의 특정한 이데올로기와 윤리만 강조된다.

그렇지만 세계 곳곳의 제3세계 여성들의 삶과 현실을 이렇게 재현하는 데서 드러나는 신식민주의는 급진 페미니스트들이나 인신매매 반대 압력 활동에서 끝나지 않는다. 성매매 여성의 권리를 옹호하는 사람들은 서구의 발전과 자본주의 근대화, 산업화를 통해 개발도상국 여성들이 선택권을 행사하고 '자유'를 얻을 수 있다고 가정한다. 이 담론에서 제3세계 성매매 여성들은 저발전 국가의 덫에 걸려 있다고 여겨지며, 자신의 삶에 관해 스스로 결정을 내릴 능력이 없다고 규정된다. 이 여성들은 그들이 전혀 통제할 수 없는 외부의 압도적인 힘에 의해 강제로 굴종과 노예 상태에 빠진 것이다. 따라서 서구 여성들의 경험은 산업자본주의 발전의 본래적인 우위에 관한 가정과 동일한 것이 되며, 제3세계 여성들은 기술이 미발달한 '후진성', 열등, 의존, 무지 등의 범주 안에 자리매김된다.

1970년대 이래 성노동은 세계 여러 지역에서 여성과 남성, 트랜스젠더를 조직하는 토대를 이루었다. 그러나 1990년대 초반에 이르기까지 서유럽과 북아메리카에서 성매매 종사자 권리 단체 및 조직이 등장한 역사는 자료가 풍부하지만, 전 지구적 운동에 관해서는 거의 기록된 바가 없다.

비록 이처럼 제대로 인정받지는 못했지만, 제3세계와 기타 비서구권 나라의 성노동자들은 그들이 직면한 불의에 맞서 행동에 나서고 항의 시위를 벌였으며 인권과 시민권, 정치·사회적 권리를 요구했다. 그리하여 에콰도르에서는 1982년에 협회가 결성되었을 뿐만 아니라 1988년에 성노동자 파업까지 벌어졌다. 브라질에서는 1987년에 전국적인 성매매 여성 회의가 열려 다비다Da Vida라는 이름의 전국성매매여성네트워크가 설립되었다. 우루과이 몬테비데오에서는 우루과이성매매여성협회Asociación de Meretrices Profesionales del Uruguay(AMEPU)가 1988년 노동절 행진에서 처음 모습을 드러낸 뒤 어린이집과 새로운 본부를 개설했다. 1991년에 설립된 성노동프로젝트네트워크Network of Sex Work Projects는 아시아·태평양 지역의 성노동자 권리·보건 프로젝트와 연계를 구축하기 시작했으며, 진정으로 국제적인 네트워크를 서서히 쌓아가는 중이다. 오늘날 이 네트워크에는 세계 곳곳에 있는 적어도 40개의 각기 다른 프로젝트와 단체가 포함되어 있다.

1992년에는 베네수엘라에서 여성복지상호부조협회Association of Women for Welfare and Mutual Support(AMBA)(일명 '앙헬라 리나Angela Lina')가 설립되었고, 1993년에 칠레의 여성권리협회Association for the Rights of Women(APRODEM)와 멕시코의 단일연합Union Unica이 세워져 그 뒤를 이었다. 에콰도르 성노동지권리협회는 1993년과 1994년에 두 차례 전국대회를 열었다. 수리남의 막시린드너협회Maxi Lindner Association, 인도의 여성협동위원회Mahila Samanwaya Committee, 콜롬비아여성협회Cormujer 등도 1994년에 설립되었다. 같은 해에 페루의 리마Lima에서는 성매매 여성 400여 명이 사창가를 폐쇄하는 데 항의하여 "우리는 일하고 싶다, 우리는 일하고 싶다"라는 구호를 외치며 시위를 벌였다. 수리남의 파라마리보Paramaribo에서는 성노동자들이 에이즈의 날에 처음으로 대규모로 모습을 드러내 '콘돔 없는 섹스도 없다'는 깃발을 들고 도심을 행진함으로써 안전한 섹스에 대한 요구에 관심을 환기시켰다. 1994년에는 또한 남아프리카공화국에서 성노동자교육권리옹호 태스크포스Sex Worker Education and Advocacy Taskforce가 창립되었다. 1996년에는 일본과 도미니카공화국에서 '성노동자들이여! 용기를 내고 힘을 갖고 우리 자신을 믿고 사랑하자Sex Workers! Encourage, Empower, Trust, and Love Yourselves!(SWEETLY)'와 여성연합운동Movement of United Women(MODEMU)이 결성됐고, 같은 해에 인도 조직은 콜카타에서 처음으로 대회를 열었을 뿐만 아니라 괴롭힘과 폭력에 항의하는 시위와 집회를 여러 차례 조직했다. 1997년에는 베네수엘라 여성복지상호부조협회의 도움을 받아 니카라과에서 여성연대협회Association for Women in Solidarity가 결성되었다. 주로 거리 성매매 여성으로 구성된 니카라과 최초의 단체였다. 인도네시아, 오스트레일리아 태즈메이니아Tasmania주, 타이완, 터키 등에서도 성노동자 조직이 속속 생겨났다.

각자가 속한 정치·경제·문화적 배경 안에서 자율적으로 조직화하고 단체의 입지를 강화할 필요가 있다는 건 분명한 사실이지만, 동시에 성노동자들이 자신들의 투쟁을 사회 다른 구성원들의 투쟁과 따로 떨어진 것으로 보지 않는다는 것도 분명한 사실이다. 성매매 여성, 이주 노동자, 트랜스젠더, 가족의 생계부양자, 한부모, HIV 양성 판정자, 10대 등 많은 이들이 인식하는 다양한 영역을 다루고, 그들 삶이 펼쳐지는 다양한 장, 궁극적으로 사회적 삶의 다양한 장을 끌어안아야 한다. 게이·레즈비언·양성애자·트랜스젠더 단체, 인권 활동가, 보건노동자, 노동조합, 기타 성산업 노동자 등은 성매매를 노동(품위, 존중, 번듯한 노동조건이 결합된 노동)으로 변화시키는 투쟁에서 잠재적인 동맹자다. 성노동자들의 일상적인 저항을 통해 생겨나는 연합은 또한 여성운동과 페미니즘에도 새로운 의미를 안겨준다. 이런 저항과 연합을 모체로 하여 멀지 않은 미래에 성노동자의 권리가 인정되는 날이 오기를 바라 마지않는다.

THE SOCIAL

FEMINIST

CONTEMPORARY READER IN THEORY AND POLITICS

PROJECT:

4부

경제학, 사회복지, 공공정책

20
여전히 공격받는 중
: 여성과 복지 개혁

미미 아브라모비츠Mimi Abramovitz

미국 헌터대학 사회복지학 교수.『여성의 삶을 규제하기: 식민지 시대부터 현
재까지의 사회복지 정책Regulating the Lives of Women: Social Welfare Policy from
Colonial Times to the Present』,『공격과 반격: 미국의 여성과 복지Under Attack,
Fighting Back: Women and Welfare in the United States』등의 저서가 있다.

사회복지 프로그램은 여성들에게 언제나 양날의 칼이었다. 한편으로는 여성의 삶을 규제하고 다른 한편으로는 필요한 자원을 제공했기 때문이다. 복지국가는 언제나 정치적 투쟁의 무대였다.

복지 개혁은 1990년대 초반에 뜨거운 정치 쟁점으로 부상했다. 1992년 대통령 선거운동 중에 빌 클린턴은 복지를 "하나의 생활방식이 아니라 두 번째 기회"로 제공해야 한다고 선언해 떠들썩한 박수갈채를 받았다. 1994년 말에는 대통령의 복지 삭감 계획이 공화당—복지를 아예 종식시킬 것을 호소한—의 '미국과의 계약Contract with America'*에 밀려났다. 1996년 8월, 의회는 '개인 책임 및 노동 기회 조정법Personal Responsibility and Work Opportunity Reconciliation Act of 1996'을 통과시키는 '복지 개혁'을 단행했다. 저소득층을 위한 사회안전망을 대대적으로 삭감한 이 역사적 법률을 계기로 40년간 이어져왔던 국가 사회복지 시스템에 대한 연방의 직접 개입이 끝났고, 복지국가 전체에 대한 공격의 길이 열렸다. 사상 최초로 복지 원조가 연방정부의 지출 보증 없이 주별로 운영하는 단기 혜택이 되었다.

* [옮긴이주] 1994년 중간선거에서 뉴트 깅그리치Newt Gingrich가 주도해 작성한 공화당의 정책 선언.

복지를 겨냥한 공격의 전체적인 맥락

'복지'라는 용어는 사회 프로그램과 행복의 약속 둘 다를 가리킨다. 많은 사람에게 행복의 약속과 실제 삶의 질 사이에 불일치가 나타나면서 대다수 서구 선진국들은 일정한 시기에 복지국가를 세우게 됐다. 복지국가는 누가 정부 프로그램의 혜택을 받고 누가 그 비용을 부담하는지를 결정하기 때문에 여전히 엄청난 논쟁거리다. 독신모에 대한 미국의 복지 프로그램에 무슨 일이 벌어졌는지를 제대로 이해하려면 먼저 배경이 되는 세 가지 문제를 논할 필요가 있다. 핵심적인 사회복지 프로그램, 복지를 겨냥한 최근의 공격을 배후에서 이끄는 세력, 사회복지 프로그램 개혁 캠페인의 이데올로기적 토대가 그것이다.

복지란 무엇인가? 핵심 프로그램들

미국은 1930년대 대공황 중에 현대적인 복지국가를 출범시켰다. 경제가 붕괴해 대규모 실업이 일어나고 주요 기업이 도산하는 가운데 사회적 소요가 고조되던 시기였다. 그렇지만 대공황은 금세 끝날 것 같았고, 각종 구호 프로그램은 임시적인 조치로 여겨졌다. 나머지 원조 수요는 민간 자선으로 충족시킬 수 있을 거라 예상됐다. 하지만 경제 위기가 워낙 오래 이어지고 극심했기 때문에 의회는 오랫동안 무시했던 사실을 인정할 수밖에 없었다. 시장 경제는 모든 사람에게 충분한 일자리나 소득을 제공할 수 없으며, 혼란과 불만을 방지하려면 연방정부가 사회복지의 책임을 떠맡아야 한다는 것이었다. 당파 간에 상당한 논쟁이 벌어진 뒤인 1935년, 의회는 마지못해 사회보장법 Social Security Act을 통과시켰다. 이 기념비적인 입법에 따라 사회복지의 책임은 각 주에서 연방정부로 이관되었고, 주에서 관장하는 산발적인 프로그램 대신 상설적인 사회복지 시스템이 자리 잡았다―대다수 서구 선진국에 비해 30~50년 늦게 이런 단계를 밟은 셈이었다.

사회보장법에 따라 사회보험과 생활보호라는 두 가지 유형의 현금급부금이 생겨났다. 사회보험 프로그램에는 퇴직연금(비공식적으로 '사회보장Social Security'이라 불린다[우리나라의 국민연금에 해당한다])과 일시적으로 실업 상태에 처한 이들에게 임금을 일부 지급하는 실업보험이 포함되었다. '사회보장(퇴직연금)'은 노동자와 고용주가 절반씩 납부하는 급여세로 재원을 조달하고, 실업보험은 고용주에게만 부과하는 세금으로 재정을 마련한다. 이 프로그램들은 현재 전체 임금소득자의 95퍼센트 이상을 포괄하며, 워낙 잘 자리 잡아서 대부분의 사람들이 원조가 아니라 권리라고 생각한다.

사회보장법에는 또한 저소득층을 위한 생활보호 프로그램도 세 가지 포함되었다. 요부양아동부조Aid to Dependent Children(ADC), 노령연금Old Age Assistance(OAA), 시각장애인부조Aid to the Blind(AB)가 그것이다. 장애인부조Aid to the Permanently and Totally Disabled(APTD)는 1956년에 추가되었다. 흔히 요부양아동부조가 복지와 동의어처럼 쓰이는데, 이는 부모나 보호자의 사망, 부재, 무능력 등으로 인해 지속적인 부양을 받지 못하는 아동에게 경제적 지원을 제공하는 것이다(1962년에 의회에서 아버지가 실업자인 가정에 대해 제한적인 프로그램을 통과시키면서 요부양아동부조는 요부양가족아동부조Aid to Families with Dependent Children(AFDC)로 이름이 바뀌었다). 1965년에는 저소득층 의료보험인 메디케이드와 노인 의료보험인 메디케어Medicare가 사회복지 프로그램에 추가되었고, 1974년에는 노령연금과 시각장애인부조, 장애인부조가 보충소득보장Supplemental Security Income(SSI)이라는 이름의 연방 소득 지원 프로그램에 통합됐다. 이런 통합으로 프로그램들이 표준화되고 낙인 효과가 줄어들 거라는 기대가 있었다. 이 같은 중요한 통합에서 배제된 유일한 프로그램은 저소득층 여성 및 아동의 요구를 다루는 요부양가족아동부조다. 1996년에 의회는 요부양가족아동부조를 저소득층가정임시보조Temporary Aid to Needy Families(TANF)로 대체했다. '개인 책임 및 노동 기회 조정법' 제I조의 이 조항이 이른바 복지 개혁으로 널리 알려진 것이다.

사회보험을 권리로 여기는 긍정적인 통념과는 대조적으로, 미국인들은 각종 생활보호 프로그램을 자선, 적선, 베풂 등의 부정적인 측면에서 바라본다. 1990년대 말까지만 해도 정치인들은 표를 너무 많이 잃을까 봐 감히 사회보험 프로그램에 손을 댈 생각도 하지 못했다. 사실 1990년대 초에는 전체 가구의 절반 가까이가 저소득층 지원 식품교환권Food Stamps에서부터 '사회보장', 주택담보대출 이자 세금공제 등 각종 정부 부조에 의지하고 있었다.[1] 그러나 표를 잃을지도 모른다는 염려와는 무관하게 정치인들은 독신모를 위한 복지 프로그램을 거듭해서 공격했다.

경기 회복 계획에 따른 요구와 사회복지 프로그램에 대한 보수적 분석, 정부 프로그램에 대한 혐오를 등에 업은 복지 공격은 다섯 가지 과녁을 겨냥했다. 요부양가족아동부조의 비용과 규모, 여성들의 노동 행태, 여성들의 임신 선택, 사회복지 프로그램 재정 지원 혜택, 사회에서 연방정부가 맡는 전반적인 역할 등이 그것이다. 많은 경우에 복지 개혁은 저소득층 여성들의 압박과 고난과 빈곤을 부추기는 결과로 이어진다. 결국 많은 전문가들은 질문을 던진다. 도대체 복지에서 어디로 가자는 것인가?

복지의 비용과 규모 줄이기

복지국가에 대한 최초의 공격은 1980년대 초에 시작되었다. 복지 프로그램의 비용과 규모가 집중 공략 대상이었다. 요부양가족아동부조와 그 수혜자—저소득층 독신모—는 워낙 인기가 없었기 때문에 로널드 레이건의 경기 회복 계획에서 손쉬운 공격 목표가 되었다. 정부의 예산 삭감론자들은 요부양가족아동부조 때문에 정부 원조를 받을 자격이 없는 여성들과 쓸데없이 몸집만 큰 관료기구에 예산이 낭비된다고 주장했다. 이 때문에 국고가 바닥나고 예산 적자가 커진다는 것이었다. 이들은 또한 복지에 의존하는 여성들이 "떵떵거리며 살고 있다"고 목소리를 높였다. 그러나 사실은 전혀 달랐다. 평균 복지 급여는 1970년 월 178달러에서 1980년 275달러로 올랐다.[2] 그렇지만 이 10년 동안의 인플레이션을 감안하면 실질 구매력은 40퍼센트 이상 떨어졌다. 어떤 주에서도 요부양가족아동부조와 식품교환권 액수를 합쳐봐야 3인 가족이 공식 빈곤선을 넘어설 수는 없었다. 저소득층을 대변하는 이들은 1988년 가족부양법1988 Family Support Act의 일환으로 요부양가족아동부조 지급액을 인상할 것을 요구했지만, 이 제안은 정치권의 논의 과정에서 폐기 처분되었다.

요부양가족아동부조 비용이 실제로 증가하긴 했지만, 예산 적자나 국가적인 경제 위기를 이 비용 탓으로 돌리기는 어렵다. 사실 요부양가족아동부조는 연방 예산의 1.1퍼센트에 불과했다. 식품교환권과 보충소득보장 비용을 합쳐도 3퍼센트였다. 요부양가족아동부조의 추가 비용은 주에서 부담했다. 이와 대조적으로, '사회보장'과 국방비는 각각 연방 예산의 20.3퍼센트와 28퍼센트를 차지했다.

요부양가족아동부조 비용 중 연방정부가 분담하는 액수는 1995년에 140억 달러로 늘어났지만 연방 예산에서 차지하는 비율은 0.9퍼센트로 낮아졌다. 식품교환권과 보충소득보장 비용을 합하면 4.5퍼센트였다. 그해에 '사회보장'과 국방비는 각각 22퍼센트와 18.5퍼센트를 차지했다. 관료기구 비용을 보면, 1995년 요부양가족아동부조에 소요된 140억 달러 가운데 88퍼센트가 지급액이었고 행정 비용은 12퍼센트에 불과했다.[3] 전체 복지 지출은 미국 기업들에 대한 각종 보조금과 세금 우대 조치—이른바 '기업 복지'—에 들어간 1,040억 달러에 비하면 턱없이 적은 액수였다.[4] 게다가 식품교환권과 메디케이드, 각종 주택 보조 프로그램의 수혜자는 저소득층만 있는 것이 아니었다. 농업, 의료, 부동산 분야의 기업과 이익집단도 복지 사업 진행 과정에서 수혜자가 되었다.

복지 규모를 둘러싼 허구는 비용에 대한 오해와 막상막하였다. 1970년대 말에 이르러 복지 비판자들은 수혜자 명부가 폭발적으로 늘어나 걷잡을 수 없는 혼란이 생겨났다고 목소리를 높였다. 그러나 요부양가족아동부조의 팽창은 개인들이 거의 또는 전혀 통제할 수 없는 사회적 힘을 반영하는 것이었다. 복지 수혜자 명단은 1940년대 말과 1950년대에 꾸준히 늘어나 수혜자 수가 100만 명에서 200만 명으로 증가했다. 이 수치는 1960년 300만 명에서 1971년 1,020만 명으로 또 늘어났다. 높은 빈곤율과 더불어 민권운동과 복지권운동의 요구를 반영하는 결과였다.[5] 그렇지만 요부양가족아동부조의 팽창은 자연적인 인구증가율과 비슷했다. 1969년까지는 전체 미국인의 2퍼센트에서 3퍼센트를 꾸준히 유지하다가 그해에 4퍼센트 이상으로 갑자기 증가했다. 1971년에서 1990년까지는 다시 매년 1,000만에서 1,100명 수준, 즉 전체 인구의 4~5퍼센트를 유지했다. 물론 예외적인 불황기에는 수치가 증가했다.[6]

복지의 증대는 인구 증가와 경제적 조건 변동, 자유로워진 프로그램 규정, 사회운동의 압력 등에 따른 정상적인 결과였지만, 비판자들은 하나로 수렴되는 다른 세 가지 사태 진전을 거론하면서 복지의 팽창이 용납하기 어려운 빈곤층의 가치관과 행태에 기인한다고 주장했다. 1970년대에 접어들어 복지 급여가 높은 일부 주에서는 복지 수당이 최저임금을 넘어서기 시작했고, 몇몇 여성들에게는 취직해서 일하는 것보다 복지 수당을 받는 게 더 유리했다. 비판자들은 이런 현상을 들먹이면서 복지에 의존하는 여성들을 게으른 인간으로 묘사했다. 유색인, 특히 흑인 여성이 전체 복지 수혜자의 44퍼센트에 달하자 프로그램의 조건이 인종화되었다. 그리고 독신모 가운데 미혼모가 과부보다 많아지자 비판자들은 복지 때문에 부도덕이 판을 친다고 목소리를 높였다.

새로 당선된 레이건 정부는 이런 부정적인 고정관념에 기대 대대적인 복지 삭감을 정당화했다. 저소득층 여성에게서 복지 혜택을 거둬들이면 어쩔 수 없어서라도 행실을 고치게 될 거라는 주장이었다. 1980년대를 시작으로 의원들은 재정 지원 혜택 규정을 강화하고, 복지 급여를 인하하고, 각종 사회복지 프로그램 예산을 줄이는 식으로 복지 삭감에 나섰다. 이런 변화가 벌어지면서 수많은 여성이 복지 혜택을 박탈당하고 저임금 일자리로 밀려났다. 집을 잃고 위험하기 짝이 없는 임시보호소나 마약이 넘쳐나는 길거리로 옮겨 가거나 믿을 수 없는 사람과 동거를 하는 경우도 많았다. 연방의회는 또한 각 주에 '복지에서 노동으로welfare-to-work'라는 이름의 단호한 프로그램을 실험하도록 장려했다. 이 프로그램은 1988년의 가족부양법으로 이어졌다. 가족부양법에 의해 요부양가족아동부조는 집에서 아이들을 돌보는 독신모를 돕는 프로그램에서 노동을 강제하는 프로그램으로 바뀌었다. 의원들은 복지 규모와 비용을 저소득층의 가치관과 행태 탓으로 돌리면서 복지 개혁의 진짜 의제를 감추었다. 그 진짜 의제란 기업들에게 더 많은 저임금 노동력을 공급하고, 복지국가를 침몰시키며, 독신모에게 사회적 낙인을 찍는 일이었다.

노동 윤리 강요하기

복지에 대한 두 번째 공격에서는 여성들의 노동 행태에 초점이 맞춰졌다. 이런 공격은 고용주의 인건비 부담을 줄여줌으로써 경제 성장을 촉진시키려는 레이건, 부시, 클린턴 대통령의 노력과 조화를 이루었다. 실제로 저소득층가정임시보조에서 '노동 우선' 정책을 채택함으로써 노동시장은 수많은 노동자로 넘쳐났다. 그리하여 일자리를 둘러싼 경쟁이 높아지면서 임금은 더욱 하락했고, 노동조합의 교섭 능력은 약화되었다.

1935년부터 1960년대 말까지 사회는 여성, 특히 어린아이가 있는 여성에게 집을 지킬 것을 요구했다―설사 가난 때문에 따르지 못할지라도 말이다. 이런 젠더 규범을 구현한 공식적인 복지 정책은 복지 수혜자들이 일을 하는 경우에 벌칙을 적용했다. 물론 복지 담당 부서들은 수급액을 임금보다 낮게 유지시키고, 수급 자격을 제한하고, 지역 고용주들을 위해 저소득층 여성들이 저임금 일자리를 메우도록 함으로써 연방정부의 지침을 교묘하게 피하곤 했다.

그러나 1970년대 중반에 이르면 여성 노동을 바라보는 사회의 태도가 바뀌었다. 페미니즘 운동은 여성들에게 스스로 돈을 벌어 독립을 추구하라고 독려했다. 이와 동시에 흔히 여성의 일로 여겨지는 저임금 서비스 일자리가 급증한 데다 기업들이 서비스 부문의 노동력 부족 때문에 임금 상승 압박이 생겨나 이윤이 떨어질 것을 우려함에 따라 여성 노동자에 대한 수요가 높아졌다. 일부 경제 전문가들은 2000년에 이르면 노동시장이 "최근 역사상 어느 때보다도 더욱 협소해질 것"[7]이라고 예견했지만, 이 시기에 혜택이 높은 주에서는 복지 수당이 점점 올라 일부 여성들로서는 일하는 것보다 복지 수당을 받는 쪽이 경제적으로 합리적인 선택이었다.

기업들은 불평등한 급여와 의료 혜택, 가족에 대한 책임 등 여성 노동자들의 관심사를 해결하여 그들을 유인하려 들기보다는 정부에 복지 개혁을 고려할 것을 촉구했다. 1986년, 전국기업연맹National Alliance of Business은 "복지 수혜자들이 기업에서 필요한 노동력의 중요한 원천"이며 "정부가 교육·직업훈련·사회 서비스를 지원해서 노동시장 진출을 장려해야 한다"고 결론지었다.[8]

1980년대 말, 독신모들이 아이와 함께 집에 머무르도록 돕는 프로그램이 의무적인 노동 프로그램으로 전환됨에 따라 대다수 전문가들은 복지를 개선하려는 20년의 노력이 이제 끝을 맺었다고 믿기에 이르렀다. 그리하여 1992년에 클린턴이 요부양가족아동부조를 과도적이고 일시적인 노동 프로그램으로 바꾸자고 제안하자 거의 모든 사람이 깜짝 놀랐다. 복지 규모와 비용에 대한 공격이 복지 증대에 관한 그릇된 설명에 의존한 것이었다면, 더욱 집약적인 노동 프로그램에 대한 요구는 여성과 복지, 노동에 관한 허구에 바탕을 둔 것이었다. 특히 복지에 의존해 살아가는 여성들은 게으르고 의욕도 없는 존재로 묘사되었다.

이런 허구를 받아들인 이들은 정반대되는 증거가 무수히 많아도 모두 무시했다. 오랫동안 연구자들은 복지 혜택을 받는 독신모의 절반 이상이 과거에 일한 전력이 있고, 복지 수당을 받으면서도 일을 했으며, 교통·육아·의료 혜택 등의 조건이 맞는 번듯한 임금의 일자리만 생기면 2년 이내에 복지 수급자 명단에서 벗어난다고 보고했다.[9]

앞에서 지적한 것처럼, 강경한 노동 우선 정책이 튼튼한 경제와 결합되면서 복지 수급자 수가 급격하게 줄었다. 초기의 보고서들에 따르면, 과거 복지 수급자의 50퍼센트 정도가 일자리를 찾았다. 그렇지만 1960년대 이래 가장 낮은 4.2퍼센트의 실업률에도 불구하고 나머지 50퍼센트는 일자리를 찾지 못했다.[10] 더욱이 이 50퍼센트에는 연구자들이 찾지 못한 이들은 포함되지 않는다. 일자리를 찾은 복지 수급자들 대부분은 시간당 6달러에서 8달러를 버는 근로 빈곤층 대열에 합류했을 뿐이다. 일자리를 찾은 복지 수급자들은 연구자들에게 워낙 임금이 적어서 먹고사는 것도 힘들다고 털어놓았다.[11] 최저임금인 시간당 5.15달러보다는 많았지만 이 정도를 받아서는 가족이 가난에서 탈출할 수 없었다. 실제로 과거 복지 수급자들의 삶은 오히려 악화되기 일쑤였다. 뉴저지의 한 여성은 이렇게 말했다. "최저임금으로 어떻게 살 수 있겠어요? 애들을 먹이고, 집세와 공과금을 내면서 말이에요."[12] 빈곤선 이하의 임금을 손에 쥔 것 외에도, 복지 개혁은 많은 여성에게서 식품교환권과 메디케이드, 임대료가 저렴한 주택 등을 빼앗아갔다. 어떤 경우에는 일자리를 구하고 직장을 다니는 동안 필요한 과도적인 의료·육아 서비스를 제공하겠다는 약속조차 제대로 지켜지지 않았다. 다른 여성들은 단순히 예전에 누리던 혜택을 잃었다. 매사추세츠의 어느 여성은 이렇게 설명했다. "일을 했을 때가 오히려 지금보다 더 사정이 나빴어요."

복지 수급자를 벗어난 여성들을 추적하는 연구에서 실업자 여성이나 극빈층 가구에까지 시선을 뻗는 일은 드물기 때문에, 이런 연구 결과가 복지에서 탈피한 여성들이 맞닥뜨리는 진짜 곤경을 포착하는 경우는 흔치 않다. 그렇지만 우리는 **빈곤선의 절반 이하**(또는 1997년 연간소득 6,401달러 이하) 상태에서 살아가는 3인 가족의 어린이 수가 1995년에서 1997년 사이에 40만 명 늘어났다는 사실을 알고 있다. 또한 우리는 빈곤 상태에서 살아가는 어린이 5명 중 1명이 빈곤선을 넘어선 삶을 사는 어린이에 비해 발육 부진과 교육 기회 상실, 예상 소득 저하 등에 노출될 가능성이 더 크다는 사실도 안다. 통계학자들은 전국적인 빈곤 증가의 상당 부분을 정부 복지 혜택이 줄어든 탓으로 돌린다.[13] 가진 자들과 못 가진 자들 사이의 틈새[차상위 계층에 해당한다]에서 살아가는 많은 가정은 점점 더 커져가는 불안감과 압박감에 시달린다고 말한다.

복지 개혁은 또한 지역사회에도 부정적인 영향을 미친다. 사람들에게 일자리와 적절한 임금이 없는 가운데서도 저소득층 동네 상인들이 빚을 지지 않을 수 있었던 것은 사람들이 받는 복지 수당 덕분이었다. 더욱이 상점 주인들은 지역 주민들을 고용하고 거리를 안전하게 유지했을 뿐 아니라 동네의 활력을 지탱했다. 그런데 복지 개혁이 진행됨에 따라 저소득층 동네에 흘러드는 돈의 양이 줄어들었고, 지난 25년간 기업과 산업이 포기한 지역에 아주 조금이나마 남아 있던 돈도 값싼 노동력을 찾아 다른 곳으로 흘러나갔다. 미국 곳곳의 도시들에서는 복지 개혁의 부정적인 영향이 또 다른 방식으로 감지되고 있다. 이미 빈곤과 실업의 중심지인 도시에서 연방과 주의 복지 수급자 비율이 더 높아지고 있는 것이다. 절대적인 수치가 감소한 것과는 무관하게 말이다.[14]

과거에 경제로부터 버림을 받은 저소득층 여성들은 상황이 나아지거나, 약간의 복지 지원을 받으면서 일을 할 수 있을 때까지 복지에 의존할 수 있었다. 그러나 생애 전체에서 복지 수혜 자격 기간을 제한함에 따라 이런 선택의 여지가 사실상 사라졌다. 2년 제한을 둔 주들에서는 이미 수많은 여성이 복지 혜택을 영원히 못 받게 됐다. 2002년이면 모든 주에서 5년 상한제가 시행될 것이다. 예전에 복지 수급자였던 이는 이렇게 지적한다. "곧바로 자기 힘으로 설 수 없는 사람들에게는 5년 제한을 두면 안 됩니다. 병에 걸리거나 다치면 어떻게 합니까? 이런 각각의 상황을 보아야 합니다. 상황마다 다 다르니까요."[15] 복지에 기간 제한을 둔다 함은 중요한 현실을 무시하는 처사다. 일부 여성은 건강이 좋지 않거나 교육을 제대로 받지 못해서, 기술이 없거나 장애가 있어서, 아니면 정서적인 문제라거나 다른 장벽 때문에 집 밖에서 일을 하지 못한다. 또한 현실에서는 이미 준비가 되어 있고 일을 할 수 있는 사람들을 받아들일 노동시장의 틈새가 없는 경우도 다반사다.

가족 윤리 지지하기

저소득층 여성과 복지를 겨냥한 세 번째 공격은 결혼과 육아, 양육에서 여성들이 보이는 행태와 관련된다. 이 공격에서 강요한 가족의 가치라는 의제는 1980년대 초 이래 신우파가 밀어붙이고 현재의 경제 회복 계획에도 포함된 것이었다. 복지 개혁은 노동 윤리와 마찬가지로 '가족 윤리' 또한 구현한다. 누구나 이성과 결혼을 해서 부모로서 가정을 꾸려야 하며, 한 명은 돈을 벌고 한 명은 집안 살림을 해야 하는 것이다.[16] 1980년대 후반에 신우파가 일하는 주부, 독신모, 이혼 가정, 동성애자 부모, 인종 간 결혼, 시험관 아기, 낙태 합법화, 가족계획, 성혁명, 그리고 **정부 복지 프로그램** 때문에 가족이 위기에 처했다고 선언했을 때, 그들이 염두에 둔 것은 이런 협소한 의미의 '가족'이었다.[17]

복지 개혁은 겉으로는 양육에 관심을 기울였지만, 실제로 저소득층 여성들이 아이를 돌보는 데 도움이 되는 정책으로 이어지지는 않았다. 원래 독신모가 집에서 지낼 수 있게끔 고안된 복지 정책은 양육이 중요하며 시간을 필요로 한다는 사실을 부분적으로 인정한 결과였다. 이와 대조적으로, 저소득층가정임시보조의 기간 제한과 경직된 노동 규정, 지나친 제재 등은 여성의 보살핌 노동을 평가절하한다. 또한 이런 정책 때문에 저소득층 여성들은 자기 아이를 효과적으로 단속하기가 점점 어려워진다. 마약, 범죄, 폭력이 들끓는 동네에 사는 경우에는 말할 것도 없다.

재정 지원 혜택 공격하기

복지에 대한 네 번째 공격 역시 1980년대 초반에 시작된 경제 회복 계획과 조화를 이루었다. 이 공격은 미국 사회복지 시스템의 가장 강력한 특징인 재정 지원 혜택의 원칙을 약화시킴으로써 복지국가를 허약하게 만들고 연방정부의 규제 역할을 불신하게 만드는 데 이바지했다.

재정 지원 혜택이라는 관념은 정부가 궁핍한 사람들 편에 서야 한다는 철학적 약속과 그에 따른 예산 메커니즘을 나타낸다. 1930년대 이래, 연방정부는 시민들의 전반적인 복지를 책임지겠다고 약속했으며, 재정 지원 혜택이라는 이름의 일군의 프로그램에 정기적·자동적으로 자금을 제공했다. 이론상으로 보면, 복지가 재정 지원 혜택 범주에 해당하는 한, 이 프로그램의 자격 규정을 충족시키는 사람은 하나도 빠짐없이 지원을 받아야 한다. 역사적으로 많은 주에서 유색인에게 혜택을 거의 또는 전혀 주지 않거나 다른 식으로 규정을 조작하기는 했지만, 재정 지원 혜택 원칙은 준수해야 할 하나의 기준을 마련했다.[18]

개인은퇴계정Personal Retirement Accounts(PRA)이 도입됨에 따라 복지가 연방정부의 지원 혜택 프로그램에서 주별로 관리하는 정액교부금 block grant으로 바뀐 것은 1935년 사회보장법이 통과된 이래 미국 사회복지에서 일어난 가장 심대한 변화 가운데 하나였다. 복지가 재정 지원 혜택 지위를 잃자 연방정부의 지급 보증이 사라졌다. 이제 인플레이션이나 불경기, 인구 증가 같은 조건 때문에 수요가 늘어나도 연방정부에서 주에 지원하는 복지비가 자동적으로 증가하지 않을 것이다. 한 주에서 복지 수요가 재정 자원을 초과하는 일이 생기면 주의회에서 인기 없는 몇몇 안 가운데 선택을 해야 한다. 세금을 올리거나, 복지 혜택을 삭감하거나, 저소득층에 대한 지원을 거부하거나, 대기자 명단을 작성하거나, 아니면 아예 복지를 중단하거나.[19] 더욱이 저소득층가정임시보조 재원은 2002년에 만료된다. 그때가 되면 정치적 계산에 좌우되는 불확실한 의회 예산 처리 과정에 따라 이 프로그램의 향후 재원이 결정될 것이다.

연방의회는 복지를 주에서 운영하는 정액교부금으로 바꿈으로써 이미 가뜩이나 분산된 시스템을 더욱 파편화했다. 저소득층가정임시보조 이전에는 각 주가 연방의 지원을 받는 대가로 연방정부의 지침을 따랐다. 따라서 일정한 통일성이 있었고 주가 상당한 관리권을 가졌다. 이를테면 '수요'를 정의하고, 독자적인 복지 수당 수준을 정하고, 기타 규정을 확립하는 권한이 전부 주에 있었다. 이렇듯 각 주의 권한을 존중한 결과, 이 프로그램은 (앞서 지적한) 차별적인 관행이 생길 여지를 만들어냈으며, 주별 복지 수당의 차이가 생활비의 격차를 뛰어넘는 일이 빚어지기도 했다. 1996년에 복지 수당은 월 120달러(미시시피주)에서부터 월 923달러(알래스카주)까지 천차만별이었다. 이제 각 주에서 저소득층가정임시보조 예산을 다른 지원에 쓸 수 있기 때문에 주별 차이는 더 확대될 것이다.

재정 지원 혜택으로서의 복지를 중단하면 저소득층 여성과 아동의 경제적 안정은 실질적인 위협을 받게 된다. 하지만 이른바 '큰 정부'를 반대하는 이들이 보기에 복지 개혁은 저소득층뿐만 아니라 중산층에게도 도움이 되는 대중적인 사회복지 프로그램을 해체하려는 전반적인 노력의 첫걸음을 나타낸다. 재정 지원 혜택 프로그램을 손보는 것을 가로막는 터부는 이미 깨졌고, 따라서 다른 복지 프로그램들도 손쉬운 과녁이 되고 있다. 실제로 클린턴 대통령이 요부양가족아동부조의 지원 혜택 지위를 박탈한 복지 개혁 법안에 서명한 직후, 사회보장개혁위원회Commission on Social Security Reform는 과거에 정치권에서 절대 손댈 수 없는 문제로 여겨졌던 '사회보장'(미국에서 가장 강력하고 보편적인 소득 지원 프로그램이다)을 민영화하는 몇 가지 방안을 권고했다. 그 뒤로 연방의회는 '사회보장'과 메디케어를 각각 월스트리트와 민간 보험사에 넘길지 **여부**가 아니라 **시기와 방법**을 놓고 논쟁을 벌이고 있다.

복지국가에 대한 공격은 또한 연방정부가 사회에서 차지하는 전반적인 역할을 불신하게 만드는 데 기여한다. 클린턴 대통령은 "큰 정부의 시대는 끝났다"고 선언했다. 정부가 이런 식의 정치적 포화를 받게 되면 세금을 삭감하는 일이 훨씬 쉬워진다. 또한 소비자와 노동자, 환경을 보호하고, 기업의 행동을 규제하며, 이미 높은 수준인 '미국 주식회사corporate America'의 이윤을 제한하는 정부의 능력 역시 줄어들 수밖에 없다. 1999년, 연방대법원은 "연방 체제에서 주의 권한을 대폭 강화하는 한편 연방정부의 권한은 약화하는" (복지와 무관한) 세 소송에 대해 모두 우호적인 판결을 내렸다. 『뉴욕타임스』 편집자들은 이런 "놀라운 판결 때문에 환경이나 보건 같은 국가적으로 중대한 문제에 대해 통일된 정책을 집행하기가 더욱 어려워질 것"이라고 결론지었다.[20]

복지에 대한 전쟁은 모든 여성의 문제다

복지 개혁은 누구보다도 공적 지원에 의존해 살아가는 저소득층 여성들에게 가장 큰 해를 끼친다. 그러나 이는 또한 **모든** 여성의 권리—번듯한 임금을 받고, 자신의 섹슈얼리티를 스스로 통제하며, 학대관계에서 벗어나고, 부모 모델two-parent model에 들어맞지 않는 가족을 이루며 살아갈 권리를 위협한다. 이러한 위협은 양육 지원, 재생산 권리, 남성 폭력을 벗어난 안전, 경제적 독립 등을 약화시킴으로써 이루어진다.

양육 지원

생명보험처럼, 여성들은 실제로 이런 지원이 필요한 일이 없기를 바라지만 누구든 어려운 상황에 처할 수 있다. 복지 개혁은 여성의 노동 가치를 경시하기 때문에 여성이 가정에서 하는 양육을 지원할 필요성을 무시한다. 또한 사회복지 프로그램 삭감을 정당화하기 때문에 주거, 의료, 육아, 노인 돌봄, 육아 휴가 등의 비용을 정부 지원금으로 보조받는 모든 가족의 경제적 자원에 위협을 제기한다. 이런 프로그램을 삭감하면 육아와 살림 비용이 정부에서 다시 가정의 여성들에게로 돌아가며, 가족에 대한 책임과 노동 사이에서 균형을 잡기 위해 노력하는 이들의 부담이 더욱 커진다. 여성들에게서 양육 지원을 박탈하면 그들이 가정 바깥에서 일하기가 더 어려워질 뿐이다. 복지에 의존하는 독신모가 아니라 여성들에게 가족의 가치를 역설하는 이들이 바라는 결과가 바로 이것이다.

재생산 권리

저소득층 여성의 재생산 권리에 대한 공격은 또한 모든 여성의 재생산 권리를 침해한다. 복지 개혁론자들은 빈곤을 야기하는 것이 기술 부족이나 빈약한 교육, 저임금 일자리 따위가 아니라 섹스와 임신이라고 주장한다. 따라서 복지 개혁은 여성의 재생산 선택권을 통제하려 한다. 일단 정부가 복지 지원을 받으면서 아이를 갖는 여성들에게 지원을 중단하거나 다른 식으로 저소득층 여성의 재생산 권리를 제한하게 되면 모든 여성의 재생산 권리를 제한하는 것이 그만큼 쉬워진다. 이런 양상은 이미 실제로 나타나고 있다. 1973년 연방대법원에서 ('로 대 웨이드Roe v. Wade' 판결*을 통해) 여성들에게 낙태할 권리를 부여한 직후, 생명권을 주장하는 세력들은 메디케이드 지원금을 낙태에 쓰지 못하게 하는 하이드 수정안 통과를 관철시켰다. 그 후 낙태 반대론자들은 경제적 계급에 상관없이 모든 여성의 재생산 권리를 제한하는 성과를 거두었다. 복지 개혁은 이런 전례를 따르는 것이다.

남성 폭력

남성 폭력은 복지에 의존하는지 여부와 무관하게 여성들에게 심각한 문제를 제기한다. 연구자들은 복지 수혜자의 50~65퍼센트가 학대를 경험한 것으로 추정한다. 페미니스트들은 1996년 복지법에 가정폭력조항Family Violence Option을 넣기 위해 싸웠다. 각 주로 하여금 복지 수혜자들을 구타로부터 보호하고, 가정폭력 예방 및 피해 치유 서비스를 제공하고, 복지 지원을 중단하면 학대 상황에 처하게 되는 경우에 노동 규정을 보류하도록 하기 위해서였다. 유감스럽게도 이런 안전장치를 적극적으로 시행하는 주는 거의 없다. 미국에서 여성은 15분에 한 명꼴로 구타를 당한다. 한 해에 200만에서 400만 명에

---

* [옮긴이주] 미국 연방대법원이 헌법에 기초한 사생활의 권리에 낙태의 권리가 포함되어 있음을 인정한 판결이다.

달하는 여성이 구타당하는 것이다. 매 맞는 여성이 모두 저소득층이나 복지에 의존하는 이들은 아니지만, 적절한 복지를 제공하면 여성이 위험하고 착취적인 관계에서 벗어날 수 있는 경제적 발판이 될 수 있다.

경제적 독립

복지에 대한 공격은 생계활동을 어렵게 만듦으로써 모든 여성의 경제적 독립을 위협한다. 첫째, 복지국가의 축소는 많은 여성—백인 여성과 유색인 여성 모두—이 중간계급으로 진입할 수 있게 해준 공공부문 일자리가 적어짐을 의미한다. 둘째, 기간 제한과 노동 규정, 징벌적 제재 등으로 인해 저임금 일자리를 둘러싼 경쟁이 확대되는 만큼, 복지 개혁은 여성과 남성을 막론하고 모든 저임금 노동자의 임금을 낮추는 압력을 가한다. 마지막으로, 복지 혜택이 축소됨에 따라 모든 여성의 잠재적인 경제적 버팀목인 현금 지원이 줄어든다. 이런 버팀목이 제공하는 경제적 안정이 있으면 노동자들은 직장에서 착취에 맞서 싸울 수 있고 고용주들은 노동자에게 규칙을 강요하기가 쉽지 않다. 또한 경제적 안정이 있으면 여성들은 위험을 무릅쓰고 가정에서 남성 지배에 맞서 저항할 수 있다.

왜 지금인가?

지금까지 복지 개혁이 여성의 삶과 복지국가 전반을 유린하는 모습을 살펴보았다. 오늘날의 복지 프로그램은 복지와 여성의 노동·결혼·임신·육아 사이의 관계에 관한 허구에 의존하면서 여성의 삶에 대한 규제를 강화한다. 복지 개혁론자들은 무수히 많은 연구 결과와 노동시장의 현실, 가정생활의 역동성을 무시한 채 독신모를 위한 프로그램을 공격하고는 복지 수혜자 명단의 감소를 성과로 해석했다. 그렇지만 복지권 옹호론자들은 복지 개혁이 실패했다고 주장한다. 수많은 저소득층 여성의 경제적 취약성을 확대하고, 저소득층이 아닌 많은 이들의 안녕을 위협하며, 저소득층 여성과 아동이 빈곤에서 벗어나도록 돕는 일을 거의/전혀 하지 않고, 복지국가 전반을 약화했기 때문이다.

복지 개혁은 우연한 일도, 그저 야비한 짓도 아니었다. 이 개혁은 경제 회복을 위한 잘 알려진 계획을 실행하는 데 조력했다. 거의 모든 사람에게 허리띠를 졸라맬 것을 강요하면서 최상층의 이윤만 늘려준 그 계획 말이다. 복지 개혁은 노동 비용을 낮추고, 복지국가를 축소하고, 가족의 가치를 강요하고, 사회 전반에서 연방정부가 맡는 역할을 불신하게 만드는 데 이바지했다. 여성들에게서 복지를 앗아가면 저임금 일자리를 놓고 경쟁하는 노동자들이 늘어 임금은 낮은 수준에 머무른다. 복지 개혁은 또한 사회복지 프로그램 삭감에 대한 지지를 창출하고 재정 지원 혜택의 원칙을 허물어뜨림으로써 복지국가 전반을 위협했다. 사회복지에 대한 이런 투자 철회는 '미국 주식회사'가 미국 노동자를 헌신짝처럼 내팽개쳤음을 반영하는 것이었다. 정부 지출과 민간 투자가 같은 자금을 놓고 경쟁한다는 두려움이 사라졌으며, 국가 지도자들은 사회복지 프로그램을 공격함으로써 연방정부의 보호·규제 기능에 대한 불신을 조성하는 데 일조했다. 복지 개혁은 독신모뿐만 아니라 동성애나 성교육, 낙태권도 개탄해 마지않는 사회적 보수주의자들이 공공연하게 퍼뜨리는 가족의 가치를 강요하는 데 톡톡히 기여했다.

1980년대 초반에 시작된 경제 회복 계획은 이런 긴축 계획에 저항한 사회운동의 힘까지도 약화시켰다. 사회운동은 가장 힘없는 사회 구성원들의 이해를 대변한다. 2차대전 이후 각종 사회운동은 다른 무엇보다도 회원과 다른 이들을 위해 광범위한 정부 복지 혜택을 획득함으로써 조직과 영향력을 키웠다. 파업 기금이 그렇듯이, 이런 복지 혜택, 특히 실업보험, 복지 원조, 의료보험 등이 있어 사회운동은 고용주 및 정부와의 교섭력을 높일 수 있었다.

로널드 레이건은 항공관제사 파업을 짓밟고, 민권운동의 성과를 공격하고, 대통령으로서는 처음으로 낙태에 반대하는 목소리를 높이면서 사회운동에 대한 공격의 신호를 알렸다. 이러한 행태를 지켜본 기업과 대중은, 어렵게 획득한 성과를 대부분 빼앗긴 노동조합과 민권운동, 여성운동을 '사냥해도' 무방하다는 사실을 깨달았다. 설 자리를 잃은 사회운동은 수세에 몰리면서 회원이 떨어져 나갔고, 앞으로 나아가기는커녕 반격에 필요한 시간과 돈, 활력도 없었다. 그렇지만 항의의 목소리를 가라앉히려는 시도는 결코 성공하지 못했다. 실제로 미국에서 사회복지운동을 비롯한 운동의 역사는 결코 짧지 않다. 공격이 벌어질 때면 빈곤층과 노동자, 중산층 여성들은 언제나 맞서 싸웠다. 오늘날 복지국가를 겨냥한 공격도 예외는 아니다.

21
여성의 경제적 평등을 위한 전략을 향하여

크리스 틸리Chris Tilly

로스앤젤레스 소재 캘리포니아대학 도시계획학 교수. 『반쪽짜리 일자리Half a Job』, 『자본주의의 노동Work Under Capitalism』(공저) 등의 저서가 있다.

랜디 알벨다Randy Albelda

보스턴 소재 매사추세츠대학 경제학 교수. 『유리 천장과 바닥 없는 구덩이Glass Ceilings and Bottomless Pits』(공저), 『경제학과 페미니즘Economics and Feminism』 등의 저서가 있다.

지난 40년간 미국 여성들은 엄청난 경제적 향상을 이루었지만 동등한 기회라는 의제는 여전히 멀리 있다. 여성 개인이 공직에 선출되거나 정규직 일자리를 갖거나 남자에게 의지하지 않고 자립하기는 쉬워졌지만, 여성들 앞에는 여전히 경제적 평등을 가로막는 높디높은 장벽이 서 있다. 학력과 교양을 갖춘 일부 여성들에게 그 장벽은 유리천장이지만, 훨씬 더 많은 여성(과 그 아이)들에게 이 장벽은 바닥이 보이지 않으며 타고 올라갈 사다리 하나 찾기 힘든 깊은 구덩이다. 사실 미국 여성들은 지난 몇 년간 심각한 경제적 후퇴를 겪었다. 특히 1996년 복지 '개혁'법이 통과됨에 따라 독신모들을 위한 사회안전망이 갈가리 찢겨 나갔고, 여성의 평균 임금 상승률은 다시 남성들에게 뒤처지면서 지난 20년간 얻어냈던 상대적인 성과가 무로 돌아가고 있다. 자녀를 둔 어머니를 비롯한 여성들은 이제 임금을 위해 일을 해야 하지만, 가정 안에서 불공평한 책임을 떠안을 뿐만 아니라 노동시장에서도 불평등한 기회에 맞닥뜨린다.

여성의 경제적 평등을 위한 의제를 실행하려면 허구를 폭로하고, 현실을 설명하고, 설득력 있는 새로운 정책을 제안하는 것 이상이 필요할 것이다. 평등을 달성하는 것은 힘의 문제다. 경제·사회적 힘만이 아니라 무엇보다도 정치적 힘이 필요하다. 지금 시점에서 저소득층 여성과 그 동맹자들의 힘은 쇠퇴기에 있다. 그러나 평등 옹호론자들은 새로운 동맹을 형성하고 새로운 전략을 궁리하기 시작했으며, 따라서 다가오는 미래에는 놀라운 힘의 이동을 목도하게 될 것이다.

힘의 쓰나미
: 경제적 불평등을 뒤집으려면 무엇이 필요한가

복지와 여성의 권리에 대한 반격을 어떻게 물리칠 것인가 하는 물음을 단박에 해결해주는 마술 같은 해답은 없다. 만약 그런 게 있다면, 여성권과 복지권 운동이 이미 오래전에 알아냈을 것이다. 그러나 미국에서 경제·사회적 평등을 둘러싸고 벌어진 오랜 투쟁의 역사로부터, 그리고 이 투쟁에서 얻어낸 승리뿐만 아니라 좌절로부터도 우리는 변화를 위한 전략 요소들의 윤곽을 그려볼 수 있다.[1] 여기서 우리는 특히 빈곤을 종식시키고 모든 여성의 경제적 평등을 향상시키는 데 도움이 되는 실질적인 복지 개혁을 쟁취하기 위한 전략에 초점을 맞추고자 한다. 여성의 경제적 평등을 달성하는 최선의 길은 밑바닥에 있는 사람들을 끌어올리는 것이라고 생각하기 때문이다.

여성의 경제적 평등을 향상시키는 힘을 구축하려면 네 가지 요소를 갖춘 전략이 필요하다.* 우선 이 전략은 무엇보다도 작업 현장의 권력을 겨냥해야 한다—고용관계에서 여성과 저임금 노동자들의 목소리와 교섭력을 확대해야 하는 것이다. 또 다른 핵심 요소는 유권자 동원, 로비, 소송(나쁜 법률에 도전하거나 좋은 법률을 불이행하는 데 도전하는 것) 등을 아우르는 전통적인 정치다. 또한 항의 행동의 힘은 예나

---

* 네 부분으로 이루어진 전략 접근법은 디트로이트에 소재한 전국복지권연합National Welfare Rights Union에서 빌려온 것이다. 그렇지만 의제의 폭은 약간 넓혔다(우리가 초점을 맞추는 목표는 복지권을 넘어 여성의 경제적 평등 전반을 아우르는 것이기 때문이다). 1994년, 전국복지권연합은 전국을 휩쓴 징벌적인 복지 '개혁'의 물결에 맞서 싸우기 위해 조직화, 입법, 홍보, 법적 전략 등의 네 부분으로 이루어진 전략을 제안했다. Abramovitz, *Under Attack, Fighting Back*, 133쪽.

지금이나 권력의 중심부에서 멀리 떨어진 '외부자들'에게 중요한 수단이다. 마지막으로, 궁극적인 싸움은 여론 형성을 포함한다. 진실을 말해서 사람들의 상상력과 공감, 연대에 불꽃을 일으키는 것이다.

이 네 가지 전략적 요소들은 결코 서로 분리된 것이 아니다. 전통적인 정치를 통해 법률을 바꾸면 노동 현장의 힘이나 항의 행동의 범위가 확장될 수 있다. 항의 행동은 노동 현장의 권력과 전통적인 정치, 여론에 영향을 미치기 위한 수단이다. 한편 여론은 입법활동과 항의 행동의 효력에 막대한 영향력을 발휘한다. 그러나 이 네 가지를 서로 겹쳐지고 상호작용을 하면서도 구별되는 행동 영역으로 보는 게 도움이 된다. 이런 프리즘을 통해 여성의 경제적 평등을 위한 싸움의 과거와 현재, 가능한 미래를 잠시 살펴보도록 하자.

노동 현장의 권력 투쟁: 과거, 현재, 미래

어린아이를 가진 어머니들까지도 포함하는 '노동자 국가'를 이루고자 한다면, 노동 현장의 평등을 위한 투쟁은 여성과 그 가족의 삶을 향상시키는 데 중요한 요소가 된다. 여성의 평등을 쟁취하려는 노동 현장에 근거한 노력의 역사는 좋든 나쁘든 간에 대개 노동조합의 역사다. 사회사가 루스 밀크먼Ruth Milkman이 지적하는 것처럼, 미국의 노동조합운동에는 네 개의 주요한 집단이 있었고, 각 집단이 최초에 여성들에 대해 가졌던 태도는 계속해서 여성과의 관계를 특징짓는다.[2] 19세기까지 거슬러 올라가면, 가장 초기의 안정된 노동조합은 대부분 남성이 지배적인 건설업이나 인쇄업의 숙련공 노동조합이었다. 이런 노동조합은 역사적으로 여성을 저임금 경쟁자라고 의심의 눈초리로 보았으며, 이런 시각은 지금도 여전하다. (이 시대의 다른 노동조합운동들, 즉 노동기사단Knights of Labor*이나 훗날의 세계산업노동자연맹 International Workers of the World(IWW)은 여성들을 환영했지만 살아남지 못했다) 1910년대 2세대 노동조합운동은 특히 의류·섬유산업 노동력에서 점점 비중이 커져가는 여성들을 조직화하려고 노력했지만, 여성을 특별히 보호할 필요가 있는 취약한 노동자로 보는 온정주의적인 태도를 견지했다. 현실은 이런 관점에서 바라보는 것보다 더 복잡했다. 20세기 초반에 여성들은 특히 고용주에게 학대를 받곤 했지만, 1909년의 '2만인 봉기Uprising of the 20,000' 같은 전투적인 행동을 주도하고 참여하기도 했다. 당시 뉴욕시에서 블라우스를 만드는 여성 노동자들은 13주 동안 파업을 계속하면서 완강하게 싸웠다.

1930년대 3세대 노동운동에서 산업별조직회의Congress of Industrial Organization(CIO)가 부상함에 따라 여성들에게 유리한 쪽으로 흐름이 바뀌었다. 1930년대와 1940년대에 여성들은 대량생산 제조업에서 없어서는 안 될 존재였고, 산업별조직회의는 여성을 동등한 존재로 조직하고 공식적으로 성차별에 반대하는 입장을 취했다. 그렇지만 산업별조직회의 산하 노동조합들 역시 2차대전 이후에 여성 노동자를 귀환한 군인들로 대체하는 데 참여했다. 마지막으로, 2차대전 이후 성장한 서비스·사무직·공공 부문 노동조합들은 여성이 압

---

* [옮긴이주] 1869년에 창립된 미국의 전국적인 노동조합 연합 조직. 직업·산업·숙련·성별·인종 등을 가리지 않고 모든 노동자를 포괄하여 8시간 노동, 아동노동 폐지, 동일노동 동일임금 등의 목표를 추구했다. 1886년 헤이마켓 사건 이후 영향력이 약화되었고 숙련공들이 실리를 추구하는 미국노동총연맹(AFL)으로 대거 이동하면서 1900년에 해체되었다.

도적으로 많은 직종(간호사, 교사, 사무직 노동자)을 조직했으며, 1960년 대에 부활한 여성운동으로부터 많은 영향을 받았다. 서비스노동자국 제연합Service Employees International Union(SEIU), 미국주·군·시공무원 연합American Federation of State, County, and Municipal Employees(AFSCME), 미국간호사연합American Nurses Association(ANA), 전국교사연합National Education Association(NEA) 등과 같은 3세대 노동조합들은 여성 지도자 들을 길러냈고, 서비스노동자국제연합과 미국주·군·시공무원연합 은 1980년대 이래 남녀 동일임금을 위해 적극적으로 캠페인을 벌이 고 있다.

오늘날 노동 현장에서 볼 수 있는 성평등을 위한 노력은 이런 여러 유산을 반영한 것이다. 한쪽 극단에서 건설업종의 여성들은 노골적 인 배제에 맞서 여전히 싸움을 벌이고 있다(공식적인 여성 차별은 위법 이기 때문에 비공식적인 수단을 통해 배제가 이루어진다). 다른 한편, 서비 스·사무직 노동자를 대표하는 4세대 노동조합들은 여성을 조직하 고, 동일임금을 쟁취하고, 노동/가족의 유연성 확대를 이루기 위해 적 극적으로 노력하는 중이다. 1970년대 이래 우후죽순처럼 생겨난 새 로운 권리 옹호 그룹들은 이런 여러 유산의 혼합을 더욱 풍부하게 만 들고 있다. 이 단체들은 여성 노동자 중심이지만 노동조합 조직화를 직접적으로 추구하지는 않는다. 클리블랜드에 소재한 나인투파이브 나 전국여성노동자연합National Association of Working Women이 가장 유 명하지만, 보스턴의 사무기술교육프로젝트Office Technology Education Project나 샌프란시스코의 '새로운 노동의 길New Ways to Work' 같은 수 많은 단체들이 교육과 로비 활동, 때로는 조직화 등 다양한 활동을 결 합했다. 작업장 보건안전에서부터 동일임금, 노동/가족 쟁점 등에 이르는 광범위한 문제에 대처하기 위해서였다. 한편, 미국노총산별회의 (AFL-CIO) 내부에서는 1995년에 선출된 신임 지도부가 개혁 강령을 내걸고 취임했다. 미국노총산별회의는 지난 100년 동안 특히 건설업종의 남성 블루칼라 노동자를 대표하는 노동조합에서 연맹 위원장을 배출한 전통을 깨고 서비스노동자국제연합의 위원장인 존 스위니 John Sweeney를 신임 위원장으로 선출했다. 서비스노동자국제연합은 주로 백인 핑크칼라 노동자를 아우르는 진보적인 4세대 노동조합으로 빠르게 성장하고 있었다. 스위니의 위원장 후보단 가운데는 유력한 상징적 조치로 미국주·군·시공무원연합의 린다 차베스톰슨Linda Chavez-Thompson이 집행 부위원장으로 포함되어 있었다. 4세대 노동조합운동의 또 다른 주역인 차베스톰슨은 미국노총산별회의 고위직을 차지한 최초의 여성이다. 이 지도자들이 지금까지 이룩한 실질적인 변화에는 한계가 있지만, 새로운 행동주의의 가능성을 활짝 연 것은 분명하다. 현 시점에서 노동조합이 여성의 평등에 기여하는 것을 가로막는 주된 장애물은 노동운동 내부의 적대감이나 무관심이 아니라 (물론 이런 문제도 남아 있기는 하다) 오히려 한 자릿수까지 줄어들고 있는 노동조합 조직률이다.

바로 여기에 미래를 위한 무대가 있다. 우리가 보기에, 그리고 노동운동 내의 많은 혁신가들이 보기에 노동운동을 재건하는 데 가장 성공할 공산이 큰 전략은 성평등을 위한 투쟁에 적극적으로 나서는 것이다. 특히 노동조합 조직이 미미한 서비스 부문을 비롯하여 여성들이 노동력에서 차지하는 비중은 점점 커지고 있으며, 평균적으로 여성은 남성에 비해 노동조합을 더 지지한다. 따라서 미국노총산별회의가 생존 전략을 고민한다면 여성이 압도적으로 많은 직종과 산업을 조직화하는 데 방점을 두어야 한다. 좀 더 폭넓게 보자면, 노동조합운동이 성공하기 위해서는 노동조합 협약의 보호를 받는 소수만이 아니라 전체 노동자와 저소득층의 대변자라는 상징적 지위를 되찾아야 한다. 스위니 위원장에서부터 지부에 이르기까지 노동운동의 많은 부분이 이런 과제에 도전하기 시작했다. 최저임금 인상과 지역 차원의 생활임금 조례 제정 등 저소득층에게 도움이 되는 요구를 주장하는 것이다. 비록 복지 개혁을 핵심 쟁점으로 만들지는 못했지만, 미국노총산별회의 지도부는 징벌적인 개혁에 반대하는 진보적인 입장을 취하고 있으며 일부 지역 지도자들은 성명서를 발표하는 것을 넘어 복지권을 옹호하는 연합운동에서 적극적인 역할을 맡고 있다.[3]

더 나아가 미래의 노동운동은 여성을 결집시키는 새로운 기회를 제공하는 조직화 수단을 더 많이 활용할 것이다. 노동법 자체가 노동조합을 거의 보호해주지 못하기 때문에 노동조합은 노동자-지역사회 연합에 점점 더 의존해야 할 것이다. 여성들은 오래전부터 지역사회에 근거한 조직에서 두드러진 역할을 했으며, 지역사회 활동은 종종 어머니이자 주부로서 여성들의 관심사인 주거, 보건, 사회 서비스 등의 '소비' 문제를 중점적으로 다룬다. 노동조합은 지역사회와 연계를 만들어나가는 과정에서 이런 의제를 더 많이 떠맡을 수밖에 없다. 노동조합은 또한 전통적인 개별 작업장 조직화보다는 도시 차원, 산업 차원의 조직화를 더 많이 수행해야만 한다. 도시 전체 차원에서 건물 청소 노동자를 조직하려 한 '건물 청소 노동자에게 정의를Justice for Janitors' 캠페인이 대표적인 사례다. 더불어 여성들은 가정을 책임지는 데다 고용 기회도 제한되기 때문에 남성에 비해 노동시장을 자주 들락거리며 직장도 자주 옮긴다. 따라서 이런 새로운 조직화 방식은 여성들의 노동생활에 적합하게 맞춰져야 한다.

전통적인 정치: 혁신적인 접근?

어떤 면에서 보자면, 전통적인 정치는 저소득층 여성과 그들을 옹호하는 세력이 "가장 넘어서기 힘든 장벽"이있다. 정치권에 진출한 여성의 수가 적을뿐더러 제도 정치권에서는 빈민 여성의 이해에 관심이 없기 때문에 빈곤 해소, 고용, 육아 등 여성과 아동을 위한 실질적인 정책이 나오기가 힘들다. 어쨌든 어린이들은 투표를 할 수 없고, 저소득층은 그들을 흥분시키거나 그들의 문제를 다루는 후보가 나올 때만 투표소를 찾는다. 그런데 이런 일은 좀처럼 일어나지 않는다.

역사적으로 여성들은 전통적인 정치활동에서 배제되기 일쑤였고, 정치에 발을 들여놓을 때까지도 문 앞에서 흠씬 두드려 맞았다. 남북전쟁 이후 여성이 이끄는 사회 개혁 운동의 일환으로 여성 참정권 조직들이 우후죽순처럼 생겨났고, 마침내 1920년에 전국적으로 투표권을 얻어냈다. 여성에게 투표권이 없던 19세기 말과 20세기 초에도 여성기독교금주연맹Women's Christian Temperance Union이나 여성클럽총연합General Federation of Women's Clubs, 전국유색인여성협회National Association of Colored Women 같은 중간계급 조직들은 로비 활동을 비롯해 교육과 자선사업을 펼쳤고 때로는 항의 시위를 벌이기도 했다. 투표권을 쟁취하고 나자, 거대하지만 피상적인 통일을 이루었던 여성참정권운동은 갈가리 쪼개졌다. 전국여성당National Woman Party은 1923년에 평등권 수정안을 제안하고 이것을 통과시키는 데 전력을 기울인 반면, 여성유권자연맹League of Women Voters을 비롯한 다른 조직들은 평등권 수정안에 반대했다. 평등권 수정안이 헌법에 삽입되면, 특히 취약한 여성 노동자들을 보호하는 특별 조치들이 법적으로 무효화될 것이기 때문이었다.[4] 그렇다 하더라도 여성들에게는 이제 발판이 하나 생긴 셈이었고, 1930년대의 뉴딜에서부터 1960년대의 '위대한 사회Great Society'에 이르기까지 여성들은 갖가지 정치 캠페인과 연합에 참여했다.

1960년대에 2세대 여성운동이 등장하면서 전국여성기구나 전국여성정치코커스National Women's Political Caucus 같은 여성 로비 조직과 유권자 조직이 새롭게 성장했고, 여성 선출직 관리의 수가 급증했다. 역사상 처음으로 여성 주지사와 여성 상원의원도 등장했다. 그렇지만 평등권 수정안은 1982년 비준에 실패했고, 선거를 통한 진출에도 한계가 있었다. 사실상 모든 선출직에서, 특히 연방의회에서 여성들은 여전히 소수였다.

신좌파New Left가 여성들을 결집시키기 시작했지만, 신우파 역시 보수적인 반격backlash 쟁점—낙태 반대, '전통적인' 가족 구조 지지, 백인의 특권 옹호, 세금 인하 등—을 중심으로 여성의 정치 참여를 조직하는 데 무척 뛰어났다. 보수적인 여성들은 여성을 위한 평등을 성취한 정도가 아니라 지나치게 나아갔다고 주장한다. 지난 20년 동안 중간계급 여성들은 재생산 권리를 옹호하는 데 많은 정치적 에너지를 쏟아부었다. 여성의 경제적 평등에 대한 입장은 따지지 않은 채 낙태에 찬성하는 후보를 지지하는 데 주력했던 것이다.

바로 여기가 지금 우리가 선 자리다. 전례 없이 많은 수의 여성이 전통적인 정치에 참여하고 있지만, 여성의 평등을 위한 입법 의제는 여전히 교착 상태에 있다. 1995년, 공화당이 작성한 가혹한 내용의 연방 복지 개혁안인 개인책임법(개인 책임 및 노동 기회 조정법)이 처음 표결에 부쳐졌을 때, 백인 여성 상원의원 네 명 모두 찬성표를 던졌다. 민주당과 공화당을 가리지 않고 말이다. (유일한 아프리카계 미국인 여성 상원의원인 캐럴 모즐리 브론Carol Moseley Braun은 반대표를 던졌다─그 뒤 재선에 실패했다) 여성 주지사 중에서도 가장 두드러진 활동을 벌이는 뉴저지주의 크리스틴 토드 휘트먼Christine Todd Whitman은 세금 인하와 사회 서비스 삭감에 앞장서는 보수주의자다. 사실 주의회와 주지사들이 복지의 목을 조르는 데 앞다투는 상황에서 복지 옹호론자들은 복지권을 지키기 위해 주로 법원에 의지할 수밖에 없었다. 그래도 현직 판사들은 과거의 비교적 진보적인 정치를 어느 정도 반영하기는 한다. 입법부 의원들과 행정 관리들이 비용을 삭감하고 정치적 성과를 올리는 데에만 몰두하는 것에 비하면, 판사들은 헌법과 법률에서 보장하는 권리를 진지하게 받아들이는 편이다. 그러나 저소득층 여성의 권리를 지키기 위한 소송은 수세적인 행동일 수밖에 없다.

전통적 정치에서 여성의 평등을 위한 기반을 되찾으려면 네 갈래의 전략이 필요하다. 첫째, 힘의 균형을 이동시키기 위해서는 현재 투표를 하지 않는 많은 사람들, 특히 저소득층과 유색인을 투표에 참여시키고 결집시킬 필요가 있다. 둘째, 선거를 통해 진출하기 위해서는 부유층 개인과 대기업의 영향력을 약화하는 선거 자금 관련 개혁이 필요하다. 당연한 얘기지만, 대기업과 부유층은 자금 지원 우선순위를 변경하거나 저소득층에게 힘을 실어주는 데 별 관심이 없다. 진보적인 후보들은 선거 과정을 뚫고 들어갈 수 있는 여력이 거의 없다. 셋째, 여성, 특히 저소득층 여성은 선거의 장에서 새로운 연합을 강화할 필요가 있다. 잠재적인 연합 세력으로는 노동운동(앞서 언급했듯이), 유색인 지역사회, 그리고 재생산 선택권 같은 문제에서는 반여성적인 입장을 드러내지만 빈곤과 복지 문제에서는 종종 대단히 이해심 많은 입장을 취하는 교회 및 종교 활동가 등이 있다. 연합 건설 과정은 제3당의 발전으로 귀결될 수도 있으며, 신당New Party, 노동당Labor Party, 21세기당21st Century Party(전국여성기구에서 창설한 당) 같은 새로운 제3당 구상이 어떻게 전개될지 지켜볼 필요가 있다. 마지막으로, 새로운 방식은 노동 대중의 마음과 생각을 휘어잡아야 한다. 많은 이들이 세금 반대, 정부 반대, 복지 반대의 미사여구에 휘둘리고 있는 지금과 같은 상황에서는 이런 노력이 더더욱 중요하다.

항의와 생존

항의 행동은 오랫동안 여성, 특히 가난한 여성들의 유력한 정치적 수단이었다.[5] 항의 행동의 역사는 노동조합운동 및 선거 정치의 역사와 밀접하게 연관된다. 노동조합원들은 하루 8시간 노동 같은 대의를 위해 조직을 이루고 파업을 했을 뿐만 아니라 항의 시위도 벌였다. 여성참정권론자들 역시 로비를 하고 집회를 열고 행진을 벌였다. 그러나 여성과 동맹 세력에게는 가족, 소비, 무급 가사노동 같은 쟁점을 중심으로 항의 행동을 벌인 오랜 역사도 있다. 모두 노동조합과 선거 정치에서는 주변적인 문제로 치부된 쟁점들이다. 20세기 초반에 여성들은 높은 물가며 집세에 저항하기 위해 종종 식료품 불매운동과 세입자 연맹을 조직했다. 1920년대에는 남성 노동조합원의 부인들로 이루어진 여성지원단체들이 지역 보건부를 설치하고 모자 보건 프로그램을 운영할 것을 정부에 요구했다. 공산당이 전국 각지에 조직한 미국노동계급부인협의회United Council of Working Class Wives는 생활비, 교육, 사회복지 등의 쟁점을 놓고 여성들을 결집시켰으며, 대공황이 닥쳤을 때는 새롭게 결성된 실업자협의회Unemployed Council와 손을 잡고 구호 개선과 더불어 일자리 확대까지 요구했다. 흑인들로 이루어진 가정주부연맹Housewives' Leagues은 주요 도시에서 '우리가 일할 수 없는 곳에서는 물건을 사지 말자Don't Buy Where You Can't Work'라는 이름의 불매운동을 시작했으며, 대공황 시기에는 일자리 창출도 요구했다.

2차대전 이후 수십 년 동안 민권운동과 2세대 여성운동은 지역사회 조직화를 통해 이종교배를 이루면서 새로운 항의 행동을 만들어 냈다. 민권 활동가들은 형식적인 법적 권리가 경제적 평등을 보장해 주지는 않음을 깨달았고, 1964년에 민권법을 쟁취한 뒤 활동의 초점을 넓혔다. 1968년에 마틴 루서 킹이 살해될 당시 그는 청소 노동자 파업을 지원하기 위해 멤피스에 가 있었다. 1960년대 중반에 린든 존슨 정부가 '빈곤과의 전쟁'을 벌이면서 저소득층 동네에서 주민을 조직하는 새로운 물결이 일어날 수 있는 기회가 생겨났다. 이런 활발한 움직임이 낳은 극적인 성과 가운데 하나인 전국복지권기구(NWRO)는 지역사회의 노력을 바탕으로 하여 1967년에 창설되었다. 전국복지권기구는 저소득층 여성들에게 받을 자격이 충분히 있는 요부양가족아동부조 수당을 요구하도록 촉구했고, 복지 수급자의 권리를 확장하기 위해 항의 시위와 로비를 벌였다. 이 기구는 1971년에 전성기에 달해 50개 주에 900개 지부를 두었지만, 정치적 시대가 바뀌면서 1975년에 활동이 수그러들었다.

항의 행동은 오늘날까지도 계속되고 있다. 1987년에는 새롭게 결성된 전국복지권연합(NWRU)이 전국복지권기구의 횃불을 받아들었다. 1992년에는 캘리포니아주 오클랜드에 기반을 둔 여성경제의제프로젝트Women's Economic Agenda Project가 수백 명의 여성을 이끌고 빈곤 여성총회Poor Women's Convention에 참석했다. 더욱 효과적인 복지 정책을 주장하는 이들은 창의적인 항의 방식을 고안하고 있다. 1995년 밸런타인데이에는 솔트레이크시티에 소재한 '제다이 여성들Justice, Economic Dignity, and Independence for Women(JEDI Women)'의 호소에 응답하여 76개 도시의 활동가들이 '우리 아이들의 마음이 당신들 손에 달렸다Our Children's Hearts Are in Your Hands'는 주제에 맞춰 행동에 나섰다. 당시 연방의회에 제출되어 있던 징벌적인 개인책임법을 겨냥한 행동이었다. 이 행동에 참가한 이들은 의원들에게 엽서 61,000장을 보냈다. '제다이 여성들'은 솔트레이크시티 연방정부 청사까지 행진을 한 뒤, 놀이방에 있는 아이들이 색칠한 카드로 가득 채운 유아용 침대를 의원들에게 전달했다.[6] 그러나 보수주의의 반격이 드리운 그림자 속에서 항의 행동은 점점 효력을 잃는 듯 보이며, 어느 도시에서든 이제 수만 명이 아니라 고작 수백 명이 모인다. 아이러니하게도, 성평등과 관련된 다른 권리—재생산 선택권, 동성애자 권리—를 옹호하기 위한 행동에는 수십 만 명의 여성과 남성이 모이지만, 여성의 권리에 대한 가장 강력한 공격이 분명한 복지 '개혁' 문제에는 많은 이들이 행동에 나서지 않는다.

미래를 내다보면, 항의 행동은 복지권과 여성의 완전한 평등을 위한 노력에서 두 가지 중요한 역할을 할 수 있다. 우선 항의 행동은 여론을 형성하고 입법 의원들을 부끄럽게 만드는 데 도움이 되는 도덕적 존재를 나타낸다. 지금 당장은 항의 행동을 통해 복지권의 커다란 진전을 이루지 못하는 것처럼 보일지 몰라도, 적어도 더 이상 후퇴하지 않게 막을 수는 있다. 그러나 항의 행동에는 두 번째 역할도 있다. 이 역할에는 성장과 실험의 여지가 존재하며, 불공정한 체제가 쉽게 통치하지 못하게 만든다. 저소득층 여성을 조직해 그들이 진작 누렸어야 하는 권리를 요구하게 만드는 데서 출발한 전국복지권기구의 전략은, 기존의 행정적 재량권이 가진 한계를 이용한 것이었다. 서소득층 여성들은 복지 중단의 위협에 맞서 이런 요구를 지지했다. 복지 축소의 시기에 이런 전략을 무비판적으로 적용할 수는 없지만 동일한 원칙은 적용할 수 있다. 가령 여러 주의 행정부는 재량권을 이용해서 복지 수급 자격과 혜택 수준을 법에서 요구하는 이상으로 축소하고 있으며, 따라서 복지 수급자 수와 지출을 줄였다고 자랑할 수 있다. 바로 이런 재량적 행동에 초점을 맞춰 압력을 가함으로써 저소득층 여성을 위한 직접적인 물질적 성과를 얻어내고 정치인들의 부정직한 모습을 폭로할 수 있다. 이는 많은 경우에 사회복지 담당 직원들이 어디에 초점을 맞춰 어떻게 행동해야 할지 아는 데 도움을 주기도 한다. 복지에 대한 공격 때문에 일자리를 위협받는 당사자들이기 때문이다.

여론을 위한 싸움

여론을 둘러싼 싸움의 역사는 앞에서 개괄적으로 살펴본 노동과 선거, 항의 행동 전략들의 오랜 역사와 완전히 뒤얽힌다. 그러나 역사에는 몇 가지 중요한 교훈이 담겨 있다. 우선 여론 결집은 종종 양날의 검이었다. 예컨대, 중간계급 여성 개혁가들은 요부양가족아동부조의 선조 격인 주 차원의 모성지원Mother's Aid에 대한 지지를 얻기 위해 가족의 도덕성과 신성함에 관한 이런저런 주장을 활용했다. 그러나 바로 이런 주장들은 계급적 편견과 결합되어 개혁가들과 그 동맹자들에게 이상한 신념을 심어주었다. 모성지원을 제공할 때 수혜자의 행동을 밀접하게 감시, 감독해야 하며, '도덕적으로 문제가 없는' 어머니들만 혜택을 받을 수 있다는 것이었다.[7] 미국의 여론과 공공정책은 언제나 빈곤층을 혜택을 받을 자격이 있는 이들과 없는 이들로 나누었다.[8]

이런 구분은 지금도 우리 곁에 남아 있다. 가난한 사람들, 특히 어린이들에 대한 동정심은 '무임승차자'에 대한 분노와 공존한다. 정부가 우리의 삶을 개선해주어야 한다는 기대는 정부가 뭔가 건설적인 일을 할 수 있는 의지나 능력이 있는지에 대한 냉소와 충돌한다. 경제적으로 어려운 시기임을 인식한다고 해서 정말로 노력만 하면 누구나 먹고살 수 있다는 뿌리 깊은 신념이 사라지지는 않는다. 대다수 미국인들의 머릿속에는 빈민 가운데 다수—어쩌면 대다수—는 도움을 받을 자격이 없다는 통념이 박혀 있다. 위스콘신주 복지 정책에 관한 마크 랭크Mark Rank의 연구를 보면, 그가 가장 비관적인 사실을 발견한 건 복지 수급자들에게 왜 그들이나 다른 이들이 복지에 의존하는지에 대한 견해를 물었던 때인 것 같다. 랭크는 복지 수급자들에게 복지에 의존하게 된 것이 순전히 자기 때문인지, 자기가 어떻게 할 수 없는 외부 환경 탓인지, 아니면 두 가지가 결합된 결과인지 견해를 물었다. 그들 자신에 관해 물었을 때는 82퍼센트가 자기가 어떻게 할 수 없는 외부 환경 탓으로 돌렸고, 12퍼센트는 둘 다 때문이라고 말했으며, 6퍼센트는 순전히 자기 탓으로 받아들였다. 그러나 다른 복지 수급자에 관해 물었을 때는 90퍼센트가 '복지에 의존하는 사람들'은 부분적으로든 전적으로든 자기 상황에 책임을 져야 한다고 답변했다. 요컨대 복지 수급자들조차도 대다수가 다른 수급자에 대해서는 자격이 없는 이들로 분류한 것이다.[9]

이렇듯 복지 수급자에게 쏟아진 강한 비난은 여론 승리가 협소하고 허약해지는 결과로 이어졌다. 1995년 개인책임법에 맞선 싸움에서 여론을 둘러싼 투쟁은 클린턴 대통령이 법안에 거부권을 행사하도록 하는 데 결정적이었다. 그러나 국면을 전환시킨 것은 전국복지권연합의 거리 행동이나 복지 삭감을 여성에 대한 폭력으로 규정한 전국여성기구의 워싱턴 집회나 페미니즘 조직인 여성백인위원회Committee of One Hundred Women가 『뉴욕타임스』에 게재한 광고('저소득층 여성에 대한 전쟁은 모든 여성에 대한 전쟁이다!')가 아니었다. 결국 대통령이 거부권을 행사하게 된 것은 오히려 이 법이 시행되면 100만 명의 아동이 빈곤의 나락에 빠질 것이라는 클린턴 정부 내부의 추정치가 폭로되고, 아동보호기금과 전국사회복지사협회National Association of Social Workers가 앞장서는 가운데 언론에서 아동 문제에 초점을 맞추면서였다. 물론 어린이들이 곤경에 처하는 사태를 걱정하는 것은 징벌적인 복지 개혁 제안에 대한 당연한 반응이다. 그러나 어린이들에게만 초점을 맞추면 여성과 저소득층의 권리에 대한 공격이 최소화되며, "어린이를 위해" 여성을 통제하고 징벌하는 정책이 시행될 여지가 생겨난다. 위스콘신주 밀워키의 '복지 전사들Welfare Warriors'은 1995년 공개서한에서 분노에 차 이렇게 말했다. "지금은 우리의 동맹자들이 우리의 존재에 대해 변명하는 것을 넘어서 행동을 할 때다. 우리의 아이들을 위해 공적 지원을 받을 권리와 우리 아이들에게 어머니 노릇을 할 우리의 권리를 위해 일어서야 할 때다."[10] 어쨌든 아동 복지를 위한 호소만으로는 다음 해에 동일한 입법 시도를 저지하기에 충분하지 않다.

향후에 여론을 움직이려는 노력을 할 때, 오늘날까지 활용한 도구는 여전히 중요한 역할을 할 것이다. 보스턴의 『생존 뉴스Survival News』나 밀워키의 『복지 수급자 어머니들의 목소리Welfare Mothers' Voice』 같이 복지 수급자와 활동가들이 함께 펴내는 간행물은 여전히 필요하다. 또 신문 칼럼을 기고하거나 케이블 텔레비전 토크쇼에 출연하고, 『뉴욕타임스』에 광고를 싣거나 순회강연을 다니는 일도 필요하다. 그러나 이런 매체들 대부분은 이미 개종한 사람들을 상대로 설교하는 반면, 잠재적인 동맹자들은 책이나 텔레비전을 본다. 여론을 얻기 위한 전투가 사실 진지전에 가깝다는 점을 인정한다면, 대포와 호별 방문 전술을 모두 활용할 방법을 찾아야 한다.

'큰 대포'로는 광고, 특히 텔레비전과 라디오 광고를 들 수 있다. 1995년 2월에 뉴욕 주지사 조지 퍼타키George Pataki가 40억 달러 삭감을 중심으로 한 예산안을 발표했을 때, 노동조합, 학생, 노인 등이 연합을 이루어 로비와 항의 행동으로 이루어진 풀뿌리 캠페인을 시작했다. 그러나 이와 동시에 병원과 자택요양협회 같은 다양한 이해 집단과 노동조합들은 수백만 달러를 쏟아부어 광고 공세를 펼쳤다. 여론조사에서 퍼타키에 반대한다고 응답한 비율은 38퍼센트에서 63퍼센트로 치솟았다. 응답자의 65퍼센트는 예산을 둘러싼 싸움 때문에 "뉴욕 공화당에 대해 전반적으로 낮게 평가하게 되었다"고 말했다.[11] 물론 광고를 하려면 돈이 필요하며, 따라서 빈곤층으로서는 돈 많은 동맹자를 찾아야만 이런 전략을 추진할 수 있다. 노동조합과 교회가 대표적인 후보일 것이다.

'호별 방문 전술'의 경우에는 일대일 내지 소집단 토론과 교육으로 이루어진다. 복지를 둘러싼 쟁점은 복잡하며, 단순한 구호로 이런 내용을 모두 담아낼 수는 없다. 여성의 완전한 평등이라는 의제에 대한 지지를 얻기 위해서는 가족, 노동, 정부 등에 관한 뿌리 깊은 신념에 도전해야 하며, 마찬가지로 뿌리 깊은 나른 신념을 개척하고 가르쳐야 한다. 앞에서 제시한 모순을 헤치면서 활동해야 하는 것이다. 많은 공개적인 장에서 이런 식의 토론을 할 수 있다. 가정 모임, 교회를 비롯한 예배소, 학부모교사협의회, 노동조합 등 사람들이 생활하고 노동하며 관계 맺는 모든 곳에서 가능하다. 물론 이를 위해 사람들의 힘을 결집시키는 것은 광고 캠페인을 위해 수백만을 결집시키는 것보다 훨씬 어렵지만, 이런 필수적인 교육 과정 없이는 여론에 아무리 영향력을 미친다 하더라도 사상누각이 될 게 분명하다.

네 가지 전략을 결합하기

노동 현장 조직화, 전통적 정치, 항의 행동, 여론에 영향을 미치기 위한 캠페인 등은 하나의 통합된 꾸러미를 이룬다. 다른 요소들과 함께하지 않으면 어느 하나도 제대로 효과를 발휘하지 못한다. 게다가 이 모든 요소가 성공을 거두려면 새로운 동맹을 건설하고 오래된 동맹을 강화할 필요가 있다. 과거에 여성의 경제적 평등이 커다란 진전을 이룬 경우에 그랬던 것처럼, 서로 다른 이해를 통일시키는 폭넓은 연합이 중요하다. 우리는 이런 폭넓은 연합을 이룰 수 있으며, 이루어야 한다. 현 체제의 비용과 비효율성 때문에 많은 사람들이 계속 밑바닥을 벗어나지 못하고 있다. 육아의 부담은 개별 가정에 떠맡겨지지만, 점점 더 많은 가정이 아이를 키우는 데 필요한 시간이나 돈에 쪼들린다. 한편, 극심한 가난에 시달리는 많은 가정이 위험한 동네에 갇혀 있으며, 한 세대의 아이들이 미래의 경제적 삶을 꿈꾸지 못하며 살아가고 있다. 빈곤, 불의, 불평등의 비용이 사회의 섬유조직을 좀먹는다―때로는 도시 폭동 같은 일시적인 폭발이 일어나기도 하지만 장기적으로 더 중요한 것은 사회의 양극화와 쇠퇴다. 우리의 현 체제가 얼마나 값비싼 유지 비용이 드는지, 누가 그 비용을 감당하는지를 따져보면, 체제를 새롭게 고치는 비용은 오히려 훌륭한 투자다.

우리 모두는 더 나은 사회를 누릴 자격이 있다. 여성과 남성이 동등한 대우를 받고, 고용주와 정부가 가족의 요구를 인정하며, 빈곤 대신 기회가 주어지는 사회 말이다. 여성을 위한 평등과 모든 종류의 가족을 위한 더 나은 생활이 어떻게 귀결될지는 아직 미지수다. 바로 지금이 유리천장을 깨뜨리고 바닥 없는 구덩이를 없애버려야 할 때다!

22

공적 투옥과 사적 폭력
: 여성에 대한 은밀한 처벌에 관한 고찰

앤절라 Y. 데이비스Angela Y. Davis

미국의 정치활동가·학자·저술가. 1960년대에 미국 공산당 지도자로서 유명세를 떨쳤다. 블랙팬서당과 밀접한 관계를 맺으면서 민권운동에서 활약했다. 직접 수감된 경험을 바탕으로 오랫동안 재소자 권리 운동을 벌였으며, 산타크루즈 소재 캘리포니아대학 교수를 지냈다.

지난 25년간 성폭력과 가정폭력에 대한 페미니즘 연구 및 운동을 통해 지방·국가·국제적 차원에서 각종 캠페인과 사업이 생겨났고, 대중적인 저항 문화가 점차 확산됐다. 이 덕분에 여성에 대한 폭력이라는 세계적 전염병이 드러나고 있지만, 동시에 감옥에 갇혀 있는 여성들에 관한 연구나 활동은 훨씬 작은 규모로 이루어지고 있다. 이 두 분야의 작업은 여러 중요한 지점에서 교차한다. 학대하는 배우자나 애인을 살해해 유죄 판결을 받은 여성들에 대한 사면 캠페인이 대표적인 경우다. 더욱이 수감된 여성을 다룬 오늘날의 문헌에서 두드러지는 주제는 국가 처벌을 받는 여성들의 삶에서 육체적 학대가 중심을 차지한다는 것이다. 그렇다 하더라도 가정폭력과 여성들의 감옥개혁운동은 여전히 구분된다.

오늘날과 같은 감옥산업복합체(감산복합체)prison industrial complex*의 시대에 여성 수감자 수가 엄청나게 늘어난 현실을 고려할 때, 반폭력 운동과 여성들의 감옥개혁운동 사이에 더 깊고 폭넓은 연합을 세우기 위한 잠재력을 검토할 필요가 있다. 따라서 이 글에서는 두 가지 성별화된 처벌 양식―하나는 사적 영역에, 다른 하나는 공적 영역에 위치한―으로서 가정폭력과 투옥 사이의 몇 가지 역사적·철학적 연

---

* [옮긴이주] 앤절라 데이비스가 '군산복합체'에 빗대어 만들어낸 신조어다. 교도소 민영화에 따른 수감자 급증과 교정 산업의 대규모화, 교정 체계의 산업화 등을 총체적으로 가리키는 말이다.

관성을 예비적으로 탐구하고자 한다. 이 분석에 따르면, 여성들의 반폭력 운동은 감옥개혁운동과 (흔히 인식하는 것보다) 훨씬 더 긴밀하게 연결된다.

감옥 개혁의 역사를 살펴보면 여러 가지 아이러니가 드러난다. 오늘날 투옥은 지배적인 공적 처벌 양식이며 엄청난 인권 학대에 연관되지만, 한때는 계몽된 도덕성 회복의 약속으로 여겨졌으며, 따라서 신체적 고통을 가하는 데 의존하는 처벌에 비해 대단한 개선을 이룬 것으로 간주되었다. 매질, 칼枷, 차꼬 등으로 처벌하던 시대에 개혁가들은 잔인한 신체형에 비해 인간적인 대안으로서 교도소를 요구했다. 그렇지만 19세기 동안 유럽과 미국에서 법률을 위반해 유죄 판결을 받은 (대부분 백인) 남성들은 점차 고문이나 사지 절단을 당하는 대신 징역형을 선고받은 반면, (백인) 여성들에 대한 처벌은 여전히 절대적으로 가정 공간에서 가해지는 신체적 폭력과 연결되었다. 이런 가부장적 폭력 구조는 주로 노예제를 통해 흑인 여성들에게 상이한 방식으로 영향을 미쳤다. 오늘날에는 처벌 개혁에 관한 19세기 담론의 젠더·인종적 한계 때문에 가정 내 고문과 공적 고문을 연결 지을 가능성이 어떻게 배제되었는지, 따라서 여성의 신체에 가해지는 성별화된 폭력에 반대하는 캠페인의 가능성이 어떻게 배제되었는지를 쉽게 파악할 수 있다.

그렇지만 사적 처벌과 공적 처벌을 가르는 경계선이 늘 선명했던 것만은 아니다. 개혁운동이 등장해 투옥을 일반적인 처벌로 확립하는 데 성공하기 오래전에, 네덜란드에는 여성들을 위한 감옥이 있었다. 사실상 기록에 남아 있는 최초의 여성 전용 감옥이었다.[1] 1645년에 문을 연 암스테르담의 스핀하위스Spinhuis에는 "제 본분을 지키도록 부모나 남편이 단속할 수 없는" 여자들을 가두기 위한 감방이 있었다.[2] 또한 17세기 영국에서 가부장의 권위를 존중하지 않는 여자들을 처벌하기 위해 입마개branks—'쟁쟁거리는 여자의 재갈scold's bridle'이나 '수다쟁이 여자의 재갈gossip's bridle'이라고도 불렸다—를 사용했다는 사실[3]을 보면 공과 사의 경계가 뚜렷하지 않았음을 알 수 있다. 러셀 도바시Russell Dobash 등에 따르면,

입마개는 머리 위에 씌우는 철제 틀이었고, 대부분 위반자의 입에 삽입되게 만든 긴 못이나 톱니바퀴가 달려 있었다. "시끄럽게 떠드는 여자의 혀를 눌러서 조용히 하게 만들기 위한" 장치였다. 이와 같은 못 달린 철틀은 툭하면 다투거나 남편이 적절하게 통제할 수 없다고 판정된 여자들을 벌하기 위한 물건이었다. 이런 처벌을 집행하는 통상적인 형식은 여자에게 입마개를 씌운 채 마을을 돌게 하는 것이었다. 때로는 마을을 한 바퀴 돌고 나서 일정한 시간 동안 기둥에 사슬로 묶어두기도 했다. …… 이런 일은 공적인 징벌이었지만, 가정 내의 지배와 긴밀하게 연결되었다. 일부 도시에는 가정 내에서 입마개를 사용하기 위한 규정이 마련되었다. …… 남자들은 흔히 입마개를 씌우겠다고 위협해서 부인이 입을 다물게 만들었다. "혀를 가만히 두지 않으면 간수를 불러다가 …… 입마개를 씌울 줄 알아." 이 사례에서 우리는 가부장의 지배와 국가의 지배가 얼마나 복잡하게 뒤얽혀 있는지를 알 수 있다.[4]

존 하워드John Howard나 제러미 벤담Jeremy Bentham 같은 초기 개혁가들이 인간 신체에 가해지는 폭력을 최소화하는 처벌 방식을 요구

했을 때만 해도 여성을 공적 영역에서 배제하는 관념이 지배적이었기 때문에, 여성에 대한 만연한 폭력까지 다루는 개혁운동은 등장하지 못했다. 이런 운동은 20세기 후반에 이르러서야 발전할 수 있었다. 아이러니한 일이지만, 여성에 대한 '사적인' 성폭력과 신체적 폭력이 점차 '범죄'로 구성됨에 따라 '공적인' 제재 대상이 된 반면, 여성의 '공적인' 투옥은 변함없이 감춰져왔다. 또한 점점 더 많은 여성(특히 유색인 여성)이 투옥이라는 공적인 처벌을 받는 것과 동시에 연인관계나 가족관계에서 폭력을 경험한다. 두 가지 처벌 양식은 100여 년 전과 마찬가지로 여전히 대중적·학술적 담론에서 분리되어 있다.

오늘날 구조적인 인종차별이 점점 참호 속으로 들어가는 동시에 모습을 숨기는 반면, 이런 두 형태의 처벌은 인종주의가 가난한 유색인 여성들에게 미치는 영향을 위장한다. 처벌의 한 형태로서 가정폭력이 국가가 수행하는 처벌 양식과 긴밀하게 연결된 사실이 인식되는 경우는 드물다. 최근의 많은 연구에서는 투옥된 여성 다수가 가정폭력 생존자임을 인정한다. 조앤 벨냅Joanne Belknap은 『보이지 않는 여성: 젠더, 범죄, 사법The Invisible Woman: Gender, Crime and Justice』이라는 연구서에서 형사 사법 제도가 여성에게 미치는 영향을 살펴보면서 투옥과 아내 구타를 통찰력 있게 검토한다.[5] 그렇지만 범죄학자로서 벨냅은 어쩔 수 없이 '여성 범죄자'와 '여성 피해자'라는 범주로 연구를 틀 짓는다(이런 범주는 범죄학이나 법학 담론에서 거의 문제시되지 않는다).[6] 여성의 투옥을 검토하면서 벨냅은 여성 죄수는 '여성 범죄자'로 구성하는 한편, 여성에 대한 남성의 폭력을 분석할 때는 여성을 범죄의 '피해자'로 구성한다.[7] 요컨대 여성은 전자에서는 가해자이고, 후자에서는 피해자다. 벨냅은 전통적인 범죄학 이론들에 대해 중요한 페미니즘적 비판을 폭넓게 전개하며, 수감 과정에서 여성이 남성에 비해 더 고통받기 쉬움을 밝힌다. 또한 이런 문제들을 중심으로 캠페인과 사업이 확대되고 페미니즘 이론화가 이루어지는 오늘날과 같은 시대에도 남성 폭력은 여전히 비가시화되는 현실에 대해 소중한 의견을 제시한다. 그렇지만 이 글에서 내가 밝히고자 하는 것처럼, 벨넵의 연구는 또한 국가로부터 가정으로 이어지는 가부장 권력의 회로에 관해 더 깊이 생각할 거리를 던져준다. '공'과 '사'의 이데올로기적 구분에 의해 분리되는 이런 권력 회로는 여성 처벌의 근원에 놓인 복잡한 현실을 보이지 않게 만든다.

팻 캘런Pat Carlen은 1983년에 출간된 『여성의 투옥: 사회 통제에 관한 연구Women's Imprisonment: A Study in Social Control』에서 여성에 대한 공적·사적 처벌의 상호 구성적 성격을 부각시킨다.[8] 스코틀랜드의 콘튼베일Cornton Vale 여성교도소에 관한 사례 연구인 이 책에서 캘런은 가정에서 이루어지는 비공식적 훈육이(폭력적이든 비폭력적이든), 이것과 유사하면서 사실상 공생관계인, 교도소 수감의 토대를 이루는 훈육만큼이나 가정생활을 구성하는 데 중요한 역할을 한다고 주장한다.[9]

일반적으로, 정상을 벗어난 여성들에 대한 형사 처벌 규정을 책임지는 이들이 내세운 표어는 '훈육하고, 치료하고, 여성화하라!'였다. 영국과 미국에서 여성 투옥은 전통적으로 비가시성과 가정성, 아동화infantalisation라는 특징을 띠었다.[10]

스코틀랜드 콘튼베일의 수감자들은 대개 노동계급 백인 여성이며,

캘런이 지적하듯이 공적인 지배 축과 사적인 지배 축의 교차는 절대적으로 계급에 의해 결정된다. 캘런의 연구에서는 인종의 영향이 전면에 드러나지 않지만(인종은 유색인 여성의 투옥 못지않게 백인 여성의 투옥을 이해하는 데에도 중요하다), 유럽과 미국의 도시 지역에서 여성 수감자의 절대다수가 소수 인종 출신이라는 점을 주목해야 한다. 그렇다면 캘런이 말하는 이른바 "가정 훈육의 사적·공적 영역과, 사실상 말로만 인정을 받는 비정상 여성들에 대한 수감 위주 단속의 융합"[11]은 인종을 고려하면 훨씬 더 복잡해진다.

여성에 대한 사적 처벌과 공적 처벌을 연결하고자 했던 사회학자 베스 리치는 흑인 여성들이 걸려드는 '젠더 함정수사gender entrapment'를 연구했다. 흑인 여성들은 많은 경우에 개인적인 관계 안에서 폭력에 종속된 상황을 보여주는 바로 그 조건에 의해 "어쩔 수 없이 범죄를 저지르며" 결국 투옥되기에 이른다.[12] 리치는 다음과 같이 말한다.

저소득층 동네에 사는 아프리카계 미국인 여성들은 신체적으로 구타를 당하고, 성적으로 공격을 받으며, 감정적으로 학대받고, 불법적인 활동에 연루된다. 여성에 대한 폭력, 빈곤, 약물 중독, 여성의 범죄 참여 등의 비율이 높아지는 것은 여성들이 심리적·도덕적·사회적으로 불완전하기 때문이라는 대중적인 통념(주류 사회과학자와 복지 제공자, 공공정책 분석가, 국회의원 등이 이런 통념을 영속화한다)은 흑인 여성들의 실제 이야기와 극명하게 모순된다.[13]

리치는 '함정수사'라는 법적 범주를 '젠더 함정수사'라는 이론적 패러다임으로 전환하는 선택을 내렸다. 이 패러다임이 젠더, 인종, 폭력의 교차를 검토할 수 있는 길을 열어주기 때문이다. 개인적 삶에서 빈곤과 폭력을 경험하는 여성들이 결국 자신들이 전혀 통제하지 못하는 사회적 조건의 그물망 때문에 처벌받는 과정을 이해할 수 있는 것도 이 패러다임 덕분이다.* 리치는 여성들이 범법 행위에 연루되는 과정(친밀한 관계에서 벌어지는 폭력이나 폭력 위협의 직접적인 결과다)에 대해 도발적인 분석을 제공하지만, 가정과 국가가 여성에게 가하는 처벌 사이의 역사적 연속성을 검토하는 것은 이 사회학 연구의 범위에 속하지 않는다.

여성의 투옥에 관한 많은 역사적 문헌에서 19세기 말 무렵에 나타난, 여성을 투옥하는 '가정 모델'은 공적 처벌에 대한 여성적 접근의 등장으로 제시된다. 가정 처벌 체제domestic punishment regime가 이처럼 공적 영역으로 재배치되었다 할지라도 가정 내에서 처벌이 줄어든 것은 아니었다. 여성에 대한 사적 폭력이 계속해서 사회적으로 인가되었기 때문에 공적 처벌을 받는 여성의 수는 최소화되었다. '범죄'와 '처벌'이 이데올로기적으로 엄격하게 연결되기 때문에 여성들에 대

---

* "범죄를 저지르는 매 맞는 흑인 여성들에 대해 '젠더 함정수사'라는 개념을 적용할 때, 나는 친밀한 관계에서 남성의 폭력에 취약한 아프리카계 미국인 여성들이 자신이 한 행동(심지어 이 행동이 인종화된 젠더 정체성과 문화적으로 기대되는 젠더 역할, 친밀한 관계에서 벌어지는 폭력 등의 논리적 연장일 때에도)에 대해 형벌을 받게 되는 사회적으로 구성된 과정을 설명하기 위해 이 개념을 사용했다. 이 모델은 젠더와 인종/종족, 폭력이 어떤 식으로 교차하며, 이 과정에서 여성들을 사적·공적 종속과 친밀한 관계에서 벌어지는 폭력, 그리고 결과적으로 범법 행위 참여에 취약하게 만드는 양상으로 여성의 행동을 조직하는, 미묘하지만 대단히 효과적인 체계가 어떻게 만들어지는지를 여실히 보여준다. 이와 같이 '젠더 함정수사' 이론은 범법 행위에 참여하는 일부 여성들이 어떻게 남성 파트너의 폭력이나 폭력 위협, 강압에 대한 대응으로 이런 행동을 하게 되는지를 설명해준다." Beth E. Richie, *Compelled to Crime: The Gender Entrapment of Battered Black Women*(New York: Routledge, 1996), 4쪽.

한 처벌이 투옥으로 귀결되는 범법 행위와 분리되는 일은 드물다. 따라서 '사적' 처벌과 '공적' 처벌을 연결하기란 더더욱 어렵다. 여성이 수감 인구에서 상대적으로 적은 비중을 차지하는 것은 범죄를 덜 저지르기 때문이라는 가정이 여전히 일반인의 상식과 범죄학 담론을 지배하고 있다. 여성들은 감옥이 아닌 현장에서 국가가 직접 떠맡지 않은 권한에 따라 처벌을 받는다는 사실이 여성 수감자 수가 상대적으로 적은 이유를 설명하는 출발점이다.

국가가 인가한 처벌은 가부장적 구조와 이데올로기를 특징으로 하며, 이런 구조와 이데올로기는 여성 범죄에 관한 역사적 가정을 만들어내는 경향이 있다. 여성 범죄는 흔히 '여성의 자리'를 규정하는 사회적 규범의 위반과 연결된다. 페미니스트 역사가들은 가령 간통 혐의로 고발된 여성에게는 가혹한 신체형이 가해진 반면 남성의 간통 행위는 정상으로 여겨졌다는 증거를 찾아냈다. 더불어 가정 공간에서 여성에게 가해지는 폭력은 최근에야 '범죄화'되기 시작했다. 전체 여성의 절반 정도가 남편이나 애인에게 폭행을 당하며,[14] 징역형을 선고받는 여성의 수가 급격하게 늘어나고 있다는 사실을 감안하면 여성 일반이 남성에 비해 훨씬 큰 규모로 처벌을 받는다고 주장할 수도 있다. 이와 동시에, 가정폭력에 항의하는 초국적 캠페인을 비롯하여 많은 영역에서 가부장적 구조가 의문시되기 때문에 오늘날 여성들은 어느 때보다도 더 많은 수가 공적 처벌을 받는다. 설령 여성들이 여전히 감옥 체계에서 무시해도 좋은 대상으로 서술된다 할지라도, 여전히 사적 처벌이 만연한 데다 감옥에 갇히는 여성이 가파르게 불어나는 현실을 보면 가난한 노동계급 소수 인종 여성들의 삶은 과잉 처벌된다고 말해도 무방하다. 중간계급 여성들 또한 가정이나 친밀한 관계에서 폭력의 피해자가 된다는 사실을 무시하려는 것이 아니다. 그렇지만 백인 여성들은 가난한 유색인 여성들로 하여금 결국 감옥행으로 이어져 과잉 처벌을 경험하는 경로를 따라가게 만드는 것과 동일한 사회적 조건의 그물망에 '걸려들지' 않는다.

역설적이게도, 감옥개혁운동 일반은 감옥에 갇힌 개인들의 삶에 감옥이 중심점으로 작용하는 힘을 약화하기는커녕 오히려 강화했다. 미셸 푸코는 애초부터 개혁은 언제나 감옥의 진화와 연결되었다고 지적한 바 있다. 감옥은 어느 정도 바로 그 개혁의 효과 때문에 더욱 굳건해졌다.[15]

> 감옥을 개혁해 그 기능을 통제하려는 운동은 최근에 일어난 현상이 아니다. 감옥이 실패작임을 인정한 가운데 생겨난 것 같지도 않다. 감옥 '개혁'은 사실상 감옥 자체와 같은 시대를 살아왔다. 그것은 이를테면 감옥의 주요 프로그램을 구성한다. 애초부터 감옥은 표면적으로는 감옥을 교정하게 되어 있으나 감옥 기능 자체의 일부분을 이루는 것 같은 일련의 부속적인 메커니즘 속에 끼워 넣어졌으며, 그런 만큼 그러한 메커니즘은 감옥의 모든 역사에서 감옥의 존재와 밀접하게 결부되었다.[16]

다시 말해, 여성뿐만 아니라 남성을 수용하는 기관에도 초점을 맞추는 감옥 개혁 캠페인은 감옥의 개선을 요구했지만 지배적인 처벌 양식으로서 감옥의 역할을 문제시하는 경우는 드물었다. 따라서 개혁이 시작됨에 따라 감옥 체계는 구조적으로나 이데올로기적으로나 더욱 굳건해졌다. 미국에서 처벌이 군산복합체를 반영하고 강화하는 방식으로 정부와 초국적기업 사이의 연계를 공고히 하는 진정한 산업으로 부상하는 오늘날, 거대한 군사기구의 필요성을 의문시하는 것만큼이나 엄청난 규모의 감옥의 필요성을 의문시하기란 쉽지 않다.

19세기에 영국과 미국에서 여성 전용 감옥을 요구한 개혁운동이 등장했을 때, 엘리자베스 프라이Elizabeth Fry와 조지핀 쇼Josephine Shaw를 비롯한 운동가들은 여성 범죄자가 도덕적 갱생의 범위 바깥에 있다는 지배적 관념에 맞서 반론을 펼쳤다. 남성 범죄자가 엄격한 감옥 체제에 의해 '교정'될 수 있는 것처럼, 여성 범죄자도 상이하게 성별화된 투옥 체제를 통해 도덕적 존재로 개조될 수 있다는 것이었다. 개혁가들이 제안한 교정원reformatory에서는 건축적 변화와 가정식 체제, 관리인의 전원 여성화 등이 실행되었고,[17] 결국 여성교도소는 남성교도소만큼이나 사회 풍경에 굳게 뿌리를 내렸다. 이 여성교도소가 상대적으로 눈에 띄지 않은 것은 이 새로운 기관에 투옥된 여성의 수가 비교적 적었기 때문이기도 하지만 여성의 공적 처벌에 가정 공간이 다시 새겨진 현실을 반영하기 때문이기도 했다.

영국과 미국에서 이루어진 이와 같은 공적 처벌의 여성화feminization of public punishment는 명백하게 백인 여성을 교정하기 위해 고안된 것이었다. 1853년 영국 런던에 첫 번째 교정원이 설립된 지 21년이 지나 인디애나주에 미국 최초의 여성 교정원이 문을 열었다.[18]

설립 목적은 죄수들에게 가정생활이라는 '소중한' 여성의 역할을 가르치는 것이었다. 따라서 여성감옥 개혁운동의 핵심은 요리, 재봉, 청소 등 마치 직업훈련처럼 '적절한' 젠더 역할을 장려하고 심어주는 것이었다. 이런 목표를 이루기 위해 독채식 교정원 시설에는 흔히 부

엌과 거실이 함께 설계되었고, 어떤 경우에는 유아가 있는 죄수를 위한 육아실도 있었다.[19]

그렇지만 여성화된 공적 처벌이 모든 여성에게 똑같은 방식으로 영향을 미치지는 않았다. 교정원에 수감된 흑인 여성들은 종종 백인 여성들로부터 격리되었다. 더욱이 흑인 여성들에게는 남성교도소에서 형기를 보내라는 선고가 내려지곤 했다. 남북전쟁 직후 남부 여러 주에서 흑인 여성들은 처벌의 여성화에 의해 전혀 완화되지 않은 죄수노동 계약임대 제도convict lease system의 잔인한 현실을 감내해야 했다. 여성이라는 이유로 형기가 줄어들지도 않았고 강제로 해야 하는 노동이 완화되지도 않았다. 20세기를 거치면서 미국의 교정 체계가 진화함에 따라 이데올로기적으로 백인 여성들을 교정하기 위해 여성화된 처벌 양식—소집단 수용제cottage system, 가사훈련 등—이 고안되었다. 그러나 유색인 여성들은 대부분 여성성을 배려하는 겉치레조차 없는 공적 처벌의 영역으로 밀려났다.

게다가 루시아 제드너Lucia Zedner가 지적하는 것처럼, 교정원 체계에 따른 여성들에 대한 판결 관행 때문에 여성들은 종종 유사한 범죄에 대해서 남성보다 더 많은 형량을 치러야 했다. "이런 차별은 여성들이 범죄의 심각성에 따라 처벌받는 게 아니라 교정과 재교육을 받기 위해 수감된다는 이유로 정당화되었다. 교정과 재교육은 시간이 소요되는 과정이라는 것이었다."[20] 동시에 우생학운동 또한 여성을 남성보다 오래 수감하는 경향을 부추겼다. "우생학운동은 '유전적으로 열등한' 여성들을 가임기 동안 가능한 한 오래 사회적 활동에서 배제하려고 했기" 때문이다.[21] 니콜 래프터Nicole Rafter가 지적하는 것처럼, 비록 인종주의가 19세기 말에 횡행한 우생학적 범죄학의 토대를 이루는 주된 설명 요인은 아니지만,[22] 백인의 정상성을 백인의 이상성(지적 장애, 범죄성, 신체 장애 등)에 반대되는 개념으로 규정한 우생학 담론은 인종주의와 동일한 배제 논리에 의존했으며, 따라서 손쉽게 인종주의에 활용될 수 있었다.

20세기 후반에 여성교도소는 남성교도소와 더욱 비슷해지기 시작했다. 감산복합체의 시대에 건설된 교도소는 특히 흡사했다. 기업의 처벌 참여가 군수 생산 참여를 거울처럼 반영하기 시작함에 따라 사회 복귀가 무력화incapacitation라는 징벌적 목적에 의해 밀려나고 있다. 교도소 및 구치소 수감자 수가 200만 명에 육박하는 지금, 여성 수감자 수의 증가율은 남성의 경우를 능가한다. 범죄학자 엘리엇 커리Elliot Currie는 다음과 같이 지적한 바 있다.

2차대전 이후 대부분의 시기에 여성 수감률은 10만 명당 8명 정도였다. 1977년까지만 해도 두 자릿수에 미치지 못했다. 현재는 10만 명당 51명이다. …… 지금 같은 증가 추세라면 2010년에는 여성 수감자 수가 1970년의 남녀 수감자를 합한 수보다 많아질 것이다. 인종과 젠더가 미치는 효과를 결합하면 이러한 수감 인구 변화의 성격은 훨씬 뚜렷해진다. 오늘날 흑인 여성의 교도소 수감률은 1980년 당시 백인 **남성**의 수감률을 상회한다.[23]

사반세기 전 애티카Attica 교도소에서 폭동이 일어나고 샌퀜틴San Quentin 교도소에서 블랙팬서당원 조지 잭슨George Jackson이 살해되던 시대에 국가 폭력과 억압의 중심지로서 교도소 체계에 대항하는 급진운동이 발전했다. 어느 정도는 이 운동에서 여성 수감자들의 모습이 드러나지 않은 데 대한 반발이 일고 또 어느 정도는 여성해방운동이 성장한 결과, 여성 수감자 권리 옹호를 위한 구체적인 캠페인이 전개되었다. 이 캠페인 대다수는 계속해서 국가 억압과 폭력을 근본적으로 비판하고 있지만, 교정기관에 종사하는 사람들은 대부분 성평등이라는 자유주의적 구성물에 영향을 받았다.

성적 차이의 이데올로기에 기반을 두었던 19세기의 개혁운동과 대조적으로, 20세기 말에 이루어진 '개혁'은 '분리되지만 평등한separate but equal' 모델에 의존하고 있다. 이러한 '분리되지만 평등한' 접근을 종종 무비판적으로 적용하여 아이러니하게도 여성 시설을 남성 시설과 '동등하게' 만들기 위해 억압적인 조건을 강화할 것을 요구하는 경우도 있다. 가령 미시건주에 있는 휴런밸리 여성교도소Huron Valley Women's Prison의 전前 교도소장 테클라 데니슨 밀러Tekla Dennison Miller는 자신이 1980년대에 평등을 위해 벌인 개혁운동을 강경한 페미니즘이라고 평가한다. 이런 접근법의 문제적 성격은 보안에 관한 다음의 논의에서 드러난다.

휴런밸리 여성교도소 직원은 남성교도소에 비해 훨씬 적었다. 처음 문을 열었을 때 …… 휴런밸리에는 수감자들의 이동과 소내 활동을 감시하는 교사矯査는 말할 것도 없고 교도관도 한 명 없었다. 교도소는 수감자들 간에 폭행이 빈발한 곳이다. 부소장 보좌관은 한 명밖에 없었다. 반면 남성교도소에는 보안 담당과 수용 담당이 한 명씩 부소장 보좌관이 두 명 있었는데도 남성교도소 중앙 당국은 볼멘소리를 했다. "여성 수감자들은 보안상의 위협을 제기하지 않는다. 여성 수감자들은 단지 골칫거리일 뿐이며, 대부분 손톱 칠하기나 개인 소유물을 늘려달라고 떼 쓰는 데에만 관심이 있다. 보안 담당은 필요 없고 수용 담당 보좌관만 있으면 된다."[24]

밀러는 성평등을 위한 캠페인을 벌이면서 무기를 동등하게 배급하지 않는 보안 관행에 대해서도 비판했다.

남성교도소 무기고에는 선반마다 산탄총, 라이플총, 권총, 탄약, 최루탄, 폭동 진압 장비 등으로 가득한 커다란 방이 있다. …… 반면 휴런밸리 여성교도소 무기고에 있는 가로 0.6미터, 세로 1.5미터의 작은 벽장에는 라이플총 두 정, 산탄총 여덟 정, 확성기 두 개, 권총 다섯 정, 최루탄 네 개, 수갑 스무 개밖에 없다.[25]

재소자 한 명이 탈옥하기 위해 철조망을 넘어 반대편으로 뛰어내렸다가 붙잡힌 일이 있은 뒤, 지역 기자 한 명이 여성 탈옥수에게 경고 사격을 하지 않는 정책에 대해 질문했다. 밀러는 이 기자를 "평등을 위한 계속되는 싸움에서 예상치 못한 동맹자"라고 치켜세웠다.[26] 그 결과로 밀러는 다음과 같이 말했다.

(보안 등급이) 중급이나 상급인 교도소에서 여성 재소자가 탈출하면 남성 재소자와 같은 방식으로 대응한다. 경고 사격을 한 차례 한다. 만일 재소자가 멈추지 않고 담을 넘으면 교도관은 발포해서 부상을 입혀도 된다. 교도관의 생명이 위태로운 경우에는 발포해서 살해해도 된다.[27]

여성 재소자들에 대한 교육·직업·보건 기회의 확대 대신 남성 재소자와 동등한 대우를 요구한 결과, 역설적이게도 여성들은 더욱 억압적인 조건에 처하게 됐다. 이는 자유주의적인(즉 형식주의적인) 평등 개념을 적용한 결과일 뿐만 아니라 남성교도소를 처벌의 규범으로 삼은 결과이기도 하다. 밀러는 자신이 장기형을 치르고 있는 '살인범'이라고 규정한 어느 재소자가 미시건대학 졸업식에 참석하는 것을 막으려고 했다고 말한다.[28] (물론 밀러는 그 여성이 어떤 성격의 살인죄를 저질렀는지 말하지 않는다. 이를테면 살인죄로 기소된 여성 가운데 상당수가 그렇듯이, 폭력적인 남편이나 애인을 살해한 죄로 들어온 것인지 밝히지 않는다) 밀러는 이 재소자가 졸업식에 참석하는 것을 막지 못했지만, 졸업 가운과 학사모 차림의 재소자에게 족쇄와 수갑을 채울 수는 있었다.[29]

여성 재소자들을 남성과 '평등하게' 다루기 위해 억압적인 장치를 사용한 더 널리 알려진 역사적 사례로는 1996년에 앨라배마주 교정국장이 여성 재소자들도 여러 명씩 사슬로 묶어서 이동시키기로 결정한 사실을 들 수 있다.[30] 1995년 앨라배마주는 집단 사슬을 재도입한 첫 번째 주가 됐다. 이듬해, 주 교정국장 론 존스Ron Jones는 줄리아 터트와일러 주립여성교도소Julia Tutwiler State Prison for Women에 수감된 여성 재소자들이 풀을 깎거나 쓰레기를 줍거나 채소밭에서 일하는 동안 족쇄를 채우겠다고 발표했다. 여성 재소자들에게 집단 사슬을 채우려 한 이런 시도는 남성 재소자들이 자신들에게만 집단 사슬을 채우는 것은 성별에 따른 차별이라면서 제기한 소송에 대한 대응이기도 했다. 그렇지만 존스 교정국장은 이 발표를 한 직후에 팝 제임스Fob James 주지사에 의해 해임되었다. 앨라배마주가 남녀가 동등하게 집단 사슬에 묶일 수 있는 기회를 부여한 유일한 주로 오명을 얻기를 원치 않은 주민들이 압력을 가한 것이다.

애라배마주에서 여성들에게 집단 사슬을 채우려는 구상으로 세상을 당혹스럽게 만든 지 4개월 뒤, 애리조나주 매리코파Maricopa 카운티의 조 아파이오Joe Arpaio 보안관(언론에서 '미국에서 제일 거친 보안관'이라는 명성을 얻었다)이 기자회견을 열었다. 이 자리에서 보안관은 자신이 "투옥 기회 평등주의자equal opportunity incarcerator"이기 때문에 미국에서 최초로 여성 집단 사슬을 도입하겠다고 발표했다.[31] 이 계획이 시행되었을 때, 전국 각지의 신문에는 여성들이 줄줄이 사슬에 묶인 채 피닉스시 거리를 청소하는 사진이 게재되었다. 아파이오 보안관의 여성 재소자 관련 정책은 홍보성 쇼에 불과하다는 비판을 받았지만, 여성 재소자들에 대한 억압이 전반적으로 강화되는 가운데(대표적인 것이 극도의 보안을 갖춘 교도소의 발달과 나란히 진행되는 독방의 확대다) 이런 집단 사슬이 등장한 사실을 보면 경각심을 갖지 않을 수 없다. 여성 재소자 중 유색인이 다수를 차지하는 상황에서 사슬과 족쇄에 묶인 여성들의 이미지는 노예제와 식민화, 대량 학살의 역사적 기억을 상기시키게 마련이다.

여성교도소의 억압 수준이 높아지고, 역설적이게도 가정 감옥 체제의 영향력이 줄어듦에 따라 성적 학대(가정폭력과 마찬가지로 여성에 대한 사유화된 처벌의 또 다른 차원이다)는 감옥 담장 안에서 제도화된 처벌의 요소가 되고 있다. 재소자에 대한 교도관의 성적 학대가 그러한 처벌로 인정되지는 않지만, 성폭력 가해 교도관들이 대부분 가벼운 징계만을 받는 현실을 보면 여성들에게 감옥은 일반 사회와 달리 성폭력의 위협이 일상적인 처벌의 한 풍경인 곳에 다름 아니다.

최근 휴먼라이츠워치Human Rights Watch에서 펴낸 미국 여성 재소자들이 겪는 성적 학대에 관한 보고서를 보자.

우리가 발견한 사실들을 보면, 미국 주립교도소에 여성 재소자로 수감된다는 것은 끔찍한 경험이다. 성적 학대를 받더라도 가해자로부터 벗어날 수 없다. 고충 처리나 조사 절차가 있다 하더라도 대개 비효율적이며, 교정 직원들은 계속해서 학대를 일삼는다. 행정적으로나 사법적으로나 책임질 일이 드물다고 생각하기 때문이다. 교도소 담장 밖에 있는 사람들은 안에서 무슨 일이 벌어지는지 알지 못하거나 설령 알더라도 개의치 않는다. 문제를 해결하기 위해 행동에 나서는 이들은 더욱 드물다.[32]

『너무나도 익숙한: 미국 주립교도소의 여성 성 학대All Too Familiar: Sexual Abuse of Women in U.S. State Prisons』라는 제목이 붙은 이 보고서의 요약문을 보면, 여성교도소 환경이 성폭력에 얼마나 노출되어 있는지를 알 수 있다. 이런 환경은 많은 여성들의 개인적인 삶을 지배하는 폭력과 무척 흡사하다.

우리는 남성 교정 직원들이 여성 재소자를 질, 항문, 구강으로 강간하고, 성폭력과 학대를 자행해온 사실을 발견했다. 또한 이런 극악한 행위를 저지르는 과정에서 남성 교도관들이 물리력을 행사하거나 위협했을 뿐만 아니라 재소자들에게 물품과 특권을 제공하는 거의 절대적인 권한을 이용하여 성관계를 강요하거나 매수한 사실도 발견했다. 다른 경우에, 남성 교도관들은 가장 기본적인 직업적 의무를 위반한 채 여성 재소자들과 성적 접촉을 가졌다(무력을 행사하거나 위협하거나 물질적 대가를 주고받는 일은 없었다). 남성 교도관들은 재소자와 성관계를 갖는 것 말고도 몸수색이나 방 수색을 빌미로 여성들의 가슴이나 엉덩이, 사타구니를 더듬고 감방이나 욕실에서 옷을 입지 않은 여성들을 부적절하게 들여다봤다. 남성 교도관과 직원들은 또한 여성 재소자들을 일상적으로 비하하고 희롱하며, 따라서 여성들에게 주립교도소의 구금 환경은 성적 분위기가 난무하고 지나치게 적대적이다.[33]

이 보고서의 저자들은 여성교도소에 만연한 성적 학대가 미국 헌법뿐만 아니라 국제 인권법에도 위배되는 것이라고 주장한다.[34] 1998년 여름에 유엔 여성폭력 특별보고관United Nations Special Rapporteur on Violence Against Women이 여러 미국 여성교도소를 방문할 예정이기 때문에 여성 수감자들이 처한 상황을 반폭력 운동과 보편적 인권이라는 맥락에 자리매김하는 것이 더욱 중요하다. 린다 버넘Linda Burnham은 다음과 같이 지적한다.

인권 패러다임의 취지는 여성 문제를 인권 담론의 중심에 자리매김하고, 여성 문제를 사적인 문제로 간주하는 경향을 부정하며, 국가를 포함하지만 국가에 국한되지는 않는 여성 억압에 대한 책임의 구조를 제공하고, 여성 문제 전반과 여성의 사회적 정체성 및 여성이 처한 환경 전반을 연결할 수 있는 포괄적인 정치적 틀을 만드는 것이다.[35]

오늘날 미국에서 벌어지는 여성 수감자에 대한 성적 학대는 국가가 승인한 가장 극악한 인권 침해 가운데 하나다. 여성 수감자들은 우리 사회에서 가장 권리가 없고 비가시적인 인구 집단을 대표한다. 국가가 그들의 삶에 행사하는 절대적 권력과 통제는 여러 세기에 걸쳐 여성에 대한 사회적 지배로 귀결된 가부장적·인종주의적 구조에 기인하며, 또한 이 구조를 영속화한다. 감산복합체가 모든 집단을 국가 처벌의 대상으로 뒤바꾸려고 위협하는 지금, 상대적으로 작지만 빠르게 증가하는 여성 수감자 비율을 구실 삼아 여성 처벌의 복잡한 그물망을 무시해서는 안 된다. 바야흐로 국제적인 인권운동과 동맹을 구축하고 연계를 확립할 시기가 무르익고 있다.

23
여성의 이해를 개념화하다

맥신 몰리뉴Maxine Molyneux

런던 유니버시티칼리지 사회학 교수. 『국제적 관점에서 본 여성운동Women's Movements in International Perspective』, 『라틴아메리카 사회 보호의 변화와 연속성Change and Continuity in Social Protection in Latin America』 등의 저서가 있다.

혁명 국가든 일반 국가든 국가가 사회 집단과 계급의 이해를 보증하는 데 성공하느냐 하는 문제의 정치적 적실성은 일반적으로 두 측면에서 평가된다고 여겨진다. 첫째, 국가는 특정한 정부가 자신이 대표한다고 주장하는 집단의 지지를 유지하는 능력에 대해 예상이나 적어도 정치적 계산을 가능케 한다고 가정된다. 둘째, 국가가 진척시키는 것처럼 보이는 집단의 이해로부터 국가의 성격이 연역될 수 있다고 생각된다.* 따라서 어느 국가가 '노동자 국가'나 자본주의 국가, 또는 심지어 '가부장적 국가'라는 명제는 흔히 특정한 계급이나 집단이 해당 정부 아래서 어떤 대우를 받는지 조사하는 식으로 검증된다.

그렇지만 여성들의 경우에 비슷한 기준을 적용하려고 하면 수많은 문제가 생겨난다. 가령 혁명 정부가 젠더 종속을 재생산하는 수단을 철폐하는 데 상대적으로 성과를 거두지 못한 것처럼 보이기 때문에 이 국가에서는 여성의 이해가 대변되지 않으며 여성들이 정부에 등을 돌리기 쉽다는 결론을 내린다면, 여기에는 많은 가정이 세워져 있다.

---

* 집합 행동을 행위자의 고유한 속성이나 행위자가 기입된 관계의 속성으로 설명하는 마르크스주의 저술에서는 '이해'라는 용어의 세 번째 용법을 발견할 수 있다. 따라서 계급 투쟁은 궁극적으로 생산관계의 효과로 설명된다. 이 개념은 본질주의적 가정에 의존하는 것임이 드러났으며 사회 행동에 대한 부적절한 설명을 제공한다. 이 개념에 대한 비판으로는 Edward Benton, "Realism, Power and Objective Interests," in Keith Graham, ed., *New Perspectives in Political Philosophy*(Cambridge University Press, 1982); Barry Hindess, "Power, Interests and the Outcome of Struggles," *Sociology* 16, no. 4(1982) 등을 보라.

젠더 이해가 '여성의 이해'와 같은 것이고, 여성의 이해를 결정하는 주된 요소로서 젠더가 특권화되어 있으며, 여성의 주체성(실질적인 것이든 잠재적인 것이든)은 젠더 효과를 통해 독특하게 구성된다는 가정들이 그것이다. 또한 그 연장선상에서 여성들은 그들의 젠더에 의해 어떤 공통의 이해를 가지며 여성들에게는 이런 이해가 으뜸가는 것이라고 가정된다. 이런 공통된 이해에 의해 여성들 사이에는 초계급적 통일성이 어느 정도 주어진다.[1]

그러나 일정한 추상 수준에서 여성들이 어느 정도 공통된 이해를 갖는다고 말할 수는 있겠지만, 과연 이 공통의 이해가 무엇인지, 그것이 어떻게 형성되는지에 관해서는 전혀 합의된 바가 없다. 여성의 이해에 관한 일반적인 설명을 끌어낼 수 있는, 이론적으로 적합하고 보편적으로 적용 가능한 여성의 종속에 관한 인과론적 설명이 존재하지 않기 때문이다. 여성 억압은 다양한 기원을 가질 뿐만 아니라 시간과 공간에 따라 상당히 다른 다양한 구조, 메커니즘, 차원을 거치면서 조정된 것으로 인식된다. 따라서 페미니즘 투쟁의 적절한 장소가 어디인지, 그리고 객관적이거나 주관적인 요소, 구조나 남성, 법률과 제도, 개인 간 권력관계 중 어디에 변화의 초점을 맞추어야 하는지—또는 이 모든 것을 동시에 변화시켜야 하는지—를 둘러싸고 논쟁이 계속된다. 일반적인 이해 개념(정치적 유효성이 있는 이해 개념)은 어떻게 특정한 사회 범주가 종속되는지에 관한 이론에서 도출되어야 하고 또 일정한 구조적 결정성 관념을 가정하기 때문에, 이 개념이 어떻게 가장 두드러지고 다루기 힘든 여성 억압의 두 특징(여러 원인을 갖는 성격과, 계급과 민족을 가로지르는 무척 다양한 형태)을 극복할지를 깨닫기란 쉽지 않다. 이런 요인들 때문에 **아무 단서도 붙이지 않은 채** 이미 구성된 이해의 집합을 공통으로 가진 단일한 '여성' 범주에 관해 말하려는 시도는 무효화되기 쉽다. 사회 변혁을 위해 투쟁하고 그로부터 이득을 얻을 수 있는 여성의 능력에 관한 논쟁에 적용할 수 있는 이해 이론은 동질성을 가정하기보다는 차이를 인식하는 데서 출발해야 한다.

여성 억압에 관한 광범위한 페미니즘 문헌을 보면, 여성의 이해가 무엇인가에 관해 서로 다른 수많은 사고가 존재하며, 이런 사고들은 암묵적으로든 공공연하게든 젠더 불평등의 원인에 관한 각기 다른 이론에 의존한다는 점을 분명히 알 수 있다. 여기서 논의하는 쟁점들을 분명히 하기 위해 종종 서로 뒤섞이는 여성의 이해에 관한 세 가지 개념을 설명하고자 한다. (1) '여성의 이해', (2) 전략적인 젠더 이해, (3) 실용적인 젠더 이해가 그것이다.

여성의 이해 개념은 비록 많은 정치·이론 담론에 나타나기는 하지만 바로 이런 이유 때문에 매우 논쟁적인 개념이다. 여성들은 사회 내에서 계급, 종족, 젠더 등 다양한 수단을 통해 위치지어지기 때문에, 하나의 집단으로서 여성들이 갖는 이해 역시 복잡하고 때로는 상충하는 방식으로 형성된다. 따라서 '여성의 이해'를 일반화하는 것은 불가능하지는 않더라도 어렵다. 그 대신 다양한 여성 범주가 그들의 사회적 위치와 자신들이 선택한 정체성의 특수성 때문에 어떤 식으로 각기 다르게 영향을 받고, 다르게 행동하는지를 자세히 설명할 필요가 있다. 하지만 여성들이 공통된 일반적인 이해를 가진다는 사실을 부정하는 것은 아니다. 이런 이해는 '여성의 이해'라는 관념에 내포된 허구적 동질성과 구분하기 위해 젠더 이해라고 지칭할 수 있다.

젠더 이해는 여성들(혹은 남성들)이 자신들을 사회적으로 위치짓는 젠더 속성을 통해 발전시키는 이해다. 젠더 이해는 전략적일 수도, 실용적일 수도 있으며, 각각의 이해는 서로 다른 방식으로 도출되고 여성의 주체성에 대해 상이한 함의를 수반한다. 전략적 이해는 우선 연역적으로 도출된다―즉 여성의 종속에 대한 분석과 대안(기존의 것보다 만족스러운 상태)의 정식화를 통해 도출된다. 이런 윤리적·이론적 기준에 따라 성적 분업 폐지, 가사노동 및 육아 부담의 완화, 제도화된 차별 형태 철폐, 정치적 평등 확립, 임신 선택의 자유, 여성에 대한 남성의 폭력과 통제를 막기 위한 적절한 조치의 채택 등과 같은 여성의 종속을 극복하기 위한 전략적 목표의 정식화가 만들어진다. 이런 전략적 목표가 이른바 전략적인 젠더 이해를 구성하며, 이것이야말로 페미니스트들이 여성의 '진정한' 이해로 간주하는 것이다. 이런 토대 위에서 정식화되는 요구가 보통 '페미니즘의' 요구라고 지칭되며, 이런 요구를 위해 효과적으로 싸우는 데 필요한 의식 수준 역시 '페미니즘적'이라고 표현된다.*

실용적인 젠더 이해는 귀납적으로 주어지며, 분업 내에서 여성이 차지하는 위치라는 구체적인 조건에서 생겨난다. 전략적인 젠더 이해와 대조적으로, 실용적인 젠더 이해는 외부의 개입을 통해서가 아니라 이런 위치에 있는 여성들 스스로에 의해 정식화된다. 실용적인 이해는 대개 즉각적으로 지각된 요구에 대한 반응이며, 보통 여성 해방이나 양성평등 같은 전략적인 목표를 수반하지 않는다. 여성의 집단적 행동에 대한 분석은 흔히 여성의 사회 행동 참여의 동학과 목표를 설

---

* 이론적·정치적 토론은 윤리적 중요성도 있는 바로 이런 쟁점들에 초점을 맞추어야 한다. 여기서 언급한 전략적인 젠더 이해의 목록은 전체를 망라한 게 아니라 본보기를 제시한 것에 불과하다.

명하기 위해 이런 이해의 지각을 배치한다. 가령 여성들은 가족의 일상적인 복지를 주로 책임지는 등 성적 노동분업 안에서 차지하는 위치 때문에 가정 물품 공급과 공공복지에 특별한 이해를 가진다.[2] 정부가 이런 기본적인 요구를 충족시키지 못하는 경우에 여성들은 지지를 철회한다. 가족, 특히 아이들의 생계가 위협을 받을 때면 집단을 형성해 빵 폭동이나 시위, 청원 등을 벌이는 것도 바로 여성들이다. 그렇지만 이런 예에서 분명히 드러나듯이, 젠더와 계급은 밀접하게 뒤얽혀 있다. 여러 가지 뚜렷한 이유에서 경제적 필요에 따라 쉽사리 결집하는 것은 보통 가난한 여성들이다. 그러므로 실용적인 이해가 계급 효과와 무관하다고 가정해서는 안 된다. 게다가 이런 실용적인 이해 자체는 널리 퍼져 있는 젠더 종속 형태에 이의를 제기하지 않는다. 설사 그런 형태들로부터 직접 생겨나는 것이라 할지라도 말이다. 여성들의 충성과 지지를 얻어내는 국가나 조직의 능력 내지 실패를 이해하려면 이런 점을 인식하는 게 중요하다.

　그렇다면 여성의 의식을 이해하는 데 이 같은 이해 개념화 방식이 얼마나 적절성을 갖는가 하는 문제가 제기된다. 여기서는 자세히 탐구할 수 없는 복잡한 문제지만, 세 가지 출발점을 제시할 수 있겠다. 첫째, 우리가 전략적인 젠더 이해라고 부르는 것과 그에 대한 여성들의 인식 및 실현 욕망 사이에 어떤 관계가 있는지는 추측할 수 없다. 이론의 여지가 없고 보편적으로 적용 가능해 보이는 '최소공통분모' (가령 남성과의 완전한 평등이나 재생산 통제권, 남성들로부터의 개인적 자율성과 독립성 확대)조차도 모든 여성에게 곧바로 받아들여지지는 않는다. 흔히 생각하는 것처럼 '허위의식' 때문만은 아니다(물론 허위의식도 하나의 요소로 작용한다). 그보다는 서서히 일어나는 이런 변화가 일부 여성들에게 눈앞의 현실적인 이익을 위협하거나 다른 식의 보상 없이 각종 보호를 박탈해버리는 결과를 낳기 때문이다. 따라서 전략적 이해의 정식화는 이런 실용적인 이해를 온전히 고려할 때에만 개입의 형태로서 효과적일 수 있다. 사실 페미니즘 정치 실천의 중심적인 측면을 구성하는 것은 이런 실용적인 이해를 정치화政治化하고 여성들이 동일시하고 지지할 수 있는 전략적 이해로 변형시키려는 노력이다.

둘째이자 첫 번째 출발점의 연장선상에 있는 것으로, 여성단체나 정치 조직에서 이해를 정식화하는 방식은 시간과 공간에 따라 무척 다양하며, 널리 퍼져 있는 정치적·담론적 영향력에 따라 각기 다른 방식으로 형성될 수 있다. 국제주의 문제나 다문화 연대의 한계와 가능성을 고려할 때는 이런 사실을 염두에 두는 게 중요하다. 마지막으로, '여성의 이해'는 젠더 이해보다 훨씬 광범위하고 상당 부분 계급적 요인들에 의해 형성되기 때문에, 젠더 문제를 둘러싸고 여성이 단결하고 응집하리라고 가정할 수는 없다. 젠더 문제가 공동 강령을 둘러싼 단결의 토대를 형성할 수는 있지만, 이런 단결은 결코 주어지는 것이 아니라 만들어내야 하는 것이다. 게다가 단결이 존재하는 경우에도 그것은 언제나 조건적이며, 역사적 기록은 그것이 첨예한 계급 갈등의 압력을 받으면 허물어지기 쉽다는 사실을 알려준다. 인종이나 종족, 민족의 차이도 단결을 위협한다. 따라서 일부 페미니스트들처럼 젠더 문제가 언제나 여성들에게 가장 중요한 문제라고 주장하기는 쉽지 않다.*

여성 단결이 조건에 제약된다는 일반적인 문제와, 젠더 문제가 반드

---

* 유럽의 일부 급진 페미니스트 집단은 이런 입장을 보인다.

시 일차적인 것은 아니라는 사실을 가장 극명하게 보여주는 건 바로 혁명적 격변의 시기다. 이런 상황에서 젠더 문제는 종종 계급 갈등으로 대체된다. 여성들이 젠더를 토대로 한 차별을 겪고 또 그 사실을 자각한다 할지라도, 사회계급에 따라 차별을 다르게 경험하기 때문이다. 이런 차이는 혁명적 변화에 대한 태도에 결정적인 영향을 미친다. 사회주의라는 방향을 향할 때에는 더더욱 그러하다. 계급 양극화라는 맥락에서는 젠더 이해가 여성들의 단결 토대로 불충분하기 때문에 사라져 버린다는 말이 아니다. 그보다는 젠더 이해가 사회계급에 더욱 특별하게 부착되고 사회계급에 의해 규정된다는 말이다.

따라서 이런 각기 다른 방식으로 여성의 이해 문제를 다룰 수 있다. 복잡한 문제가 수반된다는 사실을 인식하면 국가가 '여성의 이해'를 위해 기능하는가, 즉 여성의 이해의 전부나 일부가 국가 내에서 대변되는가 하는 문제를 단순하게 다룰 수 없다.

어떤 분석이든 하기에 앞서 우선 '이해'라는 용어를 어떤 의미로 전개하는지를 구체적으로 설명할 필요가 있다. 앞에서 지적한 것처럼, 국가는 여성들이 당면한 현실적인 요구나 일정한 계급 이해를, 또는 둘 다를 충족시킴으로써 여성들의 지지를 얻을 수 있다. 이는 전략적인 이해를 전혀 증진하지 않으면서도 가능하다. 하지만 국가가 여성의 실용적인 이해나 계급적 이해를 일부 대변하기 때문에 계속해서 여성의 지지를 받는다는 사실만으로는 그 국가가 여성의 **해방**을 지지한다는 식의 주장을 입증할 수 없다.

산디니스타의 여성 정책

산디니스타SANDINISTA*의 사회 정책이 어떤 영향을 미쳤는지에
관한 자세한 분석은 이 글의 범위를 벗어나는 것이다.[3] 그 대신, 앞에
서 개괄적으로 설명한 세 가지 이해 범주의 측면에서 산디니스타 개
혁의 효과를 검토함으로써 앞에서 제기한 쟁점들과 관련하여 주요한
결론 몇 가지를 간략하게 설명하고자 한다. '여성의 이해'라는 개념을
분해해서 1979년 이후 각기 다른 범주의 여성들이 어떤 대우를 받았
는지를 검토해보면, 니카라과 여성 대다수가 정부의 재분배 정책에
긍정적인 영향을 받았음이 분명히 드러난다. 비록 젠더 불평등의 근
본적인 구조는 해체되지 않았지만 말이다. 정부의 사회주의적 성격
에 보조를 맞춰 가장 빈곤한 인구 집단에 유리한 정책 목표가 설정되
었고, 보건·주택·교육·식료품 보조 같은 기본적인 생활 요구에 초점
이 맞춰졌다. 산디니스타 정부는 5년이라는 짧은 기간 만에 문맹률을
50퍼센트 이상에서 13퍼센트로 줄이고, 교육기관의 수를 두 배로 확
대하고, 학생 수를 늘리고, 많은 치명적인 질병을 뿌리 뽑고, 국민들
에게 기본적인 의료 서비스를 제공하고, 독재자 소모사가 집권 기간
전체에 걸쳐 시행한 것보다 더 많은 주택 공급 프로그램을 달성했다.[4]
나아가 토지 개혁으로 농민들의 부채가 탕감되고, 수천 명의 농업노
동자가 국영농장이나 협동조합에서 일자리를 얻거나 자기 땅을 제공

---

* [옮긴이주] 니카라과의 사회주의 단체로, 정식 명칭은 산디니스타 민족해방전선Frente
Sandinista de Liberación Nacional이다. 1979년, 독재 정치를 펼치던 아나스타시오 소모사데바
일레Anastasio Somoza-Debayle를 축출한 뒤 혁명 정부를 세웠다.

받았다.[5] 이런 정책은 빈곤층 여성의 지지를 얻는 데 결정적으로 중요한 역할을 했다. 정부 통계에 따르면, 니카라과 최빈곤층의 60퍼센트 이상이 여성이며, 수도 마나과Managua의 최빈곤층(월소득 600코르도바 이하) 남녀 비율을 보면 남자 100명당 여자가 354명이다.[6] 이 여성들은 (남성과 마찬가지로) 계급적 위치에 따라 산디니스타의 재분배 정책으로부터 직접적인 혜택을 받았다. 그러나 모든 여성이 이런 프로그램의 혜택을 받지 못함은 분명하다. 산디니스타 경제 정책에 의해 악영향을 받는 분야(수입, 사치품 등)에 경제적 이해가 걸려 있는 여성들은 금전적인 손실을 보았고, 특권계급 여성들도 대부분 세금이 인상되어 손해를 입었다. 한편으로 빈곤층 여성은 복지 정책의 혜택을 받았지만, 경제적 제약의 압력과 특히 기초 생필품 부족 문제에 가장 취약한 것도 그들이었다.

실용적인 젠더 이해라는 측면에서 보자면, 이런 재분배 정책은 계급뿐만 아니라 젠더적인 영향도 미쳤다. 여성들은 성별 분업에서 차지하는 위치 때문에 육아와 가족 건강에 대한 책임을 과도하게 떠맡으며, 특히 주택과 식료품 공급을 걱정한다. 당연한 일이지만, 이런 상황을 개선하기 위해 만들어진 정책 방안들은 이들 여성으로부터 긍정적인 반응을 이끌어냈다. 정부 지지도에 관한 조사에서도 이런 점이 입증되었다. 여성단체 '루이사 아만다 에스피노사 니카라과여성협회 Asociación de Mujeres Nicaragüenes Luisa Amanda Espinoza(AMNLAE, 이하 니카라과여성협회)'에서 시작한 많은 캠페인은 여성들이 직면한 몇몇 현실적인 문제들을 해결하는 데 초점을 맞췄다. 여성협회의 모자 보건 프로그램이나, 여성들로 하여금 가정의 자원을 보전해서 가족 소득을 늘리고 이를 통해 임금 요구나 임금 부족을 둘러싼 압력이 커지는 사태를 피하게 유도하는 캠페인이 대표적인 예였다.* 이런 캠페인의 특징은 여성들의 현실적인 이해를 인정한다는 점이지만, 노동 분업과 노동 분업 내의 여성 종속을 받아들임으로써 전략적 이해를 부정하는 결과를 낳을 수 있다. 이는 사회주의 진영의 많은 여성 조직이 안고 있는 문제다.

전략적 이해(여성 해방이 정치적 의제에 올라 있는지에 관한 엄밀한 심사)와 관련하여 이제까지 이루어진 진보는 대단하지는 않더라도 의미심장했다. 법적 개혁, 특히 가족 분야에서의 개혁은 남녀관계와 남성 특권 등의 문제를 정면으로 다루었다. 대다수 남성이 가족의 복지에 대한 책임을 회피하면서도 자식에 대한 법적 권리를 계속 독점하는 상황을 종식시키고자 한 것이다. 새로운 입법 조항을 통해 여성들은 양육권을 얻었고 남성들은 부자관계가 인정되는 경우에 생활비와 육아 비용을 부담하게 되었다. 비용 부담은 현금이나 물품으로 할 수도 있고 노동 봉사로 할 수도 있었다. 이런 개혁을 논의하기 위해 소집된 회의에서는 가사노동 문제가 정치적 쟁점에 오르기도 했다. 모든 가족 구성원이 가사노동을 동등하게 분담해야 한다는 요구에 대해 논의가 이루어진 것이다. 토지 개혁 프로그램은 농촌 여성들로 하여금 협동조합에 참여하고 지도적인 위치를 맡도록 장려하는 한편 그들의 노동에 임금을 제공하고 토지 소유권을 부여함으로써 이 여성들의 비가시성 문제를 다루었다. 어린이집, 유치원 등의 보육기관을 설립하려

---

* '루이사 아만다 에스피노사 니카라과여성협회'는 사회주의 정부 아래서 여성들이 자원을 보전하는 의미는 자본주의의 경우와는 근본적으로 다르다고 주장했다. 무엇보다도 으뜸가는 수혜자가 민중이고 개인적인 이익은 그다음이기 때문이라는 것이었다.

는 노력도 진행되었다. 미디어에서의 여성 상품화를 금지하는 것뿐만 아니라 일부 여성을 책임자 지위로 승진시키고 의용군과 예비군에서 여성의 중요성을 강조하는 등 여성의 정형화에 대한 문제를 제기하는 노력도 이루어졌다.* 마지막으로, 여성단체를 통해 여성들을 그들 고유의 요구를 중심으로 결집시키려는 노력이 지속적으로 있었고, 비록 산발적이고 논쟁적이기는 했지만 일부 전략적 이해 문제를 둘러싼 논의도 이루어졌다. 이런 면에서 니카라과는 사회주의 주변부에 있는 다른 나라들의 전형적인 표본이다.

　요약하자면, 여성의 이해에 관한 획일적인 개념을 가지고 사회주의 혁명을 논의하기는 어려우며, 이런 이해가 국가 정책 결정에서 대변되지 않았다고 결론을 내리기는 더더욱 어렵다는 사실을 알 수 있다. 여성에 관한 산디니스타의 기록은 분명 일률적이지 않으며, 최종적인 평가를 내리기에는 아직 이르다. 산디니스타가 정치·경제·군사적으로 점차 압력을 받는 상황에서는 특히 그러하다. 그렇다 하더라도, 여성의 전략적인 이해와 현실적인 이해를 인정한 점에서 산디니스타가 (쿠바를 제외한) 대다수 라틴아메리카 정부에 비해 진일보했으며 대다수 극빈층의 생활에 실질적인 개선을 가져온 점은 분명하다. 혁명 수호가 여성 해방을 위한 강령을 실현하는 데 필요한 조건을 제공하기 때문에 혁명 수호를 우선 과제로 삼는다고 공언한 니카라과여성협회의 입장은 몇 가지 단서가 필요하기는 하지만 기본적으로 옳다. 그러

---

* 산디니스타 민족해방전선 지도부를 구성하는 9인 혁명회의에는 여성이 한 명도 없었지만 국가평의회 부의장은 여성이었고, 지역 차원에서 당의 많은 핵심 요직을 여성들이 차지했다. 1979년 이후 여성은 세 차례 각료직을 맡았다.

나 이런 단서들은 여전히 중요하며, 산디니스타 혁명을 넘어 사회주의와 페미니즘의 관계라는 더 넓은 문제로까지 확장되는 의미를 갖는다. 사회주의 국가들에 일반적인 세 가지 단서를 여기에 간략한 형태로 열거할 수 있겠다.

첫째는 비록 여성 해방에 관한 공식적인 이론과 강령에서는 전략적인 젠더 이해를 인정하지만 이런 이해는 여전히 다소 협소하게 정의된다. 경제적 기준의 특권화에 바탕을 두기 때문이다. 성 억압에 관한 페미니즘 이론이나 가족이나 남성 권력에 대한 비판은 공식적인 사고에 거의 영향을 미치지 못했으며, 때로는 너무 급진적이라거나 대중적 연대를 위협한다는 이유로 억압된다. 여성 해방 문제가 활력과 개방성을 유지하고 공식 교의 안에 매몰되지 않으려면 일반 민중뿐만 아니라 정치권력기관 내부에서도 이런 문제를 둘러싼 폭넓은 논의와 논쟁이 필요하다.

두 번째 문제는 경제 발전 같이 우선시되는 여타의 목표와 여성 해방 사이에 계획가들이 어떤 관계를 세우는가와 관련된다. **연계** 자체가 문제되는 것은 아니다. 사회적 평등과 여성 해방 같은 원칙은 한정된 존재 조건 안에서만 실현될 수 있다. 따라서 여성 해방을 위한 강령이 이런 폭넓은 목표들과 연계한다고 해서 반드시 우려할 필요는 없다. 이런 폭넓은 목표들이 원칙을 실현하기 위한 선결 조건이 될 수 있기 때문이다. 문제는 이런 연계가 어떤 성격인가 하는 점이다. 예를 들어 젠더 이해가 경제 발전이라는 폭넓은 전략과 **접합되는가**, 아니면 그것에 **종속되는가**? 첫 번째 경우에 젠더 이해가 독특하고 환원 불가능한 것으로 인식되리라고 기대할 수 있으며, 폭넓은 목표를 추구하는 과정에서 젠더 이해의 실현을 위한 더 많은 요구가 충족된다. 따라서 여성 해방을 위한 전면적인 강령을 추구하는 게 불가능할 때에는 이런 사실을 설명하고 토론할 수 있다. 목표는 의제에 남겨두고, 현존하는 제약 안에서 그 목표를 추구하기 위해 모든 노력을 기울일 수 있다. 한편 두 번째 경우에는 젠더 이해의 특수성이 부정되거나 전반적인 중요성이 최소화되기 쉽다. 젠더 문제는 사소한 것으로 치부되거나 감춰진다. 여성 해방을 위한 강령은 그것이 국가의 더 넓은 목표를 달성하는 데 얼마나 기여하는가를 기준으로 평가된다. 니카라과에서 이런 문제들이 장기적으로 어떻게 해결될 것인지 판단하기는 쉽지 않다. 지금으로서는 산디니스타가 직면한 극심한 압력 때문에 다른 사회주의권 국가에서 나타난 양상에 저항하기가 쉽지 않을 것이다. 젠더 이해가 더 넓은 전략과 연계되거나 접합되기보다는 종속될 공산이 큰 것이다.

이에 따라 세 번째 일반적인 쟁점, 즉 정치적 보증이라는 문제가 제기된다. 더 넓은 전략을 고려하는 맥락에서만 젠더 이해가 실현되어야 한다면, 이런 이해를 대변하는 책임을 진 정치기관이 이 이해가 아예 가려지지 않도록 방지하고 무한정 뒤로 미뤄지는 경우에 행동에 나설 수 있는 수단이 반드시 있어야 한다. 여성의 이해를 공식적으로 대변하는 여성 조직은 대중 조직을 단순한 '당의 전동벨트'로 보는 레닌의 관념에 순응해서는 안 된다. 그보다는 불가피한 제약 안에서라도 일정한 독립성을 누리면서 당 정책에 권력과 영향력을 행사해야 한다. 다시 말해, 젠더 이해와 그 대변 수단이라는 문제는 사회주의적 민주주의와 사회주의 이행에 적합한 국가 형태에 관한 논의의 부재 속으로 용해되어서는 안 된다—이는 단지 국가에서 **어떤** 이해가 대변되는가의 문제가 아니라 궁극적으로, 그리고 결정적으로 이런 이해가 **어떻게** 대변되는가의 문제다.

THE SOCIAL

FEMINIST

CONTEMPORARY READER IN THEORY AND POLITICS

PROJECT:

5부

정치와 사회 변혁

24
출발 지점에 대한 평가

실라 로보섬Sheila Rowbotham
영국의 사회주의 페미니스트 이론가이자 작가, 맨체스터대학 명예교수
이다. 『여성의 의식, 남성의 세계Woman's Consciousness, Man's World』, 『여성, 저
항, 혁명: 근대 세계에서 여성과 혁명의 역사Women, Resistance and Revolution: A
History of Women and Revolution in the Modern World』 등 다수의 저서가 있으며,
국내에 소개된 책으로는 『아름다운 외출』(삼천리, 2012) 등이 있다.

1970년 2월 마지막 주말에 영국에서 첫 번째 여성해방회의가 열렸다. 대부분 여성인 500여 명의 참석자들이 옥스퍼드의 노동조합 대학인 러스킨Ruskin 칼리지에 쏟아져 들어왔다. 학생회에서 최근에야 여학생을 받아들이기 시작한 탓에 감히 범접하기 어려운 옥스퍼드 학생회관에까지 사람들이 밀려들었다. 지배계급 남성들의 영역이었던 이곳에서 갑자기 젊은 여성들이 해방과 혁명을 이야기하고 있었다.

이 사람들은 모두 어디에서 왔으며, 무엇 때문에 여성해방회의에 몰려온 것이었을까?

나는 만약 실제로 어떤 역사적 과정을 직접 통과하면서 살아보면 무슨 일이 벌어지는지를 알게 된다고 생각하곤 했다. 역사가로서 뒤를 돌아보면, 길을 제대로 찾지 못해 결코 메울 수 없는 간극이 너무나도 많다. 특히 겉보기에는 자생적인 운동의 분출에 기여한 표면 아래의 조직화를 찾아내려는 시도를 하다 보면 이런 어려움에 맞닥뜨리곤 한다. 여성들이 참여하는 운동은 시간이 흐르면서 연결고리가 사라지는 일이 부지기수다. 개인적이고 암묵적인 연관관계 때문이다.

역사학자로서 나는 여성운동에 참여하는 한편 여성운동의 연대기를 기록하고 자료를 보존하는 이중적인 삶을 살아왔지만, 해석이 계속 바뀌고 자료가 축적되면서 양상을 요약하기는 점점 어려워진다. 이런 이중생활을 한 덕분에 나는 사건을 관통하는 삶이 어떤 통찰력을 준다는 사실을 깨달았다. 그렇지만 전체적인 상을 쉽게 얻지는 못했다.

분명한 문제는 근시近視와 원시遠視 사이에 긴장이 존재한다는 점이다. 참여자로 개입하게 되면 부득이하게 특정한 관점을 갖게 된다. 그러나 역사학자로서 훈련되면 다른 사람들의 관점에 들어가기 위해 주관성을 교정하고 억제하고 삼가야 한다. 대상을 바라보는 이 두 가지 방식은 자동적으로 하나로 수렴하지 않는다. 역사가와 정치 논객이 싸워야 하는 것이다.

정치적 투쟁에 손쉬운 해법이란 있을 수 없다. 비록 형식이 서로 다르고 가정假定이 파편화된다 할지라도 여성 해방은 계속되기 때문이다. 그것은 단순한 '역사'가 아니다.

그렇지만 시간이 흐르면서 당대 운동의 기원으로부터 어느 정도 멀어지게 됐다. 이런 거리가 의미하는 것은 20년 전에 우리가 무엇 때문에 조직을 이루었는지에 관한 강력한 가정들이 존재한다는 사실이다. 이런 가정들 대부분이 제시하는 과거의 삶을 참여자들은 인식하지 못한다. 기억을 기록하기 위한 자리는 바로 이곳이다. 어쩌면 이런 이유 때문에, 그리고 그저 시간이 흐른 덕분에 성찰이 가능해졌고, 영국 여성운동의 영향과 발전에 관한 몇몇 책들이 나오기 시작했다.

물론 국제적으로 보면 1960년대 미국에서 초창기 그룹들이 등장한 이래 많은 이야기와 여러 시간대가 존재한다. 가령 미국이나 인도처럼 다양한 나라에서 현대 페미니즘 운동의 등장을 이해하려고 하면 역사적 설명이 무척이나 복잡해진다.

그렇지만 심지어 영국과 우리 자신의 정치적 근거지조차도 당혹스러운 대상일 수 있다. 가령 왜 우리는 1960년이나 1965년이 아니라 1970년에 러스킨 회의에 갔던가? 바로 이 지점에서부터 한 사람의 참여자로서 연대기 기록자는 근시라는 심각한 질환에 시달리기 시작한다. 어떤 면에서는 자기 자신의 독자성에 관해 너무 많은 것이 알려져 있고, 연대기는 주관성으로 해소되어버린다.

아직까지도 나는 여성들의 불만이 왜 1970년이 되어서야 새로운 종류의 정치적 힘으로 분출되었는지 이해하지 못한다. 왜 나는 1950년대 말과 1960년대 초에 메리 울스턴크래프트와 엠마 골드만 같은 사람들과 동일시했으면서도 여성들의 전반적인 상태는 보지 못했을까? 왜 지배계급의 사상이 사회를 지배한다는 사실은 분명히 알았으면서도 문화가 남성에 의해 규정된다는 사실은 1960년대 말까지 깨닫지 못했을까?

여성 고등교육을 확보하기 위해 힘쓴 초창기 페미니즘 운동가인 버스와 빌*이 옥스퍼드에 세운 칼리지의 학생이었던 시절, 나는 교수석 위에 걸린 고루한 초상화를 보면서도 전혀 감사의 마음을 느끼지 못했다. 또 나와 내 동시대 사람들은 우리가 대학에 간 것이 노동계급과 하층 중간계급의 교육받지 못한 집안 출신 여성들이 대거 고등교육에 진입하기 시작한, 자본주의 사회에서 일어난 사회학적 변화의 일부임을 의식하지 못했다. 열여덟 살이었던 우리는 이런 사회적 유동성을 하늘에서 뚝 하고 떨어진 것처럼 받아들이며 개인적인 관점에서 인식했다. 우리는 미래의 역사가들이 우리의 개인적인 선택 의식을 하나의

---

* [옮긴이주] 프랜시스 버스Frances Buss(1827~1894)와 도로시아 빌Dorothea Beale(1831~1906)을 가리킨다.

배제된 사회학적 과정으로 관찰하리라는 사실을 알 수 없었다. 우리의 뿌리 뽑힘, 우리의 실존적 주관성이 '페미니즘 재등장에 미친 영향들'이라는 딱지가 붙어 분류되리라는 것을 어떻게 알 수 있었겠는가?

따라서 참여자라는 입장에서는 주관성을 다루는 전기의 복잡한 설명과, 세부사항은 지워버리는 광범위한 사회학의 붓놀림 사이에서 긴장이 커질 수밖에 없다. 그렇다 하더라도 이 둘을 결합하려고 고투하면 기록은 풍부해진다.

새로운 형태의 집단행동에 선행하는 의식의 전파를 탐구하는 역사가들은 소문과 풍문을 추적해야 한다. 이런 도깨비불은 시간이 흐르면서 흐릿해지게 마련이다. 참여자들은 분명 이런 도깨비불을 재구성하고 그 영향과 움직임을 정리하는 데 기여할 수 있다. 1968년 영국에서는 몇 가지 소문이 떠돌았고, 좌파의 몇몇 젊은 여성들은 귀를 쫑긋 세우기 시작했다.

미국에서는 여성들이 미스 아메리카 대회에 항의해 양에게 왕관을 씌우고 브래지어, 거들, 헤어롤, 『레이디스홈저널The Ladies' Home Journal』 등을 쓰레기통에 던져버렸다. 그리하여 새로운 도전적 페미니즘을 가리키는 은유로 '브라 태우는 여자들'이라는 딱지가 생겨났다. 그 시절 우리가 사회주의자 남성들에게 우물쭈물 불평이라도 하면 그들은 레닌의 「여성 해방에 관하여On the Emancipation of Women」를 읽으라고 대꾸했다. 이것은 '정치'였다. 그러나 레닌은 거들이나 헤어롤이나 브래지어에 대해 언급하지 않았다. 레닌은 미에 대해 그렇게 많은 말을 하지도 않았고, 1960년대 말에 20대였던 젊은 여성들만큼 섹스가 중요하다고 생각하지도 않은 것 같다. 이 '정치'를 확장할 필요가 있지 않았을까?

독일에서는 학생운동 진영의 여성들이 회의를 위해 문서를 작성해 내놓았는데 남자들이 토론을 거부했다는 말이 들려왔다. 그러자 강당 뒤편에서 다갈색 머리에 키가 큰 젊은 여성 한 명이 가방에서 토마토를 꺼내 지도적인 남성 마르크스주의 이론가에게 던졌다고 한다. 20년 전까지만 해도 독일 학생운동에서 마르크스주의 이론가들은 대단한 위상을 차지하고 있었다. 그들은 논리정연한 문장으로 말했고, 우리는 읽지 못하는 글들을 접했고, 경찰의 지독한 폭력에 당당히 맞섰고, 인간 사슬을 만들어 경찰 저지선을 돌파하는 법을 가르쳐주었고, 또 파시즘적 과거와 단절하는 새로운 문화를 의식적으로 발전시키려고 했다. 마르크스주의 이론가들에게 정치란 단순히 개혁하거나 권력을 장악하는 게 아니었다. 그들은 완전히 혁명적인 사회를 만드는 데 기여하는 미래 조직의 원형을 개발하고 있었다. 그러나 그들은 여성들이 작성한 문서로 토론할 수 없었다. 별로 중요한 내용이 아니라는 것이었다. 대체 어떻게 해야 중요한 내용이 되는 거였을까? 역시 소문이기는 하지만, 회의장에 있던 여성들이 보복으로 지도적 마르크스주의 이론가들의 자지를 그림으로 그려서 촌평을 달아 온 벽에 붙였다고 한다. 우리는 충격과 경탄에 빠져서 생각했다. 야, 정말 대단한데.

독일에서 계속된 반反권위주의 운동에 휩쓸려 들어간 젊은 어머니들은 공동육아 형식을 원했다. 남성과 여성은 모두 어린아이 양육과 교육에 더 많은 관심을 기울여야 한다고 주장하기 시작했다. 새로운 사회를 위해서는 새로운 심리학과 정치에 대한 새로운 정의가 필요했다.

이런 식으로 소문이 구상과 결합되기 시작했고, 이제 소문은 단순히 이상한 이야기를 넘어서게 됐다.

1968년 프랑크푸르트에서 열린 어느 학생운동 대회에서 헬케 잔더 Helke Sander는 회의를 할 때 놀이방을 설치할 것을 요구하면서 다음과 같이 말했다.

> 사적인 삶과 공적인 삶을 분리하면 언제나 여성 혼자서 자기가 맡은 역할을 감내해야 합니다. …… 과거에 사적 영역에 감춰졌던 문제들이 여성들의 정치적 연대와 투쟁을 위해 분명하게 말해지고 관심의 초점이 될 때에만 여성들이 자신의 정체성을 발견할 수 있습니다.[1]

미국에서도 1960년대 내내 '개인적인 것이 정치적인 것'이며 일상에서 미래의 유토피아를 예시해야 한다는 사고가 끓어올랐다. 이런 사고는 하나의 완성된 이론으로서가 아니라 여러 가정이 뒤섞인 채 국제적으로 퍼져나갔고, 유럽의 마르크스주의·사회민주주의 좌파를 지배하는 기존의 정치 개념에 이의를 제기했다.

이처럼 '새로운 정치'는 정체성과 행동을 사고하는 방식에 영향을 미쳤고, 미국 신좌파의 학생운동과 공동체 조직화를 보면서 급진화된 젊은 여성들은 이러한 변화로부터 자극을 받아 여러 가지 질문을 던졌다.

영국에서도 미국의 민권운동을 텔레비전으로 지켜보았다. 우리는 블랙파워에 관한 글을 읽었고, 단지 형식적인 권리만이 아니라 문화적 정체성, 상징적 공간에 대한 접근권, 자기 자신을 규정할 수 있는 힘 등의 쟁점을 제기하는 투쟁을 알게 되었다. 그것은 자신들이 어떻게 간주되고 재현되는지에 대한 도전이었다. 1967년에 열린 '해방의 변증법Dialectics of Liberation' 대회에 참석한 우리 중 일부는 블랙파워의 대표자인 스토클리 카마이클Stokeley Carmichael이 어느 젊은 백인 여성의 질문에 적대적으로 대꾸하는 걸 보면서 당혹스러움을 느꼈다. 변증법이 불온한 장애물에 부딪힐 것만 같았다.

미국이 베트남에서 벌이는 행동에 반대하는 반제국주의 운동 또한 큰 영향을 미쳤다. 베트남 여성들이 고난을 겪고 투사로서 용감하게 싸우는 모습을 본 서구의 젊은 여성 지지자들은 깊은 인상을 받았다. 비록 각자가 처한 상황은 달랐을지라도 베트남 여성들은 우리에게 영감을 주었고, 우리는 그들이 제공하는 식민주의의 정치적 언어를 우리 현실에 맞게 적용했다.

1960년대 후반 영국의 급진운동은―학생과 노동자가 극적인 봉기를 벌인 '68년 5월'의 프랑스나 미국과 마찬가지로―일상생활의 정치라는 약속을 제시했다. 이는 개인의 상상력을 다루고, 사람들 사이에 층을 짓는 위계를 깨뜨리며, 목적으로 수단을 정당화하는 스탈린주의의 오류를 되풀이하지 않겠다는 약속이었다. 하지만 정치적 실천의 실제 현실은 달랐다. '소중한 공동체'라는 꿈은 희망을 부추겼지만 그 희망은 실현되지 않았다.

희망과 경험 사이의 간극에서 가랑이가 찢어질 듯하던 일부 젊은 급진적 여성들은 의문을 품기 시작했다. 왜 남자들은 우리를 동지와 '아가씨'로 쪼갰을까? 여성 동지는 정치라는 공적으로 중요한 영역에서 묵인되었다. 반면 '아가씨'는 욕망과 열정이라는 사소하고도 개인적인 영역에 속하는, 잠자리 대상이었다. 왜 여성인 동시에 인간이 될 수는 없는지 궁금해했던 것을 기억한다.

이미 1969년이면 나는 해답을 찾기 위해 트로츠키와 콜론타이, 사르트르와 파농을 샅샅이 훑고 있었다. 우리에게는 미국에서 나온 최신 논문 몇 편과 줄리엣 미첼Juliet Mitchell이 1966년에 출간한 『여성, 가장 긴 혁명Women: The Longest Revolution』이 있었다. 말 그대로 사상을 꿀떡꿀떡 집어삼키는 것 같았다. 세계가 움직이고 있다는 느낌이 강하게 들었지만, 우리가 새로운 여성운동을 의식적으로 이론화하고 있다고 생각한 것은 아니었다.

우리가 이용한 사상들에는 생물학적인 제한이 없었다. 우리는 당대의 다른 운동들로부터 많은 구성적인 정치 개념을 빌려왔고, 이런 개념을 이식하고 변형을 가했다. 하지만 페미니즘 개념은 정치 일반과 동떨어진 심오한 봉인 속에 있지 않다. 페미니즘 개념들은 신좌파의 실천과 조화를 이루기도 하고 불협화음을 빚기도 하면서 발전했다. 새로운 사고방식은 폭넓은 가능성과 기회를 제공했고, 젊은 여성들은 왜 이런 사고방식을 남성들만 독점하는지 이의를 제기할 수밖에 없었다. 우리는 처음부터 평등과 차이를 동시에 말했다. 또 우리는 프랑스와 미국의 여성들처럼 억압을 파헤치면서 고집스럽게 우리 자신의 길을 찾았으며 사회·정치적 한계를 단호하게 넘어서려고 했다.

소문과 개념의 문제만이 아니었다. 자본주의 사회 안에서 더 큰 변화가 일어나고 있었고, 그에 따라 많은 젊은 여성이 브라 태우는 여자들에 관한 언론 보도에 열광적인 반응을 보였다. '우먼리브women's lib' (조롱하려는 의도로 만들어진 표현이었다)에 관한 기사를 접한 여성들은 운동에 뛰어들었다. 이전에 마르크스주의 학생 좌파에 가담하지 않은 이들이었다.

이들 대부분은 고등교육을 거친 뒤 점점 확장되는 행정 및 복지 일자리를 맡게 될 젊은 여성들이었다. 바야흐로 사회학적으로나 심리학적으로나 어머니 세대와는 판이하게 다른 한 세대가 세상에 발을 내딛고 있었다.

1950년대에 성장한 소녀들에 관한 산문집인 『진실, 도전 또는 약속 Truth, Dare or Promise』에는 가능성이 가로막히면서 느낀 좌절감이 자세히 서술되어 있다. 가령 밸러리 워커딘Valerie Walkerdine은 다음과 같이 말한다.

> 그 사람들이 꿈을 품게 했죠. 이리 와, 라고 말했습니다. 이건 네 거야. 너는 선택된 거라고. 그렇지만 오랫동안 내가 아무 소속감도 느끼지 못하고, 안전하다는 느낌도 갖지 못할 것이며, 과거의 장소에 속하지 않았던 것처럼 새로운 장소에도 속하지 못할 것이라는 말은 하지 않았어요.

워커딘은 또한 어머니 세대의 운명과 단절되면서 겪은 고통과 안도감도 생생하게 드러낸다. "이 역사에서 우리 어머니에게는 역사라는 게 없어요. 어머니는 부엌에서 살금살금 왔다갔다할 뿐이에요. 어머니는 꿈에 나오지도 않아요. 부엌은 감히 들여다볼 엄두조차 나지 않는 곳이니까요."[2]

우리는 어머니들에게서 도망치면서도 어머니들의 방식으로 그들을 만나기 위해 바깥으로 고개를 돌렸다. 우리는 페미니스트 어머니들을 찾아내기 위해 역사를 샅샅이 뒤졌다. 그리고 어마어마하게 많은 수를 발견하고는 경악을 금치 못했다. 심지어는 일부를 직접 만나기도 했다. 부엌으로 말하자면, 우리가 그곳에서 하는 일이 정치경제가 아니고 무어란 말인가? 우리는 육아 형태를 바꾸기로 결심했다. 사회 전체에서 육아를 폐기하고 공유하고 확장해야 했다. 나중에 우리는 시와 소설과 심리치료를 통해 우리의 실제 어머니를 대면할 용기를 찾게 됐다.

어린아이가 있는 여성들에게 새로운 형태의 육아는 개인의 정치학에 관한 추상적인 개념이 아니라 현실적인 요구였다. 이번에도 역시 희망이 한껏 고조되었다. 새롭게 교육받은 집단인 우리는 우리가 평등한 존재라는 말을 들으며 자라났다. 하지만 번영하는 복지 자본주의는 성평등에 보육시설 확대가 포함되지 않는다고 생각하는 것 같았다. 그리하여 육아와 가사노동이라는 모순은 많은 여성이 여성해방 운동에 뛰어드는 중요한 계기로 작용했다.

섹슈얼리티 문제 역시 폭발적인 작용을 했다. 노스런던North London의 터프넬파크Tufnell Park에서 결성된 최초의 의식 고양 모임 중 하나의 미국인 성원이었던 수 오설리번Sue O'Sullivan은 『스페어립Spare Rib』에 쓴 글에서 다음과 같이 설명했다.

1950년대 후반을 거치면서 바야흐로 전통적인 성 도덕의 지배력이 무너지고 있었다. 섹스, 이혼, 모성, 가족, 청년 등 모든 게 문제로 보이기 시작했다. 통일성 있는 대안적 도덕이 등장하지 않은 채 낡은 도덕의 응집력이 약해지고 있었다.

오설리번의 말을 계속 들어보자.

> 우리의 삶은 변하고 있었지만 혼란과 모호함으로 가득 차 있었다. 남자들과 잠자리를 갖는 문제나 피임기구를 사용하는 문제 등을 둘러싼 혼란은 말할 것도 없었다. …… 여자들은 자신의 요구를 명확히 밝히지 못한 채 언제나 원치 않는 임신이라는 공포에 시달렸다.[3]

당시 우리에게는 성적인 자유도 주어졌지만, 이 자유는 우리가 만들어낸 게 아니었다. 1960년대에 성적 관용의 분위기는 젊은 여성들에게 새로운 가능성을 안겨주는 한편, 새로운 문제를 안겨주기도 했다. 오르가슴, 자위, 클리토리스 등이 정치적 논의를 휩쓸었다.

1970년에는 미국에서 벌어지는 운동의 영향을 받아 동성애자 해방운동이 생겨났다. 처음에는 남성과 여성이 함께했지만, 1971년에 레즈비언 여성들은 남성 동성애자와의 차이를 규정하기 위해 노력했다. 잡지 『컴투게더Come Together』의 여성판에 레즈비언들이 쓴 바에 따르면, 남자는 "조직하고 논의하고 지배하도록" 길러진 데 반해 여자는 "우리 자신과 우리의 판단을 믿지 말고, 잠자코 행동하면서 남자가 결정을 내릴 때까지 기다리라고 배웠다." "'남자 없는 여자'인 레즈비언으로서 우리는 언제나 아랫것들 중에서도 제일 아랫것들이었다."[4]

그렇지만 영국 최초의 레즈비언 단체의 한 회원은 여성 해방에서 '자매애'만이 변화의 수단을 제공할 수 있다는 사고 역시 비판했다. 다른 관계 맺기는 변화의 수단일 수 있어도 그것 자체가 목적일 수는 없었다. "하나의 억압된 범주에서 다른 쪽으로 건너뛰는 식으로 체제를 공격하지는 못한다."[5]

개인의 변화와 사회의 변화를 동시에 이루려는 바람은 마르크스주의와 신좌파에 의해 정치화된 초창기 그룹들 너머로 나아갔다. 새로운 운동에서 우후죽순처럼 생겨난 구호며 가정들이 현실에서 모순에 봉착했기 때문이다.

이런 이행이 언제나 순조롭게 이루어지지는 않았다. 1969년에 결성되기 시작한 소규모 그룹들은 그들 자신의 해방을 추구하는지 아니면 노동계급 여성들에게까지 손을 뻗치는지를 놓고서 스스로 곤경에 빠졌다.

노동계급 여성들 사이에서도 움직임이 있긴 했지만, 학생 급진좌파 출신의 젊은 여성들과는 무척 다른 맥락과 관심사에 따른 것이었다. 1968년 헐Hull의 어촌에서 해양 사고가 일어나 40명이 사망하는 일이 있은 뒤 릴 빌로카Lil Bilocca라는 여성이 트롤 어선의 안전 강화를 요구하는 투쟁을 이끌었다. 하지만 지역 트롤 어선 선장들뿐만 아니라 일부 어부들까지도 경멸과 조롱을 보냈다. 빌로카가 여자로서 지켜야 할 자리를 벗어나 공적인 일에 나섰다는 것이었다. 이에 빌로카를 옹호하는 여권단체가 결성되기에 이르렀다.

노동계급 여성들이 친족과 지역사회를 위해 행한 공동체 조직화가 페미니즘 운동의 재등장과 나란히 이루어진 과거를 돌이켜보면 흥미로운 지점이 있다. 둘 사이에 상호작용이 존재하기는 했지만, 급진화의 출발점은 사회가 운명을 정하는 방식에 대해 여성 개인으로서 이의를 제기한 게 아니다. 릴 빌로카와 그 뒤를 이어 흑인 공동체의 여성들을 비롯한 많은 여성이 저항하기 시작한 것은 다른 이들의 삶이 자본주의 착취와 계급 및 인종 억압에 의해 위협받고 왜곡됐기 때문이다. 투쟁 과정에서 많은 여성들은 여성됨의 새로운 방식을 상상하고 열망하게 되었다.

1960년대 후반, 모든 관계의 변화를 그리는 해방의 언어보다는 권리의 언어가 노동운동을 지배했다.

1968년, 포드의 재봉사들은 남녀 동일임금을 위해 파업에 나섰다. 정확히 말하자면 숙련 수준에 따라 등급을 인정받기 위해서였다. 여성평등권을 위한 전국공동행동위원회National Joint Action Committee for Women's Equal Rights(NJACWER, 이하 전국공동행동위원회)라는 노동조합 조직이 결성되었다. 1970년, 노동당 하원의원 바버라 캐슬Barbara Castle은 1975년 시행 예정인 '동일임금Equal Pay' 법안을 의회에서 통과시켰다. 전국공동행동위원회의 목표는 남성과 동일한 노동을 수행한다고 할 수 있는 여성 노동자에게만 적용되는 동일임금의 협소한 기반을 확장하는 것이었다. 위원회는 또한 광범위한 형태의 불평등에 눈을 돌렸다.

전국공동행동위원회에 참여한 일부 여성들은 초기 여성해방 그룹을 결성하는 데 적극적으로 나섰다. 가령 브리스톨Bristol에서는 동일임금에 관한 회의가 순식간에 여성해방회의로 뒤바뀌기도 했다. 계급의 차이에도 불구하고, 노동조합운동에 속한 여성들이 '권리'라는 말로 쉽게 제한될 수 없는 종속과 억압의 형태들을 표현하는 언어를 찾으려고 노력했다는 흥미로운 징후가 존재한다.

이번에도 역시 새로운 정치 언어는 국제적인 흑인운동에서 나왔다. 예컨대 1968년 영국 노동조합회의Trades Union Congress(TUC)에서 펴낸 보고서에는 J. 오코넬J. O'Connell이라는 여성이 남성 노동조합원들을 산업의 '아파르트헤이트'라고 비난한 내용이 담겨 있다. 남성 조합원들은 저임금 직종에 집중되는 여성에 대해서도 동일임금에 대해서도 아무런 행동을 취하지 않는다는 것이었다.

이듬해 노동조합회의에서 M. 터너M. Turner는 여성들이 미숙련직으로 분류되는 저임금 일자리로 밀려남에 따라 '열등감 콤플렉스'에 시달리는 현실을 언급했다. "미국의 흑인 소설가 제임스 볼드윈James Baldwin은 인종차별에 관해 이렇게 말한 적이 있다. 백인 우월주의자들이 성공할 수 있는 것은 억압받는 이들이 자신이 원래 열등하다고 믿기 시작할 때, 즉 차별하는 이들의 견해를 스스로 받아들이기 시작할 때뿐이다."[6]

따라서 자각에 기초한 내적인 유대에 관한 이런 관심은 신좌파에 의해 정치화된 급진적 젊은이들뿐만 아니라 노동조합 여성들 사이에서도 나타났다.

많은 여성 조합원을 거느린 영국상업노동자연맹Union of Shop, Distributive and Allied Workers(USDAW) 간부인 오드리 와이즈Audrey Wise는 『블랙 드워프Black Dwarf』(1969년을 '전투적 여성의 해'로 선포한 좌파 학생 잡지다) 1969년 1월호에서 다음과 같이 주장했다.

> 우리는 어쨌든 무엇과의 평등인지를 자문해야 한다. 남성들은 과연 우리가 원하는 것과 같은 한가로운 삶을 사는가? 사람들이 인간이 아니라 경제적 단위로 가치가 매겨지는 세상에서 동등한 경제적 단위가 되는 것을 우리의 목표로 삼아서는 안 된다.[7]

1969년 초 우리 중 몇몇이 『블랙 드워프』 여성판을 가지고 에식스 대학에서 열린 학생 축제에 간 적이 있다. 격하고 무질서한 만남이 이루어진 뒤, 소규모 집단이 회동을 가졌고 런던에서 다시 만나기로 합의했다.

이것이 런던에서 열리는 '여성해방Women's Liberation' 워크숍의 출발점이었다. 런던 그룹들의 느슨한 네트워크는 『하피스 비자르Harpies Bizarre』(나중에 『시루Shrew』로 바뀌었다)라는 뉴스레터를 발행하기 시작한 한편, 트로츠키주의 그룹이 생겨나 『사회주의 여성Socialist Women』이라는 잡지를 창간했다. 코번트리Coventry에서는 '국제사회주의 International Socialism'에 속한 젊은 여성들이 지역 노동계급 여성을 일부 포함하는 그룹을 결성했다.

1969년 가을, 옥스퍼드 러스킨 칼리지에서 급진 역사학자들이 가진 회합에서는 소수의 여성이 모여 여성사 관련 회의를 개최하는 문제를 논의했다. 우리는 어느 학생의 비좁은 침실에 다닥다닥 붙어 앉은 채, 역사를 설명하는 방식에 도전할 필요성을 이야기했다. 미국의 젊은 사회주의자 바버라 윈슬로Barbara Winslow는 아직 우리가 동시대 여성의 상황에 관한 모임도 갖지 않았다고 지적했다. 역사는 나중에 이야기할 문제였다.

1970년 2월의 회의를 조직하는 데 착수한 것은 침실에 다닥다닥 붙어 앉아 있던 바로 그 소수의 사람들이었다. 역사는 정말로 중요한 요소였다. 19세기 초반 생산 및 소비를 중심으로 한 여성의 조직화에 관한 논의가 있었고, 1789년부터 파리 코뮌까지 프랑스의 혁명 운동 전통에 관한 논의도 있었다. 오드리 와이즈는 노동조합에 관해서 이야기했다. 페컴Peckham의 어느 여성 그룹은 가사노동이 여성의 의식에 미치는 영향에 관한 글을 제출했다. 남자들은 놀이방을 조직했다—1970년에는 혁신적인 행동이었다.

여성운동의 기원을 이룬 당시는 모든 사회관계를 변화시킬 수 있다는 가능성에 대한 커다란 낙관주의의 시대였다. 변화는 외적인 성과를 얻는 것만이 아니라 자기 자신과 일상생활까지 바꾸는 것이었다. 여성운동의 기반을 형성한 정치적 가정은 정치적 논쟁의 전반적인 경향을 이루는 일부였다. 그러나 새로운 가능성과 새로운 제약에 직면한 여성 그룹들에게 이런 가정은 독특한 의미를 갖게 됐다. 그로부터 수십 넌이 지난 지금, 이런 가정들을 절대불변의 진리나 비석에 새겨진 구호가 아니라 역사적으로 만들어진 것으로 볼 필요가 있다. 무비판적으로 받아들이지 않고서도 거기 담긴 급진적이고 혁신적인 창의성을 평가할 수 있다. 비판적 이해라는 성찰 과정이 없다면, 장애물에 부딪힐 때 우리를 지탱해줄 강력한 정치적 전통을 얻지 못한다. 그때 우리는 여성과 남성과 세계를 바꿀 수 있다고 생각했지만, 그건 그렇게 쉬운 일이 아니었다.

1970년 회의의 연사 중 한 명으로 반전운동에 적극적인 터프넬파크 그룹의 아동심리학자였던 로셸 워티스Rochelle Wortis는 육아 유형은 생물학이 아니라 사회·문화에 의해 결정된다고 주장했다. 따라서 아동 양육을 바꾸거나 남성뿐 아니라 여성의 해방을 위해 사회를 바꾸려면 어린이의 돌봄과 사회화에 대한 책임을 처음부터 모든 단계에서 공유해야 한다. 워티스는 이렇게 덧붙였다. "우리 스스로 우리 자신의 해방을 위한 현실적인 해법과 정치적인 해법을 결정할 수 있도록, 이번 주말이 우리 자신의 삶을 바꾸기 위한 방식을 논의하는 기회가 되었으면 합니다."[8]

그 뒤 수십 넌간 로셸 워티스의 아이들은 자라서 성인이 되었고, 여성운동 또한 국제적으로 성장했다. 그런 변화를 위해 얼마나 많은 주말이 필요할지, 훨씬 폭넓고 다양한 집단의 여성들이 자기 삶의 변화와 사회의 변화를 결합하는 방식에 관해 생각하기 시작할 때 얼마나 복잡한 문제가 생겨날지 당시 워티스는 미처 깨닫지 못했던 것 같다.

25
들어라, 백인 자매들아

엘리자베스 마르티네스Elizabeth Martínez

멕시코계 미국인 반빈곤·반인종주의·반군사주의 활동가. 샌프란시스코에 있는 다민족정의협회Institute for Multiracial Justice 소장이며 『멕시코계 여성 500년사500 Years of Chicana Women's History』 등의 저서가 있다.

식민화된 여성들: 치카나

식민화된 집단의 여성들은 정치적으로 극히 각성한 경우라도 흔히 남성과 여성이 공히 받는 억압 때문에 여성으로서 당하는 억압이 무색해진다. 미국의 흑인과 황인들은 인종차별, 전쟁, 경찰 폭력, 굶주림, 빈곤 등의 물리적 대량 학살과 백인 중심의 제도 및 가치라는 문화적 대량 학살에 맞서 순전히 살아남기 위해 싸운다고 생각하기 쉽다. 그 결과, 대부분의 식민화된 여성들은 형제들에 대해 적의보다는 화합의 충동을 느끼게 마련이다. 미국의 경우처럼 식민화된 집단이 소수에 속한다면 더더욱 그러하다.

식민화된 민족 출신의 여성은 또한 같은 민족의 남성에 비해 경제적으로 유리한 현실을 여러 차례 인식한다. 남성이 일자리를 구하지 못하는 반면 여성은 종종 쉽게 일자리를 구한다. 여성은 그 결과로 남성이 타격을 입는 모습을 볼 수 있으며, 그 남자의 자존심을 위협하는 위험을 무릅쓰는 일을 꺼린다. 이런 생각은 남성성을 그릇되게 정의하는 짧은 시각일지도 모르지만, 생각대로 되지 않는 당면한 현실이 낳은 소산이다. 많은 멕시코계 가정에서 여성이 맡은 역할의 중요성이 사적으로만 인식된다 할지라도 여성이 소비와 관련된 것뿐만 아니라 여러 가지 중요한 결정을 내리는 것도 사실이다. 이런 모습이 위선적이거나 비천해 보일지 몰라도 실질적인 영향력을 갖고 있다는 인식은 치카나들의 사고방식에 영향을 미친다.

식민 경험이 있는 여성들은 가족 역시 다르게 바라본다. 가족은 하나의 요새로, 즉 지배 사회의 유해한 세력에 맞서는 방어물이자 정체성을 끊임없이 공격당하는 사람들의 힘의 원천으로 기능한다. 이 요새 안에서는 어머니로서의 여성이 여전히 중심이다. 어머니-여성은 삶의 원리이자 생존과 인내의 원리이다. 아이들은 어머니의 의지력을 통해 살아남는다. 따라서 가족은 대량 학살 세력에 맞서는 요새이며, 계속해서 정체성을 갉아먹히는 민족의 힘의 주된 원천이다. 다른 한편, 소외된 젊은 백인 여성들에게 가족, 특히 핵가족은 여성을 가정주부와 어머니 역할에 제한하는 억압적이고 가부장적인 제도로 간주된다. 이런 백인 여성의 태도는 치카나의 태도와 거의 대척점에 서 있다.

가족은 적대적인 세계에서 식민화된 민족의 문화와 생활방식이 어떻게 자기방어의 무기가 되는지를 보여주는 하나의 사례일 뿐이다—이 문화나 생활방식이 해당 민족의 절반에게 억압적일지라도 사정은 마찬가지다. 이런 생활방식에 도전하려면 종종 적의 입장을 받아들이는 것으로 간주될 위험을 무릅써야 한다. 1960년대와 1970년대에, 그리고 그 뒤에도 치카나들은 "우리는 지배자인 백인 여성처럼 되고 싶지 않다"고 말하곤 했다. 이런 발언은 백인 여성의 투쟁에 대한 이해가 부족함을 나타내지만, 다른 한편으로는 식민화된 민족에게 문화의 보전이 생존과 얼마나 깊숙이 뒤얽힌 것인지도 보여준다. 따라서 중산층 백인 여성은 유색인 자매들에게 족쇄를 벗어 던지라고 말할 때 적어도 그런 '족쇄'의 기원과 이유를 이해해야 한다. 또한 먼저 자기 자신에게 질문을 던져야 한다. 이런 다른 생활방식에는 백인 여성들이 여전히 배울 만한 면이 있지 않을까, 라는 질문을 말이다.

이와 동시에 우리는 식민화된 인구 집단의 여성들이 여성 해방에 관한 백인 자매들의 사고에 열린 마음으로 귀를 기울이고 자신들의 가치를 다시 보게 되기를 희망할 수 있다. 가령 치카노 젊은이 둘이 단지 자신들의 남성성을 증명하기 위해 거의 알지도 못하는 여자와 춤을 추는 문제를 놓고 다툼을 벌이는 전통은 보존할 만한 가치가 없다. 또한 남성의 권위주의가 여성뿐만 아니라 대중(대부분 유색인이다)까지도 억압한다는 사고를 고려하면 많은 것을 얻을 수 있다. 다시 말해, 페미니즘은 인종차별에 반대해야 하고(엄청나게 많은 여성이 인종차별을 겪기 때문이다), 반인종주의는 페미니즘적이어야 한다(인종차별 피해자의 절반이 여성이기 때문이다).

이런 열린 사고 교류가 쉽지는 않다. 그러나 혁명적 전망을 지지하고 우리가 살아가는 기본적인 체제를 바꾸려는 이들에게 과연 다른 현실적인 선택이 있을까? 달리 어떻게 위계가 아닌 상호 의존과 균형에 바탕을 둔 사회를 창조할 수 있을까?

서구의 양자택일 습성, 이원론적 사고방식에 물든 우리로서는 인종과 계급과 젠더가 서로 연결되어 통일된 지배계급을 지탱한다는 사실을 이해하지 못할지도 모른다. 아프리카계 미국인 작가 벨 훅스의 언어를 빌리자면, 인종·계급·젠더는 억압의 연동장치다. 라틴계 여성이든 백인 여성이든 억압의 위계를 만들려는 유혹, 즉 인종차별이 성차별보다 '더 나쁜지', 혹은 계급 억압이 인종차별보다 '더 뿌리 깊은지' 등을 둘러싸고 싸움을 벌이려는 유혹에 굴복해서는 안 된다. 우리에게는 위계보다 다리가 필요하다—어쨌든 양쪽이 만나게 해주는 다리 말이다.

제기랄, 백인 자매들은 이해하지 못했다

모든 인종과 종족 출신 여성들의 재생산 권리를 강력하게 방어하는 노력이 시급히 필요한 이때, 우리가 목도하는 현실은 어떠한가? 낙태에 찬성하는 백인 여성들은 너무나도 자주…… '이해'하지 못한다. 1992년 4월 5일 워싱턴DC에서 벌어진, 재생산 권리를 지키기 위한 역사적인 행진*은 앞자리를 내달라는 유색인 여성들의 요구가 거절당하고, 이런 대우에 대한 항의가 홍수 같은 변명에 휩쓸려버린 또 다른 사례가 되었다. 이번에도 역시 유색인 여성들은 좋은 의도에서 그랬다는 익숙하기 짝이 없는 주장을 들었다. 이번에도 역시 아프리카계 미국인과 라틴계 여성들은 그들을 가르치려 드는 지겨운 말들을 들었다. 그들은 인종차별에 맞서 싸우는 데 몰두하거나 종교에 지나치게 속박되어 재생산 선택권에는 관심을 기울이지 않는다는 것이었다.

이쯤 되면 궁금해지기 시작한다. 어쩌면 백인 여성들이 이해하지 못한다는 말은 틀린 것일지 모른다. 어쩌면 '이해'하면서도 조금도 제어하고 싶지 않은 것일지도 모른다. 어쨌든 이야기를 풀어놓고 교훈을 끌어낼 필요가 있다.

워싱턴 행진 며칠 전에 아시아/태평양계 미국인, 흑인, 라틴계, 아메리카 원주민 여성의 6개 조직을 아우르는 임시 연합 조직이 여성

---

* [옮긴이주] 미국에서는 1973년 로 대 웨이드 판결 이후 여성에게 낙태할 권리가 있음이 인정됐다. 그러나 연방대법원이 낙태에 대한 접근을 제한하는 펜실베이니아 주법州法의 합헌성을 고려하자 이에 맞서 여성들은 워싱턴DC에서 대규모 시위를 벌였다.

의사국제연합International Coalition of Women Physicians과 함께 전국여성기구에 관해 의견을 밝혔다. 유색인여성재생산권그룹Women of Color Reproductive Rights Groups이라고 불린 임시 연합 조직은 공개 성명에서 전국여성기구의 행진 관련 활동을 하나하나 비판했다. 몇 가지 예를 들자면, 유색인 여성단체들이 행진을 계획하고 전략을 짜는 데 참여할 수 있도록 미리 연락을 하지 않았고, 유색인 여성 대표들이 행진 대열에서 눈에 띄는 자리에 서게 해달라는 제안을 받아들이지 않았으며, 집회 연사에 유색인 여성을 포함시키려 하지 않았다는 것이었다. 이런 비판은 이미 (백인 여성들이) 계획을 다 짜놓은 뒤에야 행동에 참여하라는 권유를 받고, 항상 행진 후미에 배치되고, 사람들이 이미 자리를 뜰 때쯤인 행사 말미에 발언을 배정받곤 했던 오랜 경험에 따른 것이었다. 연합 조직의 성명은 문제의 핵심을 분명하게 밝혔다.

> 역사적으로 유색인 여성과 재생산권리 옹호집단 전체 사이의 관계는 매끄럽지 않았다. 오랜 역사를 지닌 재생산권리단체와 새로 생겨난 유색인 여성 재생산권리단체 사이에 불균등한 권력관계가 있었기 때문이다. 우리는 제한된 자원에도 불구하고 의식 향상과 우리 공동체의 교육·조직화·동원을 책임지고 있다. …… 만약 전국여성기구 지도부가 유색인 여성과의 관계를 강화하는 문제를 진지하게 고민한다면, 우리의 재생산 자유에 대한 권리뿐만 아니라 우리의 대표를 결정할 권리—자기결정권—또한 존중해야 한다.

이 항의 행동의 주요 조직자 중 한 명은 캘리포니아주 오클랜드에 있는 전국라틴계여성보건기구Organización Nacional de La Salud de La

Mujer Latina의 대표 루스 알바레스 마르티네스Luz Alvarez Martínez였다. 알바레스 마르티네스에 따르면, 전국여성기구 의장 퍼트리샤 아일랜드Patricia Ireland는 원래 유색인 여성단체들이 행진에 소속감을 느끼기를 바란다고 말했다고 한다. 그런데 워싱턴DC의 아프리카계 미국인 단체 세 곳과 접촉하는 것 말고는 아무 노력도 하지 않았다(처음에 이 세 곳 말고 다른 흑인 단체와는 접촉하지 않았고 라틴계와는 아예 접촉도 않았다). 그러고는 계획과 행진, 연설에서 핵심적인 역할을 달라는 유색인 여성들의 요구에 대해 전국여성기구 지도자들은 아무 대책 없이 변명만 늘어놓았다고 한다.

그러자 임시 연합 조직은 여성들에게 항의의 표시로 녹색 완장을 차고 행진에 참가해 함께 행진하고 전국여성기구 위원회에 항의 서한을 보낼 것을 촉구했다. 알바레스 마르티네스는 전국여성기구로부터 워싱턴 집회에서 연설을 해달라는 요청을 받았지만 일언지하에 거절했다. "적극적인 참여를 전혀 보장받지 못한 상황에서 집회에서 연설을 하는 식으로 체면치레나 할 생각은 없었다." 나중에 밝혀진 것처럼, 그날 다른 라틴계 여성 다섯 명이 연설을 했다. 그들 모두 행진 전에 연설을 했고, 공식 집회 프로그램에서 연설한 사람은 아무도 없었다.

이 투쟁 내내 임시 연합 조직은 자신들의 항의가 재생산 권리 운동을 강화하기 위한 것임을 강조했다. 연합 조직에 속한 단체들은 "모든 여성—특히 저소득층 여성과 유색인 여성—이 안전하고 저렴하며 우수한 재생산 서비스"를 받을 권리를 위해 싸우는 데 전념했다. 전국라틴계여성보건기구를 비롯한 단체들은 회원들에게 4월 5일에 행진에 참여할 것을 독려했다. 그러나 알바레스 마르티네스가 내게 말한 것처럼, "전국여성기구를 비롯한 다른 단체들은 바뀌어야 한다. 그것이 우리의 목표다. 우리가 더욱 강해질 수 있도록 진정한 통일을 이루는 것 말이다."

워싱턴DC의 전국흑인여성보건프로젝트National Black Women's Health Project의 줄리아 스콧Julia Scott은 당시 내게 이렇게 말했다. "우리 단체의 몇몇 사람들은 전국여성기구와 만남을 갖고 싶어하지만, 무엇보다도 우선적인 과제는 이런 문제가 다시 일어나지 않도록 우리 스스로 발전하고 조직하는 것이다. 그래서 우리는 동등한 파트너로서 회의에 참석했다. 그들은 우리와 함께 다른 식으로 활동하는 법을 배워야 한다." 스콧은 이것이야말로 문제의 핵심이라고 말했다. "쟁점은 다른 식으로 일을 해나가는 것이다. 당신의 방식이 최선이 아닐 수도 있음을 깨달아야 한다. 지금 당장으로서는, 그들은 다양성에 맞닥뜨리면 변화에 저항한다." 새로운 낙태 금지 입법안에 맞서 싸워야 한다는 긴급한 요구 때문에 이 문제를 해결하는 데 시간을 할애할 수 없었다. 스콧은 모든 여성을 아우른다는 전국여성기구의 미사여구에 이의를 제기할 필요성을 느꼈다.

4월 5일에 잇따라 열린 행사에서 전국여성기구가 보인 행동은 주류 페미니즘 운동의 전형적인 모습이었다. 스콧이 지적한 것처럼, "페미니즘의 가장 큰 오류는 가난한 노동계급 여성들과 함께 활동하지 않는다는 점이었다. 인종차별만이 아니라 중산층에 한정된 관점도 문제다. 역사로부터 교훈을 얻는 데 실패한 백인 페미니즘이 유색인 여성에게 범하는 과오까지 포함해서 말이다."

1994년 카이로에서 열린 국제인구개발회의를 보면 이런 역사의 교훈이 여전히 필요하다는 점을 알 수 있다. 무엇보다도 계급과 인종이라는 쟁점을 제대로 인식하지 않으면 낙태권 옹호 운동이 분열될 수 있다는 교훈을 배울 필요가 있다. 알바레스 마르티네스에 따르면, 카이로 회의는 낙태권에 큰 비중을 두었고, 회의 문서에서는 사회 주변부 여성들과 빈국 여성들의 요구가 진지하게 다뤄지지 않았다. 그렇지만 유색인 여성들이 재생산 권리 같은 문제를 다루는 국제회의에 참석한 것은 이 회의가 처음이었다. 1995년 베이징에서 제4차 유엔여성회의와 비성부기구 회의가 열릴 무렵이면, 예전의 임시 연합 조직은 재생산건강권연합Coalition for Reproductive Health Rights으로 변신한 상태였다. 이제 더는 유색인 여성들의 목소리를 부정할 수 없었다.

오클랜드로 돌아가면, 알바레스 마르티네스는 태도를 바꿀 필요가 있는 백인 자매들만을 비판하는 게 아니다. 전국여성기구 지도자들을 비롯해 **이미** 성장한 이들도 가리키고 있는 것이다. 샌프란시스코에서 재생산 권리를 주장하던 유색인 여성들은 워싱턴DC 행진을 둘러싼 투쟁과 비슷한 상황을 경험했다. 그 결과 대화가 이루어졌고, 전국여성기구 지도자 엘리자베스 톨레도Elizabeth Toledo와 미국가족계획연맹Planned Parenthood, 그리고 백인이 주도하는 다른 단체들과 우호적인 협력관계가 형성됐다. 대화가 끝난 뒤 알바레스 마르티네스는 이렇게 말했다. "그들은 자기가 무얼 잘못했는지 늘 알지는 못하지만, 우리가 말해주면 이해한다." 이런 경험을 살펴보면 미국 각지에서 재생산 선택권을 지키기 위해 공동으로 노력하는 본보기를 엿볼 수 있다.

문제는 대개 재생산 권리에 관한 라틴계 여성들의 견해를 바라보는 많은 백인 여성들의 태도에 내재한 인종차별적인 교만에 뿌리를 둔 것이었다. 백인 여성들은 겉으로는 우리의 문화를 이해한다거나 우리의 일상적인 생존 욕구에 공감한다고 말하면서 라틴계 페미니즘을 다양한 백인 페미니즘에 비해 본래 보수적인 것으로 규정해왔다. 라틴계 여성의 견해와 경험에 대한 무지는 이런 정형화의 양분이 된다.

라틴계 여성들의 견해를 자세히 살펴보면, 재생산의 자유가 주된 관심사며 금기시되는 주제나 사소한 문제가 아님을 알 수 있다. 1977년에 연방의회에서 하이드 수정안을 통과시켜 낙태에 대한 연방 재정 지원을 중단했을 때, 첫 번째 희생자는 27세의 멕시코계 여성이었다. 텍사스주 매캘런McAllen 출신으로 이주 노동자의 딸이었던 로지 히메네스Rosie Jiménez는 불법 낙태 시술자의 잘못으로 엿새 동안 고통에 시달리다 사망했다.

로지 히메네스 사건은 1990년에 루스 알바레스 마르티네스를 비롯한 여성 여섯 명이 임시 연합 조직인 '재생산 선택권을 요구하는 라틴계 여성들Latinas pro Derechos Reproductivos'을 결성한 하나의 계기가 되었다. 데이비드 수터David Souter가 미국 연방대법관에 임명됨에 따라 연방대법원에서 '로 대 웨이드' 판결이 번복될 가능성이 높아진 것도 한몫했다. 이 단체는 라틴계 여성들이 낙태를 하지 않는다는 것은 허구라고 주장한다. 그들은 그저 낙태 이야기를 하지 않을 뿐이다. 실제로 1994년 당시 라틴계 여성의 낙태율은 1,000명당 26.1명으로 비라틴계의 26.6명과 별 차이가 없었다.[1]

오늘날 라틴계 여성들은 미국 전체 낙태 건수의 13퍼센트 정도를 차지한다. 전체 인구에서 라틴계가 차지하는 비중에 어울리지 않는 수치다. 전국흑인여성회의National Council of Negro Women와 통신컨소시엄미디어센터Communications Consortium Media Center(둘 다 워싱턴DC에 있다)에서 유색인 여성을 대상으로 재생산 건강 문제에 관해 실시한 여론조사에 따르면, 라틴계 여성의 25퍼센트만이 모든 경우의 낙태에 반대했다.

라틴계 여성들이 낙태권을 제기하기는 결코 쉽지 않았다. 이를테면 낙태권 옹호 활동을 이유로 파문당한 최초의 미국 가톨릭 신자는 텍사스주 코퍼스크리스티Corpus Christi의 한 라틴계 여성이었다고 한다. 이런 경험에도 불구하고 '재생산 선택권을 요구하는 라틴계 여성들'이 내건 목표 중 하나는 재생산 권리를 둘러싼 침묵을 깨뜨리는 것이었다. 이와 동시에 이 단체는 낙태에만 초점을 맞추는 것은 문제를 협소화하는 것이라고 판단했다. 알바레스 마르티네스는 "우리는 선택권을 재정의하고 있다"고 말했다. 여성이 스스로 자유롭게 결정을 내릴 수 있게 하는 보건의료 서비스와 정보 일체가 선택권에 포함되어야 한다는 것이다.

선택권에는 또 다른 재생산 억압 형태인 불임시술 남용에서 벗어나는 것도 포함되어야 한다. 유색인 여성들에게 이 문제는 주된 관심사다. 메디케이드를 통해 낙태 지원을 받는 건 어렵거나 일부 주에서는 아예 불가능할 수 있는 반면(캘리포니아주에서는 아직까지 합법이다), 불임시술에 대해서는 모든 주에서 메디케이드 지원을 받을 수 있을 뿐더러 연방정부가 그 비용의 90퍼센트를 상환해주기까지 한다. 일부 공공병원에서는 피임 정보를 찾는 여성들에게 두 종류의 영화를 보여준다. 영어로 된 영화는 전통적인 피임 방식을 강조하는 반면 스페인어 영화는 불임시술을 부각시킨다. 때로는 불임시술에 동의해야만 낙태시술을 해주기도 한다. 미국 일부 지역에서는 라틴계 여성의 불임시술 비율이 65퍼센트에 육박한다. 한 예로 뉴욕에서는 라틴계 여성의 불임시술 비율이 백인 여성에 비해 일곱 배나 높다. 그러나 낙태 선택권을 주장하는 백인 여성들은 흔히 불임시술 남용 문제를 무시하거나 가볍게 본다. 심지어 불임시술 남용을 금지하는 법률이 제정되었음에도 이러한 남용은 계속되고 있다. 선택권은 또한 노플랜트 Norplant* 같은 피임법의 남용에서 벗어날 자유를 의미해야 한다.

무엇보다도 여성들이 양질의 보건의료를 이용하지 못한다면 '선택권'이라는 단어는 아무런 의미가 없다. 여기서 양질의 보건의료라 함은 다양한 문화에 맞게 여러 언어로 된 성에 관한 국민보건 계획과 정보 및 교육, 저렴한 임신 조절 방법, 건강한 아이의 출산을 위한 태아 검진 및 산모 관리를 의미한다. 또한 저소득층 여성들의 문제로 전혀 고려되지 않는 불임클리닉에 대한 접근권을 의미한다. 이 모든 요구는 계급 차이와 선택권 문제가 거듭해서 교차한다는 사실을 가리킨다.

요컨대, 재생산 권리에 대한 라틴계 여성의 시각은 백인 여성의 시각보다 더욱 급진적이며 일각에서 말하는 것처럼 '보수적'이지 않다. 선택권에 대한 정의가 단순한 낙태권이나 임신 조절을 넘어서 더욱 심대한 사회 변화를 요구하기 때문이다. 1998년 초에 알바레스 마르티네스는 내게 다음과 같이 말했다.

우리는 사회 변화를 지지한다. 우리는 단지 재생산 권리만이 아니라 라틴계 여성과 건강에 초점을 맞춘다. 우리는 재정 지원 방식을 바꾸려고 노력한다. 예컨대 금욕을 설교해서 10대 임신을 예방하는 데

---

* [옮긴이주] 피임을 위한 황체호르몬 레포노르게스트의 상품명. 팔뚝에 캡슐을 삽입하는 임플란트 형태로 1991년부터 미국에서 시판되었으나 부작용과 관련된 소송과 잡음으로 2002년에 판매가 중단되었다.

초점을 맞춰서는 안 된다. 여성들이 처한 전체적인 사회 상황을 보아야 한다.

알바레스 마르티네스는 또한 재생산 권리에 관심을 기울이는 백인 여성들에게 더 많은 이해를 촉구할 필요가 있다고 덧붙였다. "많은 이들은 여전히 라틴계 여성들이 이 분야에서 적극적으로 활동하는 것을 알지 못한다." 그렇지만 현재는 전국라틴계여성보건기구뿐만 아니라 전국라틴계여성재생산건강협회National Latina Institute for Reproductive Health도 존재한다. 1990년대에 '선택의 자유를 위한 가톨릭 모임 Catholics for Free Choice'에서 떨어져 나온 전국라틴계여성재생산건강협회는 워싱턴DC를 중심으로 지역 조직 활동을 하고 있다. 또 풀뿌리 조직 성격이 더 강한 단체로는 뉴욕의 '건강과 재생산권에 관한 라틴계 여성 라운드테이블Latina Roundtable on Health and Reproductive Rights' (역시 1990년대에 창설되었다)과 재생산 보건에 초점을 맞추는 텍사스주 샌안토니오의 '라틴여성프로젝트Mujeres Project'가 있다.

재생산 권리를 위한 투쟁에서 라틴계 여성들과 백인 여성들 간의 차이는 많은 영역에서 페미니즘 내부의 관계를 반영한다. 주기적으로 문제가 폭발하고 그때마다 끊임없는 토론이 요구된다. 라틴계, 흑인, 아시아/태평양계, 아메리카 원주민 여성들은 '낙태는 해방이다!'라는 슬로건 아래 단합할 것 같지 않지만, 존중과 공간이 주어지면 충분히 백인 여성들과 함께 활동할 수 있다.

유색인 여성들 사이에서 소통과 조정을 강화하는 것이 미래의 목표다. 알바레스 마르티네스의 말에 따르면, 1992년 전국여성기구에 반기를 들었던 연합 조직은 재정 부족 때문에 기대했던 것처럼 상설

화되지 못했다. 재정 지원자들은 개별 프로젝트와 협력 활동 가운데
어느 한쪽을 선택해서 지원받을 것을 강요했다. 대부분은 개별 프로
젝트를 지원받는 쪽을 선택했다. 그러나 이 단체들은 여전히 서로 접
촉하고 비공식적으로 협력하고 있다. 이 단체들은 모두 유색인 여성
으로서 재생산 자유 운동에서 한자리를 차지할 수 있다. "우리는 더
이상 침묵하거나 구석으로 밀려나지 않을 것이다!"

후기[*]

머나먼 미래를 위한 혁명을 만들기 위해서는 통일되고 강력한 변혁
세력을 건설해야 한다. 이를 위해서는 우선 풀뿌리 차원에서 인종주
의적 분할을 극복해야 한다.

이런 분할을 극복하려면 백인들이 태도를 바꾸어야 할 뿐만 아니
라 더 많은 것이 필요하다. 흑인과 백인 중심의 배타적인 인종주의를
버리고 모든 유색인을 포괄하는 인종주의 모델을 만들어야 한다. 그
러면 유색인 사이의 잠재적인 동맹을 만들기 위한 토대가 마련될 것
이다. 오늘날 새롭게 나타나는 분할 지배 전술에 맞서려면 이런 동맹
이 중요함은 말할 나위도 없다.

이런 동맹이 성장하기 위해서는 라틴계 여성과 남성이 민족주의(또
는 민족주의의 동생뻘이라고 할 수 있는 정체성 정치)의 위험성을 이해해야

---

[*] 1998년에 씀.

한다. 민족주의는 계급 쟁점을 모호하게 만들고, 뚫고 들어갈 틈을 노리는 출세주의자들에게만 이득이 되며, 히스패닉계가 다른 주변부 민족과 함께 계급을 중심으로 단결하는 것을 가로막는다.

이런 동맹이 성장하기 위해서는 라틴계가 우리 자신과 우리의 약점, 특히 다른 유색인을 바라보는 우리 공동체의 인종주의적 태도를 정직하게 인정해야 한다. 우리는 또한 간혹 권력을 부패하게 내버려두는 우리 자신에 대해 비판할 필요가 있다.

이 모든 점을 감안할 때, 각 유색인 공동체 내에서 해방 정치를 추구하고 자기 공동체 내의 보수적·반동적 경향에 맞서 싸우는 급진 세력이 필요함은 두말할 나위가 없다. 1998년의 희소식은 첫 번째 전국적인 흑인급진회의Black Radical Congress(2,000명 참석)와 최초의 아시아계미국인좌파포럼Asian American Left Forum, 새로운히스패닉좌파New Raza Left를 건설하기 위한 여러 회의가 모두 지난 반년 동안 열렸다는 점이다. 희망은 여기에 있다!

통일을 구축하려면 젊은 활동가들의 중심적인 역할을 인정해야 한다. 젊은 활동가들은 20세기의 남부 재건Reconstruction*에 대한 공세를 활발히 벌이고 있다. 오늘날의 추악한 사회에 대한 젊은 활동가들의 분노는 종종 피부색을 가로지르는 통일을 향한 열정적인 노력으로 이어진다.

무엇보다도 유익한 교훈은 여성들이 세계에서 가장 견실한 동맹 건설자라는 점이다. 유색인 여성들이 운동에서 앞장서면 그 운동은 언

---

* [옮긴이주] 남북전쟁 뒤인 1865~1877년에 남부 여러 주를 연방에 복귀시키기 위해 실시한 정치·경제·사회적 조치.

제나 더 튼튼해진다. 민중을 단결시키는 데 여성들이 앞장서면 압제자들은 조심할지어다.

다 좋은 얘기지만 현실적이 되라고 말할지도 모른다. 언제 어디에서 동맹을 건설할 수 있을까?

유색인들의 공통 의제로는 무엇보다 먼저 혐오범죄에 대항하는 노력을 들 수 있다. 빈곤이 심화됨에 따라 격화되는 경찰의 권력 남용에 맞서는 행동, 적절한 보건의료를 누릴 권리를 부정하는 데 대항하는 행동도 필요하다(아무 대도시든 공공병원 응급실에 가보라. 백인 빈민들과 나란히 앉아서 기다리는 이들이 누구인가?).

분명 우리는 우리 아이들의 안녕과 복지를 위해서 단결할 수 있어야 한다. 마약 거래와 갱단 전쟁, 청소년을 악마로 만드는 현실에 맞서 함께 싸워야 한다. 방치된 데다 재정 지원도 빈약하고 불평등하기까지 한 교육에 대항해야 한다. 대도시 도심의 학교들이 출발점이 될 것이다. 수백만 명의 머리를 망치는 일을 중단하도록 국가에 요구하려면 '백인만 편애하는 백악관too-White House'까지 모든 유색인종의 학부모와 교사 100만 명이 행진을 벌여야 한다. 우리는 특히 청소년들에게 춤과 음악, 연극과 미술과 시가 동맹 건설을 위한 장이 될 수 있음을 보여주어야 한다. 문화를 통해 새로운 미래상을 인도할 수 있다.

언어의 권리 없이는 교육이 불가능하다. 간혹 2개 언어 사용이 흑인과 황인을 가르는 쟁점이 된 적이 있다. 그러나 '흑인 영어'를 독자적인 구조와 기준을 갖춘 하나의 공통어로 인정하면, 왜 어린아이가 영어를 배우기 위해 집에서 쓰는 언어를 포기해서는 안 되는지를 흑인들도 이해할 수 있을 것이다. 어린이들로 하여금 두 언어를 모두 알게 하자! 1997년 6월에 캘리포니아에서 실시한 이중 언어 교육 폐지 표결을 보면서 우리는 이런 분할이 불가피한 것이 아님을 알게 되었다. 아프리카계 미국인 대다수는 라틴계 절대다수와 더불어 이 조치에 반대했다.

동맹 건설의 많은 장 가운데 노동 현장만큼 근본적인 곳은 없다. 최근 공동체 조직화를 통해 곳곳에서 새로운 세력이 부상하고 있다. 여기에 기층 조합원을 진정으로 포괄하는 창의적이고 민주적인 노동조합 조직화가 결합한다고 상상해보라. 일용직과 가사노동자를 비롯한 수백만 명의 미조직 노동자를 끌어안는 새로운 노동운동의 모습을 상상해보라.

이 모든 노력이 시작된다면 아래에서부터 사회를 변혁하는 꿈은 점점 뚜렷해질 것이다. 무지개 전사들Rainbow Warriors이 곳곳에서 승리를 거두면서 미소를 띠는 모습이 보이지 않는가? 그들은 자신들이 정당한 싸움을 하고 있음을 안다. 또한 더 정당한 싸움이 앞에 놓여 있음도 알고 있다.

26

자본주의와 인간 해방
: 인종, 젠더, 민주주의*

엘런 메익신스 우드Ellen Meiksins Wood
미국의 마르크스주의 역사가. 캐나다 요크대학 교수, 『뉴레프트리뷰』 편집
위원, 『먼슬리리뷰』 편집인 등을 지냈다. 국내에 『계급으로부터의 후퇴』, 『자
본주의의 기원』 등이 소개되어 있다.

학생운동이 정점에 달한 1960년대에 미국 학생들을 상대로 연설을 하면서 아이작 도이처Isaac Deutscher는 전혀 환영받지 못한 메시지를 전했다. "여러분은 사회생활의 주변부에서 활발하게 활동하고, 노동자들은 중심부에서 수동적인 모습을 보이고 있습니다. 이게 바로 우리 사회의 비극입니다. 이런 대조적 현상을 다루지 못한다면 여러분은 패배할 겁니다."[1] 이 경고는 당시 못지않게 오늘날에도 시의적절한 것인지 모른다. 바야흐로 기세등등한 해방의 충동이 꿈틀대고 있지만, 이는 사회생활의 중심부, 자본주의 사회의 한가운데에서는 활발하지 못한 듯하다.

이제 좌파는 인간 해방을 위한 결정적인 싸움이 계급 투쟁의 본거지인 '경제' 영역에서 벌어질 것임을 당연시하지 않는다. 대다수 사람들은 젠더 해방, 인종 평등, 평화, 생태 건강, 민주적 시민권 등 이른바 경제외부재extra-economic goods를 둘러싼 싸움으로 강조점을 이동시켰다. 모름지기 사회주의자라면 이런 목표들을 그 자체로 추구해야 마땅하다—실제로 사회주의의 계급 해방 기획은 언제나 인간 해방이라는 원대한 목표를 위한 수단이었다. 그러나 이런 태도만으로 투쟁의 주체와 양상을 둘러싼 중요한 문제가 해결되는 것은 아니며, 계급 정치의 문제 역시 해결되지 않는 게 분명하다.

---

* 이 글은 1987년 11월 23일에 한 아이작 도이처 기념강연에 기초해 약간의 수정을 한 것이다.

이런 경제외부재를 달성하기 위한 조건에 관해서는 여전히 더 많은 논의가 필요하다. 특히 우리의 출발점이 자본주의라면, 이것이 어떤 종류의 출발점인지를 정확히 알 필요가 있다. 자본주의 체제는 물리적 질서와 사회 권력의 배치를 통해 어떤 한계를 부과하고 어떤 가능성을 만들어내는가? 자본주의는 어떤 종류의 억압을 필요로 하며, 어떤 종류의 해방을 용인할 수 있는가? 특히 자본주의는 경제외부재를 어떻게 활용하고, 어떤 식으로 장려하며, 그것을 달성하는 데 어떻게 저항하는가? 나는 이런 질문들에 대답하고자 하며, 논의를 진행해나가면서 전前자본주의 사회와의 몇 가지 비교를 통해 이 질문들을 선명하게 드러내고자 할 것이다.

자본주의와 경제외부재

우선 일부 경제외부재는 자본주의와 양립하지 못한다는 사실을 밝히고자 하며, 여기서는 이런 경제외부재에 관해서는 말하지 않을 것이다. 이를테면 자본주의는 결코 세계 평화를 가져다주지 못한다. 민족국가 체계라는 맥락에서 진행되는 자본주의 축적의 팽창·경쟁·착취의 논리는 장기적으로나 단기적으로나 안정을 해치며, 자본주의는 현재에나 예견 가능한 장래에나 세계 평화에 대한 가장 커다란 위협이 될 것임은 자명해 보인다.*

나는 또한 자본주의가 생태계 파괴를 피할 수 있다고 생각하지 않는다. 환경 보호 기술 자체가 시장에서 수익을 낸다면, 자본주의가 일정 정도의 생태 보호를 수용할 수도 있다. 그러나 자본 축적의 욕망에 본질적으로 내재한 비합리성은 모든 것을 자본의 자기 확장과 이른바 성장의 요구에 종속시키며 따라서 생태 균형에 적대적일 수밖에 없다. 공산주의 세계의 환경 파괴가 극심한 태만과 엄청난 비효율, 가급적 단기간에 서구의 산업 발전을 따라잡으려는 무모한 시도의 결과라면, 서구 자본주의 사회에서는 훨씬 더 광범위한 생태 파괴가 실패의 지표가 아니라 성공의 상징이다. 모든 인간적 가치를 축적의 정언명령과 이윤율의 요구에 종속시키는 것을 구성 원리로 삼는 체제가 낳은 불가피한 부산물인 것이다.

그렇지만 평화와 생태라는 쟁점이 강력한 반자본주의 세력을 창출하는 데 썩 적합하지는 않다는 점을 덧붙여야 하겠다. 어떻게 보면, 이 쟁점들의 **보편성** 자체가 문제가 된다. 이 쟁점들은 특정한 사회적 정체성이 없기 때문에 사회 세력을 구성하지 못한다. 또는 상류층이 거주하는 교외에 비해 노동계급 동네에 공해와 폐기물이 집중되는 경향이나 공장 노동자들의 중독으로 인해 생태 문제가 제기되는 경우처럼 계급관계와 교차하는 지점을 제외하면 사회적 정체성이 생겨나지 않는다. 그러나 최종적으로 따져보면 핵폭탄에 날아가거나 산성비에

---

* 이런 발언을 처음 했을 때에 비해 지금은 신빙성이 떨어져 보일지도 모른다. 이제 공산주의가 붕괴하고, 미국 정부가 겉으로나마 냉전이 끝났음을 인정하며, 옛 유고슬라비아를 필두로 이른바 종족 간 폭력이 극적으로 발발하면서 미국의 군사주의가 무색해지고 있기 때문이다. 자본주의와 미국의 공격성의 탈안정화 효과에 관한 이런 대담한 발언을 삭제 내지 다소 수정하거나 아니면 유일 초강대국이자 '새로운 세계질서'의 수호자로서 미국의 역할과 결부된 새로운 형태의 군사주의에 관해 약간 이야기할까 생각해보았다. 그러나 지난 몇 년 동안 아무리 엄청난 일이 벌어졌어도 2차대전 이래 벌어진 대규모 지역 충돌 가운데 미국이 공공연하게 혹은 비밀리에 개입하지 않은 가운데 시작되거나 악화되거나 연장된 경우는 거의 없다는 사실은 변하지 않았다. 이런 식의 모험주의가 마침내 거부당하고 있다고 말하기에는 너무 이르다. '사막의 폭풍Desert Storm' 작전 같은 새로운 형태의 군사 개입은 아무것도 아니다.

녹아내리는 것은 자본가뿐만 아니라 노동자에게도 이익이 아니다. 따라서 자본주의의 위험이 주어진 상황에서, 합리적인 사람이라면 자본주의를 지지할 리가 없다고 말하는 게 당연하다. 그러나 현실이 이렇게 돌아가지 않는다는 사실은 말할 필요도 없다.

인종 및 젠더와 관련된 상황은 거의 정반대다. 반인종주의와 반성차별주의에는 특정한 사회적 정체성이 존재하며, 이런 정체성은 강력한 사회 세력을 창출할 수 있다. 그러나 인종 평등이나 젠더 평등이 자본주의에 적대적이라거나, 자본주의가 세계 평화를 가져오거나 환경을 보호할 수 없는 것처럼 인종 평등이나 젠더 평등을 용인할 수 없다는 것은 그렇게 분명하지 않다. 이런 경제외부재들은 각각 자본주의와 독특한 관계를 맺는다.

자본주의에 관해 생각해보아야 할 첫 번째 문제는 자본주의가 자신이 착취하는 사람들의 사회적 정체성에 유난히 무관심하다는 점이다. 이것은 좋은 면과 나쁜 면이 공히 있는 고전적인 예다. 우선은 어느 정도 좋은 면이 있다. 앞선 생산양식들과 달리, 자본주의적 착취는 경제 외부의 법적·정치적 정체성이나 불평등, 차이 등과 불가분하게 연결되지 않는다. 임금노동자로부터 잉여가치를 뽑아내는 과정은 형식적으로 자유롭고 평등한 개인들 사이의 관계에서 이루어지며, 법적·정치적 신분상의 차이를 전제로 하지 않는다. 사실 자본주의에는 그런 차이를 **허물어뜨리고** 젠더나 인종 같은 정체성을 희석하는 긍정적인 경향이 존재한다. 자본은 사람들을 노동시장으로 흡수하고, 구체적인 정체성을 제거한, 교환 가능한 노동 단위로 환원하려고 노력하기 때문이다.

다른 한편, 자본주의는 특정한 사회적 억압을 활용하고 또 버리는 능력이 대단히 유연하다. 나쁜 면 가운데 하나는 자본주의가 주어진 환경에서 역사적·문화적으로 동원할 수 있는 온갖 경제외적 억압을 활용한다는 점이다. 가령 이런 문화적 유산은 하층계급을 창출하는 자본주의의 내재적인 경향을 감춤으로써 자본주의의 이데올로기적 헤게모니를 강화할 수 있다. 흔히 그렇듯이 노동계급의 최하층 집단이 젠더나 인종 같은 경제외적 정체성과 일치할 때, 이 집단의 존재에 대한 책임은 자본주의 체제의 필연적인 논리가 아닌 다른 원인들로 돌려진다.

물론 이것은 자본주의가 모종의 음모를 꾸민다는 문제가 아니다. 우선 인종주의와 성차별주의가 자본주의 사회에서 그렇게 잘 작동하는 것은 노동시장에서 경쟁 상태에 있는 노동계급의 일부 집단에게 실제로 어느 정도 유리하게 작용하기 때문이다. 그렇지만 자본이 인종주의나 성차별주의에서 이득을 얻는다면, 그것은 자본주의에 인종 불평등이나 젠더 억압의 구조적 경향성이 있기 때문이 아니라 정반대로 인종주의와 성차별주의가 자본주의 체제의 구조적 현실을 감추고 노동계급을 분할하기 때문이다. 어쨌든 자본주의적 착취는 원리상 피부색이나 민족, 종교, 성별 등을 전혀 고려하지 않은 채, 그리고 경제외적 불평등이나 차이에 전혀 의존하지 않은 채 이루어질 수 있다. 더 나아가 자본주의가 발달함에 따라 전자본주의 사회에서 전례가 없을 정도로 이런 불평등과 차이에 **반대하는** 이데올로기적 압력이 생겨났다.

인종과 젠더

우리는 여기서 곧바로 몇 가지 모순에 맞닥뜨리게 된다. 인종의 예를 생각해보라. 경제외적 정체성에 대한 자본주의의 구조적 무관심에도 불구하고(또는 어떤 의미에서는 그런 무관심 때문에), 자본주의의 역사는 유례를 찾아보기 힘든 격렬한 인종주의로 점철되었다. 가령 흑인들을 겨냥하는 서구의 광범위하고 뿌리 깊은 인종주의는 흔히 자본주의의 팽창과 동반한 식민주의와 노예제의 문화적 유산 탓으로 돌려진다. 그러나 다시 생각해보면, 이런 설명은 분명 어느 정도까지는 설득력이 있지만 그 자체로 충분하지는 않다.

노예제라는 극단적인 사례를 살펴보자. 규모에서 볼 때 유일하게 맞먹는 역사적 사례인 노예제와 비교해보면, 이런 격렬한 인종주의를 노예제와 자동적으로 결부시킬 근거는 전혀 없으며, 이런 이데올로기적 효과에는 자본주의에 특유한 무언가가 있음이 드러난다. 고대 그리스와 로마에서는 노예제가 거의 보편적으로 받아들여지기는 했지만 인간들 사이의 자연적인 불평등이 노예제를 정당화한다는 사고가 지배적인 견해는 아니었다. 널리 알려진 예외인, 노예제가 자연스러운 제도라는 아리스토텔레스의 관념은 결코 일반적으로 통용되지 않았다. 노예제가 보편적이었음에도 불구하고, 그것은 단지 유용하기 때문에 정당화될 수 있는 하나의 관습이라는 견해가 지배적이었던 것처럼 보인다. 사실 당시 사람들은 이런 유용한 제도가 **자연에는 위배된다**는 점을 인정하기도 했다. 이런 견해는 그리스 철학에서 나타날 뿐만 아니라 로마 법률에서도 인정되었다. 노예제는 로마법에서 민족들 사이의 관습법인 만민법ius gentium과 자연의 법인 자연법ius naturale

사이에 충돌이 존재한다는 사실이 인정되는 유일한 사례로 여겨지기도 했다.[2]

　이런 이야기가 중요한 것은 그 결과로 노예제가 폐지되었기 때문도 아니고(사실 폐지되지도 않았다), 고대 노예제의 끔찍한 모습이 조금이라도 누그러졌기 때문도 아니다. 근대 노예제와 대조적으로 고대에는 어떤 인종이 자연적·생물학적으로 열등하다는 사실을 근거로 이런 사악한 제도를 정당화해야 할 필요가 없었다는 사실을 전해주기 때문이다. 민족 간 갈등은 아마 문명만큼이나 오래된 일일 것이며, 가령 나쁜 혈통에 관한 성서의 이야기에 근거하여 노예제를 옹호하는 주장 역시 오랜 역사를 갖고 있다. 아리스토텔레스부터 장 보댕Jean Bodin에 이르기까지 기후 결정론도 만만치 않다. 여기서는 인종이 아니라 환경이 결정 요인이라는 차이가 있을 뿐이다. 근대 인종주의는 이와 달리 어떤 인종은 본래 자연적으로 열등하다는 체계적인 사악한 관념의 소산이다. 이런 관념은 17세기 말이나 18세기 초에 처음 등장하여 19세기에 전성기를 구가하면서 **생물학적** 인종 이론이라는 유사과학으로 보강되었으며, 노예제가 폐지된 뒤에도 식민지 억압을 이데올로기적으로 지탱하는 역할을 계속했다.

　그렇다면 이런 이데올로기적 요구를 만들어낸 자본주의에 관해 질문을 던지고 싶어진다. 왜 (단지 관습이 아닌) 자연적인 노예제 이론을 만들어내야 했을까? 적어도 그 답의 일부는 역설임이 분명하다. 자본주의의 전초 기지들에서 식민지 억압과 노예제가 확대되는 동안 국내의 노동자들은 점차 프롤레타리아가 되었다. 그리고 임금노동, 즉 형식적으로 자유롭고 평등한 개인들 사이의 계약관계가 확대됨에 따라 형식적 평등과 자유의 이데올로기가 부상했다. 사실 자본주의 경제

관계의 불평등과 부자유를 법적·정치적 차원에서 부정하는 이런 이데올로기는 언제나 자본주의 헤게모니의 중요한 요소였다.

그렇다면 어떤 의미에서는 노예를 인류에서 배제함으로써, 즉 자유와 평등이라는 규범 세계 외부에 자리한 비인간으로 만듦으로써 노예제를 정당화할 필요가 있는 것은 경제외적 차이를 **부정하는** 구조적 압력 때문이다. 당시 역사적 순간에 자본에 매우 유용했던 노예제와 식민주의를 수용하기 위해서 사람들을 인간 이하로 간주해야 했던 것은 자본주의가 인간들 사이의 경제외적 차이를 인정하지 않기 때문이다. 그리스와 로마에서는 **시민**이 아니라거나 그리스인이 아니라는 이유로 외부인 취급을 하는 것으로 충분했다(앞서 살펴본 것처럼, 로마인들은 다소 덜 배타적인 시민 개념을 갖고 있었다). 자본주의에서는 축출의 규범이 전체 인류 집단에서 배제하는 것으로 보인다.

한편 젠더 억압의 경우는 어떨까? 여기서 나타나는 모순은 노예제의 경우처럼 그렇게 노골적이지 않다. 자본주의가 과거 어느 때보다도 더욱 악랄한 인종주의와 결합되는 반면, 나로서는 자본주의가 전자본주의 사회에서 존재한 것보다 더 극단적인 형태의 젠더 억압을 만들어낸다는 주장은 전혀 설득력이 없는 것 같다. 그러나 여기서도 경제외적 불평등에 대한 구조적인 무관심, 아니 실은 그런 불평등에 저항하는 압력과, 자본주의로 하여금 그런 불평등을 활용하게 만드는 일종의 체계적인 낙관주의의 역설적인 결합이 존재한다.

서구 선진 자본주의 국가에서 일반적으로 자본주의는 젠더 억압을 두 가지 방식으로 활용한다. 첫째, 젠더는 인종이나 심지어 연령 같은 다른 경제외적 정체성과 함께하며, 하층계급을 구성하고 이데올로기적 외피를 제공하는 수단으로서 어느 정도는 다른 경제외적 정체성과 호환 가능하다. 두 번째 활용은 젠더에 특유한 경우다. 젠더는 가장 저렴하다고 (그릇되게) 여겨지는 방식으로 사회적 재생산을 조직하는 방편으로 기능한다.* 지금처럼 젠더관계가 조직화되어 있는 상황에서는 출산과 육아 비용을 가족이라는 사적 영역에 부담시킴으로써 노동력 재생산 비용을 낮출 수 있다(또는 대개 그렇게 생각한다). 그러나 자본의 관점에서는 이런 특정한 사회적 비용이 여느 비용과 전혀 다르지 않다는 점을 인식해야 한다. 자본의 관점에서 보면, 출산휴가나 어린이집은 이를테면 노인연금이나 실업보험과 질적으로 다를 게 없다. 모두 달갑지 않은 비용을 수반할 뿐인 것이다.** 일반적으로 자본은 어떤 비용에든 적대적이다. 적어도 일부 비용을 감당하지 않고서는 살아남을 수 없지만 말이다. 그러나 중요한 것은 이런 점에서 자본은 양성평등을 용인할 수 없는 것처럼 국민건강보험이나 사회보장을 수용할 수 없다는 사실이다.

자본주의는 젠더 억압을 이데올로기적·경제적으로 활용할 수 있고 또 실제로도 활용하지만, 젠더 억압이 자본주의 구조 안에서 특권적인 지위를 차지하지는 않는다. 자본주의는 여성에게 특수한 모든 억압이 사라지더라도 살아남을 수 있다―반면 자본주의는 그 정의상 계급 착취가 사라지면 살아남지 못한다. 자본주의 때문에 여성 해

---

* 내가 이런 말을 하는 것은 국가에서 지원하는 육아가 자본에 비용 부담을 덜 줄 수도 있음을 시사하는 중요한 연구가 있다는 말을 들었기 때문이다.

** 성이나 인종과 구별되는 연령에 점점 더 많은 부담이 지워지고 있다는 증거가 있다. 사회보장 연금과 노인연금에 대한 위험 증대와 결합된 구조적인 청년 실업은 자본주의 쇠퇴의 파급 효과를 정면에서 맞는다. 이런 경제외적 정체성 가운데 어느 것이 가장 큰 부담을 지게 될지는 대체로 정치적인 문제로서, 경제외적 억압 형태를 선택하는 자본주의의 구조적 경향과는 별 관계가 없다.

방이 필수적이거나 불가피해진다는 말이 아니라, 자본주의에 젠더 억압의 구조적인 필연성이 특별히 존재하는 것은 아니라는 말이다. 젠더 억압을 향한 강력하고 체계적인 경향도 존재하지 않는다. 이런 점에서 자본주의가 전자본주의 사회와 어떻게 다른지에 관해서는 나중에 언급하도록 하겠다.

이런 사례들을 거론한 것은 두 가지 중요한 사실을 보여주기 위함이다. 자본주의에는 경제외적 불평등으로부터 벗어나는 구조적인 경향이 있지만, 이것은 양날의 칼이다. 여기에 담긴 전략적 함의는 순전히 경제외적인 측면에서 이해된 투쟁(가령 순전히 인종주의나 젠더 억압에 대항하는 투쟁)은 그 자체로 자본주의에 치명적인 위험을 안겨주지 않는다는 것이다. 이런 투쟁은 자본주의 체제를 해체하지 않고서도 성공할 수 있지만 또한 동시에 반자본주의 투쟁과 계속해서 거리를 둔다면 성공하지 못할 공산이 크다.

자본주의와 정치재의 평가절하

앞서 살펴본 것처럼, 자본주의의 모호성은 민주적 시민권과의 관계에서 특히 분명하다. 여기서 나는 자본주의적 민주주의의 모호성을 탐구해보고자 한다. 이런 모호성은 '경제외부'재 일반의 문제와 특히 여성의 지위와 관련되기 때문이다.

자본주의 덕분에 전례 없는 시민권 확장이 가능해졌다는 사실에 어떤 전략적 중요성을 부여해야 하는가라는 질문은 언제나 사회주의에 중요한 문제였다. 거의 처음부터 존재한 사회주의의 한 전통에서는 자본주의의 형식적인 법적·정치적 평등이 경제적 불평등 및 부자유와 결합하여 역동적인 모순을 만들어낸다고 가정한다. 이런 모순이야말로 사회주의 변혁을 유발하는 힘이라는 것이다. 가령 사회민주주의의 기본 전제는 자본주의의 제한된 자유와 평등 때문에 완전한 해방을 향한 억누를 길 없는 충동이 생겨난다는 데 있다. 사회주의를 시민권의 확장으로 간주하거나, 점차 일반화되는 것처럼 '급진 민주주의'를 사회주의의 **대용물**로 여기는 강력한 새로운 경향이 존재한다. **민주주의**가 다양한 진보적 투쟁의 표어가 되고 좌파의 여러 해방 기획을 아우르는 통일된 주제로 부상함에 따라 모든 경제외부재를 뭉뚱그려 상징하게 되었다.

사회주의를 민주주의의 확장으로 간주하는 사고는 많은 결실을 낳을 수 있지만, 나는 낡은 사회주의의 환상이 새롭게 만들어낸 이론적 장신구에 전혀 감동받지 못하겠다. 자본주의적 자유와 평등의 이데올로기적 충동이 모든 층위에서 사회를 변화시키는 불가항력적인 압력을 만들어낸다는 환상 말이다. 자본주의적 민주주의가 발휘하는 효과는 이것보다 훨씬 더 모호하며, 사회 변화라는 구상은 교묘한 속임수에 불과하다. 자본주의적 민주주의에서 사회주의적(또는 '급진') 민주주의로의 순조로운 이행이나 또는 자본주의의 틈새 안에서 민주적 열망의 상당한 실현을 꿈꾸게 만드는 것이다.

여기서 첫 번째로 요구되는 것은 자본주의 내의 민주주의가 갖는 의미와 효과에 관해 아무런 환상도 가져서는 안 된다는 점이다. 요컨대 자본주의적 민주주의의 한계, 즉 민주적인 자본주의 국가라 할지라도 자본 축적의 요구에 구속된다는 사실과 자유민주주의는 본래 자본주의의 착취를 건드리지 않는다는 사실뿐만 아니라 앞에서 고대와 근대 민주주의를 비교하면서 논의했던 민주주의의 **평가절하**까지도 이해해야 한다.

중요한 점은 정치재political goods의 지위는 대체로 사회적 소유관계 체제에서 그것이 차지하는 특정한 위치에 의해 결정된다는 것이다. 이번에도 역시 다양한 종류의 전자본주의 사회와 대조해보면 도움이 된다. 앞서 나는 농민들이 피착취계급의 다수를 이루고 착취가 대부분 경제외적·정치적·법적·군사적 지배 형태를 띠는 전자본주의 사회에서는 주요한 소유관계가 법적 특권과 정치적 권리에 프리미엄을 부여한다고 지적한 바 있다. 따라서 중세의 영주권이 정치 권력과 경제 권력을 떼려야 뗄 수 없게 결합한 것처럼, 경제적 착취에 맞선 농민 저항 역시 군주의 특권적인 법적·정치적 지위를 나눠줄 것을 요구하는 형태를 띠었다. 예컨대 인두세 부과 시도에 의해 촉발된 유명한 1381년 영국 농민반란을 보라. 당시 반란 지도자 와트 타일러Wat Tyler는 농민들의 불만을 모든 사람에게 영주권을 동등하게 분배해달라는 요구로 정식화했다. 그렇지만 이런 요구는 봉건제의 종식을 의미하는 것이었다. 자본주의와 대조적으로, 봉건제 시대 정치적 권리의 특징은 이 권리의 분배를 절대적으로 제한했다.

농민들의 경우 착취에 맞서는 경제적 힘은 상당 부분 지주와 국가의 권한에 대항하여 그들의 정치적 공동체인 마을에 사법권이 어느 정도까지 허용되느냐에 좌우되었다. 정의상, 마을 공동체의 사법권이 확대되면 지주의 착취 권한이 잠식되고 제한되었다. 그렇지만 일부 권력은 다른 것들보다 더 중요했다. 자본주의와 대조적으로, 전자본주의 사회의 지주나 잉여 추출 국가는 생산 과정을 통제하는 데 의존하지 않았다. 그보다는 강압적인 잉여 추출 권한에 집중했다. 전자본주의 시대의 농민은 생산수단을 계속 소유했을 뿐만 아니라 대체로 마을 공동체를 통해 개인적·집단적으로 생산을 통제했다. 자본주의의 경우와 달리 일반적으로 전유 행위가 생산 과정과 훨씬 더 뚜렷하게 분리되는 것이야말로 봉건제를 비롯한 전자본주의 사회의 특징이었다. 농민들이 생산을 하면, 지주가 지대를 짜내거나 국가가 세금을 전유했다. 또는 농민이 하루는 자기 땅에서 가족을 먹여 살리기 위해 생산을 하고, 다른 날은 영주의 장원에서 일을 하거나 국가를 위해 일정한 형태로 부역을 했다. 따라서 생산을 조직하는 농민의 독립성이 상당한 정도로 유지되면서도 영주나 국가의 전유권이 보존될 수 있었다. 농민 공동체의 사법권이 잉여 추출의 사법적·정치적 메커니즘을 통제할 정도로 선을 넘지만 않는다면 말이다.

농민 공동체는 때로 이런 장벽을 심하게 압박했고, 그 결과 지방 정치기관에서 상당한 수준의 독립성을 획득하거나 영주 대리인을 대신하는 지방 치안판사를 세우거나 자체적인 지역 헌장을 부과하는 등의 성과를 얻어냈다. 그리하여 농민 공동체는 **정치적** 독립성을 획득하는 만큼 **경제적** 착취 또한 제한할 수 있었다. 그러나 마을과 국가 사이에 장벽이 있었기 때문에 농민의 종속을 극복하려는 시도는 대부분 실패로 돌아갔다. 아테네 민주주의는 이런 최종적인 장벽이 무너진 사례, 즉 농민 공동체가 국가 외부에 머무르지 않고 이질적인 존재로 국가에 종속된 유일한 사례일 것이다.[3]

나는 고대 아테네 민주주의에서 가장 혁명적인 측면은 유일무이하게 농민이 **시민**으로서 독특한 지위를 가졌다는 점, 더불어 국가와 관련된 마을의 지위도 독특했다는 점이라고 주장한 바 있다.* 다른 농민 사회와 대단히 대조적으로, 마을은 아테네 국가의 구성 단위였고 농민은 국가를 통해 시민이 되었다. 이것은 국가 구조상의 혁신이었을 뿐만 아니라 농민 집단의 근본적인 변형을 나타냈다. 고대 세계, 아니 어떤 시대, 어느 곳에서도 이에 필적하는 사회는 없었다. 에릭 울프Eric Wolf가 정의한 것처럼, 농민이란 다른 누군가, 즉 "농민에게 우월한 권력이나 토지 소유권을 실질적으로 행사하는"[4] 사람에게 지대나 세금의 형태로 잉여를 이전하는 경작자라면, 아테네의 소토지 보유자를 특징짓는 것은 전례 없는—나중에도 유례가 없는—독립성이다. 아테네 농민은 이런 종류의 '토지 소유권'에서 독립적이었으며 따라서 지대와 세금으로부터도 이례적인 수준의 자유를 누렸다. 농민 시민의 탄생은 과거 그리스 농민들을 특징지은(그리고 다른 곳의 농민들을 계속해서 특징지은) 온갖 형태의 공납관계로부터 농민들이 해방됨을 의미했다. 여기서 민주적 시민권은 동시에 정치·경제적 함의도 갖고 있었다.

고대 민주주의는 지배자와 생산자 사이의 관계라는 면에서 청동기 시대 그리스뿐만 아니라 근동과 아시아 같은 고대 세계의 다른 선진 문명과도 근본적으로 달랐다. 민주적인 폴리스는 국가가 잉여를 전유하고 농민 생산자들의 마을이 종속되는 널리 퍼진 양상으로부터 급

---

* (앞쪽) 이 점은 이 제한된 지면에서 분명하게 설명하기 힘든 논쟁적인 부분이다. 노예제와 여성의 지위라는 아테네 민주주의의 유명한 악폐 때문에 다른 매력적인 특징이 가려질 수밖에 없다. 이런 상황에서 아테네 민주주의의 본질적인 특징(어쩌면 가장 뚜렷한 특징)이 생산 영역으로부터 의존성을 대단히 **배제한** 사실에 있다고, 즉 아테네 사회의 물질적 토대가 자유롭고 독립적인 노동이었다고 주장한다면 이상해 보일 것이 분명하다. 자세한 내용은 아테네의 노예제를 자세히 설명하고 여성의 지위 또한 다룬 내 책『농민 시민과 노예Peasant Citizen and Slave: The Foundations of Athenian Democracy』(London: Verso, 1988)를 참조하라. 노예제의 중요성이나 여성의 지위를 무시하거나 저평가하려는 게 아니라 아테네 농민들의 독특한 지위를 고려해보라는 것이다.

격한 단절을 의미했다. 또한 "머리로 일하는 자들이 지배하고 몸으로 일하는 자들은 지배받는다"는 "하늘 아래 모든 곳에서 보편적으로 인정되는" 규칙으로부터 단절을 의미했다. 플라톤이나 아리스토텔레스 같은 반反민주적인 그리스 철학자들이 이상 국가를 묘사할 때면 지배자와 생산자의 분리 원칙을 무척 의식적으로, 공공연하게 복원한 것은 결코 우연한 일이 아니었다. 그들은 이 원칙의 위반이야말로 아테네 민주주의의 본질이라고 본 게 분명하다.

사실 선진 전자본주의 사회에서는 로버트 브레너Robert Brenner의 말처럼 "계급적인" 방식으로 움직이는 잉여 전유 국가가 예외가 아니라 규칙에 가까웠을 것이다.[5] 예컨대 우리는 돈벌이 좋은 관직과 농민들을 쥐어짜내는 세금 추출이라는 거대한 기구를 갖춘 사적 전유의 수단으로서 국가의 역할을 인식하지 않고서는 프랑스의 절대주의를 이해할 수 없다. 당시만 해도 국가의 한 귀퉁이라도 가진 이들에게 국가란 자산의 원천에 지나지 않았다. 또한 프랑스혁명 당시 이런 수익성 좋은 원천에 대한 접근권이 주요한 쟁점 가운데 하나였다는 사실을 알지 못하면 그 같은 격변을 이해할 수 없다.[6]

이런 다양한 사례들의 공통점이 정치적 권리에 특별한 가치를 부여하는 정치·경제 권력의 통일이라면, 자본주의에서 정치재에 대한 평가절하는 경제적인 것과 정치적인 것의 분리에 의거한다. 경제 영역의 자율성, 직접적인 강제력으로부터 자본주의적 착취의 독립, 공공 기능의 수행으로부터 전유의 분리, '경제'와 구별되는 순전히 '정치적인' 영역의 존재(이 덕분에 고대 그리스 민주주의에 붙여졌던 경제적·사회적 함의 없이 '정치적'이기만 한 민주주의가 최초로 가능해진다) 등으로 인해 정치재의 지위는 감소할 수밖에 없다.

다른 식으로 말해보자면, 자본주의에서 정치적인 것과 경제적인 것의 분리는 공동체 생활이 생산 조직으로부터 분리됨을 의미한다. 가령 많은 농민 경제에서 마을 공동체가 행사하는 생산에 대한 공동 규제에 필적하는 것은 아무것도 없다. 그리고 자본주의의 정치생활은 착취 조직으로부터 분리된다. 이와 동시에 자본주의는 또한 생산과 전유를 분리 불가능하게 결합한다. 자본주의에서 전유 행위, 즉 잉여가치 추출은 생산 과정과 분리 불가능하다. 요컨대 두 과정 모두 정치 영역에서 분리되며, 말하자면 사유화된다.

이 모든 사실은 저항의 조건에 대해 여러 가지 함의를 갖는다. 예컨대 영주의 착취에 맞서 싸우는 농민의 계급 조직 형태(즉 경제적인 동시에 정치적인 계급 조직 형태)로서 마을 자치체의 기능에 필적할 만한 것이 자본주의에는 전혀 존재하지 않는다. 자본주의에서는 자본의 착취 권력에 심대한 영향을 미치거나 사회 권력의 결정적인 균형을 근본적으로 변화시키지 않고서도 정치와 공동체 조직의 모든 차원에서 많은 일이 일어날 수 있다. 이런 영역에서 벌어지는 투쟁은 여전히 매우 중요하지만, 이 투쟁은 다음과 같은 사실을 온전히 인정한 뒤에 조직되고 수행되어야 한다. 즉 자본주의는 민주 정치를 사회 권력의 결정적인 중심부로부터 떼어놓고, 전유와 착취의 권력을 민주적 책임성으로부터 고립시키는 놀라운 능력이 있다는 사실 말이다.

요약해보자. 전자본주의 사회에서는 경제외적 권력이 특별히 중요했다. 전유라는 경제 권력이 경제외적 권력과 분리 불가능한 관계였기 때문이다. 여기서 누군가는 경제외부재의 희소성에 관해 말할지도 모른다. 경제외부재는 널리 분배하기에는 너무 소중했기 때문이다. 그렇다면 우리는 자본주의는 그런 희소성을 극복했다고 말하는 것으로 경제외부재의 상황을 특징지을 수 있다. 자본주의는 과거 어느 때보다도 더욱 경제외부재, 특히 시민권과 관련된 재화의 폭넓은 분배를 가능케 했다. 그러나 이렇게 희소성을 극복한 것은 재화의 가치를 떨어뜨림으로써 가능했다.

여성의 지위

정치적 권리의 평가절하에 관해 앞에서 말한 내용은 물론 모든 사람, 즉 남성과 여성 모두에게 적용된다. 그러나 이런 평가절하는 특히 여성, 아니 좀 더 정확히 말하자면 젠더관계에 흥미로운 결과를 미치는데 이것은 순전히 정치적인 문제를 넘어선다. 첫째, 자본주의 아래서 여성들이 이전 사회에서는 꿈도 꾸지 못한 정치적 권리를 획득했다는 명백한 사실이 존재한다. 적어도 형식적인 평등으로 나아가는 전반적인 경향 때문에 아무 역사적 선례 없이도 여성의 해방에 유리한 압력이 생겨난다고 말해두는 게 안전할 것 같다. 물론 이런 성취는 적잖은 투쟁을 통해 얻어낸 것이지만, 여성들이 정치적 해방을 열망하고 그것을 얻기 위해 투쟁할 수 있다는 사고 자체는 역사의 의제에 꽤나 늦게 등장했다. 이런 발전은 어느 정도 정치재가 전반적으로 평가절하된 탓으로 볼 수 있다. 그 때문에 지배 집단들이 정치재를 분배하는 데서 차별을 덜하게 된 것이다. 그러나 이 경우에 시민권이라는 형식적 권리보다 훨씬 많은 이해관계가 걸려 있다.

전자본주의의 사례들로 돌아가보자. 앞서 우리는 농민 생산과 경제외적 착취의 전형적인 결합에 관심을 집중시킨 바 있다. 이제 우리는 이런 결합이 여성의 지위에 무엇을 의미했는지를 고찰할 수 있다. 여기서는 전자본주의 사회에서 대개 그렇듯이 농민이 주요 생산자이자 잉여의 원천인 곳에서, 기본적인 생산 단위이자 동시에 기본적인 착취 단위(이 점을 강조할 필요가 있다)를 구성하는 것이 단지 농민 자신이 아니라 농민 **가족**임을 유념하는 게 중요하다. 지주와 국가가 농민들로부터 전유한 노동은 가족노동이었으며, 이 노동은 농민 가족이 집단적으로 수행하는 생산적인 지대 산출 봉사나 세금 산출 봉사, 또는 다른 종류의 사적·공적인 노동 봉사의 형태뿐만 아니라 영주의 집에서 하는 가사노동, 그리고 물론 노동력 자체의 재생산 형태도 띠었다. 노동력의 재생산이란 미래에 노동자나 하인, 지배계급의 전장과 가정과 군대에 있는 병사가 될 어린이의 출산과 양육을 의미했다. 그리하여 농민 가족 내의 분업은 착취 과정에서 농민 가족이 맡은 역할에 의해 가구 단위에 부여되는 요구와 떼려야 뗄 수 없이 깊숙하게 연결되었다. 가족 내에서 특정한 성적 분업이 생겨난 역사적 이유가 무엇이든 간에, 계급 사회에서 성적 분업은 언제나 가족과 외부의 힘 사이의 위계적이고 강압적이며 적대적인 생산관계에 의해 왜곡되었다.

전자본주의 시대의 농민들이 대체로 계속해서 생산 과정을 통제한 한편, 영주들은 생산을 지휘하는 게 아니라 잉여**추출** 권력, 즉 사법·정치·군사 권력을 행사하고 증진시킴으로써 잉여를 늘렸음을 기억하는 게 특히 중요하다. 이런 사실이 정치적 권리의 분배에 대해 갖는 일반적인 함의는 제쳐두고서라도, 농민 가정의 젠더관계에 갖는 함의가 있었다. 중요한 논점을 요약해 말하자면, 착취가 존재하는 곳이라면 어디에나 위계와 강압적 규율이 존재해야 하며, 이 경우 위계와 규율은 가족에 집중되고 가족의 일상적인 관계와 분리 불가능하다는 것이다. 여기서는 자본주의 아래서 발전한 것과 같은, 가족관계와 작업장 조직 사이에 뚜렷한 분리가 있을 수 없다. 농민의 '딜레마'는 그가 경제적 행위자인 동시에 가정의 우두머리이며, 농민 가족 역시 "경제적 단위인 동시에 가정"이라는 점이다. 한편으로, 가족은 소비 단위이자 애정관계의 집합체로서 고유한 요구를 충족해야 하며 자신이 속한 농민 공동체의 요구 또한 충족해야 한다. 다른 한편 착취자의 관점에서 보자면 (에릭 울프가 말하듯) 농민 가족은 "자신의 권력 축적을 늘리는 데 필요한 노동과 재화의 원천"이다.[7] 이런 모순적인 통일이 낳은 결과 가운데 하나는 가족이 착취자와 피착취자 사이의 위계적·강압적 관계를 재생산한다는 것이다. 생산의 조직자로서 가족의 우두머리는 어떤 면에서 자신의 착취자의 대리인처럼 행동한다.

이런 위계 구조가 남성 지배 형태를 띠어야 할 절대적 필연성은 전혀 없다고 말할 수도 있다. 보편적이지는 않더라도 일반적으로 그렇기는 하지만 말이다. 그러나 이런 특정한 형태의 위계제를 부추기는 다른 요인들(물리적 힘의 차이나 여성의 에너지와 시간을 요하는 재생산 기능 같은 요인들)은 제쳐두고서라도, 전자본주의 농민 가족과 영주들, 국가 세계 사이의 관계에는 고유한 남성 지배 경향이 존재한다.

이번에도 역시 이 관계는 경제적인 동시에 정치적이다. 농민 가족이 직면하는 착취 권력은 대개 '경제외적'—즉 사법·정치·군사적—이기 때문에 가장 보편적으로 남성이 독점했던 사회 기능, 즉 무장 폭력과 불가피하게 연결된다. 다시 말해 사회 조직 일반, 특히 지배계급의 성격은 남성 지배를 부추긴다. 일반 사회와 지배계급의 이데올로기에서 남성이 맡는 역할에 부여되는 권력과 위신은 대개 농민 공동체와 가족 내의 정치·의식儀式 기능에서 남성의 권위를 강화하는 효과를 발휘해왔다. 가장이 가족 안에서는 지주와 국가의 대리인이라면, 가족 바깥에서는 또한 가족의 정치적 대표자로서 영주와 국가의 남성 지배적인 경제외적 권력과 대면한다. 따라서 전자본주의적 착취의 경제외적·정치적 강압이라는 성격은 농민 가족 내에서 남성 지배로 향하는 다른 경향을 강화하게 마련이다.

한편 이런 주장의 진위를 판가름하려면 남성이 가족 밖에서 그런 정치적 역할을 전혀 맡지 않거나 가족을 둘러싼 사회관계가 이처럼 경제외적이지 않은 종속적인 생산자 가족을 생각해보면 된다. 아마 미국 남부의 노예 가족이 가장 가까울 것이다. 노예 가족은 공동체의 뿌리에서 완벽하게 단절된 채 사법적·정치적 지위 없이 자본주의 경제에 삽입된 집단이다. 익히 알려진 것처럼, 미국 노예 가족의 독특한 특징 가운데 하나는 남성 지배가 여전히 매우 집요한 사회의 한가운데에서도 여성이 보기 드문 권한을 가진다는 점이다.

하여간 자본주의에서는 생산 및 착취 조직이 대개 가족 조직과 그렇게 밀접하게 연결되지 않으며, 착취 권력 역시 그처럼 직접적으로 경제외적이거나 정치적·군사적이지 않다. 자본주의에는 비록 전례 없는 축적 충동이 있기는 하지만, 이런 요구를 직접적이고 강압적인 잉여 추출이라는 수단을 통해서가 아니라 주로 노동 생산성 증대를 통해서 충족한다. 물론 생산성과 이윤율을 극대화하려는 욕망과 그로 인한 자본과 노동 사이의 이해 대립 때문에 위계적이고 고도로 규율적인 생산 조직의 필요성이 생겨난다. 그러나 자본주의는 이런 대립과 위계적이고 강압적인 조직을 가족에 집중시키지 않는다. 이런 대립은 작업장이라는 분리된 장소에서 벌어진다. 가령 소규모 가족 농장처럼 가정이 작업장과 더 밀접하게 연결되는 경우에도, 자본주의 시장은 외부 세계와 나름의 관계를 만들어낸다. 이 관계는 농민 공동체 및 전자본주의 사회의 지주와 국가의 정치·사법·군사 권력과의 낡은 관계와는 다르며 그것을 대신한다. 이런 새로운 관계는 대개 가부장 원리를 약화하는 효과를 발휘한다.

여기에는 봉건제를 남성 지배로 이끄는 주된 요인이 빠져 있다. 생산 및 착취 조직과 가족 조직의 통일, 착취자와 피착취자 사이의 경제외적 관계 등과 같은 요인 말이다. 봉건제가 남성들에 의해 중재되는, 영주나 국가와 가족 사이의 관계를 통해 작동했다면, 자본은 남성이든 여성이든 **개인들**과의 직접적이고 중재되지 않은 관계를 얻기 위해 노력한다. 자본의 관점에서 보자면, 이 개인들은 추상노동의 정체성을 띤다. 낡은 남성 지배 유형을 유지하는 데 관심이 있는 남성들은 자본주의의 남성 지배 해체 효과(가령 점점 더 많은 수의 여성이 가정을 떠나 임금노동 시장에 진출하는 것의 효과)에 **맞서** 남성 지배를 옹호할 수밖에 없다.

자본주의와 경제외적 영역의 축소

이런 것들이 자본주의가 경제적 착취를 경제외적 권력과 정체성으로부터 분리한 다양한 결과다. 자본주의의 이데올로기적 효과에 대해서는 덧붙일 말이 남아 있다. '포스트마르크스주의' 이론가들과 그 계승자들 사이에서는 자본주의적 민주주의가 모든 종류의 자유와 평등을 향한 강력한 이데올로기적 충동을 낳았을 뿐만 아니라 '경제'가 사람들의 경험에서 제한된 중요성만을 가지며, 정치의 자율성과 사회적 정체성의 개방성이 현 서구 자본주의 상황의 본질이라고까지 말하는 게 흔한 일이 되었다. 이런 주장들이 거론하는 듯한 자본주의의 특징을 살펴보기로 하자.

이번에도 역시 역설적으로, 자본주의 사회에서 경제외부재를 평가절하하는 바로 그 특징이 경제외적 영역을 **드높이고** 그 범위를 확대하는 겉모습을 보였다. 자유로운 자본주의야말로 자유와 민주주의의 결정판(역사의 종말은 말할 것도 없다)이라고 장담하는 자본주의 이데올로그들은 이런 겉모습을 현실로 받아들이며, 오늘날에는 좌파 사람들 역시 좋든 싫든 간에 이것을 받아들이는 것처럼 보인다. 확실히 자본주의는 경제 외부에 매우 넓은 자유로운 공간을 남겨두는 것처럼 보인다. 생산은 전문화된 기관과 공장, 사무실 안에서만 이루어진다. 노동시간은 일하지 않는 시간과 뚜렷하게 구분된다. 착취는 법적 무능력이나 정치적 무능력과 형식적으로 결합되지 않는다. 생산과 착취의 틀 바깥에 광범위한 사회관계가 존재하는 것처럼 보이며, 이런 사회관계는 '경제'와 직접 연결되지 않는 다양한 사회적 정체성을 만들어낸다. 사회적 정체성은 이런 면에서 훨씬 더 '열린' 것처럼 보인다. 따라서 경제가 분리됨에 따라 외부 세계의 범위가 더 넓어지고 자유로운 여지가 생겨나는 것처럼 보일지도 모른다.

그러나 사실 자본주의 경제는 경제외적 영역을 잠식하고 좁혀왔다. 자본은 과거에 공적 영역이었던 문제들에 대해 사적으로 통제하게 된 반면, 형식적으로 분리된 국가에 대한 사회·정치적 책임은 포기했다. 생산과 전유의 직접적인 영역 바깥에, 자본가의 직접적 통제 외부에 존재하는 모든 사회생활 영역조차도 시장의 명령과 경제외부재의 상품화에 종속된다. 자본주의 사회에서는 삶의 모든 측면이 철저하게 시장 논리에 따라 결정된다.

자본주의에서 정치에 독특한 자율성이 있다면, 이런 자율성이 전 자본주의 정치의 자율성보다 더 약해야 한다는 중요한 인식이 존재 한다. 경제적인 것과 정치적인 것의 분리 역시 이전에 정치가 맡았던 기능을 분리된 경제 영역으로 이전하는 것을 의미했기 때문에, 정치 와 국가는 경제의 명령과 전유계급의 요구에 오히려 더욱 제약을 받 는다. 여기서 우리는 과거 전자본주의 국가의 사례를 상기해볼 수 있다. 전자본주의 국가는 국가 자체가 '계급과 같은' 만큼, 즉 농민이 생산하는 잉여를 놓고 다른 전유계급과 경쟁하는 만큼 지배계급으로 부터 자유로웠다.

한때는 자본주의의 사회생활이 '경제'의 명령에 독특하게 종속되고 이 명령에 의해 모양 지어진다는 말이 자명한 이치였지만, 최근 좌파 사회이론의 추세는 이런 간단한 통찰을 포기하는 것처럼 보인다. 사 실 요즘의 좌파는 자본주의의 신비로운 겉모습, 즉 자본주의가 유례 없이 경제외적 영역을 해방시키고 풍요롭게 만들었다는 일면적인 환 상에 속아 넘어갔다고 해도 지나친 말은 아니다. 정치의 자율성, 사회 적 정체성의 개방성, 경제외부재의 폭넓은 분배 등이 진실의 일부라 할지라도 단지 일부일 뿐이며, 그것도 작고 모순적인 일부일 뿐이다.

그렇다 하더라도, 전체 현실의 일부만을 보는 경향이 그다지 새로 울 것도 없다는 말을 해야 한다. 이것은 자본주의의 가장 두드러진 특 징 가운데 하나다. 이데올로기적 신비화라는 가면 뒤에 얼굴을 숨기 는 능력 말이다. 이런 특징을 생각할 때 더욱 놀라운 것은 자본주의 가 경제적 착취 및 지배와의 관계에서 이례적으로 **투명하다고** 생각하 는 관습이 생겨났다는 점이다. 흔히 사회과학자들은 전자본주의적 생산양식과 달리 자본주의에서는 계급관계의 윤곽이 명확하게 그려지며, 이는 신분상의 차이라거나 기타 경제외적인 계층화 원리 같은 경제외적 범주에 의해 가려지지 않는다고 말한다. 경제관계의 뚜렷한 윤곽은 더욱 두드러진다. 이제는 경제가 비경제적인 사회관계 속에 한 층위로 묻혀 있지 않기 때문이다. 진정으로 **계급**의식에 관해 말할 수 있게 된 것은 오늘날에 이르러서일 뿐이라고 사회과학자들은 말한다.

자본주의 사회에서 계급의 중요성을 부정하는 이들(계급은 많은 '정체성' 중 하나일 뿐이라고 한다)조차 이런 견해에는 동의할지 모른다. 그들은 자본주의에서 경제 영역의 독자성과 독특한 경제 범주로서 계급의 명확성에 관해 동의할 수 있으며, 나아가 계급의 분리를 **고립**으로 다루고 계급을 외딴 주변부로 밀어낼 수 있다. 사람들이 계급에 속할 수도 있지만, 계급 정체성은 인간 경험에서 제한적이거나 주변적인 중요성만을 가진다는 이유를 대면서 말이다. 사람들은 계급과 무관하고, 계급과 똑같거나 더 많은 결정력을 가진 다른 정체성을 갖는다.

이런 주장에는 일말의 진실이 있지만, 이것은 모순적인 진실의 일면일 뿐이다. 이런 부분적인 진실은 엄청난 왜곡이 될 수밖에 없다. 물론 사람들은 계급 이외의 다른 사회적 정체성을 가지며, 이런 정체성은 사람들의 경험에 강력하게 작용한다. 그러나 이처럼 단순하고 자명한 이치는 우리의 이해를 향상시켜주지 못하며, 경제외적 정체성들이 사회주의 정치나 다른 어떤 해방 프로그램을 건설하는 과정에서 어떻게 나타날 것인지에 관해서도 많은 이야기를 해주지 않을 것이다. 이런 정체성들의 의미가 무엇인지, 사람들의 경험에 관해 무엇을 드러낼 뿐만 아니라 무엇을 감추는지를 명확하게 알지 못하는 한 말이다.

이제까지 사람들은 착취와 계급을 가면으로 가리는 자본주의의 전례 없는 능력에 관해서 너무나도 관심을 기울이지 않았다. 오히려 이런 가면이 가면이라는 사실조차 점점 인정하지 못하고 있다. 마르크스가 지적한 것처럼, 자본주의의 착취는 다른 형태의 착취보다 더 투명하기는커녕 오히려 더 불투명하며, 자본과 노동 사이 관계의 모호함에 의해 가려진다. 자본과 노동의 관계 속에서 부불노동은 임금과 노동력의 교환으로 완벽하게 위장되며, 이를테면 농민이 지주에게 지대를 내는 것과 대조적으로 자본가가 노동자에게 대가를 지불한다. 자본주의적 관계의 고갱이에는 바로 이러한 근본적인 거짓된 겉모습이 존재하지만, 이는 여러 가지 허위 가운데 하나일 뿐이다. 우리에게 익숙한 '상품 물신숭배'는 사람들 사이의 관계에 사물들 사이의 관계라는 겉모습을 부여한다. 시장이 인간들 사이의 가장 기본적인 거래를 중재하기 때문이다. 또한 시민적 평등 때문에 자본주의에는 지배계급이 존재하지 않는다는 정치적 신비화도 존재한다.

이 모든 허위는 이미 낯익은 것이지만, 자본주의적 착취와 부자유가 전자본주의적 지배보다 여러 면에서 불투명하다는 점은 강조할 필요가 있다. 예컨대 중세 농민에 대한 착취는 봉건제에서 농민의 종속성을 법적으로 인정했기 때문에 더욱 가시적이었다. 이와 대조적으로, 자본주의적 민주주의의 법적 평등과 계약의 자유, 노동자의 시민권 등은 경제적 불평등과 부자유, 착취 등의 근원적인 관계를 가릴 공산이 크다. 다시 말해, 자본주의에서 계급의 현실을 드러낼 것이라고 가정되는 경제적인 것과 경제외적인 것의 분리는 오히려 자본주의 계급관계를 신비화한다.

자본주의가 낳은 효과는 바로 지금 계급의 중요성을 부정하는 것이며, 같은 수단을 통해 계급에서 경제외적 찌꺼기를 제거하는 것이다. 자본주의의 효과가 계급이라는 순전히 경제적인 범주를 창조하는 것이라면, 자본주의는 또한 계급이 경제적 범주일 뿐이며 계급이라는 말이 더 이상 통하지 않는 '경제' 너머의 넓은 세계가 존재한다는 겉모습을 창조한다. 이런 겉모습을 가면이 벗겨진 궁극적인 현실처럼 다룬다면 자본주의 분석에서 한 치도 진전을 이룰 수 없다. 이런 입장은 문제를 해답으로 오인하고 장애물을 기회로 착각하는 셈이다. 그렇게 되면 마르크스 이전의 무비판적인 정치경제학보다도 현실을 드러내지 못한다. 이런 신비화를 극복하려고 노력하기는커녕 신비화를 부여잡은 채 정치 전략을 세운다면 필시 자멸하고 말 것이다.

그렇다면 이 모든 사실은 자본주의 사회와 사회주의 기획에서 경제외부재에 대해 무엇을 의미하는 걸까? 요약해보자. 자본주의는 자신이 착취하는 사람들의 사회적 정체성에 대해 구조적으로 무관심하기 때문에 경제외적 불평등과 억압을 폐기할 수 있다. 즉, 자본주의가 이를테면 젠더 억압이나 인종 억압으로부터 해방을 보장해주지는 못하는 한편, 이런 해방의 성취 역시 자본주의의 근절을 보장해주지 못한다. 또한 동시에 경제외적 정체성에 대한 이런 무관심 때문에 자본주의는 특히 효과적이고 유연하게 이런 정체성을 이데올로기적 은폐물로 활용한다. 전자본주의 사회에서 경제외적 정체성이 착취관계를 부각시킬 공산이 컸다면, 자본주의에서는 이런 정체성이 자본주의 특유의 주된 억압 양식을 가리는 기능을 한다. 그리고 자본주의 덕분에 경제외부재의 전례 없는 재분배가 가능해진 반면, 이 과정에서 오히려 그 가치는 평가절하되었다.

그렇다면 사회주의는 어떨까? 사회주의가 저절로 경제외부재의 완전한 성취를 보장해주지는 않을 것이다. 또 저절로 여성 억압이나 인종차별 같은 역사적·문화적 양상의 파괴를 보장해주지도 않을 것이다. 그러나 남성과 여성, 흑인과 백인이 피착취계급으로서 공유하는 억압 형태를 폐지하는 것 말고도 사회주의는 이런 면에서 적어도 두 가지 중요한 일을 하게 될 것이다. 첫째, 사회주의는 자본주의 아래서 여전히 젠더 및 인종 억압을 통해 충족되는 이데올로기적·경제적 요구를 제거할 것이다. 사회주의는 계급사회가 등장한 이래 최초로 지배와 억압의 이데올로기에 의해 사회 체제의 재생산이 향상되기는커녕 오히려 위협받는 사회 형태가 될 것이다. 둘째, 사회주의는 자본주의 경제에 의해 가치가 추락한 경제외부재에 대한 재평가를 가능케할 것이다. 사회주의가 제공하는 민주주의는 '경제'를 공동체의 정치 생활에 재통합하는 것에 기반을 두며, 이런 재통합은 생산자들의 민주적인 자기결정에 경제를 종속시키는 것과 더불어 시작된다.

27

여성의 삶의 군사화

신시아 인로Cynthia Enloe

미국 클라크대학 여성학 교수를 역임했으며 군사주의와 젠더 문제에서 손꼽히는 학자다.『책략: 여성의 삶을 군사화하는 국제 정치Maneuvers: The International Politics of Militarizing Women's Lives』,『니모의 전쟁, 엠마의 전쟁: 이라크 전쟁을 페미니즘적으로 이해하기Nimo's War, Emma's War: Making Feminist Sense of the Iraq War』 등 다수의 저서가 있으며, 국내에『군사주의는 어떻게 패션이 되었을까』(바다출판사, 2015),『바나나 해변 그리고 군사기지』(청년사, 2011) 등이 소개되었다.

지난 수십 년 동안 나는 군대가 어떻게 여성성에 관한 가정과 여성 둘 모두에 의존하는지를 온전히 이해하려면 온갖 종류의 정보를 한데 꿰어 맞추는 수밖에 없음을 깨달았다. 그리고 지금도 놀라운 사실을 배우고 있다.

베트남 전쟁 이후 시대에 미국 대중문화에서 실베스터 스탤론만이 은막 위에서 전쟁을 재현하는 유일한 인물은 아니었다. 골디 혼은 군대에 들어가 새로운 삶을 살아가는 젊은 과부인 벤자민 일병 역할을 맡았다. 영화 〈벤자민 일병Private Benjamin〉이 암스테르담에서 개봉했을 때 유럽의 페미니스트 친구들이 회의적인 반응을 보인 것이 기억난다. 미국 여성들은 정말 그 정도로 의식이 없었나? 정말 군대가 단지 더 많은 고용 기회를 제공한다고 생각했을까? 건설 현장이나 법률 회사의 일자리와 전혀 다를 바가 없는? 그렇지만 당시는 또한 미국 여성 평화운동가들이 펜타곤[미국 국방부 건물]을 리본으로 둘러싸는 동안, 징병에 응하는 젊은이를 찾지 못한 관리들이 남성 대신 여성 지원자를 모집하기 위한 광고를 구상하던 때였다.

군대 **내의** 여성이라는 주제는 언제나 결코 쉽지 않은 화두였다. 쉬울 수가 없다. 성차별주의, 애국심, 폭력, 국가—이런 것들은 모두 독한 술이다. 군대 **내의** 여성은 여성**과** 군대라는 대하소설의 한 장을 위한 초점을 제공한다. 게다가 지금 나는 군대가 군사화 서사의 한 부분일 뿐이라고 어느 때보다도 더욱 굳게 믿는다.

여전히 남성 중심인 군대에서 제한된 수의 여성이 병사로 받아들여질 때 무슨 일이 벌어지는지를 온전히 이해하려면 성매매 여성, 강간 피해자, 어머니, 부인, 간호사, 페미니스트 활동가 등으로서 여성들이 겪는 복잡한 군대 경험을 진지하게 받아들일 필요가 있다. 여성의 군인 역할에만 호기심을 가지는 것은 다른 많은 여성들의 군사화를 정상적인 것으로 다루는 셈이다. 이런 순진한 가정에 빠져버린다면 나 자신의 호기심 역시 군사화되고 말 것이다.

군대가 여성들에게 '믿음직한' 남성의 공급이 부족할 때 병력 부족을 메우는 것보다 더 많은 역할을 요구한다는 나의 확신은 10년 전에 비해 더욱 커졌다. 그렇지만 나는 또한 군대와 군사화된 민간 엘리트 집단이 언제나 열렬하게 추구하는 결과를 얻는 것은 아니라는 현실의 증거에 설득을 당한다.

주류 언론처럼 여군의 매력에 홀딱 빠져서 다른 군사화된 여성들에게 관심을 기울이지 않거나 생각하지 않는다면, 바로 이런 우리의 무관심 때문에 군사화된 관리들이 많은 여성의 희망과 공포와 기술을 영원히 조작하는 능력을 갖게 될 것이다. 군사화된 정부의 조작 능력은 군인 부인들에게 관심 없는 대다수 사람들, 군인 여자친구들의 복잡한 느낌에 '하찮은 것'이라는 딱지를 붙이는 대다수 사람들, 군인 어머니들과 전시 강간 피해자들, 군인을 상대하는 성매매 여성들을 추상적인 민족주의의 상징이나 수치와 배제의 대상으로 바꿔버리는 대다수 사람들에게 의존해왔다. 무관심은 일종의 정치적 행위다.

군대는 여성들에게 의존하지만, 모든 여성이 군사화를 동일하게 경험하는 것은 아니다. 군대는 예나 지금이나 한편으로는 남성 병사들에게 상업화된 성적 서비스를 제공하는 일정한 여성들을 필요로 하며, 다른 한편으로는 군인 가정에서 정조를 지키는 여성들을 필요로 한다. 이와 동시에 경제적 안정을 추구하며 방위 하청업체를 위해 일하는 데 자부심을 느끼는 여성들도 필요로 한다. 때로는 여성이 군대에 복무할 권리를 촉진시키기 위해 페미니스트 로비스트로 활약할 민간인 여성들을 정부가 필요로 하기도 한다.

각기 다르게 군대의 요구를 충족시키는 여성들이 여성이라는 정체성과 심지어 비슷하게 군사화된 처지를 이유로 자신들이 서로 하나로 묶여 있다고 생각하는 일은 좀처럼 없다. 사실 일부 군사화된 여성들은 군사화된 다른 여성들의 행동 때문에 자신들의 체면이나 소득, 직업상의 기회가 위험에 처하는 사태에 직면하곤 한다. 가령 병사 아들을 둔 어머니들은 여성 병사들과 자동적으로 정치적 친밀감을 갖지 않는다. 군인 부인인 여성은 남편에게 부대 주변의 디스코텍에서 일하는 여자들에 관해 좀처럼 묻지 **않는다**. 여군들이 군대 내 성희롱과 동성애 혐오 같은 제도적 장벽을 극복하도록 돕는 활동을 하는 페미니스트들은 군사화된 어머니·부인·성매매 여성 등에게는 많은 관심을 쏟지 않게 마련이다. 평화운동에 정력을 쏟아붓는 여성들은 군사화된 여성 가운데 진지한 지적 관심을 기울일 만한 이들은 전시에 고향에서 쫓겨나거나 강간당한 여성뿐이라고 생각할 것이다. 1980년대에 나는 다양한 군사화된 여성들과 그들의 대변자들 사이의 이런 분리를 거의 당연한 것으로 받아들였다. 반면 오늘날에는 군사화된 여성 집단들 사이의 이런 분리가 어떻게 유지되는지, 그리고 이런 분리를 무너뜨리려는 시험적인 시도가 이루어지면 어떤 일이 벌어질지에 더 관심이 많다. 바로 이런 여성의 군사화 경험의 분리성이야말로 페미니즘 이론화와 전략 수립에 심각한 문제를 제기하기 때문이다.

군사 관리들과 민간인 지지자들은 이 여성 집단들 각각이 특수하고 분리된 것처럼 느끼게 하기 위해서라면 어떤 일도 서슴지 않는다. 군사화된 관리들은 여성들 스스로가 서로를 분리하는 경계를 세우기를 원한다. 군대는 장교 부인들이 사병 부인들을 깔보고, 모든 군인 부인들이 부대 주변 디스코텍에서 일하는 여자들을 깔보는 데 의존한다. 군사화된 민간 관리들은 전쟁에 반대하는 여성들을 의심하게 만들고 그 대신 민족주의 상징으로 써먹기 위해 다른 나라 병사들에게 강간당한 여성들을 필요로 한다. 군대는 여군들에게 의존한다. 여군들은 자신들의 복무가 군인 부인이나 성매매 여성, 심지어 군 간호사의 봉사보다 우월하다고 생각한다. 각각의 여성 집단이 서로에 대해 거리감을 느낄수록, 어떤 집단이든 정치적인 젠더 조작이 어떻게 그들 모두에게 영향을 미치는지를 눈치 챌 가능성은 적어진다. 따라서 군사주의에 관해 생각할 가능성도 줄어든다.

정부 관리들은 이런 분리 시도에서 대단히 큰 성공을 거두고 있다. 어느 나라든 간에 군인 부인들이 군인을 상대하는 성매매 여성들과 연합을 이루거나 여군들과 공동 행동을 하는 경우는 거의 없다. 군 당국이 자신의 이익을 위해 정교하게 구축해놓은 여성성의 이데올로기는 좀처럼 무너지지 않는다.

군대와 정부, 일반 대중의 군 지지자들은 살아 있는 생명으로서의 여성들만을 필요로 하지 않는다. 그들은 관념, 특히 여성성에 관한 관념 또한 필요로 한다. 남성다움의 이데올로기와 행진, 동맹, 무기 등이 군인생활 유지에 중요한 것처럼, '타락한 여자', '애국적 모성애', '부부 간 정절', '인종적 순수성', '국가적 희생', 성적 '체통' 같은 여성화된 관념들도 중요하다. 때로 군대는 매우 독특한 형태의 '해방된 여성' 관념도 필요로 한다.

역설적이게도, 이런 관념들은 B-52 폭격기만큼이나 강력하면서도 동시에 가정의 화합만큼이나 깨지기 쉽다는 사실을 드러내곤 한다. 이런 역설의 동학 때문에 우리 시대의 독특한 이야기가 생겨난다. 바로 군대 성추문이다. 군대에서 성 추문—세계 곳곳의 헤드라인을 장식하는 미군의 추문뿐만 아니라 최근 캐나다, 이탈리아, 칠레, 오스트레일리아 등에서 일어났지만 세계적으로 대서특필되지는 않은 사건들까지—이 터지는 것은 젠더에 관한 관념을 군사적 목적에 활용하기 위해 고안된 미묘한 책략이 혼란스러워질 때, 그리고 이런 혼란이 대중에게 드러날 때다. 여성들로 하여금 군대를 지탱하는 방식으로 행동하고 사고하도록 하는 정치적 노력에 관한 이야기는 이런 역설로 가득 차 있다. 어느 나라 군대의 성별화든 사회에서 가장 강력한 행위자들, 즉 국가 고위 관리들이 일부 포함된다. 하지만 그들은 종종 여성에 대한 통제를 상실하기 직전인 것처럼 행동하며, 때로는 실제로 통제를 상실한다.

　페미니스트들은 여성의 삶의 군사화를 이해하기 위해 지적 에너지와 희소한 조직적 자원을 점점 더 많이 쏟아붓고 있다. 인도 페미니스트들은 왜 그토록 많은 힌두 여성들이 새 정권의 핵무기 실험이라는 민족주의 정책을 지지하는지를 설명하려고 노력한다. 세르비아 페미니스트들은 비폭력적인 형태의 정치적 항의를 전개함으로써 밀로셰비치Slovodan Milošević 정권으로부터 억압받고 있다. 미국 페미니스트들은 미국의 군사주의라는 근본적인 쟁점은 검토하지 않은 채 성희롱을 당하는 여군들을 지원하는 전략을 만들기 위해 분투한다. 오키나와 페미니스트들은 미군 기지에 문제를 제기하기 위해 남성 평화운동가들과 동맹을 건설하려고 노력하며, 이 과정에서 남성 평화운동가들이 미군의 일본 여성 강간을 상징적인 민족주의 쟁점으로 만들게 내버려두지 않는다. 놀랍도록 다양한 군사화 형태에 효과적으로 대응하기 위한 페미니즘 이론과 전략을 만들어내기는 쉽지 않다.

할리우드 영화나 CNN, 북대서양조약기구(NATO)에 등장하는 미군은 무척이나 강력해서 이야기할 만한 가치가 있는 유일한 군대인 것처럼 보인다. 이런 압도적 우위는 위험을 제기한다. 나 같은 사람이 지나치게 단순하게 생각할 수 있는 것이다. 군사 임무에서 여성의 협력을 확보하려는 (흔히 교활하고, 때로는 서투른) 미군의 노력을 특집기사로 다루면 또다시 미군이 분석 영역의 중심에 자리 잡게 된다. 악당의 원형이든 아니면 의심쩍기는 하지만 근대성과 계몽의 전범이든 간에 말이다. 내가 보기에 이처럼 미국을 중심에 두는 것은 분석적으로 위험하다.

20세기 초에 미군은 군사화된 여성이라는 역할과 관념을 창조하는데서 분명히 탁월한 모습을 보였다. 최근 대서양을 가로지르는 비행기에서 30대 후반의 유쾌한 남자 옆자리에 앉은 적이 있다. 우리는 몇마디 나누고는 각자의 배낭에 담긴 내용물에 정신을 몰두했다. 남자는 7시간 비행이라는 의례행사에 꽤나 익숙해 보였다. 이골이 난 사람처럼 보였다. 우리는 기장이 런던 히드로 공항에 곧 도착한다고 알린 뒤에야, 즉 상대방의 비행 중 공상을 방해하지 않을 것이라는 확신이 든 뒤에야 대화를 나누기 시작했다. 남자는 영국의 집으로 돌아가는 중이었다. 냉전 이후 해외 기지 폐쇄에서 살아남은 대규모 미군 기지중 하나였다. 아프리카계 미국인인 남자는 군대에서 경력을 쌓아 상사까지 진급했고, 자신이 가정적인 남자로서도 훌륭한 삶을 살았다고 생각했다. 부인 역시 남편이 직업 군인인 것을 좋아했다. 그렇지만 요즘 들어 한 달 정도 장기 출장을 자주 나가도 부인이 신경 쓰지 않는다고 털어놓았다. 남자는 훈련 교관이었다. 소련이 몰락하고 유고슬라비아가 붕괴된 이래 교련 기술은 특히 인기가 좋았다. 이미 리투아니아의 새로운 군대를 훈련하는 것을 도운 경험이 있는 그는 이제 막 슬로베니아 출장을 마무리하는 참이었다. 미군은 자신을 모델 삼아 그대로 모방할 것을 제안하고 있었고, 많은 새로운 정부를 책임지는 관리들은 미국의 제안을 받아들이고 있었다.

냉전 이후 세계에서 미군이 물리적으로나 이데올로기적으로나 대단한 영향력을 발휘하기 때문에, 여성에 대한 미국의 관념 조작과 이런 군사화된 관념이 많은 여성들에게 미치는 호소력에 특별히 관심을 기울일 필요가 있다. 1990년대 말에 미군은 해외 파견 교관만이 아니라 미국 고유의 에이즈 예방과 평화 유지 방식까지도 제공했다. 미국은 또한 세계 최대의 무기 수출국이 되었다. 이런 국제적인 군사 프로그램은 모두 남성과 여성에게—군복을 입은 여성뿐만 아니라 군인과 함께 사는 여성과 군사기지 바깥의 디스코텍에서 일하는 여성에게도—무엇을 기대해야 하는지에 관한 미국적 관념을 수출하는 장소를 제공한다.

그렇지만 미국의 페미니즘이 다른 것처럼, 이 모든 영향력에도 불구하고 미군은 다르다. 내가 미국 여성들이 부인, 성매매 여성, 군인, 간호사, 어머니, 페미니스트 등으로서 겪은 군사화 경험을 영국, 러시아, 독일, 구 유고슬라비아, 칠레, 캐나다, 필리핀, 르완다, 인도네시아, 남아공, 이스라엘, 한국, 베트남, 일본 여성들의 경험과 비교하는 것은 이런 차이를 강조하기 위함이다. 현재 미군이 아무리 두드러지더라도 비교적인 탐구가 필요 없는 것은 아니다. 새로운 세기를 맞은 지금, 미군의 절대적 우위 때문에 광범위한 탐구는 더더욱 시급한 기획이 되었다. 오늘날 성별화된 군사화 과정은 국제적으로 작동한다. 따라서 우리의 호기심 역시 국제적으로 발전시킬 필요가 있다.

군사화에 대한 페미니즘 특유의 행동 형태로 나아가는 경로 가운데는 많이 거론되는 미국의 자유주의 페미니즘 경로와 무척 다르게 보이는 것들도 있다. 예컨대 영국의 여성운동가들은 군대에서 영국 여성들의 역할을 확대하기 위해 낳은 시산과 정치적 에너지를 쏟지 않았다. 영국 여성 의원들 가운데에는—1997년에 남성 중심 영역이던 하원에 160명의 여성이 대거 진출하여 축하를 받은 뒤에도—최근 은퇴한 퍼트리샤 슈로더Patricia Schroeder에 맞먹는 인물이 전무하다. 영국 여성 하원의원 중 어느 누구도 여성을 영국 군대의 동등한 일원으로 승격시키는 데 자신의 정치적 명성을 쏟아붓지 않았다. 1990년대 말 영국 하원에서 그것은 정치적 우선 과제가 아니었다. 마찬가지로, 자기가 사는 도시의 안팎에 주둔한 두 나라 군대—자국 군대와 외국 군대—의 남성들에 대처해야 했던 것은 미국 여성이 아니라 영국과 독일, 한국과 오키나와의 여성들이었다. 그 결과, 이 나라들의 페미니스트들은 군사화·젠더화된 민족주의에 관해, 그리고 외국 군인들의 자국 여성 학대에 맞서 지역 특유의 남성화·민족화된 군사주의를 되살리는 방식으로 운동을 조직하는 시도의 함정에 관해 미국 페미니스트들에게 가르침을 주고 있다. 미국 여성들은 많은 것을 배워야 한다.

오늘날 미국 페미니스트들은 국제적 초강대국 여성들로서 받아들이기 힘든 교훈을 이제 막 흡수하기 시작했다. 다른 나라 여성들의 젠더화된 경험과 그들이 발전시킨 페미니즘 이론을 진지하게 받아들이지 않는다면, 미국 페미니즘의 분석과 전략은 힘을 얻지 못할 것이다. 한 예로, 미국에서 충분히 발달한 가정폭력 반대 운동은 뒤늦게야 자국 군사기지에서 폭력 문제를 다루기 위해 분투했다. 칠레에서는 그 과정이 정반대였다. 칠레 페미니스트들은 1980년대에 억압적인 군사 정권을 몰아내기 위한 운동에 용감하게 참여했고, 그 뒤 일반 사회에서 가정폭력 문제를 제기했다. 그 결과 미국 페미니스트들은 가정폭력을 중단시키는 데 엄청난 에너지를 쏟아붓고 있지만, 대다수 페미니스트들은 자국의 군사 정책을 '자신들의 문제'로 보지 않는다. 이와 대조적으로 오늘날 칠레 페미니스트들은 군사주의에 관해 끊임없이 분석적으로 사고한다. 여성혐오적 폭력에 관심이 있기 **때문**이다. 새롭게 국제화된 호기심은 또한 여러 질문을 제기한다. 예컨대, 미국 어머니들은 왜 1995년과 1996년에 수많은 러시아 어머니들이 했던 일을 하지 않을까? 체첸 같은 교전지역을 찾아가 그들이 부당한 군사작전이라 생각하는 현장에서 병사 아들들을 구출하는 일 말이다. 새로운 세기의 아침은 편협한 사고를 용납하지 않는다.

28

민주화
: 공공 영역의 젠더화된 어긋남에 관한 고찰

메리 E. 혹스워스Mary E. Hawkesworth
럿거스대학 정치학·여성학 교수이자『사인: 문화와 사회 속의 여성 저널
Signs: Journal of Women in Culture and Society』편집인.『페미니즘의 질문: 정
치적 신념에서 방법적 혁신으로Feminist Inquiry: From Political Conviction to
Methodological Innovation』,『세계화와 페미니즘 행동주의Globalization and
Feminist Activism』등의 저서가 있다.

정치인, 정치학자, 정치이론가 등은 민주화를 20세기 후반의 유례없는 업적 가운데 하나로 꼽고 있다. 가장 초보적인 형태의 민주화는 다양한 유형의 권위주의 체제와 명령 경제에서 자유민주주의와 자본주의로 이행하는 것으로 정의된다. 아프리카, 아시아, 동유럽, 라틴아메리카, 러시아 등에서 민주화는 관료적 권위주의나 군사독재, 국가사회주의였던 체제가 선거 거버넌스 체제elective system of governance와 자본주의 시장으로 옮겨 가는 이행 과정으로 특징지어진다(Saint Germain 1994).

민주적 거버넌스란 인간의 존엄성을 존중하고, 개인에게 권리와 면책을 부여하고, 정부 관리들의 권력 남용을 방지하고(또는 권력을 남용하는 정부를 끌어내리기 위한 방법을 제공하고), 개인 자유를 촉진하고, 정치적 이익을 얻기 위한 집단행동을 장려하고, 정치 혁신을 위한 기회를 제공하고, 시민이 정부에 책임을 물을 수 있는 기제를 유지하는 것이라고 배워온 모든 사람에게 민주화는 정말이지 찬양할 만한 성취로 보인다. 일정한 시민 자유(사상·표현·언론·결사의 자유, 특정한 형태의 정부 권력 남용으로부터의 자유, 투표 및 입후보를 통해 정치에 참여할 자유)를 헌법으로 보호함으로써 시민의 기본적인 자유를 확립하고, 일정한 생활수준을 국가가 보장하는 폭넓은 권리 부여와 법치를 통해 기본적인 공정성을 제공하는 것은 분명히 진보를 증명하는 듯 보인다. 일부 국제관계 학자들이 주장한 바, 20세기에 민주 정부끼리 서로 전쟁을 벌이지 않았다는 맥락에서 보자면, 세계 곳곳에서 민주주의가 성장한 사실은 국제 문제에서 새로운 평화의 시대를 약속하는 것처럼 보인다.

민주화에 대한 이런 낙관적인 기대를 감안할 때, 최근 페미니즘 학자들이 발견한 사실은 어떤 충격으로 다가온다. 세계 곳곳의 여성의 삶에서 수집한 증거를 살펴보면, 민주화는 자원과 책임의 젠더화된 재분배로 이어졌고 여성들의 삶은 오히려 악화되었다. "중부 유럽과 동유럽에서 민주 선거가 치러졌을 때 여성의 의회 참여도는 가파르게 떨어졌다. …… 폴란드, 체코슬로바키아, 헝가리 등에서는 여성 국회의원 비율이 1987년 20~30퍼센트에서 1990년에 10퍼센트 이하로 떨어졌다"(Jaquette and Wolchik 1998: 10쪽). 1995년 선거에서 여성 국회의원 비율은 체코공화국 10퍼센트, 슬로바키아 18퍼센트, 헝가리 11퍼센트, 폴란드와 불가리아 13퍼센트였다(Jaquette and Wolchik 1998: 11쪽). 라틴아메리카에서도 여성의 선출직 비율은 대단히 낮았다. 국회의원 비율은 브라질 5퍼센트, 페루 9퍼센트, 아르헨티나 14퍼센트 등이었다(Jaquette and Wolchik 1998: 11쪽). 200년간 페미니즘 정치 동원이 이루어졌음에도 불구하고 여성은 세계 여러 나라에서 공직의 12퍼센트 이하를 차지하고 있다. 여성이 국회에 단 한 명도 진출하지 못한 나라도 100여 개에 달한다(Nelson and Chowdhury 1994).

민주화의 경제 지표 또한 당혹스럽다. 유엔의 1997년 인간발전보고서는 100여 개 나라의 경제 상황이 현재보다 15년 전이 더 좋다고 지적한다. 중부 유럽과 동유럽에서는 여성 실업률이 급등했다.* 보육

---

* 옛 소비에트권의 일부 지역에서는 민주화 직후에 여성 실업률이 80퍼센트에 달했다. 러시아에서는 10년 뒤에도 대다수 여성이 유급노동에서 밀려나 있었다(Jaquette and Wolchik 1998; Sperling 1998 등을 보라).

시설에 대한 접근성과 재생산의 자유가 크게 제한되었기 때문이다(Bystydzienski 1992; Rai, Pilkington and Phizacklea 1992). 에이즈의 위험이 만연한 상황에서도 전 지구적인 '여성 인신매매'가 급증함에 따라 일부 동유럽 여성들은 생존 수단으로 성매매에 의지하고 있다. 아프리카, 아시아, 라틴아메리카에서는 1970년대 이래 구조조정 정책이 시행되면서 사회 지출이 급격하게 줄어들었고 그 결과 여성과 아동의 빈곤화가 더욱 심해졌다. 유엔여성개발기금(UNIFEM)에 따르면, 여성은 세계 빈곤 인구 13억 중 거의 70퍼센트를 차지한다. 1990년 빈곤한 삶을 살아가는 농촌 여성 5억 6,400만 명은 1970년에 조사된 빈곤 여성 수보다 47퍼센트 늘어난 것이다. 전 지구적 경쟁에 임금이 하향 압력을 받는 가운데 구조조정 정책으로 인해 여성들이 임금노동에 참여하는 비율은 높아지고 있다. 요컨대 여성들은 유급노동에서 더 많은 시간을 일하고, 비공식 부문에서 결정적인 역할을 하며, 점점 더 많은 가족 부양 책임을 지고 있다. "이러한 노동 양상의 변화는 가정 내의 젠더관계에서 여성에게 항상 유리하지만은 않은 영향을 미친다"(Craske 1998: 106쪽).

전 지구적 운동으로서 페미니즘의 힘이 점점 커져가는 시기에 우리는 민주화의 젠더화된 어긋남gendered dislocation을 어떻게 이해해야 할까? 민주주의를 인간의 존엄성을 존중하고, 개인에게 권리와 면책을 부여하고, 개인의 자유와 발전을 촉진하고, 정치적 이익을 얻기 위한 집단행동을 장려하는 거버넌스 양식으로 이해한다면, 왜 이토록 젠더화된 결과가 뚜렷한 것일까? 그리고 도대체 어떻게 주류 사회과학자와 정치인, 언론의 눈에는 이런 노골적인 불공평이 전혀 보이지도 않고 관심 밖에 있는 걸까?

사회과학자들이 점증하는 정치·경제적 불공평을 눈치 채지 못하는 것은 사회과학 분야에서 신뢰받는 분석 개념들에 담긴 이데올로기적 맹점과 관계가 있는 듯하다. 민주주의 같은 정치의 핵심적인 개념에 대한 대중의 이해와 사회과학의 정의 사이에는 심연이 가로놓여 있다. 한 예로, 18세기 이래 자유주의 정치이론가들은 인구 규모나 시간적 제약, 시민들의 제한된 지식이나 관심, 안정의 필요성 같은 실용적인 고려 때문에 민주주의를 대의정부 체제로 이해할 수밖에 없다고 판에 박힌 주장을 펼쳤다. 사회과학 안에서 '인민의, 인민에 의한, 인민을 위한 지배'라는 민주주의 개념은 자유롭고 공정한 선거에 인민이 참여해서 선출된 엘리트의 지배를 뜻하는 민주적인 엘리트주의 개념으로 대체되었다. 주류 사회과학자들은 총리/의회제와 대통령/공화제가 한 점에서 수렴된다고 자신만만하게 주장한다. 현대에 유의미한 민주주의는 인민이 선출한 엘리트에 의한 지배와 동의어인 것이다. 따라서 사회과학자들은 민주주의의 운영 지표로서 '자유롭고 공정한 선거'의 존재에 초점을 맞추는 경향이 있다. 하지만 '인민의 선거 참여'에 초점을 맞추는 주류 사회과학자들은 놀랍도록 몰성적 gender-blind이다. 남성의 정치 행동을 검토하면서 시민에 대한 주장을 펼치기 때문에 유권자나 후보, 선출직 관리로서 여성의 참여는 사라진다. 주류 학자들이 민주화의 젠더화된 어긋남을 간파하지 못하는 건 젠더 위계를 정상적 상태로 보는 선입견과 젠더에 무감각한 연구 방법 때문일 것이다. 정치적 변화에 관한 학문적 설명에 입각해서 분석을 하는 언론과 정치인들도 사정은 마찬가지다. 그런데 우리는 젠더화된 어긋남 자체를 어떻게 이해해야 할까? 왜 민주화는 여성들을 더욱 어렵게 만드는 것일까?

페미니즘 이론은 민주화의 젠더화된 어긋남에 기여하는 일부 요인들을 이해하는 데 도움을 줄 수 있다. 페미니즘은 주류 정치 이론과 사회과학 접근법의 '중립성', '객관성', '포용성'에 관한 주장이 매우 의심스러움을 보여준 바 있다. 인문학, 사회과학, 자연과학 내에서 페미니즘 비평의 특징은 각종 이론과 방법론, 실증적 조사 결과에서 남성중심주의를 확인하는 것이었다. 남성중심주의라는 개념은 가정, 개념, 신념, 주장, 이론, 방법, 법률, 정책, 제도 등이 모두 '젠더화'되어 있음을 시사한다. 암묵적으로나 공공연하게 한 성별을 특권시하면서 다른 성별을 희생시킬 수 있는 것이다.* 사회적 실천은 다양한 방식으로 젠더화될 수 있다. 여성의 참여를 가로막는 배제적 실천은 젠더화된 스펙트럼의 가장 공공연한 극단에 위치한다. 하지만 공식적으로 '몰성적'이거나 '젠더 중립적'이거나 '동등한 기회' 역시 젠더화될 수 있다. 전형적으로 여성이 아니라 남성과 결부된 경험에 뿌리를 두거나 특정한 요인들 때문에 같은 절차를 따르더라도 남성에 비해 여성이 동일한 성과를 이루기가 더 어려운 경우에 말이다.

민주화와 결부된 많은 과정이 젠더화된다. 민주화되는 나라들에게 모방할 것을 촉구하는 자유민주주의 모델은 유럽-미국의 경험에서 도출된 것이다. 하지만 가장 선진화된 서구 자유민주주의 체제 역시 성평등 분야에서는 초라하기 짝이 없는 기록을 보여준다. 사회민

---

* 원칙적으로 따져보면 젠더화된 실천은 남성이나 여성을 특권화할 수 있다. 그러나 남성 지배의 역사는 다양한 사회 영역에 걸쳐 남성 권력의 체계적인 우위로 귀결되었다. '젠더화'라는 페미니즘의 용어는 이런 남성 권력의 우위를 반영한다. 그러므로 페미니즘의 일반적인 용어법에서 젠더화된 실천은 남성중심적 실천과 동의어이다. 이런 등식은 또한 남성을 무표 unmarked/보편으로, 여성을 유표marked/기타로 나타내는 언어학 용어에 의존한다. 이런 틀 안에서 이른바 중립적이고 포용적인 용어인 '젠더'는 보편적/남성적 규범을 반영한다.

주주의 범주에 포함되는 스칸디나비아 국가들을 예외로 치면, 자유민주주의 국가의 권력 지위에서 여성은 철저하게 과소 대표된다. 입법부에서 겨우 12~21퍼센트만을 차지하는 것이다. 선진 자본주의 국가(가령 G7 국가)의 여성들은 여전히 매우 낮은 유리천장을 맞닥뜨리고 있다. 교육과 전문직 경험으로 기업 부문 고위직에 진출할 수 있는 여성은 극소수에 불과하다. 기업 부문 고위 경영직 중 여성이 차지하는 비율은 5퍼센트에 미치지 못한다. 선진 자본수의 국가 내 경제 스펙트럼의 반대편 극단에서는 여성들이 빈곤층을 과잉 대표한다. 예컨대 미국에서는 여성과 그들의 아이들이 빈곤층의 80퍼센트를 차지한다. 세계 어느 나라보다도 높은 수치다.

민주화하는 나라들이 자본주의 경제 내의 남성 지배형 민주 엘리트주의라는 유럽-미국 모델을 따라 하려 한다면, 여성이 남성에 비해 불리한 것은 전혀 놀랄 일이 아니다. 민주화하는 나라들에게 이행의 길잡이로 제시되는 수단들 중 다수는 페미니즘 학자들로부터 젠더 불평등을 영속화한다는 비판을 받아왔다.

현재 민주주의 공고화에 관한 조언을 제공하는 컨설턴트들은 '근대화 이론'에 크게 의존하고 있다. 근대화 이론은 자본주의 자체를 통해 자유민주주의가 생겨나고 그 결과로 여성의 지위가 올라갈 것이라고 가정한다. 이런 견해에서 보자면, 여성을 근대 노동력에 통합시키는 것이 여성 해방을 위한 토대로 간주된다. 이런 가정의 바탕에는 근대적 생산 방식이 대의정부에 대한 책임 등의 근대적 신념 체계를 낳을 것이라는 믿음이 자리 잡고 있다. 특히 근대적 기계 기술을 채택하면 합리성, 보편주의, 평등주의 등의 규범이 장려될 것이고, 이런 규범들은 다시 이동성과 성취를 낳을 것이라고 기대된다. 원칙적으로 이런

'근대' 사회의 규칙들은 젠더 같은 귀속성 기준이 개인의 사회경제적·정치적 지위를 결정하는 요인으로 작용하는 것을 부정한다. 더불어 기술 발달로 생산이 육체적 힘에 좌우되지 않음에 따라 여성들을 위한 기회가 확대되리라는 기대가 퍼져나간다. 고용 기회가 확대되면서 여성들의 열망과 기대도 더욱 커지며, 여성들은 자신의 경제력을 인식하기 시작한다. 이런 관점에서 보면, 여성이 근대 산업경제에 편입되면서 사고의 개방성이 커지며, 그 결과로 '사회적으로 가치 있는' 생산 영역과 국가기관 참여에서 여성의 배제를 정당화한 가부장 이데올로기가 허물어진다.

근대화 이론을 특징짓는 가정들(즉 근대화 과정은 직선적·누적적·확장적·확산적이며 기본적으로 근대/전통 가치의 이분법에 따라 진행된다는 가정들)이 민주화 역시 특징짓는다. 이 모델에 따르면, 개발도상국의 젠더 불평등에 대한 처방은 법적·제도적 개혁뿐이다. 개발도상국이든 선진국이든 남성과 여성 간의 눈에 띄는 차이는 이 모델의 확산적 요소가 제대로 기능하지 못한 결과일 뿐, 민주화 과정이나 그 중심에 있는 경제 구조조정의 문제가 아니라는 것이다.

발전과 여성을 연구하는 페미니즘 학자들은 근대화 이론의 가정들이 남반구의 발전 프로젝트에서 입증되지 않는다는 사실을 발견했다(선진국의 경우도 사정은 마찬가지다). 여성의 산업 생산 참여는 전통적인 신념 체계나 여성 종속 양상과 공존할 수 있다. 실제로 여성을 산업 생산에 포함시키더라도 굳이 전통적인 역할 수행에서 밀어낼 필요는 없다. 페미니즘 정치경제학자들은 공식 경제와 비공식 경제, 생계 경제subsistence economy의 동시 성장을 기록하는 작업을 진행 중이다. 남반구와 구 소비에트권의 많은 여성들은 경공업 일자리와 비공식 부문 내에서의 광범위한 용역 제공, 가족의 생존을 위한 먹거리를 생산하는 생계형 농업 등 세 가지 일에 동시에 종사한다. 이렇게 '3교대일'을 한다고 해서 기존의 여성 종속 양상이 도전받지는 않는다. 페미니즘 학자들은 또한 '발전'이 직선적·누적적인 것과는 거리가 멀다는 사실을 입증하고 있다. 사회 이행의 한 영역에서 진보가 조금 이루어진다 해도 다른 곳에서 퇴보가 나타날 수 있다. 한 예로, 여성의 경제적 독립성이 커지는 것과 동시에 가정폭력이 승가하는 상황을 생각해 보라.* 또는 남아공에서 아파르트헤이트에 맞서 싸웠던 일부 젊은 남성 활동가들의 놀라운 변신을 보라. 1995년 이래 이 활동가들은 남아공강간자협회South African Rapists Society라고 이름을 바꾸고는 여성에 대한 성폭력을 '박탈된 정치적 에너지'의 배출구로 삼았다.[1] 근대화 이론의 가정과는 정반대로, 남아공 여성들이 아프리카민족회의African National Congress(ANC) 정부 아래서 인상적인 정치 세력화를 이루고 새로운 헌법이 제정된 뒤 의회에 대거 진출한 한편에서 여성에 대한 폭력 역시 엄청나게 늘어났다. 실제로 오늘날 남아공에서 벌어지는 여성에 대한 폭력은 세계 최고 수준에 달한다. 친밀한 관계의 60퍼센트가 폭력을 수반하는 것이다.

근대화 이론은 또한 남반구에서 발전 프로젝트를 실행하는 서구인

---

* 이와 같은 여성에 대한 폭력 증가를 이해하려면 훨씬 더 많은 연구가 필요하다. 가정폭력 문제는 1970년대에 이르러서야 정치적으로 다루어졌기 때문에, 폭력 발생이 어느 정도 증가했는지, 신고율 증가와 경찰의 변화된 대응이 이런 외견상의 증가와 어느 정도 관련이 있는지를 파악하기란 쉽지 않다. 민주화가 진행 중인 몇몇 나라에서는 현지 페미니스트 활동가들이 경제적 부담과 관련된 남성의 좌절감 증대가 가정폭력 증가로 이어진다고 주장하고 있다. 한편 가정폭력 증가를 여성의 독립성 증대에 대한 일종의 '반격'과 연결 짓는 이들도 있다.

들이 산업·농업 발전 프로젝트에서 훈련생과 직원을 뽑는 과정에서 서구적인 남성 지배 양상을 얼마나 고스란히 되풀이하는지를 인정하지도 않는다. 농사가 남성의 일이라는 서구 발전 '전문가'의 가정 때문에 생계형 여성 농민들은 한편으로 밀려났고, 대규모 기아와 환경 위기가 확산되는 사태가 벌어졌다. 여성들이 생계형 작물을 농사짓던 땅을 남성이 통제하는 수출용 작물 생산으로 돌렸기 때문이다. 각국이 생산성과 수출을 증대하는 한편, 국제적인 채무 위기에 대한 대응으로 발전한—정부 사회복지 지출을 줄이도록 요구하는—구조조정 정책과 토지에 대한 법적 소유권을 남성에게 부여한 식민지 토지 정책, 오도된 발전 정책으로 인해 남반구 농촌 지역에서 식량·연료·식수 위기가 벌어지고 있다. 이 때문에 여성들의 삶은 한층 더 곤란해진다. 페미니즘 학자들이 지적하듯이 근대화 이론의 바탕을 이루는 가정이 터무니없는 오류인 상황에서도 서구 '전문가들'은 민주화 과정의 일환으로 근대화 이론의 핵심 기조를 채택하도록 계속 권고하고 있다. 그 결과, 민주화는 젠더화된 숙련과 탈숙련 양상, 정치적 권리와 경제적 기회의 젠더화된 차이, 성에 따른 정치적 가시성과 비가시성 등을 낳는 한편 시민 정체성을 공공연하면서도 암묵적으로 재젠더화하고 있다(Alvarez 1990; Funk and Mueller 1993; Jaquette 1989; Miller 1991; Nelson and Chowdhury 1994; Radcliffe and Westwood 1993; Saint Germain 1994; Peterson and Runyon 1999).

최근 연구에서는 많은 학자들이 민주화의 성공을 보장하기 위한 '시민사회' 발전의 중요성을 강조하고 있다. 서구 민주화 전문가들의 연구에서는 보통 시민사회를 조직적인 시민 행동을 위한 수단을 제공하는 자발적인 조직과 이해 집단 영역으로 파악한다. 시민사회 양성은 유익한 것이라고 말해진다. 시민들이 인종, 계급, 종족, 젠더의 구분을 가로질러 마음이 맞는 사람들과 유대하기를 촉진하고 자신의 이익을 도모하기 위해 조직하도록 장려하기 때문이다. 사적인 이익단체는 국가 외부의 대안적인 권력 중심을 창출하고, 지도력을 배우고, 정치기술을 발전시킬 기회를 제공하며, 정치적 소통 수단뿐만 아니라 정부의 정책 수행을 추적하고 책임을 묻기 위한 메커니즘까지도 제공할 수 있다. 민주화에 관한 대중적인 해석이 그렇듯이, 시민사회에 대한 이런 설명도 한결같이 유익하게 들린다.

시민사회에 관한 논의는 지난 10년간 줄곧 확산되었다. 일부 주석가들은 정부기관에 포함되지 않는 시민·경제·종교·임의 단체 모두를 포괄하는 넓은 의미로 시민사회라는 용어를 사용한다. 이런 포괄적인 정의는 권위주의 정치 체제가 몰락한 직후에 수많은 단체가 등장한 것을 설명하는 데는 도움이 된다. 그러나 미국 민주화 전문가들의 논의를 지배하는 시민사회 개념은 더 협소하고 다원주의적인 유형이다. 홉스, 로크, 흄, 매디슨, 헤겔, 토크빌 같은 이론가들의 가정을 통합한 이 협소한 시민사회 개념은 페미니즘 학자들이 우려할 이유가 충분하다. 고전 자유주의와 공화주의의 시민사회 개념을 특징짓는 인간 본성 개념에 대한 페미니즘의 비판은 핵심 개념 일부분이 미묘하면서도 썩 미묘하지 않은 방식으로 젠더화됨을 지적한다(Brown 1988; Di Stefano 1996; Hirschmann 1992; Scott 1996; Tronto 1993). 이런 논의에는 사적 이익을 추구하기 위해 타인들과 유대를 형성하는 자기 이익 극대화 추구자로서의 자율적인 개인이라는 관념이 항상 따라붙는다. '자수성가한' 개인을 가족이나 공동체와 전혀 유대가 없는 사람으로 해석하면 결사를 순전히 도구적인 것으로 보는 관념이 생겨난다. 개인은 자신에게 이익이 되는 집단에만 참여하며 이런 목적을 충족시키지 못하는 집단은 저버린다. 사적 이익의 추구를 시민사회에 속한 개인의 주된 관심사로 가정하면, 정치 자체가 이익 타협이라는 제한된 공적 과정으로 도구적으로 해석된다.

페미니즘 학자들은 시민사회와 정치에 대한 도구적 모델의 근원에 자리 잡은 철저한 개인주의가 여성의 경험이나 시민의 생애주기 및 요구, 또는 사회 집단에 참여하는 고유한 이유에 관한 여성 정치활동가들의 신념과 근본적으로 충돌한다고 지적한 바 있다(Hirschmann 1992; Flammang 1997; Jaquette and Wolchik 1998). 민주화와 관련된 젠더화된 어긋남을 보면, 철저한 개인주의와 도구적 정치를 장려하는 '과학적' 담론들의 생산력과 배제 효과를 검토해야 하는 이유가 충분하다. 라틴아메리카와 중부 유럽, 동유럽의 여성과 민주화를 다룬 훌륭한 연구에서 제인 자켓Jane Jaquette과 샤론 월칙Sharon Wolchik은 여성들이 민주화 초기의 가장 위험한 단계에 적극적으로 참여했다고 지적한다. 여성들은 억압적인 정권에 맞서 조직을 이루고, 정치 체제 변화를 요구하는 시민들을 결집시켰으며, 권위주의 통치에 공개적으로 대항했다. 이 같은 민주화의 결정적인 단계에서 여성들은 자신들의 정치적 역할을 자율적인 개인의 역할과는 매우 다른 것으로 이해했다. 아르헨티나의 5월광장어머니회Mothers of the Plaza de Mayo처럼, 여성들은 가족의 성원으로서 정치 영역에 나서면서 자기 이익이라는 범주에 포함될 수 없는 의무와 열망을 추구했다. 여성들은 자신들의 정치적 기획이 사적인 이익집단의 활동과 무척 다르다는 점을 이해했으며, 개인적인 이익이 아니라 정치활동의 실체와 양식을 모두 바꾸는 훨씬 폭넓은 사회적 목표를 추구했다(Jaquette and Wolchik 1998:

13쪽).

민주화 전문가들의 시민사회 모델에 끼워 맞추기 위해 이런 용감한 여성 활동가들의 자기 이해를 부정하고 그들의 정치 참여를 일종의 '계몽된 자기 이익' 범주로 포괄하는 대신, 민주화 후기 단계에서 여성들이 모습을 감춘 현상과 관련하여 여성들의 자기 이해에 담긴 함의를 고찰하는 것이 유용하다. 자켓과 월칙은 라틴아메리카와 중부 유럽, 동유럽에서 구체제가 몰락한 뒤의 '민주주의 공고화' 시기에 여성들이 정치활동에서 밀려난 현상을 상세히 서술한다. 이 같은 여성의 추방을 추적하면서 자켓과 월칙은 여성들이 점차 사라진 것은 전통적인 정당기구와 정치인-피후견인 관계의 부활과 연결 지을 수 있다고 지적한다. 구체제를 전복하는 데서 결정적인 역할을 한 대규모의 시민 참여 연합이 밀려난 것이다. 현실에서 정당의 모습은 무척 다양하지만, 미국의 민주화 전문가들이 장려하는 유형의 정당은 미국 정치에 특유한 당, 즉 '비이데올로기적'이고 무규율적이며 '실용적인' 이익 타협 정당이다.* 여성학자와 정치학자들은 이런 정당이 일반 시민에 비해 여성의 정치 참여에 더 적대적이라는 증거를 상당수 축적해 놓고 있다. 따라서 민주화의 젠더화된 어긋남을 낳은 원인 중 일부는 민주화 전문가들이 경쟁 선거에 필수적이라고 요구하는 이익 타협형 정당 활동이 부활한 탓으로 돌릴 수 있다. 이러한 정당 활동의 부활은 희망의 소멸을 의미하기 때문이다. 다른 종류의 정치―참여적이고 사회정의 지향적이며 자기 이익과 돈에 덜 의존하는 정치―에 대한 여

---

* 이런 정당은 유럽의 많은 사회민주주의 국가에 특유한 강령 중심의 규율적 정당과 대조를 이룬다.

성들의 희망은 낡은 (그리고 전통적으로 여성에게 적대적인) 정치 조직의 제도화와 더불어 뿌리가 뽑힌다. 정당들에 의해 모아지는 여성의 '이해'는 그 과정에서 '길들여지고' 변혁적인 내용을 박탈당한다. 정당들은 이해를 결집시키기 위해, 즉 보수적인 남성과 여성을 비롯한 광범위한 유권자들에게 호소할 수 있는 정강을 고안하기 위해 노력하기 때문에, 재생산의 자유라든가 경제정의 같은 '합의를 모으기 힘든 쟁점'은 당의 의제에서 제거할 필요가 있다(Valenzuela 1998). 실제로 이익 타협주의 정당들은 정치에서 정의의 문제를 다뤄야 한다는 많은 자율적인 여성운동의 주장을 이유로 들면서 여성들을 정치에 통합하는 데 저항하고 있다. 특히 핵심적인 의사결정 지위에서 여성을 배제한다. 정당의 남성 엘리트들은 '정치적 현실주의'의 요구와 '타협'의 필요성에 호소하면서 실용주의가 부족하다는 이유로 여성 후보자를 거부할 수 있다. 여성의 '우월한 윤리 기준'에 대한 칭찬은 이 같이 여성을 주변화하는 데 기여할 수 있다. 전통적인 정당들은 정치가 윤리적 순수주의자들이 경쟁하는 장이 아니라고 주장하기 때문이다. 신자유주의의 깃발이 휘날리는 가운데 노련한 정당 간부들은 정부의 역할이 사회정의가 아니라 '자립 전략'을 양성하는 것이라고 주장하기 쉽다(Craske 1998).

민주주의의 공고화는 또한 여성들에게 효과적이고 심지어 가능하다고 여겨지는 정치 참여 유형의 변화를 특징으로 한다. 민주화 초기 단계에서 여성들은 계급과 인종의 구분을 가로질러 모든 참가자의 연대와 기능 양성의 중요성을 강조하는 참여적인 운동으로 결집했다. 자율적인 여성운동에 참여한 이들에게 여성들이 의사결정 참여를 통해 배우고 성장할 수 있는 '민주적 공간'의 형성은 여성 정치화에 기여한 결정적인 요소였다. 이런 민주적 공간 덕분에 여성들이 일상생활과 실천을 바꾸는 기술을 연마할 수 있었기 때문이다. 민주주의가 공고화되는 가운데, 교양 있는 전문직으로 인력을 충원하고 국제기구를 통해 자금을 마련하는 비정부기구가 여성들이 정부기관과 상호작용할 수 있는 주된 수단이 된다. 비정부기구는 민주화하는 국가에서 여성 문제를 계속 정치 의제로 다루고 여성들에게 필수적인 서비스를 제공하는 데 매우 중요한 역할을 하고 있다. 그러나 비정부기구의 성공을 위해 필요한 효율성과 전문가주의는 참여적인 여성운동의 포용적인 연대와 불편한 긴장관계에 놓여 있다.

테레사 칼데이라(Teresa Caldeira 1998)는 민주주의가 공고화되는 과정에서 비정부기구가 으뜸가는 여성 조직으로 대두한 점이 중대한 우려를 제기한다고 지적한 바 있다. 비정부기구는 외부 자금 지원에 의존하기 때문에 지원기관이 비정부기구 활동의 우선순위를 정할 권한을 갖는다. 이런 우선순위가 여성들에게 얼마나 유리하든 간에, 국제기구에 의해 정해진 우선순위는 여성들을 무력하게 만든다. 이제 각 지역의 여성들은 스스로 의제를 정할 수 없기 때문이다. 서빈 랭(Sabine Lang 1999)이 지적하는 것처럼, 참여적 사회운동을 통해 페미니즘 비정부기구들이 생겨났을지 몰라도, 몇몇 요인들 때문에 이런 비정부기구들이 사회운동을 지속하는 능력은 오히려 줄어들었다. 기본적인 차원에서 비정부기구는 지원금에 의존하기 때문에 지원기관들로부터 대규모 지원금을 받는 데 필요한 고정된 조직 구조와 전문 인력, 재정적 책임 구조를 확립해야 한다. 비정부기구는 대중에 기반을 둔 자발적 운동의 유동성을 감당할 수 없다. 비정부기구의 의제는 초점을 좁히고 실현 가능한 목표와 목적으로 제시되어야 한다. 효율성을 보여주어야 하기 때문이다. 조직의 생존에 필수적인 지원금 신청에 에너지를 쏟아부어야 하기 때문에 대중을 동원할 시간적 여력은 거의 없다. 어떤 경우에는 지원금을 둘러싼 비정부기구들 사이의 경쟁 때문에 전략적인 연합 구축이 방해받기도 한다. 그 때문에 비정부기구들이 원칙적으로 맞서 싸워야 하는 기관이나 단체에 재정적으로 의존하는 불편한 상황에 처하기도 한다(담배회사나 네슬레, 댈컨실드 Dalkon Shield[피임기구 제조사] 등이 대표적인 예다). 더욱이 국제기구로부터 예산 지원을 받는 것뿐만 아니라 여성의 요구와 이해에 대해 권위 있는 대변자로서 평판을 확립하기 위해 요구되는 번듯한 지위에 오르는 데 필요한 비정부기구 직원들의 전문화는 여성들 사이의 불평등과 특권을 잠식하기는커녕 오히려 고스란히 재생산한다.

소니아 알바레스Sonia Alvarez는 "페미니즘 비정부기구들을 신자유주의 세계의 가부장제에 봉사하는 하녀로 도매금으로 평가"하지 말라고 경고하면서도 비정부기구를 위협하는 최근의 몇몇 상황 전개를 지적한 바 있다. "전체 여성운동과 시민사회 구성원들 사이에 절대적으로 필요한 연계를 이루는 동시에 진보적인 정책 의제를 제출하는" 능력이 약화된다는 것이다(Alvarez 1999: 181쪽). 민주주의가 공고화되는 가운데 의식 고양과 여성의 정치 세력화를 뒷받침하는 정치적 보상과 물질적 자원이 고갈됨에 따라 페미니즘 비정부기구들은 점차 '젠더 전문가' 역할을 강요받는다. '성인지적gender sensitive 정책'을 개발하라는 전 지구적인 압력을 받는 각국 정부들은 유엔 프로그램을 진행한 경험과 국제적인 예산 지원을 받은 전력, 정책 전문가를 거느린 페미니즘 비정부기구들을 발탁해 전문적인 조언을 구하고 있다. 비정부기구들은 신자유주의적 민영화 노력에 보조를 맞추면서 젠더 정책 평가, 프로젝트 실행, 빈곤 경감 정책 분야를 필두로 한 사회복지 제공 등에서 상담역 노릇을 한다. 그러나 국가와의 이런 변화된 관계는 또한 자율적인 여성단체들과 비정부기구의 관계에도 변화를 가져온다. "젠더 정책의 수립 및 설계에 대한 시민의 개입과 참여를 추구하는 운동단체가 아니라 정책과 프로그램을 평가할 수 있는 전문가로서 자문 노릇을 하는 페미니즘 비정부기구의 정책 평가에 대한 기술적 관여는 …… 반드시 효과적인 젠더 정책이나 여성 권리 옹호로 이어지지는 않는다"(Alvarez 1999: 192쪽). 사실 단체 살림을 점차 정부 보조금에 의존하는 상황에서 페미니즘 비정부기구들이 정부 정책을 비판하고 "좀 더 과정 지향적인 형태의 페미니즘 문화정치적 개입을 추구"하기는 힘든 일이다. "의식 고양이나 대중 교육, 또는 공적 담론·문화·일상생활 등의 영역에서 드러나는 젠더 권력관계―성인지적 계획에 따른 일시적인 해결책에 도전하는 젠더화된 부정의injustice 형태―를 변화시키는 것을 목표로 한 전략의 능력이 약화되는 것이다"(Alvarez 1999: 198쪽).*

암리타 바수Amrita Basu는 국제 여성운동 25년을 평가하면서 일국 정부의 억압이나 무관심 때문에 지역 페미니즘 운동이 제약을 받고 시민적·정치적 권리에 관한 국제적인 호소가 개선책을 제공할 수 있을 때 여성 비정부기구들이 특히 효과적이었다고 지적한다. 냉전 이후 시대에 활동하는 비정부기구의 성공 가능성이 높아지는 것은 자

* 알바레스의 지적에 따르면, 단체의 규모와 사업 및 전문 인력에 따라 국가의 예산 지원이 차지하는 비율이 다르다. 칠레의 페미니즘 비정부기구들은 전체 예산 중 10~25퍼센트를 국가에 의존하며 콜롬비아의 경우는 40~50퍼센트를 의존한다(Alvarez 1999: 196쪽).

유주의적 인권의 언어로 목표를 공식화할 수 있는 경우다. 인권이라는 헤게모니적 언어가 허용 가능한 사회 변혁의 한계로 작용하는 현실에 주목하면서 바수는 여성 비정부기구들이 경제정의 문제를 다루는 데 훨씬 더 무능해졌다고 지적한다. 과거 지역 차원의 많은 페미니즘 운동에서 중심을 차지했던 물, 땔감, 토지, 고용 등의 문제가 등한시되고 있는 것이다. 국제적인 페미니즘 활동가들이 아무리 헌신적이라 할지라도 국제통화기금(IMF)과 세계은행이 강요한 파괴적인 구조조정 정책이나 전 지구적 자본주의를 무너뜨리는 데 성공하지 못한 사실을 지적하는 것은 통렬한 고발로 보기 힘들다. 공평하게 보자면, 사회주의 혁명가들이 지난 150년 동안 하지 못한 일을 페미니즘 비정부기구들이 이룩하리라고 기대할 수는 없지 않겠는가.

그러나 우리의 목적이 민주화 때문에 여성의 위치가 어긋난 현실을 이해하는 것이라면, 페미니즘 비정부기구의 성공이라는 제한된 영역에 관해 할 말이 더 많다. 이번에도 역시 테레사 칼데이라(1998)의 통찰이 특히 도움이 된다. 칼데이라는 비정부기구들이 신자유주의적인 시민사회 개념에서 설정하는 '공/사'의 경계 안에서 활동하면서 국가가 제공하려는 의지나 능력이 없는 서비스를 제공한다고 지적한 바 있다. 한때 공공정책의 문제로 간주되었던 것도 일단 비정부기구 활동의 범위 안으로 수용되면 부지불식간에 민간 조직의 프로젝트로 재정의된다. 그리하여 여성들의 투쟁의 맥락 또한 부지불식간에 변화한다. 한때 정의의 경계를 둘러싼 시민들의 정치 투쟁으로 이해되었던 것이 이제는 사적 자원을 둘러싼 분쟁으로 해석될 수 있다. 기본틀을 이루는 가정들이 시민권과 정의의 담론에서 사적인 욕구를 충족시키기 위한 희소한 자원이나 물자 제공 경쟁의 담론으로 바뀌면서 여성들의 목표는 '사적인 것'으로 재규정된다. 민주화를 겪는 나라의 여성들은 신체적 안전과 경제적 생존에 필수적인 각종 프로젝트를 비정부기구들과 진행하면서 (재)사유화된다. 비정부기구는 한편으로 여성들이 새로운 시민사회로 통합되는 증표로 치켜세워지는 동시에 신자유주의 정치 체제에 특유한 사유화와 불평등 증대로 향하는 경향을 나타낸다. 따라서 비정부기구는 부활하는 자본주의 아래서 여성들의 일정한 이해를 향상시키기 위한 필수적인 수단인 동시에 복지국가 구조 해체의 효과로 이해해야 한다. 후자의 경우에 비정부기구는 사회권의 정당성 훼손과 여성의 사유화에 공모한다. 비정부기구들은 고유의 작동 방식과 의도하지 않은 행위의 결과를 통해 기업가 개인주의entrepreneurial individualism를 특권화된 정치활동 방식으로 지지하며 참여정치를 추방한다.

특정한 자유주의적인 시민사회 개념의 제도화, 비정부기구를 통한 여성의 시민사회 통합, 민주화의 중심적 요소로서 이익 타협주의 정당의 장려 등은 흔히 진보적인 발전으로 묘사되지만, 이런 것 역시 남성들에게 진보로 여겨지는 구조가 여성들에게는 대단히 다른 결과를 낳는 또 다른 사례일 수 있다. 실제로 시민사회의 부활과 이익 타협주의 정당의 신뢰 확대를 공적 공간이 젠더화되는 적극적인 과정으로 이해하는 것이 도움이 될 수 있다. 참여정치에 대한 여성의 희망과 모순될 뿐만 아니라 오랫동안 여성의 배제와 결부되어온 제도들이 민주화의 핵심 구성 요소라는 가치를 부여받음으로써 공적 공간은 상징적으로 남성의 공간으로 회복된다.

공적 공간의 젠더화 과정을 설명하려면, 민주화와 거리가 먼 당대의 두 사례를 검토해보는 게 도움이 될 것이다. 세르비아의 보스니아

침략과 아프가니스탄의 탈레반 정권이 그 예다. 보스니아의 종족말살 전쟁은 젠더화되었다. 여권 활동가들이 기록한 것처럼, 이 전쟁에서는 강간이 전략적 무기로 활용되었다. 세르비아 군대는 보스니아 남성들의 사기를 떨어뜨리는 수단으로 무슬림 여성들을 강간하기로 전략적인 결정을 내렸다. 여성들(세르비아인이든 보스니아인이든)의 시민권은 문제가 되지 않았다. 여성들은 심리적·군사적 목적을 달성하기 위한 단순한 수단으로 간주되었다. 이런 의도적인 인간성 말살은 정치 공간을 남성적 공간으로 조직한다. 실제로 정치적 경쟁의 영역은 여성들에 대한 위협으로, 즉 여성들의 인간성을 말살하고 폭행을 가하는 공간으로 적극적으로 창조된다. 아프가니스탄에서는 탈레반이 권력을 잡자마자 여성들이 공공장소에 모습을 드러내는 것을 금지하는 포고령을 내렸다. 여성들은 오직 베일로 온몸을 감싸고 남성과 동행하는 경우에만 외출이 허락되었다. 탈레반은 또한 소녀와 여성이 학교를 다니고 변호사나 의사 개업을 하는 것을 금지했다. 이 같은 강제적인 여성 유폐는 공공 당국이 관할했고, 어기는 사람이 있으면 사형을 비롯한 극악한 처벌로 다스렸다. 탈레반은 이슬람의 근간을 이루는 교리와 자기 나라에서 실천되던 종교 관행과 거리가 먼 새로운 이슬람을 만들어냈다. 탈레반은 이런 날조에 바탕을 두고 젠더화된 정치적 정체성을 창조하려고 했다. 야만적인 강제가 유일한 수단이었다. 이런 과정을 거치면서 탈레반은 남성이 독점하는 정치 공간을 창조했다.

세르비아인들과 탈레반이 노골적으로 시행한 과정에는 또한 훨씬 더 미묘한 측면도 있었다. 일정한 젠더화된 개념들을 민주화를 정의하는 특징으로서 신자유주의적 민주화 정의와 젠더화된 제도의 확립에 통합하는 것은 공적 공간을 남성의 영역으로 미묘하게 구조화하는 데 기여한다는 사실을 지적하고 싶다. 참여정치와 경제정의에 헌신하는 여성들을 정치생활에 어울리기에는 너무 이상적이거나 비현실적인 존재로 해석하는 것은 여성들을 빅토리아식 받침대처럼 성공적으로 주변화하는 결과를 낳는다. 이런 해석은 동시에 두 방향에서 작용하면서 이상적인 여성은 정치 행위자에 어울리지 않는다는 남성들의 주장을 뒷받침하는 한편 비속한 이익집단 정치에 시간과 노력을 쏟아붓는 것은 헛된 짓이라고 여성들을 설득한다. 일부 남성들이 여성에게 자행하는 폭력은 다른 남성들에게 여성의 보호자라는 익숙한 외투를 걸치는 정당화를 제공하는 한편, 여성들은 가장 친밀한 관계에서 폭력의 올가미에 걸려들 때 정치로부터 어떤 도움을 받을 수 있는지 알지 못한다.

민주화에 수반되는 젠더화된 어긋남은 명백한 현실이다. 정치 공간이 남성적 영역으로 미묘하게 구조화되는 측면에서 이런 어긋남을 해석하는 게 과연 합당할까? 나는 그렇게 해석할 만한 두 가지 강력한 이유가 존재한다고 믿는다. 첫 번째 이유는 전에도 이런 일이 벌어졌음을 시사하는 페미니스트 역사가들의 최근 연구에 기댄 것이다. 18세기와 19세기에 민주주의의 보편적인 언어는 남성들이 배타적인 정치적 권리를 주장하고 헌법 제정의 물결 속에서 이런 권리 주장을 확립하는 기제를 제공했다. 미국혁명과 프랑스혁명, 미국 남북전쟁 이후 재건기의 경우에 일부 남성들은 구체제를 전복하는 데 열정적으로 참여한 여성들의 반대를 무릅쓴 채 배타적인 헌법상의 특권과 면책권을 스스로에게 부여했다. 남성의 젠더를 완전한 시민권의 헌법상 기준으로 확립하는 과정에서 과거에 투표권을 비롯한 참여의 권리를 가졌던 일부 여성들은 이런 권리를 상실했다(McDonagh 1999; Case 1999; Barkley Brown 1997). 이런 강력한 역사적 선례들은 여성들을 중요하지 않은 존재로 추방하는 민주화의 행태에 대해 경고한다.

이런 해석 틀을 진지하게 받아들이는 두 번째 이유는 과거보다는 미래와 관련된다. 여성 시민권의 완전한 실현을 위해 노력하는 세계 공동체 사람들이 민주화를 남성의 공적 공간 되찾기 과정으로 이해한다면, 여성의 정치 참여를 뒷받침하는 일국적·국제적 전략을 확인하는 게 가능해질 것이다.

오늘날 여권 옹호론자들이 택하는 전술 가운데 일부는 공적 공간을 남성의 공간으로 재구성하는 것을 방해하려는 시도로 읽을 수 있다. 많은 나라의 페미니스트들은 정당과 선출직을 남성들에게 양도하는 대신, 당 기구와 선출직을 남성이 통제하는 현실을 타파하기 위한 정책 형성을 압박하고 있다. 이런 압력에 부응하여 30여 개 나라의 75개 정당이 최소한 당원 수에 비례하여 여성을 정당 후보로 발탁하도록 하는 쿼터제를 도입했다(Leijenaar 1998). 몇몇 나라에서는 여성을 공평하게 대표하도록 하는 헌법 조항을 제정했다. 가령 인도에서는 지방 선출직의 3분의 1을 여성이 맡도록 규정한다. (비슷한 입법이 연방 차원에서는 도입되지 않았는데 그 이유는 하층 카스트 정당들에서 상층 카스트 여성들이 특권을 누릴 것을 염려했기 때문이다) 프랑스는 최근 공직에 대한 여성의 동등한 접근권을 보장하는 헌법 수정안을 통과시킨 뒤 이제 법령 시행이라는 엄청나게 복잡한 단계로 나아가고 있다.

베이징 제4차 세계여성회의에 입각한 행동강령에서는 각국 정부에게 "공공 행정기관뿐만 아니라 정부기관과 위원회, 사법부에서 양성 균형 목표를 세우고, 특히 여성과 남성의 동등한 대표권을 달성한다는 목표로 구체적인 목표치를 설정하고 여성의 수를 크게 늘릴 수 있는 조치를 시행할 것"을 요구했다(190a절).

자율적인 여성운동과 일부 비정부기구에 속한 페미니스트들은 시민사회에 관한 지배적인 가정에 이의를 제기해왔다. 그리하여 자기 이익을 추구하는 행위자라는 규범을 받아들이는 대신 여성의 세력화와 집단행동을 위한 공간으로 시민사회를 되찾기 위해 싸우고 있다. 페미니스트 활동가들은 정책을 채택하고 시행하기에 앞서 '젠더 영향 평가'를 수행할 것을 각국 정부와 국제기구에 촉구한다. 모니크 레이나르(Monique Leijenaar 1998)는 민주화를 겪고 있는 국가들 및 이 나라들과 협력하는 국제 고문들이 여성의 정치 참여를 촉진하는 '최선의 방안'을 확인하기 위해 민주화의 모든 측면에 대해 젠더 영향 평가를 수행해야 한다고 지적한 바 있다. 페미니스트 활동가들은 또한 세계인권선언이나 유엔여성차별철폐협약(CEDAW) 같은 국제조약에서 인정된 여성의 권리를 침해하는 관행에 대해 자국 정부에 책임을 묻기 위해 국제재판소에 대한 제소를 활용하고 있다.

오늘날 진행되는 민주화가 여성에게 적대적인 관행을 제도화하고, 여성의 참여를 가로막거나 배제하며, 여성의 의사결정 접근권을 통제한다는 사실이 널리 알려짐에 따라 페미니즘의 이런 노력은 새로운 활기를 얻을 수 있다. 남성적 공간으로서 정치 공간의 재구성에 이의가 제기되면서 민주화와 민주주의 사이에 놓인 심연이 드러나며, 이 과정에서 '성숙한' 자유민주주의 체제의 여성들은 민주화를 겪는 나라의 여성들의 경험을 통해 많은 것을 배울 수 있다. 각국 정부는 인구의 절반이 터무니없이 과소 대표되는 상황을 수수방관하면서 민주주의 국가임을 자처할 수 없다. 신흥 자유민주주의는 성숙한 자유민주주의와 마찬가지로 오로지 체계적인 불평등을 가리기 위해서만 동등한 기회라는 미사여구를 받아들여왔다. 여권 옹호론자들은 여성의 부재를 공적 역할의 박탈로 해석함으로써 남성에게만 특권을 부여하는 민주주의 공고화 과정의 정당성에 이의를 제기할 수 있는 강력한 수단을 손에 넣었다. 자유민주주의 제도 내의 젠더 권력에 대한 문제제기는 페미니스트들로 하여금 해방 투쟁을 재정치화하도록 도와준다. 정당과 선출직 관리들에게 민주주의의 포용적 규범을 책임지도록 하는 것은 누구의 삶이 정치적으로 중요하게 여겨지고 누구의 이익이 민주적인 의사결정을 통해 충족되는가 하는 매우 오래된 질문을 다시 던지는 한 방법이 될 수 있다. 또한 21세기에 어떤 종류의 민주주의가 가능한가 하는 질문을 다시 던지고, 이를 통해 페미니즘 사회운동의 해방적 충동을 부활시킬 수도 있다.

29

아프리카계 미국인들의
정치 전략에서 젠더의 지도를 그리다

리스 멀링스Leith Mullings
뉴욕시립대학 인류학 석좌교수. 『우리 방식대로: 아프리카계 미국인 여성의
삶 속의 인종, 계급, 젠더On Our Own Terms: Race, Class, and Gender in the Lives of
African-American Women』 등 여러 권의 저서가 있다.

젠더라는 쟁점은 언제나 민족 및 종족적 과정과 한데 뒤얽혔다 (West 1992; Walby 1992). 여성들이 종족이나 인종 집단, 소수민족이 억압에 맞서 벌이는 투쟁에 연루되었기 때문이다(Anthias and Yuval-Davis 1989; Jayawardena 1986). 세계 곳곳의 자매들과 마찬가지로 미국의 아프리카계 여성들에게 젠더 종속에 도전하는 시도는 평등을 위한 더 넓은 투쟁과 필연적으로 연결된다.

말하자면 아프리카계 미국인 여성들의 힘 기르기 노력은 민족해방 투쟁에 바탕을 둔다는 점에서 유럽계 미국인, 특히 중산층·엘리트 여성의 노력과는 근본적으로 다른 의미를 띠었다. 아프리카계 미국인 여성들은 젠더뿐만 아니라 인종 및 계급 관계에 의해서도 정의되는 불평등의 맥락에서 정체성을 구성하는 데 연루되었기 때문에 그들의 노력은 자신들의 집단적 정체성을 정의하고 위계 구조에 도전하는 아프리카계 미국인들의 폭넓은 투쟁의 일부였다.

이런 독특한 역사를 감안할 때, 역사와 문화의 공통된 특징이 아프리카계 미국인 여성들에게 특유한 의식과 젠더 구성을 낳았음은 분명하다. 이 문제를 다루면서 아프리카계 미국인들이 지배계급의 견해와 정반대로 인종, 계급, 젠더를 구성한 방식과 이런 의식이 일상생활에서 어떻게 드러나는지를 일목요연하게 설명한 학자가 퍼트리샤 힐 콜린스. 그러나 콜린스의 선구적 저작인 『흑인 페미니즘 사상Black Feminist Thought』(1991)을 비판하는 이들은 콜린스의 중심적 패러다임이 본질주의이며 심지어는 아프리카 중심주의적인 젠더 관념을 투사하는 환원주의라고 주장한다(White 1990; Thorne 1992 등을 보라).

여기에는 모종의 진실이 있다. 스스로도 인정하듯이, 콜린스는 공통성을 강조하면서 차이를 약화하고, 여성의 역할을 둘러싼 논쟁들의 미묘한 차이를 제대로 설명하지 않는다. 그러나 함께 투쟁하는 상황에서도 우리는 아프리카계 미국인들이 자신들의 집단적 정체성을 정의하고 힘 기르기를 추구하는 상이한 방식과 이런 차이가 젠더 구성에 대해 갖는 함의를 검토해야 한다.

이 글에서 나는 해방 기획에 관한 아프리카계 미국인들의 사고 틀을 이루는 상이하지만 서로 겹쳐지는 패러다임들이 존재함을 지적할 것이다. 우선 이런 접근법들과 젠더 문제에 대해 각 접근법이 내놓는 대안적인 해법, 재생산이나 가족 같은 쟁점과 여성 해방 기획 참여에 대해 각 접근법이 갖는 함의 등에 관해 간략하게 논의할 것이다. 더불어 1995년 '100만인 행진Million Man March'과 1991년 클래런스 토머스Clarence Thomas 연방대법관 임명을 비롯한 최근의 몇몇 사태를 분석할 것이다. 이런 다양한 사례들은 투쟁에서 여성들이 맡는 역할과 아프리카계 미국인 문화·사회·정치에서 젠더가 어떻게 구성되는가 하는 중심적인 주제를 확증해준다. 콜린스가 공통성을 과대평가한 것처럼 나 역시 아프리카계 미국인들의 인종, 계급, 젠더 구성에서 나타나는 차이를 과대평가하는 위험을 무릅쓴다는 점을 잘 안다. 그럼에도 나는 젠더가 아프리카계 미국인 공동체 내의 정치적 힘 기르기를 위한 공통된 투쟁을 통해 구성되는 한편, 현저하게 다른 방식으로 자신을 표명한다고 주장하고자 한다.

아프리카계 미국인 정치의 심층 구조

많은 정치이론가들은 아프리카계 미국인들이 평등을 위해 투쟁을 조직하는 두 가지 관점을 설명한 바 있다. 통합주의integrationism와 민족주의nationalism가 그것이다.* 이원론적 접근은 정확한 대칭을 이루기는 하지만 아프리카계 미국인들의 정치문화의 바탕을 이루는 구조를 포착하지는 못한다. 흔히 두 정치 이데올로기는 문화와 상충하는 것처럼 보이지만, 아프리카계 미국인 정치의 심층 구조를 분석해보면, 아프리카계 미국인들이 과거를 이해하고 미래를 실현하려고 노력하는 틀로 사용하는 것은 서로 겹쳐지는 세 가지 패러다임—포함, 자치, 변혁이다. 매닝 매러블Manning Marable과의 공동 연구 주제이기도 했던 이세 접근법은 앞선 연구에서 좀 더 자세히 논의한 바 있다(Marable and Mullings 1994; Marable 1995 등을 보라). 젠더의 구성을 탐구하기에 앞서각 전통의 윤곽을 간략하게 설명하도록 하겠다.

이런 삼원 구조를 제시하기는 하지만, 나는 모델 사용이 본래 한계가 있고, 투쟁 과정은 정적이지 않고 동적이며, 모델은 모든 것을 포괄하거나 서로를 배제하지 않는 정치문화와 사회 발전 내의 지향을 나타낸다는 점을 인정한다. 그렇지만 이 모델들은 정체성에 관한 근원적인 가정—해방 기획의 전략과 목표만이 아니라 아프리카계 미국인들이 자신들을 어떻게 정의하는가—내의 중요한 차이를 반영한다.

---

* 연구자와 평론가들은 보통 이런 이분법적 모델을 약간 변형시켜 사용한다. 예를 들어 찰스 크라우트해머Charles Krauthammer는 『타임』의 기명 칼럼에서 아프리카계 미국인의 정치적 대응을 '주류'와 '거부파'로 분류했다(Krauthammer 1990: 80쪽).

포함

포함주의inclusionism는 아프리카계 미국인이 단지 피부색이 검은 미국인이라고 가정한다. 포함주의의 역사적인 뿌리는 남북전쟁 이전 북부에 존재하던 자유 흑인 공동체의 열망 속에서, 즉 젊은 두보이스W. E. B. Du Bois와 나이 든 랜돌프A. Philip Randolph의 정치에서 찾을 수 있다. 포함주의는 민권투쟁 각 부문의 전통적인 통합주의적 전망과 민권운동 이후 시기의 신자유주의적 경향을 한데 아우른다.

포함주의자들의 중심적인 전략 목표는 아프리카계 미국인들을 유럽계 미국인들의 시민사회에 통합시키고 현존 자본주의 체제 내에서 소수 집단에게 동등한 기회를 확대하는 것이다. 따라서 대체로 사회 체제와 법 체제의 경계 안에서 이루어지는 투쟁을 통해 동등한 기회나 접근권을 추구한다. 경제 체제의 전반적인 질서에 의문을 제기하는 일은 드물다. 물론 미국의 토대를 이루는 '민주주의 원칙'에 부합하지 않거나 배제에 관련되는 경우는 예외다.

그러나 바로 여기에 비판의 실마리가 존재한다. 통합주의자들은 보수적일 수도 있고 전투적일 수도 있다. 적응을 추구할 수도 있고 변화를 추구할 수도 있다. 체제를 바꾸려는 통합주의자들의 시도는 체제 변혁 시도로 이어지기도 한다. 체제를 개혁하고자 노력하는 과정에서 활동가들은 때로 위계적인 인종관계가 일시적인 탈선이 아니라 사회경제 체제의 근본적인 측면임을 깨닫는다. 예컨대 마틴 루서 킹 2세는 마지막 순간에 자본주의 경제 체제에 매우 비판적인 입장으로 바뀌었다.

자치

두 번째 관점은 특징을 규정하기가 가장 어렵다. 일반적인 용어법에서는 흔히 이 경향을 '흑인 민족주의'라고 규정하지만,* 자유로운 사회 공간을 추구하는 사람들과 이 운동에게는 '자치주의'가 더 정확한 이름표일지 모른다. 여기서 자유로운 사회 공간이란 국가라는 범위 안에서나 유럽계 미국인 시민사회와의 달라진 정치적 관계 안에서나 사람들이 동등한 개인으로 참여할 수 있는 자치적인 지리·제도·문화적 공간을 의미한다. 어떤 모델에 속한 것이든 간에 집단 정체성과 관련된 힘 기르기 전략에서는 민족주의적인 요소들을 발견할 수 있다. 19세기 마틴 딜레이니Martin Delaney와 20세기 초반 마커스 가비Marcus Garvey의 만국흑인진보연합Universal Negro Improvement Association이 주창한 '아프리카 귀환' 전략은 영토 자치권을 요구한 잘 알려진 역사적 사례다.

백인 시민사회가 유색인들의 요구를 받아들이는 쪽으로 변화할 능력이나 의지에 대해 깊은 비관이 자리한 가운데, 민족주의 전략은 아프리카계 미국인들의 요구를 다루고 유럽계 미국인들의 인종주의로부터 완충 작용을 하는 자치기관을 통한 힘 기르기를 추구한다. 국

---

* 이 경향에 속한 많은 이들이 민족주의자를 자처하기는 하지만, '민족주의'는 의문시되는 용어다. 사회이론가들은 부르주아 민족주의와 진보적 민족주의, 혁명적 민족주의를 구별하거나 문화적 민족주의와 정치적 민족주의를 구별한다(Hutchison 1992). 가령 민족주의를 집단적 유대의 발달과 정체성 권리의 주장에 토대를 두는 것으로 정의하는 웨스트(West 1992: 256쪽)는 민족주의 운동이 국가 권력 행사를 추구하는 정치운동, 식민주의에 대응해 발전한 사회운동, 꼭 영토 주권과 연결되지는 않는 문화적 정체성 주장, 정체성 권리와 정치적 포함을 요구하는 소수 집단 운동 등을 아우른다고 주장한다.

가의 기본적인 경제·정치 체제에 도전하는 방식에는 거의 참여하려 들지 않는다. 오히려 민족주의자들은 자치 공간을 요구하는 쪽을 택한다. 그리하여 '이슬람 국가Nation of Islam'나 '새로운 아프리카 공화국Republic of New Afrika'* 같은 영토 보전에 대한 요구나, 인종평등회의Congress of Racial Equality의 흑인 자본주의 같은 경제적 공간에 대한 요구, 또는—마울라나 카렝가Maulana Karenga의 문화민족주의나 아프리카 중심주의 문화이론으로 표현되는—지리적 분리를 위한 문화 공간으로의 대체 요구가 생겨난다.

민족주의자들 사이에는 광범위한 활동과 철학이 존재한다. 스펙트럼의 한쪽 끝에는 인종평등회의의 흑인 자본주의가 있고, 다른 쪽 끝에는 일정한 형태의 계급 분석에 기반을 둔 초창기 블랙팬서당이나 혁명적흑인노동자연맹League of Revolutionary Black Workers이 있다(Marable 1995: 76쪽을 보라). 이런 다양한 운동과 관점이 일치하는 부분은 권력 분배에 근본적인 변수로서 인종을 강조하고, 결과적으로 사람이나 자본, 시장, 정치를 동원하는 주된 토대로서 인종을 강조한다는 점이다. 포함주의 패러다임과 마찬가지로 인종 범주는 대체로 고정된 것으로 가정된다. 아프리카계 미국인들은 우연히 미국에 살게 된 아프리카인들인 것이다. 백인 인종주의는 결코 변하지 않는 미국 문화와 사회 풍경의 항구적인 현실로 간주된다.

---

* [옮긴이주] 1968년 3월 31일에 미시건주 디트로이트에서 열린 흑인정부회의Black Government Conference를 계기로 시작된 흑인 독립국가 건설 운동. 미국 동남부에 아프리카계 미국인 중심의 새로운 국가를 건설하고, 미국이 노예제와 인종차별에 따른 피해를 보상하며, 아프리카계 미국인은 주민투표를 통해 국가 건설을 결정해야 한다고 주장했다.

변혁

민족주의자들과 좌파의 관계가 종종 까다롭기는 하지만, 변혁주의 transformationism적 관점을 가진 아프리카계 미국인들은 아프리카계 사람들에게 일체감을 가지며, 흑인 제도를 건설하고 유럽계 미국인의 문화적 헤게모니에 대항하기를 바란다는 점에서 자치주의자들과 핵심적인 요소를 공유한다. 그렇지만 현대 국가의 토대를 이루는 권력과 특권, 소유권 등의 근본적인 제도에 도전한다는 점에서 민족주의자들이나 포함주의자들과 다르다. 이 전통의 역사적인 뿌리는 노예제를 파괴하고자 했던 냇 터너Nat Turner와 해리엇 터브먼Harriet Tubman의 전투적 활동뿐만 아니라 나이 든 두보이스와 젊은 랜돌프의 급진주의에서도 발견할 수 있다. 정도 차이는 있지만 이 전망을 현실화한 다른 무대로는 아프리카계 미국인들이 참여한 노동운동의 급진적 부류들과 남부흑인청년회의Southern Negro Youth Congress, 공산당, 흑인노동자회의Black Workers Congress, 1983년과 1987년 해럴드 워싱턴Harold Washington의 시카고 시장 선거운동, 1980년대의 아파르트헤이트 반대 운동의 급진적 경향, 제시 잭슨Jesse Jackson이 이끄는 무지개연합 Rainbow Coalition의 좌파 같은 최근의 정치운동을 들 수 있다.

이 전략의 목표는 온갖 형태의 불평등을 해체하는 것이다. 따라서 인종은 생물학적이거나 유전학적인 용어가 아니라 집단 간에 폭력과 권력으로 유지되는 불평등한 관계로서 이해된다. 아프리카계 미국인의 해방은 전 지구적 차원에서 권력과 자원을 재조직하기 위한 더 넓은 투쟁에서 중심을 차지하는 동시에 더 넓은 권력관계를 변화시키는 데 의존한다. 따라서 아프리카계 미국인의 해방을 위한 노력은 더 넓은 권력 구조를 재조직하려는 시도뿐만 아니라 아프리카계 미국인들에게 직접적인 영향을 미치는 특정한 계급관계를 겨냥한 변혁 전략을 통해서도 표현된다.

상호관계

중요한 것은 사실상 서로 겹쳐지는 이 전통들을 지나치게 단순화하거나 물화하지 않는 것이다. 다른 무엇보다도 각 관점은 미국 사회에서 인종주의 문제를 다루려는 하나의 시도이며, 각각은 아프리카계 미국인들의 힘 기르기 문제를 붙잡고 고투한다. 세 전통 모두 타협주의와 급진주의의 가능성을 담고 있다. 각각의 흐름 안에는 아프리카계 미국인 해방에 헌신하며 기꺼이 목숨까지 바칠 수 있는 개인들이 존재한다.

따라서 각기 다른 관점에서 아프리카계 미국인들의 힘 기르기에 접근하는 이들 사이에는 언제나 통일을 이룰 수 있는 토대가 존재했으며 앞으로도 존재할 것이다. 실제로 각각의 패러다임 안에서 행동을 취하는 정치 활동가들은 종종 동일한 담론과 구호, 대의 형식을 활용한다. 가령 각각의 관점 안에서 아프리카계 미국인들의 힘 기르기는 '자유'를 향한 추구로 표현된다. 그렇지만 자유의 의미는 대단히 다를 수 있다. 미국 사회에 포함되기를 원하는 이들과 자치를 원하는 이들, 변혁을 바라는 이들은 흔히 경제, 정치, 구조, 문화, 가정생활, 여성의 역할 등에 관해 매우 다른 전략적 모델을 가지고 활동한다.

1960년대 민권운동이 그랬던 것처럼, 현실의 운동과 사람들은 흔히 다양한 정치적 경향의 요소들을 체현한다. 개인들은 한 무리의 관점을 가지고 활동가 이력을 시작해서 다른 쪽으로 옮겨 갈 수 있다. 오늘의 포함주의자나 민족주의자가 내일은 변혁주의자가 되기도 한다. 예컨대 마틴 루서 킹 2세는 시민불복종을 통한 인종 통합을 달성하기 위해 노력하는 것으로 활동을 시작했다. 그런데 생애 마지막 2년 동안에는 국가기구에 맞서면서 자본주의의 기본적인 전제를 의심하기에 이르렀다. 그는 베트남 전쟁에 반대하는 적극적인 자세를 취했고, 1968년 워싱턴 빈민행진Poor People's March을 조직하던 중 암살당했다. 다른 방향에서 출발한 맬컴 엑스Malcolm X는 '이슬람 국가'의 젊은 사제로서 엄격한 인종 분리와 정치 문제 불개입, 흑인 국가 창설을 통한 인종 문제 해결 등을 요구했다. 그러나 생애 막바지에는 변혁주의 관점의 요소들을 받아들였다. 맬컴 엑스는 철두철미한 자본주의 비판자였고, 베트남 전쟁에 강력하게 반대했으며, 궁극적으로 아프리카계 미국인 공동체 외부 세력들과 일국적·국제적 동맹을 형성하게 될 아프리카계 미국인 힘 기르기 전략을 선호했다.

게다가 아프리카계 미국인 대다수는 스스로 하나의 이데올로기 진영에만 속해 있다고 생각하지 않으며, 일정한 시기에 존재하는 개인적·정치적·역사적·경제적 힘의 특정한 접합에 영향을 받는다. 이런 경향들이 서로 겹쳐지는 영역이라고 생각한다면, 대다수 아프리카계 미국인들은 언제나 스스로를 가운데에 자리매김할 것이다―세 이데올로기가 겹쳐지는 중심 부분에 말이다.

젠더의 도가니

각각의 패러다임은 젠더의 구성에 대해 매우 다른 함의를 갖는다. 젠더는 여성에 관한 것만이 아니다. 젠더는 남성과 여성 사이의 사회적 **관계**에 관한 것이며, 여성성과 남성성의 변증법적·상호적·문화적인 구성에 관한 것이다.

젠더와 관련된 독특한 역사적 경험에 대한 인식은 다양한 정치적 신념을 가진 아프리카계 미국인들의 관점에 영향을 미친다. 이런 역사는 출신지를 젠더와 가족에 관한 일정한 공통된 원칙과 통합하며(Mullings 1997: 4장), 또한 아프리카계 미국인들이 미국에서 겪는 경험을 아우른다—젠더 역할이 제공하는 많은 '보호'를 부정당하고 때로는 젠더 역할이 전도된 것은 모두 통제를 유지하기 위한 수단이었다(Mullings 1997: 6장). 따라서 남편, 아버지, 부인, 어머니 등 젠더에 바탕을 둔 역할을 맡을 권리를 주장하는 것은 역설적으로 저항 행위였다. 아프리카계 미국인들이 이런 역사에 비추어서 젠더관계를 상상하는 방식은 현저하게 다른 형태로 드러난다.

"나는 남자다"

미국 사회에 통합되는 것이 아프리카계 미국인의 힘 기르기를 이루는 최선의 방법이라고 믿는 이들의 경우에, 이상적인 젠더 역할의 모습은 대개 지배적인 유럽계 미국인 모델을 배경으로 삼아 만들어지며, 유럽계 미국인 시민사회에 포함되기 위한 투쟁에는 젠더의 '특권'

이 포함된다. 자유는 종종 남성성과 동일시된다. 그 결과, '남자'처럼 대우받을 권리는 민권운동에 반복적으로 나타나는 주제가 되었다. 당시의 구호("나는 남자다"*)와 노래("한 남자가 얼마나 많은 길을 걸어야 남자라 불릴 수 있을까?"**)는 평등을 남자다움과 은유적으로 동일시했다. 이런 사례들은 어느 정도는 총칭 용법의 의미론을 반영하는 것이지만, 포함주의 경향의 취지는 지배적인 패러다임 내에서 젠더 특권을 추구하는 것이었다. 아프리카계 미국인 남성들에 대해서는 남자다움의 특권을 주장하고 여성들에 대해서는 지배 문화에 의해 부정된 가부장제의 보호를 추구한 것이다.

역사적으로 볼 때, 아프리카계 미국인 여성들은 다른 일하는 여성들과 마찬가지로(Laslett and Brenner 1989를 보라) 남성을 위한 가족임금을 요구하기 위해 전통적인 젠더 역할 모델에 호소했다. 정률 소작 또는 채무 예속*** 시기에 일하는 여성들은 자신들의 노동에 대해 일정한 통제권을 행사하기 위해 전통적인 젠더 역할의 언어를 사용했다(Gutman 1976: 167쪽). 노동자가 아니라 가정주부로서의 역할을 강조한 것이다. 마찬가지로 아프리카계 미국인 중산층 여성들에게 "젠더에 따라 정의된 노동과 가정의 책임은 새로운 지위의 상징이었고"(Harley 1978: 170쪽), 전국유색인여성협회 같은 단체에 속한 여성들은

---

* 멤피스 청소 노동자들의 투쟁을 홍보하는 포스터 문구로, 이는 민권운동의 대표적인 구호가 되었다.
** [옮긴이주] 밥 딜런이 1963년에 발표한 노래 〈바람만이 알고 있지Blowing in the Wind〉의 후렴구.
*** [옮긴이주] 남북전쟁 이후 노예 노동력을 잃은 남부 대농장주들과 토지나 생산수단이 전무한 해방 흑인들의 상황이 낳은 독특한 소작제도가 현물의 일정 비율을 지주에게 바치는 정률 소작제도sharecropping다. 이 경우에 소작농인 흑인이나 가난한 백인은 수확기까지 식량과 의복 비용 등을 지주에게 빚을 졌기 때문에 사실상 노예나 다름없었다.

여자다움에 관한 유럽계 미국인들의 모델을 따를 것을 적극적으로 권장했다(Higginbotham 1992: 271쪽).

교회에서는, 가령 아프리카침례교도들은 바울 성경의 남성중심적 편견보다는 남녀의 상보성이라는 아프리카의 문화적 가치를 영속시켰다는 브라운(Brown 1994)의 주장에도 불구하고, 기독교는 여성을 일차적으로 어머니이자 남성의 배우자로 재현하는 데 조력했다. 마틴 루서 킹 2세는 한때 이렇게 말했다. "여성의 주된 의무는 모성이다" (Fairclough 1987: 50쪽에서 재인용).

포함주의 전략은 아프리카계 미국인은 단지 피부색이 검은 미국인이라는 견해를 견지하면서 아프리카계 미국인들을 위해 젠더에 의해 규정되는 유럽계 미국인 사회의 권리와 의무, 역할을 추구한다. 많은 이들에게 이것은 아프리카계 미국인 여성들의 특별한 역사를 인정하는 것으로 중재된다. 게다가 유럽계 미국인들의 전통적인 젠더 역할 자체가 민권운동과 여성운동의 도전을 받음에 따라 민주적 권리를 여성들에게 확대하는 경향이 존재한다. 그러나 이런 확대는 대부분 자본주의의 경제·정치·법 체제의 범위 안에 머무른다. 하지만 자본주의의 토대를 암묵적으로 수용하면 가부장적 관계를 재생산할 수밖에 없다.

여성, 남성, 민족

가부장적 젠더관계는 많은 민족주의적 입장의 특징이다. 하지만 그 지시 대상은 유럽계 미국인들의 젠더 모델이 아니라 '전통적인' 사회나 종교, 철학 등이다. 영토적 자치나 문화적 자치를 추구하는 이들에게 유럽 중심적 사회의 젠더관계는 거부 대상이다. 아프리카계 미국인들은 전통적인 '황금시대'에 기원을 두는 다른 젠더관계를 재확립하기 때문이다(Mullings 1997: 6장). 이런 관점에서 보자면, 젠더관계는 흑인들의 자치적인 제도, 문화, 사회를 건설하는 원대한 프로젝트의 한 측면이 된다. 이와 같은 과거의 구축에서 남성과 여성은 상호 보완적이고 조화로운 역할을 맡는다.

민족주의적 젠더관계는 설사 상보성이라고 표현된다 할지라도 대체로 가부장적인 경향이 있다. 젠더 중립적인 담론의 경우에도 마찬가지다. 여성들은 보완적이면서 다른 노동, 지식, 능력, 감수성을 지닌 존재로 여겨진다. 젠더와 타협을 이루려고 노력하는 계몽된 이들은 여성의 영역을 남성의 영역만큼 중요하게 생각할 수도 있다. 가령 몰레피 아산테Molefi Asante는 상보성을 강조한다.

> 둘 다 우리의 힘과 우리의 재능의 원천인 남성과 여성은 …… 관계 속에서 모든 아프리카 중심적 결합의 주된 목표와 조화를 이루어야 한다. 집단적인 인식 규범의 생산적이고 창의적인 유지라는 목표 말이다(Asante 1981: 77~78쪽).

나는 다른 글에서 상보성 자체가 저절로 불평등으로 귀결될 필요는 없다고 주장한 바 있지만(Mullings 1976), 위계 사회라는 맥락 안에서 작동하는 상보성의 틀에는 대개 열등성과 우월성에 관한 가정이 은연중에 내재해 있다. 1970년대 초에 발간된 팸플릿 『민족주의 여성 Mwanamke Mwananchi』에 실린 고전적인 선언에서는 이런 가정이 뚜렷하게 나타난다.

우리는 남자가 가정의 수장 노릇을 하는 것이 예나 지금이나 전통임을 알고 있다. 남자가 가정/국가의 지도자인 것은 세계에 관해 더 폭넓은 지식과 인식, 이해력을 갖추고 있을뿐더러 그런 지식을 활용하는 능력도 더 뛰어나기 때문이다. 어쨌든 남자가 가정의 수장이 되는 것만이 합리적인 결론이다. 자기 가정의 발전을 지키고 보호할 수 있기 때문이다. …… 여자들은 남자처럼 일을 하지 못한다. 천성적으로 다른 역할을 하게끔 만들어졌기 때문이다. 남성과 여성의 평등은 추상 세계에서도 일어날 수 없는 일이다(Combahee River Collective 1982: 19쪽에서 재인용).

여성을 다르고 열등한 존재로 보는 인식은 페미니즘이 등장하기 전 시기의 산물에 불과한 것이 아니다. 민족주의자 샤라자드 알리 Shahrazad Ali는 (자비 출판한 것이긴 하지만) 널리 알려진 책 『흑인 여성을 이해하기 위한 흑인 남성 가이드The Black Man's Guide to Understanding the Black Women』에서 아프리카계 미국인 남성들의 문제를 "흑인 남자보다 뇌가 작은"(Ali 1989: 177쪽) 여성의 책임으로 돌리고, 순종하지 않는 여성에 대한 물리적 폭력을 옹호한다.

'상보성'이 노골적인 우월성과 열등성으로 표현되든, 아니면 좀 더 젠더 중립적인 언어로 서술되든 간에, 여성들은 주로 가정 영역과 연관된다. 여성의 재생산 능력은 본질화되고 여성 정체성의 주된 측면이 된다. 그리하여 몰레피 아산테는 "여성의 창조하는 시간과 남성의 생산하는 시간"에 관해 말한다(Asante 1981: 78쪽). 민족주의 학자 네이선 헤어Nathan Hare는 정책 권고에서 이런 가정들을 나타낸다. "흑인이나 억압받는 여성의 상태에 대한 가장 기본적인 해법은 …… 어쩔 수 없이 재생산/성의 영역에 속하는 반면, 남성의 상태에 대한 해법은 생산적/사회적 수단의 영역에 속할 것이다"(Hare 1989: 169쪽).

게다가 이런 관점들 대부분의 공통분모는 젠더 역할에 대한 이상주의적 접근이다. 젠더에 관한 담론은 대개 아프리카계 미국인 여성들의 실제적인 물질적 역사가 아니라 전통적인 황금시대 사회에 관한 형이상학적 구성에 토대를 둔다. 여성은 자치 공간―제도, 문화, 사회―을 건설한다는 궁극적이고 최우선적인 기획에 필수적이다. 그러나 이런 이유 때문에 여성을 통제해야 할 암묵적인 필요성도 존재한다.

따라서 모성과 가족, 민족 독립의 결합은 여성을 민족과 민족문화의 수호자로 보고, 민족 기획에서 여성에게 영예로운 자리를 부여함을 의미한다. 이런 재현에 고유한 존엄과 보호의 느낌이 주는 매력을 가볍게 보아 넘겨서는 안 된다. 역사적으로 노동과 가정의 이중 부담에 시달려온 아프리카계 여성들에게는 상보성이나 보호, 심지어 노골적인 가부장제의 언어조차도 무척 유혹적이게 마련이다.

그렇지만 보호라는 동전의 다른 면은 통제가 될 수 있다. 그리하여 '이슬람 국가'의 오랜 지도자 일라이자 무하마드Elijah Muhammad는 『흑인 남성에게 보내는 메시지Message to the Blackman』에서 자기 인식의 첫 번째 단계는 "**통제**, 그리고 우리의 여성들에 대한 보호"라고 역설한다(Muhammad 1965: 59쪽. 강조는 인용자). 통제는 강압과, 보호는 자비심과 관련된 것으로 볼 수도 있지만, 어쨌든 이 둘 모두 여성을 소유물로 보는 관념과 연결된다. 일라이자 무하마드는 이렇게 말한다. "여성은 남성이 자기 민족을 재생산하는 들판이다"(Muhammad 1965: 58쪽).

새로운 여성성을 위한 기준

변혁주의적 접근을 대표하는 활동가들은 분리 불가능하게 연결된 것으로 간주되는 다른 불평등 구조들과 더불어 가부장제 관계를 해체할 것을 주장한다.* 이 전통에 속한 이들이 보기에, 젠더는 우선 아프리카계 여성들이 어머니로서만이 아니라 노동자와 투쟁 참가자로서 겪는 경험의 물질성으로부터 구성된다.

예를 들어, W. E. B. 두보이스는 사적인 관계에서는 어땠는지 몰라도 정치적·공적 삶에서는 일관되게 여성의 권리에 몰두했다. 그는 1910년부터 1934년까지 자신이 편집한 잡지 『위기Crisis』에 "여성 해방"을 호소하는 글을 여러 편 썼다. 1912년에는 『참정권 박탈 Disenfranchisement』이라는 소책자를 써 미국여성참정권협회National American Woman Suffrage Association에서 출간했다. 여기서 두보이스는 여성의 투표권이야말로 민주주의를 실현하는 데 필수적인 선결 조건임을 주장했다. 그는 여성 노동자들을 열렬히 지지했으며, 아프리카계 미국인 남편들에게 "가사노동을 분담할 것"을 촉구하기도 했다 (Marable 1983: 82~83쪽). 모튼(Morton 1991: 64쪽)은 아프리카계 미국인 여성들에 관한 두보이스의 적지 않은 연구를 검토하면서 다음과 같이 지적한다. "두보이스는 자신의 시대에 흑인 여성에 관한 가장 비인간화된 이미지조차도 힘을 북돋우는 가치의 상징으로 변형시킨 선

---

* 행동 지향적 마르크스주의 운동뿐만 아니라 페미니즘 학문 연구와 레즈비언 저술 등 이런 비판의 연원이 되는 각기 다른 조류들은 다양한 억압관계에 대해 각기 다른 비중과 입장을 부여한다.

구자였다." 마찬가지로 여성, 인종, 계급에 관한 앤절라 데이비스의 연구는 계급관계와 인종관계의 맥락 안에서 젠더의 사회적 구성을 검토하려고 노력한다. 역사적 유물론을 기반으로 한 데이비스의 분석은 젠더 불평등이라는 현실과 이것이 아프리카계 미국인에게 갖는 의미뿐만 아니라 계급과 인종의 문제 또한 다룬다. "주인들의 채찍을 맞아가며 고생하고, 노예제에 맞서 싸우고, 구타와 강간을 당하면서도 결코 정복되지 않은 그 모든 여성들의 축적된 경험"인 아프리카계 미국인 여성들의 물질적 역사를 탐구하면서 데이비스는 그들이 "새로운 여성성을 위한 기준을 선명하게 보여주는 유산"을 남겼다고 지적한다 (Davis 1981: 29쪽).

그러나 모든 형태의 불평등을 해체할 것을 요구하는 이들 가운데에도 젠더 종속을 다른 형태의 불평등과 어떻게 연결할 것인지를 둘러싸고 날카로운 차이가 존재하는 것 역시 사실이다. 갈등은 노동계급 내에서 성차별을 낭만화하거나 여성의 권리를 위한 투쟁의 다양한 측면을 '부르주아 페미니즘'이라고 격하하는 형태를 띨 수 있다. 여성을 위한 평등을 쟁취하려는 노력은 인종 억압과 계급 억압에 대항하는 투쟁에서 주의를 다른 데로 돌리는 일탈로 여겨질 수 있다.

젠더 관념은 유동적이며, 사람들은 각자의 경험에 비추어서 견해를 수정한다. 가령 맬컴 엑스는 결코 적극적인 여성 평등 주창자가 되지는 않았지만, 과거에 자신이 지녔던 여성혐오와 가부장적 관념에 맞서 싸웠다. 맬컴 엑스는 말년에 다른 문제에 대해 그러했듯이 여성에 대한 관념도 바꾼 것으로 보인다. 두 번째 아프리카 여행 이후 그는 이렇게 말했다.

최근에 몇 곳을 여행하면서 내가 철저하게 확신하게 된 것 중 **하나**는 여성에게 자유를 주고, 교육을 하고, 그곳[바로 앞에서 맬컴 엑스가 말하는 후진국]에서 빠져나와 그런 정신과 이해를 자녀들에게 기울이게끔 하는 동기를 제공하는 것이 중요하다는 점이다. 솔직히 말하자면 나는 우리 여성들이 자유를 위한 투쟁에서 기여한 점을 자랑스럽게 여기며, 그들에게 가능한 한 모든 자유로운 선택권을 주는 데 찬성한다. 여성들이 대다수 우리 남성들보다 더 많은 기여를 했기 때문이다(Malcolm X 1970: 179쪽).

여성의 자리

앞에서 개괄적으로 설명한 젠더에 대한 각기 다른 접근법은 정책 대안에서 모습을 드러낸다. 이 점은 재생산 권리와 해방 기획에서 여성의 참여라는 두 가지 두드러진 쟁점을 검토함으로써 설명할 수 있다. 각각의 경우에 일치하는 영역을 지적한 뒤 포함주의, 자치주의, 변혁주의 전통과 관련된 개인과 조직들의 공적인 입장에서 드러나는 일부 차이를 지적할 것이다.

재생산과 가족

사람들이 재생산을 추구하는 과정은 흔히 '계층화된 재생산'의 맥락 안에서 이루어진다. 일부 인구 집단은 재생산 능력이 있는 반면 다른 집단은 없다(Ginsburg and Rapp 1995: 3쪽). 아프리카계 미국인의 경우에 재생산이라는 쟁점은 사적 영역으로 밀려나는 게 아니라 종종 공적 영역에 자리했다.* 재생산을 장려하거나 제한하는 압력은 역사적 순간에 따라 달랐다. 가령 노예제 시기에 아프리카계 미국인 여성들은 흔히 노동력 재생산에 대한 강압적인 요구를 받았지만, 탈산업화와 실업률 증대를 특징으로 하는 오늘날에는 그들의 재생산 능력이 국가적 관심사가 되었다(Mullings 1997: 5장). 정치적 지향과 상관없이 많은 아프리카계 미국인들에게는 종족의 연속성과 말살이 현실적인 관심사였다.

재생산은 사회적으로 조정된 복잡한 규칙 안에서 이루어지며, 정치적 신조에 관계없이 아프리카계 미국인들은 아마 가족이 노예제와 인종주의에서 보호해주는 완충제였으며 가족을 위한 투쟁은 해방 투쟁의 핵심이라는 데 동의할 것이다. 그러나 랩(Rapp: 1987)이 상기시키듯이, 사람들이 말하는 '가족'은 다른 의미다.

재생산 선택권의 문제를 둘러싸고 열띤 논쟁이 벌어지는 것은 놀라운 일이 아니다. 일반 대중에서 발견되는 의견 불일치는 통합 전략에 찬성하는 이들에게서도 (규모만 축소된 채) 나타난다. 가령 낙태에 반대하는 아프리카계 미국인들의 전국 조직이 존재하며, 아프리카계 미국인 성직자들은 보통 이 문제에 대해 보수적인 입장을 취한다. 그렇지만 아프리카계 미국인 정치인들은 대개 재생산 권리를 지지한다.

---

* 빈민이나 노동계급인 유럽계 미국인 여성의 경우에도 사정은 마찬가지였다. 가령 19세기에서 20세기로 넘어가던 시기의 우생학 운동은 이민 여성, 특히 남부와 동부 유럽 출신 여성의 재생산을 제한하는 데 관여했다.

많은 포함주의자들이 재생산 권리에 찬성하면서 종종 민권과 여권의 이론적·전술적 관계에도 관심을 기울이는 반면, 이렇게 양보한다고 해서 가부장적 가족이라는 전제를 재고하는 데까지 나아가지는 않는다. 포함주의자들은 가족 형태와 이런 가족에 대한 압력의 다양성을 인정하면서도 대체로 가부장적 핵가족을 이상형으로 지지한다. 포함주의자들은 흔히 '가족의 가치'에 대한 우익의 호소에 무비판적이다. 아프리카계 미국인들의 빈곤 증대의 핵심에 '전통적인' 핵가족의 쇠퇴가 있다는 통념이 내재되어 있는데도 말이다.

지배 사회의 젠더, 가족 역할 모델에 대한 무비판적인 수용을 가장 뚜렷하게 보여주는 것은 아마 사회학자 윌리엄 줄리어스 윌슨William Julius Wilson(1987)의 연구일 것이다. 여성 가장 가구 비율의 증가를 낳는 조건에 대한 윌슨의 분석은 매우 유용하지만, 윌슨은 자기 분석의 근원을 이루는 규범적 젠더 역할을 의문시하지 않는다. 아프리카계 미국인 여성 가장 가구 수의 증가와 남성 실업 급증 사이의 관계를 자세히 보여준 뒤 윌슨이 내놓는 정책 제안은 아프리카계 미국인 남성들의 고용 및 교육에 우선순위를 둠으로써 결혼 가능한 흑인 남성의 수를 늘리는 데 초점을 맞춘다. 남성 실업 문제를 다루는 게 중요하다는 점을 부정하는 이는 거의 없겠지만, 윌슨의 제안은 아프리카계 미국인 가정이 직면한 사회적 문제에 대한 해법으로서 전통적인 젠더 역할 모델을 수용하고 강화한다(Mullings 1997: 8장).

민족주의 기획에서 재생산이 중심을 차지한다는 점을 감안하면, 재생산 권리에 대한 민족주의의 입장이 흔히 보수적인 것도 놀라운 일은 아니다. 역사적으로 볼 때, 민족주의자들은 여성의 선택권을 지지하지 않았다. 한 예로, 1934년에 마커스 가비의 만국흑인진보연합은 아프리카계 미국인들이 임신 조절을 하는 것을 비난하는 결의문을 발표했다 (Marable 1983: 83쪽). "흑인 여성이 배 속의 아이를 죽이는 것은 자기 민족의 진보를 살해하는 것과 마찬가지"(Marable 1983: 84~85쪽에서 재인용)라는 '이슬람 국가' 지도자 루이스 패러칸Louis Farrakhan의 선언은 "여성은 남성이 자기 민족을 재생산하는 들판"이라는 일라이자 무하마드의 견해의 논리적 결론이다(Muhammad 1965: 58쪽).

재생산 기능은 가부장적 가족, 특히 일부다처 가족에서 이상적으로 조직된다. 일부다처제를 실천하는 민족주의 집단에게 이런 실천은 아프리카 전통으로 돌아가는 것이자 아프리카계 미국인 남성이 부족한 상황을 해결하는 대책으로 보일 수 있다. 가령 흑인 시인이자 문화비평가인 하키 마두부티Haki Madhubuti는 흑인 남성이 부족한 현실에 대해 "공유의 우수성"을 호소한다. 마두부티는 이런 '선택'을 여성들에게도 확대하기는 하나 정직하지 못한 몸짓에 불과하다. 인구학적으로 여성이 많은 상황에서 '공유'란 거의 배타적으로 남성의 몫이기 때문이다. 마두부티의 논의는 언뜻 보기에 균형 잡힌 것 같지만, 여성들은 민족적 경계의 표지이자 아프리카계 미국인 공동체의 소유물로 간주될 뿐이다. 흑인 남성이 부족한 상황에서 백인 남성과 가정을 이루는 흑인 여성은 "흑인 종족말살이라는 측면에서 매우 심각한 결과"를 야기하는 존재다(Madhubuti 1978: 144쪽).

자기 몸에 대한 여성의 권리에 항상 종족말살이라는 딱지를 붙일 필요는 없다. 마커스 가비가 아프리카계 여성들의 임신 조절을 비난한 것과 같은 시기에 두보이스는 미국가족계획연맹을 적극적으로 지지하면서 마거릿 생어Margaret Sanger에게 『위기』에 임신 조절에 관한 글을 기고해달라고 요청했다. 마찬가지로, 매닝 매러블(1991)은 재생산 권리를 둘러싼 미묘한 관점들을 세밀하게 다루면서 아프리카계 미국인 역사에 비춰볼 때 종족말살에 대한 공포가 터무니없는 것은 아니라고 지적한다. 그렇다 하더라도 매러블은 자유와 책임이라는 맥락에서 여성의 선택권을 강조한다. 제시 잭슨 목사 역시 재생산 권리를 지지하면서 재생산 문제에 관한 선택권을 지지하는 집회와 행진에 모습을 드러내왔다.

가부장적 관계의 도대를 무너뜨리려는 이들에게는 전통적인 가족이 이런 관계가 생산되고 재생산되는 장으로 보일 수 있다. 현대 가족의 조직과 기능은 '자연적'이거나 주어진 게 아니라 역사적으로 결정된 것으로 보인다. 조네타 콜Johnetta Cole이 지적하는 것처럼,

> '가족'이라는 꼬리표가 붙은 집단의 다양성과 그런 집단 내에서 여성이 차지하는 다양하고 복잡하며 종종 모순적인 자리를 인식하지 않는다면 '미국 가족'의 성격과 상태를 이해하기 어렵다(Cole 1986: 116쪽).

이런 견해에서 보자면, '전통적인' 가부장적 가족을 재생산하는 데 바탕을 두고 공공정책을 수립할 필요가 없다.

해방 기획에서 여성의 역할

정치적 스펙트럼에서 어느 위치에 있든 간에 아프리카계 미국인이라면 역사적으로 세 가지 주제가 해방 기획의 특징을 이루었다는 데

동의할 것이다. 첫째, 남성뿐만 아니라 여성들에게도 아프리카계 미국인 해방을 위한 투쟁이 젠더를 둘러싼 투쟁보다 우선시되었다. 대다수 사람들은 여성들이 해방 기획에서 전례 없이 큰 역할을 맡았고 또한 동시에 아프리카계 미국인 남성들이 전통적인 유럽계 미국인 남성의 역할을 부정당했음을 인정한다. 이런 역사가 오늘날의 관계에 어떤 영향을 미치는지에 관해서는 아프리카계 미국인들 사이에서도 의견이 갈리겠지만, 대부분의 포함주의 조직과 자치주의 조직에서는 지배 이데올로기와 더불어 이런 경험이 여성의 참여를 제한하는 이론적 근거의 일부가 되었다.

예컨대 아프리카계 미국인 교회를 보면, 대다수 신도가 흔히 여성이라 할지라도 성직자 집단은 남성을 위한 사회적 이동 수단이다. 주류 교단에서는 성서 이데올로기에 따라 여성의 종속을 장려하며, 여성들은 자신들이 차지하는 비중만큼 지도부에 진출하지 못한다. 1990년 아프리카계 미국인 '주류' 교회 2,150곳의 성직자를 조사한 바에 따르면 여성은 66명, 즉 전체 성직자의 3.7퍼센트에 불과했다(Baer 1993: 67쪽). 여성들이 가장 적극적인 활동을 벌이는 아프리카침례교회에서도 여성 목사나 전도사, 선교사는 잘 눈에 띄지 않는다. 브라운은 이렇게 말한다. "여성들이 적극적으로 공모하는 가운데 남성들은 가정과 교회에서 지도적인 위치를 독점한다"(Brown 1994: 173쪽).

마찬가지로, 포함주의 정치 조직에서 여성의 참여를 검토해보면, 유사한 유럽계 미국인 조직에 비해 여성이 더 중요한 역할을 맡았으며, 대체로 아프리카계 미국인의 이익 향상을 위한 투쟁과 남성들을 단호하게 지지했다(예를 들어 Jones 1985를 보라). 그러나 유권자 등록, 보이콧 운동, 시민불복종 등에서 여성이 종종 돌격대 노릇을 떠맡고 몽고메리

버스 보이콧*을 둘러싼 전투적인 행동을 개시하는 데서 중요한 역할을 했음에도 불구하고, 남부기독교지도자회의Southern Christian Leadership Conference(SCLC), 인종평등회의, 학생비폭력조정위원회Student Nonviolent Coordinating Committee(SNCC) 같은 전통적인 민권단체에서 여성이 지도자 자리를 맡은 경우는 드물다(Giddings 1984: 313~314쪽; Jones 1985 등을 보라). 가령 남부기독교지도자회의 집행부에서 일했던 두 여성은 남성 우월주의 때문에 자신들의 지도력에 한계가 있었다고 불만을 토로했다(Fairclough 1987: 49~50쪽). 학생비폭력조정위원회에서는 여성이 지도부와 정책 결정 단위에 참여했지만, 1964년에 스토클리 카마이클이 여성들에 대한 조직의 처우를 비판하는 토론 문서를 기각하면서 뱉은 악명 높은 발언—"학생비폭력조정위원회에서 여성들이 차지할 수 있는 유일한 위치[체위]는 엎드리는 것이다"(Giddings 1984: 302쪽; Jones 1985: 283쪽)—은 성평등 문제를 개선하는 길을 가로막았다(카마이클의 말이 농담이었길 바랄 수밖에 없다).

전통적인 민권 조직들은 성평등 영역에서 많은 진전을 이루지 못했다. 가령 1994년 당시 전국유색인지위향상협회National Association for the Advancement of Colored People(NAACP)에서는 회원의 약 3분의 2가 여성이었음에도 불구하고 고위 간부직 12개 중 10개가 남성의 차지였다. 마찬가지로 1994년에 남부기독교지도자회의와 전국도시연맹

---

* [옮긴이주] 앨라배마주 몽고메리Montgomery에서 아프리카계 미국인들이 대중교통에서의 인종 분리 정책에 맞서 벌인 항의 행동이다. 이는 1995년 12월부터 1956년 11월까지 이어졌는데, 1955년 당시 아프리카계 미국인들은 버스 뒷좌석에 앉아야 했으며, 앞좌석(백인 좌석)이 가득 차면 백인 승객들에게 자리를 양보해야 했다. 이 항의에서 중심적인 역할을 맡은 것이 아프리카계 미국인 여성인 로자 파크스Rosa Parks였다.

National Urban League* 모두 남성들이 주도했다.

많은 자치주의 기획에서 여성의 역할은 제한적이다. 예컨대 1970년대에 아미리 바라카Amiri Baraka는 여성이 남성들의 논의에 관여해서는 안 된다고 주장했다. (바라카는 나중에 입장을 바꾸었다) '새로운 아프리카 공화국'은 남성이 의사결정을 내리는 남성 가부장제로 복귀할 것을 호소했다(Giddings 1984). 앤절라 데이비스는 1967년에 샌디에이고에서 집회를 조직하는 동안 카렝가의 조직인 '어스US'와 맞닥뜨린 경험을 다음과 같이 설명했다.

특히 카렝가 조직에 속한 남성 회원들로부터는 내가 남자가 할 일을 하고 있다고 무척 심하게 비판을 받았다. 그들은 여자는 지도자 역할을 해서는 안 된다고 주장했다. 여자는 자기 남자에게 '영감을 주고' 아이들을 가르쳐야 한다는 것이었다. 그런데 이런 불만들이 아이러니한 점은 내가 하는 일 대부분이 내게 기본적으로 주어진 것이었다는 사실이다(Davis 1974: 161쪽).

오늘날에는 몇몇 유명한 사례—남성의 지도력에 도전하는 여성은 "주둥이를 찰싹 때려줘야 한다"고 공공연하게 말하는 샤라자드 알리(1989: 170쪽)와 같은—를 제외하고는 해방 투쟁에서 여성의 역할을 흔히 보완하고 보호하는 것으로 표현한다. 참가자들이 선조들의 시대와 같은 지도적 역할을 남성들에게 되돌려주려고 하기 때문이다.

---

* [옮긴이주] 1910년에 뉴욕시에서 창설된 민권단체. 인종차별을 철폐하고 아프리카계 미국인의 권익을 향상하는 데 주력한다.

현대 아프리카계 미국인 정치에서 젠더의 재현을 둘러싸고 대중적 운동에서 가장 의미심장하게 표현된 사례 중 하나가 '100만인 행진' 이다. 1995년 10월 16일, 100만 명에 달하는 아프리카계 미국인이 하루 동안의 인종 통합과 '속죄'를 위해 워싱턴DC에 결집했다.*

행진 조직 과정은 여성에 대한 보호와 통제라는 쌍둥이 테마를 고스란히 드러냈고, 민족주의와 포함주의가 젠더를 보는 관점에서 일치함을 보여주었다. 남성이 압도한 행진을 소집한 이는 '이슬람 국가'의 지도자 루이스 패러칸이었고, 그 전에 미국 전역의 주요 도시에서 열린 아프리카계 미국인 남성들의 대중 집회에서 여성들은 문전박대를 당했다. 벤저민 채비스Benjamin Chavis 목사는 성희롱 소송을 해결하기 위해 단체 공금을 유용한 혐의로 전국유색인지위향상협회 전국 서기직을 박탈당한 뒤 행진의 전국 책임자가 되었다.

'이슬람 국가'는 행진을 남성에 국한한 행사로 치르자고 요구했다. 여성들은 집을 지키면서 아이를 돌보고 기도나 해야 한다는 것이었다. 패러칸의 말을 들어보자.

우리는 흑인 여성들, 특히 자녀가 있는 어머니들에게 아이들과 함께하면서 가정과 자존감, 가족과 화합의 가치를 가르칠 것을 요구한다. 또한 우리 흑인들의 삶의 질을 향상시키기 위해 이번 행진과 우리의 과제가 성공할 수 있도록 우리와 함께 일하기를 요구한다. 우리

---

* 공원관리국에서는 그 수를 40만 명으로 추산한 반면, 행진 주최 측에서는 최소 100만 명이라고 주장했다. 보스턴 대학의 원격감지센터Center for Remote Sensing에서는 20퍼센트 오차 범위로 837,214명이라 추산했다.

는 이 역사적 순간을 계기로 흑인 여성이 우리 흑인들의 지위 향상을 위해 지금까지 해온 커다란 기여를 인정하는 바다.[1]

'이슬람 국가' 할렘Harlem 사원의 지도자 콘래드 무하마드Conrad Muhammad는 아프리카민족회의(ANC)와 모잠비크해방전선Frelimo에 여성들이 얼마나 참여하고 있느냐는 질문을 받자 다음과 같이 설명했다.

존경하는 지도자 루이스 패러칸과 '이슬람 국가'는 남자가 자기에 앞서 부인을 전장에 내보내는 것은 애석한 일임을 믿어 의심치 않는다. …… 우리는 남자로서 전선에 나가는 게 우리의 임무라고 믿는다.[2]

행진 지도자들의 대중적인 담론에서는 여성들에 대한 보호를 강조한 반면, 다른 이들은 통제에 좀 더 신경을 쓰는 것처럼 보였다. A. 아사둘라 사마드A. Asadullah Samad는 『로스앤젤레스 센티넬Los Angeles Sentinel』에 기고한 칼럼에서, 남성에게만 행진 참여를 허용하자는 의견을 옹호했다.

자매들은 이번에는 집에 있어야 한다. 여러분이 누구에게든 무엇을 할 수 있고, 어디에 갈 수 있다고 말하는 데 익숙하지 않다는 건 잘 안다. 이게 문제의 일부가 될 수 있다(이 점에 대해서는 뒤에 다시 말하겠다). …… 흑인 남자는 자기 여자의 존중(**과 그녀에 대한 통제**)을 되찾기 전에는 결코 전체 사회의 존중을 되찾지 못할 것이다(Samad 1995: A7쪽. 강조는 인용자).

다양한 스펙트럼의 아프리카계 미국인 공동체가 행진을 지지했다. 선출직 공무원, 민권단체 간부, 여성 모임 회원 등 많은 아프리카계 미국인 여성이 남성으로만 구성된 행진을 지지했다. 역사적으로 아프리카계 미국인 여성들에게 지워진 노동과 가족의 부담을 생각하면 놀랄 일이 아니었다. 많은 여성들이 보기에, 남성들에게 책임을 지라는 요구는 환영할 만한 것이었다.

진보주의자들은 한 성별만의 운동 자체에 모순이 있는 것은 아니지만, 이 행진은 성별에 따른 분리를 영속화한다고 주장했다. 비판이 고조되자 행진 지도자들은 젠더에 대한 입장을 수정했고, 마틴 루서 킹 2세, 메드가 에버스Medgar Evers, 맬컴 엑스 등의 부인들에게 여성을 '대표'해 행진에 참가해달라고 요청했다. 몽고메리 버스 보이콧 운동을 촉발시킨 주인공인 로자 파크스와 시인인 마야 안젤루Maya Angelou를 비롯한 몇몇 여성이 연사 명단에 추가되었다. 그렇다 하더라도 '이슬람 국가'의 가부장적 세계관에 바탕을 둔 행진의 근본 패러다임은 크게 바뀌지 않았다.

전국적으로 인종차별이 고조되는 가운데 행진에 대한 호소는 아프리카계 미국인 대다수의 마음을 울렸다. 행진은 아프리카계 미국인 남성을 악마시하는 데 맞선 대대적인 시위였고, 참여한 사람들 사이에 유대감과 일치감, 목적의식을 장려하고 새롭게 하는 데 성공했다. 그렇다 하더라도 주최 측이 '100만인 행진'을 가부장적인 시각에서 구상한 것은 분명하다. 행진을 통해 아프리카계 남성들의 남자다움과 자기주장을 집단적으로 표명하는 한편, 여성들은 의식적으로 정치·사회적 대결의 장 바깥으로 밀어낸 것이다. 이런 인식 틀은 포함주의와 자치주의 관점 둘 모두의 가부장제와 양립 가능하다. 전국도시연맹 의장

휴 프라이스Hugh Price는 '100만인 행진'을 두고 "가족의 가치를 내세운 미국 역사상 최대 규모의 집회"라고 설명했다(Gates 1996: 128쪽).

위계적 관계 구조를 근본적으로 바꾸려고 노력한 이 단체들은, 아프리카계 미국인 여성들이 적극적인 역할을 맡음으로써 아프리카계 미국인 남성들이 무력화되었다는 '모이니핸 명제'의 영향에서 자유롭지 못했다. 가령 블랙팬서당은 복잡한 사례를 제시한다. 분명 블랙팬서당이 심각한 여성혐오와 성차별주의적인 성격을 드러냈을지라도 여성들은 당 지도부를 이루었으며, 당원들은 여성의 참여에 대해 진보적인 견해를 내놓는 좌파 해방운동으로부터 영향을 받았다. 블랙팬서당의 어느 여성 지도자는 이렇게 말하기도 했다. "우리는 베트남 여성들이 우리에게 보여준 사례야말로 혁명에서 여성이 맡을 수 있는 역할의 대표적인 본보기라고 생각한다"(Black Panther Party 1969: 22쪽). 블랙팬서당이 창건될 때 "8개 주의사항" 중 하나가 "여자를 희롱하지 말라"였다.

좀 더 전통적인 좌파운동에서는 확실히 (항상 실천이 뒤따른 것은 아닐지라도) 여성의 정치 기획 참여에 이데올로기적인 지지를 보였다. 비록 실천이 이데올로기와 모순되는 경우가 왕왕 있었지만, 공산당처럼 많은 아프리카계 미국인 성원을 거느린 좌파 조직들은 클로디아 존스Claudia Jones, 샬린 미첼Charlene Mitchell, 앤절라 데이비스 등 여러 아프리카계 미국인 여성 지도자를 내세울 수 있었다. 마르크스주의 패러다임은 젠더 및 젠더 억압 분석에서 일부 한계를 드러냈지만, 이 조직들은 여성을 지도부에 앉히는 것뿐만 아니라 가부장제 해체를 이데올로기적으로 지지한다는 점에서도 앞서 논의한 다른 조직들과 상당히 다르다.

이런 사실에서 우리는 어떤 잠정적인 결론을 끌어낼 수 있을까? 불평등의 한 측면은 지배계급이 아프리카인들과 아프리카계 미국인들

의 젠더적 특징을 박탈함으로써 그들의 인간성을 부정하려고 했다는
점이다. 아프리카계 미국인들은 각각의 정치 전통 안에서 다른 방식
으로 젠더관계를 상상하고 구성함으로써 이런 현실에 도전하고 있다.

말 그대로 출신 배경이 다른, 포함과 자치를 추구하는 이들은 매우
다른 젠더관계 모델을 구성하는 것처럼 보인다. 포함주의자들은 지배
적인 유럽계 미국인 사회의 젠더 특권에 대한 동등한 기회와 접근권을
주구하며, 이들 중 상당수는 여성의 권리를 기존 법 체제의 경계 안에
서 확장하는 쪽을 지지한다. 다른 한편 자치주의자들은 유럽 중심적
인 틀을 거부하고, 선조의 전통에 입각해 젠더관계를 확립/재확립하고
자 한다. 여성을 주로 가정 영역에 자리매김하는 분업은, 비록 상호 보
완(손쉽게 불평등으로 바뀐다)이라는 언어로 표현되기는 하지만 상호 합
의의 결과가 아니라 여성의 재생산 능력에 따른 자연적인 결과로 간주
된다. 아프리카계 미국인 여성들이 노동자로서 겪는 경험과 투쟁의 물
질적 조건은 문화적 대안을 구체화하는 과정에서 종종 가려진다.

포함주의와 자치주의가 서로 달라 보일지라도 둘 사이에는 근원적인
연속성이 존재한다. 이 두 전략적 전망의 최종 산물은 가부장적인 젠더
역할 모델이며, 여기서 남성성은 여성의 의존에 의해 정의된다. 두 흐름
모두에서 젠더는 인종이 그렇듯이 역사적·사회적으로 구성되는 것이
아니라 본질화되고 고정된 것으로 보인다. 포함주의와 자치주의는 여성
들에게 지배 사회에서 좀처럼 얻기 힘든 보호와 존중을 제공하고자 하
지만, 이런 형태의 저항은 젠더 불평등을 수용하고 재생산한다. 따라서
'100만인 행진'의 조직자들이 내세운 가부장적 주제는 포함주의자들의
유럽 중심주의적 가부장제나 '이슬람 국가'를 비롯한 많은 민족주의자
들이 동의하는 전통적인 가부장제 모델과 모순되지 않았다.

민족주의자들은 대안적인 젠더 역할 모델을 제시하는 반면, 변혁주의 관점에 속하는 이들은 대립적인 모델을 제시한다. 이 모델을 실천에 옮기는 데 성공을 거두지 못할지라도 그들은 여성의 의존에 의해 규정되는 남성성의 정의를 해체하고자 한다. 이러한 맥락에서 젠더는 인종과 마찬가지로 역사적으로 불평등한 사회관계에 입각한 사회적 구성물로 간주된다.

클래런스 토머스 임명: 인종과 젠더

'100만인 행진' 외에도 몇 차례 대중적 논쟁이 벌어지면서 아프리카계 미국인 여성들 사이에 인종과 젠더를 둘러싼 긴장이 존재하며, 이런 관계를 구성하는 것에 대한 다양한 접근법이 있음이 분명하게 드러났다. 그중에서도 가장 중대한—미래에 엄청난 영향을 미친—사건은 클래런스 토머스의 연방대법관 지명을 놓고 전국적으로 벌어진 논쟁이었다. 이 문제는 지겨울 정도로 자세하게 분석된 바 있지만(예를 들어 Morrison 1992; Hill and Jordan 1995 등을 보라), 하나의 상황에서 서로 다른 젠더 구성이 어떻게 펼쳐지고 수많은 사람들에게 반향을 미칠 수 있는지를 보여주는 좋은 사례다.

1991년 7월 1일, (당시 대통령이었던) 조지 H. W. 부시가 연방대법원 판사 서굿 마셜Thurgood Marshall의 후임으로 공화당의 흑인 보수주의자 클래런스 토머스를 지명했다. 그런데 토머스와 함께 일했던 아프리카계 미국인 변호사 애니타 힐Anita Hill이 의회 법사위원회 위원들과 접촉한 뒤 토머스가 자신을 성희롱한 적이 있다고 증언했다. 의회 인

사청문회는 몇몇 텔레비전 방송사에서 생중계되었다. 토머스는 성적으로 부정한 행동을 한 적이 없다고 잡아떼면서 이 청문회를 "건방진 흑인들을 때려잡는 하이테크 린치"라고 규정했다. 힐이 거짓말 탐지기를 통과하고 그녀의 주장을 뒷받침하는 증인들까지 속속 나타났지만, 1991년 10월 16일 상원은 52 대 48의 표결로 클래런스 토머스의 연방대법관 임명을 승인했다.

이 사건을 계기로 인종과 젠더를 둘러싼 긴장이 부각되었다. 정치 성향을 막론하고 아프리카계 미국인들 대부분은 텔레비전으로 방영되는 구경거리가 아프리카계 미국인에게 불리하게 이용되고 있다고 우려했다—텔레비전으로 방영되는 청문회가 민주적 과정을 "재확인하는" 한편 아프리카계 미국인이 미국 사회에 "뚜렷하게 포함되고 의문의 여지없이 소속되는 계기"로 작용했다고 지적한 사회학자 올랜도 패터슨Orlando Patterson만은 예외였다(Patterson 1991: 79쪽). 토머스가 불협화음을 공개적으로 드러내기를 꺼리는 태도는 그가 아프리카계 미국인 공동체 다수로부터 지지를 받은 주된 요인 중 하나였다.

의견이 분분하기는 했지만, 포함주의자에서 민족주의자에 이르기까지 폭넓은 영역에서 클래런스 토머스의 대법관 승진을 하나의 필요악으로 보는 통념을 받아들였다. 재클린 존슨 잭슨Jacquelyne Johnson Jackson 같은 학자도 그중 하나였다. 잭슨은 이렇게 말했다. "나는 토머스의 인준을 지지했다. …… 그가 조지 부시의 유일한 흑인 스타였기 때문이다"(Jackson 1991-92: 49쪽).

포함주의 조직, 특히 전통적인 민권단체들은 지명 승인을 지지하지도 크게 반대하지도 않았다. 흑인의원모임재단Congressional Black Caucus Foundation은 마침내 지명에 반대한다는 입장을 밝혔지만, 전국유색인지위향상협회는 결국 토머스에게 반대했으면서도 어정쩡한 성명을 발표했을 뿐 반대 운동 결집을 주도하지 않았다.

포함주의 단체들은 매러블(1995)이 말하는 이른바 '상징적 대표'에 입각해서 토머스를 지지했다. 아프리카계 미국인이 한 명 임명되면 결국 모든 흑인에게 유리하게 일할 수밖에 없지 않겠느냐는 생각이었다. 그리하여 남부기독교지도자회의는 지명을 지지하기로 결정했으며, 토머스가 흑인으로 살면서 겪은 경험이 있는 만큼 "이런 '흑인의 경험 Black Experience' 덕분에 만인을 위한 정의를 보장하는 대법원의 책임에 점점 더 민감해질 것"이라고 주장했다(Lowery 1991-92: 152쪽). 전국도시연맹은 지지나 반대 어느 쪽도 결정하지 않은 채, 토머스가 "자신의 인생 경험을 통해 가난과 차별의 희생양이 된 미국인들과 좀 더 일체감을 가지기"를 희망한다는 바람을 밝혔다(Jacobs 1991-92: 153쪽).

민족주의자들은 인종적 유대에 입각하여 토머스를 지지했다. 상원 법사위원회에 토머스 측 증인으로 나선 링컨대학 총장 니아라 수다카사Niara Sudarkasa는 "우리는 마틴 루서 킹 박사의 꿈이 현실이 될 때까지 잠시도 쉬어서는 안 된다"는 호소로 증언을 마무리했다(Sudarkasa 1991-92: 102쪽). 포함주의자들과 자치주의자들은 공히 다른 고려사항보다 인종을 우선시했고, 가부장적 모델을 수용함으로써 성차별 문제에 대한 경시를 합리화했다. 가령 카렝가는 토머스의 정치적 입장을 강하게 비난하지도 않았고, 젠더 문제에 충분한 관심을 기울이지도 않았으며, 클래런스 토머스와 애니타 힐을 두고서는 백인 보수주의자들과 페미니스트들에게 "꾀여 서로 대립하는 애처로운 대리인 한 쌍"이라고 표현했다(Karenga 1991-92: 68쪽). 카렝가는 인종과 젠더를 대립시키면서 여성들이 과연 "아프리카 사람들에게 파괴적인 부수적 피해"를 야기할 권리 주장을 해야 하는지 물으며 단합을 호소했다(60쪽). "집안에 내분이 일어나면 적에게 이롭기 때문"이었다(62쪽). 또한 카렝가는 아프리카계 미국인 운동이 젠더 문제에 계속 관심을 기울여야 하지만, 그것이 아프리카계 미국인 투쟁을 희생시켜서는 안 된다고 주장했다(64쪽).

변혁주의 관점을 가진 사람들은 대체로 클래런스 토머스 지명에 이의를 제기했다. 제시 잭슨 목사는 토머스 지명에 반대했다. 제럴드 혼 Gerald Horne(1991-92)과 바버라 랜스비Barbara Ransby 같은 학자들은 인종뿐만 아니라 계급과 젠더도 고려할 것을 촉구했다. 랜스비가 보기에 "토머스 인사청문회는 …… 흑인 여성들에 대한 커져가는 적대감과 희생양 삼기 …… 흑인 신보수주의자들의 부상을 부각시켰다"(Ransby 1991-92: 82쪽). 랜스비를 비롯한 이들은 '자기방어에 나선 아프리카계 미국인 여성들'이라는 제목의 성명을 조직했다. 1,603명의 아프리카계 여성이 서명한 이 성명은 1991년 11월 17일자 『뉴욕타임스』에 공개되었다. 성명 작성자들은 부시 정부의 토머스 지명을 비난하면서 계급과 인종, 젠더 문제의 상관성을 거론했다.

연방대법원에서 보수적인 다수파가 공고해지면 모든 여성과 빈민, 노동계급과 노인의 권리가 심각하게 위협을 받는다. 클래런스 토머스의 취임은 아프리카계 미국인 여성과 남성뿐만 아니라 사회정의에 관심 있는 모든 사람에 대한 모욕이다.[3]

클래런스 토머스는 이 성명이 나오기 거의 한 달 전인 10월 16일에 상원 위원회에서 인준을 받았다. 내가 보기에는 카렝가가 말한 아프리카계 미국인들의 '파괴적인 피해'는 애니타 힐의 성희롱 고발이 아니라 많은 포함주의자와 민족주의자가 인종 단합을 무비판적으로 수용하고 젠더 문제(노골적으로 말하자면 성차별주의)를 다루지 못한 데 있었다. 이런 오류는 엄청난 재앙을 낳는 데 기여했다. 토머스는 대법관에 오른 지 4년도 안 되는 기간 동안 아프리카계 미국인과 여성, 빈민과 노동자, 모든 미국인의 민주적 권리와 기회를 약화시키는 조치를 지지했다—그것도 캐스팅보트를 쥔 인물로서 말이다.

토머스는 줄곧 다수의 편에서 표를 던졌다. 아이티 난민 추방 명령을 유예하기를 거부하고, 앨라배마주 사건, 즉 새로 선출된 흑인 주하원의원 당선자들이 의석을 차지하기 전에 백인 행정관들이 권력을 가로챈 사건에서 투표권법Voting Rights Act의 적용 범위를 제한했으며, 노동조합 조직가들이 조직하려는 일터에 인접한 주차장에서 전단을 나눠줄 수 있도록 한 전국노동관계위원회법National Labor Relations Board act을 약화시켰다.

그는 이런 보수적인 대법원이 자기 취향보다 진보적일 때에는 소수 의견을 내놓곤 했다. '미국가족계획연맹 대 케이시 사건Planned Parenthood v. Casey'에서는 소수 의견에 서명하면서 '로 대 웨이드' 판결을 번복하고 주별로 자유롭게 낙태를 허용하거나 금지해야 한다고 주장했다. 대법원에서 수감자에 대한 과도한 물리력 사용이 헌법 수정조항 제8조—잔혹하고 비상식적인 형벌을 금지한—에 위배될 수 있다는 판결을 내렸을 때에도 토머스는 소수 의견을 낸 두 명의 판사 중 한 명이었다. 20세에서 25세 사이의 아프리카계 미국인 남성이 세 명 중 한 명꼴로 형사사법제도에 연루되어 있고,[4] 감옥이 아프리카계 미국인과 젊은 라틴계 실업자들로 우글거리던 시기였다. 토머스의 소수 의견에 자극받은 『뉴욕타임스』는 '가장 젊고 잔인한 법관The Youngest, Cruelest Justice'(Rosenthal 1992)이라는 제목의 사설을 내보냈고 샌드라 오코너Sandra O'Connor 대법관은 다수 의견을 대변하는 글을 썼다. 토머스의 소수 의견은 "헌법 수정조항 제8조에 생기를 불어넣는 존엄성과 문명 기준, 인간애와 품위 같은 개념을" 무시했다는 것이었다(Coyle 1992: 40쪽에서 재인용).

토머스는 민권운동이 얻어낸 성과를 저지하는 데 결정적인 성공을 거두었다. 소수 집단 성원들에게 연방정부가 수당을 지급하는 직극직 평등조치를 제한하는 데 5 대 4로 나온 대법원 판결에서 캐스팅보트를 휘둘렀을 뿐만 아니라 흑인이 다수를 차지하는 선거구인 조지아 주의 제11연방하원의원 선거구를 무효화함으로써 몇몇 흑인 다수 선거구를 철폐하고, 연방하원에서 아프리카계 미국인 수를 줄이는 토대를 닦았다. 또한 캔자스시티의 학내 인종차별 철폐 계획 비용을 주에서 부담하도록 명령한 하급 연방법원의 행동이 부적절한 것이었다는 대법원의 판결에서도 토머스는 캐스팅보트를 휘둘렀다. 그 결과로, 학내 인종차별 철폐에 대한 연방정부의 개입이 줄어들고 '브라운 대 교육위원회Brown v. Board of Education' 판결*조차 재고될 것이 예상된다. 『내셔널로저널National Law Journal』에 따르면, 토머스는 "다른 대법관들과 함께 우향우를 재촉하는 정도를 훌쩍 뛰어넘었다"(Coyle 1992: 40쪽).

'토머스 참사'는 젠더와 관련하여 일부 자치주의와 포함주의 관점에 고유한 이론적·실천적 한계를 여실히 보여준다. 두 경우 모두에서, 이

---

* [옮긴이주] '공립학교의 인종차별은 위헌'이라고 결정한 1954년의 연방대법원 판결로, 인종차별 철폐 역사에 한 획을 그었다.

런 입장을 택한 이들은 토머스의 대법관 취임이 어떻게 아프리카계 미국인 여성의 지위를 향상시키려는 노력과 직접적으로 모순되는지, 그리고 그 연장선상에서 모든 아프리카계 미국인의 자유를 위한 싸움 전체를 허물어뜨리는지 이해하지 못했다. 인종에 대한 본질주의적 관점과 무비판적인 인종적 유대를 추구하는 시각에는 필연적으로 여성에 대한 권력 행사가 내재되어 있다. 아프리카계 미국인 해방이라는 원대한 기획은 젠더와 계급의 문제에 관심을 기울이지 못함으로써 위기에 처해 있다.

우리는 어디로 가고 있나? 개인적인 추신

이제까지 탐구한 여정의 함의는 무엇이며, 우리는 여기서부터 어디로 가는 걸까? 역사적으로 볼 때, 아프리카계 미국인들은 개인으로서나 집단으로서나 다양한 정치적 전망과 전략 사이를 오갔다. 이런저런 전략이 지배하는 상황을 낳은 조건은 무엇이며, 젠더에는 어떤 영향이 미쳤을까?

1960년대와 1970년대에 우리는 민권운동의 부상을 목도했으며, 민권운동은 국가 구조의 변화를 강제하기 위해 다양한 형태의 시민불복종을 채택했다. 이것은 영웅적인―어떤 경우에는 참으로 혁명적인―운동이었고, 변혁주의, 포함주의, 민족주의 등 여러 전략적 조류를 아울렀다. 민권운동이 주거, 교육, 보건, 이민, 고용 등의 접근권과 기회를 민주화하는 데 성공하면서 결과적으로 모든 미국인이 혜택을 누렸다. 아프리카계 미국인 여성들은 지도부는 아닐지라도 이 투쟁의 주요 참가자였으며, 패니 루 헤이머Fanny Lou Hamer와 로자 파크스 같은 영웅들은 운동의 중추를 이루었다.

1964년 민권법과 1965년 투표권법이 통과됨에 따라 투쟁은 포함주의로 방향을 잡았고, 법적 통로와 선거 전략을 통한 변화를 강조했다. 대다수 민권단체와 블랙파워단체에서 아프리카계 미국인 여성을 '무력한' 모습으로 재현하는 데 굴복하면서 평등을 위한 투쟁이 점점 남성적 특권과 동일시되는 결과로 이어졌다.

1970년대에는 불평등 확대와 탈산업화, 정부 복지 축소 등의 결과가 복수의 칼날이 되어 돌아왔다. 소득 불평등이 확대됨에 따라 한편에서는 중산층이 늘어나면서도 다른 한편에서는 빈곤선 이하의 생활을 하는 사람의 수도 늘어났다. 특히 가난한 여성 가장이 증가했다. 이러한 상황에서 변화를 위한 투쟁에 성공한 경험이 전혀 없고 일자리를 구할 전망이 거의 없는 도시 젊은이 집단이 생겨났다(당시 일부 도시에서는 흑인 청년 실업률이 50퍼센트까지 치솟았다). 힙합 음악을 비롯한 '게토 중심ghettocentric' 문화의 성장은 이런 경험을 어느 정도 반영하고 표현하는 것이었다. 처음에는 현대 사회에 대한 진지한 비판을 구체화했던 랩 음악은 순식간에 다양한 조류로 발전했고, 정치와 젠더를 재현하는 방식에서도 많은 차이를 보였다. 그러나 정치적으로 뚜렷하게 보수적이고 여성혐오적인 주된 흐름이 존재한다. 가령 갱스터랩에서는 여성을 흔히 '년bitch'이나 '창녀ho'로 지칭한다.

오늘날의 상황에 비춰보건대, 포함주의 관점은 실현 불가능한 것으로 드러났다. 본질적으로 불평등한 체제를 확대해서 아프리카계 미국인을 비롯한 모든 이들에게 기회를 줄 수는 없다. 국제적인 상황이 좌파에게 (비록 일시적일지라도) 심각한 역전을 나타내고, 종족 근본주의와 사회 현실에 대한 인종 본질주의적 설명이 다시 횡행하며, 국제 자본주의가 공고화되는 오늘날의 현실에서, 변혁주의 전략을 호소하는 개인과 조직들은 계속해서 약화된다.

이런 공백 속에서 점점 인기를 얻은 민족주의적 접근은 내부로 돌아가자고 호소하고 있다. 이 전략이 설령 우리의 발에서 모래를 털고 소돔과 고모라에 등을 돌리는 것처럼 매력적으로 보일지 몰라도, 성공을 거둘 것 같지는 않다. 일국적인 차원에서 보자면 '피부색 전략'의 문제점은 비록 소수일지라도 적극적으로 장려받는 보수적인 아프리카계 미국인들이 부상하면서 뚜렷하게 드러난다. 이를테면 경제학자 토머스 소웰Thomas Sowell이나 클래런스 토머스, 공화당 정치인 앨런 키스Alan Keyes 같은 인물들은 아프리카계 미국인의 해방을 촉진시키는 과정에서 신뢰할 수 있는 이들이 아니다. 또한 국제적인 차원에서 보자면, 자본주의 세계화가 새로운 기술의 힘과 더불어 공고화됨에 따라 협소한 민족적 투쟁은 시대에 뒤떨어진 것이 되었다.

게다가 인종을 본질화하고 흑인 사회 질서를 우선시하는 민족주의 기획은 필연적으로 이 사회 질서를 재생산하고 사회의 경계를 표시하는 여성들을 '통제'해야 한다. 우리의 역사적 투쟁은 아프리카계 미국인의 해방을 추구하는 과정이 아프리카계 미국인 여성이 가진 잠재력의 완전한 실현과 불가분하게 연결되어 있음을 뚜렷하게 보여주었다. 계급 착취, 인종차별, 젠더 종속에 맞선 투쟁 가운데 어느 하나라도 실현되려면 이론과 실천 속에서 이 셋이 통일되어야 한다. 우리는 하나의 민족으로서 우리 투쟁에 완전하고 평등하게 참여하는 데서 여성들을 배제할 수 없다. 어느 아프리카계 형제가 가나의 속담을 인용해서 내게 말한 것처럼, "우리는 모두의 손을 보태야 한다."

30

교차, 위치, 자본주의 계급관계
: 마르크스주의 관점에서 본 교차성

조해나 브레너Johanna Brenner

미국의 페미니스트이자 사회학자. 포틀랜드 주립대학 사회학과에서 교수를
지내면서 여성학 프로그램 책임자로 일했다. 박사학위를 딴 뒤 4년간 전화
설치 노동자로 일하기도 했으며, 학문 연구 외에도 재생산권, 복지권, 사회주
의를 위해 오랫동안 싸운 활동가이기도 하다.

페미니즘 이론에서 '교차성intersectionality'은 교차하는 여러 제도화된 권력관계—인종, 계급, 젠더, 섹슈얼리티(와 기타 지배 축)에 의해 정의되는—의 상호관계를 다루기 위한 분석 전략으로 등장했다. 대다수의 교차 분석은 사회적 위치, 즉 이러한 교차하는 지배 축들에 의해 정의되는 '장소' 차원에 초점을 맞추며, 사회적 위치가 어떻게 경험과 정체성을 형성하는지를 묻는다. 페미니즘이 다시 강력한 운동이 되고자 한다면, 노동계급 여성들이 인종/종족과 섹슈얼리티의 구분선을 가로질러 조직화되어야 할 것이다. 따라서 계급적 위치가 어떤 식으로 인종/종족 및 섹슈얼리티와 교차하면서 여성들의 생존 기획, 자기 가치를 주장하고 공적 권위를 행사하기 위한 전략, 모성 정체성의 활용, 여성 섹슈얼리티의 문화적 구성에 대한 반응 등을 모양 짓는지를 이해하는 것이 정치적으로 중요하다. 노동계급 여성들의 정치와 페미니즘 계급 정치를 위한 잠재적인 공동 지반의 윤곽을 그리기 위해서는 인종/종족 구분선을 가로지르는 계급적 유사성뿐만 아니라 인종/종족 집단 내의 계급적 차이 또한 정확하게 설명해야 한다.[*]

---

[*] 이 연구는 원래 두 부분으로 구성되었다. 첫 번째 부분은 사회적 위치에 집중함으로써 통상적인 교차 분석 접근을 따른다. 두 번째 부분은 사회적 생산관계로서 계급에 초점을 맞추기 위해 영역을 이동시킨다. 여기에는 두 번째 부분만 수록했다. 논문 전체는 다음의 책으로 출간되었다. Johanna Brenner, *Women and the Politics of Class*(New York: Monthly Review Press, 2001).

다음의 분석에서는 계급을 사회적 생산관계로 검토하기 위해 초점을 이동시켜보겠다. 이 분석은 상이한 계급 위치에서 저항이 벌어질 가능성이 정치적 맥락 안에서 어떻게 발전하는지를 보여준다. 한편 정치적 맥락은 자본주의 생산관계에 의해, 즉 자본주의 경제의 역학과 자본가 계급의 권력에 의해 형성된다. 나는 전 지구적 자본주의 재구조화로 인해 미국 정치 영역의 형상이 바뀌고 있으며, 이런 변화는 페미니즘을 비롯한 여러 해방운동에 심대한 전략적 함의를 갖는다고 주장하고자 한다.

자본주의 계급 권력과 저항의 정치학

민권운동과 페미니즘 운동은 혁명적 목표와 개혁적 목표를 결합했으며, 운동의 급진적인 세력은 경제·정치 권력의 재분배를 추구했다. 이런 목표에는 한참 못 미치지만, 두 운동은 실제로 낡은 젠더·인종 질서를 해체했으며 억압에 맞서는 다른 운동, 가령 게이/레즈비언 권리 운동이나 장애인 권리 운동이 등장할 수 있는 장을 열었다. 민권운동과 페미니즘 운동이 마련한 터전에서 성장한 신좌파는 이전의 어느 운동보다도 더욱 자의식적이고 강력하게 인종주의와 성차별주의, 이성애주의에 반기를 들 수 있었다.[1] 물론 어떤 잣대로 보더라도, 인종 억압이나 남성 지배가 사라진 것은 아니다. 그렇지만 근본적으로 재조직화되고 있다. 인종 억압과 남성 지배는 이제 법적·문화적으로 승인된 공공연한 배제 체계를 통해서가 아니라 불이익을 체계적으로 재생산하는 통합 과정을 통해 작동한다. 다른 곳에서 나는 남성 지배의 경우에 대해 이런 주장을 펼친 바 있다.[2] 여기서는 이를 간략하게 소개하고, 제도화된 인종차별의 재조직화에 대해 동일한 설명을 하고자 한다.

이제까지 가부장 권력을 뒷받침한 여성의 고임금 직종 배제와 남성 생계부양자/여성 가정주부 가족 모델은 분리되고 있지만 남성 지배는 끝나지 않았다. 페미니즘이 사회 재생산 조직에서 두드러진 변화를 이루어내지 못했기 때문이다. 돌봄은 여전히 가족/가정의 사적인 책임으로 남아 있다. 여성들이 아무리 임신을 통제한들 성인과 아동의 요구는 계속해서 여성의 어깨를 무겁게 짓누른다. 계급 구조의 상층부에 있는 여성들(고위 전문직과 관리직에 있는 여성들)은 돈을 주고 책임에서 벗어날 수 있지만 대다수 여성들은 그렇게 할 수 없다. 오늘날 남성과 여성은 돌봄 책임을 분담하는 방법을 놓고서 상이한 교섭을 벌이고 있다.[3] 그러나 이런 책임이 사회가 아니라 개인의 영역에 머무르는 한 가족은 가족 외부의 분업을 중심으로 조직될 수밖에 없고, 여성은 노동시장에서 계속 남성에 비해 불이익을 받게 될 것이다. 게다가 여자 혼자서 아이를 키우는 것이 무척 어려운 한, 한편에서는 여성들이 필요할 때 독신모를 선택하겠지만, 생계부양자와 돌봄 제공자 역할을 동시에 맡아야 하는 부담은 계속해서 핵가족에 관한 퇴영적인 정치·문화적 향수를 부추길 것이다. 또한 개선되었음에도 여전히 '가부장적인' 가정 내 교섭에 여성들이 계속 시간이나 노력을 쏟아붓고 용인해야 할 것이다.[4]

이 같은 남성 지배의 토대를 변화시키는 움직임에 대항하는 힘은 결코 만만치 않다. 사회 재생산을 공동의 책임으로 만들려면 적지 않은 부의 재분배가 필요하다. 따라서 다음 세대의 페미니즘은 참된 사회운동 조직인 노동조합을 비롯해 광범위한 반자본주의 무지개운동의 일부가 되어 공동의 노력을 기울여야 할 것이다.

퍼트리샤 힐 콜린스 역시 흑인 페미니즘이 맞닥뜨린 궁지를 분석하면서 민권운동과 페미니즘 운동이 얻어낸 성과가 제도화된 인종차별과 인종화된 정치의 소멸이 아닌 인종 질서의 재조직화에 기여하고 있다고 주장한다. 비록 민권운동이 한 세기가 넘도록 흑인의 삶의 지평을 규정했던 공공연하고 합법적이며 분화적으로 인가된 격리를 무너뜨리는 데에는 성공을 거두었을지라도, 페미니즘 운동과 마찬가지로 이 운동 역시 대다수 흑인들의 삶을 뚜렷하게 개선하지는 못했다. 물론 상대적 소수 집단에게는 과거에 생각조차 할 수 없었던 기회를 열어주었지만 말이다. 흑인 여성들 사이의 계급적 분할은 바야흐로 더욱 확대되고 있다. 흑인 중간계급이 상향 이동함에 따라 민권운동의 지역 공동체 기반은 약화되고 있으며, 일부 흑인 여성이 눈에 띄는 성공을 거둔 결과, 대다수를 불우하게 만드는 체계적이고 제도화된 인종차별은 가려지고 신비화된다. 콜린스가 주장하는 것처럼, 일부 흑인 여성들이 정치, 주거, 고용 공간에 점점 진출하는 것과 동시에 대다수는 헤어나오기 힘든 빈곤의 나락에 빠진다. 게다가 흑인 시민사회가 해체됨에 따라 흑인 여성들의 저항 전통을 길러낸 토양인 공동체 노동 같은 관습도 약화되고 있다—민권운동 시대를 통해 흑인의 삶을 규정했던 분리된 공동체에서 발전한 제도들이 사라지고 있는 것이다. 콜린스의 말에 따르면, 이런 새로운 궁지를 다루기 위해서는 흑인 페미니스트들이 노동계급 및 빈민층 흑인 여성의 요구를 지지하고 대변하며 이 요구를 위해 사람들을 조직하는 데 다시 헌신해야 한다. 또한 콜린스는 아프리카 중심주의를 주입해온 성차별주의와 동성애 혐오로부터 단절할 것을 주장한다. 그녀는 흑인들 사이의 이질성과 차이에 세심하면서도 원칙에 따른 연합에 개방적인 인종적 연대를 호소한다.[5]

따라서 페미니즘 운동과 민권운동이 맞닥뜨린 문제는 서로 유사하다. 두 경우 모두 중간계급이 커다란 성과를 누리는 동시에 노동계급은 점점 더 빈곤해지면서 계속 곤란을 겪고 있다.* 인종이나 젠더를 배제한 채 계급에만 다시 초점을 맞추자는 이야기가 아니다. 중간계급에게도 인종차별과 성차별이 계속 이어지고 있다는 건 잘 알려진 사실이다.[6] 중간계급에 속한 많은 아프리카계 미국인들이 딛고 선 발판은 백인의 그것에 비해 허약하기 그지없다. 흑인들은 도시 게토에서 빠져나가는 한편으로, 교외에서도 백인 거주지만큼 풍요롭지 못한 곳에 격리된 채 살아간다.[7] 흑인 인텔리겐치아와 전문직 종사자, 공직자, 대기업 관리자, 고위 행정 관료 등이 늘어나는 것은 분명 역사적인 변화다. 그렇지만 질문은 여전히 남는다. 왜 흑인 노동계급은 똑같은 기회를 누리지 못할까? 아프리카계 미국인 노동계급이 백인 노동계급의 빈곤 수준에라도 도달하려면 소득과 부가 대대적으로 재분배되어야 할 것이다. 지역사회와 주거, 학교 교육과 고등교육 기회 등에 공적 투자가 확대되어야 하며, 생활임금을 보장하는 일자리가 만들어져야 한다. 흑인의 빈곤을 종식시키기 위한 국가 개입 능력이 1960년대에 인종차별로 인해 손상됐다면,[8] 오늘날 국가 개입이 실현되기 위해서는 무엇보다도 정치적 세력 균형이 결정적으로 왼쪽으

* 백인 여성들이 얻어낸 성과가 상대적으로 더 크다. 계급 구조 안에서 더 공평하게 분배를 받기 때문이다.

로 이동해야 하며, 제도화된 인종차별이 어떻게 과거의 노력을 무효로 돌렸는지에 대한 뚜렷한 각성이 일어나야 한다. 흑인 노동계급이 직면한 궁지에서 빠져나가는 길을 찾으려면 1960년대 단일 쟁점 정치single-issue politics의 정치적 추진력을 소생시켜야 한다. 이 전략은 적어도 동화주의assimilationism 목표를 추구하는 과정에서 구조적·정치적 한계에 직면했다. 적극적 평등조치에 반대해 성공을 거둔 정치 캠페인, 범죄·복지·이민 문제를 놓고 부활한 인종차별적 정치 담론, 사회복지와 주거 지원금 삭감—이런 것들은 단순한 '정치적 반동political backlash'이나 다시 돌아오게 되어 있는 우선회 진자운동이 아니다. 경제의 심대한 변화에 기인한 정치적 효과인 것이다. 지난 20년에 걸쳐 꾸준히 오른쪽으로 이동한 미국 정치의 흐름을 멈출 수 있는 것은 폭넓은 기반을 갖춘 다중 쟁점 운동multi-issue movement이다. 자본의 압도적인 정치·경제 권력에 맞서기 위해서는 여러 각기 다른 집단의 힘을 결합해야 한다.

민권혁명은 흑인 대다수를 주류 미국 경제에 합류시키는 데 실패했다. 흑인 노동계급이 다른 배제된 집단을 주류로 실어다 준 기차의 탑승권을 마침내 손에 쥔 무렵이면, 이미 기차가 운행을 멈춘 상태였다. 캐런 브로드킨Karen Brodkin이 설득력 있게 보여준 것처럼, 2차 대전 이후 시대에 정부 개입(특히 제대군인 원호법GI bill과 주거 지원 정책)과 전례 없는 경제 성장 및 번영이 결합하면서 과거에 모욕당하고 배제되었던 인종 집단, 특히 유대인 남성들이 '백인이 될 수 있는' 토대가 마련되었다.[9] 파시즘을 상대로 벌인 전쟁은 대중의 반反유대주의를 무너뜨리는 데 일조했겠지만, 이런 요소를 지나치게 강조해서는 안 된다. 전쟁이 끝난 뒤에도 많은 공동체에 유대인에 대한 편견이 강하게 남아 있었다. 그런데 반공 우파가 유대인을 맹렬하게 비난했음에도 불구하고 1950년대 초에는 노동계급의 구석구석까지 영향을 미친 이른바 적극적 평등조치와 경제 호황 덕분에 반유대주의가 별 정치적 성과를 거두지 못했다. 하지만 여러 종족의 노동계급 남성에게 교외 주택과 대학 교육, 직장 내 상향 이동을 제공한 각종 정부 프로그램에서 흑인은 체계적으로 배제되었다.[10] 1950년대를 거치면서 유럽계 종족 집단이 착실히 얻어낸 성과는 다음 세대로 전해졌고, 이는 흑인 문화의 열등함에 관한 인종차별적 신화를 뒷받침하는 데 이용되었다.

혹인들이 마침내 민권운동을 통해 연방정부의 일관된 지원—유대인을 비롯한 '유럽계 미국인' 남성들은 이런 지원 덕분에 피부색과 무관하게 중간계급으로 진입할 수 있었다—을 부분적으로나마 얻어냈을 무렵이면, 이런 상향 이동을 가능케 했던 경제적 조건이 이제 막 사라지려 하고 있었다. 1960년대부터 1970년대 초까지 여러 운동이 예정된 성공을 거두는 것과 동시에 미국 경제는 상전벽해와도 같은 변화로 접어들고 있었다. 이런 변화는 현재와 같은 자본주의 계급 권력의 재구조화와 지배에서 정점에 다다랐다. 새롭고 강력한 국제 경쟁자들이 부상하면서 미국 법인 자본이 전후戰後에 누리던 헤게모니가 길을 내줌에 따라 이윤 폭이 줄어들기 시작했고, 대기업들은 이윤 복구 전략의 일환으로 임금과 노동조건을 겨냥한 공세에 착수했다.[11] 관료화된 노동조합들은 이런 '새로운 계급 전쟁'에 전혀 대비가 되어 있지 않았고, 번영의 시기에 조직을 건설할 수 있게 해준 코포라티즘corporatism 전략과 단절하는 데 따르는 위험을 무릅쓸 생각이 없었다.[12] 고용주들의 공세는 1970년대 초 기층민들로부터 방어적인 반란을 촉발시켰고, 전투성을 고조시켰다. 그러나 이런 반란이—디트로이트 흑인들의 혁명적 노동조합운동을 제외하면—학생운동이나 민권운동, 페미니즘 운동, 반전운동 등 동시대의 운동들과 연결되는 경우는 드물었고, 뼛속까지 보수화된 노동조합 지도부의 '실리적 노동조합business union' 전략을 근본적으로 바꾸지 못했다. 1980년대에 이르면 많은 대기업이 제조업 노동자들을 짜내는 걸 그만두고 아예 내쫓는 쪽으로 돌아선 상태였다. 오랜 생산 중심지들이 탈산업화하고, 제조업이 남반구와 해외를 향해 옮겨 가고, 더욱 유연한 생산 과정과 아웃소싱이 등장하는 등 이 모든 변화가 조직 노동자들을 더욱 수세로 몰아갔다.[13] 동시에 여러 노동계급 공동체에서 많은 고무적인 투쟁이 일어났다. 일부 활동가들은 지원을 받기 위해 나라 밖으로 눈을 돌렸다. 그들은 투쟁을 확장하는 것을 넘어 자신들의 정치적 세계관을 급진화하면서 다른 운동들 가운데서 새로운 동맹 세력을 찾아냈다.[14] 그러나 이런 싸움은 거의 모두 패배로 귀결되었다. 공장들은 속속 문을 닫았다. 설사 문을 닫지 않는다 할지라도 고용주들은 노동자들에게 가혹한 교섭을 강제할 수 있었다. 임금이 삭감되고 노동 규칙이 바뀌었다. 노동자들은 작업 일정에 대한 통제권을 잃고 능률을 높여야 했다. 1980년에서 1984년 사이에 민간 부문 노동조합 가입률은 20.1퍼센트에서 15.6퍼센트로 떨어졌다. 1996년에 이르면 민간 산업노동자의 10.2퍼센트만이 노동조합 조합원이었다.[15]

오랜 산업 중심지들이 수명을 다함에 따라 거기에 의존하던 공동체도 힘을 잃어갔다. 물론 이런 변화는 안정되고 조합화된 노동계급 일자리에 의존하는 도시의 흑인 공동체에 특히 치명적이었다.[16] 1970년대에 한편에서는 적극적 평등조치 정책과 차별 금지 입법을 통해 중간계급 백인 여성과 유색인들에게 고등교육 기회와 전문직/관리직에 진출할 기회가 확대되었지만, 다른 한편에서는 번듯한 블루칼라 일자리가 사라지고 있었다. 도시 재개발 및 탈산업화와 더불어 흑인들의 주거 이동성이 확대됨에 따라 도심 근린을 떠받치는 경제적 토대가 허물어졌다. 백인들의 집단 이주와 교외화는 엎친 데 덮친 격이었다. 따라서 흑인 도시 주민들이 민권 투쟁을 통해 획득한 정치적 힘을 행사할 수 있게 된 무렵이면 그들이 권력을 쥔 도시의 경제적 토대 자체가 위축되고 있었다. 그리고 주 의회는 점점 도시에 적대적인 태도를 보였다.

정치적 적대, 교외-도시 간 갈등의 격화와 인종화, 민주당에서 멀어진 백인 노동계급 공동체의 이동 등은 또한 고용주들의 공세에도 그 뿌리가 있었다.* 민권운동과 여성운동은 실제로 백인 남성의 독점을 위협했다. 이런 도전은 항상 저항을 야기했을 테지만, 거의 모든 노동계급 성원들에게 실질적인 생활수준 향상을 안겨준 2차대전 이후와 같은 경제 팽창이 이루어졌더라면 공격의 예봉은 무뎌졌을 것이고 우파의 인종주의적 호소도 약화되었을 것이다. 그러나 노동계급 공동체는 오히려 임금 하락과 일자리 감소, 기회 축소와 경제 불안 고조 등의 사태에 직면했다. 경제적 경쟁이 높아지면 기존의 집단적 유대에 대한 의존이 강화된다. 사람들이 일상적인 생존을 조직하기 위해 협력하는 가운데서 생겨나는 유대 말이다. 작업장뿐만 아니라 친족을 비롯한 사회적 네트워크를 통해 조직되는 이런 생존 기획은 정상적인

---

* 여기서 나는 특히 노동계급 기반에 대한 우파의 잠식과 노동계급이 인종에 따라 분할된 방식에 관심이 있다. 이 글은 미국 정치에서의 우파 부상을 전반적으로 분석하기 위한 게 아니다.

경우라면 인종/종족 갈등의 토대가 되는 직업 및 주거상의 인종/종족적 분리를 해체하기보다는 재생산한다. 분명히 밝히지만, 반인종주의 정치 전략에 반대한다거나 '선별적인' 정부 지원 프로그램과 반대되는 이른바 '보편적인' 프로그램에 찬성한다고 주장하려는 게 아니다. 오히려 내가 말하고자 하는 바는 경제적·정치적 조건이 서로 연결되어 있고, 과거의 성과는 되돌릴 수 없는 조건 아래서 이루어졌으며, 새로운 반인종주의 공세는 반자본주의 정치와 결합될 때에만, 즉 경제정의와 사회정의를 위한 폭넓은 연합과 손을 잡을 때에만 가능하다는 것이다.

고용주들의 공세에 맞서 집단적인 대응을 조직할 능력이 없는 상황에서 백인 노동계급에 속한 사람들은 어김없이 자신들이 누릴 수 있는 이익에 집착하는 쪽으로 몰려갔고, 자신들의 분노와 두려움을 사회에서 가장 취약하고 무력한 집단들에게 전가했다. 분명 이 같은 인종주의적 호소와 희생 전가가 미국의 노동 대중을 성공적으로 분할한 것이 이번이 처음은 아니었다.

경제적 불안정에 대해 좀 더 집단적이고 포괄적인 대응이 이루어지지 않는 상황에서는 협소한 집단 이익에 입각한 집단적 분노와 정치적 동원이 시대 풍조가 된다. 마이클 오미Michael Omi와 하워드 와이넌트Howard Winant는 설령 백인 인종주의의 뿌리가 깊더라도 '백인의 반동white backlash'이 불가피한 것은 아니었다고 주장한다. "예컨대 좀더 포괄적인 일련의 개혁은 선도적인 재분배 정책과 완전고용 약속으로까지 확대될 수 있었다. 이런 정책과 약속이 실행되었다면, 적극적 평등조치나 그와 유사한 프로그램들 때문에 반숙련 노동, 공교육, 저렴한 주거 등을 둘러싼 경쟁이 심해졌을 때 주변적인 동네와 학군, 직종에 자리한 백인들이 받은 충격이 완화되었을 것이다."[17] 물론 백인 노동자들의 생활수준이 악화된 주된 원인은 고용주들이 노동자 임금과 일자리, 노동조건을 겨냥한 공세였고, 이런 공격은 흑인 노동계급에게 훨씬 더 큰 부담으로 작용했다. 그렇지만 이런 공격의 영향으로부터 노동자들을 보호하는 데 일조했을 정책과 프로그램이 시행될 가망은 없었다. 기업 세력과 경쟁할 경제적인 운신의 폭이 줄어든 것처럼, 기업의 이권을 맞받아칠 정치적 공간도 줄어들었다. 1970년대와 1980년대에 기업 해외 이전의 충격을 완화하고 노동자들의 교섭력을 강화하기 위해 노동조합들이 제안한 완전고용 정책은 궤도에 오르지도 못했다. 오히려 연방 차원에서 시행하는 노동조합 조직화에 대한 법적 보호마저 유명무실해졌다.[18]

우파가 동원한 인종주의 정서와 이데올로기는 인종차별을 시정하기 위한 적극적인 국가 개입(특히 적극적 평등조치, 이중 언어 교육 등에 반대하는 캠페인)에 대한 공격뿐만 아니라 공공 부문 전반에 대한 공격의 형태를 띠었다(복지 개혁과 반反이민 입법에서 특히 뚜렷하게 드러났다). 공공 부문 노동자와 사회복지 프로그램 이용자 모두 공격을 받았다. 반이민 정서의 결집은 백인 노동계급에게 국한되지 않았다. 비백인 인종/종족 집단 사이의 경쟁이 고조되고 각 집단 내부에서 계급 분화가 확대된 현실 역시 '복지를 누릴 자격이 없는' 빈민에 대한 광범위한 공격의 일환으로 이민자들을 공격하기 위한 토대가 되었다.[19]

우선회가 추진력을 얻게 됨에 따라 보수적인 이익집단들은 국가 예산에서 점점 더 많은 몫을 차지할 수 있었다. 그리하여 전반적인 공격 대상이 된 것은 공공 서비스—특히 빈민층(계급 체제의 지배적인 형상에서 '최하층 계급'은 주로 유색인으로 이루어졌다)을 대상으로 한 공공 서비스—지출만이 아니었다. 1980년대와 1990년대에 우리는 또한 사회 지출에서 강압적인 국가 부문 지출로 점차 중심이 이동하는 모습을 목격했다. 연방 예산 비율에서 군사 지출이 늘어났고, 교도소가 빠르게 성장하여 감산복합체라는 말이 생겨날 정도였다.[20]

'자유주의' 복지국가에 반대하는 정치를 통한 우파의 부상 역시 기업주들의 공세에 그 기원이 있다. 복지국가의 팽창은 1950년대에 시작되었지만 1960년대에 국가 서비스를 요구하는 집단들이 점점 조직화되고 도시 반란이 벌어진 데 대응하여 가속화되었다.[21] 연방이나 주, 지역 차원에서 정부 지출이 늘어나긴 했지만 유의미한 수준의 부의 이전을 통해 재원이 마련되지는 않았다. 법인세는 1950년대에 평균 45퍼센트를 기록한 뒤 1960년대에 급격하게 하락하기 시작하여 1994년에는 24퍼센트에 다다랐다.[22] 부유층의 소득에 대한 실질 세율은 재분배 효과가 미미한 수준이었고, 그나마도 1970년대 중반 이후에는 더욱 떨어졌다.[23] 미국 복지국가의 재정을 지탱하는 부담이 지워진 건 임금소득이었다—더욱 개입주의적인 전략이 패배하면서 등장한 재원 조달 시스템이었다. 1930년대에는 경제를 관리하는 전략을 둘러싸고 정책 진영 내에서 실질적인 논쟁이 벌어졌지만, 2차대전이 끝날 무렵이면 개입주의 국가 모델은 이른바 '성장 자유주의growth liberalism'에 길을 내주고 완전히 주변으로 밀려났다.[24] '성장 자유주의'에서 정부의 역할은 구매력을 유지하고 경제 팽창을 부채질하기 위해 재정 권한(징세 및 지출 능력)을 행사하는 것에 국한된다. 임금 조정이나 강력한 규제기관, 공적 소유 기업의 생산 등을 통한 경제 관리는 거부되었고, 그 대신 수요 자극과 제한된 사회복지 지출이 선호되었다. 다른 많은 자본주의 경제에서 등장한 사회민주주의 체제와 비교해보면, 2차대전 후에 노동과 자본 사이에 협정이 이루어지면서 소득 안정, 연금, 의료보험 등이 분화된 체제가 생겨났다. 노동조합에 소속된 노동자들은 단체협약을 통해 연금과 의료보험을 획득한 반면, 노동계급 하층에 속한 이들은 공공 부문에 의존했다.[25]

이 체제는 전후 호황기에는 비교적 잘 작동했다. 경제 전체가 호황을 구가함에 따라 비록 공평하지는 않더라도 모두가 혜택을 누렸고, 노동계급과 중간계급에 대한 과세를 통해 '국방과 생활수준을 양립시키는guns and butter' 국가를 세울 수 있었다. 실질소득이 늘어남에 따라 세금은 커다란 정치적 쟁점이 되지 못했다. 그렇지만 기업주들의 공세는 복지국가 자유주의를 떠받치는 이런 토대가 근본적으로 허약함을 순식간에 드러냈다. 1970년대에 가구 실질소득 중간값은 16퍼센트 감소한 반면, 세금은 노동자 소득에 비례해 늘어났다. 1970년대 후반에 재산세에 대항한 반란은 조세와 국가 지출 문제를 둘러싼 성공적인 보수 결집의 시작에 불과했다.[26]

1970년대에 등장했지만 1980년대에 이르러서야 미국 정치를 장악한 보수주의 운동은 서로 겹쳐지지만 구별되는 두 정치운동의 연합이었다. 종교 우파는 기독교 교회를 중심으로 페미니즘과 게이/레즈비언 권리 운동에 대한 반동을 토대로 삼아 세력을 형성했다. 현대화 우파modernizing right는 고전 자유주의의 정치적 세계관에 훨씬 더 굳건하게 뿌리를 두었다. 따라서 두 운동의 신자유주의는 민권운동의 개인 권리 담론을 시장에서의 공정한 경쟁에 대한 권리와 재결합하면서 통합했다. 종교 우파가 페미니즘과 게이/레즈비언 운동에 많은 고통을 안겨주긴 했지만, 보수주의의 진정한 성공담은 현대화 우파의 세계관이 득세했다는 데 있다. 1992년 대통령 선거운동 당시

클린턴이 복지에 관해 늘어놓은 수사는 이런 변화를 훌륭하게 포착했다. 특히 노동을 도덕적 쟁점으로 치켜세운 클린턴의 언사(일하는 어머니는 '의존의 악순환'을 깬 훌륭한 역할 모델이다)는 흑인 빈곤층 독신모를 수혜 자격이 없는 '복지 수급자 여왕welfare queen'*으로 낙인찍는 근래에 만연한 관행에 이의를 제기하기는커녕 그런 낙인을 재생산하는 것이었다. 현대화 우파 담론은 자격이 있는 이들과 자격이 없는 이들, 즉 자기 스스로 노력해서 성공하려는 이들(일을 하겠다고 손을 드는 사람들)과 집단적 지원을 요구하는 이들(한푼 달라고 손을 내미는 사람들) 사이의 극명한 대조에 의존한다. 이런 틀에서 보면 국민의 생활을 집단적으로 개선하려는 정부의 노력은 정당성을 잃을 수밖에 없다. 그 대신 국가의 역할은 시장에 진입하려는 이들, 동등한 상향 이동 기회—기꺼이 노력하는 이들을 기다리고 있는—를 누리려는 이들을 '돕는' 것이다. 신민주당원들New Democrats**은 이처럼 기본적으로 보수적인 메시지를 다소 포퓰리즘적으로 해석하면서도 그 본질은 받아들인다. 민권단체와 여성단체들은 이런 지형 위에서 싸울 수밖에 없기 때문에 기존 담론의 한계에 실용적으로 적응하고 있다. 보수적인 논쟁 지형에 이의를 제기하기보다는 그런 지형을 재생산하는 것이다.

---

* [옮긴이주] 조작이나 편법을 통해 과도한 사회복지 혜택을 받는 사람들을 경멸적으로 가리키는 표현. 미국에서는 1960년대 초부터 이런 사람들을 비난하는 선정적인 언론 기사가 등장했으나 1976년에 레이건이 대선 경선 과정에서 본격적으로 거론하면서 복지 정책의 허점을 까발리는 표어가 되었다.
** [옮긴이주] 1988년 아버지 부시의 대통령 당선 이후 등장한 민주당 내의 중도파를 가리키는 표현이다. 사회·문화적으로는 중도 다원주의를 표방하고 경제적으로는 신자유주의를 신봉한다.

내가 복지 개혁을 둘러싼 정치적 합의를 분석하면서 주장한 것처럼, 유색인 공동체를 대변하는 '중간계급' 대표들(비영리기구 지도자, 사회복지사, 공중보건 종사자 등)은 공동체에 대한 정부 투자의 지지도가 급속하게 떨어지는 데 대응하여 정치 전략을 바꿨다. 정치적으로 결집된 사회적 기반 없이 점차 보수화되는 정치 환경을 헤쳐 나가야 했던 이 사람들은 정치적 언사와 요구를 시대에 맞게 조정했다. 주류 민권단체들은 흑인 보수주의자 및 민족주의자들과 합세하여 사회복지 프로그램을 흑인 노동계급의 도덕적 향상을 위한 수단으로 정당화했다. 이제 흑인 노동계급은 도덕적으로 선도해야 할 최하층 집단으로 재규정되었다. 역사적으로 유색인 공동체를 지배해온 남성 중심적 정치 조류도 이런 변화를 부채질했다.[27] 흑인 남성의 위기는 (흑인) 10대 임신을 둘러싼 소동과 마찬가지로 행동 개선을 목표로 삼는 사회복지 서비스에 대한 국가 지원을 정당화하는 이유가 되었다.[28] 자신들이 운영하는 프로그램에 대한 국가 예산 지원이 줄어드는 상황에서 이 중간계급 대표들이 예산 확보에 성공을 거두었다 할지라도, 그들은 애초에 지원 삭감을 정당화했던 이데올로기를 강화하는 대가를 치렀다. 즉 '최하층 계급'의 '나쁜 성격'에 초점을 맞추면 어렵게 얻어낸 공공 사회복지 프로그램을 철폐하는 것을 지지할 수밖에 없다. 복지 수혜 자격은 '의존'을 부추기기 때문에 시장 경제를 통해 독립심과 자립을 키워야 한다는 이데올로기에 속수무책인 것이다. 바버라 오몰레이드Barbara Omolade가 주장하듯이, '100만인 행진'처럼 흑인 남성의 책임이라는 주제를 중심으로 결집하는 정치적 선언은 혼자 아이를 키우며 극도로 갈등적인 젠더관계와 씨름하는 여성들 사이에서 정서적인 공감대를 얻는다.[29] 여기서도 역시 우리는 돌봄 노동과 관련된 여성들의 부담이 줄어들게끔 국가로부터 양보를 끌어내지 못한 우리 운동의 실패가 낳은 정치적 결과를 목도한다.

중간계급 대표들이 자원을 공동체 내부로 이동시키지 못하면 노동계급 기반은 궁지에 몰리게 된다.[30] 흑인 공동체 내에서 나타난 극적인 계급 분할의 양상은 전 지구적 자본주의 재구조화의 결과로 다른 많은 공동체에서도 되풀이되고 있다. 특히 '아시아계'와 '라틴계' 공동체로 들어오는 최근의 이민 물결에서도 이런 양상을 볼 수 있다. 일부 신규 이민자들은 매우 다른 문화 자본과 경제 자원을 가지고 오며 어떤 경우에는 연방정부의 대대적인 지원금을 받기 때문에 성공을 거두는 반면, 다른 많은 이들은 팽창하는 노동계급 대열에 합류한다.[31] 이와 동시에 국가기구 내의 정치적 공간과 선출직 때문에 개인이 각자의 인종/종족 집단의 대표로서 중재자 역할을 할 수 있는 기회가 많아진다. 국가와 도시의 인종/종족 고립지역enclave 사이에 새로운 관계가 설정되면서 국내적으로 더욱 복잡한 권력 구조가 생겨나고 있으며, 이와 동시에 인종/종족 집단들 사이에서 공공 지출 및 투자에 관련된 지위를 둘러싼 경쟁도 치열해진다.[32]

이 공동체들에 속한 노동계급은 폭동이나 반란, 이민자 권리를 위한 결집, 노동조합 조직화 운동을 중심으로 한 공동체-노동자 연합을 비롯한 풀뿌리 투쟁을 통해 간헐적으로 정치적인 발언을 해왔다.[33] 그러나 노동계급의 목소리는 중간계급 대변인들에 비하면 미약해서 잘 들리지 않는다.[34]

따라서 민권운동과 여성운동이 이룩한 성과와 맞닥뜨린 궁지를 이해하고, 또 인종과 젠더에 대한 사고방식에 그토록 철저하게 도전하고 변화시킨 능력과 이런 도전을 계속하지 못한 무능력 둘 모두를 이해하려면, 자본주의 경제가 변화를 겪은 시기라는 맥락 안에서 두 운동을 파악하는 게 도움이 된다. 1970년대와 1980년대에 이미 정치 풍경을 새롭게 바꾸고 있던 경제적 변화는 1990년대에 더욱 가속화되었다. 시장과 생산의 팽창, 국내외 노동 이주의 증대, 투자/생산의 유연성과 이동성, 재화와 서비스 분야 모두에서 이루어진 글로벌 기업들의 미국 경제 침투, 글로벌 기업들에 대한 민족국가의 통제와 규제 약화 등이 대표적인 예다. 핵심 제조업에서 블루칼라 노동자들의 노동조건을 무너뜨린 자본주의 재구조화는 이제 여러 부문에서 중간 관리자와 감독직에서부터 생산직 노동자에 이르기까지 고용 안정성을 위협하고 있다.

이런 변화의 핵심에는 비단 세계화만이 아니라 자본의 점증하는 유연성과 이동성, 권력 집중, 자본주의 경쟁의 격화, 노동자를 더욱 쥐어짜는 기업주들의 공세 등도 자리 잡고 있었다. 바야흐로 극심한 경쟁과 소요로 점철된 경제가 미국인들의 삶을 지배하고 있다. 과거의 중요한 자본주의 재구조화 시기들에 그러했듯이, 예전의 패러다임 아래서 세워져 전에는 (썩 훌륭하지는 않더라도) 제대로 작동했던 노동계급의 정치·경제적 방어 기구들은 이제 새로운 조건에 전혀 부응할 수 없다. 몇몇 대안이 개발될 때까지는 현대화 우파의 정치적 헤게모니가 계속 지배할 것으로 보인다.

설사 손쉽게 빨리 만들어낼 수 있는 해법이 눈앞에 보이지 않는다 할지라도, 논쟁을 새로이 하고 정치적으로 조직화하기 위한 현실적인 희망과 기대가 아예 없는 것은 아니다. 미국 노동계급은 점점 더 많은 이민자로 채워지고 인종/종족적으로 다양해지며, 저임금 노동자와 여성의 비중이 커지고 있다. 무엇보다도 노동조합은 전체 노동자 중 조합원 비율이라는 면에서는 힘없어 보일지라도 그들은 더 전투적이고 더 민주적이며 더 정치적인 투쟁 양식, 공동체에 기반을 둔 새로운 투쟁 양식을 모색하고 있다. 전 지구적 자본의 극악한 노동 착취와 환경 착취에 맞서 환경단체와 노동조합의 연합이 이미 형성되었다.* 노동자들은 변화하고 있다. 다른 선택의 여지가 없기 때문이기도 하고, 새로운 노동자 집단이 노동조합으로 조직되어 새로운 요구를 하기 때문이기도 하다. 게이/레즈비언 노동자들은 자신들이 속한 노동조합이 레즈비언/게이 권리를 위한 캠페인에 대해 뚜렷한 입장을 갖고 거기에 기여하기를 요구한다. 노동조합에 속한 페미니스트들은 낙태권을 위해 '당당하게 나서도록', 즉 낙태권에 대한 지지를 노동조합의 문제로 보도록 조합을 압박한다. '일자리와 정의Jobs With Justice' 같은 풀뿌리 노동자 연대 조직은 국경을 가로지르는 조직화 캠페인을 통해 국제적인 노동자 연대를 건설하고 미국 노동자들의 의식을 향상시키고 있다.[35] 한편 노동조합 조직화와 인종정의를 위한 투쟁을 연결시키는 공동체에 기반을 둔 새로운 조직들이 속속 등장하고 있다.[36] 사상 최초로 연합 정치, 즉 폭넓은 사회정의와 경제정의를 위한 의제를 둘러싸고 무지개운동을 조직할 실질적인 가능성이 존재한다.[37] 물론 서로 전혀 다른 방향을 추구하는 흐름들이 존재하며, 아직까지는 이런 흐름들이 더 강력하다. 그렇지만 권력자들이 의도하는 대로 타협하기를 원치 않는 우리로서는 이런 가능성에 우리의 미래를 거는 것 말고는

---

* Martinez, *De Colores Means All of Us*, 108~116쪽. 1999년 11월 29~30일 시애틀 세계무역기구 회담을 중단시킨 대규모 시위에 참여한 우리들로서는 노동·환경·사회정의 단체들이 이처럼 폭넓은 연합을 이룰 가능성이 어느 때보다도 더욱 크다고 본다.

다른 선택의 여지가 없다. 지금이야말로 세대를 막론하고 억압에 맞선 저항과 정의를 위한 투쟁을 일깨우는 '몽상적인 실용주의visionary pragmatism'에 몰두해야 할 때다.[38]

THE SOCIAL FEMINIST PROJECT:

CONTEMPORARY READER IN THEORY AND POLITICS

6부

자연, 사회, 지식

31
페미니스트 입장론을 다시 본다

낸시 하트삭Nancy Hartsock

미국의 페미니즘 철학자로, 페미니즘 인식론과 페미니스트 입장론 연구로 유명하다. 『돈, 섹스, 권력: 페미니즘 역사유물론을 향해Money, Sex, And Power: Toward a Feminist Historical Materialism』 등의 저서가 있다.

나는 처음에 1978년 12월 미국철학회American Philosophy Association 연례회의에서 샌드라 하딩Sandra Harding이 발표한 논문에 대한 토론문으로 「페미니스트 입장론The Feminist Standpoint」 초고를 쓰고 '페미니즘 역사유물론을 위한 지반 다지기Developing the Ground for a Specifically Feminist Historical Materialism'라는 부제를 붙였다. 그리고 이 글이 최종 발표본에 가까운 모습을 갖추게 된 1981년 여름까지 계속 고쳤다. 이 글을 쓴 이후로 수년간, 페미니즘 이론 내의 많은 주장이—포스트모더니즘 및 이에 입각한 입장론 비판과 반대되는 것으로서—입장론을 중심으로 한 논의를 받아들였다. 물론 내가 입장론을 주창한 유일한 사람은 아니며, 내 글을 논평한 몇몇 사람들은 다른 이들도 입장론 이론가라고 규정했다.* 논쟁이 확대됨에 따라 특정한 이름이 붙지 않은 채 일반적인 페미니즘 분석 범주로서 입장론 논의가 펼쳐지는 모습을 볼 수 있었다.[1] 그런데 이런 경우에는 때로 입장론에 관한 설명이 공상적이다. 대체 필자가 어떤 자료를 가지고 이야기하는

---

* 이 명단에는 보통 도로시 스미스Dorothy Smith, 메리 오브라이언Mary O'Brien, 힐러리 로즈Hilary Rose(전에는 엘리자베스 피Elizabeth Fee와 제인 플랙스Jane Flax도 포함되었다) 등이 포함되며, 최근에는 입장론과 좀 더 복잡한 관계에 있는 앨리슨 재거, 샌드라 하딩, 퍼트리샤 힐 콜린스 등도 포함된다. 도나 해러웨이, 첼라 샌도벌Chela Sandoval, 벨 훅스, 폴라 M. L. 모야Paula M. L. Moya 등 내가 보기에는 여러 입장론 기획에 관여한다고 판단되는 이들은 빠져 있다. '여성의' 입장과 반대되는 의미로서 '페미니스트' 입장에 관한 쟁점도 존재한다. 이 점에 관해서는 N. Hartsock, "Standpoint Theories for the Next Century," *Women and Politics* 18, no. 3(Fall 1997)을 보라.

것인지 궁금할 때가 한두 번이 아니었다.

나의 기획

따라서 여기서 나는 몇 가지 논점을 명확히 하고, 중대한 결함이라고 생각한 부분을 일부 바로잡기 위해 기존의 주장을 고쳐 쓰고 새롭게 하고자 한다. 내 연구에 대해 발표된 비판들 대부분은 나의 기획을 대단히 잘못 읽은 것으로 보인다. 나는 마르크스와 루카치의 전례를 따르고자 했으며, 프롤레타리아의 입장 개념을 비유적으로 페미니즘의 용어로 바꿔보고자 했다. 마르크스는 『자본』에서 모든 것이 가치대로 교환되는 단순한 '두 계급 모델'을 채택했다. 그리고 3권 막바지에 이르러서야 "마침내 우리는 계급 문제에 다다른다"고 언급했다. 마르크스가 보여주고자 했던 것처럼, 이는 좀 더 복잡하고 미묘하게 다룰 필요가 있는 문제였다. 그런데 3권 수고는 이러한 분석을 제시하지 않은 채 갑자기 끝나버린다. 하지만 마르크스의 전략이 풍부한 결실을 맺은 점을 감안하면서, 나는 페미니스트들과 가부장제의 남성주의적 대변자들 사이에 단순한 '두 당사자 간 대립 모델'을 비유적으로 채택했다. 나는 루카치의 글 「물화와 프롤레타리아의 입장 Reification and the Standpoint of the Proletariat」[2]을 따라 프롤레타리아의 입장(역사적인 사명을 포함하여)이라는 개념을 페미니즘의 용어로 바꿔보고자 했다. 루카치가 몇 가지 의미심장한 자기비판을 수행한 『역사와 계급의식 History and Class Consciousness』 1967년 서문에 비추어서 내 글을 통해 그의 주장을 재정식화하고 싶었다. 이 서문에서 루카치는 자본주의하에 물화된 상품 형태가 아니라 노동을 분석의 시발점으로 삼지 못한 자신의 잘못이 얼마나 중요한 의미를 갖는지를 언급했다. 인간활동 자체를 분석의 시발점으로 삼지 못했다는 것이다.

당시 나는 마르크스주의 이론에서 프롤레타리아의 삶이 그러하듯이 여성의 삶 또한 지배에 대한 비판과 대안적인 사회 형태의 전망을 발전시킬 수 있는 가능성을 담고 있다고 주장했다. 제도화된 성적 분업을 검토함으로써 페미니스트 입장을 발전시킬 수 있다고도 주장했다. 이런 입장에 서면 프롤레타리아 입장에서 나오는 비판을 심화할 수 있을뿐더러 마르크스의 자본주의 비판보다도 더 정교하게 여성에 대한 지배를 설명할 수 있는 가부장제 이데올로기와 사회관계 비판을 만들어낼 수 있다.

내가 페미니스트 입장이라는 사고를 정식화함에 따라 몇 가지 논쟁이 벌어졌다. 무엇보다 중요한 점은, 나는 현실에 일련의 층위가 있으며 심층적인 층위가 표면과 외양 모두를 포함하고 설명한다고 가정했다. 시간이 흐르면서 나는 현실의 층위라는 관념이 전혀 인기가 없고, 요즘에는 오로지 표면만이 신뢰받는다는 사실을 깨닫게 됐다. 그렇지만 페미니스트 입장론 기획에 표면과 심층이라는 은유는 필요치 않으며, 정신분석학에 기반을 둔 낸시 초도로의 이론 역시 필요치 않다. 지금도 나는 대다수 피억압 집단들에게 입장론 기획이 중요하고 유용하다고 생각한다.

여기서 입장론의 가장 중요한 측면들을 다시 한 번 언급할 필요가 있겠다.

1. 물질적 삶(마르크스주의 이론에서의 계급 지위)은 사회관계의 이해

를 구조화할 뿐만 아니라 제한한다.

2. 상이한 두 집단에 대해 근본적으로 대립하는 방식으로 물질적 삶이 구조화된다면, 각 집단의 이해理解는 상대 집단의 전도顚倒를 나타낼 것이며, 지배 체제에서 지배 집단의 이해는 편파적이고 비뚤어질 것이다(이상하고 해로울 것이라는 의미다).* 하나의 재정식화로서 지배 집단과 종속 집단의 다양성에 '부합하는' 다양한 전도가 존재한다는 점을 넛붙이고 싶다.

3. 우리는 모든 사람이 참여할 수밖에 없는 물질적 관계가 지배 집단의 시각에 의해 구조화되리라는 것을 예상할 수 있으며, 따라서 이를 단순히 허위의식이라고 치부할 수 없다. 우리 모두는 시장에 참여하는 것 말고 다른 선택의 여지가 없을 뿐만 아니라 오늘날 우리는 모든 문제를 해결하고 민주주의를 증진시키는 시장의 미덕에 관해 끊임없이 듣고 읽는다.

4. 그 결과로 피억압 집단은 싸움을 통해 자신의 시각을 획득해야 하며, 이 시각을 얻기 위해서는 물질적 관계를 변화시키려는 정치 투쟁을 통해서만 성장하는 체계적인 분석과 교육이 필요하다.

5. 억압받는 이들이 잠재적 이해력을 발휘하여 실제로 작동하는 시각으로서 입장을 채택하면, 인간들 간 관계의 비인간성이 가시화되고 역사적인 해방의 역할이 생겨난다.[3] 마르크스에게 프롤레타리아

---

* 나는 여성의 삶 속에서 하나의 가능성으로 존재하는 관점에 특권을 부여하고자 했다. 물론 가장 억압받는 집단의 시각이 최선의 설명을 제공한다는 식으로 억압에 등급을 매기려고 하지는 않았다. 케이티 킹Katie King은 '전도'를 이런 식으로 읽는 것으로 보인다. Katie King, *Theory in Its Feminist Travels*(Bloomington: Indiana University Press, 1994), 62쪽을 보라.

의 해방적 역할은 역사적 사명의 한 기능이었다. 나는 이러한 이해를 더 살기 좋고 더 정의로운 세상에 대한 열망이라는 벨 훅스의 표현으로 바꾸고자 한다.[4]

여러 비판을 접하면서 생각을 거듭하고 나 자신의 주장을 재평가하는 동안 나는 역설에 사로잡혔다. 첫째, 이런 비판들이 나오고 지지를 받았던 건 내 연구의 마르크스주의적 차원과, (개인보다는 집단들 사이의) 역사적으로 특수한 사회관계에 대한 강조를 인식하지 못했기 때문이다. 이에 따라 많은 비판이 내 글을 자유주의 휴머니즘의 전통 안에 위치 짓는 방식으로 독해했다. 동시에 나는 내 주장에 결함이 생긴 것은 내가 그것을 마르크스주의 전통 안에 위치시키고자 노력했기 때문이라고 생각한다. 여성의 입장을 프롤레타리아의 입장에 비유해 이론화하려 하고, 마르크스의 지나치게 도식적인 두 계급 사회 모델을 문자 그대로 독해하는 데 의존했던 것이다. 그 뒤 내 글을 둘러싸고 벌어진 논쟁과 입장 인식론standpoint epistemology 일반에 관한 논쟁은 몇 가지 문제 때문에 복잡해졌다. 한편으로는 마르크스주의 전통과의 친밀성을 알지 못한 채 내 주장을 독해한 게 문제였고, 다른 한편으로는 두 계급 사회 모델을 선진 자본주의에서 여성이 처한 상황에 적용할 수 있다고 고집한 나의 경직된 태도가 문제였다.

지난 수년간 이들 논쟁을 비롯해 입장론을 둘러싼 논의를 고찰한 결과, 나는 논쟁의 상당 부분은 이처럼 정치의 쟁점이 진리와 지식에 관한 전통적인 철학적 문제와 뒤얽히고 또 인식론적 타당성을 주장하기 위한 상충하는 기준과 뒤얽힌 탓이라고 믿게 됐다. 요컨대 내가 권력 개념이 본질적으로 경쟁적이라고 주장한 것과 흡사하게, 입장론 역시 본질적으로 경쟁적인 것으로 인식되어야 한다. 권력을 어떻게 이해해야 하는가에 관한 주장은 상이한 인식론에 달려 있는 것이다. 페미니스트 입장론의 의미를 둘러싸고 그토록 많은 (상충하는) 해석이 존재하는 것도 바로 이런 쟁점들이 작동하기 때문이다. 그렇지만 지금으로서는 이런 수많은 해석의 존재를 입장론 이론이 권력과 정치와 인식론을 둘러싼 페미니즘 논쟁을 위한 비옥한 토양을 제공한다는 증거로 보고 싶다.

재정식화

그러나 내 주장에는 몇 가지 문제가 있다. 특히, 여성이 '남성'이라는 범주에 포섭된 것과 마찬가지로 '특정한' 페미니스트 범주(유색인 페미니스트)를 불특정 페미니스트, 즉 백인 페미니스트에 포섭시키고, 레즈비언을 이성애자 범주에 포섭시키고 말았다. 요컨대 나는 세계를 두 계급(두 사람) 모델로 환원한 마르크스의 절차를 따르면서 결국 마르크스와 유사한 문제에 봉착했다—지배의 중요한 축들이 작동하는 것을 인식하면서도 그것을 제대로 보지 못한 것이다. 그리하여 마르크스는 홀어미들이 실업자 산업예비군에서 가장 하층을 차지한다는 사실을 분명히 인지했음에도 노동계급을 재생산하는 데 여성 노동이 어떤 역할을 하는지는 보지 못했다. 나 역시 성적 분업이라는 측면에서 인종과 계급의 일정한 차이에 주목했지만, 이런 차이에 적절한 의미를 부여하는 이론적 공간을 만들지는 못했다.

과거에 페미니스트 입장론을 위해 내놓은 주장을 다시 살펴보면서

나는 이 사고를 다원화하는 동시에 지배 집단에 맞선 투쟁의 도구로서 이 사고의 유용성을 보존하고자 한다. 나는 사회 변혁에 헌신하는 모든 이론가가 직면한 과제는 정치적 연대를 위한 일정한 이론적 토대를 구성하고자 노력하는 것이라고 생각한다. 이런 이론적 토대는 집단적 행동과 동맹 건설의 대체물이 아니라 필수적인 부속물이다. 페미니스트 입장론 개념을 수정하면서 나는 아래로부터의 특별한 관점을 주장하는 다른 이들의 수많은 비슷한 노력에 큰 힘을 얻는다.*

프레드릭 제임슨Fredric Jameson의 연구는 특히 입장의 본성을 다시 생각해보는 데 유용했다. 제임슨은 다음과 같이 말한다. "각 집단은 사회 질서 내에서 처한 구조적 상황과 이런 상황에 특유한 억압과 착취의 특정한 형태 때문에 현상학적으로 특정한 방식에 따라 세계를 살아간다. 각 집단은 다른 집단에게는 모호하고 비가시적이거나 우연적이고 부차적인 세계의 특징을 볼 수 있거나 볼 수밖에 없는 것이다."[5] 제임슨은 각각의 경우에 쟁점은 각각의 사회적 위치에 고유한 새로운 사고의 가능성의 조건이라고 확신한다. 이것은 개별 노동자의 성향 문제가 아니며 "모종의 집단적인 프롤레타리아 '세계관'의 신비로운 속성"은 더더욱 아니다.[6] 제임슨은 과정이라는 측면에서 사고하는 능력 같은 긍정적인 성격뿐만 아니라 지식을 가로막는 장애물과 한계의 진단 같은 마르크스주의 분석의 선행 조건을 강조한다.

제임슨은 또한 페미니스트 입장론을 채택해 여성들의 경험이 새롭

---

* 예를 들어 흑인 페미니스트 입장론에 관한 퍼트리샤 힐 콜린스의 연구와 메릴린 프라이Marilyn Frye, 테레사 드 로레티스Teresa de Lauretis, 몰레피 아산테, 샌드라 하딩, 첼라 샌도벌, 도나 해러웨이 등의 연구를 보라.

고 긍정적인 인식론적 가능성을 창출한다고 주장한다. (가능성과 잠재력이라는 사고가 강조되어야 한다) 제임슨의 주장에 따르면, 입장론은 "갖가지 부정적인 제약의 경험들, 즉 노동자들이 겪는 **착취**와 여성들이 겪는 **억압**을 구분할 것"을 요구한다.[7] 페미니즘 기획을 출발점으로 삼으면, 제약 상황으로 규정할 수 있는 상황들을 구분하는 것이 중요하다고 주장할 수 있다. 제임슨은 특히 중부 유럽 유대인의 경험에 주목한다. 그는 이를 계급과 젠더 구분선을 가로지르는 공포의 경험이라고 규정했다. 제임슨이 말하는 것처럼, 다른 집단들도 공포를 경험하지만 중부 유럽 유대인들에게 공포는 집단을 구성하는 본질이다.[8] 따라서 제임슨은 억압 개념을 "그것이 나타나는 구체적인 상황"으로 해소하고 피지배 집단들이 직접 경험하는 다양하게 구조화된 제약을 검토하는 게 중요하다고 지적한다. 그러나 이 과정에서 각각의 지배형태는 독특한 인식론이나 아래로부터의 관점을 만들어낸다고 이해해야 한다.*

우리에게는 수정되고 재구성된 이론이 필요하다. 이 이론은 다른 누구보다도 마르크스에게 빚을 지며, 포스트모더니즘 이론들과 반대되는 입장론의 몇 가지 중요한 특징을 포함한다. 첫째, 피억압 집단은 주체성을 제거하기는커녕 역사의 객체이자 주체로서 우리 자신을 구성하는 역사·정치·이론적 과정에 참여할 필요가 있다. 우리는 우리가 진정으로 누구인지를 구별해야 하며, 이 과정에서 그릇된 '우리'를

---

* Fredric Jameson, "History and Class Consciousness," *Rethinking Marxism* 1, no. 1(1988); 제임슨은 계속해서 이것이 상대주의처럼 보이는 기획이라고 언급하면서도 '원칙에 따른 상대주의principled relativism'라고 이름 붙였다.

진정한 복수성과 다양성으로 해소시켜야 한다. 이런 구체적인 복수성을 통해 아래로부터 바라본 사회관계에 관한 설명을 구성할 수 있어야 한다. 억압이 '더 나은' 사람을 만들어낸다고 말하는 게 아니다. 오히려 지배와 주변화의 경험은 많은 상처를 남긴다. 내가 말하고자 하는 것은 주변화된 집단은 자신들을 보편적인 '인간(남성)'으로 오인할 가능성이 더 적다는 점이다. 또한 지배당한 경험은 사회적 삶에 대해 중요하고도 새로운 이해의 가능성을 제공할 수 있다.

둘째, 지식이 가능함을 보여주는 인식론적 토대 위에서 사고하는 것이 중요하다. 권력관계가 우리를 종속시키기 위해 작동하는 게 어떠한지에 관한 대화나 담론이 아니라 말이다. 우리가 세계를 알 수 없다고 생각한다면 확신을 갖고 행동하지 못할 것이다. 우리에게 절대적인 지식이 있다고 믿어야 한다는 게 아니라 '충분한' 확실성을 가질 필요가 있다는 것이다.[9]

셋째, 우리의 실제적인 일상활동에 세계에 대한 이해(예속된 것일 수도 있지만 현존하는 이해)가 담겨 있음을 인식하는 인식론이 필요하다. 여기서 나는 모든 사람은 지식인이며 누구에게나 작동하는 인식론이 있다는 그람시의 주장을 인용하는 것이다. 그렇다면 중요한 문제는 우리의 다양한 실천에 담겨 있는 인식론들을 읽어내는 것이다. 또한 우리는 물질적 삶이 사회관계에 관한 이해를 구조화할 뿐만 아니라 한계를 설정하기도 하며, 지배 체제에서는 지배 집단이 얻을 수 있는 시각이 불완전하고 현실의 질서를 전도한다는 주장을 포기해서는 안 된다.

넷째, 우리의 인식론은 대안을 만드는 것이 어려움을 인식할 필요가 있다. 지배계급과 인종, 젠더는 모든 당사자가 참여할 수밖에 없는 물질적-사회적 관계를 형성하는 방식으로 세계를 적극적으로 구조화한다. 또한 지배 집단의 시각을 단순히 허위이거나 잘못된 것이라고 치부할 수도 없다. 피억압 집단은 자신들을 중심으로 한 독자적인 이해를 얻기 위해 싸워야 하며, 이런 이해를 획득하려면 오직 정치 투쟁을 통해서만 얻을 수 있는 이론화와 교육이 필요함을 인식해야 한다.

다섯째, 피억압자들의 이해는 사람들 사이의 현실적인 관계가 비인간적인 것임을 폭로한다. 따라서 정치적 행동을 위한 호소가 생겨난다.

입장론을 확장한 제임슨의 논의에 따라 이들 요구를 비추어볼 때, 더불어 동맹을 위한 이론적 토대를 개발하려는 정신에서, 나는 아래로부터의 시각이나 서발턴 집단들의 관점을 담은 많은 선언을 읽어볼 것을 제안한다. 나는 피지배 집단의 경험에 가능성으로 담겨 있는 인식론에는 (현상학적인 특징은 각기 다를지라도) 많은 연계와 유사성이 존재한다고 믿는다. 특히 백인 페미니스트들은 미국의 유색인 페미니스트와 포스트콜로니얼 주체로부터 연대의 가능성을 배워야 한다는 점을 지적하고 싶다.

몇 가지 중요한 쟁점에 대해 상당히 많은 연구가 더 이루어질 필요가 있다. 첫째, '경험'의 지위와 해석의 문제, 그리고 가장 중요하게는 경험을 상이한 방식으로 다루는 것의 정치적 결과라는 문제가 있다. 둘째, 특히 미국(또는 영어권)이라는 맥락에서, 집단의 건설에 관해 훨씬 더 많은 것을 배울 필요가 있다. 집단은 개인들의 집합이 아니라 억압과 주변화에 의해 형성되는 것으로 보아야 한다. 이런 집단의 성원들은 충분한 경험을 공유하기 때문에 저항운동에 힘을 불어넣을 수 있는 방식으로 상황을 이해하게 될 가능성이 크다. 셋째, 나는 정치와 인식론과 인식론적 특권 주장 사이의 관련성을 자세히 설명하기 위해, 그리고 참여하고 책임지는 지식에 대한 새로운 이해를 발전시키기 위해 훨씬 더 많은 연구를 해야 한다고 믿는다.

이런 관점들과 그것들이 지지하고 생성하고 표현하는 지식을 이해하려면 최소한 그것들이 나타나는 억압 상황의 윤곽을, 아니 좀 더 분명히 말하자면 피억압자들의 세계관이 대응해야 하는 실존적 문제들을 이해해야 한다. 무엇보다도 근본적으로, 피지배자들은 타자들이 자신들의 목적을 위해 구조화한 세계에 살아간다―이 목적은 적어도 우리 자신의 것은 아니며 정도는 다르지만 우리의 발전, 우리의 존재에까지 적대적이다. 이런 상황은 전 세계적으로나 지역적으로 다양한 형태를 띤다. "이론과 실천에는 '서구'가 주된 참조점이라는 암묵적인 가정"이 존재한다. 카를로스 푸엔테스Carlos Fuentes가 멕시코의 관점에서 꼬집듯이, 적어도 "북아메리카 세계는 그 활기로 우리의 눈을 멀게 만든다. 우리는 **당신들을** 보아야 하기 때문에 우리 자신을 보지 못한다."[10]

이러한 정의로 말미암아 피지배 집단들은 인식론적으로 구성될 수 있는 일련의 전도와 왜곡과 삭제를 경험한다. "사회 질서의 구조적인 상황"과 이런 상황에 고유한 "특정한 억압 형태 때문에" 각 집단은 "다른 집단에게는 모호하고 비가시적이거나 우연적이고 부차적인 세계의 특징을 볼 수 있거나 볼 수밖에 없는" 방식으로 세계를 살아간다.[11]

매우 강력한 전도 경험을 좀 더 구체적으로 살펴보자. 피지배자들이 지배관계와 변화 가능성을 인식함에 따라 그들의 의식에서 가장 자주 언급되는 특징 중 하나는 '정상적인 것'을 '광기'나 '허구'로 인식하는 것이다. 따라서 미셸 클리프Michelle Cliff는 밝은 피부색의 중간 계급 자메이카인에 관해 이렇게 말한다. "우리는 유색인이었고, 억압자의 지위를 열망했다. …… 우리는 백인의 우월성을 확신했다. 만약 우리가 실패하면 …… 우리의 어두운 면이 부각되었다. 크리올 사람들의 운명이 봉인된, 대대로 물려받은 불균형이었다." 클리프는 자신이 쓴 글을 한걸음 떨어져서 보고는 이렇게 말한다. "어처구니없이 들리거나 심지어는 공상처럼 들릴지도 모른다. 맞다. 제정신으로 쓴 게 아니다."[12] 아니면 인터뷰어에게 다음과 같이 말한 미국의 어느 흑인 여성에 관해 생각해보라. "나는 제정신일수록 미친 사람으로 보일 수밖에 없는 세계에서 여성으로 성장했습니다."[13]

에두아르노 갈레아노Eduardo Galeano는 라틴아메리카의 상황에 대해 글을 쓰면서 다음과 같이 지적했다. "내 나라에서 '자유'란 정치범 교도소의 이름이며, '민주주의'는 다양한 공포 체제를 가리키는 이름의 일부다. 또 '사랑'이란 한 남자와 그의 자동차 사이의 관계를 정의하는 말이며, '혁명'은 주방에서 새로운 세제로 할 수 있는 일을 설명하는 말이다."[14] 계속해서 갈레아노의 말을 들어보자. "테러 기술의 발달에서 어떤 창의성을 인식하지 못할 이유가 무엇인가? 라틴아메리카는 고문 방법과 …… 공포감을 주입하는 방법을 발달시키는 데 참으로 인상적이고도 보편적인 기여를 하고 있다."[15]

피억압자들에게 생겨난 전도에 관한 이런 식의 이해는 지배 집단에 대한 새로운 이해로 이어진다. 이해가 바뀌는데도 설명은 무척 비슷한 걸 보면 놀라울 따름이다. 하지만 그렇기 때문에 질문을 던지고 대단히 다른 설명을 정식화하기 시작할 수 있다. 그리하여 페미니스트, 제3세계, 포스트콜로니얼 저자들은 이런 질문을 던진다. "돈과 무기를 더 많이 소유한 것 말고, '제1세계'가 우리 '저발전' 국가들에 비해 어쨌든 질적으로 우월한 게 맞는가? 영미인들은 하나의 '종족 집단'이자 지구상에서 가장 폭력적이고 반사회적인 부족이 아닌가?"[16] 어느 흑인 급진주의 연구자는 이런 의견을 내놓기도 한다. "과거에 인간이 경험한 규모를 넘어서 삶을 야만적으로 타락시키고 인간의 운명을 심각하게 짓밟을 수 있는 문명에서는 더욱 뿌리 깊고 일그러진 소유에 대한 집착이 생겨난다는 인식이 있었다." 이 연구자는 "스스로 가진 비뚤어진 가정과 모순 때문에 발광한 문명이 세계를 활보한다"는 의심이 커지고 있다는 말을 덧붙였다.[17]

가브리엘 가르시아 마르케스Gabriel García Márquez의 노벨상 수상 연설은 지식과 인식론에 관한 이런 식의 경험이 어떤 결과를 가져오는가를 보여준다. 마르케스는 의미심장한 발언을 했다. "우리가 가진 중대한 문제는 우리의 삶에 신뢰를 부여할 만한 전통적인 수단이 없다는 것이었습니다. 동지들이여, 이것이야말로 우리가 고독한 핵심적인 이유입니다. …… 우리 자신의 것이 아닌 방식을 통해 우리의 현실을 해석하면, 어느 때보다도 더 우리 자신을 알지 못하고, 자유를 잃어버리며, 고독해질 수밖에 없습니다."* 그 결과, 주변으로 밀려난 이들과 피지배자들은 (백인, 남성, 유럽인들과 달리) 자신들이 복수의 세계에 살

---

* Eduardo Galeano, *Century of the Wind*(New York: Pantheon, 1988)([국역] 에두아르도 갈레아노 지음, 박병규 옮김, 『불의 기억 3: 바람의 세기』, 따님, 2005), 262쪽에서 인용. 마르케스의 작품은 같은 기준으로 설명할 수 없는 여러 현실에 관해 중요한 지적을 한다. 마르케스는 『100년 동안의 고독』을 읽은 평범한 사람들이 전혀 놀라워하지 않았다고 주장했다. "그들 자신의 삶에서 벌어지지 않은 일은 전혀 말하지 않았기 때문"이라는 것이었다. *The Fragrance of Guava*, 36쪽, Kumkum Sangari, "The Politics of the Possible," *Cultural Critique* 7(Fall 1987), 164쪽에서 재인용.

고 있음을 인식할 수밖에 없다. W. E. B. 두보이스는 아프리카계 미국인의 관점에서 이런 상황을 설명했다. "독특한 느낌이다. 이런 이중적인 의식, 항상 타인의 눈을 통해 자신을 바라본다는 이 느낌, 즐거운 듯이 경멸과 동정의 눈으로 바라보는 세계의 잣대로 자신의 영혼을 재는 이 느낌 말이다."[18]

이런 경험이 지식과 경험을 발전시키는 데 어떤 의미를 갖는지는 여러 가지 방식으로 설명된 바 있다. 나는 페미니스트 입장론을 제시한 글에서 서구 산업사회의 (백인) 여성들은 가부장제하에서 경험한 바 덕분에 지배적 관점의 허위성과 편파성을 이해하고 이런 관점보다 더 심원하고 복잡한 현실관을 발전시킬 수 있는 가능성이 있다고 주장했다. 다른 이들도 종속된 사람들이 얻을 수 있는 지식의 성격에 관해 비슷한 주장을 한 바 있다. 쿰쿰 상가리Kumkum Sangari는 '제3세계' 사람들의 경우 "사실을 강력하게 모양 짓고 중재하는 역사적·정치적 왜곡" 때문에 사실에 도달하기가 어려워 다른 차원의 사실성을 주장하게 된다고 말한다. "이 차원에서는 임시적인 지식 개념과 역사적으로 제한된 진실 개념이 이해를 위해 필요할 뿐만 아니라 현지인과 동시대인들 안에 참여하는 위치에서 작동하게 될 수도 있다." 상가리는 불가사의한 실재론이 작동한다고 주장한다. "만약 실재가 역사적으로 구조화되어 외래적인 권력의 위치가 보이지 않게 된다면, 만약 이런 식으로 실재가 가시적이지 않은 어떤 것이 된다면, …… 불가사의한 실재론은 더욱 포괄적인 지시성referentiality의 방식을 재발명하는 수준에서 사실의 문제를 다룬다."[19]

글로리아 안잘두아Gloria Anzaldua는 멕시코와 텍사스의 경계에서 살아가는 치카나의 경험을 쓰면서 (상가리의 논의를 상기시키는 표현으로) 비슷한 현상을 설명한다. 안잘두아는 두 현실 속에 살면서 접촉면에 존재할 수밖에 없는 경험뿐만 아니라 표면적인 현상에서 심층적인 현실의 의미를 보는 '능력', 즉 "표면 아래에 있는 심층 구조"를 보는 능력을 언급한다. 이어 그녀는 "가장 많이 닦달받는 이들이 가장 강한 능력을 갖게 된다"고 주장한다. "여성, 온갖 인종의 동성애자, 유색인, 추방당한 자, 박해받는 자, 주변으로 밀려난 자, 외국인 등이 그들이다." 이런 능력은 두 세계 사이에 낀 사람들이 부지불식간에 획득한 생존 전술이지만 "우리 모두에게도 잠재해 있다."[20]

이런 복수의 주체성이 가질 수 있는 지식은 계몽주의 시대의 [전통으로부터] 분리된 개별적인 주체의 지식과는 다른 특징을 갖는다. 게다가 각각의 아래로부터의 관점이 갖는 특수성에도 불구하고 몇 가지 근본적인 측면은 똑같다. 복수성이라는 특징, 시공간과 특정한 문화에 위치할 수 있고, 특별한 방식으로 구현될 수 있으며, 사회적이고 집단적인 관점(입장)으로 기능할 수 있는 특징 등이 그것이다. 이러한 특징들을 자세하게 논의할 수는 없지만 몇 가지 전반적인 윤곽은 제시할 수 있다.

이것은 특정한 시공간에 위치한 지식, 즉 '특정한 위치에 놓인 지식 situated knowledge'이다.* 따라서 이러한 지식은 부분적이며, 특정한 문화와 사람들의 지식이다. 특정한 위치에 놓여 있음을 보여주는 한 측면으로서 이 지식은 특정한 구체화의 표현에 대한 대응을 나타낸다.

---

* 해러웨이의 글 「특정한 위치에 놓인 지식」(Dona Haraway, "Situated Knowledges," in *Simians, Cyborgs, and Women*(New York: Routledge, 1991)([국역] 다나 J. 해러웨이 지음, 민경숙 옮김, 『유인원, 사이보그, 그리고 여자』, 동문선, 2002)에서 큰 영향을 받았음을 밝혀둔다.

피지배자들의 신체는 우리의 억압을 나타내는 표지로 기능하도록 만들어졌다.

어떤 이는 피지배 집단이 차지한 사회적 위치의 특징에 주목함으로써 이러한 지식의 형태를 설명할 수 있다. 이런 특징으로 인해 이 지식은 복수의 모순적인 현실을 표현한다. 이 지식은 고정되지 않고 변화하며, 역사적 국면의 변화하는 형상과 힘의 균형과 더불어 자신도 변화함을 인식한다. 이 지식은 또한 지배 문화에 비판적인 동시에 취약하며, 그것으로부터 분리되고 대립하는 동시에 그 안에 포함된다. 글로리아 안잘두아의 시는 이러한 특징을 보여준다.

> 경계지대에 산다는 건
> 어디에 있든 이방인이지만 편안하다는 뜻
> 국경 분쟁은 해결되고
> 일제사격으로 휴전은 산산조각이 되며
> 당신은 부상당하고 교전 중에 실종되지만
> 반격에 나서는 생존자[21]

이 모든 것이 투쟁을 통한 성취를, 보이지 않는 존재가 되지 않으려는 노력을, 지배 문화에 의해 파괴되지 않으려는 일련의 지속적인 노력을 특징짓는다.

그렇지만 더 나아가 특정한 위치에 놓인 지식의 발전은 대안을 구성할 수 있다. 실현될 수도 있고 실현되지 않을 수도 있는 가능성을 여는 것이다. 이런 지식이 자신의 가정들에 대해 자의식을 갖는 정도만큼 새로운 인식론적 선택지가 생겨난다. 이 지식이 대표하고 표현하는 투쟁이 자의식을 갖게 된다면 체계적인 권력관계의 중심성을 인식하기 위해 생존의 노력을 넘어설 수 있다. 책임성이 있는 동시에 참여적인 지식이 될 수 있는 것이다. 이러한 피지배자들의 지식은 억압과 망각, 실종을 비롯한 "부인 방식에 정통하다."* 따라서 이 지식은 결코 고정되거나 완성될 수 없음을 인식하면서도 더 진실되고 정확하게 현실을 설명한다고 주장할 수 있다. 이 지식은 제임슨이 이름 붙인 '원칙에 따른 상대주의'를 형성할 수 있다. 피지배자와 주변인들의 지식으로 자신을 인식하는, 자의식적인 '특정한 위치에 놓인 지식'은 동시대의 변화하는 권력관계에 초점을 맞추고 나아가 현재 너머를 가리켜야 한다.

---

* 모두 도나 해러웨이의 용어다.

32

여성의 본성에 관한
마르크스주의 이론

낸시 홈스트롬Nancy Holmstrom

미국 럿거스대학 철학과 명예교수이자 『뉴 폴리틱스New Politics』 공동 편집인으로, 오랫동안 사회주의 페미니스트로서 활동했다. 『비매품: 공공재를 옹호한다 Not For Dale: In Defense Of Public Goods』(공편) 등을 엮고, 『자본주의 논쟁: 페미니즘적 논의Capitalism, For and Against: A Feminist Debate』(공저) 등을 썼다.

여성의 본성에 관한 논쟁은 매우 오래된 것이지만 결코 끝나지 않았다. 사실 여성운동이 부상하고 전체 노동력에서 여성이 차지하는 비중이 크게 늘어남에 따라 이 논쟁은 새로이 시급한 문제로 떠올랐다. 보수주의자들은 여성만의 구별되는 본성이 있기 때문에 전통적인 성적/사회적 역할을 바꾸는 데에는 한계가 존재한다고 주장한다. 페미니스트들은 대개 이런 주장을 거부하면서 수천 년 동안 여성의 억압을 정당화하는 데 이용된 사고임을 지적한다.

여기서 나는 이 문제에 대한 마르크스주의적 접근을 발전시키고자 한다. 마르크스는 인간 본성이 인간 노동의 사회적 형태에 의해 결정된다고 주장했다. 이 글에서 나는 마르크스의 일반적인 실재론적 방법론과, 생물학적인 것과 사회적인 것 사이의 관계에 대한 관점을 끄집어낼 것이다. 양성 간의 심리학적 차이에 관한 사실과 이런 차이가 성적 노동 분업에 의존할 가능성을 감안할 때, 마르크스주의적 접근은 어쩌면 여성에게 구별되는 본성이 있다는 결론으로 이어진다. (어쩌면 남성에게 구별되는 본성이 있다는 결론으로 이어질 수도 있다. 남성을 규범으로 간주할 이유가 전혀 없기 때문이다) 하지만 통상적인 가정과는 반대로, 그렇다고 해서 성적/사회적 역할을 근본적으로 바꿀 수 있거나 바꿔야 한다는 결론이 나오지는 않는다. 남성과 여성의 본성은 사회적으로 구성되고 역사적으로 진화하기 때문이다. 마르크스의 접근법은 어떤 면에서는 새롭지만, 생물학의 분류에 사용되는 방법론과 일치한다.

I

 인간 이외의 자연세계가 각기 다른 종류의 설명이 필요한 생물학·화학·물리학의 구조로 이루어져 있는 것처럼, 인간에게 적용되는 설명에도 많은 층위가 존재한다. 생물학적 존재로서 인간의 본성은 유전자형이 될 것이다. 인간 본성의 철학적 문제는 사회적 존재로서 인간 본성의 문제다. 마르크스의 이론에 따르면 인산에는 일징한 기본적인 욕구와 능력이 있는데, 이 욕구와 능력의 기원은 생물학적인 것이지만 어느 정도 사회적으로 구성된다.* "허기는 허기지만, 조리한 고기를 나이프와 포크로 먹으면서 채우는 허기는 손과 손톱과 이빨로 날고기를 허겁지겁 뜯어먹는 허기와 다르다."[1] 인간의 어떤 욕구와 능력은 인간에게만 독특한 것이지만, 독특하지 않은 것도 인간 특유의 형태를 띤다. 새로운 욕구와 능력이 계속해서 생겨남에 따라, 생물학은 여전히 중요한 결정 요인이지만 인간의 삶이 생물학적 기반과 직접 연결되는 정도는 점점 줄어든다.

 인간의 욕구와 능력은 욕구를 충족하는 활동을 통해(즉 노동을 통해) 표현되고 모양 지어지고 심지어는 창조되기 때문에, 마르크스는 인간 종에 특유한 노동 형태에 집중했다. 인간 종은 수많은 기준에 따라 다른 종과 구별될 수 있지만, 마르크스는 인간이 다른 종과 구별

---

* 잘 알려진 것처럼, 마르크스주의 학문 연구에서 가장 논쟁적인 영역 중 하나는 마르크스가 후기 저작에서 인간 본성에 대한 이론을 갖고 있었는가, 또 만약 그렇다면 이전의 이론과 중대한 차이가 있는가 하는 점이다. 아래에서 내가 제시하는 해석은 마르크스의 초기 및 후기 저작과 모두 일치한다(참고문헌을 보면 알 수 있다). 따라서 인간 본성 이론에 관한 공통된 이론이 존재한다. 물론 초기와 후기 마르크스의 사고에 차이가 있기는 하지만 이 글에서 내가 관심을 기울이는 내용과는 관계가 없다.

되기 시작하는 것은 자신의 생계수단을 생산하기 시작할 때부터라고 말한다. 사회의 노동은 사회적 관습과 사회관계의 집합으로 제도화되기 때문에 사람들은 노동을 통해 자신의 삶 전체를 생산한다. 사회적이고 목적에 맞는 방식으로 노동하는 인간의 일반적인 능력은 역사를 통해 다양하고도 구체적인 형태를 띠며, 이러한 형태는 다시 인간의 다른 욕구와 능력에 영향을 미치고, 그것을 창조하기까지 한다.

물론 인간이 하는 것과 같은 종류의 노동을 가능케 하는 생물학적 구조가 존재한다. 그렇지만 인간의 생물학과 활동 사이의 관계는 두 가지 면에서 다른 종의 그것과 다르다. 첫째, 인간은 생물학적 특성 덕분에 특정한 역사 시기에서조차 협소한 범위의 행동을 넘어설 수 있다. 둘째, 인간의 생물학적 특성은 인간 노동의 형태를 결정하기보다는 단지 그런 형태를 가능케 한다. 인간 행동 및 의식의 유연성과 적응성의 기반인 우리의 커다란 뇌는 진화의 결과이며, 이런 진화의 주된 결정 요소는 노동이다. "노동이 인간 자신을 창조했다"는 엥겔스의 말은 이런 토대 위에서 나온 것이다. 마르크스의 이론에서는 노동이 사회적 삶과 사회 변동을 설명하는 핵심 열쇠다. 이것이 마르크스의 관심사였기 때문에 그는 생물학이 아니라 노동을 강조했다.

생물학의 분류에서 이용하는 방법론과 비교해보라. 동물은 유사성과 차이를 근거로 해서만이 아니라 생물학 이론 안에서 이런 특징이 얼마나 중요한가에 따라서도 같은 종이나 다른 종으로 분류된다. 이를테면 치와와와 세인트버나드 사이에 (많은 개와 늑대 사이에 존재하는 차이보다) 더 큰 차이가 있다 할지라도 둘은 같은 종에 속하는 것으로 분류된다. 이와 비슷한 방식으로, 사회적 존재를 구별하는 특징은 사회이론에서 그것이 갖는 중요성에 의해 결정되어야 한다. 인간 노동의 형태(와 그 결과물인 사회적 관습 및 제도)가 변화함에 따라 새로운 정신적·신체적 능력이 개발되고, 일부는 미개발 상태로 남으며, 다른 능력은 소실된다. 따라서 상이한 생산양식 안에서 다른 종류의 노동을 하는 사람들에 대해서는 행동과 심리를 각기 다르게 일반화하는 게 맞을 것이다.

명목론-경험론적 접근에서는 인간 본성에 관한 논의를 이 정도로 해둔다. 그렇지만 나는 마르크스의 논의를 연상하여 사연과학과 사회과학의 철학에 대한 실재론적 접근법으로 나아간다. 실재론자들은 이를테면 왜 일반화가 타당한가, 라든가 겉으로 드러나는 유사성의 토대는 무엇인가, 같은 질문에 대답하는 데—시대에 뒤떨어진 형이상학적 가정을 벗겨낸—본성이라는 개념이 종종 중요한 설명적 역할을 한다고 주장한다. 몇몇 일반화를 뒷받침할 뿐 모든 일반화를 뒷받침하지는 않는 생물학 이론은 규칙성을 만들어내는 메커니즘을 설명해야 한다. 가령 실재론자들은 한 종을 규정하는 독특한 속성의 집합을 만들어내고 그 종에 속한 각기 다른 개체에서 변화를 유발하는, 한 종으로 정의되는 것들에 공통된 일정한 근원적인 구조를 가정하는 게 필요하다고 주장한다.[2] (이런 요구는 유전자풀gene pool이라는 개념에 의해 충족된다) 전통적인 용어법에서는 공통된 용어를 사용할 수 있는 속성의 집합을 명목적 본질nominal essence이라고 한다. 한편 법칙에 따라 이런 명백한 속성을 만들어내는 내적 구성은 실재적 본질real essence이라고 한다.

마르크스는 사회 세계에 대해서 이와 동일한 관점을 취했다. 마르크스는 우연한 일반화와 법칙적 일반화의 구별이 사회 현상에 적용되며 일정한 사회적 실체는 본성을 가진다고 믿었다. 그리하여 자본주의 사회의 운동을 관장하는 숨은 법칙을 밝히려면 과학이 필요하다고 거듭해서 말했다. 사회경제적 계급은 일정한 경제적 특징을 공유하는 개인들의 집합에 불과한 게 아니다. 요컨대 단순히 논리적 의미에서 계급이 아니다. 실재론의 방법론에 따르면, 상이한 생산양식에서 각기 다른 종류의 노동을 하는 사람들의 정신물리학적 구조에는 일정하게 특징적인 차이가 존재해야 한다. 그래야 그들 사이에 존재하는 인성이나 행동의 차이를 설명할 수 있기 때문이다.* 이러한 정신물리학적 구조는 해당 생산양식 안에서 광범위한 인간 행동을 만들어내며 그것을 설명해준다. 인간의 초역사적인 성격으로는 그런 인간 행동이 생겨나지도 않고 설명할 수도 없다. 역사에 따라 특수한 정신물리학적 구조가 무엇이며 어떻게 작동하는지를 자세히 설명하려면 지금보다 더 적절한 심리학 이론, 즉 사회적인 요인과 역사적인 요인을 통합하는 심리학 이론이 필요할 것이다. 그렇지만 인간 인성과 행동의 다양성을 설명하려면 역사적으로 특수한 구조에 대한 일정한 가설이 필요하다. 이는 미래 연구의 노선을 가리킨다.[3]

'결정하는 구조'에 관한 논의는 역사적 행위자로서 인간에 관한 마르크스의 개념과 불일치하지 않는다. 인간은 개인적으로나 집단적으로나 종종 신념과 욕망, 목표 때문에 행동을 한다. 인간은 이런 점에서 자유롭다. 그러나 마르크스는 인간의 자유가—생물학적 사실뿐만 아니라 사회·역사·경제적인 조건에 의해서도 정해진—일정한 한

---

* '정신물리학'이라는 표현을 쓰는 이유는 물리적인 것과 심리적인 것 사이의 궁극적인 관계가 어떠하든 간에 어떤 현상을 물리적, 심리적, 또는 그 둘을 혼합한 측면에서 설명하기 위해서다.

계 안에서만 행사된다는 점을 강조한다. 사회 집단의 본성에 관한 논의는 이런 한계를 분명히 하는 한 방편이다. 가령 우리는 '존 아무개'의 인성이나 성격적 특징이 아니라 그가 자본가라는 사실을 알 때에 그의 경제적 행동을 더 잘 예측할 수 있다.

사람들이 행하는 노동의 종류에 따라 만들어진 정신물리학적 구조와 그 결과물인 사회관계가 사회적 존재로서 인간의 본성을 구성한다. 이런 구조에 공통된 일정한 특징이 존재하기는 하지만, 이런 특징은 생산양식에 따라 완전히 달라진다. 마르크스는 전통적이고 초역사적인 의미의 인간 본성이 존재함을 부정한다. 그렇지만 마르크스가 보기에 역사적으로 특수한 인간 본성 형태들이 존재한다—즉 봉건제, 자본주의, 사회주의 등에 따라 각기 다른 특수한 인간 본성이 존재한다. 전통적인 용어법에서 보자면, (변하기 쉬운) 정신물리학적 구조는 사회적 존재로서 인간의 (변하기 쉬운) 실재적 본질이 되며, 이런 구조가 만들어내는 인성과 행동 형태는 명목적 본질이 된다.

사회 세계에서 이처럼 본성을 받아들인다 함은 전통적인 가정과는 달리 본성이 바뀔 수 있음을 의미한다. 심지어 생물학적 본성이라는 문제에서조차 진화가 발견된 뒤로는 자연이 불변한다는 가정이 설득력을 잃었다. 생물 종을 진화하는 종류로 이해할 수 있다면, 왜 자연은 불변한다고 이해해야 하겠는가? 마르크스가 보기에 사회적인 것과 자연적인 불변의 것 사이의 대조는 인간에게 특히 부적절하다. 인간은 본성상 역사를 가진 사회적 존재이기 때문이다.

II

이런 접근법을 여성(과 남성)에게 독특한 본성이 있다고 말할 수 있는가라는 질문에 적용해보자. 여성과 남성의 상이한 사회적 역할은 성과 관련된 독특한 본성 때문이라고 설명(되며 정당화)된다. 무엇보다도 남녀 간 생물학적 차이에 대한 규정이 정당화는커녕 이런 설명적 역할조차 할 수 없다는 사실을 인식하는 게 중요하다. 여성은 생물학적 여성을 이루는 전형적인 구성원으로 정의되는데, 생물학적 여성은 아이를 임신하고 낳을 수 있다는 점에서 남성과 구별된다. 이런 생물학적 차이가 사회적 차이를 유발하는지 여부는 경험적인 문제이며 이에 관해서는 간단하게 논의할 것이다. 하지만 남성과 여성에게 그렇게 규정된 독특한 본성이 있다고 말한다면 동어반복일 것이다. 우리는 생물학적 집단이 아니라 사회적 집단으로서 여성과 남성의 본성을 찾고 있으니까 말이다.

그렇다면 사회적 존재로서 남성과 여성에게 독특한 본성이 있을까? 한 사회 집단만의 구별되는 행동을 설명해주는, 하나의 이론으로 포괄할 수 있는 일반화가 존재한다면, 그 집단에 독특한 본성이 있다고 볼 수 있다. 실제로 한 주어진 문화 안에서 여성의 행동 및 역할에 관해 많은 일반화가 이루어질 수 있으며, 다른 여러 문화에도 이런 일반화를 적용할 수 있다. 남성과 비교하여 여성은 아이를 돌보고 이런저런 집안일을 하는 데 많은 시간을 쓰고, 사회 일반에서나 사회 내의 거의 모든 소집단에서나 사회·경제·정치적 힘이 부족하다. 설혹 여성이 집 밖에서 일을 하더라도 대개 집 안에서 하는 일과 관련된 것이다. 그들은 또한 쉽게 우는 경향이 있고, 옷을 잘 차려입고 치장을 하며, 남성과는 다른 취미와 오락거리를 찾는 등 여성에 관한 수많은 일반화가 존재한다.

이런 사실을 어떻게 설명해야 할까? 물론 차별과 직접적인 사회적 압력이 일부 작용한 게 분명하다. 그렇지만 이런 행동의 차이가 남녀의 차이에 기초한 걸까? 많은 이들은 양성 간 생물학적 차이가 가장 중요한 설명 요소라고 주장한다. 그렇지만 생물학적 차이가 곧바로 사회적 차이를 결정할 수 있다고 보기는 매우 어렵다. 생물학적 사실이 성적/사회적 역할을 결정하는 중요한 요인이라면, 이 연결은 심리를 통할 공산이 크다. 즉 생물학적 차이가 심리적 차이를 유발하거나 유도하고, 다시 이 심리적 차이가 사회적 역할의 차이를 유발하는 것이다. 그렇다면 첫 번째 질문은 양성 간에 각 성의 사회적 역할과 관련된 심리적 차이가 존재하느냐 하는 것이다. 가령 여성이 남성보다 양육에 소질이 있고 어린이를 돌보는 데 더 적합할까? 이런 차이가 존재한다면, 다음 질문은 무엇이 그런 차이를 낳느냐 하는 것이다.

이 두 질문은 전문가들 사이에서조차 논쟁거리다. 그런 논쟁이 있고 또 이 연구의 많은 부분에 대해 나 자신이 단서를 붙임에도 불구하고,* 나는 이 연구가 남성과 여성이 수행하는 상이한 사회적 역할에 통계적으로 유의미한 심리적 성차가 존재함을 보여준다고 생각

---

* 이런 단서는 다음과 같은 반론에 바탕을 둔 것이다. 첫째, 이런 연구는 인위적인 상황과 협소한 문화적 맥락에 국한된다. 둘째, 이 연구는 통계적으로 유의미한 차이에 집중하면서 여러 특징의 규모와 중복, 중요성 등을 무시한다. 그리고 셋째로 이 연구는 연구 결과를 평가할 수 있는 이론적 틀이 부재하다.

한다.*

이런 차이의 원천이 무엇인가에 대해 어떤 입장을 취하든 어느 정
도 추측적인 성격을 띨 수밖에 없다. 연구자들은 통계적으로 유의미
한 관계만을 추구하고 인과관계를 세우려 들지 않기 때문이다. 학계
심리학자들은 이론적 틀 일반에 대해 반감을 갖고 있기 때문에 데이
터를 평가하기가 어렵다. 데이터의 중요성을 비롯해 무엇을 설명해야
하는가 하는 문제까지도 얼마간 이론에 의존하기 때문이다. 하지만
다음의 연구 결과들은 사회적 요인이 주된 결정 인자라는 견해를 강
하게 뒷받침한다.[4] (1) 생물학적으로 다르지만 비슷하게 사회적으로
불리한 입장에 처한 흑인 남성과 백인 여성은 성공에 대한 두려움과
성취도의 양상이 유사하다.[5] (2) 생리학적 상태가 동일하더라도 사회

---

* 예를 들어 여성은 대체로 남성에 비해 사람들과 친밀하려는 욕구가 더 크고(L. E. Tyler, *The Psychology of Human Differences*(New York: Appleton-Century-Crofts, 1965); E. Maccoby, "Sex Differences in Intellectual Functioning," in E. Maccoby, ed., *The Development of Sex Differences*(Stanford, CA: Stanford University Press, 1966)([국역] Eleanor E. Maccoby 엮음, 정세화·오은경 옮김, 『성차의 형성과정』, 이화여자대학교출판부, 1983), 25~55쪽; 공격성이 덜 하며(E. Maccoby and L. Jacklin, *The Psychology of Sex Differences*(Stanford, CA: Stanford University Press, 1974)); 타인의 영향을 받기 쉽고(Tyler, *The Psychology of Human Differences*, Maccoby, "Sex Differences"); 권력욕보다 애정욕에 따라 움직이며(L. Hoffman, "Early Childhood Experiences and Women's Achievement Motives," *Journal of Social Issues* 28(1972), 129~155쪽); 시각/공간 능력이 떨어지고 언어 능력이 뛰어나다(Tyler, *The Psychology of Human Differences*; Maccoby, "Sex Differences," Maccoby and Jacklin, *The Psychology of Sex Differences*). 이런 차이는 어린아이보다 청소년과 성인의 경우에 더 뚜렷 하고 의미심장하다(J. Block, "Issues, Problems and Pitfalls in Assessing Ses Differences: A Critical Review of The Psychology of Sex Differences," *Merrill-Palmer Quarterly* 22(1976), 283~308쪽). 신생아의 경우에는 뚜렷한 심리적인 차이를 전혀 보이지 않는다(N. Romer, *The Sex-Role Cycle*(New York: Feminist Press/McGraw-Hill, 1981), 7쪽). 통계적으로 유의미한 차이에 관한 이런 연구 결과는 남성에 비해 여성에게 더 많은 특성이 있음을 보여준다. 이런 사실은 대다수 여성보다 더 많은 특성을 가진 일부 남성과 심지어 특성이 결여된 여성 대다 수와도 일치한다.

적 상황에 따라 매우 다른 감정 상태와 행동이 생겨날 수 있다. 아드레날린은 극심한 공포를 느낄 때와 매우 흡사한 생리학적 상태를 유발하지만, 피실험자에게 아드레날린을 주사했을 때 옆에 행복한 듯이 행동하는 사람이 있으면 행복한 상태가 되었고, 무척 화가 난 행동을 하는 사람이 옆에 있으면 분노를 느꼈다.[6] 따라서 일부 심리학자들이 주장하는 것처럼, 남성과 여성의 성 호르몬 차이가 뇌 기능에 영향을 미친다 할지라도, 남성과 여성의 정서와 행동에 반드시 일관된 차이가 존재한다는 결론이 나오지는 않는다. (3) 많은 이들이 생물학에 바탕을 둔 것으로 생각하는 상이한 행동 성향은 일정한 사회 상황이 주어지면 사라진다. 한 연구에서 남성과 여성 모두에게 공격적인 행동에 보상을 해주었더니 성차가 사라졌다.[7] (4) 심리학적 성차가 가장 적게 나타나는 아동기와 노년기는 정형화된 성 역할이 가장 힘을 발휘하지 못하는 시기다.* 더욱이 방법론적 단순성의 원칙은 환경적 요인을 결정 인자로 간주하는 것을 뒷받침한다. 오늘날에는 환경이 성별화된 행동sex-differentiated behavior을 모양 짓는다는 충분한 증거가 있다. 아동과 성인에게서 관찰되는 인지 및 인성의 차이를 설명할 수 있을 정도다. 미래의 연구자들이 생물학적 요인도 발견할 수 있겠지

---

* Romer, *The Sex-Role Cycle*, 7, 124쪽. 여러 연구에서 보여주는 것처럼, 부모(와 사회)는 유아보다 아동과 청소년에게 더 뚜렷하게 성 역할 기대를 투사한다. 그렇지만 이런 스테레오타입은 삶의 모든 시기에 투사된다. 사회화에 선행한다고 자신 있게 말할 수 있는 시기란 존재하지 않는다. 여러 연구에서 보여주는 것처럼, 병원 기록에서 아무런 객관적인 차이가 드러나지 않는다 해도 부모는 신생아를 성적으로 정형화하는 방식으로 묘사하며, 스스로 의식하지 못한다 할지라도 성별에 따라 신생아에게 다른 행동을 보인다. W. Mischel, "A Social-Learning View of Sex Differences in Behavior," in Maccoby, ed., *The Development of Sex Differences*, 139~140쪽, 주석 3, 4, 5, 6에서 재인용.

만, 그런 일이 일어나리라고 기대할 이유는 전혀 없다.

심리학적 성차에 관련된 남성과 여성의 사회적 역할은 모든 문화에 보편적이지는 않을지라도 널리 퍼져 있다. 성별화된 사회화sex-differentiated socialization 유형 역시 문화 간 변이를 거의 보이지 않는다. 선진국이든 후진국이든 여자아이에게는 양육과 책임을, 남자아이에게는 성취와 자립을 가르친다.[8] 이러한 사실은 심리학적 성차의 (전부는 아니더라도) 상당 부분이 (보편적이지는 않더라도) 문화를 가로질러 널리 퍼져 있음을 보여준다. 이러한 차이는 우리 문화 안에서도 모든 여성에게 보편적인 것이 아니다. 아마 실상은 다음과 같을 것이다. 전 세계에 걸쳐 남성보다도 여성에게서 더 많이 발견되는 심리적 특성의 공통된 핵심이 존재하지만, 각기 다른 문화/소문화에 속한 여성들은 공통된 핵심에서도 상이한 부분집합을 이룬다. 확실한 해답을 내놓을 정도로 엄격한 비교문화적 심리 연구가 이루어지지는 않았지만, 이러한 견해는 우리가 가진 인류학적 데이터와 일치한다.[9]

그렇다면 여성에게 특유한 몇 가지 차원의 일반화(사회학적, 심리학적 등)가 존재하는 것처럼 보인다. 하지만 이것이 여성에게 독특한 본성이 존재한다는 의미는 아니다. 분류에 관한 논의에서 본 것처럼, 차이는 이론적으로 중요한 의미를 가져야만 한다. 마르크스의 접근법을 따라 우리는 심리학적 차이가 여성이 사회에서 하는 노동 종류의 차이, 그리고 그로 인해 생겨나는 사회관계 내에서의 차이에 연결된다고 예상할 수 있다. 성적 분업은 어디에나 언제나 존재했고, 지금도 존재한다. 각 성이 어떤 노동을 하는가는 조금씩 다르지만, 일반적으로 남성이 주된 생계활동을 책임지며 여성이 생계에 기여하는 정도는 다양하다. 사회마다 변함없는 부분은 여성이 다른 어떤 일을 하든 간에 육아를 비롯해 일상적인 가사노동의 대부분을 책임진다는 사실이다. 생계에 대한 여성의 기여는 육아와 병행할 수 있는지에 따라 달라진다.*

몇몇 비교문화 연구는 이런 인성의 차이를 결정하는 데 중요한 역할을 하는 것은 여성의 구별되는 노동과 그로부터 기인하는 상이한 사회관계라는 마르크스주의의 가정을 뒷받침한다.[10] 문화적 차이와 성적 차이 사이에는 놀라운 유사성이 존재한다. 즉 문화는 대부분의 사회에서 남성과 여성을 구분하는 신과 동일한 기준에 따라 달라진다. 일부 문화는 흔히 남성적인 것으로 간주되는 유형의 행동과 인성을 나타낸다. 이런 문화에서는 다들 독립적이고 성취 지향적이며 자기주장이 강하다(물론 이런 문화에서도 여성은 남성에 비해 그 정도가 덜하다). 그런가 하면 다른 문화에 속한 사람들은 고분고분하고 순종적이며 책임감이 강하다—모두 여성과 관련된 유형의 인성이다. 우리에게 중요한 점은 여러 문화의 '인성'에서 나타나는 차이가 상이한 경제와 관련되어 있다는 사실이다. 목축과 농업이 주요한 생계 원천인 사회에서는 순종과 책임감이 가장 중요한 반면, 실험 정신과 개인적 창의성은 위험할 수 있다. 반면 사냥과 어로에 주로 의지하는 사회는 실

---

* 성 역할과 생계유지 활동에 관한 연구를 개관하려면 Judith K. Brown, "An Anthropological Perspective on Sex Roles and Subsistence," in Michael S. Teitelbaum, ed., *Sex Differences* (Garden City, NY: Doubleday, 1976), 122~138쪽을 보라. "대체로 남성이 주요한 기여를 하지만 …… 여성이 두드러진 기여를 하는 사회도 많다"(125쪽). 이런 차이는 무작위적인 게 아니라, 일반적으로 성과 연결된 다른 두 활동에 의해 좌우되는 것으로 보인다. 전쟁은 모든 곳에서 주로 남성의 활동이며, 육아는 모든 곳에서 주로 여성의 활동이다. 여성이 더 많은 생계노동을 하는 것은 남성들이 전쟁에 나갔을 때나 육아 책임과 병행할 수 있을 때다. 따라서 여성이 생계활동을 주도하는 사회는 채집이나 괭이 농경[집약적 채집 이후에 나타난 초기 농경 방식을 가리키는 용어. 손으로 괭이를 이용해 밭갈이를 하는 농경 방식을 가리킨다. 가축을 이용한 쟁기 농경과 대조되지만, 괭이 농경이 쟁기 농경으로 단선적으로 진화한 것은 아니다]에 거의 전적으로 의존하는 사회다.

험 정신과 개인적 창의성으로부터 이익을 얻으며, 불복종과 무책임에 의해 위협받는 정도가 덜하다. 이런 사회에 속한 여성들은 물고기를 잡는 동시에 전통적인 책임을 다하는 경우가 많다. 이 여성들은 다른 문화의 남성·여성보다 더 '남성적'이지만, 자기 문화의 남성보다는 덜 '남성적'이다. 따라서 남성과 여성 사이의 차이는 그들이 하는 상이한 노동 유형으로 설명된다고 말해도 큰 무리는 없어 보인다.

우리 사회 안에서는 젊은 흑인 여성과 젊은 백인 여성 사이의 일부 심리학적 차이가 이런 가설을 뒷받침한다. 부유한 흑인 소녀는 전통적인 (백인의) 여성성을 공유하는 반면,[11] 빈곤 가정과 노동계급 가정의 흑인 소녀(즉 대다수 흑인 소녀)는 힘과 독립성을 가진 여성이라는 매우 다른 가치를 받아들인다.[12] 젊은 흑인 여성과 젊은 백인 여성 사이의 심리학적 차이는 흑인 여성들이 역사적으로 거의 언제나 가정 바깥에서 고용되어왔다는 사실을 반영하는 것이라는 결론을 피하기 어렵다.

오늘날의 마르크스주의는 사람들이 하는 노동 유형과 인성 구조 사이에 직접적인 인과관계가 있다고 보지 않는다. 그보다는 사람들이 자신이 하는 노동 유형 때문에 일정한 사회관계에 들어가게 되고, 이런 관계가 관례, 제도, 문화 행위 등의 집합으로 제도화된다고 본다. 성적 분업의 경우, 이런 제도 가운데 가장 중요한 것은 가족이다. 여성은 무엇보다도 가족 내에서 주로 여성에 의해 양육되며, 대개 자신의 가족을 갖게 된다. 오늘날에는 과거에 비해 전일제 가사노동자인 여성이 적지만, 그럼에도 여전히 여성은 아내와 어머니로서의 역할을 자신의 주된 일이자 역할로 생각하곤 한다. 가족 내에서 주어진 역할 때문에 여성들은 계속해서 경제·사회적으로 열등한 지위에 머무른다.

가족 밖에서 노동한다 할지라도 가족 내 역할과 관련된 일이 대부분이다. 가족이 없고 전통적이지 않은 직업을 가진 보기 드문 여성조차도 자신이 벗어나 있는 사회·문화적 제도에 의해 모양 지어진다. 오랫동안 미숙련 노동을 하며 일터에서 온정주의적인 대접을 받는 남성들 역시 심리적으로 영향을 받지만, 이런 영향은 가족 내의 지배적인 역할과 남성 우위 이데올로기에 의해 상쇄된다.

따라서 마르크스주의의 견해에 따르면, 남성과 여성에 직용되는 각기 다른 일반화는 관습과 사회·문화적 제도의 집합으로 제도화된 성적 분업으로 설명할 수 있으며, 이것은 다시 성적/사회적 분업을 설명하는 이론으로 포괄할 수 있다. 이 두 설명은 역사유물론의 상이한 측면들에 의해 제시된다. 대단히 다른 성적 분업이 존재한 사회에서는 남성과 여성에게 각기 다른 일반화가 적용될 것이다. 성적 분업이 전혀 존재하지 않는 사회라면 여성이 아니라 남성에게 적용되는 일반화도 거의 없을 것이다. 있다 하더라도 생물학적 일반화 정도일 텐데, 이런 차이 역시 더 적을 것이다.

남성이 아니라 여성에게만 적용되는 일반화는 여성들에게서 흔히 나타나는 특별한 인지/정서 구조를 반영하는 감정과 행동을 설명해 준다. 내 말은 전 세계에 걸쳐 남성보다 여성에게서 더 많이 나타나는 심리적 특성에 공통된 핵심이 있으며, 상이한 (소)문화의 여성들이 상이한 소집합을 가진다는 것이다. 인지/정서 구조는 상이한 조건에서 각기 다른 일련의 특성을 낳는다. 현 시점에서 우리의 지식이 불충분하기 때문에 이런 구조에 관해 많은 이야기를 하지는 못하지만, 차이를 적절하게 설명하려면 이런 구조를 가정해야 한다. 우리에게 필요한 것은 여기서 논의한 것과 같은 사회적·역사적 고려사항으로 보완된 심리학 이론이다.* 전통적인 용어법에서는 인지/정서 구조가 실재적인 본질이고 구별되는 특성들의 집합이 명목적 본질이 된다. 상이한 특성을 만들어내는 근원적인 구조를 여성의 독특한 본성이라고 부르는 게 더 적절하겠지만, 통상적으로는 여성의 본성이 이런 구조가 만들어내는 일련의 속성들과 체계적으로 관련된 것으로 볼 수 있다.

이런 속성들이 보편적이지 않다고 해서 이 속성들이 본성을 구성한다는 주장을 거부할 이유는 없다. 놀랍게 보일지 모르지만, 실제로 이것은 분류학에서 사용되는 접근법과 일치한다. 아리스토텔레스의 본질주의와는 정반대로, 생물학에서 만들어진 분류법에서는 규정적 특징이 개별적으로 필요.조건이고 집합적으로 충분조건일 필요가 없다. 유기체들 사이의 실제적인 속성 분포가 이미 존재하기 때문에 분류군의 명칭은 분리하는 것으로만 정의될 수 있다. 분리체는 어떤 것이든 충분하며, 소수의 필수적인 속성은 충분한 것과는 거리가 멀다. 이 때문에 소위 자연적인 종류의 개념은 이른바 '집합 개념cluster concept'이 된다. 사회 영역에 더 엄격한 기준을 적용할 이유는 없어 보인다. 여성의 본성에 관해 여기서 제시한 설명은 그 본성을 바로 이런 집합 개념으로 만든다.

---

* 도로시 디너스틴Dorothy Dinnerstein의 『인어와 미노타우로스The Mermaid and the Minotaur』 (New York: Harper & Row, 1977)와 낸시 초도로의 『모성의 재생산The Reproduction of Mothering』(Berkeley: University of California Press, 1978)([국역] 낸시 초도로우 지음, 강문순·김민예숙 옮김, 『모성의 재생산』, 한국심리치료연구소, 2008)은 (여러 물리적인 방식뿐만 아니라 심리적인 의미에서도) 여성들이 '어머니 노릇을 한다'는 거의 보편적인 사실이 성인 남성과 여성의 인성 구조의 핵심이라고 주장한다는 점에서 이런 접근법을 잘 보여준다. 그렇지만 나는 이 이론들의 여러 구체적인 내용, 특히 초기 아동기와 분업의 심리적 측면을 주로 강조하는 점에 대해서는 동의하지 않는다.

그렇다면 여성 노동과 여성 본성 사이에는 마르크스주의자들이 말하는 변증법적 상호작용이 존재한다. 성적/사회적 분업은 여성의 본성을 구성하는 독특한 인지/정서 구조의 원인이며, 이런 구조는 적어도 여성이 행하는 노동 유형을 비롯하여 여성에게 독특한 다양한 인성적 특징과 행동의 부분적인 원인이다.

III

어떤 이들은 나의 주장을 확장해서 남성과 여성의 본성 차이뿐만 아니라 남녀를 가르는 구분 자체가 사회·역사적 기원에서 유래한다고 주장할지 모른다. 어쨌든 유아든 성인이든 사람들 사이에는 엄청난 신체적 다양성이 존재하며, 신체적 유사성이나 차이 자체가 어떤 특정한 집단으로 구분하는 것을 결정짓지는 않는다. 그보다는 사회가 신체적 특징에 부여하는 의미가 구분을 결정한다. 인종 분류에 관해 이와 비슷한 주장들이 오늘날 식견 있는 이들에게 널리 받아들여지곤 한다.

이런 주장은 흥미롭기는 하지만, 사회·역사적 기원에서 유래하는 것과 대조되는 생물학적이거나 '자연적인' 구분이 무엇인지에 관한 그릇된 가정에 바탕을 둔다. 이 주장에서 가정하는 의미의 "자연적으로 주어진 사실"이라는 것은 존재하지 않는다. 분류를 결정하는 것은 신체적 유사성 자체가 아니라 신체적 유사성과 차이가 갖는 의미라는 말은 맞다. 그렇다 하더라도 성적 차이가 대다수 생물 종의 물질적 재생산을 보장해준다는 점, 성을 통해 재생산을 하는 생물과 다른 수단을 통해 재생산을 하는 생물 사이의 구분이 생물학에서는 매우 중요하다는 점을 감안하면, 양성을 구분하는 것은 생물학 이론에 커다란 중요성을 갖는다. 이때 양성 구분의 토대는 종 구분과 다를 바가 없다. 대체 성의 구분을 자연적인 구분이라고 불러서는 안 되는 이유가 무엇인가?

IV

남성과 여성 사이의 유사성이 차이보다 더 크다는 사실을 잊어서는 안 된다. 이런 유사성은 생물학적 존재이자 사회적 존재로서 남성과 여성의 공통된 인간 본성을 이룬다. 그러나 나는 사회역사적인 인간 범주 안에 성별화된 본성이 존재한다고 주장한 바 있다. 개별 여성은 이러한 여성의 본성을 인간 본성의 일부로 가질 것이다. 물론 이 여성은 특정한 여성이며 단순한 한 여성이 아니다. 이 여성은 인간일 뿐만 아니라 무엇보다도 특정한 사회계급·인종·문화에 속한다. 이 범주들은 성 구분선을 가로지르며, 어떤 것은 성별만큼이나 혹은 성별보다도 더 중요할 것이다. 내가 사용하는 방법론 아래서 이러한 사실은 모든 개인이 몇 가지 본성을 가지거나 몇 가지 본성으로 이루어짐을 의미한다. 여기에는 어떤 모순도 없다. 단지 사람들에게는 몇 가지 각기 다른 종류의 사실이 존재하며, 이는 상이한 종류의 설명을 필요로 한다는 점을 보여줄 뿐이다. 이들 사실과 설명이 궁극적으로 어떤 관계를 갖든 말이다. 각기 다른 종류의 설명이 충돌할 필요는 없다. 한 여성이 여러 방면에서 한 행동은 그 여성의 전체적인 본성의 각기 다른 측면으로 설명할 수 있다. 하지만 어떤 조건에서는 충돌이 일어날 수도 있다. 아내이자 어머니인 동시에 임금노동자인 여성은 이러한 사회관계에 입각한 여러 욕구와 성향을 가질 것이다. 그런데 노동조합 회의와 집안일이 겹친다거나 하면 이런 욕구와 성향은 때로 충돌할 것이다. 특정한 조건이 차이를 낳기도 한다. 파업이 진행 중이라면 다른 때에 비해 노동조합 회의에 참석할 공산이 커진다. 각각의 요인은 어떠한 조건 아래서 가장 중요할 것인지, 각 요인이 어떻게 상호작용하는지, 다른 조건이 주어졌을 때 이런 상관관계는 어떻게 바뀔 수 있는지를 설명해주는 이론을 찾아야 한다. 우리의 이론은 또한 이 모든 것이 왜 그러한지를 설명할 수 있어야 한다. 각기 다른 개인들은 특정한 생활조건과 특정한 사회화 경험 때문에 같은 요인에 대해 조금씩 다르게 반응할 수 있다. 모름지기 이론은 개인이 아니라 집단에 관한 것이다. 개인을 구성원으로 하는 상이한 사회 집단에 관한 많은 일반화가 보편적인 게 아니라 통계적인 것도 이 때문이다.

여성에게 독특한 본성이 있다는 말은 이 말에 담긴 많은 통상적인 함의를 수반하지 않을뿐더러 페미니스트들이 반대해야 하는 함의가 전혀 없다는 점을 분명히 하는 게 중요하다. 이런 본성은 고정되지 않고 필연적이지도 않다. 이런 의미의 본성은 바뀔 수 있다. 생물학적인 요소가 토대의 일부로 존재하기는 하지만, 중요한 결정 요소는 생물학적인 것이 아니라 사회적인 것이다. (앞서 봤듯이 전적으로 생물학적이라 할지라도 필연적인 것은 아니다. 생물학적 사실 자체가 변화할 수 있을 뿐만 아니라, 단기적으로 훨씬 더 중요한 사실은 인간이 개입해 그 효과를 바꿀 수도 있다는 것이다) 여성의 독특한 본성이 존재한다 해서 모든 여성이 이런 본성을 가진다는 뜻은 아니다. 모든 생물학적 여성이 사회적 존재로서 여성의 본성을 구성하는 심리학적 속성의 집합을 두루 갖출 필요는 없다. 물론 어떤 여성이 이런 속성을 하나도 갖지 않는다면 이례적인 일이겠지만 말이다. 한 여성의 본성이 여성들의 행동

중 일부를 설명해주기는 하겠지만(사실 본성 개념을 사용하려면 이런 게 필요하다), 그렇다고 해서 그 본성의 다른 측면보다 반드시 더 결정적이지는 않다. 말하자면 어떤 여성은 이러한 여성 본성을 공유하는 다른 여성보다도 자기 본성의 다른 측면을 공유하는 어떤 남성과 더 많은 공통점을 가질 수도 있다. 무엇보다도, 이런 맥락에서 여성의 본성은 여성이 어떻게 살아야 하는지에 관한 도덕적 함의를 전혀 수반하지 않는다. 여성에게 특유한 행동 유형이 도덕적·사회적으로 바람직한가는 규범적인 문제다. 더욱 규범적인 질문은 바람직한 속성이 성적 구분선을 따라 분리되어야 하는가다. 개인적으로 나는 이렇게 구분할 이유를 전혀 찾지 못하겠다. 내가 보기에 양육 같이 여성들에게 더 특유한 일부 속성은 모든 이에게 바람직한 반면, 수동성 같은 속성은 모든 이에게 바람직하지 않다. 하지만 이에 관한 어떤 견해든 간에 남성과 여성이 어떻게 행동하는지에 관한 사실과는 독립적인 논의가 필요할 것이다. 사회적으로 구성된 성별화된 본성의 존재는 규범적인 질문과 관련이 있겠지만 결정적일 수는 없다.

내가 보기에는 여성의 본성에 관한 논의가 본성이 불변함을 함축하지는 않지만, 쉽게 바뀌지 않음을 의미하기는 한다. 마르크스주의에서 생물의 본성 개념은 그 생물의 관찰 가능한 행동의 근원을 이루며, 행동을 설명해주는 어떤 것이다. 하지만 설명에 도움이 된다는 것만으로는 한 생물의 본성 일부가 되기에 충분치 않다. 체계적으로 관련되어 있고, 체계적으로 관련된 다양한 행동을 설명해주며, 이론적 틀에 포섭될 수 있는 속성들만이 한 생물의 본성에 속한다. 이러한 특징들은 갑자기 쉽게 변하지 않는다. 심리학적 성차를 낳는 성적 분업은 다양한 편차가 있긴 하지만 보편적인 것에 가깝다. 하지만 오늘날에는 모든 것이 변하게 마련이다. 오직 소수의 미국인(11퍼센트)만이 생계부양자 아버지와 가정주부 어머니, 두 명 이상의 아이로 이루어진 전통적인 핵가족에서 살아간다. 여성은 전체 노동력의 45퍼센트를 차지하는 한편, 여성이 임금을 벌기 위해 하는 일은 여성이 사회에서 전통적으로 맡아온 종속적 역할과 관련되기 쉽다. 여성들은 가정에서뿐만 아니라 임금노동에서도 타인을 돕고, 돌보고, 가르치고, 봉사하고, 청소한다. 게다가 여성들은 임금노동을 하든 안 하든 여전히 양육과 집안일의 대부분을 책임진다.* 자본주의하에서 이런 상황이 얼마나 바뀔 수 있는지는 복잡하고 논쟁적인 문제다. 남성과 여성의 사회적 성차가 제거되면 심리적 성차가 얼마나 빠르게 사라질 것인가 하는 문제도 지켜볼 일이다.

자본주의 사회에서든 비자본주의 사회에서든 여성들은 전통적인 성 역할을 바꿀 만큼 임금노동에 충분히 진입하지 못했다.[13] 전통적인 성적 분업의 한 부분은 바뀌었지만, 가장 중요한 부분은 변함이 없다. 두 사회 모두에서 여성들은 '이중 부담'에 의해 억압받는다. 가정 밖에서 일하는 여성들이 여전히 육아와 집안일 대부분을 도맡는다는 사실은 어느 정도 심리학적 성차의 탓으로 돌려야 한다. 전통과는 거리가 먼 삶을 살아가는 여성들조차 심층적인 차원에서는 여전히 수많은 전통적인 전제와 가치, 기대, 자아 개념을 갖는 경향이

---

* 한 연구 결과에 따르면, 여성 임금노동자가 주당 평균 69시간(40시간은 유급노동, 29시간은 무급노동)을 일하는 반면, 남성 임금노동자는 53시간(44시간은 유급노동, 9시간은 무급노동)을 일한다. E. Currie, R. Dunn, and D. Fogarty, "The New Immiseration: Stagflation, Inequality and the Working Class," *Socialist Review* 10(1980): 7~32쪽에서 재인용.

있다. 따라서 나는 '본성'에 관한 내 논의가 반박될 만한 심리적 변화가 급속하게 일어날 것이라고 생각지 않는다. 다른 한편, 이런 심리적 속성들은 남성과 여성 사이의 객관적인 경제적 권력관계에 매우 크게 의존하는 것처럼 보인다. 여러 연구에 따르면, 중간계급에 비해 여성의 임금이 가족 소득에서 큰 비중을 차지하는 노동계급에서는 여성들이 고용을 통해 더 많은 권력을 얻는다.[14] 또한 전통적인 하급 여성 직종에서 일하는 여성들조차 전업주부들보다 더 페미니스트적인 의식을 갖는다.[15] 따라서 사회의 성적 분업이 축소되거나 철폐되는 만큼 심리적인 성차도 변화할 것이라고 믿을 만한 근거가 있다. 이런 사회 변화가 벌어짐에 따라 남성과 여성의 정신 구조에 모순이 생겨나는 모습을 보게 될 공산이 크다. 구조가 경향과 양립 불가능하다는 마르크스주의적인 의미로 '모순'이라는 단어를 사용한다면, 변화의 시기에 모순의 존재는 이 구조가 본성을 이룬다는 사고와 완벽하게 일치한다. 남성과 여성의 본성을 바꾸기 어렵다고 해서 본성을 바꾸려는 노력을 하지 말아야 한다는 결론이 나오지는 않는다. 오히려 현재의 본성이 바람직하지 않다고 판단된다면, 변화의 어려움은 더 많은 노력을 기울여야 한다는 결론으로 이어져야 한다.

V

결론 격인 이 절에서는 인간 본성에 대한 마르크스의 접근과 여성의 본성에 관한 나의 접근 사이의 대조점을 탐구해보고자 한다. 내 관점이 마르크스의 인간 본성론에 바탕을 둔 것이긴 하지만, 한 가지 점에서는 흥미로운 차이가 존재한다. 많은 마르크스주의자(와 마르크스 본인)는 자본주의하에서 인간이 자신에게 특유한 어떤 능력을 충분히 발휘하지 못한다는 사실을 자본주의 비판의 근거로 삼았다. 사회주의와 공산주의에서만 인간 본성의 이런 측면을 충분히 실현할 수 있다는 사실이야말로 사회주의 사회와 공산주의 사회가 어떤 의미에서 앞선 모든 사회보다 나은 핵심적인 이유로 간주되었다. 하지만 나는 여성의 본성에 관한 나의 설명에 어떤 규범적인 함의도 부여한 적이 없다. 인간이 자신의 본성이나 본성의 몇 가지 측면을 충분히 발휘하는 것이 과연 좋은 일인가? 만약 그게 좋은 일이라면, 여성 역시 자신의 본성을 충분히 발휘해야 하는 것인가? 아니면 내가 발전시킨 이런 마르크스주의-페미니즘 입장에는 어떤 일관된 이론적 토대가 없는 것인가? 본성의 일부를 좋아할 때에는 본성을 발전시켜야 한다고 말하고, 본성이 마음에 들지 않을 때에는 이런 사고 자체를 거부하니 말이다.

이 점에 관해 차이가 존재하는 데에는 일관된 이론적인 이유가 있다고 본다. 봉건제, 자본주의, 사회주의/공산주의의 경우와 같은 인간 본성의 상이한 역사적 형태에 대해 마르크스는 사회주의/공산주의의 인간 본성을 선호함을 분명히 나타낸다. 마르크스는 종종 이 본성을 실현해야 하는 것처럼 말하며, 때로는 어떤 의미에서 이것이야말로 더욱 진정한 인간 본성이라고까지 말한다. 이런 선호의 밑바탕에 있는 것은 이런 인간 본성이 인간에게 특유하다거나 다른 종의 본성과 크게 다르다는 것이 아니다. 한 집단이나 개인이 자신에게 특유하거나 특별한 것을 발전시켜야 할 특정한 이유는 전혀 없다. 오히려 마르크스의 선호는 자신의 믿음과 욕망에 따라 행동할 수 있는 힘으로 간주되는 자유와 관련이 있다. 마르크스의 이론에서 의식과 이른바 인간 본성의 대부분은 사람들이 살아가는 사회 체제에 의해 형성된다. 의식과 인간 본성의 세세한 내용이 모두 사회 체제에 의해 형성된다거나 인간이 사회의 수동적인 산물에 지나지 않는다는 말이 아니다. 생산양식과 개인이 거기서 차지하는 위치가 의식과 인간 본성의 대략적인 윤곽, 즉 한계를 정한다는 말이다. 사회주의/공산주의가 확립되기 전에는 사람들이 자신이 살아가는 생산양식을 통제하지 못하며 사회관계는 착취와 억압을 위한 기제다. 반면 사회주의/공산주의하에서 사회관계는 착취적이지 않다. 생산양식이 의식적인 집단적 통제 아래에 놓이기 때문이다. 그렇다고 해서 인간 본성의 사회적 결정 요인이 인간의 통제 아래 놓인다는 말은 아니다. 결과적으로 사회주의와 공산주의의 인간 본성을 이루는 욕구와 욕망, 능력은 다른 시대에 비해 더 자유롭게 얻어진다고 말할 수 있는 근거가 있다.

마르크스가 사회주의와 공산주의의 인간 본성을 선호한 데에는—역시 자유와 관련된—또 다른 이유가 있다. 앞서 살펴본 것처럼, 한 종의 모든 상이한 특징 가운데 마르크스는 생명활동에 특유한 형태를 그 종의 핵심 본성이라고 강조했다. 자유롭고 의식적인 활동은 인간에게 특유한 초역사적인 능력이지만, 사회주의와 공산주의에서만 전면적으로 발전하고 실현된다. 사회적 요구가 생산의 토대가 되고, 생산이 의식적인 집단적 통제 아래에 놓일 때에만 필요노동시간을 상당 부분 줄일 수 있을 것이고, 그렇게 된 뒤에야 마르크스의 말처럼 "진정한 자유의 왕국, 즉 인간의 힘을 목적 그 자체로서 발전시키는 과정이 시작될 것이다." 마르크스는 사회주의와 공산주의 아래에서만 대다수 사람들에게 가능해지는 이런 종류의 노동을 "자아실현이자 주체의 객관화이며 따라서 진정한 자유"라고 지칭한다.[16]

요컨대 사회주의와 공산주의의 인간 본성은 두 가지 점에서 앞선 사회의 인간 본성보다 더 자유롭다고 말할 수 있다. 첫째, 이 인간 본성의 핵심적인 측면은 자유의 표현이며, 둘째, 인간 본성의 다른 많은 측면을 결정하는 요소들이 처음으로 사람들의 의식적이고 집단적인 통제 아래에 놓이게 된다. 이런 이유 때문에, 그리고 이 인간 본성이야말로 인간에게 특유한 특징이 가장 발전된 형태이기 때문에 마르크스는 종종 이것을 가장 진정한 인간 본성이라고 지칭했다.[*] 인간 본성이 이런 형태를 띠는 사회에는 더 높은 가치가 매겨진다. 자유야말로 기본적인 가치이기 때문이다.

이 글에서 논의한 여성의 본성은 여러 면에서 인간의 본성과 유사하지 않다. 무엇보다도 중요한 것은, 사회주의/공산주의 사회에서도 언제나 독특한 인간 본성이 존재하겠지만 독특한 여성의 본성은 항상 존재할 것 같지 않다는 사실이다. 과거의 유물인 경우를 제외하면, 사회주의/공산주의에서 여성의 본성이 계속 존재할 것이라고 생각할 이유는 없어 보인다. 현 시대의 것이든 사회주의/공산주의 사회에 특유한 것이든 간에 말이다. 남성과 여성의 생물학적 차이는 여전할 테지만, 앞서 논의했듯이 이런 차이가 본성의 차이를 이루지는 않는다. 게다가 생물학적 차이가 저절로 지금과 같은 남성과 여성의 심리적 차이를 결정하지는 않는다. 오히려 차이를 설명해주는 것은 성적/사회적 분업과 그 결과로 생겨나는 성별화된 사회관계와 사회화다. 마

---

[*] 이런 식의 사고는 충분히 이해할 만하지만 이 글 앞부분에서 제시한 좀 더 상대주의적인 분석을 부정하는 것으로 받아들여서는 안 된다. 마르크스의 인간 본성 이론을 좀 더 보편주의적으로 해석한다는 문제가 있기는 하지만, 이런 몇몇 문제에 관한 더 자세한 논의로는 내가 쓴 논문인 "Free Will and the Marxist Concept of Natural Wants," *Philosophical Forum* 6(1975): 423~445쪽을 보라.

르크스의 이론에서 이 차이는 생물학이 아니라 주로 억압적인 사회·경제·역사적 조건(사회주의/공산주의에서는 나타나지 않는다)에 의해 결정된다. 마르크스에게 사회주의/공산주의는 자치 생산자들의 사회이자 노동계급의 자기 해방이다. 사회주의/공산주의는 남성과 여성 모두가 전면적으로 참여해야만 실현되고 유지될 수 있기 때문에, 여성 해방을 위한 투쟁은 사회주의를 위한 투쟁에 필수적이다. 더욱이 마르크스가 생각하는 사회주의 사회에서는 자본주의와 달리 여성 억압을 위한 경제적 토대가 존재하지 않는다. 남성에게 유리한 물리적·심리적 토대가 일부 남아 있을 수도 있지만, 사회주의를 성공시킨 투쟁과 진정으로 사회주의적인 사회의 성격은 그러한 경향의 힘과 유효성, 수명을 상당히 감소시킬 것이다.

사회주의/공산주의하에서도 남성과 여성의 생물학적 차이가 심리적 차이를 낳는 게 불가능한 일은 아니다. 자유롭고 의식적인 활동이 모든 사람에게 동일하고 구체적인 형태를 띠지는 않을 것이며, 이런 형태가 성별 구분선을 따라 달라질 수도 있다. 그렇지만 지금 생물학적 차이와 심리적 차이의 직접적인 연계가 보이지 않는다면, 미래에는 왜 존재하겠는가? 어떤 이들은 남성과 여성이 물리적 존재로서 자신을 경험하는 데에는 언제나 일정한 차이가 있을 수밖에 없다고 말할지도 모르지만, 이것이 정확히 무엇을 뜻하는지 또는 그런 차이를 어떻게 결정하는지는 다소 불분명하다. 어쨌든 이런 차이가 사회적 관습과 제도에서 표현되지 않는다면, 설령 그런 것이 존재한다 할지라도 남성과 여성의 독특한 본성이라고 부를 만큼 중요한 의미를 갖지는 못할 것이다. 여성들의 성적 선택과 재생산에 관한 선택 역시 오늘날처럼 남성과 대조적으로 여성들에게 중대한 사회적 결과를 야기하는 일은 없을 것이다. 따라서 이런 중심적이고 현재로서는 성별화된 영역에서 여성들의 욕구와 이해는 남성의 경우와 거의 다르지 않을 것이다.

앞서 본 것처럼, 마르크스가 사회주의와 공산주의의 인간 본성을 선호한 이유는 과거의 인간 본성 형태보다 더 자유롭게 얻어지며, 자유가 인간 본성의 핵심 구성 요소이기 때문이다. 현재(와 과거)의 성과 관련된 본성에는 이런 두 가지 고려사항이 적용되지 않나. 사유는 (현재와 과거의) 성과 관련된 본성의 구성 요소가 아니며, 이런 본성이 자유롭게 얻어진 것이라고 말할 근거도 전혀 없다. 진정 여성에게 특유한 일, 즉 아이를 갖는 일이 다른 어떤 활동보다 자유롭게 선택하는 것이라고 생각할 이유는 거의 없다. 생물학적 차이는 경제·사회·역사적 조건과 더불어 성적/사회적 분업과 그 결과로 성립되는 사회관계의 토대다—이 중 어느 것도 여성이 통제할 수 없다. 따라서 성별화된 본성으로 귀결되고 그 본성을 이루는 심리적 성차는 여성의 통제 바깥에 있다. 더욱이 여성의 전통적인 사회적 역할과 그에 결부된 본성은—지금도 존재하거나 최근에야 철폐된 법적 제한을 무시하더라도—남성에 비해 협소한 자유를 부여할 뿐이다. 아내와 어머니가 되는 것이 여성의 주된 목표이자 자기 정의로 여겨지며, 여성들에게 바람직한 속성은 이런 역할을 수행하는 능력을 키워주는 것들이다. 남자들에게 매력을 발휘하고 가족의 욕구를 충족시킬 수 있어야 하는 것이다. 이런 삶이 과연 대다수 남성의 삶에 비해 덜 도전적이고 더 적은 권한을 쥐는지 (따라서 마르크스의 관점에서 덜 자유로운지)의 문제를 잠시 제쳐둔다면, 중요한 사실은 이것이 유일한 선택지라는 점이다. 적어도 선진국에서는 남성들에게 훨씬 더 많은 선택지가 존재한다. 그리고 분명히 어머니인 여성만큼이나 많은 남성이 아버지이지만, 남성은 무엇보다도 먼저 의사나 변호사, 재봉사나 선원이다. 어쨌든 여성들에게 이런 일을 하고 싶은 마음이 없다면, 이런 사실은 남성에 비해 여성들이 더 많은 사회적 압력을 받고 있음을 의미하는 것이다. 여성들은 다른 일을 하려고 할 때에도 여전히 전통적인 가치와 기대에 의해 제약을 받는다. 여성들이 다른 선택지를 성실하게 추구하는 것을 가로막는 장애물에는 성차별과 가족에 대한 책임이라는 실재하는 제약뿐만 아니라 의무감과 욕망 사이를 오가는 여성 자신의 갈등이나 습관(예를 들어 외모 관리에 많은 시간을 쓰는 습관) 등도 포함된다. 여성의 삶은 남성의 삶만큼 자유롭지 못하다. 여성이 남성에게 의존하고, 또 자신들에게 의존하는 아이가 있기 때문이다. 전통적인 성적 가치는 남성보다 여성을 제약한다. 그리고 여성은 대체로 남성보다 수동적이고 다른 사람의 의지에 쉽게 따르기 때문에 자기 자신의 욕망을 실현하기 위해 행동하는 능력이 부족하다. 이 모든 면에서 현재 여성의 본성은 마르크스가 상상한 사회주의/공산주의하에서의 인간 본성에 수반되는 자유가 결여되어 있다.

그러나 여성의 본성이나 성별화된 본성은 어쨌든 이런 자유가 부족할 것이다. 사실 사회주의/공산주의에 특유한 인간 본성과 이런 독특한 여성의 본성이 완전히 실현되는 사회에 관한 사고 자체에 모순이 있다. 여성(과 남성)은 인간이다. 인간은 제한적인 사회적 조건에 의해 정해진 제한된 본성과 자유를 본질로 하는 본성을 동시에 실현할 수 없다. 정의상, 어떤 성별화된 본성도 성별화되지 않은 본성보다 더 제한될 것이다. 그리고 성별화된 본성을 자유롭게 획득하지 못하게 가로막는 절대적인 금지는 없지만, 그런 본성을 자유롭게 획득할 수 있다는 사고를 거부할 만한 경험적인 근거는 상당히 많아 보인다.[17]

33
생태정치론 논쟁과 자연의 정치학

밸 플럼우드Val Plumwood
오스트레일리아의 에코페미니스트로, 『페미니즘과 자연의 정복Feminism and the Mastery of Nature』, 『환경 문화: 이성의 생태 위기Environmental Culture: The Ecological Crisis of Reason』 등의 저서가 있다.

이른바 '녹색 이론'이라고 뭉뚱그려 말할 수 있는 것에는 여러 부문의 비평과 입장이 포함되는데, 이것들은 몇 가지 공통된 지반 위에서 있으면서도 여러 지점에서 크게 갈라진다. 최근에는 이런 비평과 입장들의 관계가 활발한 (종종 격렬한) 논쟁 주제가 되었다. 생태정치론 논쟁을 통해 녹색운동에 여전히 일관된 해방 이론이 없음이 드러난 것처럼 보인다. 일관된 해방 이론이 없으면 인간 지배와 비인간 자연 지배 모두에 저항하는 게 쉽지 않다. 지난 20년 동안 녹색운동이 분명하게 드러낸 관심사를 올바르게 평가하려면 인간·비인간의 지배 형태를 연결하는 이런 관점이 필수적일 뿐만 아니라 가능하기도 하다. 이제까지 많은 환경 비평가들이 자연에 대한 통제와 착취가 어떻게 인간에 대한 통제와 착취에 연결되는지를 보여주었다(Plumwood and Routley 1982; Hecht and Cockburn 1990; Shiva 1989, 1992). 생태계를 파괴하는 제3세계의 첨단기술 농업·임업은 또한 엘리트의 지배와 사회 불평등을 강화하면서 이를테면 여성을 희생양으로 삼아 남성의 경제 지배를 확대한다. 이런 과정은 우연의 일치가 아니라 구조적인 방식으로 이루어진다. 우리가 공유 하천에서 얻는 공짜 물과 공짜로 숨 쉬는 공기가 점점 생명을 지탱하는 데 부적합해지는 것처럼, 건강한 삶을 위한 생물권生物圈의 갖가지 수단도 점차 사유화되면서 값을 치를 능력이 있는 사람들의 특권으로 바뀌고 있다. 시장 지배력이 없는 인간과 비인간 존재는 패배자가 될 것이며(이미 많은 곳에서 그렇게 되고 있다), 인간 정의와 자연 파괴 문제는 점점 하나로 수렴될 것이다.

우리에게 필요한 녹색 철학이 인간·비인간 지배 형태를 일시적이
고 우발적인 연합의 문제로만 다루려 하지 않는다면, 인간과 비인간
의 관심사를 모두 충족시켜야 하며 인간·비인간의 상호 결정과 상호
발전을 이해하는 데 중점을 두어야 한다. 녹색운동이 이런 이론을 명
료화하지 못한 실패의 이면에는 정치적 연합을 위한 응집력 있는 이
론적 토대를 구축하지 못한 급진적 사회 변혁 운동 일반의 실패가 자
리 잡고 있다. 이 대화에 참여한 세 가지 주요한 생태정치적 입장(사회
생태론social ecology, 근본생태론deep ecology, 에코페미니즘)은 각각 자본주
의 비판, 환경론 비판, 여성운동 비판과 연결된다. 따라서 근본생태론
은 이른바 '진한 녹색 이론deep green theory'*(인간중심주의를 환경 문제의
주된 뿌리 중 하나로 여기는 일련의 입장이나 비판) 가운데 가장 많이 알려
진 분야일 것이다(Naess 1973, 1987). 머레이 북친Murray Bookchin으로
대표되는 사회생태론은 무정부주의 전통을 비롯한 여러 서구 급진
전통에 의존하며 인간 사회의 위계라는 측면에서 생태 문제를 분석
하는 데 치중한다. 많은 에코페미니스트들은 자연 지배와 여성 지배

---

* '연한light' 녹색이나 '짙은dark', '진한deep' 녹색 등의 용어가 이 맥락에서 널리 사용되
지만, 과연 하나의 스펙트럼으로 이 차이를 보여줄 수 있는지를 둘러싸고 논쟁이 벌어지
고 있다. 여기서 내가 이런 표현을 쓰는 것은 스펙트럼이라는 사고를 강화하기 위해서가
아니라, 인간중심주의 비판이나 '진한 녹색 이론'이 안 네스Arne Naess, 조지 세션스George
Sessions, 빌 드볼Bill Devall, 워릭 폭스Warwick Fox 등 '근본생태론자'를 자처하는 이들이 발전
시킨 특정한 입장보다 훨씬 더 광범위하고 다양하며, 이런 근본생태론을 부분집합으로 포
함한다는 점을 용어로 나타내기 위해서이다. 이 문제는 혼란과 보수적 태도의 원천으로 작
용할 공산이 크다. 이 점을 드러내는 또 다른 방식으로는 특정한 입장의 발전을 '근본생태
론Deep Ecology'이라고 대문자로 표시하고, 인간중심주의에 이의를 제기하는 일반적인 입
장을 '근본생태론deep ecology'이라고 소문자로 표시하는 것이다(Chase 1991을 보라). 'Deep
Ecology'라는 용어에 관해서는 Naess 1973, 1987; Devall and Sessions 1985; Fox 1990
등을 보라. 근본생태론이 아닌 진한 녹색 이론의 발전에 관해서는 Plumwood 1975, 1980;
Plumwood and Routley 1979 등을 보라.

가 동일한 문제 틀에서 발생하며 공통의 이데올로기적 토대를 갖는다고 보았다(Ruether 1975; Plumwood 1986, 1992; Warren 1987, 1990). 따라서 정치적 생태론을 둘러싸고 녹색 진영 내부에서 벌어지는 논쟁의 쟁점은 또한 녹색운동 내부의 각 입장이 제휴하는 억압에 대한 비판과 여러 급진운동 사이의 해방의 응집력과 협력관계라는 더 큰 문제기도 하다. 응집력을 추구한다고 해서 각각의 저항 형태가 어렵게 얻어낸 정체성을 단일하고 무정형적이며 거대한 운동이나 정당 안으로 집어넣어야 한다고 요구하는 것이 아니다.* 오히려 응집력을 추구하기 위해서는 각각의 저항 형태가 다른 저항 형태에 대해 실천과 이론의 차원 모두에서 감수성을 개발하고 이해를 연결 지을 토대를 마련해야 한다.

생태정치론 논쟁은 대단히 중요한 쟁점을 아우르지만, 이 논쟁이 문제가 되고 불필요하게 양극화된 데에는 많은 이유가 있다. 사회생태론이나 근본생태론 쪽에 선 저명한 남성 이론가들은 마치 양쪽의 입장이 녹색 이론 경주의 유일한 출전자인 것처럼 이 논쟁을 일관되게 둘 사이의 대화로 수행했으며(Zimmerman 1993), 녹색운동을 포괄하는 응집력 있는 해방적 관점을 구축하는 데 기여한 페미니즘과 에코페미니즘 이론의 중요한 역할을 무시했다(Bookchin 1988, 1989, 1990, 1992; Chase 1991; Bradford 1993; Clark 1993; Kovel 1993; Sessions 1993). 그 결과로—아래에서 내가 주장하는 것처럼—초점이 좁아진 나머지

---

* 운동의 연계라는 주제를 다루는 많은 포스트모던 저자들은 흡수나 '총체화'에 격렬하게 반대하지만, '상호 파괴'나 '해체', '탈안정화'가 아닌 긍정적인 용어로 상호작용을 상상할 능력은 없다(Quinby 1990). 이것은 지배적인 주제에 효과적으로 반대하는 '일종의 철학적 보험증서'다(Brennan 1991).

여러 가지 면에서, 특히 인간의 자연 지배를 온전히 정치적으로 이해할 수 있는 잠재적 가능성을 억압하는 방식으로 분석이 왜곡되었다. 에코페미니즘이 제공할 수 있는 이해의 길이 막힌 것이다. 이 논쟁은 또한 주로 경쟁적인 환원주의의 풍조 속에서 이루어졌고 종종 불필요하게 독단적인 성격을 띠었다. 이런 논쟁 방식 때문에 전반적인 경쟁 분위기가 조성되었고, 인간중심주의를 비판하는 한쪽의 접근과 주로 인간 지배 형태에 초점을 맞추는 다른 쪽의 접근 사이에서 그릇된 양자택일이 강요되었다. 생태정치론 논쟁은 오래된 비판(인간 사회의 위계를 거부하고 이런 위계에 대한 이해를 보완하고 완벽하게 다듬는 비판)과 절대 양립 불가능하지 않은, 인간의 자연 지배에 대한 비판을 발전시킬 수 있는 여러 길이 존재한다는 사실을 은폐하는 데 일조했다. 이 점에 대해 아래에서 보여줄 것이다.

한 사례를 보면 내가 여기서 말하는 '환원주의'가 무엇인지 쉽게 알 수 있다. 마르크스주의가 급진 담론에서 제왕 행세를 하던 시절, 여성운동이나 환경운동 같은 다른 담론과 비판은 군주의 왕국으로 포섭되고 통합되어 신하의 지위로 떨어졌다. 여성운동과 환경운동의 통찰력과 그들이 제기하는 문제는 마르크스주의에 흡수될 수 있는 만큼 인정받고 정당성과 관심을 부여받았다(예컨대 페미니즘 비판의 경우 '계급'이나 자본주의의 문제로 환원될 수 있는 면들만 인정받았다). 이런 접근은 식민화의 한 형태이며 억압의 위계를 만들어낸다(Harraway 1991a). 이런 접근으로는 억압 형태의 복수성과 상호관계를 적절하게 인식할 수 있는 문제 틀을 만들어내지 못한다.

기존의 설명들로는 불충분하다: 사회생태론

급진 전통에 의존하여 인간 사회의 위계와 시장 사회의 시각에서 생태 문제를 분석하는 사회생태론은 언뜻 보기에는 응집력 있는 해방적 관점을 추구하기에 유망한 곳처럼 생각된다. 그러나 머레이 북친의 최근 연구를 통해 분명해진 사회생태론은 억압의 위계를 만들어내는 익숙하지만 매우 문제적인 움직임 속에서 이런 착취 형태들 사이의 관계 문제를 해결하려고 노력한다. 북친의 연구는 생태계 파괴에서 인간 간 위계와 중앙집권화가 행하는 역할에 대한 비판을 설득력 있게 발전시키는 한편, 근본적인 사회 구조에 대한 비판을 유지할 필요성을 제기해왔다. 그러나 최근 연구에서는 인간의 자연 지배에 대한 철저한 비판을 담아내지 못하거나 위계와 연결되지 않은 인간의 차이라는 관념을 인정하지 못한다. 최근에 공개적인 조정을 위한 시도(Chase 1991)가 있긴 했지만, 인간 지배 비판과 비인간 지배 비판 사이의 이론적 간극을 설득력 있게 연결하지는 못했다. 북친의 최근 연구는 그의 이론이 상당 부분 인간중심주의를 비판하는 새로운 경쟁자에 반대하고 이 경쟁자를 인간 지배 형태로 포섭하려 한다는 의심의 여지를 거의 남기지 않는다. 자연 지배는 인간에 의한 인간 지배의 결과로 생겨났으며 따라서 전적으로 부차적인 문제라고 북친은 단언한다(Bookchin 1993: 365쪽). 따라서 북친은 역사적인 환원 명제를 주장한다.

자연을 지배한다는 우리의 관념은 모두 인간에 의한 인간의 실질적인 지배로부터 유래한다. …… 하나의 역사적인 발언으로서 이것은 인간에 의한 인간 지배가 자연을 지배한다는 관념에 선행했음을 분명하게 선언한다(Bookchin 1989: 44쪽).

북친에 따르면 인간에 의한 인간 지배는 다른 의미에서도 역시 앞선다. 북친의 설명은 인간 해방을 강조하지만, 그는 인간 해방이 전략적으로 자연 해방에 앞서며(1989: 601쪽) 먼저 이루어져야 한다고 주장한다. 자연 해방은 "사회적 대의라기보다는 사회적 징후"의 지위로 강등된다(1989: 25쪽). 북친의 글을 논리적으로 읽자면, 우리는 모든 형태의 인간 위계를 제거한 사회를 먼저 만들고 난 뒤에야 진정으로 합리적이고 생태적인 사회를 달성하기를 기대할 수 있다(1989: 44쪽). 사회생태론이 비록 급진적인 정치적 지향을 강조하기는 하지만, 북친의 사회생태론은 정치를 인간 간 관계에 국한된 것으로 보는 듯하며, 텍스트를 통한 그의 실천은 인간과 자연의 관계에 대한 서구식 설명에 내재한 식민화 정치학에 둔감한 것처럼 보인다. 따라서 『사회의 개조Remaking Society』(1989)에서 북친은 '단순한'이라는 단어를 앞에 붙이지 않고서는 비인간 자연을 거의 언급하지 않는다. (그리하여 그가 보기에 근본생태론자들은 "단순한 동물계와 인간을 동일시하고, 인간을 생물권 민주주의 내의 단순한 한 종으로 해소하며, 많은 생명 형태 중 하나로 축소"하기를 원한다(1989: 42쪽)). 이보다 더 평등주의적인 접근에 대해서는 인간의 지위를 떨어뜨리고 합리성이라는 특별한 가치 창조의 특징을 부정하는 것이라고 가차없이 비난한다.

북친이 보기에 생태 위기에 직면한 우리는 이성 비판자들에 맞서 이성의 우위와 서구 전통을 옹호해야 한다. 최근 철학·페미니즘·포스트모더니즘의 이성 비판자들은 이성이라는 서구 문화의 이상이 여성적인 것과 자연 및 생존에 대립되는 것으로 정의되어왔다고 주장한다(Midgley 1980; Harding and Hintikka 1983; Harding 1984, 1986; Lloyd 1984; Fox Keller 1985). 대립적·식민주의적 이성 형태를 비판하는 이 사람들은 이성 자체를 거부하기보다는 서구에서 전통적으로 구축된 '합리주의적' 이성을 거부하고자 한다. 이런 이성은 인간과 비인간 생명(흔히 '자연'이라고 여기는 것들)의 다른 영역을 열등한 것으로 치부하고 반대하며 통제한다는 것이다. 북친의 최근 연구는 생태적 합리주의라고 이름 붙일 수 있다. 가치의 궁극적인 원천이자 인간의 차이와 정체성의 토대이며 자연으로 규정되는 다른 것들에 대한 우위를 정당화하는 주된 근거라는 이성의 전통적인 역할을 대부분 유지하기 때문이다. 인간중심주의를 비판하는 많은 생태론자들(예를 들어 Dodson Gray 1979: 19쪽)은 서구 문화의 지배적인 경향은 차이를 위계로 해석하는 것이었으며, 자연을 식민화하지 않는 쪽으로 접근한다고 해서 인간 이성이나 인간의 차이를 부정하는 게 아니라 다만 이성을 우위와 지배의 토대로 삼지 않을 뿐이라고 주장해왔다. 그렇지만 북친은 인간 우위의 부정을 인간의 차이를 부정하는 것으로 설명하며, 또한 식민화하는 이성 형태에 대한 비판을 모든 합리성에 대한 거부로 묘사한다.

서구의 급진 전통이 우리가 처한 생태적 곤경에 소중한 통찰력을 제공할 수 있다는 북친을 비롯한 사회생태론자들의 확신이 틀리지 않을지도 모른다. 그러나 가장 훌륭한 서구의 급진 전통이라 할지라도 적어도 자기비판적인 단계에 다다르면, 맹목적인 서구의 '합리적' 문화를 진화의 정점에 두는 합리주의 철학의 정치학과 불편한 관계가 될 게 틀림없다. 생태적 합리주의는 이성의 외부에 던져진 '타자들'을 식민화하고 열등화한 기나긴 역사의 근저에 자리한 서구 전통의 오랜 이성 우위를 새롭게 '급진적인' 방향으로 돌려놓을 뿐이다. 가장 합리화되고 지능화된 인간 개인과 문화를 꼭대기에 두는 합리적인 위계인 이성의 우위는 세계의 의미를 "주관성의 확대와 궁극적으로 인간 지성을 향한 거대한 생명의 진화"로 파악하는 세계관의 논리적인 산물이다(Bookchin 1992: 26쪽). 최근의 많은 사상가들은 단계적 상승으로 진화를 설명하는 것을 비판하고 있다(Midgley 1983). 이런 오만하고 일차원적인 세계관은 지구 생명 전체의 거대한 다양성을 인간 지능으로 나아가는 과정에서 거치는 하나의 단순한 '단계'로, 인간이라는 이상에 한참 못 미치는 것으로 치부한다. 북친의 신헤겔주의적 생태 합리주의는 이런 중요한 비판을 못 본 체하며, 자연과 비서구 문화 영역을 열등시하는 서구 중심의 합리주의 개념의 복합체(합리성, 진보, '원시주의', 발전, 문명)에 대한 재평가를 감수하지 않는다. 이 생태 합리주의는 또한 진보의 신화를 비롯한 식민주의를 둘러싼 이데올로기들과 정면으로 맞서지 않는다. 열등한 과거, 열등한 비서구 타자, 이런 시각과 관련하여 토착 문화를 우리의 본보기적 문명보다 앞선 '후진적' 단계로 보는 통념과 대결하지 못하는 것이다. 이성이라는 대립적 개념을 계속 부여잡고 이성의 배제를 끝없이 두려워하고 거부하는 북친의 태도는 그가 자신의 연구에서 '원시회귀atavism'와 '원시주의primitivism'를 끊임없이 어둡게 언급하는 데서 나타난다.

사회생태론은 철저한 정치적 비판을 자랑스럽게 내세우지만, 그것이 지닌 정치적 감수성은 비인간 영역으로 확장되지 않는다. 실제로 사회생태론자들(Bradford 1993: 431쪽)은 환경윤리론자들(Rolston 1987: 264쪽)이나 근본생태론자들(Fox 1990)과 마찬가지로 자연과 인간의 관계를 다른 억압 형태들의 관계와 유사한 정치적인 면에서 이해할 수 있음을 부정한다. 북친은 '제2의 자연second nature'("자기 성찰을 하게 된 제1의 자연first nature, 즉 자기 자신을 알고 자신의 진화를 이끌 수 있는 생각하는 자연"(1990: 182쪽)으로 정의된다)을 대표하는 인간이 "자연의 이성적인 목소리"(1992: 23쪽)로서, 즉 자연에게 가장 이익이 되는 방향으로 자연을 관리하는 이성적인 '집사steward'로서 자신의 잠재력을 실현할 수 있는 생태 사회를 통한 생태 위기의 해결을 추구한다. 인간의 통제권을 입증하기 위해서 인간과 자연의 차이(이성적인 존재)가 강조되기는 하지만, 자연에는 인간의 간섭에 제약을 부과할 수 있는 존재나 이해의 독립성이 없음을 입증하는 맥락에서는 자연의 차이가 부지불식간에 지워진다. 따라서 우리는 지구상에 이 타자를 위한 공간을 남겨둘 필요가 없다. 원시적인 황무지에서도 인간 종을 배제하는 것은 결코 '자연스럽지' 않기 때문이다(Bookchin 1992: 27쪽). 인간을 "자의식을 갖게 된 자연"으로 정의함으로써 자연을 인간 영역으로 통합하면 인간-자연 관계를 정치적으로 파악하는 게 불가능해진다. 제1의 자연에는 독립성이나 차이, 자기 지시성self-directedness의 여지가 전혀 남지 않고, 합리적인 '제2의 자연'과 '제1의' 자연 사이의 이해 충돌이 정의상 존재하지 않게 되기 때문이다. 인간의 자연 지배를 다른 억압 형태들과 비견되는 것으로 파악하려는 어떤 시도든 간에 이런 통합에 저항하고, 자연의 존재를 당연히 존중받을 자격이 있는 타자로 (개인으로서든 민족으로서든) 인정해야 할 것이다.

게다가 북친식의 사회생태론은 인간 사회 내의 일부 위계 형태에 초점을 맞추지만, 합리주의와 계몽주의, 마르크스주의 전통의 많은 문제적인 측면들을 고스란히 물려받는다(Plumwood 1981; Clark 1984, 1993; Benton 1990). 사회생태론은 인간의 자연 식민화와 결부된 여러 가정을 옹호하며, 이 식민화에 의존하는 인간들 내의 위계 형태를 유지한다. 사회생태론 스스로는 지배에 대한 다양한 비판을 조화시키는 방법을 제공한다고 자처하지만, 적어도 북친식의 사회생대론은 이런 목표에 한참 미치지 못한다.

근본생태론과 해방

내가 보기에, 인간중심주의나 인간의 자연 지배에 대한 비판은 서구 사회와 역사, 서구가 현재 직면한 문제점과 지배 구조 등을 이해하는 데 새로우면서도 이루 헤아릴 수 없이 중요한 공헌이다. 그렇지만 오늘날 근본생태론의 주요 대표자들이 보여주는 모습은 응집력 있는 해방적 전망을 제시하지 못하며, 또한 다른 녹색 관점들을 포섭하거나 기각하는 전략에 몰두하고 있다. 따라서 주요 근본생태론자인 워릭 폭스는 자연 지배에 대한 자신의 비판이 '가장 근본적인' 지위를 차지해야 한다고 맞받아치면서 '자연' 억압이 인간 지배 형태들의 원인이라고 주장한다. (여기에는 중요한 논점이 있다. 물론 인간의 일부 범주를 '자연'으로 구성하는 것이 어떻게 그들에 대한 지배를 자연화하는지에 관한 설명을 제공한 것은 근본생태론이 아니라 에코페미니즘이다(Ruether 1975; Mies 1986; Plumwood 1986, 1991, 1993; Shiva 1990, 1992)). 이와 동시에

(그리고 자신의 주장과 상반되게) 폭스는 다른 형태의 지배에 대한 비판은 환경 문제와 무관하다고 본다. 이런 지배들을 극복하는 것으로는 인간중심주의를 극복하는 데 불충분하다는 것이다. 가령 그는 페미니즘이 환경 윤리 개념에 아무것도 덧붙이지 못했다고 평가하며(Fox 1989: 14쪽), 인간 사회 내의 위계는 자연 파괴에 대한 설명과 무관한 것이라고 단언한다.

사회생태론이 인간과 비인간의 관계가 인간과 인간의 관계만큼이나 정치적이라는 점을 이해하지 못한 탓에 여러 비판을 조화시키지 못한다면, 폭스 등이 정식화한 근본생태론 또한 인간-자연 지배라는 주제를 충분히 정치적으로 이해할 수 있는 가능성을 억누른다. 물론 근본생태론이 정치적인 것을 억압하는 방식은 다소 다르다. 내가 다른 글에서 주장한 것처럼, 근본생태론은 사회생태론과 마찬가지로 자연의 차이를 자아self(또는 Self)로 통합함으로써 억압한다(Plumwood 1991, 1993). 그러나 근본생태론은 또한 설명의 토대를 제공하는 자연과의 핵심적인 관계에 대해 정치적으로 둔감한 설명을 제공함으로써 정치적 차원을 억압한다. 따라서 근본생태론의 지배적인 형태들은 정치적 실천보다는 개인의 심리적 행위로 이해되는 동일시 관념을 분석의 핵심 개념으로 선택하며, 개인적 변화를 강조하고 사회 구조를 무시하는 이론을 만들어낸다. 근본생태론의 설명은 (개인을 넘어서 볼 수 있는 변화의 틀을 제공하지 못한다는 점에서) 개인주의적인 동시에 (심리학 이외의 요인들을 무시한다는 점에서) 심리학적이다.

생태적 자아ecological selfhood라는 근본생태론의 핵심 개념도 마찬가지로 탈정치적으로 이해된다. 이 부분의 설명은 한편으로는 다양한 동양 종교의 입장과 광범위한 연계를 시도하면서도 풍부한 결실을 낳을 수 있는 페미니즘의 자아 설명이나 페미니즘 이론과의 실질적 연계를 무시하기 위해 비상한 노력을 기울이는 것처럼 보인다(Cheney 1987, 1989; Warren 1990). 그 결과는 상호관계의 심리학이 아니라 통합의 심리학이다. 폭스는 과도한 개인적 애착의 형태인 이기심(폭스는 이것을 심리학적 이기주의와 융합한다)이야말로 "소유욕, 탐욕, 착취, 전쟁, 생내 파괴"의 근본 원인이라고 지적한다(Fox 1990: 262쪽). 개인적 애착의 이기주의를 초월함으로써 자연을 고찰하라고 훈계하는 분석의 정치적 통찰력은 개인적 이타심을 실천함으로써 사회적 불평등 문제를 해결할 것을 권고하는 유의 사회 분석과 필적한다. 이런 분석은 또한 개인적 애착에 대한 설명을 도덕적 삶의 반명제로서 무비판적으로 가정한다. 최근에 특히 페미니스트들로부터 점점 더 많은 타당한 공격을 받고 있는 도덕적 삶 말이다(Plumwood 1992). 이런 표준적 형태의 근본생태론은 자유주의 정치 이론의 녹색 잡탕 스튜를 장식하는 훌륭한 종교적·정신적 고명이 된다(Elkins 1989; Bradford 1993)*

---

* 또 다른 사회생태론자인 빌(J. Biehl 1988a) 역시 북친처럼 합리성의 대립 개념에 대한 옹호와 계몽주의의 인본주의를 크게 강조한다. 빌은 자연 지배가 (인간 지배의) 부차적 성격을 갖는다는 북친의 명제를 지지하며 그에 대한 비판을 거부한다(Biehl 1988b). 다른 몇몇 사회생태론자들은 이보다는 덜 극단적인 입장을 취한다. 예컨대 브라이언 토카Brian Tokar와 조지 브래드퍼드George Bradford는 둘 다 현재와 같은 형태의 근본생태론과 그 정치적 지향에 대해서 무척 비판적이면서도 인간의 자연 지배에 대한 일반적인 비판을 어느 정도 지지한다(Tokar 1989; Bradford 1989). 사회생태론, 에코페미니즘, 근본생태론 사이의 생태정치론 논쟁에 관해서는 특히 Biehl 1987, 1988a, 1988b, 1991; Bookchin 1988, 1989, 1991; Bradford 1989; Cheney 1987; Eckersley 1989; Fox 1989; Plumwood 1991 등을 보라. Tokar 1989는 논쟁에 유용한 기여를 한 글이다.

사회생태론과 근본생태론이 공동의 지반을 배제하고 영역을 유지하기 위해 채택하는 전략은 나쁜 방법론이자 나쁜 정치학이다. 이 전략이 나쁜 방법론인 이유는 인간 지배와 비인간 지배 사이에 그릇된 선택을 강요하기 때문이며, 나쁜 정치학인 이유는 연결과 강화를 위한 중요한 기회를 놓치기 때문이다. 또한 모름지기 위계를 다루는 비판이라면 타자를 열등시하거나 흡수하려는 의제가 아니라 평등의 토대 위에서 만날 준비가 되어 있어야 하는데, 이런 잣대로 보아도 나쁜 정치학이다. 변화를 위한 기회를 극대화하려면 변화를 원하고 또 변화가 자신들 삶과 어떤 관계인지를 볼 수 있는 이들의 토대를 확장해야 하며, 이를 위해서는 폭넓고 다양한 쟁점과 사회 변혁 운동과의 연계를 극대화해야 한다.

언뜻 생태정치론 논쟁을 벌인 각각의 세 입장은 지배 개념을 사용하는 접근법을 공유하는 것처럼 보이며, 따라서 새로운 종합과 공동의 정치적 이해를 위한 가능성을 제공할 것처럼 보인다. 그러나 논쟁을 주도한 두 입장은 이런 가능성을 헛되이 낭비해버렸다. 인간 지배와 비인간 지배를 동일한 것으로 보는 세 번째 관점에서 보자면, 근본생태론과 사회생태론이 서로에 대해 한 비판의 대부분은 타당해 보이지만 이런 입장에서는 충분히 피할 수 있는 것이었다. 따라서 이 관점에서 보자면 근본생태론은 사회생태론의 쇼비니즘과 인간 우위라는 전통적 교의에 대한 고수를 비판한 점에서 옳았다. 그러나 마찬가지로 사회생태론은 근본생태론이 인간 간 정치에 둔감하고 인간 위계가 환경 문제를 만들어내는 데서 어떤 역할을 하는지를 이해하지 못한 사실을 비판한 점에서 옳다.

녹색 이론을 위한 페미니즘의 틀

저명한 녹색 이론가들은 페미니즘 이론을 무시하고 심지어 깔보기까지 하지만(Fox 1990; Sessions 1993),[1] 페미니즘 이론은 이런 응집력 문제를 해결하는 한편 억압의 위계를 세우지 않고서도 복수성을 인정할 수 있는 녹색 이론을 만들기 위한 믿음직한 토대를 제공한다. 억압의 복수성이라는 맥락에서 여성 억압을 고려하는 이론적 틀의 정식화야말로 최근 10년간 많은 페미니즘 이론가들의 주된 관심사였다.* 이 이론 틀에는 특히 인종, 계급, 젠더 문제에 초점을 맞추고 자연 또한 포괄하면서 모든 지배 형태의 상호 연관성을 다루는 해방 이론의 정교한 발전도 포함된다(hooks 1981, 1984, 1989). 따라서 벨 훅스는 다음과 같이 말한다.

해방 투쟁인 페미니즘은 모든 형태의 지배를 근절하기 위한 더 넓은 투쟁과 별개로, 그것의 일부로서 존재해야 한다. 우리는 가부장적 지배가 인종주의를 비롯한 집단 억압과 동일한 이데올로기적 토대를

---

* 사회적 에코페미니스트들은 흑인 페미니스트들과 더불어 여성 억압을 수많은 억압 형태 가운데 하나로 본다(hooks 1981, 1984, 1989; Eisenstein 1978). 사회적 에코페미니즘 social ecological feminism은 특히 흑인·반식민 페미니즘과 사회주의 페미니즘에 의존한다 (Ruether 1975; Hartsock 1983; Mies 1986; Warren 1987, 1990; Spelman 1988; Haraway 1989, 1991b; King 1989, 1990; Shiva 1989, 1992). 그러나 인종, 계급, 젠더 등에만 배타적으로 관심을 갖는 형태들(Wajcman 1991; Walby 1992)과 달리, 사회적 에코페미니스트들은 자연에 대한 관심을 복수의 착취 기반에 대한 탐구와 통합하며, 이 모든 유형의 착취가 어떻게 서로를 상호 결정하고 지지하는지를 보여준다. 이런 형태의 에코페미니즘은 여성의 투쟁이 자연을 위한 투쟁과 동일하다거나, 한 문제를 해결하면 다른 문제도 자동적으로 해결된다(이런 주장은 대부분의 연결된 현상에 대해 인과 오류를 범한다)는 식의 명제를 주장하지 않는다(Plumwood 1991을 보라).

가지며, 이런 체제들을 그대로 두는 한 가부장적 지배를 근절할 수 있다는 희망이 없음을 알아야 한다(hooks 1989: 22쪽).

에코페미니스트들은 20년 가까이 억압의 복수성을 인식하는 맥락에서 자연 지배를 다뤄왔다. 에코페미니스트들은 사회주의 페미니스트나 혹인 페미니스트들과 마찬가지로 주로 경쟁적인 운동 전략보다는 협력적인 전략에 관심을 기울인다.* 물론 여성 지배가 지배에 관한 페미니즘의 이해에서 중심을 차지하지만, 이것은 또한 다른 많은 종류의 지배를 설명해주는 이론적인 모델이기도 하다. 억압받는 것들은 종종 여성화되고 자연화되기 때문이다. 로즈마리 루서Rosemary Reuther 같은 이들의 생태 지향적인 페미니즘은 언제나 여성 지배와 혹인 같은 인간 집단 지배, 자연 지배 사이의 연관성을 강조해왔다. 루서는 이렇게 말했다. "생태 윤리는 언제나 사회적 지배와 자연 지배의 상호 연관성을 인식하는 생태정의의 윤리여야 한다"(Ruether 1989). 캐런 J. 워런Karen J. Warren은 페미니즘이 더 완전해지려면 "여성 억압을 종식시키는 운동이라는 전통적인 페미니즘 개념을 모든 억압 체제의

---

* Ruether(1975), Warren(1987, 1990), King(1989, 1990) 같은 에코페미니스트들의 저작을 보라. 에코페미니즘은 매우 다양한 입장이다. 근본생태론과 밀접하게 관련된 에코페미니스트들이 있는가 하면, 사회생태론과 가까운 이들도 있고, 또 일부는 급진 페미니즘과 가깝다. 페미니즘과 에코페미니즘 가운데 주로 급진 페미니즘에서 생겨난 일부는 고유한 환원주의 경향을 보인다. 가부장제를 모든 위계의 토대로, 즉 다른 지배들(자연 지배뿐만 아니라 자본주의를 비롯한 인간 사회의 위계 전부)이 모두 환원되는 기본적인 지배 형태로 보는 것이다. 그렇지만 에코페미니즘이 모두 이런 환원주의 경향인 것처럼 판단한다면 커다란 오해다(Fox 1990: Sessions 1993). 다른 두 입장과 달리 에코페미니즘은 근본생태론이 관심을 기울이는 자연 지배와 인간중심주의 비판, 그리고 사회생태론이 관심을 기울이는 인간 위계 비판을 다른 것으로 환원하거나 기각하지 않는다.

상호 연관성을 인식하고 분명하게 밝히는 식으로 확장해야 한다"고 말한다(1987: 18쪽). 따라서 많은 페미니스트들과 에코페미니스트들의 연구는 응집력 있는 억압 이론을 제시하는 해방 이론이 발전하는 전조가 되었다.

해방 이론과 억압의 네트워크

인종·계급·젠더 억압 사이의 관계를 연구하는 페미니즘 이론가들이 보여준 것처럼, 억압받는 집단들에게는 공통적으로 '식민화된' 정체성이 만들어진다. 이 정체성은 지배하는 엘리트의 관점에서 생겨나며, 문화적으로 중재된 지각을 통제하고 정체성을 구성하는 엘리트의 능력에서 유래한다(Hartsock 1990). 이 정체성은 이원론의 문화 구조를 통해 억압을 반영한다. 이원론 속에서 피억압 집단은 분리된 하위 계급의 일부를 이루며, 그들에 대한 지배는 자연의 질서를 이루는 자연스러운 것이다. 정신/육체, 남성/여성, 이성/감정, 주체/객체 등과 같이 두 타래로 짜인 서구 문화의 이원론은 많은 가닥으로 이루어진 두 타래의 억압 논리를 만들어낸다. 인간 억압의 구조를 형성하는 이런 공통된 틀은 또한 인간/자연, 이성(문명)/자연 이원론까지 포괄하도록 확대된다. 이런 이원론은 열등시되고 배경으로 밀려나며 도구화되고 동질화되는 자연 영역과 완전히 분리되는 것으로 인간 정체성을 구성한다. 이런 공통된 구조가 자연 지배를 인간 간 지배 형태와 동일한 일반적인 종류로 보는 하나의 이유다. 물론 인간 간 지배는 나름의 독특한 특징이 있다.

벨 훅스가 지적하듯이, 이런 억압 영역들은 이 구조와 관련된 공통된 이데올로기에 의해 연결된다. 내가 주장한 바처럼(Plumwood 1991, 1993) 이 공통된 이데올로기의 핵심은 자연에 대한 이성의 통제 이데올로기이다. 이 피억압 집단들이 특히 공통된 점은 각각이 자연 영역의 일부로 여겨진다는 것이다. 따라서 '자연'인 피억압 집단들은 서구 엘리트들이 스스로 대표한다고 본 이성 영역 외부에 자리 잡아왔다. '이성'을 정복하고 명령함으로써 혼란스럽고 결함 있는 '자연' 영역을 통제한다는 이야기야말로 서구 문화의 주축을 이루는 서사다. 이 이야기를 검토해보면 이런 자연 지배 이데올로기가 서구의 모든 주요한 억압 형태를 구조화하는 데 핵심적인 역할을 한다는 사실이 드러난다. 이 모든 억압 형태는 자연의 정치학을 통해 연결된다. 자연 지배 이데올로기는 서구 사회 내의 지배관계와 서구 사회와 다른 사회들 사이의 식민화 관계뿐만 아니라 비인간 자연 자체에 대한 식민적 접근도 뒷받침해왔다. 비인간 세계의 경우에 이성과 자연의 이데올로기에 새겨진 식민화 정치학에 대해 둔감해진 우리 같은 사람들은 아마 이 이데올로기가 인간에 적용된 사례를 검토해봄으로써 그 효과를 잘 느낄 수 있을 것이다.

'원시적인 것'의 정치학

에코페미니즘은 특히 자연과 여성을 열등한 존재로 다루는 태도가 남성과 여성의 위계뿐만 아니라 자연과 더 밀접하게 동일시되는 다른 많은 인간 집단의 열등화까지 뒷받침하고 '자연화'했다고 강조했다. 여성들은 '자연'으로서 이성과 분리되었으며, 무질서하고 감정적인 동시에 혼란스럽고 동물적인 신체성에 종속된 존재로 간주되었다. 흑인종(더욱 동물적인 존재로 여겨졌다)의 열등함, '문명화되지 않은' '원시적인' 문화의 열등함, 노예에 대한 주인의 우월함, 피고용인에 대한 사장의 우월함, 육체노동자에 대한 정신노동자의 우월함 등을 정당화하는 데에도 이와 동일한 이데올로기가 동원되었다. 서구 식민지 개척자들은 자신들이 이국땅에 이성과 문명(현대적인 형태로는 '발전')의 횃불을 가져다준다고 생각했다. 그들의 이데올로기에 따르면, 그들이 마주친 원주민들은 기독교 문명의 형태를 한 이성의 바깥에 있었고, '원시적'이고 어린애 같으며 동물에 가까운 존재로 여겨졌다. 원주민 사회는 인간 발전의 정점을 나타내는 서구의 본보기적인 문명의 초기 형태였다. 콜럼버스 시대부터 원주민을 '자연'으로 보는 관념은 침략과 노예화와 학살을 정당화했다. 콜럼버스의 정복을 기록한 역사가인 스페인의 라스 카사스Las Casas 신부는 기독교도들이 원주민을 깔보고 노예로 삼기에 딱 알맞다고 여겼음을 지적한다. "[원주민] 자신들이 동물인지 영혼을 가진 존재인지 잘 모르기 때문이었다"(Turner 1986: 142쪽). 이런 사례를 단순한 분류의 오류로 여긴다면 그 바탕에 깔린 정치학이 이성과 정신과 영혼을 식민주의자의 영역으로 구축하고 지배를 이성과 자연이라는 기본 개념 안에 끼워넣는 방식을 보지 못하게 된다. 서구 문화는 바로 이런 틀로 세계를 파악했다.

태즈메이니아와 억압의 네트워크

오스트레일리아 대륙에서 목격된 첫 번째 축적 형태인 태즈메이니아의 바다표범 어업 사례는 이 이데올로기와 이것이 연결된 억압들과 갖는 실제적인 상관관계를 모두 보여준다. 오스트레일리아로 유형당한 죄수, 침략을 당한 원주민, 이러한 인간 억압 과정에 부채질을 한 바다표범과 고래의 역사는 이데올로기적 차원과 물질적 차원에서 공히 서로 엮여 있다. 유형 제도는 기존의 장기적인 축적 과정의 산물인 영국의 계급·소유 구조의 극도로 억압적인 내부 질서를 유지하는 데 기여했다. 그리고 바다표범과 고래 도살은 죄수 이송 산업에 연료와 기름, 상업적 기반을 제공했다.

1700년대에 배스 해협Bass Strait과 태즈메이니아의 섬들에 살던 바다표범은 수십 만 마리였다. 오스트레일리아의 첫 번째 수출산업이 1798년에 최초로 바다표범 사냥 원정에 나선 이래 불과 8년 만에 바다표범 수가 상업적 포획을 감당하지 못할 수준으로 떨어졌다. 바다표범이 고갈될 때마다 사냥꾼들은 다른 주나 뉴질랜드 등지로 옮겨 갔다. 사냥꾼들은 크기며 나이에 상관없이 뭍가로 나오는 바다표범을 몽둥이나 칼로 잡았고, 번식지를 서슴없이 파괴했다. 코끼리바다표범 같은 일부 종은 당시 지역에서 완전히 사라졌다가 이제야 오스트레일리아 연안에 돌아오고 있다. 윌리엄 콜린스William Collins가 더원트Derwent(당시 더원트에서는 한창때에 고래가 워낙 많아서 선박과 충돌하는 사건이 골칫거리였다고 한다)에 고래 사냥 기지를 세운 1806년부터 고래들도 바다표범과 똑같은 운명에 처했다. 오늘날 전 세계적인 희귀종인 남방긴수염고래 암컷들이 출산을 위해 만에 들어오는 족족 새끼들과 함께 도살되었다. 불과 수십 년 만에 포경업자들은 남방긴수염고래를 지역에서 절멸시켰다고 자랑할 수 있었다. 포경업은 뉴질랜드로 진출해서 똑같은 과정을 되풀이했다.

죄수들을 실어나르던 선박들이 바다표범이나 고래 사냥에 나섰고, 선창에 기름이나 가죽을 가득 채운 채 '문명' 세계로 돌아왔다. 뒤이어 탈주 죄수들과 병사들은 이 산업들의 돈벌이에 톡톡히 기여하는 비정하고 지독한 노동자 집단으로 변신했고, 멸시받는 원주민을 일소하는 데 이바지했다. 1824년에 『호바트타운 가제트Hobart Town Gazette』에서 "세계에서 가장 평화로운 동물"이라고 묘사한 종자들이었다. 이 산업은 수많은 원주민 여성을 납치해서 노예로 삼는 일에도 나섰다. 사로잡힌 원주민 여성들은 학대와 강간을 당했고, 원주민 남성과 아이들은 살해되었다. 태즈메이니아 원주민은 백인들이 정착하는 범위를 따라 거의 절멸되었다. 오늘날 조상을 공유하는 서로 다른 집단으로 살아남은 원주민들은 원주민 정체성을 주장하면서도 전통적인 문화와 땅은 거의 갖고 있지 않다.

이런 공통된 억압 관행을 연결하는 이데올로기는 '자연' 질서의 열등함을 강조했다. 자연은 야만적이고 이질적이며 동물적인 것이자 수동적이고 여성적인 것으로 해석되었다. 자연은 진정한 인간 영역과 대조되었다. 인간 영역은 가부장적이고 유럽 중심적이며 육체를 혐오하는 이성과 '문명' 개념으로 특징지어졌고, '자연'과 가장 멀리 떨어진 곳이었다. 원주민들은 이런 열등한 질서의 일부로서, 문화가 없는 '자연 상태'에 존재하는 것으로 여겨졌다. 1770년에 어드벤처만Adventure Bay에서 제임스 쿡James Cook 선장은 원주민들은 "숲속의 짐승들처럼 살았다"고 썼다. 원주민들은 "사회 질서의 원칙이라고는 전혀 모르는 이방인들"이었다(Bonwick 1870). 초창기의 신문 보도들은 원주민들이 옷을 입지 않으며, "정숙한 사람이라면 마땅히 감춰야 하는 부분"까지도 고스란히 드러내는 성향이 있다고 일관되게 역설했다. 의복을 문명과 문화의 징표로 해석하는 곳에서 나체란 문화가 없는 동물 상태, 즉 육체로 축소된 상태의 증거다. 자연, 이성, 문명의 이데올로기 덕분에 같은 인간으로서의 유사성을 부정하고, 열등한 자연 영역의 일부로 분류된 이들을 무자비하게 착취해도 되는 존재로 여길 수 있었다. 이런 이데올로기에서 보자면, 원주민들의 나체와 원주민 생활의 기술 경제는 그들을 온전한 인간이 아니라 자연영역의 일부로 보고 바다표범과 동일한 방식으로 다뤄도 됨을 의미했다.

자연과 주인 없는 땅

이런 이데올로기는 태즈메이니아 원주민의 절멸뿐만 아니라 '주인 없는 땅terra nullius'이라는 규정 아래 오스트레일리아를 병합하는 철학적 토대로도 작용했다. 바로 얼마 전까지도 버젓이 오스트레일리아 사람들이 살던 곳이 순식간에 주인 없는 땅이 된 것이다.* '주인 없는 땅' 교의는 사람이 살지 않는 곳으로 분류된 땅을 아무 조약도

---

* 백인 정치 지도자들은 오스트레일리아 고등법원이 '마보 사건Mabo Case'(3/6/92)에 대해 내린 판결을 원주민에게 가해진 식민주의적 소유권 박탈을 종식시킨 결정이라고 환영했지만, 여러 이유로 볼 때 이런 주장은 신중하게 받아들여야 한다. Pitty 1992; Reynolds 1992 등을 보라.

없이 병합하는 근거를 제공했다. 오스트레일리아뿐만 아니라 아프리카 여러 지역에서도 이 교의를 활용해 그 땅에 사는 사람들을 인간 이하의 존재로 분류했으며 유럽인들의 기록에서 그들의 저항과 투쟁의 역사를 지워버렸다. '자연' 범주는 무엇보다도 정치적인 범주였다. 자연 범주에 속하게 되면 그 주민들은 인정하고 존중해야 할 타자로 여겨지지 않았고, 권리를 존중할 필요가 없는 대상으로 전락했으며, 식민지 개척자의 권리에 어떤 제한도 가할 수 없었다. 오늘날에도 자연 범주는 인간과 비인간 영역 모두에서 억압을 정당화하는 기능을 한다.

이런 연결은 역사적으로 진기한 사건에 불과한 것이 아니다. 오스트레일리아를 비롯해서 세계 많은 지역의 원주민들은 여전히 이와 동일한 이데올로기 아래에서 열등한 존재로 취급받고 살해당하며 생활수단에 대한 접근권을 박탈당한다.* 태즈메이니아에서도 지금은 바다표범이 법적으로 '보호받고' 있지만, 대량 살육은 여전히 계속된다.** 포유동물의 번식지를 조직적으로 파괴하고 새끼를 낳는 현장에서 고래와 바다표범을 살육하는 행위의 바탕에는 인간도 생명과 재생산 과정에 의존한다는 사실을 부정하고 이 과정을 경멸하는

---

* 수많은 보도와 조사가 이루어졌음에도 불구하고 경찰에 구금된 상태에서 오스트레일리아 원주민이 사망하는 사건은 여전히 매우 높은 수준이며 일부 주에서는 계속 증가하고 있다. 이에 관한 자세한 설명은 Langford 1988: 256~258쪽을 보라.

** Darby 1991을 보라. 해마다 태즈메이니아 어업에 의해 3,000마리의 바다표범이 죽음을 맞는다. 그중 많은 수는 군집 지역 전체를 쓸어버리는 마초식 총격전에 희생된다. 다른 바다표범들은 훨씬 더 잔인하게 죽어간다. 장난을 좋아하는 성격 탓에 플라스틱 미끼 포장재에 뒤엉키거나 배에서 버린 그물에 걸리는 것이다. 현대 산업은 온갖 종류의 플라스틱 쓰레기를 방출하는데, 이는 멀리 떨어진 해안에서도 발견된다. 이런 쓰레기야말로 해양 생물의 학살자다.

태도가 자리 잡고 있다. 인간을 자연의 외부로 여기고 자연을 무한한 공급자로 간주하는 인식 밑바탕에 도사리고 있는 것이 바로 이런 태도다. 지속 가능성 문제의 핵심에는 비인간 생물, 육체, 여성 노동, 재생산 등의 영역에 대한 의존을 부정하는 이런 서구의 정복자 의식이 있다. 자연에 대한 이성의 우위를 선언하는 낙관주의 이데올로기는 장소가 바뀌어도 정치색은 바뀌지 않는다. 오늘날 이 이데올로기는 가난한 사람들의 운명을 자연화한다. 어린애처럼 선견지명이 없고, 동물처럼 미래의 만족을 위해 인내할 줄을 모르며, 학력 등의 자격이 부족하거나 합리적인 자기 개발을 충분히 하지 않는 빈민들은 이성과 거리가 먼 자연으로 여겨진다(Ehrenreich 1989). 억압의 네트워크는 과거에서 현재까지 확대된다.

협동적 운동 전략: 방법론과 정치학

유연한 공동의 이데올로기와 정체성 구조에 의해 연결된, 한데 맞물린 복수의 지배 형태의 네트워크로서 억압을 파악하면 수많은 새로운 방법론적 딜레마가 제기되며, 해방운동에 많은 조정이 필요하다. 관련된 비판들을 단순히 합산해서는 안 된다. 많은 불일치가 존재하기 때문이다. 가령 저항 투쟁에 얼마나 많은 운동이 포함된다고 말해야 할까? 하나일까 여럿일까? 하나/다수 딜레마에 대한 각각의 대답마다 문제가 있다.

억압의 복수성을 다루는 한 방법은 각각의 억압에 모든 억압이 포함된다고 말하는 것이다―이를테면 페미니즘은 모든 억압 형태를 종식시키기 위한 운동으로 보아야 한다(Warren 1987: 133쪽). 그러나 하나의 거대한 운동이라는 바다 속에 모든 운동이 분간이 되지 않을 정도로 뒤섞인다는 대양적 관점oceanic view으로 이해해서는 안 된다. 가령 일차적으로 여성 억압에 관심을 기울이는 자율적인 여성운동(또는 다른 어떤 자율적인 운동)이 있어서는 안 되고 있을 수도 없다고 보아서는 안 된다. 여성 억압의 특수성과 생생한 경험과 관련된 설명의 필요성을 부정한다면, 또는 운동들 사이에 지향점이 서로 다르거나 이해의 충돌(가령 종족, 인종, 성적 억압)이 생겨날 가능성을 부정한다면, 문제가 생길 게 분명하다. 또한 여러 투쟁이 공통된 기원이나 적, 개념 구조를 가진다 할지라도, 그렇다고 해서 당연히 동일한 투쟁이 되는 것은 아니다. 여성운동은 특히 여성들의 투쟁이 다른 운동의 투쟁에 휘말려 사라질 수도 있다고 의심할 만한 역사적인 이유가 충분히 있으며, 운동의 자율성과 독자적인 정체성이 중요함을 주장하고자 했다. 그리고 만약 지나치게 협소하고, 한데 맞물린 체제의 작은 부분만을 겨냥하는 투쟁이 실패할 게 빤하다면, 지나치게 폭넓고 개인의 경험에 바탕을 두지 않으며 뚜렷한 초점이 없는 투쟁 또한 실패할 것이다. 다른 한편으로 여성운동을 다른 투쟁과 고립된 것으로 보는 태도도 문제다. 여성들이 평등을 위해 싸울 수 있는 중립적이고 정치와 무관한 사회나 인간 개념이란 존재하지 않으며, 오로지 남성적이기만 한 순수하고 절대적인 지배 형태도 없다. 여성들은 여러 가지 방식으로, 이런저런 종류의 여성으로서 억압당하기 때문에, 대다수 여성을 위한 투쟁은 필연적으로 다른 투쟁과 연결된다(Spelman 1988).

해방 투쟁을 단지 우연히 잠시 연결되는, 변하기 쉬운 복수성으로 볼 것인가(포스트구조주의의 시각), 아니면 한 덩어리의 획일적이고 통일된 체계로 볼 것인가 하는 선택지를 설정하면 딜레마가 생겨난다. 그러나 이 구조를 복수이면서도 통일된 것으로 볼 이유가 있다면, 이 두 측면을 모두 인정하지 않는 모델은 왜곡을 하는 셈이다. 이런 하나/다수의 딜레마를 피하는 게 가능하다. 이 억압 형태들이 매우 밀접하게, 본질적으로 연결되며, 함께 작용하여 일정한 구별과 차별성을 가진 하나의 단일 체계를 형성한다고 보면 된다. 하나/다수의 딜레마에서 벗어날 수 있게 해주는 하나의 작동 모델은 여러 억압이 하나의 네트워크나 그물망을 형성한다고 보는 것이다. 그물망에는 하나와 다수, 구별되는 초점과 경향이 각 부분이 독립적으로 움직일 수 있는 공간과 더불어 모두 존재하지만, 통일된 전체적인 작동 방식은 하나의 단일한 체계를 형성한다.*

일부 페미니스트들이 이른바 자본주의와 가부장제의 '이중체계론'에 대해 제기한 반대(Young 1980; Mies 1986; 38쪽)는 구조의 차별화된 측면보다는 그물망의 코와 통일된 기능에 초점을 맞춘다. 또한 억압 형태들이 서로 연결되어 있기 때문에 이 억압들이 하나의 상호 지원하는 체계를 형성한다고 보아야 한다. 대양적 관점에 불리한 고려 사항들은 이 억압들이 차별화된 체계를 형성하는 것으로 보아야 할 이유를 제공한다. 그물망의 경우처럼, 각각의 부분을 함께 그리고 따

---

* 그물망 비유는 "인종주의, 성차별주의, 계급 착취, 생태계 파괴 등은 가부장제 구조가 의존하는 맞물린 기둥을 형성한다"(Sheila Collins. Warren 1987: 7쪽에서 재인용)는 말에서처럼 일부 페미니스트들이 사용하는 기둥 비유에 대한 대안이다. 또 다른 비유는 펄먼(Perlman 1983)이 사용하는 신체의 비유다. 다른 모델에 관해서는 Albert et al. 1986을 보라. 그물망 모델은 물론 푸코(Foucault 1980: 234쪽)가 제시한 것이다. 최근에 하트삭(Hartsock 1990)은 푸코의 모델을 비판한 바 있다.

로따로 초점을 맞출 수 있고 또 그래야 한다. 페미니즘은 구별된 정체성을 유지하면서도 더 넓은 투쟁과 반드시 중첩되고 거기에 참여한다고 보는 벨 훅스의 관점은 그물망 같은 억압의 성격에 함축된 정치학을 포착한다. 그리고 정체성 정치의 요구와, 억압의 연결된 성격에서 기인하는 연결된 저항의 요구 사이에서 균형을 잡을 수 있게 해준다(hooks 1989: 22쪽).

해방과 그물망

억압이 그물망을 형성한다면, 그것은 오늘날 지구 전체를 에워싸고 별들에까지 손을 뻗치기 시작하는 그물망이다. 세계의 점점 더 많은 지역이 전 지구적 시장 체계에 통합되고 이 체계가 전 지구적 문화에 미치는 영향력에 휘말림에 따라 이 그물망의 가닥은 어느 때보다 더욱 탄탄해지고 생명에 해를 끼친다. 이런 그물망에 대처하기 위한 방법론과 전략에서는 그물망이 하나로 연결되어 있고 각 부분이 독자적으로 움직일 수 있다는 사실을 고려하는 게 중요하다. 다음과 같은 식으로 말할 수 있는 경우는 거의 없다. "일단 이 부분을 잘라내서 이 문제를 해결했으니까 나머지는 저절로 따라올 것이고 다른 억압 형태들은 사라질 것이다." 그물망 구조의 국지적인 부분에 손상을 가한다 해도 그물망은 계속해서 기능하고 스스로 구멍을 메울 수 있다. 일부분이 마찰을 일으키고 일정한 시간 동안 반대 방향으로 움직일 수도 있다.

이런 그물망을 다루는 전략을 위해서는 협동, 즉 정치적 연합의 형성이 필요하다. 협동적 운동 전략은 이론과 행동 모두에 대해 방법론적 원칙을 제시한다. 전략이나 이론적 발전 가능성을 선택할 수 있고 다른 조건은 동일하다면, 이런 폭넓게 연결된 목표들을 고려하거나 장려하는 전략과 이론적 발전을 우선 검토해야 한다. 협동 전략의 최소한의 원칙을 이렇게 정할 수 있다. 그러나 오늘날 녹색 이론의 주요 흐름인 사회생태론과 근본생태론은 이런 최소한의 원칙을 고수하지 못한다.

따라서 근본생태론은 훌륭한 동반자가 될 수 있는 페미니즘 같은 다양한 급진운동보다 미국의 자연 신비주의나 불교 같은 동양의 종교 전통과 손잡는 쪽을 선택했다. 다른 글에서 나는 근본생태론이 생태적 자아ecological self에 대해 전일적holistic이고 확장적이며 초개인적이라고 여러 가지 설명을 제시하는데, 생태철학의 관점에서 보나 다른 운동의 관점에서 보나 이 모든 설명이 문제적이라고 주장한 바 있다 (Plumwood 1991). 근본생태론은 다른 운동들을 위해 적절한 연결의 기초를 형성하는 관계론적 자아라는 다른 설명으로 생태적 자아를 설명할 수도 있었다. 사회생태론자들은 이런 선택에 내재된 일부 정치적 함의를 올바르게 지적했다. 급진운동 및 전통과의 연결에서 떨어져 나가서 환경 문제에 우연적으로만 연결되는 것으로 간주되는 운동과 전통으로 나아간 것이다.

현재 우리가 처한 상황에서 희망을 가질 이유가 있다면, 주로 이런 점에 있을 것이다. 지금 우리는 한층 더 완전하고 연결된 방식으로 지배의 그물망을 이해할 수 있으며, 따라서 훨씬 더 포괄적이고 연결된 방식으로 저항을 실천할 수 있다. 역사의 이 시점에서 특히 중요한 사실은 사상 처음으로 그물망의 전 지구적 권력이 인간과 생물의 생존 자체를 동시에 위협할 뿐만 아니라 그물망 조직의 몇몇 필수적인 부분들이 처음으로 의식적이고 자기 성찰적인 폭넓은 저항의 주체로 부상한다는 점이다. 이 공통된 구조와 이성과 자연의 이데올로기를 이해하면 저항의 이론과 실천을 위한 더 폭넓고 깊고 완전한 토대를 제공할 뿐만 아니라 몇몇 결정적인 연결고리를 메우는 데에도 도움이 될 것이다.

그물망의 권력을 깨뜨리고자 하는 우리는 마르크스주의 같은 과거의 저항 이론들을 활발하게 비판해야 한다. 과거의 이론들은 권력의 그물망을 불완전하고 환원주의적이며 단편적으로 이해했다. 이 이론들이 이론뿐만 아니라 실천에서도 실패한 이유를 추적해보면 바로 이런 불완전성에 그 기원이 있다. 이런 맹점 때문에 지배는 언제든지 국가와 관료의 폭정이나 성차별주의, 군사주의, 자연에 대한 권력 등 상이하지만 서로 관련된 형태로 자신을 혁신하고 공고히 할 수 있었다. 따라서 많은 급진 이론, 특히 마르크스주의 이론은 여전히 이성과 자연의 이데올로기 안에 갇혀 있다. 생태적 합리주의 같은 오늘날의 녹색 대안들에서도 이런 이데올로기를 찾아볼 수 있다. 물론 그렇다고 해서 급진 전통 전부를 내팽개치고 비정치적이거나 신비적인 전통으로 고개를 돌려야 한다는 것은 아니다. 급진 전통이 부분적이고 한계가 있음을 이해해야 하는 것이다. 여러 세기에 걸쳐 갖가지 급진 전통이 다룬 인간 불평등과 위계의 문제는 사라지지 않았으며, 어느 때보다도 더욱 불길하고 새로운 '환경' 문제의 형태를 띠고 있다. 급진 전통이 품은 인간 평등의 전망과 오랜 역사에 걸쳐 발휘해온 거대한 창의적·지적 에너지 덕분에 모든 민족(과 식물과 새와 동물)이 자유롭게 살아가는 세계에 대한 전망이 형성될 수 있었다. 우리는 과거 급진 전통의 강점과 힘을 인식하는 한편 그에 걸맞게 대대적인 수정과 손질이 필요하다는 사실도 인식해야 하며, 더 나은 세상을 만들어야 한다.

34

여성과 제3세계
: 차이의 위험성을 탐구하다[*]

미라 난다Meera Nanda
인도의 작가, 역사가, 과학철학자. 자와할랄네루대학 객원연구원을 역임했으며 『뒤를 보는 예언자들: 인도 포스트모더니즘의 과학과 힌두 민족주의 비판Prophets Facing Backward: Postmodern Critiques of Science and Hindu Nationalism in India』, 『신 시장The God Market』 등의 저서가 있다.

샤시 타루르Shashi Tharoor의 1998년 저서 『인도: 자정에서 새천년으로India: From Midnight to the Millennium』에 나오는 실화에서 시작해보자. 책의 한 부분에서 뭄바이의 상층 카스트 출신으로 자유주의 좌파 도시인인 샤시는 케랄라주의 작은 마을 출신 달리트**인 찰리스Charlis와 대화를 나눈다. 두 사람은 샤시가 조상 대대로 살던 마을에서 어린 시절에 만난 이래로 서로 알고 지낸 사이다. 샤시는 전통과 카스트에 사로잡혀 찰리스를 놀이에 끼워주지 않은 사촌들에 대한 반발심에서 이 불가촉민 소년과 친구가 되었다. 이 대화를 할 무렵 샤시는 영어를 사용하는 델리의 엘리트 대학에 다니고 있었고, 뒤이어 미국과 유엔으로 진출했다(유엔에서는 코피 아난Kofi Annan 사무총장실의 고위 관리로 일하게 된다). 찰리스는 자립적으로 살고 있었다. 학교를 계속 다니기로 결심한 찰리스는 마을 근처의 지방 대학에 입학했다. 자기가 속한 공동체에서는 처음으로 대학에 간 것이다. 두 사람의 대화는 러디어드 키플링Rudyard Kipling과 그가 창조한 두 캐릭터를 언급한다.

---

* [옮긴이주] 이 글의 원문에는 주석이 있는데 주석의 위치는 표시되어 있지 않다. 처음 발표된 저널인 *New Politics*, vol. 7, no. 2, 1999를 확인해보았으나 똑같은 착오가 있었고, 먼슬리리뷰 출판사를 통해 필자인 미라 난다에게도 문의했으나 자신도 원본을 갖고 있지 않아 도움을 줄 수 없다는 답변을 들었다. 이 글의 주석 위치는 모두 옮긴이가 찾거나 짐작해서 붙인 것이며, 따라서 잘못된 경우에는 옮긴이의 책임이다.

** 달리트는 인도 '불가촉민' 카스트들이 스스로 선택한 명칭이다. '달리트'라는 말은 '짓밟힌 자들'이나 '억눌린 자들'이라는 뜻이다.

"대령 부인도 주디 오그레이디도 한 꺼풀 벗기면 자매니!—러디어드 키플링" 찰리스가 한순간 낭독을 하고는 한마디 덧붙인다. "그런데 발음이 맞나?"

"러디어드, 루디어드, 글쎄 나도 모르겠네. 그런데 알 게 뭐람. 그 자식은 아무짝에도 쓸모없는 케케묵은 제국주의자인 걸. 그 자식이 쓴 게 지금 우리하고 무슨 상관이 있나? 독립된 인도하고 말이야."

찰리스가 놀란 눈으로 쳐다보더니 슬쩍 눈길을 피했다. 그러고는 다정하게 물었다. "하지만 우리는 말이야, 우리는 한 꺼풀 벗기면 형제 아닌가?"

"물론이지." 너무 성급하다 싶게 내가 대답했다. 그런데 이제는 내가 그와 눈을 마주칠 수 없었다.

단지 백인 남성이라는 이유로 과대평가된 유명인들의 시, 상층 카스트인 샤시 입에서 나오는 "아무짝에도 쓸모없는 제국주의자"라는 말. 평등주의를 단언하는 불가촉민 찰리스. 이 대화는 근대와 발전을 비판하는 포스트콜로니얼 비평가들과, 그들이 대신해서 발언한다고 주장하는 여성들 사이의 분리를 여실히 보여준다.

나는 포스트콜로니얼 세계 출신이거나 그 안에 있는 지식인들의 폭넓은 부류를 대표하는 대역으로서 샤시 타루르를 다룰 것이다. 서구에 대해 무척 친밀하면서도 '노'라고 말해야 한다고 느끼는, 또는 적어도 근본적으로 다른 가정을 가지고 서구에 접근해야 한다고 느끼는 이들 말이다. 발전의 범위가 제한되고 불균등한 상황에서 이 지식인들은 자신이 현대 과학 지식과 현대식 제도에 접근할 수 있는 상황을 현대와 거리가 먼 대중의 생활 세계로부터 자신이 소외되는 원천으로 보기에 이르렀다. 고뇌에 사로잡힌 이 지식인들은 대중이 공유하는 상징과 신화에서 유래한 대중적인 언어로 말하고자 필사적으로 노력할 뿐만 아니라 이런 언어가 다른 과학과 다른 제도, 그리고 전혀 다른 존재 양식을 위한 본보기를 제공할 수 있다고 믿는다. 이런 차이는 자본주의와 사회주의 모두에 대한 대안의 온상으로 평가된다.

그런데 찰리스의 경우는 어떨까? 과대평가된 백인 유명인들의 표현에 열정적으로 몰두하는 찰리스의 태도로 판단해보건대, 그가 근본적인 차이를 가정하고 백인들의 언어에 접근하는 게 아님은 분명하다. 오히려 그 반대다. 찰리스는 백인들의 언어에서 자신이 상층 카스트로부터 평생 겪은 차별에 맞서 싸울 수 있는 지적 자원을 발견한다. '제3세계의 차이'를 구원의 원천으로 여기는 포스트콜로니얼 지식인들과 정반대로, '서발턴 찰리스Charlis-the-subaltern'는 차이를 확인하는 데 전혀 관심이 없다. **찰리스는 차이를 아예 없애버리고 싶어한다.** 어쨌든 찰리스의 상상력을 사로잡은 건 동양과 서양이 만날 수 없다고 단언한 키플링이 아니라 "한 꺼풀 벗기면 자매"라고 선언한 키플링이다.

나는 이 만남에서 가장 묘한 점을 탐구해보고자 한다. 포스트콜로니얼 지식인은 서발턴이라는 이름으로 서구와 근본적인 차이를 가정하는 것을 정당화한다. 그런데 찰리스를 길잡이 삼아 보면 서발턴은 서구에 대해 보편주의를 가정하는 것처럼 보인다. 따라서 우리가 던져야 할 질문은 간단하다. 차이의 담론은 제3세계 사회에서 실제로 어떻게 펼쳐지는가? 우리는 서발턴들이 '그들 고유의' 지역적 지식을 끌어안는 것에 동의한다고 단순하게 가정할 수 있을까? 낸시 프레이저Nancy Fraser의 질문을 빌려오자면, 비서구, 비현대의 차이를 인정하기 위한 싸움이 이 사회들에서 경제·문화 권력의 **재분배**를 가져오는 데 도움이 될 거라고 가정할 수 있을까?[1]

　내가 태어난 인도에 국한해서 세 가지 사례 연구를 검토해보고자 한다. 첫 번째는 최근에 자기 삶을 일인칭 시점으로 서술한 책을 펴낸 주목할 만한 달리트 여성 비라마Viramma의 사례다.[2] 여기서 우리는 비라마와 서구 여성 또는 서구화된 인도 여성 사이의 차이가 얼마나 큰가를 묻는다. 수전 몰러 오킨Susan Moller Okin이 확인한 것처럼, 비라마는 "우리와 비슷한 정도를 넘어서 흡사"할까?[3] 또는 찬드라 탈파드 모한티와 프레드릭 마글린Frederique Marglin이 각각 주장한 것처럼, 비라마와 서구 여성들이 공통의 지식과 욕구를 가진다는 가정은 결국 '추론적 식민화discursive colonization'나 '페미니즘식 오리엔탈리즘feminist Orientalism'이 되는 걸까?[4] 다음 두 사례는 서발턴으로부터 지식인들과 그들의 위임 행위와 생략 행위로 옮겨 간다. 위임 행위 문제는 그 유명한 반다나 시바Vandana Shiva가 만들어낸 제3세계 에코페미니즘에 관한 주장과 관련된다. 나는 정말로 누가 프라크리티prakriti['물질'이나 '자연'을 가리킨다]나 샥티Shakti['우주의 여성적 창조력'을 가리킨다] 같은 시바가 말하는 신新힌두교 개념들을 요구하는지 묻고 싶다. 비라마 같은 서발턴 여성들일까, 아니면 이 여성들을 착취하는 상층 카스트 지주들일까? 나는 에코페미니즘은 비라마 같은 여성들에게 힘을 실어주기는커녕 잉여 농산물을 생산하는 지주 농민들을 결집시키는 이데올로기로 기능하기에 이르렀다고 주장할 것이다. 마지막으로, 차이 지향적 이론가들의 생략 행위에 관해서는 『베일 쓴 여성들The Veiled Women』이라는 제목이 붙은 프렘 초드리Prem Chowdhry

의 연구를 살펴보고자 한다.[5] 이 책은 현대 기술 **자체**를 근본적으로 가부장적이라고 비난하는 모든 이들에게 교훈담을 제공한다. 초드리는 과거에 존재한, 종교·문화에 의해 신성시된 가부장적 교섭이 어떻게 사적 가부장제에서 공적 가부장제로의 변화—녹색혁명에 의해 가능해진—에 담긴 해방적 측면을 말 그대로 흡수하고 있는지를 보여준다.

그러나 사례 연구를 진행하기에 앞서 내가 대화를 나눌 사람들이 정확히 어떤 이들이며 그들의 발전 비판에서 내가 관심 있는 부분이 어느 지점인지를 명확히 할 필요가 있다. 포스트콜로니얼 지식인들을 서구에 '노'라고 말하는 이들로 정의하는 것은 지나치게 포괄적인 규정이다. 서구의 특정한 경제·정치 정책에 '노'라고 말하는 사람들이 있으며, 자본주의하에서 진행되는 발전의 불균등하고 착취적인 양식을 우려하는 이들도 많다.[6] 이런 비평가들에 관해서는 나 자신도 거기에 속한다는 말 말고는 달리 할 말이 없다. 내가 걱정하는 것은 강한 의미의 포스트콜로니얼 비평가나 포스트발전 비평가에 국한된다. 즉 포스트계몽주의 세계관을 가지고 발전 문제를 고민하는 이들 말이다. 여기에는 매우 다른 이론적 지향을 가진 비평가들이 포함된다. 아시스 난디Ashis Nandy, 반다나 시바, 클로드 알바레스Claude Alvares 같은 간디식 공동체주의자, 아르투로 에스코바르Arturo Escobar[7] 같은 푸코주의자, 프레드릭 마글린·스티븐 A. 마글린Stephen A. Marglin 부부[8] 같은 종족사회학자, 제인 파파트Jane Parpart, 메리앤 머천드Marianne Marchand, 미투 허시만Mitu Hirschman, 그리고 페미니즘의 차이 이론에 크게 영향을 받은 듯 보이는 기타 초드리Geeta Chowdhry 같은 페미니즘 비평가[9] 등이 그들이다. 이 비평가들은 발전을 비서구인들에 대한 실제적·상징적 폭력의 원천으로 본다. 폭력은 비서구인들을 발전이란 무엇인가에 관한 문화적으로 낯설고 자종족 중심적이며 식민적인 상상에 종속시키는 데서 비롯한다. 비서구인들의 삶과 공동체를 서구의 규범으로 평가하도록 강요하고, 이 과정에서 좋은 사회에 관한 그들 나름의 규범을 침묵시키는 것도 폭력의 원천이다.

이런 상징적 폭력의 원천, 또는 로지 브라이도티Rosi Braidotti와 그의 동료들이 쓰는 표현대로 하자면 "위기의 원동력"은 근대 과학 자체다.[10] 이 비평가들의 주장에 따르면, 과학적 합리성은 객관적이고 보편타당한 지식이라는 주장 이면에 유럽 중심적이고 가부장적인 이해관계를 숨겨왔다. 제국주의의 이해관계를 동력으로 삼아 그릇된 객관성 주장에 편승한 근대 과학은 합리적이고 객관적인 것의 규범으로 확고한 위치를 차지해왔다. 세계를 파악하는 다른 모든 방식은 정당성을 잃었다. 포스트발전주의 비평가들은 이런저런 발전 정책의 실행을 개선할 것을 요구하는 게 아니라 발전 규범 자체를 다원화할 것을, 비서구인들이 그들 고유의 문화에 토대를 둔 개념 범주 안에서 발전을 정의하도록 하고 그들 고유의 토착 과학과 기술을 통해 이런 요구를 충족시킬 것을 요구한다.

나는 토착 문화 담론을 활용해서 더욱 참여적이고 평등주의적인 근대화를 가능케 하고 장려한다는 사고를 환영해 마지않는다. 그러나 포스트발전주의 담론에서 발견되는 것과 같은 강조는 이와 같은 전략적인 문화 활용을 넘어서며, 근대화되는 사회에서 기존 문화의 개념적·상징적 재현을 발전의 궁극적이고 환원 불가능한 힘으로 간주하는 문화주의에 가깝다.[11] 정반대의 주장에도 불구하고, 나는 포스트발전주의 담론에서 발견되는 식의 문화주의가 비서구 문화를 서구의 '타자'로 설정하는 한편, 이런 문화 전통에 실체(종종 매우 억압적이고 자유롭지 않은 실체)를 부여하는 내용과 현실적인 실천을 검토하지 않음으로써 비서구 문화를 물화reify한다고 생각한다. 비서구 문화에 대한 포스트발전주의의 관념은 서구 지식인들(과 그들과 손잡은 제3세계의 '반제국주의' 문화민족주의자들)의 이데올로기적 요구에 의해 만들어진다. 과도하게 합리적이고 일차원적인 자신들의 과학만능주의 문화에 비판적인 힘을 다른 문화에 부여하고자 하는 요구 말이다. 서구 지식인들의 이런 근본적인 타문화 선호 때문에 비서구 문화를 비판적으로 평가할 수 있는 이론적 여지는 훼손되거나 적어도 최소화된다.

여기서 잠시 샤시와 찰리스의 대화로 돌아가보자. 포스트발전주의 비평가들은 합리성 자체에 대해 근본적인 차이를 가정한다. 샌드라 하딩이 『과학은 다문화적인가?Is Science Multicultural?』[12]에서 선언한 것처럼, 또는 마셜 살린스Marshall Sahlins가 『원주민은 어떻게 사고하는가?How Native Think?』에서 결론을 내리거나 이 두 사람보다 훨씬 앞서 아시스 난디가 『친밀한 적Intimate Enemy』에서 말한 것처럼, 무엇이 합리적이고 확실하며 진실인가에 관한 규범은 "서로 다른 문화에 특유한 문화적 유산에 의해 구성된다." 그렇다면 우리는 이런 질문을 던져볼 수 있다. 찰리스라면 뭐라고 말할까? **찰리스**는 무엇이 합리적인가에 관한 자기 나름의 정의를 재발견하게 되어 만족할까? 더 중요하게는, 그 나름의 문화적으로 구성된 합리성은 근대 과학의 합리성과 크게 다를까? 근대 과학에 의해 침해당하고 침묵을 강요당한다고 느낄 만큼? 찰리스는 과연 자기 지방의 압제자들에 맞선 싸움에서 근대 과학의 합리성과 세계관을 적으로 볼까, 아니면 동맹자로 볼까?

여기서 과학적 합리성에 관한 폭넓은 논쟁을 고찰하는 게 유용할 것이다. 포스트발전 담론의 문화주의는 스스로를 정당화하기 위해 "다른 문화, 다른 합리성, 다른 과학"의 사고를 활용하기 때문이다. 과학의 거짓 객관성에 맞서 '강한 객관성strong objectivity'*을 얻기 위해서─찰리스만이 아니라─우리 모두 찰리스의 합리성 기준을 택해야 한다는 주장을 가장 강하게 펼친 것은 샌드라 하딩이다. 최근작인 『과학은 다문화적인가?』에서 하딩은 입장의 인식론을 포스트콜로니얼리즘 문제로 확장한다. 하딩은 "근대 과학은 다른 문화들의 체계적인 지식의 전통과 인식론적으로 동등하다"고 강조한다. "양자는 모두 토착적인 지식 체계다. 모두 각각의 토착적인 문화에 의해 완전히 구성되기 때문이다. 따라서 보편타당하면서도 문화적으로 구별되는 과학들이 다수 존재할 수 있다." 나아가 하딩은 서로 다른 문화들의 구별되는 과학은 결국에 하나로 맞춰지는 퍼즐의 일부분이 아니라 "근본적으로 호환 불가능한 지식 주장들로서 각 문화의 독자적인 담론 유산에 의해 형성된 상이한 규범을 암호화한다"고 주장한다. 하딩 혼자서 이런 주장을 펼치는 것은 아니다. 오늘날 문화·사회적 과학구성주의 연구의 중심 내용은 이와 비슷한 주장으로 점철되어 있다.[13]

이 글은 과학철학을 다루는 것이 아니므로 하딩의 주장을 계속해서 반박할 생각은 없다.[14] 다만 합리성 규범 자체가 문화적으로 구성

---

* [옮긴이주] 하딩은 근대 과학이 연구 과정의 과학적 절차를 기준으로 객관성을 평가한다고 본다. 하딩이 보기에 이런 객관성은 약한 객관성이며, 연구 가설과 가설의 배경을 이루는 문화적 신념들도 조사의 대상에 포함해서 연구의 객관성을 최대화하면 강한 객관성을 얻을 수 있다.

된다는 이 명제에서 우려되는 바를 지적하고자 한다. **합리성과 지식이 전적으로 문화에 의해 구성된다고 보면 문화는 이성에 의한 비판 영역을 벗어나게 된다.** 만약 탐구 과정에서 우리가 물려받은 문화 범주를 절대 넘어서거나 반박할 수 없다면, 이 범주와 어떻게 비판적인 거리를 둘 수 있겠는가? 물론 하딩이나 도나 해러웨이를 비롯한 이들은 우리가 의도적으로 약자의 입장을 택함으로써 물려받은 문화적 가정들을 넘어설 **수 있다**고 말할 것이다. 약자들은 가치 중립성이나 객관성을 필요로 하지 않는다. 이런 것들은 어쨌든 서구의 문화적 가치다. 약자들은 자기 고유의 문화에 새겨진 가정들을 바탕으로 한 탐구에 대해 과학의 지위를 주장할 수 있다—이를테면 시바가 주장하는 것처럼 자연을 신성시하거나, 프레드릭 마글린이 주장하는 것처럼 자연적인 것과 초자연적인 것을 동일하게 여기는 것도 과학이 될 수 있다.[15] 이런 토착적인 앎의 방식이 단순한 민간신앙이 아니라 과학으로서 긍정적으로 평가되면, 서발턴과 그 동조자들은 이 앎의 방식을 정당한 합리성의 규범으로 활용하여 이를 잣대로 근대 과학의 가정과 방법, 주장들을 평가할 수 있게 된다. 물론 약자의 입장에서 근대 과학을 바라보면 차이가 드러날 것이다. 그런데 왜 약자가 차이를 낯설고 바람직하지 못하다고 거부할 것이라는 결론이 나올까? 게다가 토착적 입장을 채택하면 약자가 '서구 과학'을 꿰뚫어보는 데 도움이 될 수 있다 할지라도, 이런 입장이 어떻게 종교와 전통에 의해 신성화된 지배 이데올로기를 꿰뚫어보는 데 도움이 될 수 있는가 하는 문제는 여전히 남는다.

토착적 합리성을 피억압자들의 진보적인 입장이라고 강조하는 태도는 피억압자들의 **실제** 운동에 직면하면 무색해진다. 피억압자들의 가장 급진적인 운동은 모두 계몽주의의 방식을 굳건히 고수했다. 암베드카르B. R. Ambedkar의 카스트 철폐 운동을 보라. 간디가 불가촉민들에게 개혁주의적 제안을 한 것과 대조적으로 암베드카르의 운동은 카스트 이데올로기 자체를 근본적으로 공격했다. 암베드카르와 그를 따르는 달리트들은 달리트 카스트의 신화와 기원 서사의 이름이 아니라 과학적으로 얻은 객관적 진리의 이름으로 자연세계에 관한 브라만 계급의 지식에 이의를 제기했다. 학계의 동조자들과 달리, 달리트와 여성에서 배출된 유기적 지식인들—가령 암베드카르나 판디타 라마 바이Pandita Rama Bai 같이 전통적인 힌두 질서에서 최악의 모욕과 격하를 몸소 겪은 사람들—은 달리트나 여성의 입장을 중심으로 대항 헤게모니를 구축하는 데 결코 만족하지 않았다. 암베드카르가 거듭 역설한 것처럼, 카스트를 폐지하기 위해서는 자연의 신성함과 자연적인 것과 초자연적인 것의 연속성을 가정하는 힌두교의 우주론 전체에 도전해야 했다. 바로 이런 '토착 지식'이 업Karma과 카스트의 합리성을 정당화하는 데 사용되었기 때문이다. 요컨대 암베드카르는 하딩과 마글린, 시바 같은 사람들이 피억압자의 입장이라고 보는 신성함과 전체론holism에 관한 문화적 가정들을 **전복**하려는 노력과 달리트의 해방을 연결했다. 암베드카르는 이성과 과학적 태도를 엄격하게 적용하여 **의식을 세속화**할 때만 **변혁**을 가져올 수 있다고 굳게 믿었다. 만약 찰리스가 대다수 진보적 달리트들처럼 암베드카르에 의해 어떤 식으로든 영향을 받았다면, 언젠가는 힌두교의 우주론 대신 근대 과학을 자신의 입장으로 택할 것이라고 장담할 수 있다.

그러면 이제 구체적인 이야기를 해보자. 비라마는 타밀어를 쓰는 60대 달리트 여성으로서 자신과 공동체가 살아온 이야기를 두 민족지학자에게 들려주었다. 두 학자는 이 이야기 전부를 육성 그대로 출간했다. "우리 할아버지는 레디Reddi 카스트의 농노였다"는 첫 문장에서부터 우리는 이 활력 넘치고 생을 사랑하며 빈틈없고 입바른 여성을 만난다. 비라마는 어머니이자 아내이며, 농장 노동자이자 산파이고, 온갖 여신을 모두 믿는 독실한 신자이자 노래하는 가수이며, 종교 축제를 이끄는 주관자다—한마디로 그가 속한 공동체의 기둥이다. 열두 명의 자식 중에 아홉 명을 (충분히 치료할 수 있었던) 전염병으로 잃은, 자기 몫을 훌쩍 넘는 (피할 수도 있었을) 불행을 겪었다는 사실을 감안하면, 삶을 사랑과 웃음과 의미로 가득 채우는 비라마의 능력은 더욱 두드러진다. 게다가 비라마는 상층 카스트 지주들에게 한 사람 몫을 훌쩍 넘는 모욕을 겪었다. 누구의 놀림거리도 아닌 비라마는 상층 카스트들이 자신의 노동을 착취한다는 사실을 잘 알고 있으며, 그들의 것을 훔쳐도 전혀 죄가 아니라고 생각한다. 그러나 비라마의 일상적인 저항은 순수와 오염이라는 관념을 내면화한 한계에 갇혀 있다. 비라마는 카스트에 따른 모욕을 받아도 된다고 생각한다. 자기가 속한 공동체가 지난 생에 죄를 저질렀기 때문이다.

나는 근대와 과학을 비판하는 사람들이 비라마의 삶에 관심을 돌려보기를 바란다. 과연 비라마는 근대 제도와 과학을 자기 자신의 현실적이고 전략적인 이해와 정반대되는 낯선 강요로 경험하는 걸까? 과연 산파로서 비라마가 가진 토착적인 지식은 완전히 다르고 더 유력한 합리성 속에 새겨져 있는 걸까?

근대 제도 및 사상과 비라마의 관계는 흑백으로 명쾌하게 나누기에는 너무 복잡하다. 비라마는 인도가 독립하고, 인디라 간디Indira Gandhi가 등장하고, 카스트 위계가 느리면서도 뚜렷하게 느슨해지고,

임금노동이 카스트의 '의무'를 넘어 확산되고, 자기 아들이 포부를 키우고, 텔레비전 같은 새로운 문물이 등장하는 등 참으로 획기적인 변화를 겪으며 살아왔다. 비라마 역시 여성이 총리가 된다는 사실이 기쁘고 아들을 학교에 보낼 기회를 소중히 여기지만(딸은 아니다), 젊은 세대 사이에서 확산되는 새로운 전투적 태도에는 겁을 집어먹으며 텔레비전을 혐오한다.

산파이자 치료사로서 비라마가 근대 제도와 주로 접촉하는 계기는 예방접종과 피임, 분만 등을 위해 마을을 방문하는 공중보건 종사자들을 통해서다. 이 경우에도 역시 비라마는 손을 내뻗는 동시에 피한다. 비라마는 시기적절한 의료 개입의 가치를 인정하는 듯 보이고, 간호사들과 협력하며, 자신이 관여하는 온갖 복잡한 임신 관련 사례에 대해 현대적인 대안을 찾는다(비라마 본인도 자기가 가진 전통적인 지식 대신에 현대적인 낙태 방법을 선택했다). 그러나 비라마는 간호사와 의사들이 여자들을 다루는 방식을 싫어한다. 간호사와 의사들은 교만하고 카스트의 편견에 사로잡혀 있다고 생각한다. 이런 애증관계는 종교와 깊숙하게 뒤얽힌 전통적인 치료 관행에도 적용된다. 비라마는 천연두나 콜레라, 간염 같은 질병은 성난 여신들의 존재 때문에 생기는 것이기 때문에 참배하고 공물을 바쳐야 한다고 믿는다. 그녀는 천연두 예방접종을 서서히 받아들이면서도 계속해서 전통적인 참배와 근대적 치료를 결합하고 있다.

현대 의학은 때로는 위협적으로, 때로는 생명을 살리는 것으로 상이하게 경험된다. 문제는 차이가 어떤 차원에서 작동하는가다. 근대 의학의 합리성 자체의 차원인가 아니면 제도의 차원인가? 물론 지식과 제도 권력이 서로를 구성한다고 보는 마글린과 난디를 비롯한 푸코주의자들은 합리성과 제도를 분석적으로 분리하는 것조차 받아들이지 않는다. 그들은 비라마가 현대 의학을 불편해하는 것을 비로고스 중심주의non-logocentrism 세계관의 반영으로 설명한다. 이런 세계관에서는 자연과 초자연, 건강과 질병이 양극단으로 분리되지 않으며 각각이 서로의 요소를 포함한다. 자연은 마술에 걸리고, 건강은 질병과 죽음을 포괄한다. 나아가 그들은 현대식 병원은 원칙적으로도 비라마의 요구를 충족시킬 수 없다고 주장한다. 양극적인 로고스 중심주의적 추론을 통합하기 때문이다.

그러나 비라마의 토착적 지식에서 비로고스 중심주의의 징후를 찾기란 쉽지 않다. 비라마는 우리 근대인들이 병균 이론으로 질병을 설명하는 것처럼, 질병을 설명하고 예측하고 통제하기 위해 신과 여신들에게 호소한다. 마글린이 주장한 것처럼 비라마가 천연두로 고생하는 사람에게 기도를 해주는 데서 건강을 찬양하는 징후는 전혀 찾아볼 수 없다. 외부인들이 어떻게 해석하든 간에, 비라마 자신은 기도를 하는 것은 단지 여신에게 환자를 그냥 내버려두라고 호소하기 위한 것임을 분명히 한다. 그녀는 여신이 사라지면 병도 없어진다고 생각한다. 비라마의 말을 그대로 받아들인다면, 신과 여신이 고통에서 벗어나는 자유를 추구하는 철저한 도구적 합리성에 봉사함을 알게 될 것이다. 비라마는 합리성과 전혀 거리가 멀기 때문에 현대 의학을 영원히 낯설고 억압적인 것으로 생각할 것이라고 주장할 근거는 어디에도 없다. 합리성의 차원에 차이를 고정시키면 제도 개혁의 가능성을 무시하게 되며, 온갖 토착적 전문 지식과 어머니의 사랑으로 똘똘 뭉친 비라마도 어쨌든 열두 아이 가운데 아홉 명을 잃을 수밖에 없었다는 사실에 눈감는 결과를 낳는다. 결론적으로 얘기하자면, 비라마가 근대화에 저항하는 것은 맞지만, 그것은 비라마의 입장에 바탕을 둔 인식론 때문이 아니다. 비라마의 인식론 역시 실제로는 종교적 언어로 표현된 도구적 합리성의 요소들을 갖고 있다.

이제 페미니스트들이 토착적 지식의 가장 유명한 사례로 손꼽는 반다나 시바의 제3세계 페미니즘에 관한 주장을 논의해보자. 다른 곳에서 나는 시바의 본질주의와 입장의 인식론을 검토한 바 있으므로 여기서 이 주장을 되풀이할 필요는 없다.[16] 여기서는 다만 높은 평가를 받는 시바의 "제3세계의 차이"의 "정치화politicization"에 관해서만 다루고자 한다. 시바의 본질주의와 낭만주의에 당혹감을 느끼는 사람들조차도 제3세계 여성의 생계 요구와 문화적으로 구별되는 자연 이용 방식 문제를 정치화한 점은 높이 평가한다. 그러나 이런 태도는 다음과 같은 질문을 회피한다. 과연 페미니스트들은 모든 정치화를 진보적인 것으로 환영해야 할까? 시바의 생각이 인도에 **어떤 종류의 차이의 정치화**를 가져왔는지 물어서는 안 되는 걸까? 따라서 나는 간단한 질문 하나를 던지고 싶다. 시바가 『살아남기Staying Alive』에서 세계 곳곳의 새로운 사회운동의 의제에 여성적 원칙이라는 사고를 포함시킨 이래 지난 10년 동안 이 사고에 무슨 일이 벌어졌나? 어떤 정치 집단이 어떤 목적으로 이 사고를 활용하고 있을까? 다음의 설명은 에코페미니즘 사상의 영향력을 평가하기 위함이지 관련된 어느 누구의 개인적인 정치적 신념을 평가하기 위한 것은 아님을 분명히 해두고 싶다.

에코페미니즘에 호의적인 비평가인 게일 옴베트Gail Omvedt는 최근 저서 『혁명의 재발명Reinventing Revolution』에서 시바가 미친 영향력에 관해 공정하게 요약, 설명한다. "여성과 남성의 단합된 행동이 사회를 페미니즘적이고 생태적이며 참여적인 방향으로 바꾼다고 보는 여성적 원리에 대한 시바의 설명은 농민연합Shetkari Sanghathan을 비롯한 농민단체들과 연결된 여성운동 내의 '여성의 힘stri shakti'이라는 주제에서 그 영향을 발견한다."[17] 옴베트가 언급하는 농민연합을 비롯한 농민단체들은 자신이 소유한 토지에서 잉여 농산물을 생산하는 상업적 농민들의 강력한 농민운동이다. 이 농민들은 현대적인 농업 설비를 위한 보조금 확대와 곡물 가격 인상을 요구하면서 국가에 맞서는 동시에 자신들이 최저임금에 턱없이 못 미치는 돈을 주고 부려먹는 달리트 소작농들이나 이주 노동자들과도 반대편에 선다.

이 농민운동은 카스트와 계급, 이데올로기적 지향에서 서로 다르다. 인도의 언론 보도를 보면, 시바는 카르나타카Karnatka주의 간디주의·'반제국주의' 운동단체인 카르나타카주농민협회Karnatka Rajya Raitha Sangh에 고문이자 지지자로서 직접 관여하고 있으며, 또한 인민주의 성향에 상층 카스트 중심이며 엄격한 가부장주의를 견지하는 우타르프라데시Uttar Pradesh주의 인도농민연합Bharatiya Kisan Union—이 단체는 1991년 선거에서 힌두 근본주의자들을 위해 적극적인 선거운동을 펼쳤다—에도 최소한 전술적 지원을 하고 있다. 프라크리티와 여성적 원리에 관한 시바의 사고는 마하라슈트라Maharashtra주의 시장 지향적이고 신자유주의적인 성향의 농민연합에서 폭넓은 여성 지지자 층을 발견했다. 농민연합의 '락쉬미 여신 해방Laxmi Mukti'은 에코페미니즘 원칙에 바탕을 둔 프로그램으로 게일 옴베트와 마두 키시와르Madhu Kishwar 등 저명한 인도 페미니스트들의 지지를 얻고 있다. 비나 아가르왈Bina Agarwal조차도 (다른 점에서는 나

무랄 데 없는)『그 여자만의 땅A Field of Her Own』에서 농민연합의 에코페미니즘적 요소들에 대해 칭찬을 늘어놓는다.

그러나 이 운동들을 농촌 경제를 지배하는 폭넓은 계급 구조에 놓아보면, 에코페미니즘이 여성이나 자연의 전략적 이해보다는 지주 농민들의 전술적·이데올로기적 이해에 이바지한다는 점이 분명히 드러난다. 가령 카르나타카주농민협회는 국가로부터 양보와 보조금을 얻어내기 위해 간디주의·에코페미니즘의 반反근대주의를 이용해서 지주와 땅 없는 노동자 사이의 계급 차이와 카스트 차이를 은폐하고 있다. 인도 내부나 외부의 현대적인 도시 산업 부문은 모두 전통적인 시골 농촌의 '진정한 인도'를 위협하는 적으로 규정된다. 카르나타카주농민협회의 간디주의 지도부는 다수의 농민을 동원해 다국적기업의 사무실을 쑥대밭으로 만드는 한편, 협회 성원들이 달리트 농장 노동자들을 상대로 저지르는 온갖 악행에는 눈을 감는다.

새로운 사회운동 및 이 운동을 이끄는 반근대주의 지식인 동조자들과 손을 잡은 카르나타카주농민협회나 인도농민연합 같은 운동들은 결국 내용상 힌두교 우파의 자립swadeshi 강령과 전혀 차이가 없는 일종의 반동적 민족주의에 세속적이고 인민주의적이며 심지어 진보적인 '반제국주의'의 겉치레를 부여하는 셈이다. 카르나타카주농민협회와 인도농민연합으로 대표되는 이 운동들은 시바를 비롯한 반근대주의 지식인들이 대중화한 언어를 그대로 되풀이하면서 다국적기업과 서구 문화 일반으로 대표되는 서구의 경제적 이해가 오늘날 인도 사회의 주요 모순이며 서구에 맞선 싸움이 인도 대중의 이해를 위한 것이라고 주장하고 있다. 서구 페미니스트들과 진보주의자들 역시 이런 근원적인 가정을 어느 정도 받아들인다. 그러나 이런 '반제국주의'

는 실제 경제 현실에 의해 입증되지 않는다. 탈식민 역사의 대부분 동안 인도는 남아시아에서 가장 보호받은 경제 중 하나였다. 인도 국가와 기업들은 외국 기업이 인도에 투자를 허용받는 것보다 더 많은 액수를 해외에 투자해왔다. 1990년대 초반에 시작된 경제 자유화 이후에도 남아시아 전체의 외국인 직접투자 총액은 1996년 국민총생산의 0.5퍼센트에 불과했다. 동아시아의 4.2퍼센트나 다른 개발도상국 전체의 1.9퍼센트와 비교되는 수치다. 과열된 반서구, '반제국주의'의 언어는 자신들의 의제를 중심으로 계급과 카스트의 구분선을 가로질러 대중을 결집하려는 농촌의 힌두 민족주의 엘리트 집단의 이데올로기적 요구에 이바지하는 게 분명하다.[18]

높은 평가를 받는 농민연합의 '락쉬미 여신 해방' 프로그램을 살펴보자. 1990년에 여성 활동가들과 페미니스트 지식인들의 요구에 부응하여 시작된 이 프로그램은 농민들에게 자기 땅의 일부를 부인에게 자발적으로 선물하도록 권한다. 부인들에게는 전통적인 유기농법만을 사용해야 한다는 조건이 붙고 또 한계가 있기는 하지만, 이런 선물이 유용함은 인정할 수 있다. 독립적인 소유는 가족 내에서 여성의 지위를 분명 강화하기 때문이다. 물론 부인이 선물받은 땅을 실제로 마음대로 팔거나 저당 잡을 수 있는지는 분명하지 않지만 말이다. 그러나 이런 프로그램은 여성의 권리를 전통적인 가족과 여신의 틀 안에 국한시킴으로써 이데올로기적 기능을 수행할 뿐이다. 더욱이 이 프로그램은 무산자에 대한 토지 재분배를 가족 내부에서 주고받는 선물로 대체해버린다. 상대적인 부농들이 이 프로그램을 법적 토지 보유 상한선을 피하기 위한 수단으로 활용한다는 보고들도 있다. 부농들이 이 프로그램에 열광하는 것은 이런 사정 때문이다. 나아가 여성들을 유기농과 생계농에 제한하는 것은 성적 분업을 지속시키는 결과를 낳는다. '락쉬미 여신 해방' 프로그램은 점증하는 여성들의 권리 주장을 전통적인 가부장제 가족 안으로 흡수하는 데 기여하고 땅 없는 여성들과 공동의 대의를 형성하지 못하게 막는 전형적인 중농 프로그램이다.

농민운동에서 무심코 혹은 적극적으로 에코페미니즘을 끌어안는 것은 계급 차이보다 상징적 차이를 우선시하는 문제를 보여주는 좋은 사례다. 상징과 실제를 분리할 수 없는 것은 사실이지만, 상징 영역을 둘러싼 투쟁이 실제 영역에서 더욱 공평한 재분배로 곧바로 연결되지는 않는다. 차이의 인정을 둘러싼 **모든** 투쟁이 **반드시** 우파가 아니면 좌파라고 말하는 게 아니다. 내가 말하고자 하는 것은 카스트와 계급 권력이 평등주의와는 거리가 먼 힌두교 규범에 의해 굳게 결합하여 균형을 이루고 있는 인도 현실에서 서구와의 환원 불가능한 문화적 차이의 차원에 대해 비판을 가하는 것은 이미 가공할 수준인 상층 카스트와 부유한 농촌 남성들의 권력을 강화하는 결과로 이어진다는 점이다. 그들은 페미니스트와 세속적 민주주의자들에게는 가장 의심스러운 '동맹자'일 뿐이다.[19]

마지막으로 제3세계주의 지식인들의 생략 행위 문제를 다룰 차례다. 프렘 초드리의 『베일 쓴 여성들』을 살펴보자. 이 베일 쓴 여성들은 하리아나Haryana주의 농장 노동자들로, 두 세계 모두에서 패배한 듯 보인다―이들은 베일에 동반하는 고된 농장 노동으로부터의 자유도 누리지 못하며, 임금노동에 동반하는 상대적인 자율성도 누리지 못한다. 남아시아 인류학자들과 경제학자들의 어떠한 일반화도 허용하지 않는 하리아나 여성들은 녹색혁명에서 장려한 임금노동 참여도가 매우 높아졌음에도 불구하고 사회적 지위 개선은 전혀 경험하지 못했다. 사실 상황은 점점 나빠지는 것처럼 보인다. 여아 낙태가 늘어남에 따라 남성 비율이 높아지고 있다.

발전을 비판하는 저명한 페미니스트들은 이런 암울한 상황을 "과학의 폭력"을 보여주는 사례나 현대 기술의 **근본적으로** 가부장적인 성격을 입증하는 증거로 거듭 거론한 바 있다.[20] 현대 기술은 농민들의 생태 경제, 도덕 경제에 이와는 전혀 다른 서구 자본주의의 논리를 강요한다고 여겨진다. 프렘 초드리는 섬세한 현장 연구를 통해 기술에 대한 이런 메타인식론적 비판이 무엇을 간과하는지 보여준다. 프렘 초드리의 연구가 지닌 커다란 가치는 이른바 서구 기술이 전통적인 '동양의' 제도들을 통해 중개되는 방식을 치밀하게 추적한다는 점이다. 여기서 간략하게 설명해보자.

녹색혁명의 도입은 (실비아 월비Sylvia Walby의 표현을 빌리자면) 농민 경제의 사적인 가부장제가 시장 경제의 공적인 가부장제로 변화하는 과정과 인과적으로 관련된 사회 세력을 움직이게 만들었다.[21] 근근이 살아가는 소규모 농민들이 새로운 기술을 받아들이면서 현대화를 위해 더 많은 돈을 벌어야 함에 따라 바야흐로 하리아나주는 문화 규범의 변화를 목도하고 있다. 녹색혁명 이전에는 지배 카스트의 지주계급에 속한 여성들은 가족 농장에서만 일을 할 수 있었던 반면, 하층 카스트의 땅 없는 여성들은 임금을 벌기 위해 일을 했다. 1980년대 말, 상층 카스트에 속한 근근이 살아가는 소농민들은 여자들이 다른 사람의 농장에서 일을 해 돈 버는 것을 허용했다. 여성과 노동에 관한 중요한 연구들, 이를테면 농업 부문의 비나 아가르왈, 칼파나 바르단 Kalpana Bardhan, 바버라 밀러Barbara Miller, 비공식 부문의 카린 카파디 아Karin Kapadia, 의류산업의 네일라 카비어Naila Kabeer, 스와스티 미터 등이 행한 연구를 통해 임금노동으로 독자적인 소득을 얻으면 결국 남아시아 여성들의 자유가 느리지만 꾸준히 확대된다는 사실이 분명 히 드러났다. 하리아나주에서 이런 일이 벌어지지 않는 것은 전적으 로 여성 종속의 문화 때문이다. 이 문화는 이 지역의 거친 사막 같은 생태 환경 및 이와 결합된 승혼hypergamy* 풍습, 상층 카스트의 관습 을 모방하는 풍토, 여성 배우자가 얼마나 번듯한가에 따라 남성의 명 예izaat가 좌우되는 사회 분위기 등 역사적으로 깊은 뿌리가 있다. 이 농촌문화가 생태적인 삶의 측면에서 다른 어떤 미덕이 있든 간에, 그 것은 여성의 평등이나 자율성 때문이 아니라 이런 것들을 희생시키면 서 얻어졌다. 녹색혁명이 야기한 급속한 변화의 시기에 남성의 명예를 유지하기 위한 완충 장치로 작용하는 것은 바로 이처럼 뿌리 깊은 여 성차별적이고 반자유주의적인 문화 규범이다.

발전 비판이 **힘을 발휘하려면** 가부장제와 카스트를 비롯하여 전통 적 우주론으로 정당화되는 불공평의 담론 유산에 문화적으로 도전 해야 한다. 그리고 이런 도전이 토착적 지식의 테두리 안에서만 이루 어져서는 안 된다. 이런 지식은 일상적 저항을 허용하는 동시에 서발 턴들로 하여금 종속을 받아들이도록 제약하기 때문이다. 모든 문화 가 그렇듯이, 비서구 문화와 전통 역시 자율성과 정의를 향한 진보적

---

* [옮긴이주] 힌두교 문화에서 여성이 자기보다 높은 카스트의 남성과 결혼하는 관습.

인 자극을 제공한다는 점을 인정하는 것은 중요하다. 그러나 무엇이 자율성이고 정의인지를 전통이 정의하게끔 내버려둔다면—즉 서로 다른 문화마다 무엇이 진리이고 정의이며 선인지에 관한 상이한 규범이 존재하는 게 당연하다고 받아들인다면, 세계 여러 지역에서 종교 부흥주의의 물결을 앞장서서 이끄는 전통적 가부장들이 손쉽게 전통을 독차지하는 위험한 결과가 초래될 수 있다. 페미니즘을 비롯한 진보적 사회운동은 논쟁 지형에 이의를 제기하는 것을 과제로 삼아야 한다. 현대 과학은 서발턴들이 유산으로 물려받은 이데올로기의 신비화를 꿰뚫어보도록 함으로써 이런 도전에 힘을 보탤 수 있다. 과학을 서구의 토착적 이야기로 축소하는 것은 과학을 통해 모든 것을 얻을 수 있는 이 세계의 수많은 비라마와 찰리스들에게 전혀 도움이 되지 않는다.

35

환경정의의 확장
: 아시아계 미국인 페미니스트들의 기여

줄리 시|Julie Sze

데이비스 소재 캘리포니아대학 미국학 교수이자 환경정의프로젝트 소장. 저
서로 『유독한 뉴욕: 도시보건과 환경정의의 인종 정치Noxious New York: The
Racial Politics of Urban Health and Environmental Justice』가 있다.

환경정의를 위한 아시아계 미국인 페미니즘 운동은 환경정의의 범위를 확장하는 데뿐만 아니라 아시아계 여성들의 급진적인 정치와 전망을 실현하는 데에도 중요하다.* 미국과 전 세계의 수많은 아시아 여성에게 영향을 미치는 사회적 불의는 산업보건상의 위험, 경제 세계화에 따른 노동 착취, 반이민 정책 등이 있다. 이러한 불의는 하나같이 아시아계 여성들에게 건강한 환경을 형성하고 지켜나가는 데 장애물로 작용한다.

다양한 아시아계 여성 공동체는 직장 내 높은 납 중독률, 공원 같은 공지空地의 부족, 군사 독성 물질에 대한 노출 증가, 생선 소비로 인한 건강상의 위험 등 갖가지 환경 위험에 직면해 있다.[1] 미국 환경보호청(EPA) 산하 환경정의국의 환경보호 전문가인 앤절라 청Angela Chung에 따르면, 환경보호청 내에서 아시아계의 환경정의 문제에 관한 인식이 점차 높아지고 있다고 한다.[2]

아시아계 여성의 조직화는 환경정의 조직화와 비슷한 점이 많다. 두 운동이 공통으로 추구하는 목표를 진척시키기 위해서는 이런 유사성을 인식하고 기반으로 삼을 필요가 있다.

---

* 나는 어떤 고정되거나 본질적인 아시아계 페미니스트의 관점이 존재한다는 생각은 거부하지만, 구체적인 인종과 젠더에 바탕을 둔 분석은 중요하다고 믿는다. 예를 들어 Carl Anthony, "Why Blacks Should Be Enviromentalists," in Brad Erickson, ed., *Call to Action*(San Francisco: Sierra Club Books, 1990)을 보라.

환경정의 운동

환경정의는 환경 문제가 사회, 공중보건, 경제, 정치, 이데올로기적 요소들로 이루어진다고 보는 유색인들에 의한, 유색인들을 위한 사회 운동이다. 따라서 이 운동은 미국[3]과 전 세계[4]의 환경정의만이 아니라 경제정의, 정치정의, 문화정의 역시 추구한다.

초창기 환경정의 운동의 촉매 역할을 한 사건으로는 1982년 노스캐롤라이나주 워런Warren 카운티의 아프리카계 미국인 지역을 유독 산업폐기물 매립지로 지정한 데 반대해 벌어진 비폭력 직접행동이나 1987년 통일그리스도교회United Church of Christ(UCC) 인종정의위원회 Commission on Racial Justice의 『독성 폐기물과 인종Toxic Wastes and Race』 (이 책은 독성 폐기물 매립지가 유색인 거주 지역에 집중된 사실을 입증했다) 발간 등을 꼽을 수 있다. 환경정의 문제가 처음 두드러지게 된 것은 유색인들이 환경오염의 영향을 압도적으로 많이 받을 뿐만 아니라 국가로부터도 불평등한 보호를 받는다는 사실이 환경정의 주창자들에 의해 자세히 밝혀지면서부터였다. 인종정의위원회에 따르면, 아프리카계와 히스패닉계 미국인의 5분의 3이 방치된 독성 폐기물 매립지가 있는 지역에 거주하며, 아시아계/태평양 섬 출신과 아메리카 원주민은 그 비율이 절반 정도다.[5] 한 연구에서 밝혀진 바에 따르면, 환경보호청에서 소수 인종 지역을 수퍼펀드Superfund* 투입 지정지로 확정

---

* [옮긴이주] 1980년 제정된 종합환경대응보상책임법Comprehensive Environmental Response, Compensation, and Liability Act(CERCLA)에 의거해 환경오염 방지·제거 사업을 진행하기 위한 대규모 정부 자금.

하는 데에는 시간이 20퍼센트 더 소요되었고, 유색인 동네는 오염의 책임 주체가 밝혀지더라도 백인 동네에 비해 절반 정도의 벌금만이 부과되었다.[6] 환경정의 활동가들은 환경 피해를 치유하는 동시에 권력과 지식, 과학과 권위가 어떻게 구성되는지에 관해 유색인들을 교육하려고 노력한다.

환경정의 운동은 환경을—사람이 살지 않는 원시적인 녹색 공간으로 특징지어지는—'자연'과 동일시하는 엘리트주의적이고 인종주의적이고 계급주의적인 황무지/보호주의 개념을 거부한다.[7] 이런 개념에서 보자면 '저개발' 국가에서는 자연이 사람들의 생계활동에 의해 위협받는다. 환경정의론에서는 사회적 범주를 전면에 두며, 공기·물·땅 같은 자연자원만이 아니라 공중보건과 인간 건강 문제도 아우르는 쪽으로 환경 개념을 변화시킨다.

환경정의 운동은 15년에 달하는 기간 동안 환경론의 의미를 변화시키는 데 성공했다. 1994년 2월, 클린턴 대통령은 '환경정의에 관한 대통령령'에 서명했다. '환경정의 원칙 선언Principles of Environmental Justice'을 채택한 역사적인 모임인 1991년 유색인환경지도자정상회의 1991 People of Color Environmental Leadership Summit를 필두로 한 여러 유색인 조직화 노력이 만들어낸 결과였다.[8]

환경정의 운동의 주요 공헌 가운데 하나는 위험과 유해성에 관한 오래된 가정들에 이의를 제기한 것이다. 환경정의 주창자들은 인간 건강 및 환경에 대한 위험과 유해성을 각기 분리된 문제로 다루는 대신 누적되는 위험, 즉 유해성의 결합과 축적을 고려한다. 개별 오염원이 치명적인 건강 유해성을 제기하지 않더라도 이것이 누적된 결과는 치명적일 수 있다. 누적되는 위험에 대한 고려는 특히 도시 환경에서 중요하다. 농촌 지역에서는 단 하나의 악독한 오염 유발자 때문에 독성 폐기물 매립지가 생기는 반면, 도시 환경에서는 유해 물질이 누적된 결과로 독성 오염이 생겨나는 경우가 다반사다.

환경정의와 아시아계 미국인 여성

나는 캘리포니아주 새너제이San Jose에 살고 있다. 나는 회사에서 전자 부품과 기판을 조립한다. 10년 동안 이곳에서 일했다. 한국에서는 가정주부였다. …… 우리는 보건과 안전에 관해 거의 아무 교육도 받지 못했다. 지금 나는 두통, 메스꺼움, 현기증, 어깨 통증, 요통 등을 앓고 있다. …… 우리 부서에서 일하는 사람들은 모두 똑같은 증상을 겪고 있다. 어떤 여자들에게는 손목터널증후군, 고혈압, 신장질환 등이 있다. 직장 내 안전에 관해 배우기란 쉽지 않다. …… 우리는 건강을 해치고 있다.[9]

- 한국계 전자노동자

아시아계 미국인 여성들의 수많은 선구적인 노력을 통해 노동자 권리와 산업보건이 환경정의 문제와 연결되었다. 버클리 소재 캘리포니아대학 노동자산업보건프로그램Labor Occupational Health Program의 리 팜타우Pam Tau Lee에 따르면, 아시아계 이주 여성들은 의류나 전자/반도체 같은 유해산업에 종사하는 비율이 이례적으로 높다. 이 여성들은 독성 물질 노출이나 저임금, 정부·노동조합·고용주·소비자 등으로부터의 체계적인 무시 등 갖가지 위험에 직면한다.[10]

미국의 전체 섬유·의류노동자 가운데 53퍼센트가 아시아계 여성이다.[11] 의류노동자들은 점점 더 많은 섬유 분진, 염료, 포름알데히드, 비소 등에 노출되며, 그 결과 면폐증綿肺症과 호흡기 질환 발병률이 높아지고 있다. 실리콘밸리 조립라인과 생산직에 종사하는 전자노동자의 43퍼센트도 아시아계 미국인(주로 여성)이다.[12] 리의 말에 따르면, 전자/반도체 산업에 종사하는 아시아계와 라틴계 이주 여성들은 "전자 부품을 세척하는 데 위험한 용제를 사용할 뿐만 아니라 기타 화학 물질에 노출되는 탓에 중추신경계와 생식기계 손상"으로 고통받는다. 이 여성 노동자들은 일반 제조업 노동자에 비해 직업병 발병률이 세 배나 높다.

아시아태평양환경네트워크(APEN)는 미국에서 가장 유명한 아시아계 환경정의 단체다. 아시아계 환경정의 문제를 중심으로 활동하는 다른 단체로는 의류·전자 부문 아시아계 이주 노동자들을 조직하고 세력화하는 아시아이주여성대표자회의Asian Immigrant Women Advocates (AIWA)가 있다. 이 단체 조직가인 헬렌 킴Helen Kim의 말에 따르면, 단체에서 추구하는 목표는 아시아계 이주 노동자들의 "생활조건과 노동조건을 향상시키는 것"이다.[13]

아시아이주여성대표자회의 사무총장 신영희Young Hi Shin는 제1차 유색인환경지도자정상회의에서 아시아계 여성 대표로 기조 발표를 했는데(리팜타우도 기조 발표를 했다), 이 발표문 역시 산업보건 문제에 초점을 맞춘 것은 우연한 일이 아니다. 많은 활동가들은 산업보건이야말로 아시아계 미국인들이 주로 관심을 기울이는 환경정의 문제라고 주장한다.

리와 신 둘 모두 아시아계 이주 여성들에게 산업 및 환경의 유해 요소를 교육시키기 위한 혁신적인 모델을 만드는 데 기여했다. 이민자 대상 영어 수업에 정치 교육을 포함시킨 것도 그런 시도의 일환이었다. 이 영어 수업에서 이주 여성들은 일터에서 일상적으로 접하는 화학 물질에 관한 경고문을 번역하면서 영어를 배운다.[14] 리는 노동자 산업보건프로그램의 교육 담당자들이 다양한 언어를 사용하는 집단을 상대하기 위해 그래픽과 위험지도risk-mapping를 활용하는 방법을 설명한다. 시각 자료를 활용하여 노동자들에게 유해 물질을 확인하는 법을 교육하는 것이다.[15]

해외의 환경정의

국제적으로 보자면, 경제 세계화가 진행됨에 따라 아시아의 급진적 페미니즘 운동과 노동운동, 환경정의 운동 사이에 전략적 동맹의 필요성이 더욱 높아지고 있다. 리의 말을 들어보자.

> 필리핀과 말레이시아, 일본, 기타 아시아 여러 나라에서 여성들이 산림 파괴를 저지하고, 군사 독성 물질이나 보건·안전 문제를 중심으로 조직화하기 위해 열심히 노력하는 모습을 볼 수 있다. …… 환경정의를 위한 노력은 지역이나 국가 차원에 국한되지 않는다. 또한 환경정의 활동가들은 아시아와 아프리카, 멕시코와 중남미에서 기업의 탐욕과 이윤 논리에 맞서 연대활동을 벌이고 있다.[17]

미국과 해외 가릴 것 없이 빈민과 유색인들은 정부와 대기업이 지휘하고 미국의 주류 환경단체들이 지지하는 경제 세계화 때문에 고통받고 있다. 세계야생생물기금World Wildlife Fund, 자연자원보호위원회 Natural Resources Defense Council, 전국오드본협회National Audubon Society, 환경보호기금Environmental Defense Fund 등은 모두 북미자유무역협정 (NAFTA)을 지지하여 노동단체와 사회정의단체들의 분노를 샀다.[18] 북미자유무역협정은 겉으로는 환경 보호와 자연자원을 강조하지만, 기업 이윤을 극대화하기 위해 임금을 낮추고 노동조건을 악화시킴으로써 삶의 질 저하를 부추긴다.

점점 더 많은 다국적기업들이 노동자 보호나 환경 보호 관련 규제가 적거나 전무한 나라들로 공장을 이전함에 따라 산업보건과 환경정의 사이의 관계가 더욱 부각될 것이다. 인도네시아, 싱가포르, 베트남, 한국, 대만, 태국, 중국 같은 아시아 나라들은 대다수 노동자(주로 여성인)가 노예 같은 노동조건에 직면해 있는 저임금 국가들이다. 1993년에 홍콩계 기업 케이더Kader의 태국 장난감 공장에서는 극악한 노동조건이 화재로 이어져 188명의 노동자가 불길에 휩싸여 사망하기도 했다.[18]

국제적인 발전의 모체 안에서 여성·노동·자연자원 착취의 연관성을 연구하는 주요 이론가 중 한 명이자 인도의 환경론자인 반다나 시바는 아시아 급진 정치와 환경정의의 으뜸가는 대변인이다. 물리학자이자 철학자이며 제3세계네트워크Third World Network의 과학·환경 담당 고문이자 인도 데라둔Dehradun에 있는 과학·기술·자연자원 정책연구재단Research Foundation for Science, Technology and Natural Resource Policy 총재이기도 한 시바는 여성과 자연을 상품으로 착취하는 '악성 발전maldevelopment'의 논리 속에서 제3세계 여성들이 어떻게 목표물이 되고 있는지에 관해 종합적으로 연구하고 집필하고 발언하고 있다.[19] 시바의 말을 들어보자.

생태론 문제는 페미니즘이나 인권 향상, 윤리, 문화 다양성의 문제와 분리할 수 없다. …… 내가 보기에 우리는 환경정의와 녹색 제국주의 중에서, 또는 인류 공동의 미래와 경제·환경의 지속적인 아파르트헤이트 중에서 하나를 선택해야 한다.[20]

시바는 또한 세계은행의 산림 파괴 프로젝트에 성공적으로 저항한 히말라야 산맥 지방 여성들의 운동인 칩코 안돌란Chipko andolan과 세계화국제포럼International Forum on Globalization에 참여하는 활동가이기도 하다. '칩코 안돌란'을 문자 그대로 번역하면 '껴안기 운동'이다.[21] 미국에서 '나무 껴안는 사람'이라는 표현은 사람보다 나무에 더 관심을 기울이는 환경론자들을 경멸적으로 가리키는 말이다(정치적 입장을 막론하고 흔히 쓰인다). 유색인들은 종종 주류 환경 운동가들에 대해 이런 엘리트주의적인 딱지를 붙이곤 한다. 물론 이러한 비판은 전적으로 타당하고 필요한 것이지만, 미국의 대다수 환경정의 주창자들이 이 표현의 역사(인간의 존엄성과 자연자원의 보호 모두를 위한 통일된 싸움에서 나온 표현이다)를 알지 못한다는 사실을 보면, 다른 나라에서 일어난 환경정의 투쟁들의 관계와 역사를 부각시킬 필요가 있음을 절감하게 된다.

아시아계 여성들에 대한 반이민 정서와 공격

이민자·난민 권리를 위한 전국 네트워크National Network for Immigrant and Refugee Rights의 사무총장 케이시 택터퀸Cathi Tactaquin은 거시적

차원에서의 경제 정책과 이 정책이 개인들에게 미치는 영향에 대한 시바의 비판을 뒷받침했다. 택터퀸에 따르면, 미국에서는 갖가지 사회악을 걸핏하면 이민자와 난민 탓으로 돌린다. 일자리를 '가로채거나' 환경을 '파괴한다'는 것이다. 택터퀸은 실제적인 전 지구적 위협은 미국의 정책과 국제 금융기관들이 강요하는 (빈곤의 세계화나 다름없는) '신자유주의'에 기인한다고 지적한다.[22]

환경에 바탕을 둔 반이민 운동과 인구 증가 억제 운동은 아시아 여성과 아시아계 미국인 여성들에게 심각한 위협을 제기한다. 점점 늘어나는 이민 및 인구 증가 반대론자들은 환경 악화를 이유로 들면서 이민을 제한해야 한다고 주장한다. 캘리포니아를 중심으로 전개된 이런 주장은 1994년 가을에 캘리포니아주 유권자들을 설득해 반이민 법안인 '주민발의 제187호Proposition 187'를 통과시키게 만든 이른바 '자원 한계론'의 재판이나 마찬가지다. '자원 한계론'에서는 한정된 자원(재정이든 환경이든)이 이민자들에게 낭비되고 있다고 주장한다. 특히 불법 이민자들은 자원만 빨아들일 뿐 사회에 아무 기여도 하지 않는다고 낙인찍힌다(사회가 그들의 저임금 노동을 많이 활용, 아니 남용한다는 사실은 무시해버린다). 따라서 자원 한계론자들은 수많은 사회·환경 문제에 대한 해답은 이민을 줄이는 것이라고 결론짓는다.

이런 주장을 펼치는 활동가들은 '환경보호론'을 구실 삼아 이민 유입을 일시 중단하고 국가 이민 법안을 개정해야 한다는 가혹하고 징벌적이며 퇴행적인 호소를 정당화한다. 1995년, '인구환경균형운동본부Population Environment Balance', '인구 안정을 위한 캘리포니아 주민협회Californians for Population Stabilization', '적정인구네트워크Carrying Capacity Network' 등은 5년간 이민 유입을 중단하고 모든 나라에 대해 이민 상한선(연간 10만 명)을 정할 것을 요구했다. '인구줄이기운동본부Negative Population Growth'는 『E』나 『자연사Natural History』 같은 환경 잡지에 일시적인 이민 유입 중단을 호소하는 광고를 게재했다.[23]

이민 반대 및 인구 증가 억제론자들은 라틴계와 아시아계 때문에 '제3세계화Third Worldification'가 진행된다는 백인 유권자들의 공포에 영합함으로써 증오와 거짓 정보가 판을 치는 정치·사회적 분위기를 부추긴다. 이런 주장을 뒷받침하는 기본적인 가정은 다음과 같다.

- 이민자가 많아지면 환경이 더욱 악화되고 삶의 질이 떨어진다.
- 인구 증가는 환경 악화의 주요 원인이며, 높은 인구밀도는 생태계 파괴로 이어진다.
- 이민 유입에 따른 인구 증가는 수질 악화와 물 부족 문제의 원인이다.
- 이민자들은 인구 증가율이 더 높을 뿐만 아니라 자원 집약적인 생활방식을 더 빠르게 받아들인다.
- 전 세계의 유색인들이 인구 과잉을 유발한다―유럽계 백인의 출생률은 통제되고 있다.[24]

그렇지만 실상은 정반대로, 미국에서 환경오염을 유발하는 최대 단일 집단은 군대다. 또한 부자들은 빈민들보다 더 많은 자원을 소비한다. 미국은 세계 인구의 5퍼센트를 차지하면서 세계 자원의 36퍼센트를 사용한다. 미국인 1명이 평균적으로 사용하는 에너지 양은 일본인 3명, 멕시코인 6명, 중국인 12명, 인도인 33명, 방글라데시인 147명, 에티오피아인 422명이 사용하는 양과 같다.[25] 외국인 혐오론

에 빠진 이 '환경론자들'은 부자 일반, 특히 미국인의 자연자원 낭비
를 줄이는 대신 인구를 줄이기를 원한다—이민자들이 환경 악화의
주된 원인이 아닌데도(아니, 유의미한 요인조차 아닌데도) 유색인 이민자
들을 줄이려고 한다.

주류 정치인들은 반이민 환경론자들의 위험한 주장을 흡수하고
있다. 가령 네바다주 출신 연방 상원의원 해리 리드Harry Reid는 불법
이민과 난민을 더욱 제한하고 혜택을 줄이는 것을 골자로 한 1994년
의 이민안정법Immigration Stabilization Act of 1994을 "환경 보호를 위한
가장 중요한 법안 가운데 하나"라고 손꼽았다. 리드의 말을 들어보자.

> 가장 심각하고 다루기 힘든 문제들이 우리의 환경을 사방에서 둘
> 러싸고 있다. 생태계 파괴, 산성비, 지구온난화, 지표수 오염, 대기 오
> 염, 습지 및 농지 감소 등등. 이 모든 문제에는 하나의 근본적인 원인
> 이 있다. 인구가 지나치게 많다는 것이다. 우리나라의 인구 증가 속도
> 를 늦추는 희망을 가지려면 이민을 줄여야만 한다.[26]

정치생태그룹Political Ecology Group은 샌프란시스코를 중심으로 반
이민 정책과 인구 증가 억제 정책에 맞서 싸우는 다인종 사회정의 조
직이다. 이 단체는 이민과 인구, 환경에 관한 신화와 사실을 개괄적
으로 보여주는 자료를 만들어서 배포한다.[27] 또한 미국이민개혁연맹
Federation for American Immigration Reform 같은 반이민 단체를 비롯해 이
들 동맹 세력의 희생양 찾기 발언과 우파 우생학 재단과의 자금 연관
성 등을 조사, 연구한다.

우리가 원하는 어느 곳에서든 안전하고 생산적으로 생활하고 노동

할 수 있는 우리의 권리를 주장하기 위해서 아시아계 여성들을 교육하고 결집시키는 노력을 더욱 확대할 필요가 있다.

결론

아시아계 여성들은 환경·사회 불의에 가장 큰 영향을 받기 때문에 우리야말로 정의를 위한 저항운동을 주도할 적임자이다. 우리가 노력을 기울인다면, 아시아계 여성과 노동자, 자연 환경을 착취하기 위한 대기업과 정치권의 의제에 맞서 국내외에서 더욱 강력한 저항의 길이 열릴 것이다.

급진적인 아시아계 여성들은 노동 착취, 보건의료, 국가 폭력, 가정 폭력, 문화적 차별 등 광범위한 쟁점을 이론적으로 탐구하고 조직화하려는 노력을 계속해야 한다. 환경정의 운동 같은 급진적인 아시아계 여성들의 운동은 진보적인 사회 변화를 위한 다인종, 다민족, 국제/국내 운동에 상상력을 제공한다.

국제적인 노동자 권리 운동과 환경정의 운동은 임금 착취와 환경 착취에 맞서 정보를 공유하고, 조직적 연계를 만들며, 공동으로 캠페인을 조직할 필요가 있다. 급진적인 아시아계 여성들은 노동 조직가이자 환경정의 활동가로서 국경을 가로질러 사람들을 조직하고 우리 공동의 미래를 구상해야 한다. 정의와 공동체에 기반을 둔 자결권, 안전하고 건강한 환경을 위한 미래 말이다.

현대 사회주의 페미니즘의 역사와 교차성 이론*

박미선(한신대 영문과 교수·서교인문사회연구실 페미니즘이론학교 기획단)

　　현대 페미니즘 이론사와 여성운동사에서 사회주의 페미니즘은 주변적 소수로 기록되었고, 그리하여 사회주의 페미니즘의 이론적·정치적 공헌은 종종 망각되곤 했다. 지난 수십 년간 신자유주의적 세계 질서 재편은 국가 단위에서뿐만 아니라 전 지구적인 차원에서 노동 불안정성을 심화시켰고, 사회적 약자들끼리 서로를 혐오하는 정서정치를 준동했다. 신자유주의로 새롭게 진용을 짠 오늘날의 지배 구조는 소득 수준, 계급, 젠더, 섹슈얼리티, 시민권상의 지위, 나이, 종교 등에 따라 노동자 여성과 남성에게 상이한 영향을 미친다. 따라서 지금

---

*　이 글은 필자의 다음 글을 바탕으로 했다. 「여성주의 좌파이론을 향해서: 흑인 페미니즘 사상과 교차성 이론」, 『진보평론』 59호, 2014; 「20세기 초 신여성의 꿈과 정치, 21세기 페미니즘의 사회주의 기획」, 『여/성이론』 27호, 2012; 「여성주의 유물론을 위한 이론 읽기의 방법들: 정치경제의 분석범주로서 젠더」, 『여/성이론』 20호, 2009.

이야말로 사회주의 페미니즘을 다시 기억해야 하는 때다. 신자유주의 아래 우리에게 가장 필요한 통찰을 찾아내기 위해서는 말이다.

왜 '사회주의' 페미니즘인가? 사회주의 페미니즘이라 하면 여성의 지위를 결정하는 제1요소로 계급을 꼽는 이론을 상상할지 모르겠지만, 또 오늘날 여성의 지위를 결정하는 데 계급뿐 아니라 너무나도 많은 것이 관여한다고 생각하겠지만, 이 책 『사회주의 페미니즘』을 엮은 (동시에 저자 중 한 명이기도 한) 낸시 홈스트롬은 사회주의 페미니즘을 상당히 폭넓게 정의한다. "계급을 여성의 삶의 중심으로 보면서도 동시에 성적 억압이나 인종적 억압을 경제적 착취로 환원하지 않"(13)고 "계급은 언제나 성별화되고 인종화"(14)됨을 인정하며, 오랜 "역사를 지닌 현재 진행형 기획"(28)이자 "전 지구적 자본주의라는 야만적 체제에 대한 대안을 이론화하고 건설할 수 있는 거대한 잠재력"(33)을 지닌 이론이다(이것이 이 책에 실린 글들이 증명하는 핵심 명제다). 따라서 홈스트롬은 사회주의 페미니즘도 폭넓게 정의하는데, "계급과 성뿐만 아니라 인종/민족이나 성적 지향 등 정체성의 다른 측면까지도 통합하는 일관되고 체계적인 방식으로 여성의 종속을 이해하려는 이들"이라면 누구나 사회주의 페미니스트이다(12).

원제(The Socialist Feminist Project)에서 보듯이, 이 책은 '기획'된 것이었다. 『사회주의 페미니즘』이 먼슬리리뷰 출판사에서 처음 출간된 2002년은 주지하다시피 신자유주의가 전 세계를 휩쓸던 시기였고, 그 여파는 어마어마했다. 물론 이 책에 실린 글들은 2002년 직전에 긴급하게 쓰인 것이 아니며, 멀게는 1960년대, 가깝게는(그리고 대부분이) 1990년대를 다루고 있다. 어쩌면 (낸시 홈스트롬의 말을 약간 바꿔 말하자면) 어떤 이들은 사회주의를 지난 세기가 낳은 가공물일 뿐이며,

이미 오래전에 실패한 기획이라고 말할지도 모른다. 또 어떤 이들은 사회주의가 여성은 해방시키지 않았다고 말할지도 모른다. 그렇지만 1980년대에 접어들면서 몰락하기 시작한 사회주의 아래에서는 "남성들 역시 해방되지 않았다"(17). 중요한 것은 '이' 사회주의, 즉 지난 세기에 동구권에 널리 퍼졌다가 점차 몰락한 사회주의가 아니라 ('선구자들' 장에서 보여주듯이) 우리가 생각하는 것보다 훨씬 더 유구한 역사를 지닌 '사회주의'를 인식하는 일이다. 19세기 유토피아 사회주의자들이 상상한 이상적인 사회상에는 분명 성적 분업의 종식과 성적 평등이 존재했고, 당시 사회주의자이자 페미니스트로서 활동한 수많은 이들이(프랜시스 모리슨, 플로라 트리스탕, 로자 룩셈부르크, 클라라 체트킨, 엘리너 마르크스 등) 존재했다. 우리는 이로부터 사회주의를 새롭게 전유할 수 있을뿐더러 물론 확장할 수 있다. 컴바히강 공동체가 "우리가 기본적으로는 마르크스의 이론에 동의하더라도 이 분석은 확장되어야만 한다"고 썼듯이, 홈스트롬은 "마르크스주의의 기본적인 이론에 중대한 수정을 가할 필요는 없다. 그렇지만 보완될 필요는 있다고 생각한다"고 주장한다. 예컨대 현대 사회주의 페미니즘은 (홈스트롬이 시사하고 이 책에 실린 글들이 기록한 대로) 오늘날 '교차성 이론'의 원형이라 할 수 있는 관점과 분석을 제시했다. 1960년대 이후 등장한 현대 사회주의 페미니스트들이 제시한 원형적 교차성 이론은 당대 급진 페미니즘 이론과 여성해방운동에 참여함으로써 기존 마르크스주의 유물론과 마르크스주의 페미니즘의 이론적 한계를 혁신하면서 나온 것이다.

사회주의 페미니즘의 역사는 마르크스가 활동했던 19세기 후반부터, 관점에 따라서는 근대 페미니즘의 어머니 메리 울스턴크래프트 (1759~1797)부터 존재했다고도 말할 수 있다. 하지만 이 앞선 역사는 1960~1970년대에 활동한 사회주의 페미니스트들도 배우지 못했던 역사다(이 역사는 '선구자들'에 선별적으로나마 기록되어 있다). 현대 사회주의 페미니즘은 '왜 전통적 마르크스주의는 성 억압을 분석하지 못했는가'라는 질문에서 시작된다. 자연/문화 이분법에 토대를 둔 서구의 사유체계는 마르크스주의에서도 작동한다. 마르크스주의는 자연/문화 대신 자연/사회를 대립적으로 구분하며, 사회적인 것을 생산과 재생산 영역으로 나누고 주로 생산 분석에 초점을 둔다. 문제는 이러한 구분이 남성/여성, 문명/부족민이라는 관념과 연동된다는 점이다. 예컨대 마르크스와 엥겔스의 주요 저작에서 여성은 부족민처럼 자연적인 것과 사회적인 것의 경계지역에 불안정하게 존재한다. 그들은 결혼생활에서 여성을 억압하는 근원이 경제적 소유 및 재산관계에 있음을 언급하기는 하지만, 여전히 성별 분업과 이성애를 자연적인 것으로 가정한다. 요컨대 그들은 여성의 종속을 자본주의적 계급관계로 파악했을 뿐, 여성과 남성 사이에 존재하는 젠더 권력 구조는 인식하지 못했다. 마르크스주의는 젠더가 계급처럼 독립적이고 지배적인 권력 구조 분석 범주일 수 있으며 적대적 사회관계를 틀 짓는 가장 방대하고 가장 조밀한 사회 구조라는 점을 인식하지 못했고, 이성애와 성차를 자연시함으로써 생산양식에서 섹스와 젠더가 작동하는 방식을 분석하지 못했다. 마르크스주의에서 성은 분석상의 질료, 즉 역사가 작동하기 위한 날것의 재료일 뿐이다. 여성의 노동을 역사화하지 못한 인지적 실패는 결국 성 자체를 역사화하지 못한 데서 기인한다.

하지만 1960년대에 등장한 현대 사회주의 페미니즘과 급진 페미니즘은 마르크스주의가 말하는 남성 노동을 통한 자연의 지배 및 전유를 포함하여 자연/문화, 자연/사회, 생물학/정치경제의 이분법적 논리를 비판하며 젠더를 여성을 억압하는 권력 구조로 이론화한다. 이렇게 자연/문화의 이분법을 해체하고 여성을 자연 범주에서 떼어 인간의 역사와 문화 속에 넣을 수 있었던 것은 1960~1970년대 사회주의 페미니즘이 당대 발흥한 여러 사회운동에 뿌리를 두었기 때문이다. 이 시기 미국의 사회주의 페미니스트들은 미국 원주민을 비롯해 아프리카계·아시아계 미국인 등 소수 인종 집단의 민권운동, 민주사회학생연합을 포함한 신좌파(학생) 운동, 여성해방운동과 급진 페미니즘, 반전·반핵·평화운동 등 진보적 사회운동에 적극적으로 참여했고, 제3세계의 반제국주의 저항을 통해서도 자신들이 물려받은 제국주의적 폭력의 역사가 무엇인지를 배웠다. 요컨대 **현대 사회주의 페미니즘에 가장 큰 영향을 미친 역사적 맥락은 1960~1970년대의 여성해방운동을 위시한 진보적 사회운동이었다.** 바로 이 점, 즉 현대 사회주의 페미니즘의 역사적 기원과 공헌은 현대 페미니즘 이론사에서 집단적으로 망각되고 누락되었다. 1960년대 이후 현대 페미니즘 이론은 여성 억압을 설명하고자 젠더 개념과 젠더 이론을 정교화하는 방향으로 전개됐다. 1980년 이후 신자유주의 정책이 본격적으로 시행됨에 따라 사회운동은 일제히 후퇴했고, 빈곤은 여성화되었고, 더 많은 빈곤층을 만들어낸 일련의 복지 개혁이 이어졌으며, 이를 부추긴 신우파가 등장하고 사회가 전반적으로 보수화되는 가운데 여성해방운동에서 하나의 분명한 흐름으로 존재했던 사회주의 페미니즘은 망각되었다. 예컨대 1969년 미스 아메리카 대회를 저지한 급진적 여성들의 시위가 여성해방운동의 시작점으로 기록되곤 한다(앨리스 에콜스, 『나쁜여자 전성시대』참조). 그렇지만 1960년대 초부터 여성 노동자들의 노동시장 진입 확대 및 노동조건 개선 투쟁, 항공사 여성 승무원들의 결혼 이후 강제 퇴직 반대 투쟁 등이 급진 페미니즘이 발흥하는 데 중요한 기여를 했음을 다시 기억할 필요가 있다.

이렇듯 1960년대 사회운동과 적극적으로 영향을 주고받으며 출발한 사회주의 페미니스트들은 이후 수십 년간 여성 노동자 조직 및 투쟁에 가장 적극적으로 헌신한 페미니스트 집단이었으며, 여성 노동자 중심의 역사를 기록한 이들이었다(예컨대 이 책 3부, 특히 낸시 매클린의 글을 보라). 하지만 역설적이게도 이들이 현대 페미니즘 이론사에서 주변화된 이유 중 하나가 바로 이들이 정치적·이론적으로 견지한 여성 노동 중심성이었다. 미국에서 1980년대에 본격화된 신자유주의적 반노동 정책 및 문화가 어느 때보다 맹렬하게 확산됐고, 다른 한편 현대 페미니즘 이론은 주로 여성이 경험하는 억압을 분석하며 젠더권력 이론화에 집중했다. 즉 인류는 이런 방향으로 전개된 현대 페미니즘 이론을 통해서야 처음으로 권력 구조로서 젠더와 젠더 정체성, 젠더화된 주체성 형성을 인식하게 됐다. 하지만 안타깝게도, 젠더와 노동을 결합하여 여성 억압을 분석하면서 여성 노동 중심성을 견지했던 흐름은 집단적 기억에서 사라져갔다.

『사회주의 페미니즘』은 이렇듯 잊힌 역사를 기록함으로써 인류의 기억을 보완한다. 여성들의 기록이란 역사에서 누락된 삶과 잊힌 목소리를 되찾아오는 일이고, 이 책의 기록은 현대 페미니즘 이론사에서 주변화된 사회주의 페미니즘의 역사를 가시화하여 다시 기억한다. 1960~1980년대 사회주의 페미니즘이 현대 페미니즘 이론사에서 주변화된 이유를 몇 가지 더 살펴보면, 사회주의 페미니스트들은 이론 작업보다는 주로 여성 노동 조직과 정치에 집중했다. 시카코여성해방연합Chicago Women's Liberation Union은 이렇게 말한 바 있다. "우리가 여성들을 조직하기 전에 우리가 받는 억압의 성격을 규명하는 완성된 이론을 발전시켜야 한다거나 우리가 경험하는 억압의 제1모순을 (마치 그게 단 하나뿐이라도 된다는 듯이) 찾아야 한다는 끊임없는 비명이 우리에게는 아무런 도움이 되지 않는다는 사실을 알게 됐다. 어떤 분석들은 사실 아무런 행동도 하지 못하게 막을 뿐이었다." 이는 정치적 조직화가 시급함을 강조하는 것일 테지만, 이론과 실천을 구분/분리하고 액티비즘을 더 중시하는 태도는 이론 작업의 진척을 가로막기도 했다. 급진 페미니스트들 중에는 글쓰기에 전념한 여성들이 상대적으로 많았다는 점, 이들이 수많은 뉴스레터와 저널을 펴내며 기념비적인 문헌과 선언문을 다수 남겼다는 점에 비교하면 사회주의 페미니스트들이 남긴 기록은 상대적으로 적다.

다른 한편, 1970년대에 수천 개의 여성운동단체가 생겨나는 동안 사회주의 페미니스트 단체들도 다양한 이슈로 뻗어나가며 정치적 구심점과 관심 역시 여러 갈래로 갈라졌다. 가령 이 시기 여성운동에 더 많은 여성이 참여하자 사회주의 페미니즘 단체들도 노동 현장 조직 대신 재생산권을 둘러싼 운동 조직에 집중하기도 했다. 또한 사회주의 페미니즘은 단일 쟁점 투쟁 대신 연대운동에 더 힘을 쏟았으며, 사회주의 페미니스트로 적극 활동했던 이들 일부가 (매우 소수이기는 했지만) 학계로 들어감에 따라 사회주의 페미니즘의 정치적 가시성이 줄어들었다. 홈스트롬은 사회주의 페미니즘이 쇠퇴한 이유로 인종 억압과 이성애주의를 설명하지 못하는 이론적 한계, 1980년대 이후 학계를 지배하며 총체적 해방의 서사를 해체해버린 포스트모더니즘의 발흥, 사회운동의 쇠퇴, 활동가들의 감소 등을 꼽는다.

더 거슬러 올라가면 20세기 미국 역사에서 잠시나마 공산주의 사상의 영향력이 컸던 '붉은 10년', 즉 1930년대에 다다른다. 1930년대는 향후 1950~1960년대에 노동운동을 조직하며 여성노동운동을 지도하는 여성 활동가들을 키운 시기이기도 했다. 전국여성기구 초대 회장 베티 프리던, 여성사의 어머니라 불리는 거다 러너Gerda Lerner, 비록 이름이 널리 알려지지는 않았지만 수많은 여성 노동자 단체를 조직했던 지도자들은 1930년대 미국 사회민주주의 투쟁으로부터 직접적인 영향을 받은 사회주의 페미니스트들이었다. 이들의 사회민주주의 관점은 전국여성기구의 초기 조직 및 활동에 큰 영향을 미쳤다. 프리던은 1950년대 미국을 휩쓴 매카시즘 광풍을 피하면서도 페미니즘 의제를 집중적으로 정치화하고자 자신의 사회주의 활동 경력을 철저히 숨기고 지운 후에 급진 페미니즘의 고전 『여성의 신비The Feminine Mystique』(1963)를 출판했다. 프리던이 회장직을 맡는 동안 전국여성기구는 노동계급 여성을 조직하는 현장 활동을 중시했고, 기혼 여성을 포함한 일하는 여성들을 위한 노동 정책을 도입하고 실행하는 데 초기 활동을 집중했다.

1930년대부터 1950년대까지의 사회주의 혹은 사회민주주의 관점 및 투쟁은 이후 급진적 여성운동에도 영향을 미치지만, 그 영향은 중요하게 인식되지 않았다. 이 무시된 영향을 몇 개만 예로 들어 재기록하자면 다음과 같다. 여성해방운동의 한 흐름을 형성했던 사회주의 (혹은 신좌파 운동에 참여한) 페미니스트들이 결성한 단체들 중 가장 큰 단체로 꼽히는 시카고여성해방연합을 비롯해 이 단체가 조직한 풀뿌리 여성운동 조직인 여성노동권직접행동Direct Action for

Rights in Employment, 보스턴을 거점으로 활동한 사회주의 여성해방 운동단체 빵과장미Bread and Roses, 여러 도시에서 조직된 여성노동자 단체 등은 여성 노동자들을 조직하는 데 헌신하며 여성 노동 현장의 성차별과 성폭력을 근절하는 운동에 주력했고, 이후 방향을 돌려 강제 불임시술 반대 등 재생산권을 둘러싼 투쟁에도 깊이 관여했다. 1960~1970년대 사회주의 페미니스트들의 이런 활동과 더불어 같은 시기에 제출된 사회주의 페미니즘의 주요 문헌은 앞선 세대의 역사와 이어진 것임을 부각하여, 그 역사적 연속성 위에서 다시 바라보아야 한다. 이 시기 사회주의 페미니즘이 현대 페미니즘 이론을 인식론적으로 어떻게 확장했는지를 말이다.

1960~1970년대 사회주의 페미니즘을 명쾌하게 진술한 문헌을 몇 개만 꼽자면, 마거릿 벤스턴의 「여성 해방의 정치경제학The Political Economy of Women's Liberation」(1969), 시카고여성해방연합 하이드파크 지부가 작성한 「사회주의 페미니즘: 여성운동의 전략Socialist Feminism: A Strategy for the Women's Movement」(1972), 바버라 에런라이크의 「사회주의 페미니즘이란 무엇인가?What is Socialist Feminism?」(1976), 흑인 레즈비언 페미니스트 단체 컴바히강 공동체의 「흑인 페미니스트 선언문 A Black Feminist Statement」(1977)을 들 수 있다. 이 책에서도 잠깐 언급된 「여성 해방의 정치경제학」은 현대 사회주의 페미니즘의 고전으로 꼽히며, 가사노동 논쟁을 촉발한 글이다. 벤스턴은 남성의 임금노동만을 유의미한 노동으로 상정하는 마르크스주의의 노동 범주를 비판하면서 노동이 남성 중심적으로 젠더화된 편향적 개념임을 규명한다. 그러면서 가사노동이 노동으로 인식되지 않는 방식과 이유를 분석해

가정에서 여성들이 하는 일이 자본주의 사회를 지탱하는 핵심 노동임을 가시화한다. 이 같은 가사노동 이론은 당대에 집안일을 노동이라 인식하는 동시에 정치적·이론적 쟁점으로 구성해낸다.

바버라 에런라이크의 「사회주의 페미니즘이란 무엇인가?」는 현대 사회주의 페미니즘이 구좌파의 마르크스주의 분석 틀, 신좌파의 사회주의, 당대 급진 페미니즘의 교차로에서 탄생한 것임을 기록한다. 이 글은 "사회주의 노선의 페미니즘을, 페미니즘 노선의 사회주의를 표방"하며, "사회주의 페미니스트 관점에서 급진 페미니즘의 문제는 남성 우월성의 보편성에 고착"되어 있어 남성 지배의 구조적 "상황이 결코 변화하지 않을 것"이라 본다. 사회주의 페미니즘은 자본주의만을 사회적 총체로 상정하는 (이른바) '기계적 마르크스주의'를 거부한다. 사회주의 페미니즘은, (남성으로 젠더화된) 생산양식만을 사회적 총체성으로 간주하는 기존 마르크스주의의 이론적 한계를 돌파하여 생산 중심적 틀에서 포착되지 않는 사회 집단을 가시화하고 재생산을 포함한 더 넓은 분석 틀을 제시한다. 즉, 페미니스트들이 제기하는 정치적 쟁점을 다룰 수 없는 마르크스주의와 결별하는 지점이 곧 사회주의 페미니즘이 탄생한 지점이다.

현대 사회주의 페미니즘이 구좌파든 신좌파든 마르크스주의를 출발점으로 참조하면서도 마르크스주의 분석이 누락한 지점에서 결별하는 것은 20세기 후반 여성들이 여성 억압을 설명할 때 참조할 만한 지적·사상사적 전통이 제한적이었기 때문이다. 우리는 항상 우리가 활용할 수 있는 것을 참조하며 사유한다. 남성의 언어와 담론으로만 가득한 지성사와 제도교육으로 인해 1960~1970년대 여성들은 18세기부터 존재했던 페미니즘의 역사와 여성들의 문헌을, 19세기와 20세기 전반부까지의 여성운동사를 잘 알지 못했다(이는 물론 그녀들의 잘못이 아니다. 당시 선생 없이 역사적 무지 속에 활동한 그녀들이 20세기 후반 여성의 역사를 일구어 현대 페미니즘 이론의 초기 문헌을 우리에게 남겨주었다). 대신, 그녀들은, 남성 지배가 사회 억압과 권력 구조의 주요 형식이라고 주장한 당대 급진 페미니즘에서 배웠다. 즉 급진 페미니즘으로부터 사회주의 페미니스트들은 강간, 성폭력, 성적 괴롭힘, 섹슈얼리티 억압, 강제적인 이성애 및 모성이 자본주의하에서 여성이 억압되는 방식이며, 이로 인해 여성들이 치르는 희생과 대가가 무엇인지를 배웠다. 예컨대 현대 사회주의 페미니즘의 고전적 문헌을 남긴 에런라이크도 급진 페미니즘의 분석을 확장하여 현대 자본주의 사회에서 여성이 가장 소외된 계급임을 밝히고, 노동계급의 정치적·사회적·문화적 자율성을 촉진하고자 하는 모든 운동은 반드시 여성해방운동과 연결된다고 주장했다. 에런라이크에게 사회주의 페미니즘은 마르크스주의/사회주의의 억압 분석과 페미니즘의 억압 분석을 서로 대결시켜 각각의 이론적·정치적 한계를 돌파함으로써 나온 것이었다.

  낸시 홈스트롬, 린다 고든, 낸시 프레이저 등이 사회주의 페미니스트로서 자신의 이론적 궤적을 설명하면서 밝힌 대로, 사회주의 페미니스트들은 급진 페미니스트들과 달리 남성 지배와 가부장제를 억압 분석의 제1요소로 개념화하지 않았다. 이는 그들이 (앞서 말했듯) 1960년대 사회운동, 특히 신좌파 운동에 적극적으로 결합하고 1970년대 급진 페미니즘을 만나면서 이론적으로 성장했기 때문이다. 신좌파 운동을 통해 그들은 성차별주의와 젠더 권력 구조를 변화시키려면 계급 구조와 인종화된 권력 구조도 변화시켜야 한다는 점을 배웠다. 그들은 또한 젠더 권력 구조를 이론화한 급진 페미니즘을 만

나면서 젠더가 계급 구조와 인종화된 권력체계에 미치는 심대한 영향을 어떻게 이론화할지 고민하게 됐고, 진보적 사회운동에 참여하면서 만난 유색인 여성들에게서도 영향을 받았다. 컴바히강 공동체 같은 유색인 여성 페미니스트들을 통해 그들은 미국 사회에서 인종이 계급과 젠더만큼이나 방대하고 조밀하게 작동하는 권력 제도이며, 자신들 역시 인종주의로부터 자유로운 존재가 아님을 배워야 했다. 쿠바, 베트남 등에서의 투쟁도 사회주의 페미니스트들로 하여금 자본주의 대 공산주의라는 냉전 이분법을 피할 수 있게 해주었다. 현대 사회주의 페미니스트들은 당대 만연했던 냉전 이분법에 굴복하지 않았기에 자본주의를 악마화하지 않았고, 공산주의를 이상적 사회상으로 받아들이지 않았으며, 사회주의를 이런 냉전 이분법을 탈피해 새로운 세계를 상상할 대안이라고 제시하지도 않았다.

컴바히강 공동체의 「흑인 페미니스트 선언문」은 흑인 페미니즘의 존재를 천명하며 현대 사회주의 페미니즘의 정수를 담고 있는 문헌이다. 흑인 여성의 입장에서 권력 및 억압 구조를 분석한 이 선언문은 흑인 여성이 겪는 여러 억압의 동시성을 개념화했다는 점에서 훗날 교차성 분석 틀이 정교화되는 데 초석을 놓았을 뿐만 아니라, 1970년대 유색인 여성 페미니즘과 사회주의 페미니즘의 출발점을 비롯해 방향, 현실 분석, 해방의 목표를 명시했다. 이 선언문이 제시한 사회주의 페미니즘은 성/인종/계급 차별주의는 미국 자본주의가 백인우월주의적이며 남성중심적인 생산관계를 배치하기 위한 차별 기제이며, 그 핵심으로 섹슈얼리티를 활용한다는 점을 정교하게 규명한다. 흑인 레즈비언 페미니스트 단체이기도 했던 컴바히강 공동체는 이 선언문에 퀴어 정치의 혁명적 잠재력까지도 담아냈다. 이들 퀴어 사회주의 페미니스트는 "인종 억압, 성 억압, 이성애 중심주의, 계급 억압에 대항하는 투쟁에 적극적으로 참여하고 있으며, 주요한 억압 체계가 맞물려 있다는 사실에 기반을 둔 채 통합적인 분석 및 실천의 계발을 과제로 삼고 있다."

「흑인 페미니스트 선언문」은 여러 억압의 동시성과 교차적 작동을 강조했다는 점에서, 또 섹슈얼리티 의제가 정치·경제적 구조를 혁명적으로 변화시키는 담론적·정치적 지평도 갖추고 있음을 증명했다는 점에서 주목받았다. 이 선언문은 흑인 여성들의 경제적 지위가 "여전히 미국 자본주의 경제 가장 밑바닥에 있"음을 강조하며 "성적 억압에서 인종 억압과 계급 억압을 떼어내기 어렵다는 것"을 언급한다. 자본주의는 인종주의와 성차별주의를 통해 흑인 여성 노동에 대한 착취를 은폐하며, 여성 노동을 이성애 질서에 묶어놓음으로써 폄하한다. 성별 임금 격차는 이성애주의를 통해서도 강화된다. 이성애주의는 인종주의적/성차별주의적 자본주의의 생산관계를 떠받히고 있는 (흑인) 여성을 "가장 밑바닥"에 놓는 재생산 기제다. 요컨대 인종차별과 계급차별이 철폐된다 할지라도 성차별주의와 이성애주의가 철폐되지 않는다면 흑인 여성은 온전히 해방될 수 없다. 이것이 이 선언문이 여러 억압 구조 사이의 위계를 설정한 변혁 이론 및 운동에 저항하면서 여러 억압의 동시성과 교차성에 주목한 이유다.

마르크스주의 이론을 흑인 여성에게 부여된 경제적 입장에서 수정한 것이기도 한 이 선언문은 사회주의 페미니즘 정치가 노동/계급 문제라는 하나의 전선이나, 계급과 젠더라는 두 개의 전선에서 투쟁하는 것이 아님을 분명히 보여준다. 대신 그것은 "억압의 전체 범위를 거론"하면서 "모든 억압 체계를 철폐"하는 정치 투쟁을 제안하고 전개한다. 이런 관점—젠더, 인종, 계급, 섹슈얼리티는 서로를 강화하면서 작동하는 여러 억압 구조를 구성하며 이 구조들은 서로 맞물리면서 사회 불평등을 유지하고 심화한다고 보는 관점은, (이 책에 글을 실은 35명의 사회주의 페미니스트들 역시 이런 관점을 강조하는 데서 보듯이) 현대 사회주의 페미니즘의 특징이다. 이렇듯 여러 억압 구조 중 하나를 핵심적인 것으로 상정하지 않는다는 점은 오늘날 교차성 이론의 모델이기도 하다. 실제로 이 책에 실린 글들 대부분이 교차성 이론에 바탕을 둔 것이기도 하다.

홈스트롬이 이 책을 기획하면서 관찰하듯, 교차성 이론으로 발전한 사회주의 페미니즘은 바야흐로 번성 중이다. 홈스트롬은 교차성 이론을 가장 정교하게 발전시킨 이들이 (필자가 보기에는 일차적으로 유색인 여성들이지만) 사회주의 페미니스트들이라고 주장한다. "지금이야말로 사회주의 페미니즘을 재평가하기에 알맞은 때다. 세계화라는 야만적인 경제 현실 덕분에 계급을 무시하기가 힘들어졌고, 페미니스트들은 1970년대에 사회적인 차원에서 던졌던 커다란 질문을 이제 지구적인 차원에서 제기하고 있다. …… 가장 중요한 점은 여성과 소수인종이 노동력에서 차지하는 비중이 점차 커짐에 따라 계급 억압과 성/인종 억압, 작업장 문제와 공동체 문제 사이의 선명한 분할이 현실적·이론적으로 불가능하다는 사실이 더욱 뚜렷해졌다는 것이다"(26). 이어 홈스트롬은 이렇게 말한다. 1960~1980년대 사회주의 페미니즘의 역사를 다시 기억하고 그 이론적 공헌을 재평가하면서 "단순한 비판에서 나아가 계급을 정체성의 다른 측면들과 통합하는 적극적인 분석 사례를 제공하는 것이 중요하다"(27).

따라서 『사회주의 페미니즘』은 1970~1980년대 여성 억압을 둘러싸고 제시된 다양한 분석을 사회주의 페미니즘 관점에서 재정리하면서 1990년대 이후 진행된 전 지구적 신자유주의화를 분석하고 사회운동 및 페미니즘의 쇠퇴에 전면적으로 대응하는 여성들의 움직임을 담고 있을뿐더러, 성평등 의제 없는 좌파 변혁 이론이 결코 대안이 될 수 없음을 증명한다. 더불어 이 책(의 가장 큰 미덕 중 하나이기도 한데)은 서구라는 경계를 넘어 다양한 지역에서 벌어진 사건에 대한 지구지역적glocal 관점을 오롯이 담아내고자 하며, 여성 해방에 젠더·인종·계급·국적·성적 실천을 가로지르는 연대가 필요하다는 점을 논증한다. 총 6부 35편의 글로 구성된 『사회주의 페미니즘』을 다 읽고 나면, 과연 저자들이 주장한 대로 "사회주의 페미니즘은 세계 대다수 여성이 당하는 착취와 억압을 탁월하게 설명할 수 있는 접근법"(13)임을, 우리에게 지금 필요한 이론적 유용성과 정치적 힘을 바로 여기서 얻을 수 있음을 알 수 있다. 『사회주의 페미니즘』은 앤절라 데이비스의 『여성, 인종, 그리고 계급Women, Race & Class』(1981), 오드리 로드의 『시스터 아웃사이더Sister Outsider』(1984), 퍼트리샤 힐 콜린스의 『흑인 페미니즘 사상Black Feminist Thought』(1990)과 더불어 21세기 초 우리에게 페미니즘 운동과 지식 생산의 방향을 모색하는 데 이정표가 될 책이다.

***

덧붙이자면 35편의 글 가운데 가장 강렬했던 것을 꼽으라면 도로시 앨리슨의 글(1장)과 앤절라 데이비스의 글(22장)을 꼽겠다. 이 두 편의 글은 "사회주의 페미니즘이 지닌 유용성과 정치적 힘"을 가장 잘 보여주는 글이다. 앨리슨의 글 「계급의 문제」는 자본 축적이 어떻게 우리 삶의 구석구석에까지 비집고 들어오는지를 들려주는 자전적 이야기다. 앨리슨은 가난한 백인 노동계급에서 태어난 페미니스트 소설가이자 퀴어 활동가다. 「계급의 문제」는 무엇보다도 여성 자신의 이야기가 어떠한 이론적 분석이나 논증보다도 강렬하고 복잡한 이론이 될 수 있음을 보여준다. 또한, 이제까지 성적 실천은 주로 젠더와 더 밀접하게 논의되었던 데 반해 이 글에서는 계급이 성적 실천을 구성하는 힘을 생생하게 논증한다. 이 책 첫 장에 실린 만큼 강렬한 글이기도 하다. 한편 투옥된 여성에 대한 성적 폭력을 다룬 앤절라 데이비스의 글 「공적 투옥과 사적 폭력」은 가정폭력이 국가의 성폭력으로 확대되는 지점을 자세히 보여주고 분석한다는 점에서 충격적인 연구다. 이 문제는 "오늘날 미국에서 벌어지는 여성 수감자에 대한 성적 학대는 국가가 승인한 가장 극악한 인권 침해"(465)임에도 불구하고 지금까지 거의 연구되지도 논의되지도 않았을뿐더러, 당연히 이에 대해 아무런 행동도 촉구되지 않은 문제다.

　이론적으로 흥미로운 글은 2부에 실린 앤 퍼거슨의 글(11장)이다. 페미니즘 유물론을 펼치는 퍼거슨은 모성과 섹슈얼리티를 분석하는 사회주의 페미니즘을 "다중 체계 페미니즘 유물론"이라 규정한다(255). 퍼거슨은 게일 루빈의 '성/젠더 체계'를 발전시켜 '성/애정 생산'이라는 개념을 제시하면서, 이제까지 출산 및 친족 네트워크 내의 인간관계를 재생산으로 정의해온 관계를 '생산 과정'으로 개념화하며, "가족과 친족 네트워크를 성/애정 생산의 중요한 물질적 토대로서 특권화"한다(257). 자본주의 경제와 관련하여 '성/애정 생산'은 "사람을 사회적 성 계급에 연결"(259)시키기 때문이다. 그러나 퍼거슨의 '성/애정 생산 패러다임'은 아쉽게도 자본주의하에서의 가족 및 친족 제도,

젠더 정체성 발달 과정을 논의하는 데서 멈추는데, 이는 '성/애정 생산' 개념이 루빈의 논의를 발전시킨 것이기 때문에 그렇다. 퍼거슨의 짧은 글을 다 읽고 느껴지는 아쉬움은 고정갑희의 『성이론』을 만나면 풀릴 것이다. 『성이론』은 퍼거슨이 멈추는 지점에서 출발해 이 '성/애정 생산 패러다임'을 더욱 진전시킨 논의를 제시한다.

1960년대 이후에 펼쳐진 페미니즘 논의를 훑어본 뒤에 오늘날의 문제와 씨름하고 싶다면 미카엘라 디 레오나르도와 로저 랭카스터의 글(2장)을 먼저 읽어볼 것을 권하고 싶다. 이 글은 지난 30여 년간 젠더, 섹슈얼리티, 정치경제, 퀴어 등 여러 갈래로 뻗어나갔던 페미니즘 논의를 압축적으로 정리한 글로, 간단명료하게 요약하기 힘든 '섹스전쟁'에 대해서도 언급하고 있다. 가족론이나 가족 문제에 관심이 있다면 다른 무엇보다 주디스 스테이시의 글(6장)이 흥미로울 것이다. "가족이 흔히 근대화라고 불리는 오랜 역사적 변형의 소산임을 인식하는 것이 중요"(188)함을 주장하는 이 글은, 지난 세기에 전형적인 가족 모델로 받아들여졌던 근대 가족 모델이 붕괴하고 포스트모던 가족이 등장한 과정을 자세히 보여준다. 이 글을 읽고 나서 정통 마르크스주의의 가족론을 다룬 10장을 비롯해 미국(7장), 인도(8장), 치카나 문화(9장), 남아프리카·중동·남아시아·동아시아(12장)에서의 상이한 가족 경험을 참조할 수 있겠다.

페미니즘 이론의 수정 과정과 지식 생산에 관심이 있다면 6부에 실린 글들이 도움이 될 것이다. 특히 낸시 하트삭이 입장론을 성찰하는 대목은 페미니스트들 간의 이론적 대화가 이론을 정교화하고 지식을 생산하는 데 얼마나 큰 원동력이 되는지, 이론(가)의 자기 성찰이 무엇인지 잘 보여준다. '본성'이라는 말을 뒤집어 사고하는 홈스트롬의 글 역시 흥미롭다. 월경을 둘러싼 사회적 규율에 관심이 있다면 에밀리 마틴의 글(3장) 역시 반가울 것이다. 의학이 어떻게 성차별주의를 승인하고 퍼뜨렸는지, 여성의 몸은 어떻게 노동 규율과 연결되는지(혹은 그로부터 배제되는지)를 자세히 고찰한 마틴의 글은 한편으로 월경을 다양하게 경험하는 여성들에 대한 한 편의 르포르타주처럼 읽히기도 한다.

전 지구적 자본주의가 지구지역적으로 여성 노동을 착취하는 방식과 이에 대한 여성 노동자들의 대응은 주로 3부(임금노동과 투쟁)에 실려 있다. 3부는 최근 40년간 자본주의 변화 속에서 미국, 영국, 인도, 멕시코, 과테말라 등의 여성 노동자들이 직면한 문제와 여성 노동 투쟁을 기록한다. 특히 찬드라 탈파드 모한티(14장)의 글은 현 상황에 필요한 대안까지 제시한다. 노동운동과 여성 노동자 간의 갈등관계, 계급운동의 젠더정치를 다룬 15장과 21장은 우리에게도 너무나 익숙한 갈등을 정리하면서 현재 노동운동과 사회운동이 쇠퇴한 원인이 무엇인지를 통렬하게 보여주며, 앞으로의 방향성을 제시한다. 여성 노동 활동가라면 이 두 장에 강렬하게 감정이입하면서 단숨에 읽어낼 것이고, 이들이 제시하는 방향이 자신이 생각하는 바와 동일한 것임을 발견하게 될 것이다. 대안을 찾는다면 5부에 실린 일곱 편의 글이 통찰을 줄 것이다. 5부에 실린 글들은 정치적 선언문처럼 읽히기도 하고, 정교한 정치 전략서이기도 하며, 동시에 이론적으로 잘 짜인 글이기도 하다. 특히 「출발 지점에 대한 평가」(24장)를 쓴 역사학자이자 작가인 실라 로보섬은 한국에 『아름다운 외출』로도 소개되어 있다. 언뜻 에세이처럼 보이는 제목이지만, 1880~1920년대 영국과 미국에서 일어난 여성운동을 기록한 책이다. 여성참정권운동과 여성들이 주도한 여러 개혁운동이 격렬하고 지속적으로 이루어졌던 시기이다. 2세대 페미니즘 운동의 토대가 된 시기가 궁금하다면 이 책을 펼쳐보기를 권한다.

| 인용 및 참고문헌 |

낸시 프레이저, 『전진하는 페미니즘』, 임옥희 옮김, 돌베개, 2017.
앨리스 에콜스, 『나쁜 여자 전성시대』, 유강은 옮김, 이매진, 2017.
컴바히강 공동체, 「흑인 페미니스트 선언문」, 『페미니즘 선언』, 한우리 옮김, 현실문화, 2017.

Babara Ehrenreich, "What is Socialist Feminism," 1976.
Hyde Park Chapter from Chicago Women's Liberation Union, "Socialist Feminism: A Strategy for Women's Movement," 1972.
Jo Littler, "The Fortunes of Socialist Feminism: Jo Littler Interviews Nancy Fraser," 2014.
Linda Gordon, "'Intersectionality', Socialist Feminism, and Contemporary Activism," 2016.
Linda Gordon, "Socialist Feminism: The Legacy of the 'Second Wave'," 2013.
Margaret Benston, "The Political Economy of Women's Liberation," 1969.

미주 및 참고문헌

서론

1. Adrienne Rich, "Credo of a Passionate Skeptic," *Monthly Review* 53, no. 2 (June 2001), 25~31쪽.

2. Rosemarie Tong, *Feminist Thought: A More Comprehensive Introduction*, 2d ed. (Boulder, CO: Westview Press, 1998)([국역] 로즈마리 푸트남 통 지음, 이소영 옮김, 『페미니즘 사상』, 한신문화사, 2000).

3. Alison Jaggar, *Feminist Politics and Human Nature*(Totowa, NJ: Rowman & Allanheld, 1983)([국역] 앨리슨 재거 지음, 공미혜·이한옥 옮김, 『여성 해방론과 인간본성』, 이론과실천, 1992).

4. Margaret Benston, "The Political Economy of Women's Liberation," *Monthly Review* 21(September 1969).

5. Nancy Holmstrom, "'Women's Work,' the Family and Capitalism," *Science and Society* 45, no. 2(Summer 1981)을 보라.

6. Martha Gimenez, "Marxist Feminism/Materialist Feminism," 1998(http://www.cddc.vt.edu/feminism/mar.html).

7. Evelyn Nakano Glenn, "From Servitude to Service Work: Historical Continuities in the Racial Division of Reproductive Labor," *Signs: Journal of Women in Culture and Society* 18, no. 1(1992), 1~43쪽.

8. Patricia Hill Collins, *Black Feminist Thought*, 2d ed.(New York: Routledge, 2000)([국역] 패트리샤 힐 콜린스 지음, 박미선·주해연 옮김, 『흑인 페미니즘 사상』, 여이연, 2009).

선구자들

1. 이 절의 글들은 Barbara Taylor, *Eve and the New Jerusalem: Socialism and Feminism in the Nineteenth Century*(New York: Pantheon, 1983)에서 발췌한 것이다.

2. 이 절의 글들은 모두 Hal Draper and Anne G. Lipow, "Marxist Women versus Bourgeois Feminism," in *Socialist Register 1976*(London: Merlin, 1976)에서 발

췌한 것이다.

3. Barbara Evans Clements, *Bolshevik Feminist: The Life of Alexandra Kollontai*
(Bloomington: Indiana University Press, 1979)에서 재인용.

1. 계급의 문제

1. *A Few Words in the Mother Tongue: Poems, Selected and New*(Portland, OR:
Eighth Mountain Press, 1990).

2. Dorothy Allison, *Trash*(Ithaca, NY: Firebrand Books, 1988).

3. Dorothy Allison, *Bastard Out of Carolina*(New York: Dutton, 1992)([국역] 도로
시 앨리슨 지음, 신윤진 옮김, 『캐롤라이나의 사생아』, 이매진, 2014).

3. 월경전증후군, 노동 규율, 분노

1. Judy Lever with Michael G. Brush, *Pre-menstrual Tension*(New York: Bantam,
1981), 2, 1쪽.

2. Robert T. Frank, "The Hormonal Causes of Premenstrual Tension," *Archives of
Neurology and Psychiatry* 26(1931).

3. Karen E. Paige, "Effects of Oral Contraceptives on Affective Fluctuations
Associated with the Menstrual Cycle," *Psychosomatic Medicine* 33, no.
6(1971), 533~534쪽.

4. Frank, "The Hormonal Causes of Premenstrual Tension," 1053쪽.

5. Alice Kessler-Harris, *Out to Work: A History of Wage-earning Women in the
United States*(New York: Oxford University Press, 1982), 219, 259, 254~255쪽.

6. G. H. Seward, "The Female Sex Rhythm," *Psychological Bulletin* 31(1934);
R. A. McCance, M. C. Luff, and E. E. Widdowson, "Physical and Emotional
Periodicity in Women," *Journal of Hygiene* 37(1937); Edward G. Billings, "The
Occurrence of Cyclic Variations in Motor Activity in Relation to the Menstrual
Cycle in the Human Female," *Bulletin of Johns Hopkins Hospital* 54(1933); A.
L. Brush, "Attitudes, Emotional and Physical Symptoms Commonly Associated
with Menstruation in 100 Women," *American Journal of Orthopsychiatry*
8(1938).

7. M. Altmann, "A Psychosomatic Study of the Sex Cycle in Women,"
Psychosomatic Medicine 3(1941); M. Anderson, "Some Health Aspects of
Putting Women to Work in War Industries," *Industrial Hygiene Foundation
7th Annual Meeting*(1941); Emil Novak, "Gynecologic Problems of
Adolescence," *Journal of the American Medical Association* 117(1941); Hugh
P. Brinton, "Women in Industry," *Manual of Industrial Hygiene and Medical*

Service in War Industries, National Institutes of Health, Division of Industrial Hygiene(Philadelphia: W. B. Saunders, 1943); Eleanor Percival, "Menstrual Disturbances as They May Affect Women in Industry," *The Canadian Nurse* 39(1943).

8. Kessler-Harris, *Out to Work*, 292쪽.

9. Katharina Dalton and Raymond Greene, "The Premenstrual Syndrome," *British Medical Journal*, May 1953.

10. Sophie Laws, "The Sexual Politics of Pre-menstrual Tension," *Women's Studies International Forum* 6, no. 1(1983).

11. Harry Braverman, *Labor and Monopoly Capital*(New York: Monthly Review Press, 1974)([국역] 해리 브레이버맨 지음, 이한주 강남훈 옮김,『노동과 독점자본』, 까치, 1989); Seymour Melman, *Profits without Production*(New York: Knopf, 1983). 산업에서 과학적 경영의 영향을 제한한 요인들에 관해서는 Richard Edwards, *Contested Terrain;, The Transformation of the Workplace in the Twentieth Century*(New York: Basic Books, 1979)를 보라.

12. Braverman, *Labor and Monopoly Capital*, 4부.

13. Michel Foucault, *Discipline and Punish: The Birth of the Prison*(New York: Vintage, 1979)([국역] 미셸 푸코 지음, 오생근 옮김,『감시와 처벌』, 나남, 2003), 139쪽.

14. Reni L. Witt, *PMS: What Every Woman Should Know about Premenstrual Syndrome*(New York: Stein & Day, 1984).

15. Simone de Beauvoir, *The Second Sex*(New York: Knopf, 1952)([국역] 시몬 드 보부아르 지음, 조흥식 옮김,『제2의 성』(상·하), 을유문화사, 2003), 425쪽.

16. Ann Oakley, *The Sociology of Housework*(New York: Pantheon, 1974)([국역] 앤 오클리 지음, 문숙재 옮김,『가사노동의 사회학』, 신광출판사, 1990), 45쪽.

17. Sheila Ballantyne, *Norma Jean the Termite Queen*(New York: Penguin, 1975), 114쪽.

18. Dalton and Greene, "The Premenstrual Syndrome," 80쪽.

19. Alma Gottlieb, "Sex, Fertility and Menstruation among the Beng of the Ivory Coast: A Symbolic Analysis," *Africa* 52, no. 4(1982), 44쪽.

20. Mary Parlee, "The Premenstrual Syndrome," *Psychological Bulletin* 80, no. 6 (1973), 461~462쪽.

21. Sharon Golub, "The Effect of Premenstrual Anxiety and Depression on Cognitive Function," *Journal of Personality and Social Psychology* 34, no. 1 (1976); Barbara Sommer, "The Effect of Menstruation on Cognitive and Perceptual-Motor Behavior: A Review," *Psychosomatic Medicine* 35, no. 6 (1973); Witt, PMS, 160~162쪽.

22. Lynda Birke and Katy Gardner, *Why Suffer? Periods and Their Problems* (London: Virago, 1982), 23쪽.

23. Witt, *PMS*, 151쪽.

24. Thomas Buckley, "Menstruation and the Power of Yurok Women: Methods in Cultural Reconstruction," *American Ethnologist* 9, no. 1(1982), 49쪽.

25. *Baltimore City Paper*, 20 April 1984, 37쪽.

26. Birke and Katy Gardner, *Why Suffer?* 25쪽.

27. Niels H. Lauersen and Eileen Stukane, *PMS Premenstrual Syndrome and You: Next Month Can Be Different*(New York: Simon & Schuster, 1983), 18쪽(강조는 필자).

28. Lever and Brush, *Pre-menstrual Tension*, 28쪽.

29. 앞의 책, 68쪽.

30. I. M. Lewis, *Ecstatic Religion*(Harmondsworth: Penguin, 1971), 116쪽.

31. Lever and Brush, *Pre-menstrual Tension*, 61쪽.

32. Adrienne Rich, *Of Woman Born*(New York: Bantam, 1976)([국역] 에이드리언 리치, 김인성 옮김, 『더이상 어머니는 없다』, 평민사, 2018), 285쪽.

33. Frantz Fanon, *The Wretched of the Earth*(New York: Grove Press, 1963)([국역] 프란츠 파농 지음, 남경태 옮김, 『대지의 저주받은 사람들』, 그린비, 2010); Eugene D. Genovese, *Roll, Jordan, Roll: The World the Slaves Made*(New York: Vintage, 1974), 647쪽.

34. Dalton and Greene, "The Premenstrual Syndrome," 80쪽; Harrison, *Self-Help for Premenstrual Syndrome*, 17쪽; Uriel Halbreich and Jean Endicott, "Classification of Premenstrual Syndromes," in Richard C. Friedman, ed., *Behavior and the Menstrual Cycle*(New York: Marcel Dekker, 1982), 251, 255, 256쪽.

35. E. P. Thompson, "Time, Work-discipline, and Industrial Capitalism," *Past and Present* 38(1967).

36. Alice S. Rossi and Peter E. Rissi, "Body Time and Social Time: Mood Patterns by Menstrual Cycle Phase and Day of the Week," *Social Science Research* 6(1977), 32쪽.

37. Braverman, *Labor and Monopoly Capital*, 32쪽.

38. Gloria Steinem, *Outrageous Acts and Everyday Rebellions*(New York: Holt, Rinehart & Winston, 1981)([국역] 글로리아 스타이넘 지음, 이현정 옮김, 『남자가 월경을 한다면』, 현실문화연구, 2002; 글로리아 스타이넘 지음, 이현정 옮김, 『글로리아 스타이넘의 일상의 반란』, 현실문화연구, 2002), 338쪽.

4. 인권, 재생산 건강, 경제정의는 왜 분리될 수 없는가

1. R. L. Swarns, "Health Care for South Africa's Poor Imperiled by Lack of Funds," *New York Times*, 16 November 1999, A9쪽.

2. I. Capoor et al., "Survey of 10 PHCs in Gujarat and Rajasthan," in V. Ramachandran and L. Visaria, eds., *The Community Needs-Based Reproductive and Child Health in India: Progress and Constraints*(Jaipur: Health Watch Trust, 1999), 49쪽.

3. "Poor Health and Expensive Health Services in Dhaka, 1999," RoundUp, Reproductive Health Matters 7, no. 14(1999), 179~180쪽. 이 글은 S. Nahar and A. Costello, "The Hidden Cost of 'Free' Maternity Care in Dhaka, Bangladesh," *Health Policy and Planning* 13, no. 4(1998): 417~422쪽을 요약한 것이다.

4. United Nations, "Programme of Action Adopted at the International Conference on Population and Development," Cairo, 1994, 7.2절과 7.3절; United Nations, "Platform for Action," Fourth World Conference on Women, Beijing, 1995, 92절과 95절 등을 보라.

5. R. Copelon and R. Petchesky, "Toward an Interdependent Approach to Reproductive and Sexual Rights as Human Rights: Reflections on the ICPD and Beyond,"; F. Butegwa, "International Human Rights Law and Practice: Implications for Women." 둘 다 M. Shuler, ed., *From Basic Needs to Basic Rights*(Washington, DC: Women in Law and Development International, 1994)에 수록되어 있다.

6. M. Koivusalo and E. Ollila, *Making a Healthy World: Agencies, Actors and Policies in International Health*(London: Zed Books, 1997)을 보라. D. Elson and B. Evers, "Sector Programme Support: The Health Sector—A Gender-aware Analysis"(Graduate School of Social Sciences, University of Manchester, 1998), 미간행, 5쪽도 보라.

7. S. Correa and R. P. Petchesky, "Reproductive and Sexual Rights: A Feminist Revision," in G. Sen, A. Germain, and L. C. Chen, eds., *Population Policies Reconsidered*(Cambridge, MA: Harvard University Press, 1994); S. Correa, *Population and Reproductive Rights*(London: Zed Books, 1994); R. Petchesky and K. Judd, *Negotiating Reproductive Rights*(London: Zed Books, 1998).

8. V. N. Mukherjee, "Gender Dimension of Basic Needs: Women's Access to Menstrual Hygiene and RTIs"(MacArthur Foundation Fellowship for Population Innovation, 1999), 미간행.

9. Women's Environment and Development Organization, *Risks Rights and Reforms: A 50-Century Survey Assessing Government Actions Five Years After the International Conference on Population and Development*(New York: WEDO, 1999), 11쪽.

10. V. Ramachandran and L. Visaria, eds., *The Community Needs-Based Reproductive and Child Health in India: Progress and Constraints*(Jaipur: Health Watch Trust, 1999)를 보라.

11. 베디카VEDIKA의 D. L. 자야D. L. Jaya, 민중의 개발 참여를 위한 훈련·교육협회Society to Train and Educate People's Participation in Development의 아말 찰스Amal Charles, 사라다 여성기구SHARADA Women's Organization의 R. 기리자R. Girija 등과 한 인터뷰.

12. Women's Environment and Development Organization, *Primer: Women and Trade—A Gender Agenda for the World Trade Organization*(New York: WEDO, 1999), 10쪽.

13. American Association for World Health, "Denial of Food and Medicine: The Impact of the US Embargo on Health and Nutrition," www.madre.org, 1999.

14. Sokhi S. Subramanian, *Rural Women Take Reproductive Health Matters into Their Own Hands: Rural Women's Social Education Centre*(Selangor, Malaysia: International Council on Management of Population Programmes, 1998). 2000년 3월에 농촌여성사회교육센터 명예 집행부장 T. K. 순다리 라빈드란T. K. Sundari Ravindran과 현장 조직가, 직원들과 한 인터뷰.

15. Sabala and Kranti, *Nâ Shariram Nâdhi is Telegu for My Body is Mine*(Puni, 1995). National Alliance of Women, *Supreme Court Judgment on Sexual Harassment at Workplace*, Landmark Judgment Series 1(New Delhi: NAWO, 1997)도 보라.

16. 2000년 3월 26일에 칼파나 칸나비란Kalpana Kannabiran, 바산트 칸나비란Vasant Kannabiran과 한 인터뷰. Asmita Resource Centre for Women, *Towards Building a Gender Just Society: Review of Activity 1991-1998*(Hyderabad: Asmita, 날짜 미상), 23~24쪽.

17. *Health for Women, Health for All NOW!* Pamphlet prepared by Likhaan, Philippines(Amsterdam: Women's Global Network for Reproductive Rights, 2000).

5. 욕구에 바탕을 둔 성정치를 위해 마르크스주의 페미니즘을 다시 주장한다

1. 이 책(『사회주의 페미니즘 기획』)의 1부에 실린 글들에 더하여 Rosemary Hennessy and Chrys Ingraham, eds., *Materialist Feminism: A Reader in Class, Difference, and Women's Lives*(New York: Routledge, 1997)도 보라.

2. Rosemary Hennessy, *Profit and Pleasure: Sexual Identities in Late Capitalism*(New York: Routeledge, 2000).

3. Kar Marx, *Capital*, vol. 1(Moscow: Progress Publishers, 1959)([국역] 카를 마르크스 지음, 김수행 옮김, 『자본론 1』(상·하), 비봉출판사, 2015), 264쪽.

4. Deborah Kelsh, "Desire and Class: The Knowledge Industry in the Wake of Post-structuralism"(Ph. D. dissertation, State University of New York at Albany, 2000).

5. 앞의 글, 76~77쪽.

6. 가족은 죽었다, 새로운 가족 만세!

1. John Gillis, "Families of Strangers," in *A World of Their Own Making: Myth, Ritual, and the Quest for Family Values*(New York: Basic Books, 1996).

2. *The Compact Edition of the Oxford English Dictionary*(Oxford: Oxford University Press, 1971).

3. Gillis, *A World of Their Own Making*, 7쪽.

4. *The Compact Edition of the Oxford English Dictionary*.

5. Gillis, *A World of Their Own Making*, 6쪽.

6. 예를 들어 Jacqueline Jones, *Labor of Love, Labor of Sorrow: Black Women, Work and the Family, From Slavery to the Present*(New York: Basic Books, 1985); Paula Giddings, *When and Where I Enter: The Impact of Black Women on Race and Sex in America*(New York: William Morrow, 1984); Deborah Gray White, *Ar'n't I a Woman? Female Slaves in the Plantation South*(New York: W. W. Norton, 1985) 등을 보라.

7. Deniz Kandiyoti, "Bargaining With Patriarchy," *Gender & Society* 2, no. 3 (September 1988), 274~290쪽.

8. Barbara Welter, "The Cult of True Womanhood, 1820-1860," *American Quarterly* 18(1996), 151-174쪽; Mary Ryan, "The Empire of the Mother: American Writing about Domesticity 1830-1860," *Women & History* 2/3(Summer/Fall 1982); Barbara Epstein, *The Politics of Domesticity: Women, Evangelism and Temperance in Nineteenth-Century America*(New York: Wesleyan University Press, 1977) 등을 보라.

9. Michael Grossberg, "Who Gets the Child? Custody, Guardianship, and the Rise of a Judicial Patriarchy in Nineteenth-Century America," *Feminist Studies* 9, no. 2(Summer 1983), 235~260쪽.

10. 이 이론의 고전적인 정식화는 William J. Goode, *World Revolution and Family Patterns*(New York: Free Press, 1963)에서 볼 수 있다.

11. 케임브리지인구·사회구조역사연구그룹Cambridge Group for the History of Population and Social Structure은 이런 관점을 대표한다. 예를 들어 Peter Laslett, *The World We Have Lost: England Before the Industrial Age*(New York: Charles Scribner's Sons, 1965)를 보라.

12. 예를 들어 매사추세츠주 코드곶Cape Cod에 살던 매시피족Mashpee이 이런 붕괴를 겪었다. James Clifford, "Identity in Mashpee," in *The Predicament of Culture*(Cambridge, MA: Harvard University Press, 1988)을 보라. Michael Yellowbird and C. Matthew Snipp, "American Indian Families," in Ronald Taylor, ed., *Minority Families in the United States: A Multicultural Perspective*(Englewood Cliffs, NJ: Prentice Hall, 1994)도 보라.

13. James Ferguson, "Migration, Mineworkers, and 'the Modern Family' on the Zambian Copperbelt," paper presented at American Anthropological Association Meeting, San Francisco, December 1992.

14. Barbara Ehrenreich, *Fear of Falling: The Inner Life of the Middle Class*(New York: Pantheon, 1989).

15. 남성 생계부양자 임금을 받아내기 위한 투쟁이 남성 노동자들과 고용주 사이의 충돌을 나타내며, 따라서 가부장제와 자본주의의 충돌을 나타낸다는 최초의 주장에 관해서는 Heidi Hartmann, "Capitalism, Patriarchy and Job Segregation by Sex," in Zillah Eisenstein, ed., *Capitalist Patriarchy and the Case for Socialist-Feminism*(New York: Monthly Review Press, 1979)를 보라. 제인 험프리스Jane Humphries는 노동계급 부인들이 가족임금을 위한 남편의 **계급** 투쟁을 지지했다는 주장으로 이런 분석에 이의를 제기했다. Jane Humphries, "The Working-Class Family, Women's Liberation and Class Struggle: The Case of Nineteenth-Century British History," *Review of Radical Political Economics* 9(Fall 1977), 25~41쪽. 최근의 연구는 이런 분석을 세련화하고 복잡하게 다듬고 있다. 예를 들어 Martha May, "Bread Before Roses: American Workingmen, Labor Unions and the Family Wage," in Ruth Milkman, ed., *Women, Work and Protest: A Century of US Women's Labor History*(Boston: Routledge & Kegan Paul, 1985)를 보라.

16. 이 과정을 보여주는 데이터와 풍부한 분석으로는 Robert Griswold, *Fatherhood in America*(New York: Basic Books, 1993); Judith Stacey, *Brave New Families: Stories of Domestic Upheaval in Late Twentieth Century America*(New York: Basic Books, 1990) 등을 보라.

17. Katja Boh, "European Family Life Patterns—A Reappraisal," in Katja Boh, et. al., eds., *Changing Patterns of European Family Life: A Comparative Analysis of 14 European Countries*(London: Routledge, 1989), 280쪽.

18. United Nations, *The World's Women 1970-1990: Trends and Statistics*(New York: United Nations, 1991).

19. 스웨덴의 가족 쇠퇴에 관한 가장 놀라운 해석으로는 David Popenoe, *Disturbing the Nest: Family Change and Decline in Modern Societies*(New York: Aldine de Gruyter, 1988)과 Allan Carlson, *The Swedish Experiment in Family Politics: The Myrdals and the Interwar Population Crisis*(New Brunswick: Transaction, 1990)을 보라.

20. Stephen Kinzer, "$650 a Baby: Germany to Pay to Stem Decline in Births," *New York Times*, 25 November 1994.

21. Timothy M. Smeeding, "Why the US Antipoverty System Doesn't Work Very Well," *Challenge*(January-February 1992), 33쪽.

22. 비교 데이터로는 Smeeding, "Why the US Antipoverty System Doesn't Work

Very Well˝; Irene Wennemo, *Sharing the Costs of Children*(Stockholm: Swedish Institute for Social Research, 1994) 등을 보라.

23. Linda Gordon, *Pitied but Not Entitled: Single Mothers and the History of Welfare*(New York: Free Press, 1994).

24. Smeeding, "Why the US Antipoverty System Doesn't Work Very Well."

25. Daniel Patrick Moynihan, "Congress Builds a Coffin," *New York Review of Books* 43, no. 1(11 January 1996), 33~36쪽을 보라.

26. Susan Reinhold, "Through the Parliamentary Looking Glass: 'Real' and 'Pretend' Families in Contemporary British Politics," *Feminist Review* 48(Autumn 1994), 61~78쪽.

27. 중도적인 가족 가치 수호 캠페인을 대표하는 유명한 글로는 Barbara Defoe Whitehead, "Dan Quayle Was Right," *The Atlantic* 271(April 1993), 47~84쪽을 보라.

28. Harold Wilensky, "Common Problems, Divergent Policies: An 19-Nation Study of Family Policy," *Public Affairs Reporter* 31, no. 3(May 1990), 1~3쪽.

29. 인용문은 United Nations Committee on the Family, "Guiding Principles on the Family"와 "Family in Crisis" (Vienna: United Nations International Centre, 1994) 에서 따온 것이다.

30. Judith Stacey, *Patriarchy and Socialist Revolution in China*(Berkeley: University of California Press, 1983).

31. New York, Museum of Modern Art.

7. 생존의 이야기: 계급, 인종, 가정폭력

1. "Health and Mental Health Consequences of Domestic Violence in the African American Community," paper presented at the meetings of the Institute on Domestic Violence in the African American Community, Seattle, WA, 2 December 2000.

2. 매 맞는 여성들의 운동의 역사를 다룬 개관으로는 Schecter(1982)와 Pleck(1987) 을 보라.

3. 페미니즘의 여러 관점에 대한 평가와 그 정치적 함의에 관한 논의로는 Donovan (1991)을 보라.

| 참고문헌 |

Chicago Daily Herald, "State Considering Welfare Waivers," 17 April(1999), I섹션, 6쪽.

A. Campbell, *Men, Women and Aggression*, New York: Basic Books, 1991.

A. D. Stanley, *From Bondage to Contract: Wage Labor, Marriage, and the Market in the Age of Slave Emancipation*, Cambridge: Cambridge University Press, 1998.

A. Davis, "The Color of Violence against Women," *Color Lines: Race, Culture Action*, 3, no. 3(2000), 4~9쪽.

A. Hurtado, "Relating to Privilege: Seduction and Rejection in the Subordination of White Women and Women of Color," in B. M. Clinchy, J. K. Norem eds., *The Gender and Psychology Reader*, New York: New York University Press, 1998, 698~716쪽.

A. McGillivray, B. Comaskey, *Black Eyes All of the Time: Intimate Violence, Aboriginal Women, and the Justice System*, Toronto: University of Toronto Press, 1999.

A. Mullender, *Rethinking Domestic Violence: The Social Work and Probation Response*, New York: Routledge, 1996.

A. R. Roberts ed., *Helping Battered Women: New Perspectives and Remedies*, New York: Oxford University Press, 1996.

A. Walker, *The Third Life of Grange Copeland*, San Diego: Harcourt Brace Jovanovich, 1970.

B. E. Richie, "A Black Feminist Reflection on the Antiviolence Movement," *Journal of Women in Culture and Society* 25, no. 4(2000): 1133~1137쪽.

b. hooks, "Violence in Intimate Relationships: A Feminist Perspective," in L. L. O' Toole, J. R. Schiffman eds., *Gender Violence: An Interdisciplinary Perspective*, New York: New York University Press, 1997.

C. Hagemann-White, "Violence without End? Some Reflections on Achievements, Contradictions, and Perspectives of the Feminist Movement in Germany," in R. C. A. Klein ed., *Multidisciplinary Perspectives on Family Violence*, New York: Routledge, 1998.

D. A. Counts, J. K. Brown and J. C. Campbell eds., *To Have and To Hit: Cultural Perspectives on Wife Beating*, Urbana: University of Illinois Press, 1999.

D. Levinson, *Family Violence in Cross-cultural Perspectives*, Newbury Park: Sage, 1989.

D. Willams, "African American Women in Three Contexts of Domestic Violence," in E. S. Fiorenza, M. S. Copeland eds., *Violence Against Women: Concilium*, Maryknoll, NY: Orbis Books, 1994, 34~43쪽.

E. C. White, *Chain, Chain, Change: For Black Women in Abusive Relationships*, Seattle: Seal Press, 1994.

E. Pence, M. Paymar, *Education Groups for Men Who Batter: The Duluth Model*, New York: Springer, 1993([국역] Ellen Pence·Michael Paymar 지음, 윤경자·공미혜 옮김, 『가정폭력 가해자교육 프로그램』, 하우, 2001).

E. Pleck, *Domestic Tyranny*, New York: Oxford University Press, 1987.

E. R. Dobash, R. P. Dobash, *Violence against Wives: A Case against Patriarchy*, New York: Free Press, 1979.

H. Moore, "Difference and Recognition: Postmillennial Identities and Social Justice," *Signs: Journal of Women in Culture and Society* 25, no. 4(2000): 1129~1132쪽.

J. D. Hall, "'The Mind That Burns in Each Body': Women, Rape and Racial Violence," in A. B. Snitow, C. Stansell and S. Thompson eds., *Powers of Desire*, New York: Monthly Review Press, 1983.

J. Donovan, *Feminist Theory: The Intellectual Traditions of American Feminism*, New York: Continuum, 1991([국역] 조세핀 도노번 지음, 김익두·이월영 옮김, 『페미니즘 이론』, 문예출판사, 1997).

J. Haaken, *Pillar of Salt: Gender, Memory, and the Perils of Looking Back*, New Brunswick: Rutgers University Press, 1998.

J. Haaken, "Bitch and Femme Psychology: Women, Aggression, and Psychoanalytic Social Theory," *Journal for the Psychoanalysis of Culture and Society* 7, no. 2(2002): 202~215쪽.

J. Haaken, "Women's Refuge as Social Symbolic Space," *Journal for the Psychoanalysis of Culture and Society* 4, no. 2(1999): 315~318쪽.

J. Haaken, N. Yragui, "Going Underground: Conflicts and Differences in the Domestic Violence Shelter Movement," *Feminism and Psychology*.

J. L. Herman, *Trauma and Recovery*, New York: Basic Books, 1992([국역] 주디스 허먼 지음, 최현정 옮김, 『트라우마』, 열린책들, 2012).

J. Stacey, *Brave New Families: Stories of Domestic Upheaval in Late Twentieth Century America*, New York: Basic Books, 1990.

K. W. Crenshaw, "Mapping the Margins: Intersectionality, Identity Politics, and Violence against Women of Color," in M. A. Fineman, R. Mykitiuk eds., *The Public Nature of Private Violence*, New York: Routledge, 1994, 93~118쪽.

L. Gordon, *Heroes of Their Own Lives: The Politics and History of Family Violence*, New York: Viking Press, 1988.

L. L. O'Toole, J. R. Schiffman eds. *Gender Violence: Interdisciplinary Perspectives*, New York: New York University Press, 1997.

L. Lockhart, B. W. White, "Understanding Marital Violence in the Black Community," *Journal of Interpersonal Violence* 4, no. 4(1989): 421~436쪽.

L. Walker, *The Battered Woman Syndrome*, New York: Springer, 1984.

M. Barrett, M. McIntosh, *The Anti-Social Family*, New York: W. W. Norton, 1991([국역] 미셸 바렛·매리 매킨토시 지음, 김혜경 옮김, 『가족은 반사회적인가』, 여성사, 1994).

M. P. Johnson, "Patriarchal Terrorism and Common Couple Violence: Two Forms of Violence against Women," *Journal of Marriage and the Family* 57, no. 2(1995): 283~294쪽.

N. A. Weiner, M. A. Zahn and R. J. Sagi, *Violence: Patterns, Causes, and Public Policy,* New York: Harcourt Brace Jovanovich, 1990.

P. H. Collins, *Black Feminist Thought,* New York: Routledge, 1990.

P. M. Rojas, "Rebuilding the Anti-violence Movement," *Color Lines: Race, Culture, Action* 3, no. 3(2000): 4~7쪽.

R. A. Brandwein ed., *Battered Women, Children, and Welfare Reform: The Ties That Bind,* Thousand Oaks: Sage Publications, 1999.

R. B. Siegel, "'The Rule of Love': Wife Beating as Prerogative and Privacy," *Yale Law Journal* 105(1996): 2117~2207쪽.

R. C. A. Klein ed., *Multidisciplinary Perspectives on Family Violence,* New York: Routldege, 1998.

R. Carillo, J. Tello, *Family Violence and Men of Color: Healing the Wounded Male Spirit,* New York: Springer, 1998.

S. A. Allard, "Rethinking the Battered Woman Syndrome: A Black Feminist Perspective," *UCLA Women's Law Journal* 1, no. 1(1991), 191~208쪽.

S. F. Goldfarb, "Violence against Women and the Persistence of Privacy," *Ohio State Law Journal* 61, no. 1(2000): 1~87쪽.

S. G. French, W. Teays and L. M. Purdy eds., *Violence Against Women: Philosophical Perspectives,* Ithaca: Cornell University Press, 1998.

S. Horley, *The Charm Syndrome,* London: Papermac, 1991.

S. Schecter, *Women and Male Violence: The Visions and Strengths of the Battered Women's Movement,* Boston: South End Press, 1982.

T. C. West, *Wounds of the Spirit: Black Women, Violence, and Resistance Ethics,* New York: New York University Press, 1999.

V. P. Goldner, M. Sheinberg and G. Walker, "Love and Violence: Gender Paradoxes in Volatile Attachments," in B. M. Clinchy, J. K. Norem, eds., *The Gender and Psychology Reader,* New York: New York University Press, 1998, 549~571쪽.

11. 모성과 섹슈얼리티의 이해에 관하여: 페미니즘-유물론 접근법

| 참고문헌 |

A. Rich, *Of Woman Born: Motherhood as Experience and Institution,* New York: W. W. Norton, 1995.

B. Ehrenreich, B. and D. English, *For Her Own Good: One Hundred Fifty Years of the Experts' Advice to Women,* Garden City, NY: Anchor/Doubleday, 1978.

B. Ehrenreich, D. English, "The Manufacture of Housework," *Socialist Revolution* 5, no. 4(October–December 1975): 5~40쪽.

b. hooks, *Ain't I a Woman: Black Women and Feminism*, Boston: South End Press, 1981.

C. Brown, "Mothers, Fathers and Children: From Private to Public Patriarchy," in L. Sargent ed., *Women and Revolution*, Boston: South End Press, 1981.

C. Delph, *Close to Home: A Materialist Analysis of Women's Oppression*, Amherst: University of Massachusetts Press, 1994.

E. Shorter, *The Making of the Modern Family*, New York: Basic Books, 1975.

G. Rubin, "The Traffic in Women: Notes on the 'Political Economy' of Sex," in R. Reiter, ed., *Toward a New Anthropology of Women*, New York: Monthly Review Press, 1975.

J. Habermas, *Communication and the Evolution of Society*, Boston: Beacon Press, 1979([국역] J. 하버마스 지음, 심연수 옮김, 『커뮤니케이션과 사회진화』, 청하, 1987).

J. Weeks, *Coming Out: A History of Homosexuality from the Nineteenth Century to the Present*, London: Quartet, 1979.

J. Weeks, *Sex, Politics and Society*, New York: Longman, 1981.

K. Marx, F. Engels, *The German Ideology*, New York: International Publishers, 1850([부분국역] 카를 마르크스·프리드리히 엥겔스 지음, 박재희 옮김, 『독일 이데올로기 I』, 청년사, 2007).

M. Barrett, *Woman's Oppression Today*, London: Verso, 1980([국역] 미셸 바렛 지음, 하수정·이향미 옮김, 『다시 보는 여성학』, 간디서원, 2005).

M. Foucault, *The History of Sexuality, Volume 1: An Introduction*, New York: Random House, 1978([국역] 미셸 푸코 지음, 이규현 옮김, 『성의 역사 1』, 나남, 2004).

N. Folbre, "Exploitation Comes Home: A Critique of the Marxian Theory of Family Labor," *Cambridge Journal of Economics* 6(1982): 317~329쪽.

N. Hartmann, "The Unhappy Marriage of Marxism and Feminism," in L. Sargent ed., *Women and Revolution*, Boston: South End Press, 1981.

P. Ariès, *Centuries of Childhood*, New York: Knopf, 1962([국역] 필립 아리에스 지음, 문지영 옮김, 『아동의 탄생』, 새물결, 2003).

R. McDonough, R. Harrison, "Patriarchy and Relations of Production," in A. Kuhn and A. M. Wolpe, eds., *Feminism and Materialism*, London: Routledge & Kegan Paul, 1978([국역] 아네트 쿤·안마리 울프 외 지음, 강선미 옮김, 『여성과 생산양식』, 한겨레, 1986).

W. Reich, *Mass Psychology of Fascism*, New York: Farrar, Strauss & Girroux, 1970([국역] 빌헬름 라이히 지음, 황선길 옮김, 『파시즘의 대중심리』, 그린비, 2006).

12. 가부장제와 교섭하기

1. "Gender, Power and Contestation: Rethinking 'Bargaining with Patriarchy'," in Jackson and Pearson 1998을 보라.

| 참고문헌 |

A. Boudhiba, *Sexuality in Islam*, London: Routledge & Kegan Paul, 1985.

A. Conti, "Capitalist Organization of Production through Noncapitalist Relations: Women's Role in a Pilot Resettlement Project in Upper Volta," *Review of African Political Economy* 15/16(1979): 75~91쪽.

B. Agarwal, "Women and Land Rights in India." 미간행 초고, 1987.

B. Ehrenreich, *The Hearts of Men*, London: Pluto Press, 1983.

B. S. Denich, "Sex and Power in the Balkans," in M. Z. Rosaldo and L. Lamphere, eds., *Women, Culture and Society*, Palo Alto: Stanford University Press, 1974([국역] 미셸 짐발리스트 로잘도·루이스 램피어 엮음, 권숙인·김현미 옮김, 『여성·문화·사회』, 한길사, 2008), 243~262쪽.

C. Delphy, *The Main Enemy*, London: Women's Research and Resource Centre, 1977.

C. Murray, "Class, Gender and the Household: The Developmental Cycle in Southern Africa," *Development and Change* 18(1987): 235~250쪽.

C. R. Jackson, Pearson, eds., *Feminist Visions of Development*, London: Routledge, 1998.

D. English, "The Fear That Feminism Will Free Men First," in A. B. Snitow, C. Stansell, and S. Thompson, eds., *Powers of Desire: The Politics of Sexuality*, New York: Monthly Review Press, 1984, 97~102쪽.

D. Kandiyoti, *Women in Rural Production Systems: Problems and Policies*, Paris: UNESCO, 1985.

D. Kandiyoti, "Emancipated but Unliberated? Reflections on the Turkish Case." *Feminist Studies* 13(1987a): 317~338쪽.

D. Kandiyoti, "Rural Transformation in Turkey and Its Implications for Women's Studies," in *Women on the Move: Contemporary Transformations in Family and Society*, Paris: UNESCO, 1984, 17~29쪽.

D. Kandiyoti, "the Problem of Subjectivity in Western Feminist Theory." Paper presented at the American Sociological Association Annual Meeting, Chicago, 1987b.

D. Rosenfelt, J. Stacey, "Second Thoughts on the Second Wave," *Feminist Studies* 13(1987): 341~361쪽.

E. Janeway, "Who Is Sylvia? On the Loss of Sexual Paradigms," *Signs: Journal of*

Women in Culture and Society 5(1980): 573~589쪽.

E. Wolf, *Europe and the People Without History*, Berkeley: University of California Press, 1982([국역] 에릭 R. 울프 지음, 박광식 옮김, 『유럽과 역사 없는 사람들』, 뿌리와 이파리, 2015).

E. Wolf, *Peasants*, Elglewood Cliffs, NJ: Prentice-Hall, 1966([국역] 에릭 R. 울프 지음, 박현수 옮김, 『농민』, 청년사, 1987).

F. Azari, "Islam's Appeal to Women in Iran: Illusion and Reality," in F. Azari, ed., *Women of Iran: The Conflict with Fundamentalist Islam*, London: Ithaca Press, 1983.

F. Ginsburg, "The Body Politic: The Defense of Sexual Restriction by Anti-Abortion Activists," in C. S. Vance, ed., *Pleasure and Danger: Exploring Female Sexuality*, London: Routledge & Kegan Paul, 1984, 173~188쪽.

F. Mernissi, *Beyond the Veil: Male-Female Dynamics in a Muslim Society*, New York: Wiley, 1975.

H. Hartmann, "The Unhappy Marriage of Marxism and Feminism: Towards a More Progressive Union," in I. Sargent, ed., *Women and Revolution*, London: Pluto Press, 1981, 40~53쪽.

I. Young, "Beyond the Unhappy Marriage: A Critique of the Dual Systems Theory," in L. Sargen, ed., *Women and Revolution*, London: Pluto Press, 1981, 43~69쪽.

J. C. Caldwell, "A Theory of Fertility: From High Plateau to Destabilization," *Population and Development Review* 4(1978): 553~577쪽.

J. Dey, "Gambian Women: Unequal Partners in Rice Development Projects," in N. Nelson, ed., *African Women in the Development Process*, London: Frank Cass, 1981, 109~122쪽.

J. Hanger, J. Moris, "Women and the Household Economy," in R. Chambers and J. Mons, eds., *Mwea: An Irrigated Rice Settlement in Kenya*, Munich: Weltforum Verlag, 1973, 209~244쪽.

J. I. Guyer, P. E. Peters, "'Introduction' to Conceptualizing the Household: Issues of Theory and Policy in Africa," *Development and Change* 18(1987): 197~213쪽.

J. Mitchell, *Women's Estate*, New York: Vintage, 1973.

J. Mitchell, "Reflections on Twenty Years of Feminism," in J. Mitchell and A. Oakeley, eds., *What Is Feminism?* Oxford: Basil Blackwell, 1986, 34~48쪽.

J. S. Chafetz, A. G. Dworkin, "In Face of Threat: Organized Antifeminism in Comparative Perspective," *Gender & Society* 1(1987): 33~60쪽.

J. Stacey, *Patriarchy and Socialist Revolution in China*, Berkeley: University of California Press, 1983.

J. Stacey, "Are Feminists Afraid to Leave Home? The Challenge of Conservative

Pro-Family Feminism," in J. Mitchell and A. Oakley, eds., *What Is Feminism?* Oxford: Basil Blackwell, 1986, 219~248쪽.

J. Stacey, "Sexism by a Subtler Name? Postindustrialist Conditions and Postfeminist Consciousness in the Silicon Valley," *Socialist Review*, November(1987): 728쪽.

K. A. Johnson, *Women, the Family and Peasant Revolution in China*, Chicago: Chicago University Press, 1983.

K. Abu, "The Separateness of Spouses: Conjugal Resources in an Ashanti Town," in C. Oppong, ed., *Female and Male in West Africa*, London: George Allen & Unwin, 1983, 156~168쪽.

K. Mann, *Marrying Well: Marriage, Status and Social Change among the Educated Elite in Colonial Lagos*, Cambridge: Cambridge University Press, 1985.

L. Gordon, "Why Nineteenth-Century Feminists Did Not Support 'Birth Control' and Twentieth-Century Feminists Do: Feminism, Reproduction, and the Family," in B. Thorne and M. Yalom, eds., *Rethinking the Family: Some Feminist Questions*, New York: Longman, 1982([국역] 배리 쏘온·매릴린 얄롬 지음, 권오주 옮김, 『페미니즘의 시각에서 본 가족』, 한울, 1991), 40~53쪽.

M. Barrett, *Woman's Oppression Today*, London: Verso, 1980.

M. Cain, S. R. Khanan, and S. Nahar, "Class, Patriarchy, and Women's Work in Bangladesh," *Population and Development Review* 5(1979): 408~416쪽.

M. Etienne, E. Leacock, eds., *Women and Colonization*, New York: Praeger, 1980.

M. Greeley, "Patriarchy and Poverty: A Bangladesh Case Study," *South Asia Research* 3(1983): 35~55쪽.

M. J. Mbilinyi, "Wife, Slave and Subject of the King: The Oppression of Women in the Shambala Kingdom," *Tanzania Notes and Records* 88/89(1982): 113쪽.

M. L. Munachonga, "Income Allocation and Marriage Options in Urban Zambia: Wives Versus Extended Kin." Paper presented at conference on Women and Income Control in the Third World, New York, 1982.

M. Meeker, "Meaning and Society in the Near East: Examples from the Black Sea Turks and the Levantine Arabs," *International Journal of Middle East Studies* 7(1976): 383~422쪽.

M. Mies, *Patriarchy and Accumulation on a World Scale: Women in the International Division of Labour*. London: Zed Books, 1986([국역] 마리아 미즈 지음, 최재인 옮김, 『가부장제와 자본주의』, 갈무리, 2014).

M. Mies, "The Dynamics of Sexual Division of Labour and the Integration of Women into the World Market," in L. Beneria, ed., *Women and Development: The Sexual Division of Labour in Rural Societies*, New York: Praeger, 1982,

1~28쪽.

M. Molyneux, "Mobilization Without Emancipation? Women's Interests, the State and Revolution in Nicaragua," *Feminist Studies* 11(1985): 227~254쪽.

M. Strathern, "An Awkward Relationship: The Case of Feminism and Anthropology," *Signs: Journal of Women in Culture and Society* 12(1987): 276~292쪽.

M. Wolf, *Women and the Family in Rural Taiwan*, Palo Alto: Stanford University Press, 1972.

M. Wolf, "Chinese Women: Old Skills in a New Context," in M. Z. Rosaldo and L. Lamphere, eds., *Women, Culture and Society*, Palo Alto: Stanford University Press, 1974, 157~172쪽.

M. Wolf, "Woman and Suicide in China," in M. Wolf and R. Witke, eds., *Women in Chinese Society*, Palo Alto: Stanford University Press, 1975, 111~141쪽.

N. F. Cott, "Passionlessness: An Interpretation of Victorian Sexual Ideology, 1790~ 1850," *Signs: Journal of Women in Culture and Society* 4(1978): 219~236쪽.

P. Roberts, "Rural Women in Western Nigeria and Hausa Niger: A Comparative Analysis," in K. Young, ed., *Serving Two Masters: Third World Women in Development*, New Delhi: Allied Publishers, 1989.

R. McDonough, R. Harrison, "Patriarchy and Relations of Production," in A. Kuhn and A. M. Wolpe, eds., *Feminism and Materialism*, London: Routledge & Kegan Paul, 1978, 11~14쪽.

S. Ortner, "The Virgin and the State," *Feminist Studies* 4(1978): 19~36쪽.

S. Young, "Fertility and Famine: Women's Agricultural History in Southern Mazambique," in R. Palmer and N. Parsons, eds., *The Roots of Rural Poverty in Central and Southern Africa*, London: Heinemann, 1977, 66~81쪽.

T. Dyson, M. Moore, "On Kinship Structures, Female Autonomy and Demographic Behavior," *Population and Development Review* 9(1983): 35~60쪽.

T. Kuhn, *The Structure of Scientific Revolutions*, 2d ed. Chicago: Chicago University Press, 1970([국역] 토머스 쿤 지음, 김명자·홍성욱 옮김, 『과학혁명의 구조』, 까치, 2013).

U. Sharma, *Women, Work and Property in North West India*, London: Tavistock, 1980.

V. Beechey, "On Patriarchy," *Feminist Review* 3(1979): 66~82쪽.

Z. Eisenstein, "Developing a Theory of Capitalist Patriarchy and Socialist Feminism," in Z. Eisenstein, ed., *Capitalist Patriarchy and the Case for Socialist Feminism*, New York: Monthly Review Press, 1978, 5~40쪽.

13. 전 지구적 자본주의 아래서 사라지는 아버지들

1. 근대 초기 스페인과 페루의 가난한 여성들의 상태를 고찰한 글로는 Mary Elizabeth Perry, *Crime and Society in Early Modern Seville*(Hanover, NH: University Press of New England, 1980); *Gender and Disorder in Early Modern Seville*(Princeton, NJ: Princeton University Press, 1990); Alejandra Osorio, "Witches and Witchcraft Under Colonial Rule: Female Forms of Social Control in Seventeenth Century Lima," Paper presented at the Berkshire Conference on the History of Women, University of North Carolina, Chapel Hill, 9 June 1996 등을 보라.

2. 일본의 어느 농촌 소녀가 매춘부로 일하기 위해 떠나는 과정에 대한 생생한 설명은 쿠마이 케이Kumai Kei 감독의 영화 〈산다칸 8번Sandakan, No. 8〉(1974)에서 볼 수 있다.

3. George Chauncey, Jr., "The Locus of Reproduction: Women's Labour in the Zambian Copperbelt, 1927-1953," *Journal of South African Studies* 7, no. 2 (1981): 135~164쪽; Thomas Miller Klubock, "Morality and Good Habits: The Construction of Gender and Class in the Chilean Copper Mines, 1904-1951," in John D. French and Daniel James, eds., *The Gendered World of Latin American Women Workers: From Household and Factory to the Union Hall and Ballot Box*(Durham, NC: Duke University Press, 1997), 232~233쪽.

4. Agnes Smedley, *Daughter of Earth: A Novel*(Old Westbury, NY: Feminist Press, 1976)([국역] 아그네스 스메들리 지음, 태혜숙 옮김, 『대지의 딸』, 이후, 2011); Domitila Barros de Chungara, *Let Me Speak! Testimony of Domitila, A Woman of the Bolivian Mines*(New York: Monthly Review Press, 1978).

5. Margaret Hewitt, *Wives and Mothers in Victorian Industry*(London: Rockliff, 1958).

6. Olwen, H. Hufton, *Bayeux in the Eighteenth Century: A Social Study* (Oxford: Clarendon Press, 1967); *The Poor of Eighteenth-Century France 1750-1789*(Oxford: Oxford University Press, 1974).

7. Paule Marshall, *Brown Girl, Brownstones*(Old Westbury, NY: Feminist Press, 1981).

8. Ruth Behar, *Translated Woman: Crossing the Border with Esperanza's Story*(Boston: Beacon Press, 1993); Elsa Joubert, *The Long Journey of Poppie Nongena*(Johannesburg: Jonathan Ball, 1980); Carolina Maria de Jesus, *Child of the Dark*(New York: Dutton, 1962).

9. Linzi Manicom, "Ruling Relations: Rethinking State and Gender in South African History," *Journal of African History* 33(1992): 441~465쪽.

10. 크로스로드의 사건 전개를 설명하고 분석하는 훌륭한 책으로는 Josette Cole, *Crossroads: The Politics of Reform and Repression 1976-1986*(Johannesburg:

Ravan Press, 1987)을 보라. Temma Kaplan, *Crazy for Democracy: Women in Grassroots Movements*(New York: Routledge, 1997)도 보라. 이 책에서 나는 은통 가나와 동료들이 잉여인간프로젝트Surplus People's Project를 통해 웨스턴케이프Western Cape주에서 땅과 주거권을 지키려고 노력하는 다른 여성들의 운동을 지원한 과정을 서술했다.

14. 여성 노동자와 자본주의: 지배 이데올로기, 공통의 이해, 연대의 정치

1. Karen Hossfeld, "United States: Why Aren't High-Tech Workers Organized?" in Women Working Worldwide, eds., *Common Interests: Women Organizing in Global Electronics*(London: Black Rose Press, 1991), 33~52쪽, 특히 50~51쪽을 보라.

2. Karen Brodkin Sacks, "Introduction," in Karen Brodkin Sacks and D. Remy, eds., *My Troubles Are Going to Have Trouble with Me: Everyday Trials and Triumphs of Women Workers*(New Brunswick: Rutgers University Press, 1984), 특히 10~11쪽.

3. Jeremy Brecher, "The Hierarch's New World Order—and Ours," in Jeremy S. Brecher et al., eds., *Global Visions, Beyond the New World Order*(Boston: South End Press, 1993), 3~12쪽.

4. Maria Mies, *Patriarchy and Accumulation on a World Scale: Women in the International Division of Labor*(London: Zed Books, 1986), 114~115쪽을 보라.

5. Richard J. Barnet and John Cavanagh, *Global Dreams: Imperial Corporations and the New World Order*(New York: Simon & Schuster, 1994)([국역] R. 바네트·J. 캐버나 지음, 황홍선 옮김, 『글로벌 드림스』 1·2, 고려원, 1994), 특히 25~41쪽.

6. 이런 쟁점들을 중심으로 한 국가를 가로지르는 페미니스트 조직화의 사례에 관해서는 다음의 글들을 보라. Gita Sahgal and Nira Yuval Davis, eds., *Refusing Holy Orders, Women and Fundamentalism in Britain*(London: Virago, 1992); Valentine M. Moghadam, *Identity Politics and Women, Cultural Reassertions and Feminisms in International Perspective*(Boulder: Westview Press, 1994); *Claiming Our Place, Working the Human Rights System to Women's Advantage*(Washington, DC: Institute for Women, Law and Development, 1993); Sheila Rowbotham and Swasti Mitter, eds., *Dignity and Daily Bread: New Forms of Economic Organizing among Poor Women in the Third World and the First*(New York: Routledge, 1994); Julie Peters and Andrea Wolper, eds., *Women's Rights, Human Rights: International Feminist Perspectives*(New York: Routledge, 1995).

7. Teresa L. Amott and Julie A. Matthaei, *Race, Gender and Work: A Multicultural Economic History of Women in the United States*(Boston: South

End Press, 1991), 316~317쪽.

8. 여기서 분석하는 사례 연구는 다음과 같다. Maria Mies, The Lacemakers of Narsapur, Indian Housewives Produce for the World Market(London: Zed Books, 1982); Naomi Katz and David Kemnitzer, "Fast Forward: The Internationalization of the Silicon Valley," in June Nash and M. P. Fernandez-Kelly, *Women, Men, and the International Division of Labor*(Albany: SUNY Press, 1983), 273~331쪽; Naomi Katz and David Kemnitzer, "Women and Work in the Silicon Valley," in Sacks and Remy, eds., *My Troubles Are Going to Have Trouble with Me*, 193~208쪽; Karen J. Hossfeld, "Their Logic Against Them: Contradictions in Sex, Race, and Class in the Silicon Valley," in Kathryn Ward, ed., *Women Workers and Global Restructuring*(Ithaca: Cornell University Press, 1990), 149~178쪽. 또한 영국의 흑인 여성 노동자들의 사례 연구에도 의존한다. Sallie Westwood and Parminder Bhachu, eds., *Enterprising Women*(New York: Routledge, 1988).

9. Hossfeld, "Their Logic Against Them," 176쪽.

10. Westwood and Bhachu, "Introduction," *Enterprising Women*, 5쪽. 같은 책에 수록된 다음 글들도 보라. Anni Phizacklea, "Entrepreneurship, Ethnicity and Gender," 20~33쪽; Parminder Bhachu, "Apni Marzi Kardhi Home and Work: Sikh Women in Britain," 76~102쪽; Sallie Westwood, "Workers and Wives: Continuities and Discontinuities in the Lives of Gujarati Women," 103~131쪽; Sasha Josephides, "Honor, Family, and Work: Greek Cypriot Women Before and After Migration," 34~57쪽.

11. Phizacklea, "Entrepreneurship, Ethnicity and Gender"; Westwood, "Workers and Wives"; Josephides, "Honor, Family, and Work" 등.

12. Josephides, "Honor, Family, and Work"; Bhachu, "Apni Marzi Kardhi" 등을 보라.

13. Josephides, "Honor, Family, and Work."

14. Bhachu, "Apni Marzi Kardhi," 85쪽에서 재인용.

15. 미국 가내노동의 역사와 현재적 형태에 관한 철저한 논의로는 Eileen Boris and Cynthia R. Daniels, eds., *Homework, Historical and Contemporary Perspectives on Paid Labor at Home*(Urbana: University of Illinois Press, 1989)를 보라.

16. Allen, "Locating Homework."

17. Rowbotham and Mitter, "Introduction," in Rowbotham and Mitter, eds., *Dignity and Daily Bread*를 보라.

18. Anna G. Jonasdottir, "On the Concept of Interest Women's Interests, and the Limitations of Interest Theory," in Kathleen Jones and Anna G. Jonasdottir, eds., *The Political Interests of Gender*(London: Sage Publications, 1988), 33~65쪽, 특히 57쪽.

19. 앞의 글, 41쪽.

20. Women Working Worldwide, eds., *Common Interests*를 보라.

21. 앞의 책, 38쪽.

22. 앞의 책, 31쪽.

23. Kumudhini Rosa, "The Conditions and Organisational Activities of Women in Free Trade Zones: Malaysia, Philippines and Sri Lanka, 1970-1990," in Rowbotham and Mitter, eds., *Dignity and Daily Bread*, 73~99쪽, 특히 86쪽.

24. 앞의 글, 86쪽.

25. Swasti Mitter, "On Organising Women in Casualized Work: A Global Overview," in Rowbotham and Mitter, eds., *Dignity and Daily Bread*, 14~52쪽, 특히 33쪽.

26. Jane Tate, "Homework in West Yorkshire," in Rowbotham and Mitter, eds., *Dignity and Daily Bread*, 193~217쪽, 특히 203쪽.

27. Renana Jhabvala, "Self-Employed Women's Association: Organising Women by Struggle and Development," in Rowbotham and Mitter, eds., *Dignity and Daily Bread*, 114~138쪽, 특히 135쪽.

15. 적극적 평등조치의 숨은 역사: 1970년대 일하는 여성들의 투쟁과 계급의 젠더

1. Dorothy Sue Cobble, "Recapturing Working-Class Feminism: Union Women in the Postwar Era," in Joanne Meyerowitz, ed., *Not June Cleaver: Women and Gender in Postwar America, 1945-1960*(Philadelphia: Temple University Press, 1994).

2. 이 문단과 다음 두 문단의 내용은 다음의 문서고에서 찾은 여러 문서에서 취합한 것이다. 너무 많아서 일일이 인용 부분을 밝히지 않는다. United Women Firefighters Papers, box 4, First Women Firefighters of New York City Collection, Robert F. Wagner Labor Archives, New York University, New York.

3. Brenda Berkman to David J. Floyd, December 23, 1983, box 4, United Women Firefighters Papers. 물론 일부 백인 남성들은 이 싸움에서 여성들을 지지했고, 일부 흑인 남성들은 적대시했다.

4. Interview with Alice Peurala in Brigid O'Farrell and Joyce L. Kornbluh, *Rocking the Boat: Union Women's Voices, 1915-1975*(New Brunswick, NJ: Rutgers University Press, 1996), 268쪽; Dennis A. Deslippe, "Organized Labor, National Politics, and Second-Wave Feminism in the United States, 1965-1975," *International Labor and Working-Class History* 49(Spring 1996), 161쪽에서 인용; 147쪽과 150쪽도 보라.

5. Susan Davis, "Organizing from Within," Ms., August 1972, 92쪽; Mary Scott Welch, "How Women Just Like You Are Getting Better Jobs," Redbook,

September 1977. Philip Foner, *Women and the American Labor Movement*, vol. 2(New York: Free Press, 1980), 542~543쪽; O'Farrell and Kornbluh, *Rocking the Boat*, 274~276쪽도 보라. 이 시기 흑인 노동자들의 모임과 기층의 소요에 관해서는 Burton H. Hall, ed., *Autocracy and Insurgency in Organized Labor*(New Brunswick, NJ: Transaction Books, 1972); Dan Georgakas and Marvin Surkin, *Detroit: I Do Mind Dying—A Study in Urban Revolution*(New York: St. Martin's Press, 1975); Staughton Lynd and Alice Lynd, *Rank and File: Personal Histories by Working-Class Organizers*(Boston: Beacon Press, 1973) 등을 보라.

6. 최근의 한 연구에서는 이런 코커스들에서 1980년대 여성들을 지배한 젠더 의식적인 운동의 형태를 발견한 바 있다. Mary Fainsod Katzenstein, "Feminism within American Institutions: Unobstrusive Mobilization in the 1980s," *Signs: Journal of Women in Culture and Society* 16(Fall 1990), 27~54쪽을 보라. 이런 노력에 참여한 여성들은 종종 국제적인 연계를 발전시키면서 다른 나라 여성들이 독자적인 코커스를 출범시키는 것을 돕고 이후에는 정보를 공유했다. 예를 들어 Mary Stott to Betsy Wade, March 18(1975년경), box 1, New York Times Women's Caucus Papers, Schlesinger Library, Radcliffe College, Cambridge (이하 NYTWC)를 보라.

7. "Fact Sheet: *Boylan v. New York Times*," box 1, NYTWC; press release, 6 October 1978, 앞의 글; Welch, "How Women Just Like You"; NOW, "Affirmative Action: The Key to Ending Job Discrimination," 28 April 1971, box 44, National Organization for Women(NOW) Papers, Schlesinger Library, Radcliffe College, Cambridge MA; Lucy Komisar, in *NOW York Woman*, July 1971 등을 보라.

8. Roberta Goldberg, *Organizing Women Office Workers: Dissatisfaction, Consciousness, and Action*(New York: Prager, 1983), 22쪽. 좀 더 대중적인 저서인 Louise Kapp Howe, *Pink Color Workers: Inside the World of Women's Work*(New York: Avon, 1977)도 보라.

9. David Plotke, "Women Clerical Workers and Trade Unionism: Interview with Karen Nussbaum," *Socialist Review* 49(January~February 1980): 151쪽에서 인용.

10. Jean Tepperman, *Not Servants, Not Machines: Office Workers Speak Out*(Boston: Beacon Press, 1976), 66, 80쪽.

11. 예를 들어 Women Employed, *The Status of Equal Employment Opportunity Enforcement: An Assessment of Federal Agency Enforcement Performance— OFCCP and EEOC*(Chicago: Women Employed, 1980)을 보라. 윌마 사태에 관해서는 Foner, *Women and the American Labor Movement*, 491~492쪽을 보라.

12. 보스턴의 서비스노동자국제연합 제925지부Service Employees International Union Local 925의 경우처럼, 사무직 노동자 조직들이 노동조합 지부에서 분리되어 독자 조직을

이룬 과정에 관해서는 누스바움 인터뷰를 보라. 국제전자노동조합International Union of Electronic Workers(IUE)의 한 공장 지부에서 오래 지속된 여성위원회의 이야기에 관해서는 Alex Brown and Laurie Sheridan, "Pioneering Women's Committee Struggles with Hard Times," *Labor Research Review* 11(Spring 1988): 63~77쪽을 보라. Deborah E. Bell, "Unionized Women in State and Local Government," in Ruth Milkman, ed., *Women, Work and Protest*(New York: Routledge & Kegan Paul, 1985); Ruth Milkman, "Women Workers, Feminism, and the Labor Movement since the 1960s," 앞의 책; Union WAGE, *Organize! A Working Women's Handbook*(Berkeley: Union WAGE Educational Committee, September 1975) 등도 보라.

13. 예를 들어 "Black Women in the Labor Movement: Interviews with Clara Day and Johnnie Jackson," *Labor Research Review* 11(Spring 1988): 80, 82쪽을 보라. 노동조합여성연합과 흑인노동조합원연합, 그리고 또 다른 여성 노동자 조직인 유니언웨이지Union WAGE[평등 쟁취를 위한 여성노동조합원연맹Union Women's Alliance to Gain Equality의 약칭. 샌프란시스코 베이에어리어Bay Area를 중심으로 1971년부터 1982년까지 활동한 조직] 등에 관한 독보적인 참고문헌은 Foner, *Women and the American Labor Movement*, 506, 497~501쪽이다. 유니언웨이지의 적극적 평등조치 지지 활동에 관해서는 "Purpose and Goals," *Organize! A Working Women's Handbook*, 21쪽을 보라.

14. David Montgomery, *Workers Control in America: Studies in the History of Work, Technology, and Labor Struggles*(New York: Cambridge University Press, 1979), 13쪽. Joshua B. Freeman, "Hardhats: Construction Workers, Manlines, and the 1970 Pro-War Demonstrators," *Journal of Social History* 26(Summer 1993)도 보라. 여기서 초점은 임금소득 일자리에 관한 것이지만, 노동계급 남성들은 여성들이 자기 직종에 진입하는 데 저항하는 과정에서 결코 외롭거나 개별적이지 않았다. 글쓴이들이 '전문직의 독특한 풍조' 탓으로 돌리는 남성 변호사들의 적대감에 관해서는 Bradley Soule and Kay Standley, "Perceptions of Sex Discrimination in Law," American Bar Association Journal 59 (October 1973): 1144~1147쪽을 보라.

15. "The Best Jobs fo Women in the Eighties," *Women's Day*, 15 January 1980, box 1, United Tradeswoman Records, Robert F. Wagner Labor Archive, New York University, New York; Judy Heffner, "A Conversation with Barbara Bergmann," *Women's Work*, March-April 1977, 12쪽. 여성을 위한 적극적 평등조치의 경제적 필요성을 정교하게 주장한 글로는 Barbara R. Bergmann, *The Economic Emergence of Women*(New York: Basic Books, 1986), 146~472쪽을 보라.

16. 자세한 활동 내용에 관해서는 Wider Opportunities for Women, *National Directory of Women's Employment Programs: Who They Are, What They Do,*

box 2, WOW Papers; Women's Work Force, "New Connections," Network Conference Report(Washington DC., 21-23 May 1979), box 2, 앞의 문서; Betsy Cooley et al. to Weldon J. Rougeau, November 16, 1979, box 1, 앞의 문서; November 1, 1979, box 18, 앞의 문서 등을 보라.

17. "Demonstrate to Demand Construction Jobs for Women!" box 1, United Tradeswomen Records, 5 August 1981; *United Trades Newsletter* 1(Fall 1980): 2쪽, 앞의 문서; February 1983: 1~9쪽, 앞의 문서; Bernice Fisher, "United Tradeswomen Going Beyond Affirmative Action," *Womanews*(March 1981), 앞의 문서. 이런 노력에도 불구하고 결국 백인 여성들이 숙련 건설직의 압도적인 비율을 차지했다. 이런 양상에 관해서는 Deborah M. Figart and Ellen Mutari, "Gender Segmentation of Craft Workers by Race in the 1970s and 1980s," *Review of Radical Political Economics* 25, no. 1(1993), 50~66쪽을 보라.

18. Coal Employment Project, brochure from Fifth National Conference of Women Coal Miners, 24-25 June 1983, Dawson, Pennsylvania(필자 소장 자료); *Coal Mining Women's Support Team News* 1(September-October 1978): 4쪽, box 76, CLUW Papers; Christine Doudna, "Blue Collar Women," Foundation News, March/April 1983, 40~44쪽, box 25, WOW Papers; Dorothy Gallagher, "The Women Who Work in the Mines," *Redbook*, June 1980: 29, 139쪽에서 인용. 애리조나주의 멕시코계 여성 구리광부들도 비슷한 이야기를 했다. 여성들이 '남성 일자리'로 옮겨 가는 경험은 인종과 지역을 가로질러 공통점을 보여준다. Barbara Kingsolver, *Holding the Line: Women in the Great Arizona Mine Strike of 1983*(Ithaca, NY: ILR Press, 1989), 73~96쪽을 보라.

19. 여성 고용 기회에 악영향을 미친 '모이니핸 효과Moynihan Effect'에 관한 공공연한 비판으로는 Ann Scott and Lucy Komisar, *...And Justice For All: Federal Equal Opportunity Effort against Sex Discrimination*(Chicago: NOW, 1971), 14쪽을 보라.

20. 예를 들어 "Preliminary Proposal Jobs 70," 15 August 1972, box 3, WOW Papers를 보라. Jean Reith Schroedel, *Alone in a Crowd: Women in the Trades Tell Their Stories*(Philadelphia: Temple University Press, 1985), 191쪽에서 재인용한 앤 브리클Ann Brickle의 말이다. 이와 관련하여 과거 흑인 여성들의 사회적 사고에 관해서는 Linda Gordon, "Black and White Visions of Welfare: Women's Welfare Activism, 1890-1945," *Journal of American History* 78 (September 1991): 559~590쪽을 보라.

21. Gallagher, "The Women Who Work in the Mines," 139쪽; Laura Berman, "The Struggles of Tradeswoman," *Detroit Free Press*, 2 August 1979, box 9, CLUW Records도 보라. 이런 증언들은 앨리스 케슬러해리스Alice Kessler-Hassler의 다음과 같은 주장을 뒷받침한다. "임금 안에는 …… 남성과 여성의 행동 방식에 영향을 미치는 한 묶음의 사회적 메시지와 의미 체계가 들어 있다." Alice Kessler-Harris,

A Women's Wage: Historical Meanings and Social Consequences(Lexington: University of Kentucky Press, 1990), 7쪽을 보라.

22. Doudna, "Blue Collar Women," 43쪽; Cosby Totten, Goldie Totten, and June Rostan, "Women Miners' Fight for Parental Leave," *Labor Research Review* 7 (Spring 1988): 89~95쪽, 특히 93쪽.

23. Women Employed, *The Status of Equal Employment Opportunity Enforcement*, 40쪽; Davis, "Organizing from Within," 93~94쪽; "Fighting Sexism on the Job"(미국철강노동조합United Steelworkers 안에서 여성들이 벌인 투쟁에서 작성한 문서로 그레이트레이크스철강Great Lakes Steel에서 일하는 흑인 여성들이 겪은 희생을 특히 강조한다), in Rosalyn Baxandall and Linda Gordon with Susan Reverby, *America's Working Women: A Documentary History, 1600 to the Present*(New York: W. W. Norton, 1995), 373~374쪽. '여성에게 더 많은 기회를 Wider Opportunities for Women(WOW)' 내부에서 적극적 평등조치를 도입한 시도에 관해서는 Affirmative Action Committee, minutes September 22, 1974, box 9, WOW Papers와 앞의 문서, September 19, 1974를 보라.

24. Marian Swerdlow, "Men's Accommodations to Women Entering a Nontraditional Occupation: A Case of Rapid Transit Operatives," *Gender and Society* 3(September 1981), 381쪽; Joshua B. Freeman, "Hardhats: Construction Workers, Manlines, and the 1970 Pro-War Demonstrators," *Journal of Social History* 26(Summer 1993), 726~731쪽; Schroedel, *Alone in a Crowd*, 10, 60~61, 126, 170쪽 등도 보라. 사회 통제의 기제로 성희롱을 분석한 선구적인 연구로는 Mary Bulzarik, "Sexual Harassment at the Workplace: Historical Notes," in James Green, ed., *Workers' Struggles, Past and Present: A Radical American Reader*(Philadelphia: Temple University Press, 1983), 117~135쪽을 보라.

25. 획일적인 남성 지배라는 관념을 적절하게 교정하고, 전통적인 남성 중심 직종에 진출한 여성을 보는 남성들의 관점의 복잡한 스펙트럼을 묘사한 글로는 Brigid O'Farrell and Sharon L. Harlan, "Craftworkers and Clerks: The Effect of Male Co-Worker Hostility on Women's Satisfaction with Non-Traditional Jobs," *Social Problems* 29(February 1982), 252~265쪽을 보라.

26. Chicago Women in Trades, *Building Equal Opportunity: Six Affirmative Action Programs for Women Construction Workers*(Chicago: CWIT, 1995), 5쪽; Heidi Hartmann, "The Recent Past and Near Future for Women Workers: Addressing Remaining Barriers"(speech delivered 20 May 1995 at the Women's Bureau, US Department of Labor, Washington DC, distributed by Institute for Women's Policy Research), 3, 8, 10쪽; "Program and Policy Agenda," WOW Papers, 4쪽.

27. Hartmann, "The Recent Past and Near Future," 3, 8, 10쪽; IWPR, *Affirmative Action in Employment: An Overview*(Washington DC: IWPR, 1996), 3~4쪽.

적극적 평등조치의 가치에 관해서는 Bergmann, *The Economic Emergence of Women*, 146~172쪽을 보라.

28. 적극적 평등조치가 이런 변화에 기여한 점을 평가한 글로는 "Program and Policy Agenda," WOW Papers, 5쪽; IWPR, Affirmative Action in Employment 등을 보라. 가족임금에 근거한 섹스-젠더 체계의 소멸에 관해서는 Stephanie Coontz, *The Way We Never Were: American Families and the Nostalgia Trap*(New York: Basic Books, 1992); Judith Stacey, *Brave New Families: Stories of Domestic Upheaval in Late Twentieth Century America*(New York: Basic Books, 1990) 등을 보라.

29. 적극적 평등조치에 대한 지지에 관해서는 예를 들어 "US National Women's Agenda," (1975), box 10, AFSCME Program Development Department Records를 보라.

30. 백인 여성들이 백인 남성과 거의 유사한 비율로 적극적 평등조치에 반대하며 특히 질문에 '우대'와 같은 문구가 들어가는 경우에 더 반대한다는 보고서에 관해서는 Charles Krauthammer, "Calling for an End to the Affirmative Action Experiment," *Chicago Tribune*, 14 April 1995, section I, 1쪽을 보라. 1996년 캘리포니아주에서 적극적 평등조치를 금지하는 주민발의 제209호Proposition 209가 통과된 직후에 치러진 여론조사에서도 이런 양상이 확인되었다.

31. Heidi Hartmann, et al., "Bringing Together Feminist Theory and Practice: A Collective Interview," *Signs: Journal of Women in Culture and Society* 21 (Summer 1996): 946쪽.

32. 여론조사 데이터와 페미니즘에 대한 그것의 함의는 Martha Burk and Heidi Hartmann, "Beyond the Gender Gap," *Nation*, 10 June 1996, 18~21쪽을 보라.

16. 환상의 현실화: 마킬라 작업장에서 이루어지는 여성과 남성의 생산

1. Donald Baerresen, *The Border Industrialization Program of Mexico*(Lexington, MA: Heath Lexington Books, 1971); Rachel Kamel, *The Global Factory: Analysis and Action for an New Economic Era*(Philadelphia: American Friends Service Committee, 1990); Norma Iglesias Prieto, *La flor mas bella de la maquiladora*(Mexico City: Secretaría de Educación Pública, 1987); Lourdes Beneria and Martha Roldan, *The Crossroads of Class and Gender*(Chicago: University of Chicago Press, 1987); Diane Elson and Ruth Pearson, "Third World Manufacturing," in *Feminist Review*(London: Virago, 1986), 67~92쪽; Maria Patricia Fernandez-Kelly, *For We Are Sold, I and My People: Women and Industry in Mexico's Frontier*(Albany: State University of New York Press, 1983); Annette Fuentes and Barbara Ehrenreich, *Women in the Global Factory*(Boston: South End Press, 1983).

2. Ruth Pearson, "Male Bias and Women's Work in Mexico's Border Industries," in Diane Elson (ed.), *Male Bias in the Development Process*(Manchester: Manchester University Press, 1991), 133~163쪽; Altha Cravey, *Women and Work in Mexico's Maquiladoras*(Lanham: Rowman and Littlefield, 1998).

3. 이런 노동시장 과정의 역사를 설명한 훌륭한 글로는 Jorge Carrillo and Alberto Hernandez, *Mujeres fronterizas en la industria maquiladora*(Mexico City: SEPCEFNOMEX, 1985); Fernandez Kelly, *For We Are Sold* 등을 보라. 오늘날의 초국적 생산에서 젠더가 형상화되는 다양한 방식에 관한 개관으로는 Aihwa Ong, "The Gender and Labor Politics of Postmodernity," *Annual Review of Anthropology*, No. 20(1991), 279~309쪽을 보라.

4. *El Fronterizo*, (Ciudad Juárez), March 16, 1981.

5. 1980년대 후반, 마킬라 생산 라인의 남성 비율은 45퍼센트 정도에서 안정되었다. *Avance de Información Económica*(Mexico City: Instituto Nacional de Estadistica, Geografía e Informática[INEGI], 1991)을 보라. 그 후로 이 비율은 거의 변하지 않았다. *Estadística de la Industria Maquiladora de Exportación, 1990-1995*(Mexico City: INEGI, 1996)을 보라.

6. INEGI, 1996.

7. 이 문제에 관한 더 전반적인 논의로는 Leslie Salzinger, "From High Heels to Swathed Bodies: Gendered Meanings Under Production in Mexico's Export-Processing Industry," *Feminist Studies*, Vol. 23, No. 3 (1997), 549~574쪽; Leslie Salzinger, *Gender Under Production: Making Subjects in Mexico's Global Factories*(Berkeley: University of California Press) 등을 보라.

8. Michel Foucault, *Discipline and Punish*(New York: Vintage Books, 1977)을 보라.

9. 이 과정에서 섹슈얼리티가 어떤 역할을 하는지에 관한 더 많은 논의로는 Salzinger, "Manufacturing Sexual Objects: 'Harassment,' Desire and Discipline on a Maquiladora Shop Floor," *Ethnography*, Vol. 1, No. 1(2000), 67~92쪽을 보라.

10. 여성성에 관한 경영자들의 수사로 인해 일관성 없는 관리자들의 손에서 다루기 어려운 주체들이 만들어지는 상황에서 기대와 현실 사이의 괴리에 대처하는 다른 방식에 대한 분석으로는 Salzinger, "From High Heels to Swathed Bodies"를 보라.

11. "Simulacra and Simulations," in Mark Poster ed., *Jean Baudrillard: Selected Writings*(Stanford: Stanford University Press, 1988), 166~184쪽.

20. 여전히 공격받는 중: 여성과 복지 개혁

1. US Congressional Budget Office, *Reducing Entitlement Spending*(Washington DC: US Government Printing Office, 1994), x쪽, 표 1.

2. US House of Representatives, Committee on Ways and Means, *Overview of*

Entitlement Programs, 1998 Green Book(Washington DC: US Government Printing Office, 1998), 402쪽, 표 7-2.

3. US House of Representatives, Committee on Ways and Means, *Overview of Entitlement Programs, 1998 Green Book*(Washington DC: US Government Printing Office, 1998), 413쪽, 표 6; US Congress, Congressional Budget Office, *The Economic Budget Outlook, 2000-2009*(Washington DC: US Government Printing Office, 1999), 136쪽, Historical Tables; Robert Pear, "Welfare and Food Stamp Rolls Ends Six Years of Increases," *New York Times*, 14 March 1995, 18쪽; Center for Law and Social Policy, "AFDC Caseload Declines: Implications for Block Grant Planning"(Washington DC: 2 October 1995), 1쪽, Factsheet.

4. Labor Institute, *Corporate Power and the American Dream*(New York: Labor Institute, April 1995), 82쪽.

5. Francis Fox Piven and Richard Cloward, *Regulating the Poor: The Functions of Public Assistance*(New York: Pantheon, 1971).

6. US House of Representatives, Committee on Ways and Means, *Overview of Entitlement Programs*, 1998 Green Book (Washington DC: US Government Printing Office, 1998), 413쪽, 표 6.

7. Aaron Bernstein, "Where the Jobs Are the Skills Aren't," Business Week, 19 September 1988, 108쪽; US Department of Labor, *Workforce 2000: Work and Workers for the 21st Century* (Washington DC: US Government Printing Office, 1987).

8. National Alliance of Business, *Employment Policies: Looking to the Year 2000*, February 1986, I, 8쪽.

9. 예를 들어 LaDonna Pavetti, "The Dynamics of Welfare and Work: Exploring the Process by which Young Women Work Their Way off Welfare"를 보라. US House, Committee on Ways and Means, *Overview of Entitlement Programs, 1994 Green Book*(Washington DC: US Government Printing Office, 1994), 40, 43~44쪽에서 재인용.

10. Sharon Parrott, *Welfare Recipients Who Find Jobs: What De We Know About Their Employment and Earnings?*(Washington DC: Center on Budget and Policy Priorities, 16 November 1998), 9쪽.

11. 앞의 책, 5~19쪽.

12. Irene Skricki, *Unheard Voices: Participants Evaluate the JOBS Program* (Washington DC: Coalition on Human Needs, January 1993), 13쪽.

13. Joyce Short, "The Great Enemy of Morality Is Indifference," *Legal Service of New Jersey Report*, February/March 1999, 9쪽; 아동보호기금Children's Defense Fund(CDF)의 요약보고서에서 재인용한 예산·정책우선순위연구센터Center on Budget

and Policy Priorities(CBPP)의 빈곤 통계(빈곤선 절반 이하에서 살아가는 어린이들에 관한 통계).

14. *The Impact of Welfare Reform in the 30 Largest US Cities: 1999*>(Washington DC: Brookings Institution, February 1999).

15. Legal Services of New Jersey, *Assessing Work First: What Happens after Welfare?*(New Brunswick, NJ: June 1999), 74쪽.

16. Mimi Abramovitz, *Regulating the Lives of Women: Social Welfare Policy from Colonial Times to the Present*, 2d ed. (Boston: South End Press, 1996).

17. David Popenoe, "The Family Transformed," *Family Affairs* 2, nos. 2-3 (Summer/Fall 1989), 1~2쪽

18. Mimi Abramovitz, *Regulating the Lives of Women*.

19. Center on Budget and Policy Priorities, "Summary Effects of House Bill H.R.4 on Low Income Programs," 요약(Washington DC: 1995), 3쪽.

20. Editors, "Supreme Mischief," *New York Times*, 24 June 1999, A26쪽; Linda Greenhouse, "States Are Given New Legal Shield by Supreme Court," *New York Times*, 24 June 1999, A22쪽.

21. 여성의 경제적 평등을 위한 전략을 향하여

1. 전략에 관한 논의는 복지권을 위한 정치 전략을 다룬 두 훌륭한 글에 크게 의존한다. Mimi Abramovitz: *Under Attack, Fighting Back: Women and Welfare in the United States*(New York: Monthly Review Press, 1996), 4부; Ann Withorn, "The Politics of Welfare Reform: Knowing the Stakes, Finding the Strategies," *Resist Newsletter* 5, no. 3(April 1996). 과거의 정치적 투쟁에 관한 논의에서는 다음의 책에 실린 글들을 많이 참조했다. Louise A. Tilly and Patricia Gurin, eds., *Women, Politics, and Change*(New York: Russel Sage Foundation, 1990). 소중한 논의를 해준 앤 위손Ann Withorn과 다이앤 두존Diane Dujon, 그리고 보스턴 지역의 빈곤연구자모임Academics' Working Group on Poverty에 감사의 뜻을 밝힌다.

2. Ruth Milkman, "Gender and Trade Unionism in Historical Perspective," in Tilly and Gurin, eds., *Women, Politics, and Change*, 87~107쪽.

3. Withorn, "The Politics of Welfare Reform."

4. Nancy F. Cott, "Across the Great Divide: Women in Politics Before and After 1920," in Tilly and Gurin, eds., *Women, Politics, and Change*, 153~176쪽.

5. 항의의 역사에 관한 이 절의 서술은 Abramovitz: *Under Attack, Fighting Back*에 주로 근거한 것이다. 이 책에는 여기서 서술한 것보다 훨씬 자세한 내용이 담겨 있다.

6. Welfare Mothers' Voice, "Fighting Back: Welfare 'Reform'—JEDI Women Spark Protests in 76 Cities," Works in Progress(Applied Research Center, Oakland, CA, April 1995), 6쪽.

7. Barbara J. Nelson, "The Gender, Race, and Class Origins of Early Welfare and the Welfare State: A Comparison of Workmen's Compensation and Mother's Aid," in Tilly and Gurin, eds., *Women, Politics, and Change*, 413~435쪽; Linda Gordon, *Pitied But Not Entitled: Single Mothers and the History of Welfare*(New York: The Free Press, 1994).

8. Michael B. Katz, *The Undeserving Poor: From the War on Poverty to the War on Welfare*(New York: Pantheon, 1989).

9. Mark R. Rank, *Living on the Edge: The Realities of Welfare in America*(New York: Columbia University Press, 1994), 133, 142쪽.

10. Welfare Warriors, "An Open Letter from Welfare Warriors to Friends of Families who Receive Welfare Child Support," *Works in Progress*(Applied Research Center, Oakland, April 1995), 7쪽.

11. Labor Research Association, "Case Study in the New Politics," *LRA's Economic Notes*, May 1995, 3쪽.

22. 공적 투옥과 사적 폭력: 여성에 대한 은밀한 처벌에 관한 고찰

1. Lucia Zedner, "Wayward Sisters: The Prison for Women," in Norval Morris and David J. Rothman, eds., *The Oxford History of the Prison*(Oxford: Oxford University Press, 1998), 295쪽을 보라.

2. 앞의 글.

3. Russell P. Dobash et al., *The Imprisonment of Women*(New York: Blackwell, 1986), 19~20쪽을 보라.

4. 앞의 책.

5. Joanne Belknap, *The Invisible Woman: Gender, Crime, and Justice*(Cincinnati: Wadsworth, 1996)([국역] 조앤 벨크냅 지음, 윤옥경 외 옮김, 『여성범죄론』, 박학사, 2009)을 보라.

6. 앞의 책을 보라.

7. 전반적인 내용은 앞의 책을 보라.

8. Pat Carlen, *Women's Imprisonment: A Study in Social Control*(London: Routledge & Kegan Paul, 1983).

9. 앞의 책, 18쪽을 보라.

10. 앞의 책.

11. 앞의 책, 86쪽.

12. Beth E. Richie, *Compelled to Crime: The Gender Entrapment of Battered Black Women*(New York: Routledge, 1996).

13. 앞의 책.

14. Belknap, *The Invisible Woman*, 172쪽.

15. Michel Foucault, *Discipline and Punish: The Birth of the Prison,* trans. Alan Sheridan(New York: Vintage, 1979), 234쪽.

16. 앞의 책.

17. Estelle B. Freedman, *Their Sisters' Keepers: Women's Prison Reform in America, 1830-1930*(Ann Arbor: University of Michigan Press, 1991), 3~4장을 보라.

18. Belknap, *The Invisible Woman*, 95쪽을 보라.

19. 앞의 책.

20. Zedner, "Wayward Sisters," 318쪽.

21. 앞의 글.

22. Nicole Hahn Rafter, *Creating Born Criminals*(Chicago: University of Illinois Press, 1998), 50쪽을 보라.

23. Elliot Currie, *Crime and Punishment in America*(New York: Henry Holt, 1998), 14쪽.

24. Tekla Dennison Miller, *The Warden Wore Pink*(New Haven: Yale University Press, 1996), 97쪽.

25. 앞의 책, 97~98쪽.

26. 앞의 책, 100쪽.

27. 앞의 책.

28. 앞의 책, 121쪽을 보라.

29. 앞의 책을 보라.

30. Curtis Wilkie, "Weak Links Threaten Chain Gangs: Revised Prison Work Program Facing Voter Disapproval, Inmates' Legal Action," *Boston Globe*, 18 May 1996, 1, 1쪽.

31. "48 Hours, Arizona Sheriff Initiates Equal Opportunity by Starting First Chain Gang for Women," CBS 방송, 19 September 1996을 보라.

32. Human Rights Watch, *All Too Familiar: Sexual Abuse of Women in US State Prisons*, www.hrw.org/hrw/summaries/s.us96d(1998년 5월 31일 접속).

33. 앞의 글, 2쪽.

34. 앞의 글을 보라.

35. Linda Burnham, "Beijing and Beyond," *Crossroads*, March 1996, 16쪽.

23. 여성의 이해를 개념화하다

1. 『자본주의 가부장제Capitalist Patriarchy』(1979)의 편저자인 질라 에이젠스타인Zillah Eisenstein은 여성들이 '성적 계급'을 이루며 여성들에게는 젠더 문제가 일차적이라는 주장을 좀 더 복잡하게 펼친 바 있다. Zillah Eisenstein, *Feminism and Sexual Equality*(New York: Monthly Review Press, 1984)를 보라.

2. Temma Kaplan, "Female Consciousness and Collective Action: The Case of

Barcelona 1910-1918," *Signs: Journal of Women in Culture and Society* 7, no. 3(Spring 1982); Olwen Hufton, "Women in Revolution 1789-1796," *Past and Present* 53(1971).

3. 산디니스타 사회 정책에 관한 더 자세한 설명으로는 Thomas Walker, ed., *Nicaragua: The First Five Years*(New York: Praeger, 1982)를 보라. 산디니스타의 여성 정책에 관해서는 같은 책에 실린 나의 논문을 보라.

4. Thomas Walker, ed., *Nicaragua in Revolution*, 2d ed.(New York: Praeger, 1985).

5. Carmen Diana Deeere, "Cooperative Development and Women's Participation in the Nicaraguan Agrarian Reform," *American Journal of Agricultural Economics*, December 1983; CIERA, Informe Annual 1983(Managua: CIERA, 1984); CIERA, *Managua es Nicaragua*(Managua: CIERA, 1984); CIERA, *La Mujer en las Cooperativas Agropecuarias en Nicaragua*(Managua: CIERA, 1984).

6. 미간행 자료, Instituto Nacional de Estadisticas y Censos, Managua, December 1981.

24. 출발 지점에 대한 평가

1. Helke Sander, "Action Committee for the Liberation of Women," SDS Conference, Frankfurt, 미간행 초고, 1968.

2. Liz Heron, ed., *Truth, Dare or Promise: Girls Growing Up in the 50s*(London: Virago, 1985), 74~75쪽.

3. Sue O'Sullivan, "Capping the Cervix," *Spare Rib* 105(April 1981).

4. *Come Together* 3, Gay Women's Liberation issue(1971).

5. Sheila Rowbotham, "The Beginnings of Women's Liberation Britain"(1972), in Sheila Rowbotham, *Dreams and Dilemmas: Collected Writings*(London: Virago, 1983)에서 재인용.

6. Sheila Rowbotham, *Woman's Consciousness, Man's World*(Harmondsworth: Penguin, 1973), 97쪽에서 재인용.

7. Audrey Wise, "Equal Pay Is Not Enough," *Black Dwarf* 10(January 1969).

8. Rochelle Wortis, Women's Liberation Conference, Ruskin College, Oxford, 1970.

25. 들어라, 백인 자매들아

1. "Unintended Pregnancy in the US," *Family Planning Perspectives*(Alan Guttmacher Institute, Washington DC, January 1998).

26. 자본주의와 인간 해방: 인종, 젠더, 민주주의

1. Isaac Deutscher, "Marxism and the New Left," in *Marxism in Our Time*(London: Jonathan Cape, 1972), 74쪽.
2. 예를 들어 로마의 법학자 플로렌티누스Florentinus는 "노예제는 만민법의 제도로서 이 제도에 따른 타인의 지배에 대한 종속은 자연에 위배된다"라고 썼다. M. I. Finley, "Was Greek Civilization Based on Slave Labour?"와 "Between Slavery and Freedom," in *Economy and Society in Ancient Greece*(London: Chatto & Windus, 1981), 104, 113, 130쪽을 보라. 기독교가 "노예제에 대해 완전히 새로운, 개선된 태도"를 소개했다는 견해를 단호하게 거부하는 설명으로는 G. E. M. de Ste Croix, *The Class Struggle in the Ancient Greek World*(London: Duckworth, 1981), 419쪽을 보라.
3. 국가 외부에서 낯선 힘으로서 국가에 종속된 마을 공동체에 관해서는 Teodor Shanin, "Peasantry as a Political Factor"와 Eric Wolf, "On Peasant Rebellions," in T. Shanin, ed. *Peasants and Peasant Societies*(Harmondsworth: Penguin, 1971), 특히 244쪽과 212쪽을 보라.
4. Eric Wolf, Peasants (Englewood Cliffs, NJ: Prentice-Hall, 1966), 9~10쪽.
5. Robert Brenner, "Agrarian Class Structure and Economic Development in Pre-Industrial Europe," in T. H. Aston and C. H. E. Philpin, eds., The Brenner Debate: Agrarian Class Structure and Economic Development in Pre-Industrial Europe (Cambridge: Cambridge University Press, 1985)([국역] R. 브레너·T. H. 아스톤·C. H. E. 필핀 지음, 이연규 옮김, 『농업계급구조와 경제발전』, 집문당, 1991), 55~57쪽.
6. 이 점에 관해서는 선구적인 연구서인 George Comninel, Rethinking the French Revolution: Marxism and the Revisionist Challenge (London: Verso, 1987), 특히 196~203쪽을 보라.
7. Wolf, *Peasants*, 12~17쪽.

28. 민주화: 공공영역의 젠더화된 어긋남에 관한 고찰

1. Sheila Meintjes, "Mobilizing Against Violence Against Women in South Africa," paper presented at the International Conference on Politics, Rights, and Representation, University of Chicago, 17 October 1999.

| 참고문헌 |

Sonia Alvarez, *Engendering Democracy in Brazil: Women's Movements in Transition Politics*, Princeton: Princeton University Press, 1990.

Alvarez, Sonia. 1999. "Advocating Feminism: The Latin American Feminist NGO

'Boom'," International Feminist Journal of Politics 1, no. 2(1990): 181~209쪽.

Barkley Brown, Elsa. 1997. "Negotiating and Transforming the Public Sphere: African American Political Life in the Transition from Slavery to Freedom," in Cathy Cohen, Kathleen Jones, and Joan Tronto, eds., Women Transforming Politics, 343~76쪽. New York University Press, 1997.

Brown, Wendy. 1988. Manhood and Politics. Totowa, NJ: Rowan & Littlefield, 1988.

Bystydzienski, Jill, ed. 1992. Women Transforming Politics: Worldwide Strategies. Bloomington: Indiana University Press, 1992.

Caldeira, Teresa. 1998. "Justice and Individual Rights: Challenges for Women's Movements and Democratization in Brazil," in Jane Jaquette and Sharon Wolchik, eds., Women and Democracy: Latin America and Central and Eastern Europe. Baltimore: Johns Hopkins University Press, 1998.

Case, Mary Anne. "Assessing the Categories: Should Political Representation Be Organized by Race, Gender, or Sexuality." Paper presented at International Conference on Politics, Rights, and Representation, University of Chicago, 14 October 1999.

Craske, Nikki. 1998. "Remasculinisation and the Neoliberal State in Latin America," in Vicky Randall and Georgian Waylen, eds., Gender, Politics, and the State. London and New York: Routledge, 1998.

Di Stefano, Christine. 1996. "Autonomy in the Light of Difference," in Nancy Hirschmann and Christine Di Stefano, eds., Revisioning the Political, 95~116쪽. Boulder, CO: Westview Press, 1996.

Flammang, Janet. 1997. Women's Political Voice: How Women are Transforming the Practice and Study of Politics. Philadelphia: Temple University Press, 1997.

Funk, Nanette and Magda Mueller. 1993. Gender Politics and Post-Communism. New York: Routledge, 1993.

Hirschmann, Nancy. 1992. Rethinking Obligation. Ithaca: Cornell University Press, 1992.

Jacquette, Jane and Sharon Wolchik. 1998. Women and Democracy: Latin America and Central and Eastern Europe. Baltimore: Johns Hopkins University Press, 1998.

Lang, Sabine. 1999. "The NGOization of Social Movements." Paper presented at the International Conference on Politics, Rights and Representation, University of Chicago, 17 October 1999.

Leijenaar, Monique. 1998. "Gender and Good Governance." Paper presented at the Annual Meeting of the American Political Science Association, Boston, 3-6 September 1998.

McDonagh, Eileen, 1999. "Democratization and Gender in American Political Development: Woman Suffrage and the Contradiction Model." Paper presented at conference on Framing Equality: Inclusion, Exclusion and American Political Institutions, Eagleton Institute of Politics, Rutgers University, 25-26 March 1999.

Miller, Francesca. 1991. *Latin American Women and the Search for Social Justice*, Hanover, NH: University Press of New England, 1991.

Nelson, Barbara and Najma Chowdhury, eds. 1994. Women and Politics Worldwide. New Haven: Yale University Press, 1994.

Peterson, V. Spike and Anne Sisson Runyon. 1999. Global Gender Issues, 2d ed. Boulder, CO: Westview Press, 1999.

Radcliffe, Sara and Sallie Westwood, eds. 1993. Viva: Woman and Popular Protest in Latin America. New York: Routledge, 1993.

Rai, Shirin, Hilary Pilkington, and Annie Phizacklea, eds. 1992. Women in the Face of Change: The Soviet Union, Eastern Europe and China. London: Routledge, 1992.

Saint Germain, Michelle, "Women, Democratization, and Public Policy," *Policy Sciences* 27(1994): 269~276쪽.

Scott, Joan. 1996. Only Paradoxes to Offer: French Feminists and the Rights of Man. Cambridge, MA: Harvard University Press, 1996([국역] 조앤 스콧 지음, 공임순·이화진·최영석 옮김, 『페미니즘 위대한 역사』, 앨피, 2017).

Sperling, Valerie. 1998. "Gender Politics and the State during Russia's Transition Period," in Vicky Randall and Georgian Waylen, eds., Gender, Politics, and the State. London and New York: Routledge, 1998.

Tronto, Joan. 1993. Moral Boundaries. New York: Routledge, 1993.

Valenzuela, Maria Elena. 1998. "Women and the Democratization Process in Chile," in Jane Jaquetta and Sharon Wolchik, eds., Women and Democracy: Latin America and Central and Eastern Europe. Baltimore: Johns Hopkins University Press, 1998.

29. 아프리카계 미국인 정치 전략에서 젠더의 지도를 그리다

1. *Final Call* 14, no. 22(1995): 19쪽.
2. Forum on the Million Man March, held at Columbia University Institute for Research in African American Studies, 31 October 1995.
3. *New York Times*, 17 November 1991: A53쪽.
4. *USA Today*, 5 October 1995: 1쪽.

| 참고문헌 |

A. Asadullah Samad, "One Million Reasons for Black Men to March (Without Our
 Women)," *Los Angeles Sentinel*, 31 August 1995, A7쪽.

Adam Fairclough, *To Redeem the Soul of America: The Southern Christian
 Leadership Conference and Martin Luther King, Jr*, Athens: University of
 Georgia Press, 1987.

Angela Davis, *An Autobiography*, New York: Random House, 1974.

Angela Davis, *Women, Race, and Class*, New York: Random House, 1981.

Anita Faye Hill, Emma Coleman Jordan, eds., *Race, Gender, and Power in
 America: The Legacy of the Hill-Thomas Hearings*, New York: Oxford
 University Press, 1995.

Ann Bookman, Sandra Morgen, eds., *Women and the Politics of Empowerment*,
 Philadelphia: Temple University Press, 1988.

Audrey Lawson Brown, "Afro-Baptist Women's Church and Family Roles:
 Transmitting Afrocentric Cultural Values," *Anthropological Quarterly* 67, no.
 4(1994): 173~186쪽.

Barbara Laslett, Johanna Brenner, "Gender and Social Reproduction: Historical
 Perspectives," *Annual Reviews of Sociology* 15(1989): 381~404쪽.

Barbara Ransby, "The Gang Rape of Anita Hill and the Assault Upon All Women
 of African Descent," *The Black Scholar* 22, no. 1-2(1991-92): 82~85쪽.

Barrie Thorne, "Review of Black Feminist Thought: Knowledge, Consciousness,
 and the Politics of Empowerment by Patricia Hill Collins," *Gender and Society*
 6, no. 3(1992): 515~517쪽.

Black Panther Party, *Black Panther Sisters on Women's Liberation*, 발행지명 없음:
 Black Panther Party, 1969.

Charles Krauthammer, "The Black Rejectionists," *Time*, 23 July 1993, 80쪽.

Combahee River Collective. [1977] 1982. "A Black Feminist Statement," in Gloria
 Hull, Patricia Bell Scott, and Barbara Smith, eds., *All the Women Are White, All
 the Blacks Are Men, But Some of Us Are Brave*, Old Westbury, NY: Feminist
 Press.

E. F. White, "Africa on My Mind: Gender, Counter Discourse and African-
 American Nationalism," *Journal of Women's History* 2, no. 1(1990): 73~97쪽.

ElijahMuhammad, *Message to the Blackman in America*, Philadelphia: Hakim's
 Publications, 1965.

Evelyn Higginbotham, "African American Women's History and the Metalanguage
 of Race," *Signs: Journal of Women in Culture and Society* 17, no. 2(1992):
 251~274쪽.

Faye Ginsburg, Rayna Rapp, "Introduction: Conceiving the New World Order," in

Faye Ginsburg and Rayna Rapp, eds., *Conceiving the New World Order: The Global Politics of Reproduction*, Los Angeles: University of California Press, 1995.

Floya Anthias, Nira Yuval-Davis, "Introduction," in Floya Anthias and Nira Yuval-Davis, eds., *Woman—Nation—State*, London: Macmillan, 1989.

Gates, Henry Lewis, "A Reporter At Large: The Charmer," *New Yorker*, 29 April-6 May(1996): 116~126쪽.

Gerald Horne, "The Thomas Hearings and the Nexus of Race, Gender and Nationalism," *The Black Scholar* 22, no. 1-21(1991-92): 45~47쪽.

Haki R. Madhubuti, *Enemies: The Clash of Races*. Chicago: Third World Press, 1978.

Hans A. Baer, "The Limited Empowerment of Women in Black Spiritual Churches: An Alternative Vehicle to Religious Leadership," *Sociology of Religion* 54, no. 1: 65~82쪽, 1993.

Herbert G. Gutman, *The Black Family in Slavery and Freedom, 1750-1925*, New York: Pantheon, 1976.

Jack Rosenthal, "The Youngest, Cruelest Justice," *New York Times*, 27 February 1992, A24쪽.

Jacqueline Jones, *Labor of Love, Labor of Sorrow: Black Women, Work, and the Family from Slavery to the Present*, New York: Basic Books, 1985.

Jacquelyne Johnson Jackson, "'Them Against Us': Anita Hill v. Clarence Thomas," *The Black Scholar* 22, no. 1-2(1991-92): 49~52쪽.

John E. Jacobs, "Clarence Thomas: Affirmative Action and Merit," *The Black Scholar* 22, no. 1-2(1991-92): 153~154쪽.

John Hutchison, "Moral Innovators and the Politics of Regeneration: The Distinctive Role of Cultural Nationalists in Nation-Building," *International Journal of Comparative Sociology* 33, no. 1-2(1992): 101~117쪽.

Johnetta Cole, ed., *All American Women: Lines That Divide, Ties That Bind*, New York: Free Press, 1986.

Joseph E. Lowery, "The SCLC Position: Affirmative Action and Merit," *The Black Scholar* 22, no. 1-2(1991-92): 151~152쪽.

Kumari Jayawardena, *Feminism and Nationalism in the Third World*, London: Zed Books, 1986.

Leith Mullings, "Women and Economic Change in Africa," in Nancy Hafkin and Edna Bay, eds., *Women in Africa*, Stanford: Stanford University Press, 1976.

Lois A. West, "Feminist Nationalist Social Movements: Beyond Universalism and Towards a Gendered Cultural Relativism," *Women's Studies International Forum* 15, no. 5-6(1992): 563~579쪽.

M. Ron Karenga, "Under the Camouflage of Color and Gender: The Dread and Drama of Thomas-Hill," *The Black Scholar* 22, no. 1-2(1991-92): 59~65쪽.

Malcolm X, *By Any Means Necessary*, ed. George Breitman. New York: Pathfinder Press, 1970.

Manning Marable, *Beyond Black and White: Transforming African American Politics*, London and New York: Verso, 1995.

Manning Marable, *How Capitalism Underdeveloped Black America: Problems in Race, Political Economy and Society*, Boston: South End Press, 1983.

Manning Marable, "The Abortion Debate," in *Black Liberation in Conservative America*, Boston: South End Press, 1997.

Manning Marable, Leith Mullings, "The Divided Mind of Black America: Race, Ideology and Politics in the Post Civil Rights Era," *Race and Class* 36, no. 1(1994): 61~72쪽.

Marcia Coyle, "The Court Confounds Observers." *National Law Journal* 13, no. 1, 1992.

Margaret Busby, *Daughters of Africa: An International Anthology of Words and Writings by Women of African Descent from Ancient Egypt to the Present*, New York: Pantheon Books, 1992.

Moldefi K. Asante, "The Black Male and Female Relationships: An Afrocentric Context," in Lawrence E. Gary, ed., *Black Men*, Beverly Hills: Sage Publications, 1981.

Nathan Hare, "Solutions: A Complete Theory of the Black Family," in Nathan Hare and Julia Hare, eds., *Crisis in Black Sexual Politics*, San Francisco: Black Think Tank, 1989.

Niara Sudarkasa, "Don't Write Off Thomas," *The Black Scholar* 22, no. 1-2(1991-92): 99~102쪽.

Orlando Patterson, "Race, Gender and Liberal Fallacies," *The Black Scholar* 22, no. 1-2(1991-92): 77~80쪽.

Patricia Hill Collins, *Black Feminist Thought: Knowledge, Consciousness, and the Politics of Empowerment*, New York: Routledge, 1991.

Patricia Morton, *Disfigured Images: The Historical Assault on Afro-American Women*, New York: Greenwood Press, 1991.

Paula Giddings, *When and Where I Enter: The Impact of Black Women on Race and Sex in America*, Toronto: Bantam, 1984.

Rayna Rapp, "Urban Kinship in Contemporary America: Families, Classes, and Ideology," in Leith Mullings, ed., *Cities of the United States: Studies in Urban Anthropology*, New York: Columbia University Press.

Shahrazad Ali, *The Black Man's Guide to Understanding the Black Woman*,

Philadelphia: Civilized Publications, 1989.

Sharon Harley, "Northern Black Female Workers: 'Jacksonian Era'," in Sharon Harley and Rosalyn Terborg-Penn, eds., *The Afro-American Woman: Struggles and Images*, Port Washington, NY: National Universities Publications, 1978.

Sylvia Walby, "Women and Nation," *International Journal of Comparative Sociology* 33, no. 1-2(1992): 80~99쪽.

Toni Morrison, ed., *Race-ing Justice, En-gendering Power: Essays on Anita Hill, Clarence Thomas, and the Construction of Social Reality*, New York: Pantheon, 1992.

W. J. Wilson, *The Truly Disadvantaged: The Inner City, the Underclass, and Public Policy*, Chicago: University of Chicago Press, 1987.

30. 교차, 위치, 자본주의 계급관계: 마르크스주의 관점에서 본 교차성

1. 새로운 라틴계 학생운동의 반反성차별주의 의식에 관해서는 Elizabeth Martinez, *De Colores Means All of Us*(Cambridge, MA: South End Press, 1998), 165~169, 216~217쪽을 보라.

2. Brenner, *Women and the Politics of Class*.

3. Stephanie Coontz, *The Way We Really Are*(New York: Basic Books, 1997), 3장; Louise Lamphere, Patricia Zavella, and Felipe Gonzales, with Peter B. Evans, *Sunbelt Working Mothers: Reconciling Family and Factory*(Ithaca: Cornell University Press, 1993).

4. Judith Stacey, "What Comes After Patriarchy? Comparative Reflections on Gender and Power in a 'Post-Patriarchal' Age"와 Linda Gordon and Alan Hunter, "Not All Male Dominance is Patriarchal," in *Radical History Review* 71 (1998): 63~83쪽.

5. Patricia Hill Collins, *Fighting Words: Black Women and the Search for Justice*(Minneapolis: University of Minnesota Press, 1998), 30~32, 182~183쪽.

6. Sharlene Hesse-Biber and Gregg Lee Carter, *Working Women in America: Split Dreams*(New York: Oxford University Press, 2000), 40~52쪽.

7. Dennis r. Judd. "Symbolic Politics and Urban Policies: Why African Americans Got So Little from the Democrats," in Adolph Reed, Jr., ed., *Without Justice for All: The New Liberalism and Our Retreat from Radical Equality*(Boulder, CO: Westview Press, 1999), 144~147쪽.

8. Jill Quadagno, *The Color of Welfare: How Racism Undermined the War on Poverty*(New York: Oxford, 1994).

9. Karen Brodkin, *How Jews Became White Folks and What That Says About*

Race in America(New Brunswick, NJ: Rutgers University Press, 1998), 1장.

10. 앞의 책; Judd, "Symbolic Politics and Urban Policies," 126~131쪽도 보라.

11. Aaron Brenner, "Rank and File Rebellion, 1966-1975"(Ph.D. dissertation, Columbia University, 1996), 30~49쪽.

12. 앞의 글, 56~62쪽.

13. Kim Moody, *Workers in a Lean World*(London: Verso, 1997)([국역] 킴 무디 지음, 사회진보연대 옮김, 『신자유주의와 세계의 노동자』, 문화과학사, 1999), 51~113쪽.

14. 앞의 책, 23~31쪽; Neala J. Schleuning, *Women, Community, and the Hormel Strike of 1985-86*(Westport, CT: Greenwood Press, 1994).

15. Moody, *Workers in a Lean World,* 183쪽; *Mike Davis, Prisoners of the American Dream*(London: Verso, 1986)([국역] 마이크 데이비스 지음, 김영희·한기욱 옮김, 『미국의 꿈에 갇힌 사람들』, 창비, 1994), 147쪽.

16. 탈산업화가 로스앤젤레스, 디트로이트, 버밍엄의 흑인 공동체에 미친 영향에 관해서는 Mike Davis, "Los Angeles: Civil Liberties between the Hammer and the Rock," *New Left Review* 170(July-August 1988): 37~60쪽, 특히 47~52쪽; Tomas J. Sugrue, *The Origins of the Urban Crisis: Race and Inequality in Postwar Detroit*(Princeton: Princeton University Press, 1996); Robin D. G. Kelly, *Race Rebels: Culture, Politics, and the Black Working Class*(New York: The Free Press, 1994), 4장, 특히 93~100쪽 등을 보라.

17. Michael Omi and Howard Winant, *Racial Formation in the United States: From the 1960s to the 1990s,* 2d ed.(New York: Routledge, 1994), 208쪽 주석 63.

18. Davis, *Prisoners of the American Dream,* 131~135, 138~140쪽.

19. Martinez, *De Colores Means All of Us,* 200~201, 243~244쪽.

20. Angela Y. Davis, "Race and Criminalization: Black Americans and the Punishment Industry," in Wahneema Lubiano, ed., *The House that Race Built*(New York: Vintage, 1998), 264~279쪽.

21. Francis Fox Piven, "The Welfare State as Work Enforcer," *Dollars and Sense,* September-October 1999: 32~34쪽.

22. Nancy Folbre and the Center for Popular Economics, *The New Field Guide to the U.S. Economy*(New York: The New Press, 1995), 5~12쪽.

23. Lawrence Mishel, jared Bernstein, and John Schmitt, *The State of Working America, 1998-99*(Ithaca: Cornell University Press, 1999), 99~118쪽; Joseph Pechman, *The Rich, the Poor, and the Taxes They Pay*(Boulder, CO: Westview Press, 1986), 31~39쪽.

24. Alan Brinkely, "The New Deal and the Idea of the State," in Steve Fraser and Gary Gerstle, eds., *The Rise and Fall of the New Deal Order: 1930-1980*(Princeton: Princeton University Press, 1989), 85~121쪽.

25. 노동 진영의 패배와 이런 협정의 등장에 관한 분석으로는 Nelson Lichtenstein,

"From Corporatism to Colective Bargaining: Organized Labor and the Eclipse of Social Democracy in the Postwar Era," in Fraser and Gerstle, eds., *The Rise and Fall of the New Deal Order*, 122~152쪽을 보라.

26. Michael K. Brown, "The Segmented Welfare System: Distributive Conflict and Retrenchment in the United States, 1968-1984," in Michael K. Brown, ed., *Remaking the Welfare State: Retrenchment and Social Policy in America and Europe*(Philadelphia: Temple University Press, 1988), 182~210쪽.

27. Leith Mullings, *On Our Own Terms: Class, and Gender in the Lives of African American Women*(New York: Routledge, 1997), 135~146쪽; Martinez, *De Colores Means All of Us*, 172~181쪽도 보라.

28. Willie M. Legett, "The Crisis of the Black Male: A New Ideology in Black Politics"와 Preston H. Smith, "'Self-Help,' Black Conservatives, and the Reemergence of Black Privatism," in Reed, ed., *Without Justice for All*.

29. Barbara Omolade, *The Rising Song of African American Women*(New York: Routledge, 1994), 5장; Mullings, *On Our Own Terms*, 146~148쪽도 보라.

30. 흑인 시장들이 장악한 시 정부들조차 실질적인 자원을 도시 노동계급과 빈곤층에게 이전하지 못한 문제와 시정 체제의 정치학은 복잡한 문제다. 흑인 공직자들과 행정가들의 정치학과 정책에 대한 세밀하고 통찰력 있는 분석으로는 Adolph Reed, Jr., *Stirrings in the Jug: Black Politics in the Post-Segregation Era*(Minneapolis: University of Minnesota Press, 1999)를, 그들이 정치 풍토에 적응하면서 변화하는 과정에 관해서는 204~205쪽을 보라.

31. 쿠바 중간계급 이민자들에 대한 "대대적인 국가 지원"의 영향과 마이애미 쿠바인 공동체 내부의 계급관계에 관해서는 Alex Stepick III and Guillermo Grenier, "Cubans in Miami," in Joan Moore and Raquel Pinderhughes, eds., *In the Barrios: Latinos and the Underclass Debate*(New York: Russell Sage Foundation, 1993), 79~100쪽을 보라. 아시아계 이민자들이 맞닥뜨린 각기 다른 운명에 관해서는 Paul Ong, Edna Bonacich, and Lucie Cheng, eds., *The New Asian Immigration in Los Angeles and Global Restructuring*(Philadelphia: Temple University Press, 1994)를 보라. 계급적 차이와 새로운 이민에 관해서는 Jan Lin, *Reconstructing Chinatown: Ethnic Enclave, Global Change*(Minneapolis: University of Minnesota Press, 1998)을 보라.

32. 유색인 공동체 사이의 분열에 관해서는 Melvin L. Oliver, James H. Johnson, Jr., and Walter Farrell, Jr., "Anatomy of a Rebellion: A Political-Economic Analysis," in Robert Gooding-Williams, ed., *Reading Rodney King, Reading Urban Uprising*(New York: Routledge, 1993); Alejandro Portes and Alex Stepick, "A Repeat Performance? The Nicaraguan Exodus," in Mary Romero, Pierrette Hondagneu-Sotelo, and Vilma Ortiz, eds., *Challenging Fronteras: Structuring Latina and Latino Lives in the U.S.*(New York: Routledge, 1997);

Martinez, *De Colores Means All of Us*, 75~80쪽 등을 보라. 중간계급의 중재자 역할에 관해서는 Reed, *Stirrings*; Yen Espiritu and Paul Ong, "Class Constraints on Racial Solidarity among Asian Americans," in Ong et al., *The New Asian Immigration*, 295~321쪽 등을 보라.

33. Eric Mann, "Class, Community and Empire: Toward an Anti-Imperialist Strategy for Labor," in Ellen Meiksins Wood, Peter Meiksins, and Michael Yates, eds., *Rising from the Ashes? Labor in the Age of "Global" Capitalism*(New York: Monthly Review Press, 1998), 100~109쪽; Moody, *Workers in a Lean World*, 170~178쪽.

34. 아시아계 미국인 조직들의 중간계급 편향에 관해서는 Espiritu and Ong, "Class Cnstraints"를 보라.

35. 이런 풀뿌리 조직뿐만 아니라 팀스터민주노동조합연합Teamsters for a Democratic Union[1979년에 결성된 팀스터 노동조합 민주화 운동 단체. 평조합원들의 힘으로 팀스터를 민주화하려는 풀뿌리 전국 조직이다] 같은 공식 노동조합 내의 개혁운동 또한 노동조합 관료 집단의 경제적 민족주의에 도전하는(또한 기층 노동자들이 국제주의적인 관점을 가지도록 노력하는) 세력을 대표한다. 이런 정치적 전망에 관한 분석으로는 Kim Moody, "Global Capital and Economic Nationalism: Protectionism or Solidarity?" *Against the Current* 14, no. 3(July-August 2000): 34~38쪽과 "Global Capital and Economic Nationalism: Finding Protection in the Crowd," *Against the Current* 14, no. 4(September-October 2000): 25~29쪽을 보라.

36. 오리건주 포틀랜드의 노동자조직위원회Workers Organizing Committee, 뉴욕시의 중국인노동자협회Chinese Staff and Worker Association, 로스앤젤레스의 버스운전사노동조합Bus Riders Union, 노스캐롤라이나주 로키마운틴Rocky Mountain의 흑인노동자정의연합Black Workers for Justice 등이 대표적인 예다. Lin, *Reconstructing Chinatown*, 192~193쪽; Mann, "Class, Community and Empire," 103~106쪽.

37. 이런 연합 정치에 관한 탐구로는 Iris Young, "Polity and Group Difference: A Critique of the Ideal of Universal Citizenship"과 Bernice Johnson Reagon, "Coalition Politics: Turning the Century," in Anne Phillips, ed., *Feminism and Politics*(New York: Oxford University Press, 1998); Chela Sandoval, "Mestizaje as Method: Feminists-of-Color Challenge the Canon," in Carola Trujillo, ed., *Living Chicana Theory*(Berkeley: Third Woman Press, 1998), 352~370쪽 등을 보라.

38. '몽상적인 실용주의'라는 표현은 Stanlie M. James and Abena P. A. Busia, eds., *Theorizing Black Feminisms: The Visionary Pragmatism of Black Women* (London and New York: Routledge, 1993)에서 빌려왔다.

31. 페미니스트 입장론을 다시 본다

1. 예를 들어 노마 앨러콘Norma Alarcon, "The Theoretical Subject(s) of This Bridge

Called My Back," in Gloria Anzaldua, ed., *Making Face/Making Soul*(San Francisco: Aunt Lute Foundation, 1990)은 이름 없는 '입장 인식론자' 집단에 관해 논의한다. 앨러콘은 글 후반부에서 하딩과 재거를 입장론 이론가로 거론한다.

2. Georg Lukács, *History and Class Consciousness*(Boston: Beacon Press, 1971) ([국역] 게오르그 루카치 지음, 박정호·조만영 옮김, 『역사와 계급의식』, 지식을만드는지식, 2015에 실려 있다).

3. 이 다섯 가지는 다음 책에 수록된 정식화에 몇 가지 수정만 가한 것이다. *Money, Sex, and Power: Toward A Feminist Historical Materialism*(New York: Longman, 1983; Boston, Northeastern University Press, 1984), 232쪽.

4. bell hooks, *Yearning*(Boston: South End Press, 1994). 훅스의 저서를 상기시키는 Donna Haraway, *Modes_Witness@Second_Millennium.FemaleMan©Meets_OncoMouse™*(New York: Routledge, 1997)([국역] 다나 J. 해러웨이 지음, 민경숙 옮김, 『겸손한_목격자@제2의_천년.여성인간©_앙코마우스TM를_만나다』, 갈무리, 2007), 127~129쪽도 보라.

5. Fredric Jameson, "History and Class Consciousness," *Rethinking Marxism* 1, no. 1(1988): 65쪽.

6. 앞의 글, 66쪽.

7. 앞의 글, 70쪽.

8. 앞의 글.

9. 예를 들어 Ludwig Wittgenstein, *On Certainty*(New York: Harper & Row, 1969) ([국역] 루트비히 비트겐슈타인 지음, 이영철 옮김, 『확실성에 관하여』, 책세상, 2006)과 *Remarks on the Foundations of Mathematics*(Cambridge: MIT Press)([국역] 루트비히 비트겐슈타인 지음, 박정일 옮김, 『수학의 기초에 관한 고찰』, 서광사, 1997)을 보라. Ilya Prigogine, *The End of Certainty*(New York: The Free Press, 1996)([국역] 일리야 프리고진 지음, 이덕환 옮김, 『확실성의 종말』, 사이언스북스, 1997)도 보라.

10. Carlos Fuentes, "How I Started to Write," in Rick Simonson and Scott Walker, eds., *Graywolf Annual Five: Multicultural Literacy*(St. Paul, MN: Graywolf Press, 1988), 85쪽.

11. Jameson, "History and Class Consciousness," 65쪽.

12. Michelle Cliff, "A Journey into Speech," in *Graywolf Annual Five*, 78쪽.

13. Edward Gwaltney, Dryongso. Patricia Hill Collins, "The Social Construction of Black Feminist Thought," *Signs: Journal of Women in Culture and Society* 14, no. 4(1989), 748쪽에서 재인용.

14. "In Defense of the Word: Leaving Buenos Aires," *Graywolf Annual*(June 1976), 124~125쪽.

15. 앞의 글, 114~115쪽. 상품이 아닌 환상의 소비가 갖는 중요성에 관한 갈레아노의 언급도 보라(117쪽).

16. Guillermo Gómez-Peña, "Documented/Undocumented," in *Graywolf*

Annual Five, 132쪽.

17. Cedric Robinson, *Black Marxism*(London: Zed Books, 1984), 442쪽과 452쪽.

18. W. E. B. DuBois, *The Souls of Black Folk*, 2d ed.(New York: Fawcett World Library, 날짜 미상), 16쪽. Joyce Ladner, *Tomorrow's Tomorrow*(New York: Anchor Books, 1971), 273~274쪽에서 재인용.

19. Sangari, "The Politics of the Possible," 161쪽과 163쪽.

20. Gloria Anzaldua, *Borderlands*(San Francisco: Spinsters, Aunt Lute, 1987), 37~39쪽.

21. Anzaldua, *Borderlands*, 14쪽.

32. 여성의 본성에 관한 마르크스주의 이론

1. Karl Marx, *Grundrisse*(Harmondsworth: Penguin, 1973)([국역] 카를 마르크스 지음, 김호균 옮김, 『정치경제학 비판 요강』 1·2·3, 그린비, 2007), 92쪽.

2. D. L. Hull, "Contemporary Systematic Philosophies," in *Annual Review of Ecology and Systematics*, ed. Richard Johnson(Palo Alto, CA: Annual Reviews, 1970), 19~54쪽; "The Metaphysics of Evolution," *British Journal of the History of Science* 3(1966-67), 309~337쪽; "The Effect of Essentialism on Taxonomy: 2000 Years of Stasis, Parts 1, 2," *British Journal of the Philosophy of Science* 15(1965): 314~326(1966): 1~18쪽.

3. 이런 노선을 따른 매혹적인 연구를 수행한 주인공은 소련 초기 심리학자인 레프 비고츠키Lev Vygotsky와 A. R. 루리아A. R. Luria였다. 두 사람은 심리학을 "정신 활동의 사회역사적인 형성과, 사회적 실천의 기본 형태와 사회의 역사적 발전의 주요 단계에 전적으로 의존하는 정신적 과정의 구조를 탐구하는 과학"이라고 정의했다. *Cognitive Development: Its Cultural and Social Foundations*(Cambridge, MA: Harvard University Press, 1976)([국역] Alksandr Romanovich Luria 지음, 박경자·김성찬 옮김, 『인지발달교육』, 학문사, 1994), 164쪽. 1930년대 초반 중앙아시아 농민들에 관한 연구에서 두 사람은 2년 동안 집단농장에서 생활한 이들과 전통적인 농업에 종사하는 이들 사이에 인식의 내용뿐만 아니라 방식에서도 의미심장한 차이가 있음을 발견했다. 특히 전통적인 농업에 종사하는 이들은 집단농장에서 생활한 이들과 달리 간단한 삼단논법도 쉽게 이해하지 못했다. 또한 전통적인 농업에 종사하는 이들은 '추상적-이론적' 방식과 반대되는 것으로 루리아가 '묘사적-기능적' 방식이라고 지칭한 방식에 따라 대상을 분류했다. 루리아는 자신의 접근법에 물질적 토대를 제시하려고 노력하는 과정에서 신경심리학에 혁신적인 기여를 했다. 그러나 유감스럽게도 두 사람은 사회구조와 정신생활의 비인식적 측면 사이의 연관성에 대해서는 탐구하지 않았다. 또한 이런 독창적인 사고는 전혀 발전되지 않았다. 두 사람은 최근까지 소련에서 억압받았고, 오랜 시간이 지난 뒤에도 서구에는 알려지지지 않았다. A. R. Luria, *The Working Brain: An Introduction*

to Neuropsychology(New York: Basic Books, 1973)([국역] A. R. Luria 지음, 김명선 옮김, 『신경심리의 원리와 평가』, 하나의학사, 1997)과 *Higher Cortical Functions in Man*(New York: Basic Books, 1966); Lev Vygotsky, *Thought and Language*(Cambridge, MA: MIT Press, 1982) 등도 보라.

4. 사회생물학 비판자들은 변하기 쉬운 특정한 인간의 행동 특성이 유전자의 지배를 받는다는 점에 대해 진지한 의문을 제기한 바 있다. Stephen Jay Gould, "The Non-Science of Human Nature"와 "Biological Potentiality vs. Biological Determinism," in *Ever Since Darwin*(New York: W. W. Norton, 1977)([국역] 스티븐 J. 굴드 지음, 홍동선·홍욱희 옮김, 『다윈 이후』, 사이언스북스, 2009), 237~242, 251~259쪽; Arthur Caplan, ed., *The Sociobiology Debate*(New York: Harper & Row, 1978).

5. 성취도에 관해서는 S. R. Tulkin, "Race, Class, Family and School Achievement," *Journal of Personality and Social Psychology* 9(1968), 31~37쪽; A. R. Jensen, "The Race×Class×Ability Interaction" (Ph.D. diss., University of California, Berkeley, 1970) 등을 보라. 성공에 대한 두려움에 관해서는 P. Weston and M. Mednick, "Race, Social Class and the Motive to Avoid Success in Women," *Journal of Cross-cultural Psychology*(1970), 284~291쪽을 보라.

6. S. Schachter and J. E. Singer, "Cognitive, Social and Physiological Determinants of Emotional State," *Psychological Review* 69(1962), 379~399쪽. 철학자라면 더 정교한 분석을 통해 상이한 결과를 낳은 것은 **동일한** 생리학적 상태가 아니라 상이한 두 상태임을 보여줄 수 있다고 주장할지 모른다. 어쨌든 이 연구는 사회적 상황이 생리학적 요인보다 더 중요함을 보여준다.

7. W. Mischel, "A Social-Learning View of Sex Differences in Behavior," in Maccoby, ed., *The Development of Sex Differences*, 56~81쪽.

8. H. Barry III, M. K. Bacon, and I. I. Child, "A Cross Cultural Survey of Some Sex Differences in Socialization," *Journal of Abnormal and Social Psychology* 55 (1957): 327~332쪽.

9. 마거릿 미드Margaret Mead는 선구적인 연구를 통해 우리에게 익숙한 것과는 판이하게 다른 성 역할을 가진 사회의 극적인 사례들을 제공한다. *Sex and Temperament in Three Primitive Societies*(New York: William Morrow, 1935)([국역] 마거릿 미드 지음, 조한혜정 옮김, 『세 부족사회에서의 성과 기질』, 이화여자대학교출판부, 1998).

10. Nancy Chodorow, "Being and Doing: A Cross Cultural Guide to the Socialization of Males and Females," in V. Gornick and B. Moran, eds., *Woman in Sexist Society*(New York: Basic Books, 1971), 173~197쪽을 보라.

11. C. B. Thoy, "Status, Race and Aspirations: A Study of the Desire of High School Students to Enter a Profession or a Technical Occupation," *Dissertation Abstracts International* 2(1969): 10-A, abstract 3672.

12. Joyce Ladner, *Tomorrow's Tomorrow*(Garden City, NY: Doubleday, 1972).

13. Hilda Scott, *Does Socialism Liberate Women?*(Boston: Beacon Press, 1974); Maxine Molyneux, "Socialist Societies: Progress towards Women's Emancipation?" *Monthly Review* 34 (1982): 56~100쪽 등을 보라.

14. S. J. Bahr, "Effects on Family Power and Division of Labor in the Family," in L. Hoffman and F. I. Nye, eds., *Working Mothers*(San Francisco: Jossey-Bass, 1974) 를 보라.

15. Myra Marx Ferree, "Working Class Jobs: Housework and Paid Work as Sources of Satisfaction," *Social Problems* 23(1976): 431~441쪽.

16. Karl Marx, *Capital*, vol. 3 (Moscow: Progress Publishers, 1974), 820쪽; and Marx, *Grundrisse,* 611쪽.

17. 초고를 읽고 논평을 해준 밀턴 피스크Milton Fisk와 카스턴 스트룰Karsten Struhl에게 감사를 표한다. 이 글은 원래 *Ethics* 94(April 1984)에 실린 것이다.

33. 생태정치론 논쟁과 자연의 정치학

1. Fox 1989: 525쪽; 페미니즘의 부적절성에 관해서는 14쪽 주석 22를 보라. Eckersley 1989: 101쪽도 보라. 이 점에 관한 논의로는 Warren 1990, 144~145쪽과 Plumwood 1991을 보라.

| 참고문헌 |

A. Darby, "Seal Kill: The Slaughter in our Southern Seas," *The Good Weekend*, 5 January 1991.

A. Naess, "The Deep Ecological Movement: Some Philosophical Aspects," *Philosophical Inquiry*; reprinted in M. E. Zimmerman, ed., *Environmental Philosophy: From Animal Rights to Radical Ecology*, Englewood Cliffs, NJ: Prentice-Hall, 1993.

A. Naess, "The Shallow and the Deep, Long-range Ecology Movement: A Summary," *Inquiry* 16, no. 1(1973): 95~100쪽.

B. Devall, G. Sessions, *Deep Ecology: Living As If Nature Mattered*, Salt Lake City, UT: Gibbs M. Smith, 1985.

B. Ehrenreich, *Fear of Falling: The Inner Life of the Middle Class*, New York: HarperCollins, 1989.

b. hooks, *Ain't I a Woman*, Boston, MA: South End Press, 1981.

b. hooks, *Feminist Theory: From Margin to Center*, Boston, MA: South End Press, 1984([국역] 벨 혹스 지음, 윤은진 옮김, 『페미니즘』, 모티브북, 2010).

b. hooks, *Talking Back*, Boston, MA: South End Press, 1989.

B. Tokar, "Exploring the New Ecologies: Social Ecology, Deep Ecology and the Future of Green Political Thought," *Fifth Estate* 24, no. 1(1989): 5~21쪽.

D. Haraway, *Primate Visions: Gender, Race and Nature in the World of Modern Science*, New York: Routledge, 1989.

D. Haraway, *Simians, Cyborgs and Women*, London: Free Associations Books, 1991b.

D. Haraway, "A Manifesto for Cyborgs," in L. J. Nicholson, ed., *Feminism/ Postmodernism*, New York: Routledge, 1991a.

E. Dodson Gray, *Green Paradise Lost: Remything Genesis*, Wellesley, MA: Roundtable Press, 1979.

E. Fox Keller, *Reflections on Gender and Science*, New Haven, CT: Yale University Press, 1985([국역] 이블린 폭스 켈러 지음, 이현수 옮김, 『과학과 젠더』, 동문선, 1996).

E. Spelman, *Inessential Woman: Problems of Exclusion in Feminist Thought*, Boston, MA: Beacon Press, 1988.

F. Perlman, *Against His-story, Against Leviathan*, Detroit, MI: Black & Red, 1983.

F. Turner, *Beyond Geography: The Western Spirit Against the Wilderness*, New Brunswick, NJ: Rutgers University Press, 1986.

G. Bradford, *How Deep is Deep Ecology?* Ojai, CA: Times Change Press, 1989.

G. Bradford, "Towards a Deep Social Ecology," in M. Zimmerman, ed., *Environmental Philosophy: From Animal Rights to Radical Ecology*, Englewood Cliffs, NJ: Prentice Hall, 1993.

G. Lloyd, *The Man of Reason*, London: Methuen, 1984.

G. Lloyd, "Reason, Gender and Morality in the History of Philosophy," *Social Research* 50, no. 3(1983).

G. Sessions, "Introduction," in M. E. Zimmerman, ed., *Environmental Philosophy: From Animal Rights to Radical Ecology*, Englewood Cliffs, NJ: Prentice-Hall, 1993.

H. Reynolds, "Implications of Mabo," *Aboriginal Law Bulletin* 2, December 1992, 39쪽.

H. Rolston III, "Duties to Ecosystems," in J. B. Callicott, ed., *Companion to a Sand County Almanac*, Madison: University of Wisconsin Press, 1987.

I. Young, "Beyond the Unhappy Marriage: A Critique of Dual Systems Theory," in L. Sargent, ed., *Women and Revolution*, Boston, MA: South End Press, 1980.

J. Biehl, *Rethinking Ecofeminist Politics*, Boston, MA: South End Press, 1991.

J. Biehl, "Ecofeminism and Deep Ecology: Unresolvable Conflict?" *Our Generation* 19(1988b): 19~31쪽.

J. Biehl, "It's Deep, but is it Broad? An Ecofeminist Looks at Deep Ecology," *Kick It Over*, Special Supplement, Winter, 1987.

J. Biehl, "What is Social Ecofeminism?" *Green Perspectives* 11, October 1988a, 57쪽.

J. Bonwick, *The Last of the Tasmanians*, London, 1870.

J. Cheney, "Ecofeminism and Deep Ecology," *Environmental Ethics* 9, no. 2(1987): 115~145쪽.

J. Cheney, "The neo-Stoicism of Radical Environmentalism," *Environmental Ethics* 11, no. 4(1989): 293~325쪽.

J. Clark, *The Anarchist Moment*, Montreal: Black Rose Books, 1984.

J. Clark, "Marx's Inorganic Body," *Environmental Ethics* 11, no. 3(1989): 243~258쪽.

J. Clark, "Social Ecology: Introduction," in M. Zimmerman, ed., *Environmental Philosophy: From Animal Rights to Radical Ecology*, Englewood Cliffs, NJ: Prentice Hall, 1993.

J. Kovel, "The Marriage of Radical Ecologies," in M. E. Zimmerman, ed., *Environmental Philosophy: From Animal Rights to Radical Ecology*, Englewood Cliffs, NJ: Prentice-Hall, 1993.

J. L. Griscom, "On Healing the Nature/History Split in Feminist Thought," *Heresies* 13, no. 4(1981): 4~9쪽.

J. Wajcman, *Feminism Confronts Technology*, Cambridge: Polity Press, 1991.

K. J. Warren, "Feminism and Ecology: Making Connections," *Environmental Ethics* 9, no. 1(1987): 3~20쪽.

K. J. Warren, "The Power and the Promise of Ecological Feminism," *Environmental Ethics* 12, no. 2(1990): 121~146쪽.

K. J. Warren, J. Cheney, "Ecological Feminism as Ecosystem Ecology," *Hypatia* 6, no. 1(1991): 179~197쪽.

L. Quinby, "Ecofeminism and the Politics of Resistance," in I. Diamond and G. F. Orenstein, eds., *Reweaving the World: The Emergence of Ecofeminism*, San Francisco: Sierra Club Books, 1990.

M. Albert, et al., *Liberating Theory*, Boston, MA: South End Press, 1986.

M. Bookchin, *The Ecology of Freedom*, Palo Alto, CA: Cheshire Books, 1982.

M. Bookchin, *The Philosophy of Social Ecology*, Montreal: Black Rose Books, 1990([국역] 머레이 북친 지음, 문순홍 옮김, 『사회생태론의 철학』, 솔, 1997).

M. Bookchin, "Social Ecology versus Deep Ecology," *Kick It Over*, Special Supplement, Winter, 1988.

M. Bookchin, "The Population Myth," *Kick It Over* 29, Summer 1992, 20~27쪽.

M. Bookchin, "What is Social Ecology?" in M. Zimmerman, ed., *Environmental Philosophy: From Animal Rights to Radical Ecology*, Englewood Cliffs, NJ: Prentice-Hall, 1993.

M. Bookchin, M. 1989. Remaking Society. Montreal: Black Rose Books, 1989([국역] 머레이 북친 지음, 박홍규 옮김, 『사회생태주의란 무엇인가』, 민음사, 1998).

M. E. Zimmerman, ed., *Environmental Philosophy: From Animal Rights to Radical Ecology*, Englewood Cliffs, NJ: Prentice-Hall, 1993.

M. E. Zimmerman, ed., "Feminism, Deep Ecology, and Environmental Ethics," *Environmental Ethics* 9, no. 1(1993): 22~44쪽.

M. Foucault, "Disciplinary Power and Subjection," in C. Gordon, ed., *Power/Knowledge: Selected Interviews and Other Writings of Michel Foucault, 1972-1977*, Brighton: Harvester, 1980([국역] 콜린 고든 지음, 홍성민 옮김, 『권력과 지식』, 나남, 1991).

M. Midgley, *Animals and Why They Matter*, Harmondsworth: Penguin, 1983.

M. Midgley, *Beast and Man: The Roots of Human Nature*, London: Methuen, 1980.

M. Midgley, *Heart and Mind*, London: Methuen, 1981.

M. Mies, *Patriarchy and Accumulation on a World Scale*, London: Zed Books, 1986.

N. C. M. Hartsock, *Money, Sex, and Power: Toward a Feminist Historical Materialism*, New York: Longman, 1983.

N. C. M. Hartsock, "Foucault on Power: A Theory for Women?" in L. J. Nicholson, ed., *Feminism/Postmodernism*, New York: Routledge, 1990.

R. Eckersley, "Divining Evolution: The Ecological Ethics of Murray Bookchin," *Environmental Ethics* 11, no. 2(1989): 99~116쪽.

R. Langford, *Don't Take Your Love to Town*, Sydney: Penguin, 1988.

R. Pitty, "Terra Nullius: The Skeleton in Our Courts," 미간행, 1992.

R. R. Ruether, *New Woman, New Earth*, Minneapolis, MN: Seabury Press, 1975([국역] Rosemary Radford Ruether 지음, 손승희 옮김, 『새 여성, 새 세계』, 현대사상사, 1980).

R. R. Ruether, "Toward an Ecological-Feminist Theology of Nature," in J. Plant, ed., *Healing the Wounds: The Promise of Ecofeminism*, Philadelphia: New Society Publishers, 1989.

S. Chase, ed., *Defending the Earth: A Dialogue Between Murray Bookchin and Dave Foreman*, Boston, MA: South End Press, 1991.

S. Elkins, "The Politics of Mystical Ecology," *Telos* 82, no. 22, 4(1989): 52~70쪽.

S. Harding, *The Science Question in Feminism*, Ithaca, NY: Cornell University Press, 1986([국역] 샌드라 하딩 지음, 이박혜경·이재경 옮김, 『페미니즘과 과학』, 이화여자대학교출판부, 2002)

S. Harding, "Is Gender a Variable in Conceptions of Rationality?" in C. Gould, ed., *Beyond Domination*, Totowa, NJ: Rowan & Allanfeld, 1984([국역] 캐롤 C. 굴드 지음, 한국여성개발원 옮김, 『지배로부터의 자유』, 한국여성개발원, 1987).

S. Harding, "What is the Real Material Base of Patriarchy and Capital," in L. Sargent, ed., *Women and Revolution*, Boston, MA: South End Press, 1981.

S. Harding, M. B. Hintikka, eds., *Discovering Reality*, Dordrecht: Reidel, 1983.

S. Hecht, A. Cockburn, *The Fate of the Forest*, London: Penguin, 1990.

S. Walby, "Post-Post-Modernism? Theorising Social Complexity," in M. Barrett and A. Phillips, eds., *Destabilising Theory*, Cambridge: Polity Press, 1992.

T. Benton, "Humanism = Speciesism? Marx on Humans and Animals," in S. Sayers and P. Osborne, eds., *Socialism, Feminism and Philosophy: A Radical Philosophy Reader*, London: Routledge, 1990.

T. Brannan, "Introduction," in J. F. McCannell, ed., *The Regime of the Brother*, London: Routledge, 1991.

V. Plumwood, *Feminism and the Mastery of Nature*, London: Routledge, 1993.

V. Plumwood, "Critical Notice of Passmore's Man's Responsibility for Nature," *Australasian Journal of Philosophy* 53, no. 2(1975): 171~185쪽.

V. Plumwood, "Ecofeminism: An Overview and Discussion of Positions and Arguments," *Australasian Journal of Philosophy* 64(1986)(Supplement, "Women and Philosophy"): 120~138쪽.

V. Plumwood, "Nature, Self and Gender: Feminism, Environmental Philosophy and the Critique of Rationalism," *Hypatia* 6, no. 1(1991): 3~27쪽.

V. Plumwood, "On Karl Marx as an Environmental Hero," *Environmental Ethics* 3(1981): 237~244쪽.

V. Plumwood, "SealsKin," *Meanjin* 51, Spring 1992, 45~57쪽.

V. Plumwood, "Social Theories, Self-management and Environmental Problems," in D. S. Mannison, M. A. McRobbie, and R. Routley, eds., *Environmental Philosophy*, Canberra: Department of Philosophy, Research School of Social Sciences, Australian National University, 1980.

V. Plumwood, R. Routley, "Against the Inevitability of Human Chauvinism," in K. E. Goodpaster and K. M. Sayre, eds., *Ethics and Problems of the 21st Century*, Notre Dame, IN: University of Notre Dame Press, 1979.

V. Plumwood, R. Routley, "World Rainforest Destruction—The Social Factors," *The Ecologist* 12, no. 1(1982): 4~22쪽.

V. Shiva, *Staying Alive: Women, Ecology and Development*, London: Zed Books, 1989([국역] 반다나 시바 지음, 강수영 옮김, 『살아남기』, 솔, 1998).

V. Shiva, "Development as a New Project of Western Patriarchy," in I. Diamond and G. F. Orenstein, eds., *Reweaving the World: The Emergence of Ecofeminism*, San Francisco: Sierra Club Books, 1990.

V. Shiva, "The Seed and the Earth: Women, Ecology and Biotechnology," *The Ecologist* 22, no. 1(1992): 4~7쪽.

W. Fox, "The Deep Ecology—Ecofeminism Debate and its Parallels," *Environmental Ethics* 11, no. 1(1989): 5~25쪽.

Y. King, "Healing the Wounds: Feminism, Ecology, and the Nature/Culture Dualism," in I. Diamond and G. F. Orenstein, eds., *Reweaving the World: The Emergence of Ecofeminism*, San Francisco: Sierra Club Books, 1990([국역] 아이린 다이아몬드·글로리아 페만 오렌스타인 지음, 정현경·황혜숙 옮김, 『다시 꾸며보는 세상』, 이화여자대학교출판부, 1996).

Y. King, "The Ecology of Feminism and the Feminism of Ecology," in J. Plant, ed., *Healing the Wounds: The Promise of Ecofeminism*, Philadelphia: New Society Publishers, 1989.

Z. R. Eisenstein, "Combahee River Collective," in *Capitalist Patriarchy and the Case for Socialist Feminism*, Boston, MA: South End Press, 1978.

34. 여성과 제3세계: 차이의 위험성을 탐구하다

1. Nancy Fraser, "From Redistribution to Recognition? Dilemmas of Justice in a 'Post-Socialist' Age," *New Left Review* 212(July/August 1995).

2. Viramma, Josiane Racine, and Jean-Luc Racine, *Viramma: Life of an Untouchable*(London: Verson, 1997).

3. Susan Moller Okin. "Gender Inequality and Cultural Differences," Political Theory 22, no. 1 (1994): 5~24쪽.

4. Chandra Mohanty, "Under Western Eyes: Feminist Scholarship and Colonial Discourses," *Feminist Review* 30(1988), 61~88쪽; Frederique Marglin and Suzanne Simon, "Feminist Orientalism and Development," in Wendy Harcourt, ed., *Feminist Perspectives on Sustainable Development*(London: Zed Books, 1994): 26~45쪽.

5. Prem Chowdhry, *The Veiled Women: Shifting Gender Equations in Rural Haryana, 1880-1990*(New Delhi: Oxford University Press, 1994).

6. 이 분야의 대표적인 저술에 관해서는 Wolfgang Sachs, *The Development Dictionary: A Guide to Knowledge and Power*(London: Zed Books, 1996)([국역] 볼프강 작스 지음, 이희재 옮김, 『반자본 발전사전』, 아카이브, 2010)에 열거된 개념들을 보라.

7. Arturo Escobar, "Imagining a Post-Development Era? Critical Thought, Development and Social Movements," *Social Text* 31-32 (1992): 20~36쪽.

8. Frederique A. Marglin and Stephen A. Marglin, eds., *Dominating Knowledge: Development, Culture and Resistance*(Oxford: Clarendon Press, 1990).

9. 최근에 마리안 마샹드와 제인 L. 파파트가 공동으로 엮은 *Feminism/Postmodernism /Development*(New York: Routledge, 1995)를 보라.

10. Rosi Braidotti et al., eds., *Women, Environment and Sustainable Development: Towards a Theoretical Synthesis*(London: Zed Books, 1995)([국역] 로지 브라이도티

지음, 이진아 옮김, 『여성과 환경 그리고 지속가능한 개발』, 나라사랑, 1995).

11. 문화주의에 대한 설득력 있는 비판으로는 Aziz Al-Azmeh, *Islam and Modernities* (Lodon: Verso, 1993)을 보라.

12. Sandra Harding, *Is Science Multucultural? Postcolonialisms, Feminisms, and Epistemologies*(Bloomington: Indiana University Press, 1998), 44쪽.

13. 최근의 연구로는 David Hess, *Science and Technology in a Multicultural World: The Cultural Politics of Facts and Artifacts*(New York: Columbia University Press, 1995); Sarah Franklin, "Science as Culture, Cultures of Science," *Annual Review of Anthropology*, 1995 등을 보라. 프레드릭 마글린과 스티븐 마글린, 아시스 난디, 지아우딘 사다Ziauddin Sardar 등의 저술도 유명하다.

14. 내가 쓴 "A Postcolonial Manifesto for the Brahmans? Sandra Harding's Epistemology for Ethnosciences," *Feminist Theory*(근간)을 보라.

15. Frederique Marglin, "Smallpox in Two Systems of Knowledge," in Marglin and Marglin, eds., *Dominating Knowledge*를 보라.

16. 내가 쓴 "History is What Hurts: A Materialist Feminist Perspective on the Green Revolution and its Ecofeminist Critics," in Rosemary Hennessy and Chrys Ingraham, eds., *Materialist Feminism: A Reader in Class, Difference and Women's Lives*(New York: Routledge, 1997)을 보라. "Is Modern Science a Western, Patriarchal Myth? A Critique of the Neo-populist Orthodoxy," *South Asia Bulletin* 9 (1991)도 보라.

17. Gail Omvedt, *Reinventing Revolution: New Social Movements and the Socialist Tradition in India*(New York: M. E. Sharpe, 1993), 316쪽.

18. 좀 더 충분한 분석으로는 내가 쓴 "Who Needs Post-development? Discourses of Difference, the Green Revolution and Agrarian Populism in India," *Journal of Developing Societies,* June 1999를 보라.

19. Achin Vanaik, *The Painful Transition: Bourgeois Democracy in India*(London: Verso, 1990), 12~13쪽을 보라.

20. M. Pigato et al., eds., *South Asia's Integration into the World Economy*(Washington D.C.: World Bank, 1997).

21. Sylvia Walby, *Theorizing Patriarchy*(Oxford: Blackwell, 1989)([국역] 실비아 월비 지음, 유희정 옮김, 『가부장제 이론』, 이화여자대학교출판부, 1996).

35. 환경정의의 확장: 아시아계 미국인 페미니스트들의 기여

1. Gwen Schaffer, "Asian Americans Organize for Justice," *Environmental Action*, Winter 1994.

2. 앤젤라 청과 전화로 한 인터뷰.

3. Robert Bullard, *Dumping in Dixie*(Boulder, CO: Westview Press, 1994); Robert

Bullard, ed., *Confronting Environmental Racism*(Boston, MA: South End Press, 1993)과 *Environmental Justice and Communities of Color*(San Francisco: Sierra Club Books, 1994); Richard Hofrichter, ed., *Toxic Struggles: The Theory and Practice of Environmental Justice*(Philadelphia: New Society Publishers, 1993); Marianne Lavelle and Marcia Coyle, "Unequal Protection: The Racial Divide in Environmental Law," in Hofrichter ed., *Toxic Struggles*.

4. "The Global Connection: Exploitation of Developing Countries," in Hofrichter, ed., *Toxic Struggles*.

5. United Church of Christ Commission for Racial Justice, *Toxic Wastes and Race in the United States: A National Report on the Racial and Socio-Economic Characteristics of Communities with Hazardous Waste Sites*(New York: United Church of Christ, 1987).

6. Lavelle and Coyle, "Unequal Protection."

7. Marcy Darnovsky, "Stories Less Told: Histories U.S. Environmentalism," *Socialist Review* 22, no. 4(October~December 1992): 11~53쪽.

8. "Principles of Environmental Justice," Proceedings from the First National People of Color Environmental Leadership Summit(United Church of Christ, Commission for Racial Justice, 1992).

9. *Working Healthy*, Asian Immigrant Women Advocates brochure(Oakland, CA), 7쪽.

10. "Principles of Environmental Justice." 노동자 조직가 출신인 리는 현재 워싱턴 환경정의사무소Washington Office on Environmental Justice, 전국환경정의자문위원회 National Environmental Justice Advisory Council, 아시아태평양환경네트워크Asian Pacific Environmental Network 등의 운영위원을 맡고 있다.

11. Peggy Saika, "APEN Brings Asian Pacific Perspective to Environmental Justice," Washington Office on Environmental Justice Newsletter, Summer 1995.

12. Schaffer, "Asian Americans Organize for Justice."

13. 1996년 9월 13일에 헬렌 킴과 전화로 한 인터뷰.

14. Schaffer, "Asian Americans Organize for Justice."

15. Sandra Swanson, "Can We Balance the Scales of Environmental Justice?" *Safety & Health*, October 1995.

16. 1996년 8월 21일에 리꽘타우와 한 인터뷰.

17. Tom Athanasiou, *The Divided Planet*(Boston: Little, Brown, 1996), 191쪽.

18. Mitchell Zuckoff, "Trapped by Poverty, Killed by Neglect," Boston Globe, 10 July 1994.

19. Vandana Shiva, "Women and Nature," in Susan J. Armstrong and Richard G. Botzler, eds., *Environmental Ethics: Divergence and Convergence*(New York:

McGraw Hill, 1993)과 "Development, Ecology and Women," in Judith Plant, ed., *Healing the Wounds: The Promise of Ecofeminism*(Philadelphia: New Society Publishers, 1989).

20. Ethnic News Watch, *India Currents* 6, no. 4(31 July 1992): MI5쪽.

21. Vandana Shiva, *Staying Alive: Women, Ecology, and Development*(London: Zed Books, 1989), 67~77쪽.

22. National Network For Immigrant and Refugee Rights, *Network News*, Summer 1996.

23. Penn Loh, "Creating an Environment of Blame: Anti-Immigration Forces Seek to Woo Environmentalists," RESIST newsletter, December 1995: 4쪽.

24. Political Ecology Group Immigration and Environment Campaign Organizer's Kit.

25. *Environmental Action*, Summer 1994: 15쪽.

26. 앞의 책, 23쪽.

27. Political Ecology Group Immigration and Environment Campaign Organizer's Kit.

찾아보기